T0124749

Stefan Timm

„Gott kommt von Teman . . .“

Kleine Schriften zur Geschichte Israels und Syrien-Palästinas

Herausgegeben von
Claudia Bender und Michael Pietsch

Alter Orient und Altes Testament
Veröffentlichungen zur Kultur und Geschichte des Alten Orients
und des Alten Testaments

Band 314

Herausgeber

Manfried Dietrich • Oswald Loretz

2004
Ugarit-Verlag
Münster

Stefan Timm

„Gott kommt von Teman . . .“

Kleine Schriften zur Geschichte Israels und Syrien-Palästinas

Herausgegeben von
Claudia Bender und Michael Pietsch

2004
Ugarit-Verlag
Münster

Timm, Stefan :
„Gott kommt von Teman . . .“
Kleine Schriften zur Geschichte Israels und Syrien-Palästinas.
Herausgegeben von Claudia Bender und Michael Pietsch
Alter Orient und Altes Testament, Band 314

Herstellung: Hanf Buch und Mediendruck GmbH, Pfungstadt
Printed in Germany
ISBN 3-934628-53-2

Printed on acid-free paper

Vorwort

Mit der vorliegenden Sammlung von teilweise an entlegener Stelle publizierten Aufsätzen zum Alten Testament und zur Geschichte Israels von Stefan Timm möchten die Herausgeber ihn ganz herzlich zu seinem 60. Geburtstag grüßen. Die Beiträge umfassen einen Zeitraum von knapp einem Vierteljahrhundert und spiegeln die weit ausgreifenden wissenschaftlichen Interessen des Jubilars, der sich neben der Auslegung des Alten Testaments und der Erforschung der Geschichte Israels und seiner Nachbarn vor allem Problemen der Topographie Syrien-Palästinas, der vorderasiatischen Archäologie, der Semitistik und der christlichen Kirchen Ägyptens gewidmet hat. Dabei ist allen hier versammelten Studien zweierlei gemeinsam: sie gehen zumeist von vordergründig vielleicht nebensächlich erscheinenden Einzelbeobachtungen aus, um nach einer detaillierten historisch-philologischen Analyse den Blick auf grundsätzliche Probleme zu lenken, und sie verbindet – wie das gesamte Oeuvre des Jubilars – die beständige und kenntnisreiche Beiziehung altorientalischer Quellen und Materialien. Die grundlegende Einsicht in die Verflochtenheit Israels, seiner Geschichte und Religion, in die Welt des Alten Orients und der methodische Einsatz bei einer gründlichen historischen und philologischen Analyse der Einzelphänomene sind für die wissenschaftliche Arbeit von Stefan Timm charakteristisch. Dass sie von einer breiten Kenntnis der einschlägigen Literatur begleitet werden, erschließt sich bereits einem flüchtigen Blick in den Anmerkungsapparat. Darüber hinaus zeichnet den Jubilar als Mensch, Lehrer und Wissenschaftler eine große Offenheit und ein hohes Maß an persönlicher Unvoreingenommenheit aus, die stets darauf bedacht ist, das Gegenüber in jeder Hinsicht zu fördern und zu unterstützen, wie nicht nur die Herausgeber in der Vergangenheit immer wieder dankbar erfahren durften.

Die einzelnen Beiträge dieses Bandes sind für den Wiederabdruck neu gesetzt worden. Ein senkrechter Strich (|) signalisiert den Seitenumbruch in der Erstpublikation. Der Haupttext ist unverändert übernommen worden mit Ausnahme offensichtlicher Schreibversehen, die stillschweigend korrigiert wurden. Die Literaturangaben sind innerhalb der Einzeltexte so weit möglich vereinheitlicht worden. Frau Sirje Reichmann und stud. theol. Anne Smets gebührt vielfacher Dank für das Mitlesen der Korrekturen und Hilfen bei der Erstellung der Register. Danken möchten wir auch Prof. Dr. Manfred Dietrich und Prof. Dr. Oswald Loretz für ihre Bereitschaft, den vorliegenden Band in die von ihnen herausgegebene Reihe *Alter Orient und Altes Testament* aufzunehmen. Dr. Kai Metzler vom Ugarit-Verlag sei für allerlei technische Hilfe bei der Manuskripterstellung ebenfalls herzlich gedankt.

Hamburg, Ostern 2004

Claudia Bender
Michael Pietsch

Inhalt

Die territoriale Ausdehnung des Staates Israel zur Zeit der Omriden*

Durch David war Israel-Juda im syro-palästinensischen Raum zum Großreich geworden. Vom Kernland des saulidischen Staates ausgehend, umgriff die davidische Herrschaft die ehemaligen kanaanäischen Stadtstaaten auf palästinensischem Boden, hatte die Nachbarvölker der Ammoniter, Edomiter und Moabiter niedergeworfen und die Einflußzone bis hin nach Hamath am Orontes und nach Zoba vorgeschoben. Noch von Salomo konnte man sagen, er wäre „Herr über alle Königreiche vom (Euphrat-)Strom bis zum Philisterland und bis an die Grenze Ägyptens" gewesen (1 Kön. 5,1 MT). Anfänglich hat Salomo diesen Besitzstand auch noch halten, ja sogar um ein kleines Stück vermehren können. Das Territorium der Stadt Geser brachte ihm eine ägyptische Prinzessin als Mitgift in die Ehe (1 Kön. 9,16)[1]. Aber dann lösten sich Edom und Aram(-Damaskus) aus dem Verbund innerhalb des Großreiches. Mit dem Tode Salomos zerfiel sogar das israelitisch-judäische Kernland in zwei selbständige, rivalisierende Staaten. Die beiden Teile hatten nun jeder für sich ihr Verhältnis zu den Staaten zu klären, die ehemals von David unterworfen waren. Für Juda galt es, sich in die Rolle eines Kleinstaates zu finden; für Israel, neue Beziehungen zu den umliegenden Staaten der Ammoniter[2], Aramäer, Judäer, Moabiter, Philister und Phöniker zu finden.

Israels Grenze zu den Aramäern

Der territoriale Besitzstand des Reiches Israel konnte in der Zeit der Könige aus dem Hause Omri gegenüber den aramäischen Nachbarn anscheinend unversehrt gehalten

---

* Dieser Artikel ist eine überarbeitete Fassung des 4. Teiles meiner Dissertation: Die Dynastie Omri. Quellen und Untersuchungen zur Geschiente Israels im 9. Jahrhundert, die im Januar 1979 vom Fachbereich Evangelische Theologie der Universität Tübingen angenommen wurde. Die Dissertation wird ohne diesen 4. Teil in gekürzter Fassung in der Reihe FRLANT erscheinen.

[1] Vgl. dazu K. A. KITCHEN, The Third Intermediate Period in Egypt, 1100–650 B.C. (Warminster 1973), 280–283, § 235–236, aber auch H. D. LANCE, Solomon, Siamun and the Double Ax, in: Magnalia Dei – The Mighty Acts of God. Essays on the Bible and Archaeology in Memory of G. Ernest Wright (Garden City, New York 1976), 209–223.

[2] Über das Verhältnis zwischen den Israeliten und Ammonitern in nachsalomonischer Zeit sind wir kaum unterrichtet. Rehabeam hat eine ammonitische Mutter gehabt (1 Kön. 14,31). Ammon ist demnach kaum noch vor Rehabeam wieder selbständig geworden. In späteren Jahren kann Ammon auf Grund seiner geographischen Lage nur dem Druck Israels, nicht Judas, ausgesetzt gewesen sein. – Zu den ammonitischen Grenzbefestigungen vgl. M. WÜST, Untersuchungen zu den siedlungsgeographischen Texten des Alten Testaments, I: Ostjordanland (TAVOB, Reihe B, Nr. 9; Wiesbaden 1975), 147 Anm. 490.

| werden. Zwar hatte es nicht lange vor Omri einen Einfall der Aramäer in Nordisrael gegeben. Dabei waren die Städte Ijjon (*Tell Dibbīn*), Dan (*Tell el-Qāḍī/Tēl Dān*), Abel Beth-Maacha (*Tell Ābil el-Qamḥ/Tēl Āvēl Bēt Maʿăḵā*) und die Gebiete Kinnereth und Naphthali verheert worden (1 Kön. 15,20). Doch ist es damals wohl nicht zu einer längerwährenden aramäischen Okkupation gekommen. Denn dieser erste aramäische Einfall in das Nordreich war nur ein Entlastungsangriff gegen den israelitischen Druck auf den Jerusalemer Nordzugang bei Rama. Den Berichterstatter im Königsbuch hat dabei nicht interessiert, in welcher Weise der israelitische König Baesa dem aramäischen Überfall begegnete. „Man kann daher nur mutmaßen, daß Baesa den aramäischen Einfall jedenfalls zum Stehen gebracht und wahrscheinlich das aramäisch besetzt gewesene Gebiet zurückgewonnen hat, sei es durch kriegerisches Handeln oder aber durch den selbständigen Rückzug der Aramäer."[3] Den vor diesem Einfall bestehenden israelitischen Vertrag (*bərīt*) mit den damaszenischen Aramäern (1 Kön. 15,19), der mindestens die gegenseitige „Nichteinmischung" beinhaltet haben muß, wird man nach dieser Erfahrung kaum gleich wieder erneuert haben. Dennoch muß es im Laufe der Jahre wieder zu einer Annäherung Israels an Aram gekommen sein. Jedenfalls standen im 6. Regierungsjahr (*palû*) Salmanassars III., um 853 v. Chr., in Qarqar israelitische und aramäische Soldaten Seite an Seite gegen die Assyrer. Diesen neuerlichen Wechsel der israelitischen Politik in bezug auf Damaskus darf man zweifellos auf Omri oder Ahab zurückführen. Bis in die Tage Jorams von Israel hat das friedliche Verhältnis[4] Israels zu Damaskus angehalten. Dann sind es wiederum die Aramäer gewesen, die die Periode des friedlichen Nebeneinander abbrachen (vgl. 2 Kön. 8,28f.;9–10). Um das antiassyrische Kräftepotential zu erhalten, sah sich der aramäische König offenbar gezwungen, wankelmütige Koalitionspartner mit Waffengewalt wieder ins Bündnis zu zwingen. Diese Situation dürfte den Hintergrund der israelitisch-aramäischen Kämpfe um Ramoth in Gilead (*Tell er-Ramīṯ*) am Ende der Epoche der Omriden gebildet haben[5]. Entscheidende Erfolge gegen die Israeliten sind den Aramäern aber auch beim Kampf um Ramoth in Gilead nicht gelungen. Nach 2 Kön. 8,28 haben sie die exponiert liegende Stadt nicht einnehmen können. Der Kampf ging immer noch um das Gelände der Stadt Ramoth, während die Stadt selbst von den Israeliten gehalten werden konnte. Auch die Jehuerzählung setzt voraus, daß Jehu sich bei den Kämpfen gegen die Aramäer in Ramoth aufgehalten hat (2 Kön. 9,15).

Vorerst nicht zu klären ist, wie weit die politische Selbständigkeit und das Territorialgebiet des Kleinstaates Beth-Rehob gereicht haben. Er grenzte – nach traditioneller Lokalisation – im nördlichen Ostjordanland an israelitisches Siedlungsgebiet[6].

---

[3] M.NOTH, Könige, I. Teilband (BK IX/1; Neukirchen-Vluyn 1968), 341.

[4] Die Erzählungen 1 Kön. 20 und 22, die über Kriege mit den Aramäern in Omris und Ahabs Zeit berichten, sind historisch anders einzuordnen. Vgl. so schon A. JEPSEN, Israel und Damaskus, AfO 14 (1941–1944), 153–172.

[5] Vgl. 1 Kön. 20,24, wo erzählt wird, daß der damaszenische König alle ihm verbündeten Könige beseitigen und durch Gouverneure ersetzen wollte.

[6] Vgl. S. MITTMANN, Beiträge zur Siedlungs- und Territorialgeschichte des nördlichen Ostjordanlandes (ADPV; Wiesbaden 1970), 225 ff. Dagegen M. WEIPPERT, Edom. Studien und Materialien zur Geschichte der Edomiter auf Grund schriftlicher und archäologischer Quellen, masch. Habil.-Schrift (Tübingen 1971), 269f. mit Argumenten für eine Ansetzung von Beth-

Die Monolithinschrift Salmanassars III. erwähnt (Zeile II:95) unter den Partnern der antiassyrischen Koalition einen *(m)Ba-'-sa DUMU(mār) Ru-ḫu-bi KUR A-ma-na-a-a*. Dabei könnte mit diesem Ausdruck der Regent des Staates Ammon (*Bīt-Ammān*), „*Ba'sa*, der Sohn des *Ruḫubu*", gemeint sein[7], oder aber „*Ba'sa*, der Sohn des *Ruḫubu*, der Regent der Stadt | Ammon (Rabbath-Ammon)" – wobei man KUR als Fehler für URU anzusehen hätte – oder aber „*Ba'sa*, der Regent des Staates Beth-Rehob"[8], der dann mit einer staatsrechtlichen bzw. geographischen Bezeichnung näher als „Amanäer" beschrieben würde[9]. Angesichts der Unsicherheit im Verständnis des Ausdrucks sind keine weiteren Überlegungen zum politischen Verhältnis zwischen Israel und Beth-Rehob für diese Zeit anzustellen.

Die Maßnahmen, die Baesa von Israel nach dem aramäischen Überfall auf seine Städte Ijjon, Dan und Abel Beth-Maacha ergriffen hatte, und die gemeinsame antiassyrische Politik Ahabs mit Hadad-Eser von Damaskus haben jedenfalls den Besitzstand des Staates Israel gegenüber den aramäischen Nachbarn wahren können.

Israels Grenze zu Juda

Längere Zeit nach Salomo hatte es Kriege Israels mit dem judäischen Nachbarn gegeben (1 Kön. 14,30; 15,6.16). Die judäischen Nachfolger Salomos haben sich offenbar nicht so schnell mit der Verselbständigung von mehr als zwei Dritteln des früheren Staatsgebietes abfinden können. Auch befand sich die Hauptstadt des Reiches Juda, Jerusalem, plötzlich peripher im äußersten Norden des Staatsgebietes und war leicht von israelitischer Seite aus zu bedrohen. So wird man mit der Annahme nicht fehlgehen, daß es bei den militärischen Auseinandersetzungen zwischen den Königen von Israel und Juda seit Salomos Tod nicht allein um die Durchsetzung oder Abwehr von Thronansprüchen ging, sondern auch um die Abgrenzung und Abrundung des jeweiligen Staatsgebietes. Der Kampf spitzte sich z.Zt. Baesas von Israel und Asas vor Juda[10] auf die Nordzugänge von Jerusalem zu. Hier war es dem israelitischen Heer gelungen, die Stadt Rama (*er-Rām*) zu besetzen (1 Kön. 15,17ff.). Nur dadurch, daß Asa den aramäischen König um einen Entlastungsangriff bat und dieser seinen Vertrag mit Baesa von Israel brach und ihm ins Land einfiel, kam

---

Rehob in den nördlichen *Biqāʿ*.

[7] So z.B. A. L. OPPENHEIM, ANET, 279a; S. PARPOLA, Neo-Assyrian Toponyms. Programming and Computer Printing by K. Koskenniemi (AOAT VI; Neukirchen-Vluyn 1970), 16 u.a.

[8] Nach dem häufigen Ausdruck „NN DUMU X" = NN, der (Regent) von *Bīt*-X, so zuerst A. UNGNAD, *Jaúa mār Ḫumrī*, OLZ 9 (1906), 224–226; auch M. WEIPPERT, Edom, 269 u.a.

[9] So z.B. E. FORRER, Art. *Ba'asa*, in: RLA I (1928), 328. Zu assyrischen Belegen für den Amanus vgl. M. WEIPPERT, Edom, 269 f.

[10] Nach 2 Chr. 13,19f. soll der Vorgänger Asas, Abia von Juda, dem Staate Israel die Orte Beth-El, Jeschana und Ephron entrissen haben. Wenn diese Nachricht historisch zutreffend ist – das ist bei Nachrichten des Chronikbuches häufig zweifelhaft –, hätte sich die Reichsgrenze vorübergehend beträchtlich zuungunsten Israels verschoben. Z. Zt. Baesas aber dürfte sich die Grenze hart nördlich einer Linie Mizpa – Rama – Geba befunden haben. Vgl. dazu K.–D. SCHUNK, Benjamin (BZAW 86; Berlin 1963), 154 ff.

Rama wieder zu Juda[11]. Der Nordzugang nach Jerusalem wurde nun im Gegenzug durch Asa mit dem Ausbau von Geba (*Ǧebaʿ*) und Mizpa (*Tell en-Naṣbe*) gesichert. In der Zeit nach Baesa[12] hat es um den Nordzugang Jerusalems vorerst keine militärischen Aktionen mehr gegeben. Die Heirat der israelitischen Prinzessinnen aus dem Hause Omri und Ahab an den judäischen Hof zeigt, daß von israelitischer Seite aus die Diplomatie die Machtpolitik abgelöst hatte.

Es hat alle Wahrscheinlichkeit für sich, diesen Wechsel der Politik auf den Gründer der neuen Dynastie, Omri, zurückzuführen. An die Stelle der militärischen Konfrontation zu Juda hätte er die dynastische Kooperation mit Jerusalem treten lassen. Erst mit dem blutigen | Regierungsantritt Jehus, der durch die Ermordung judäischer Prinzen die persönlichen Verbindungen des israelitischen Hofes zum judäischen Königshaus brutal abschnitt (2 Kön. 10,12–14), wurde die Periode des friedlichen Nebeneinander beider Staaten abrupt abgebrochen.

Nebenher wird erwähnt (1 Kön. 16,34), daß Jericho zu Ahabs Zeit zu Israel gehörte[13] – ein Faktum, das auch aus der Mescha-Inschrift zu erschließen ist, da anders die militärischen Erfolge Omris gegen Moab undenkbar sind[14].

Der territoriale Status beider Reichsgebiete wurde seit Omris Machtantritt jedoch gegenseitig nicht mehr bestritten. Ja, selbst nach dem Sieg Amasjas von Israel über Joas von Juda (2 Kön. 14,8ff.) verlautet über territoriale Veränderungen der Staatsgrenzen nichts mehr. Der israelitisch-judäische Grenzverlauf blieb seit Omri konstant.

Israels Grenze zu Moab

Nach Jos. 13,9 hatte Josua den Stämmen Ruben und Gad das Gebiet zugeteilt „von Aroer an, das am Rand des Arnontales liegt, und die Stadt mitten im Tal und die ganze Ebene (von) Medeba bis Dibon“. Nach Jos. 13,15ff. hätte der Stamm Ruben u.a. erhalten „das Gebiet von Aroer, das am Rand des Arnontales liegt, die Stadt mitten im Tal, die ganze Ebene (bis) Medeba …“. Auch Hesbon, Dibon, Bamoth-Baal, Beth-Baal-Meon, Jahaz, Kedemoth, Mephaath, Kirjathajim, Sibma und Ze-

---

[11] Vgl. noch: Z. KALLAI-KLEINMANN, The Town Lists of Judah, Simeon, Benjamin and Dan, VT 8 (1958), 134–160; Y. AHARONI, The Northern Boundary of Judah, PEQ 90 (1958), 27–31; Z. KALLAI-KLEINMANN, The Northern Boundaries of Judah (Jerusalem 1960), 59–67 (hebr.).

[12] 2 Chr. 17,2 heißt es, daß auch Asa ephraimitische Städte (Plural!) erobert habe. Sollte damit die Rückeroberung des okkupierten Rama gemeint sein?

[13] Zur Besiedlung Jerichos in der Eisenzeit – und das heißt auch z.Zt. Ahabs – vgl. Helga WEIPPERT-M. WEIPPERT, Jericho in der Eisenzeit, ZDPV 92 (1976), 105–148.

[14] Daß noch weitere Orte im Nordosten Jerusalems, wie Michmas (*Muḫmās*) und Migron (zur Lage vgl. H. DONNER, Der Feind aus dem Norden, ZDPV 84 [1968],46–54 = *Tell el-ʿAskar* [?]) zu Israel gekommen sind, ist literarisch leider nicht zu belegen. Von der Topographie her – Michmas liegt noch nordöstlich von Rama, und Migron muß nach Jes. 10,28 noch näher zum israelitischen Gebiet gelegen haben als Michmas – ist das jedoch wahrscheinlich. Vgl. K.-D. Schunk, BENJAMIN, 155f.

reth-Schahar ... wurde zu Rubens Stammesgebiet gerechnet[15]. Diese Aufreihungen fixieren somit den Arnon als Südgrenze des israelitischen Gebietes und eine Linie Hesbon-Medeba-Dibon-Aroer als Ostgrenze der rubenitisch-gaditischen Siedlungen[16]. Welchen historischen Stand diese Listen widerspiegeln oder wie weit sich in ihnen Idealvorstellungen und spätere Nachträge niedergeschlagen haben, ist umstritten, braucht hier auch nicht erörtert zu werden[17]. Für das 9. Jahrhundert nennt die Mescha-Inschrift in ihrer ersten Zeile Dibon (*hdybny*) als Herkunftsort von Meschas Vater *Kmš[yt]*. Dibon (*Ḏībān*) war demnach schon zu Zeiten von *Kmšyt* kein israelitisches Territorium mehr[18]. Nach Aussagen der Mescha-Inschrift stand Dibon dazu in einem besonderen Dienstverhältnis zum moabitischen König (Z. 20f.28). Wahrscheinlich hatte | ein moabitischer König diesen Ort – ähnlich wie David Jerusalem – nach dem Recht des Eroberers sich angeeignet[19]. Wann das geschah, d.h. wann Dibon dem israelitischen Staatsgebiet verlorenging, wissen wir nicht. Man wird in der Annahme nicht fehlgehen, daß die Wirren der Zeit Jerobeams I. das am leichtesten ermöglichten.

Obgleich Baesa 24 Jahre regierte, war es erst Omri, der die moabitische Expansion im Ostjordanland stoppen konnte. Mescha berichtet ja, daß zur Zeit Omris der Gott Kemosch seinem Lande zürnte und Omri Moab „demütigte“ (Zeile 5). Diese Demütigung Moabs bestand u.a. darin, daß Omri „das ganze Land Medeba“ „besetzte“.

Medeba[20] und sein Umland war nach Jos. 13,9.15ff. den Stämmen Gad und Ruben zugesprochen. Nach 1 Chr. 19,6ff. (vgl. 2 Sam. 24,5) hätte es zu Davids Zeit um den Ort Auseinandersetzungen mit den Ammonitern (!) gegeben[21]. Demnach wäre

---

[15] Vgl. dazu M. NOTH, Das Buch Josua (HAT I 7; Tübingen ^{2}1953), 73ff.; eine ausführliche Auseinandersetzung mit M. Noth bei M. WÜST, Untersuchungen, 85ff. 119ff.

[16] Vgl. M. NOTH, Studien zu den historisch-geographischen Dokumenten des Josuabuches, 4: Die israelitischen Siedlungsgebiete im Ostjordanland, ZDPV 58 (1935), 229–254 = M. NOTH, Aufsätze zur biblischen Landes- und Altertumskunde, 1 (Neukirchen-Vluyn 1971), 262–280; M. NOTH, Israelitische Stämme zwischen Ammon und Moab, ZAW 60 (1944), 11–57 = M. NOTH, Aufsätze 1, 394–433; J. LIVER, The Wars of Mesha, King of Moab, PEQ 99 (1967), 14–31.

[17] Vgl. dazu M. WÜST, Untersuchungen, *passim*.

[18] Von der Annahme ausgehend, daß sich der Ausdruck „Diboniter" auf Mescha, nicht auf *Kmšyt* bezieht, anders M. WÜST, Untersuchungen, 181. – Die Annahme, daß *Kmšyt* in Dibon geboren wurde, als dies noch israelitisch war, ist nicht von vornherein auszuschließen, aber wegen der Bedeutung, die der Ort in der Mescha-Inschrift (Z. 3.20 f. und 28) hat, nicht wahrscheinlich.

[19] W. RÖLLIG, KAI II, 178.

[20] Medeba, heute *Mādebā*, liegt ca. 24 km (Luftlinie) nördlich von Dibon (*Ḏībān*). Vgl. noch V. R. GOLD, Art. Medeba, in: B. REICKE - L. ROST, Biblisch-Historisches Handwörterbuch [BHH], II (Göttingen 1964), 1179–1180.

[21] Wie andere, so ist auch dieser Bericht der Chronik nicht zu verifizieren. Die Textänderung *Mē Rabbā* statt *Mēdəbā* (W. RUDOLPH, Chronikbücher [HAT I 21; Tübingen 1955], 136 u. a.) läßt die Notiz 2 Sam. 24,5 außer Betracht, wonach bei Davids Volkszählung in Aroer am Arnon begonnen wurde. Nach M. WÜST, Untersuchungen, 142f., ist im Kontext von 2 Sam. 24,1ff. Vers 4bß–7 ein Nachtrag, der Jos. 13,16 zum Ausgangspunkt hatte. Aber auch nach

Medeba erst in nachdavidischer Zeit zum Staate Moab gekommen. Der Ort muß dann aber wirklich zum Staatsgebiet Moabs gehört haben, unabhängig davon, ob es Siedlungsgebiet allein der Israeliten oder allein der Moabiter war. Anders hätte Mescha wohl nicht von einer israelitischen Besatzung sprechen können.

Aus dem Wortlaut, daß Omri Medeba besetzte, ist nicht zu folgern, daß der Ort und sein Umland allein von Moabitern bewohnt war[22]. Mindestens anteilig haben in diesem Gebiet auch vierzig Jahre Israeliten „gewohnt" (vgl. Mescha-Inschrift Zeile 8: *yāšab*).

Wie groß das Gebiet des „ganzen Landes Medeba" zur Zeit Omris gewesen ist, wissen wir nicht genau. Falls die im Anschluß an diesen Ort in der Mescha-Inschrift genannten Siedlungen *Bʿlmʿn* (*Māʿīn*) und *Qrytn*[23] zu diesem Territorium gehörten, hatte es von Medeba aus eine Ausdehnung von ca. 6,5 km Luftlinie nach Südwesten und ca. 10 km nach Westen. Wo die Grenzen im Süden und Norden (Nordwesten) verliefen, ist unsicher. Aber sowohl Ataroth (*Ḫirbet ʿAṭṭārūz*)[24] als auch Dibon (20 bzw. 24 km Luftlinie entfernt) gehörten sicher nicht mehr dazu. Auch der Ort Nebo (*Ḫirbet el-Muḫayyiṭ*)[25], ca. 7 km von Medeba entfernt, war offenbar nicht mehr in den Bereich des „Landes Medeba" eingeschlossen.

Nach dem „ganzen Land Medeba" nennt Mescha in seiner Inschrift noch ein weiteres | Territorium: das „Land Ataroth" (Zeile 10). Dessen Zentrum war gewiß die Stadt Ataroth selbst.

Auch die Ausdehnung des „Landes Ataroth" ist nicht genau bekannt. Im Norden bildet das heutige *Wādī Zerqā Māʿīn* einen Einschnitt, nach Westen der Abfall des Berglandes eine gewisse Grenze. Nach Osten könnte Jahaz die Begrenzung des „Landes Ataroth" gebildet haben. Im Süden wird sich das Gebiet bis zum heutigen *Sēl/Wādī Hēdān* ausgedehnt haben[26]. Dementsprechend reichte im Süden das israelitische Staatsgebiet wohl bis an den *Sēl/Wādī Hēdān* heran, der eine natürliche Grenze bildet[27].

---

2 Sam. 8,2 hat es wirklich harte Kämpfe Davids mit Moab gegeben, die das Gebiet Moabs auf ein Drittel seines ursprünglichen Maßes reduzierten.

[22] Gegen M. NOTH, Israelitische Stämme, 421 = 44.

[23] Die Lage des Ortes war lange zweifelhaft. Sie kann nun aber mit ziemlicher Sicherheit in *Ḫirbet el-Qurēye*, 10 km westlich von *Māʿīn* angesetzt werden: A. KUSCHKE, Das *ḳrjtn* der Mesa-Stele, ZDPV 77 (1961), 24–31; DERS., Jeremia 48,1–8. Zugleich ein Beitrag zur historischen Topographie Moabs, in: Verbannung und Heimkehr, Festschrift W. Rudolph (Tübingen 1961), [181–196] 191–196; DERS., Karaiatha, ZDPV 78 (1962), 139–140; DERS., Historisch-topographische Beiträge zum Buche Josua, in: Gottes Wort und Gottes Land, Festschrift H. W. Hertzberg (Göttingen 1965), [90–109] 93. Anders noch Y. AHARONI, The Land of the Bible (London ²1968), 307 Anm. 67; J. LIVER, The Wars, 16 Anm. 8.

[24] Zum Keramikbefund vgl. N. GLUECK, Explorations in Eastern Palestine, III, AASOR 18–19 (1937–39), 135.

[25] Besonders zu den christlichen Relikten am Ort vgl. S. SALLER-B. BAGATTI, The Town of Nebo (PSBF 7; Jerusalem 1949) und M. PICCIRILLO, Campagna archeologica a Khirbet el Mukhayyet (Città del Nebo) agosto–settembre 1973, LA 23 (1973), 322–358.

[26] Zur Ausdehnung des Landes Ataroth vgl. H. SCHOTTROFF, Horonaim, Nimrin, Luhith und der Westrand des „Landes Ataroth", ZDPV 82 (1966), [163–209] 164ff., 175ff.

[27] Da M. NOTH (Israelitische Stämme, 422 = 45 Anm. 129) für den moabitischen Ort *Qryt* als

Das Zentrum des „Landes Ataroth", den Ort Ataroth, hatte sich – nach Meschas Worten – der israelitische König selbst gebaut. Damit werden hier israelitische Schutzmaßnahmen gegen eventuelle moabitische Einfälle genannt. Da ja 1 Kön. 22,39 explizit vom Städtebau Ahabs spricht, wird man diese Bauten ihm zuschreiben dürfen, auch wenn Ahabs Name in Meschas Inschrift nirgendwo genannt wird. Eine moabitische Bevölkerung hat es im „Land Ataroth" wohl nicht gegeben. Nach Meschas eigenen Worten wohnte der Stamm Gad[28] hier schon „seit ewig". Als Mescha den Landstrich eroberte, wurde die israelitische Bevölkerung restlos Kemosch geopfert und durch neue moabitische Siedler ersetzt[29]. Damit war nicht nur Ataroth als israelitischer Ort ausgelöscht, sondern eigentlich schon das gesamte israelitische Siedlungsgebiet südlich Medeba verloren.

Für die Stadt Jahaz[30] war es bei solcher Lage unmöglich geworden, sich noch zu halten. Zwar hatte der israelitische König (sehr wahrscheinlich Ahab) auch diesen Ort ausgebaut und ihn damit zur Festung gegenüber den östlichen moabitischen Nachbarn gemacht. Aber | auch Jahaz war in dem Augenblick verloren, in dem das „Land Medeba" und das „Land Ataroth" an Moab gefallen waren[31].

Lage *Ḫirbet el-Qurēyāt*, ca. 5 km südöstlich von Ataroth, ansetzte, mußte nach seiner Auffassung noch nördlich des *Sēl/Wādī Hēdān* ein Streifen moabitischen Siedlungsgebietes an das Land Ataroth grenzen. *Qryt* ist jedoch wohl identisch mit *Qurēyāt ʿAlēyān*, ca. 10 km nordöstlich Dibon; vgl. K. -H. BERNHARDT, Beobachtungen zur Identifizierung moabitischer Ortslagen, ZDPV 76 (1960), [136–158] 144. Anders noch Y. AHARONI, The Land, 308.

[28] Auch wenn nach den Verteilungslisten des Buches Josua (Jos. 13,15ff.24ff., vgl. 1 Chr. 5,8) im Ostjordanland der Stamm Gad den nördlichen Teil und der Stamm Ruben den südlichen Teil zugesprochen bekam (anders aber Num. 32,34 ff., vgl. dazu M. WÜST, Untersuchungen, 91ff.109ff.), so wird schon in der Gauliste Salomos Ruben nicht mehr genannt, sondern der ganze ostjordanische Bezirk hat den Namen „Gad" (1 Kön. 4,19 LXX).

[29] Vgl. M. NOTH, Israelitische Stämme (Anm. 16), 420 = 43.

[30] Die Stadt lag nach Euseb (Onomastikon 104,9–12) μεταξὺ Μηδαβῶν καὶ Δηβοῦς; (Dibon heißt bei Euseb [sonst] Δαίβων ἤ Δίβων!). Nach F.-M. ABEL (Géographie de la Palestine, II [Paris 1938], 354) wird der Ort meist gleichgesetzt mit *Ḫirbet Iskander* am *Wādī el-Wāle* (Koordinaten 2233.1072). N. GLUECK hatte am Ort Untersuchungen durchgeführt, die aber keine eisenzeitlichen Reste ergaben: Explorations in Eastern Palestine, III, AASOR 18–19 (1939), 127–129, Abb. 47. 1955 sind vom Ashmolean Museum, Oxford, am Ort zwei „trenches" gezogen worden, einer auf der Ostseite der Ortslage, bis zu 3 Meter tief auf den Naturfelsen, einer auf der Nordseite, 2,25 Meter tief, ohne den natürlichen Boden zu erreichen. Drei Siedlungsschichten hat man dabei unterschieden: „late Chalcolithic and Early E. B.", „later phases of the Early Bronze Age" und „a mixture of Glueck's E. B. IV and Miss Kenyon's E. B. - M. B. forms". Von spätbronzezeitlichen oder eisenzeitlichen Siedlungsresten verlautet nichts: P. J. PARR, Excavations at Khirbet Iskander, ADAJ IV–V (1960), 128–133. In einer gründlichen Untersuchung an Ort und Stelle fand K.-H. BERNHARDT hier doch – entgegen den Aussagen N. Gluecks – „einiges an eisenzeitlicher Keramik ... und zwar typisch moabitische Ware ..."; vgl. Beobachtungen, 155. Die Diskrepanz zwischen dem Ergebnis der Sondage und der Ortsbegehung bleibt erstaunlich. Vorerst wird man an der Position Jahaz = *Ḫirbet Iskander* in der Hoffnung festhalten, daß neue Sondagen eisenzeitliche Reste am Ort ausfindig machen.

[31] Daß Jahaz überhaupt nie ein genuin israelitischer Ort gewesen sei, sondern nur okkupiertes moabitisches Siedlungsgebiet, läßt sich nicht wahrscheinlich machen. Gegen M. NOTH, Israelitische Stämme (Anm. 16), 422 = 45.

Neben den erfolgreichen militärischen Maßnahmen gegen Ataroth und Jahaz berichtet Mescha noch von einem Zug gegen die Stadt Nebo. War das Gebiet um Medeba historisch zwischen den Israeliten und Moabitern umstritten gewesen, so galt Nebo eindeutig als israelitischer Ort (vgl. Zeile 14). Auf ausdrücklichen Befehl seines Gottes zog der moabitische König los und kämpfte gegen die Stadt vom Morgengrauen bis zum Mittag, dann hatte er sie erobert. Die gesamte Bevölkerung des Ortes wurde getötet und die Kultgeräte (?) Jahwes fortgeschleppt. Meschas Razzia gegen diese Stadt zog zwar die schwerste Verwüstung, aber keine administrative Veränderung nach sich. Ganz anders als es mit dem „Lande Ataroth" der Fall gewesen war!

Die Zerstörung der Stadt Nebo dürfte es mit bewirkt haben, daß die neue Nordgrenze des moabitischen Territoriums, das „Land Medeba", von Israel nicht mehr angefochten wurde. In späterer Zeit haben sich die Moabiter auch noch der Stadt Nebo bemächtigt. Die Fremdvölkersprüche Jes. 15,2 und Jer. 48,1 kennen den Ort nur noch als moabitische Siedlung.

Von den weiteren Orten, in denen Mescha Baumaßnahmen durchführen ließ: *ʿrʿr* (Aroer)[32], *Bt Bmt* (Beth-Bamoth)[33], *Bzr* (Bezer)[34], *[Mhd]b'* (Medeba), *Bt Dbltn* (Beth-Diblathajim)[35] und *Bt Bʿl Mʿn* gehört nur der letzte, Beth-Baal-Meon, mit Sicherheit zu den Gebieten, die Mescha neu dem Staate angegliedert hatte. Denn da

---

[32] Heute = *Ḫirbet ʿArāʿir* bei *ʿArāʿir* am Arnon. Zur Besiedlungsgeschichte des Ortes vgl. E. OLA-VARRI, Sondages à 'Arô'er sur l'Arnon, RB 72 (1965), 77–94; DERS., Fouilles à 'Arô'er sur l'Arnon –Les Niveaux du Bronze intermediaire, RB 76 (1969), 230–259.

[33] Über die Lage des Ortes Beth-Bamoth ergibt sich aus Meschas Inschrift nichts. Die Gleichsetzung mit Bamoth-Baal (Num. 22,41 und Jos. 13,17) und Bamoth (Num. 21, 19f.) ist möglich (vgl M. WÜST, Untersuchungen, 153 [gegen M. Noth]). Das alttestamentliche Bamoth-Baal wird zwischen Dibon und Beth-Baal-Meon genannt (Jos. 13,17). Dementsprechend wäre der Ort auch in diesem Raum, d.h. im „Land Ataroth" zu suchen. A. MUSIL (Arabia Petraea, I [Wien 1907], 267f.) lokalisierte den Ort in *Ḫirbet el-Quwēqīye*, nahe dem Berg Nebo, ca. 2 km südlich des Ortes Nebo. Dieser Ansatz ist alles andere als gesichert.

[34] Bezer ist nach den alttestamentlichen Angaben (Dtn. 4,43; Jos. 20,8; 21,36; 1 Chr. 6,63; Jer. 48,24 [= Bozra]) im Gebiet „östlich des Jordan" zu suchen (1 Chr. 6,63). Die Gleichsetzung mit *Barāzēn*, ca. 6,5 km östlich von *Ḥesbān* (A. MUSIL, Arabia Petraea I ,218.232) oder mit *Umm el-ʿAmed* (F.-M. ABEL, Géographie II, 264), ca. 4 km östlich *Barāzēn*, ist nicht gesichert.

[35] Beth-Diblathajim (oder Almon-Diblathajim, Num. 33,46f.; Jer. 48,22) ist bislang nicht genau lokalisiert. A. MUSIL (Arabia Petraea I, 251.253) setzte es in *Ḫirbet ed-Delēlāt el-Garbīye*, östlich von *Ḫirbet Libb* an. N. GLUECK fand bei seinen Oberflächenuntersuchungen an diesem Platz keine eisenzeitlichen Mauerreste (Explorations in Eastern Palestine, I AASOR 14 [1934], 32). F.-M. ABEL (Géographie II, 242) vermutete die Lage im östlichen Hügel der gleichen Ruinenstätte, in *Ḫirbet ed-Delēlāt eš-Šerqīye*. M. NOTH suchte den Ort in *Ḫirbet et-Tēm*, 2 km südwestlich von Medeba (Der Wallfahrtsweg zum Sinai (Num. 33), PJB 36 [1940],[5–28] 12 = M. NOTH, Aufsätze 1, [55–74] 61). Seine unbeweisbare Voraussetzung dafür war jedoch, daß dieser Ort, genauso wie die anderen, über deren Bau Mescha berichtet, zu den neu eroberten moabitischen Orten gerechnet werden muß. Das gilt aber z.B. gewiß nicht von Aroer (Zeile 26). Die alttestamentlichen Nennungen des Ortes Almon-Diblathajim (Num. 33,46f.; Jer. 48,22f.) und die in Meschas Inschrift (zusammen mit [Madeb]a und Beth-Baal-Meon [Zeile 30]) zeigen, daß die bisherigen Ansätze sich wohl in der richtigen Gegend bewegen. Die genaue Position ist offen.

Dibon in Meschas Zeit fest zum moabitischen Territorium gehörte, muß auch das noch südlicher gelegene Aroer damals schon zu Moab gezählt haben. Zu Zeiten Davids hatte der Ort allerdings noch zu Israel gerechnet (2 Sam. 24,5). Der Ort, und damit das ganze Gebiet zwischen *Sēl/Wādī Hēdān* und | Arnon, muß in der Zeit zwischen David und Omri an Moab verlorengegangen sein, am wahrscheinlichsten in der Zeit Jerobeams I. Zu Omris und Ahabs Zeit ist danach der Lauf des *Sēl/Wādī Hēdān* die Südgrenze des israelitischen Staatsgebietes im Ostjordanland gewesen.

Für Israel deutete sich am Ende der omridischen Ära mit dem Verlust der Siedlungen bis zum Arnon schon der politische und wirtschaftliche Niedergang an. Zu Jehus Zeit wurden dann durch Hasaels Raubzüge alle ostjordanischen Siedlungen von schweren Verwüstungen betroffen. „Denn Hasael schlug sie ... vom Jordan gegen der Sonne Aufgang, das ganze Land Gilead, die Gaditer, Rubeniter und Manassiter, von Aroer an, das am Arnon liegt, Gilead und Basan“ (2 Kön. 10,32, vgl. 2 Kön. 13,24 LXX!)[36].

Israels Grenze zu den Philistern

Mit den Philistern, die in früheren Jahrhunderten Israels Existenz bedroht hatten und erst durch David in ihre Schranken verwiesen worden waren, hatte auch der Staat Israel weiterhin Auseinandersetzungen zu bestehen. Obgleich die Philister eine viel längere Grenze mit dem Staat Juda hatten, wird im Königsbuch[37] von einem Kampf zwischen Juda und „Philistäa“ nichts berichtet – bestenfalls ein solcher angedeutet: 2Kön. 18,8.

Das könnte mit einer gegenüber den Philistern stark ausgebauten judäischen Grenze begründet werden[38] oder auch damit, daß zwischen diesen beiden Staaten eine Pufferzone bestand, die die beiden Nachbarn von der Konfrontation abhielt[39]. Schweigt das Königsbuch über Kriege Judas mit seinem westlichen Nachbarn, so

---

[36] Der Text ist gewiß in Anlehnung an die Aussagen Num. 32,1ff.; Jos. 13,8ff.15ff., gebildet. Der deuteronomistische Verfasser hatte keine Kenntnis mehr von den Gebietsverlusten, die Mescha dem Staat Israel zugefügt hatte.

[37] Vgl. aber 2 Chr. 17,11; 26,6; 28,18.

[38] Vgl. 2Chr. 11,5–13. So G. BEYER, Beiträge zur Territorialgeschichte von Südwestpalästina im Altertum, I: Das Festungssystem Rehabeams, ZDPV 54 (1931), 113–170; anders z.B. A. ALT, Festungen und Levitenorte im Lande Juda (1952) = A. ALT, Kleine Schriften zur Geschichte des Volkes Israel, II (München ^{3}1964), 306–315.

[39] Dazu wäre etwa die Stadt Libna mit ihrem Territorium zu rechnen, die bis zu Joram von Juda beim Staate Juda verblieben war und dann – offenbar zu den Philistern – „abfiel“: 2Kön. 8,22. Die Lokalisation des Ortes gehört zu den umstrittensten topographischen Problemen im Südwestraum der Schefela. Als Vorschläge stehen sich gegenüber: *Tell eṣ-Ṣāfī/Tēl Ṣāfīt* (Koordinaten 1353.1236) und *Tell Bornāṭ/Tēl Būrnā* (Koordinaten 1380.1153). Die beiden Plätze sind voneinander ca. 8,5 km (Luftlinie) entfernt und sind mit verschiedenen Argumenten für Libna oder andere Städte (Gath) in Anspruch genommen worden. Zur Auseinandersetzung um *Tell eṣ-Ṣāfī* vgl. P. WELTEN, Die Königs-Stempel. Ein Beitrag zur Militärpolitik Judas unter Hiskia und Josia (ADPV; Wiesbaden 1969), 68–81 (*Tell eṣ-Ṣāfī* = Libna) und A. F. RAINEY, The Identification of Philistine Gath. A Problem in Source Analysis for Historical Geography, EI 12 (1975), 63*–76* (mit [überwiegend byzantinischen] Belegen für *Tell eṣ-Ṣāfī* = Gath).

sind die Auseinandersetzungen zwischen Israel und „Philistäa“ ausführlicher dargestellt. In den beiden israelitischen Kriegen gegen die philistäische Stadt Gibbethon steht das ganze Aufgebot des israelitischen Heeres im Feld – nicht etwa nur ein Detachement von Soldaten. Offenbar sah jede der angrenzenden Staatsmächte bei Kämpfen im „Dreiländereck“ ihr ganzes Prestige auf dem Spiel stehen und rückte stets mit ganzer Heeresmacht aus. Die Quellen lassen dennoch nicht deutlich werden, was in diesem Bereich jeweils tatsächlich | reales Staatsgebiet eines der drei Staaten gewesen ist und was nur als Staatsgebiet beansprucht wurde[40].

Geht man für die Bestimmung der staatlichen Zugehörigkeit dieses Gebiets in omridischer Zeit von der relativ sicher datierbaren[41] Liste 1 Kön. 4,7ff. aus, so ist festzustellen, daß sich die staatliche Zugehörigkeit einzelner Orte in nachsalomonischer Zeit nicht nach ihrer früheren Distriktszugehörigkeit richtete, sondern nach anderen Kriterien zustande gekommen sein muß. So wissen wir sicher nur von einem der Orte Makaz[42], Schaalbim, Beth-Schemesch, Elon[43] und Beth-Hanan[44], die zur Zeit Salomos den 2. Reichsgau bildeten, daß er nach Salomos Tod judäisches Staatsgebiet geworden ist: von Beth-Schemesch (2 Kön. 14,11).

Makaz wird im Alten Testament nicht weiter genannt. Seine Lage ist daher nur relativ, im Umkreis der im Kontext genannten Orte, anzusetzen; die genaue Ortslage ist unbekannt. Schaalbim soll nach Ri. 1,35 anfangs von den Josephiten nicht erobert, ihnen schließlich aber doch fronpflichtig geworden sein. Abgesehen von der Nennung des Ortes in der danitischen Ortsliste Jos. 19,42 wird Schaalbim nicht mehr genannt[45].

Wenn Rehabeam nach 2 Chr. 11,10 in Zora (*Ṣarʿa/Tēl Ṣorʿā*) und Ajalon (*Yālō*) Festungen gebaut hat, so müssen nicht nur diese beiden Orte zu seiner Zeit zum judäischen Staatsgebiet gehört haben, sondern auch das südlicher liegende Beth-Schemesch (*Tell er-Rumēle/Tēl Bēt-Šemeš*). Für eine spätere Zeit bestätigt das 2 Kön. 14,11 (13). Über Elon und Beth-Hanan ist aus nachsalomonischer Zeit nichts bekannt.

Der an den 2. israelitischen Gau nördlich anschließende 3. Gau mit den Orten Arubboth, Socho und Hepher (1 Kön. 4,10) liegt so weit im Norden, daß ein Verlauf

---

[40] Die ausführlichste Quelle mit den meisten Städtenamen dieses Gebiets ist die Liste Jos. 19,40–48 mit der Aufzählung der Orte des Stammes Dan. Zu ihrem formalen Aufbau vgl. P. WELTEN, Die Königs-Stempel, 97 f.

[41] Nur in welchen Zeitabschnitt der davidisch-salomonischen Zeit diese Liste gehört, ist kontrovers, nicht, daß sie überhaupt in diese Zeit gehört. Vgl. Y. AHARONI, The Land (Anm. 23), 277.

[42] Die LXX bietet Μαχεμάς; wahrscheinlich ist der MT verstümmelt.

[43] Die Konjektur des MT *ʿylwn* – nach LXX[A] – zu „Ajalon“ (so M. NOTH, Könige [Anm. 3], 57 u.a.) ist nicht gerechtfertigt, da gerade Jos. 19,40–48 ein Ort Elon neben Ajalon im danitischen Gebiet genannt wird.

[44] Nach dem MT muß (1 Kön. 4,9) *ʾylwn byt ḥnn* als ein Ortsname verstanden werden; vgl. so Y. AHARONI, The Land, 97.278. Es empfiehlt sich aber, zwischen *ʾylwn byt ḥnn* nach der LXX ein *wāw* einzufügen, wodurch dann die zwei Ortsnamen Elon und Beth-Hanan entstehen. So BHK[3], BHS App. zur Stelle.

[45] Die Identifikation mit *Selbīṭ/Tēl Šaʿăləvīm* (Koordinaten 1488.1418) ist ganz unsicher; vgl. M. NOTH, Könige (Anm. 3), 68.

der Landesgrenze Juda/Israel auf der Höhe der Distriktsgrenze zwischen dem 2. und 3. Gau nicht angenommen werden kann. Ein Teilgebiet des 2. Gaues muß nach Salomos Tod an den Staat Israel gefallen sein. Um welche Städte es sich aber im einzelnen handelte, ist sehr schwer zu sagen.

Postuliert man, daß die Zugehörigkeit einzelner Ortschaften zu den Staaten Israel und Juda nach Salomos Tod sich eher an ihrer früheren Stammeszugehörigkeit ausrichtete als nach der salomonischen Gaueinteilung, so ergäbe sich nach der Beschreibung der Stammesgrenzen im Buch Josua (Jos. 15,10ff., vgl. Jos. 16,1–3) als Nord(west)grenze des Stammes Juda eine Linie Beth-Schemesch – Timna – (Ketef-) Ekron – Schikkaron – Berg Baala – Jabneel – Mittelmeer. Dabei wird ideell das gesamte Philistergebiet zu Juda gerechnet! Als Süd(west)grenze des Hauses Joseph wird (Jos. 16,1–3) eine Linie Beth-Horon – Geser – Mittelmeer genannt. Als ein Punkt der Südgrenze Benjamins wird (Jos. 18,14) Kirjath-Jearim aufgeführt. Die Westgrenze des Stammes Benjamin soll (Jos. 18,14) auf einer Linie Unteres Beth-Horon[46] – Kirjath-Jearim (*Dēr el-ʿAzhar/ Tēl Qiryat-Yəʿārīm*) verlaufen sein[47]. |

Westlich vom Stammesgebiet Benjamins wird somit in der Siedlungsliste des Buches Josua ein Raum für den Stamm Dan ausgespart[48]. Doch haben in der Zeit nach Salomo in den Orten westlich der Linie Unteres Beth-Horon – Kirjath-Jearim sicher keine Daniten mehr gewohnt[49]. Die Frage ist also: welche Orte westlich der ideellen Linie Unteres Beth-Horon – Kirjath-Jearim hielten sich nach dem Tod Salomos zum Staate Juda, und welche der „danitischen" Orte gehörten zum Staate Israel?

An „danitischen" Orten zählt Jos. 19,40–48 auf: Zora, Eschtaol[50], Ir-Schemesch[51], Schaalbim[52], Ajalon[53], Jithla, Elon, Timna(ta)[54], Ekron, Elteke, Gib-

---

[46] = *Bēt ʿŪr et-Taḥta* (Koordinaten 1581.1447); der Ort selbst gehörte nach Jos. 18,13 zum Hause Joseph.

[47] Nach 1 Chr. 8,13 gehörte aber das westlicher gelegene Ajalon den Benjaminiten!

[48] Vgl. M. NOTH, Josua (Anm. 14), 109.

[49] Vgl. Anm. 46. Anders B. MAZAR, The Cities of the Territory of Dan, IEJ 10 (1960), [65–76] 69ff.

[50] An Stelle von MT *ʾEštāʾōl* (= LXX^{A}) bietet LXX^{B} ʾΑσά. Das könnte ein innergriechischer Fehler, aber auch die Wiedergabe eines hebräischen Namens sein. Vgl. Jos. 21,16, wo ʾΑσά (= MT *ʿAyin*?) als levitische Stadt genannt ist.

[51] Was die Variation Ir-Schemes und En-Schemes statt des üblichen Beth-Schemesch zu bedeuten hat, läßt sich nicht sagen.

[52] Trotz der Form *Šaʿălabbīn* ist sicher – wie Ri. 1,35 und 1 Kön. 4,9 – Schaalbim gemeint.

[53] LXX^{B} bietet nach Σαλαβείν (= Schaalbim/ *Šaʿălabbīn*): καὶ ʾΑμμὼν καὶ Σιλαθά. Davon ist Σιλαθά Pendant zu Jithla und aus einer Metathese Σιλαθά < *ʾΙ(α)λαθά < *ʾΙ(α)θαλά entstanden. Vgl. Gibbethon = LXX^{B} Βεγεθών. Gegen J. Simons, The Geographical and Topographical Texts of the Old Testament (Leiden 1959), 200. Vielleicht liegt in ʾΑμμών ein weiterer Ortsname vor, der im MT verlorenging.

[54] LXX^{A} (u.a.) hier – wie auch sonst –: Timna. Y. AHARONI (The Solomonic Districts, Tel Aviv 3 [1976], [5–15] 7f.) hält die hiesige Schreibung für ein Konstruktus-Verhältnis: „Timnat-Ekron" im Unterschied zu anderen Orten des Namens Timna. Unsicher.

bethon, Baalath, Jehud, Asor[55], Bene-Berak, Gath-Rimmon, Me-Jarkon[56], Rakkon[57] und Japho.

Von diesen Orten gehörte Zora (*Ṣarʿa*) in der Zeit Rehabeams sicher zum Staate Juda. Rehabeam hat hier eine Festung gebaut (2 Chr. 11,10). Noch zur Zeit Nehemias wohnen hier Judäer (Neh. 11,29, vgl. noch 1 Chr. 2,53; 4,2).

Eschtaol, das häufig mit Zora zusammen genannt wird (Ri. 13,25; 16,31; 18,2.8.11 u. a.), muß in der Nähe von Zora gelegen[58] und in der Zeit Rehabeams auch zu Juda gehört haben. Zur Zeit der Chronik wohnen auch hier noch Judäer: 1 Chr. 2,53; 4,2.

Für Beth-Schemesch bezeugt explizit 2 Kön. 14,11 (13) die Zugehörigkeit zum Staate Juda. Der Ort wird seit Rehabeam zum Südreich gehört haben (vgl. auch 2 Chr. 28,18)[59].

Für Schaalbim (vgl. Anm. 45) fehlen weitere Nachrichten.

Ajalon ist eine der Festungsstädte Rehabeams gewesen (2 Chr. 11,10). Von den ersten fünf Städten der „danitischen" Ortsliste sind somit alle bis auf Schaalbim, worüber sich nichts aussagen läßt, in der Zeit Rehabeams sicher als judäisch anzusehen.

Für die Reihe der danitischen Orte nahm G. von RAD[60] eine geographische Folge an. Doch kann | diese Annahme nicht als richtig gelten. Von Zora – Eschtaol – Beth-Schemesch verläuft die Richtung nordsüdlich und überschreitet dabei das *Wādī eṣ-Ṣarār/Naḥal Śōrēq*, ohne daß das angedeutet würde. Das nachfolgende Ajalon liegt nördlich des erstgenannten Ortes Zora. Von den drei folgenden Namen Jithla, Elon und Timna findet man Timna im *Tell el-Baṭāšī/Tēl Bāṭāš*[61] nordwestlich von Beth-Schemesch. Eine geographische Folge läßt sich aus diesen ersten acht Namen daher nicht ablesen[62]. Identifikationen, die eine geographische Abfolge der genannten Orte zur Voraussetzung haben, sind darum mit einer unwahrscheinlichen Ausgangsthese belastet.

B. MAZAR, The Cities (Anm. 49), 67, hat die genannten Orte in vier verschiede-

---

[55] In LXX^B an Stelle von Jehud.

[56] Der Text ist zerstört (vgl. LXX). Es ist nicht sicher, ob in Me-Jarkon wirklich ein Ortsname vorliegt, vgl. M. NOTH, Josua (Anm. 15), 118.

[57] Vielleicht nur Dittographie des vorangegangenen Wortes und kein wirklicher Ortsname (fehlt LXX!), vgl. M. NOTH, Josua (Anm. 15), 118.

[58] Zur Lokalisation bei *ʿArṭūf/Ḥarṭūv* (Koordinaten 1500.1301) vgl. K. ELLIGER, Art. Esthaol, in: BHH I, 444–445.

[59] Zu den Ausgrabungen siehe D. MACKENZIE, The Excavations at Ain Shems, 1911, PEFA 1 (1911), 41–94;2–3 (1912–1913), 1–104; E. GRANT, Beth Shemesh, AASOR 9 (1929), 1–15; E. GRANT, Ain Shems Excavations, I–V (Haverford 1931–1939) (Vol. IV–V zusammen mit G. E. WRIGHT); Y. AHARONI, The Date of Casemate Walls in Judah and Israel and their Purpose, BASOR 154 (1959), 35–39; vgl. noch Y. TSAFRIR, The Levitical City of Beth-Shemesh in Judah or Naphtali?, EI 12 (1975), 44–45 (hebr.).

[60] Das Reich Israel und die Philister, PJB 29 (1933), [30–42] 31 f.

[61] Koordinaten 1417.1327. Vgl. Y. AHARONI, The Northern Boundary of Judah, PEQ 90 (1958), 27–31.

[62] Gegen G. VON RAD, Das Reich Israel, 31 f.

ne „districts" aufgeteilt: I: Zora, Eschtaol, Beth-Schemesch; II: Schaalbim, Ajalon, Elon und Jithla; III: Timna, Ekron, Elteke, Gibbethon und Baalath; IV: Jehud, Asor, Bene-Berak, Gath-Rimmon, Me-Jarkon und Rakkon. Diese Einteilung ist aber literarisch nicht zu begründen, und eine Zuordnung nicht identifizierter Orte wie Jithla und Elon zu einem „district" ist willkürlich.

Über die Lage und die staatliche Zugehörigkeit des Ortes Jithla ist nichts bekannt (vgl. noch Anm. 53).

Auch für die Lage und die staatliche Zugehörigkeit des Ortes Elon fehlen eindeutige Zeugnisse[63].

Mit Timna (*Tell el-Baṭāšī/Tēl Bāṭāš*)[64] befindet man sich geographisch ein beträchtliches Stück nordwestlich von Beth-Schemesch im abfallenden Hügelland. Wenn Beth-Schemesch bei der Reichsteilung zu Juda gekommen ist (siehe oben), mag sich auch Timna damals zu Juda gehalten haben. Eine Grenzziehung der Staaten Israel und Juda zwischen den Ortslagen *Tell el-Baṭāšī* (= Timna) und *Tell er-Rumēle* (= Beth-Schemesch), die beide noch südlich des *Wādī eṣ-Ṣarār/Naḥal Śōrēq* liegen, ist recht unwahrscheinlich. Noch zur Zeit des Königs Ahas von Juda soll Timna zu Juda gehört haben. Erst zu seiner Zeit hätten es die Philister dem Staate Juda entrissen (2 Chr. 28,18).

Die Stadt Timna (assyr. *Tamna*) wird tatsächlich unter den philistäischen Städten genannt, die Sanherib 701 v. Chr. bei seinem Marsch auf Ekron zerstörte[65], und hat demnach zu dieser Zeit wirklich nicht mehr zu Juda gehört. Die judäischen Ansprüche auf Timna sind aber schon mit der Tradierung der Simsonerzählungen aufrechterhalten worden (Ri. 14,1 ff.)[66]. Ob Josia die Stadt zurückerobern konnte, ist nicht überliefert. Zwar sind auf dem ca. 8 km nördlich von *Tell el-Baṭāšī* liegenden *Tell Abū Šūše* (= Geser) und auf dem ca. 10 km südwestlich liegenden *Tell eṣ-Ṣāfī* (= Gath? Libna?) Krugstempel gefunden worden, die als Zeichen einer administrativen Zugehörigkeit dieser Orte zum Staate Juda interpretiert wurden[67], so daß das zwischen diesen Orten liegende Timna (= *Tell el-Baṭāsăī*) dann auch in der gleichen Zeit zu Juda gerechnet werden müßte; doch ist diese Interpretation angesichts der neueren Krugstempel aus Asdod[68] nur noch mit größten Bedenken akzeptabel. |

Mit den Philistern von Ekron (zur Ortslage siehe unten S. 16f.) hatte es schon vor

---

[63] Für J. STRANGE, The Inheritance of Dan, Studia Theologica 20 (1966), [120–139] 122, ist das hiesige Elon entstanden aus einer Dittographie von „Ajalon". Angesichts des Belegs in 1 Kön. 4,9 nicht sehr wahrscheinlich.

[64] Die frühere Gleichung mit *Ḫirbet Tibne* ist aufzugeben, da sich dort keine vorrömische Siedlung findet, vgl. Y. AHARONI, The Northern Boundary, 28.

[65] D. D. LUCKENBILL, The Annals of Sennacherib (Chicago 1924), Col. III:6ff.; A. HEIDEL, The Octagonal Sennacherib Prism in the Iraq Museum, Sumer 9 (1953), 117–187 (Col. II:60ff.); ANET, 287–288; TGI, 67–69.

[66] Vgl. auch die rabbinische Diskussion um Timna: A. NEUBAUER, La Géographie du Talmud. Études Talmudiques (Paris 1868; Nachdruck 1965), 102 ff.

[67] P. WELTEN, Die Königs-Stempel (Anm. 39), 65.68.

[68] Zu den Ausgrabungen in Asdod vgl. M. DOTHAN - D. N. FREEDMAN, Ashdod I. The First Season of Excavations, 1962, 'Atiqot ES 7 (Jerusalem 1967); M. DOTHAN, Ashdod II–III. The Second and Third Seasons of Excavations, 1963, 1965, Soundings in 1967, 'Atiqot ES 9–10 (Jerusalem 1971). Die Krugstempel in M. DOTHAN, Ashdod II–III, 22.

David manchen Kampf gegeben (Jos. 13,3; Ri. 1,18; 1 Sam. 5,10; 6,9ff.; 7,14ff.)[69]. Wie sich das Verhältnis der Stadt zum Reich Salomos gestaltete, wird nicht überliefert. Wenn aber Geser erst als Mitgift der ägyptischen Prinzessin zum Reiche kam (1 Kön. 9,16) und von der Eroberung anderer Philisterstädte durch Salomo nichts verlautet, so kann angenommen werden, daß Ekron im Verband der übrigen Philisterstädte seine Selbständigkeit gegenüber Salomo bewahren konnte. Wenn Rehabeam als westlichste Festungen Zora und Ajalon, nicht aber Ekron, ausgebaut hat, dürfte Ekron auch zu seiner Zeit außerhalb des judäischen Territoriums geblieben sein. Auch von einer Einverleibung von Ekron in den israelitischen Staat unter Jerobeam ben Nebat hören wir nichts. Die israelitischen Vorstöße gegen das philistäische Gebiet unter Nadab/Baesa und Ela/Simri/Omri (1 Kön. 15,9; 16,15) erreichten nur das Stadtgebiet von Gibbethon, nicht aber Ekron. Wenn zu Zeiten von Nadab und Ela sich Israel und die Philister in harter Gegnerschaft befunden haben und Israel wiederholt Gibbethon belagerte, so sind spätestens seit Ahab auch zu den philistäischen Nachbarn freundliche Bindungen getreten. Denn wenn sein Sohn Ahasja Boten zum Gott der Stadt Ekron sandte (2 Kön. 1)[70], so setzt dieses nicht nur ein „liberales" Religionsverständnis im Innern Israels, sondern auch ein freundliches politisches Verhältnis zu den Philistern von Ekron voraus. Wir haben sonst keinen positiven Beleg dafür, daß das Verhältnis Israels zu „Philistäa" in der Zeit der Dynastie Omri freundschaftlich gewesen ist; aber allein die Gesandtschaft des israelitischen Königs Ahasja ist ein sicherer Hinweis darauf, daß sich auch das Verhältnis dieser beiden Nachbarn grundlegend gewandelt hatte.

Zur Zeit des Königs Usia/Asarja soll – nach 2 Chr. 26,6 – ein judäisches Heer die Städte Gath[71], Jabne und Asdod erobert haben. Wenn der Bericht historisch zutreffend ist[72], muß als Durchzugsgebiet des judäischen Heeres auch die Gegend zwischen *Tell el-Baṭāšī*, *Tell Abū Šūše*, *Tell Melāt* und *Ḫirhet el-Muqannaʿ* in Mitleidenschaft gezogen worden sein, da entweder für den Hinweg oder für den Rückweg das judäische Heer die Aufgänge ins judäische Hochland bei Ajalon, Beth-Horon oder Beth-Schemesch benutzt haben muß[73]. Während in früheren Jahren von

---

[69] Vgl. dazu O. EISSFELDT, Israelitisch-philistäische Grenzverschiebungen von David bis auf die Assyrerzeit, ZDPV 66 (1943), 115–128 = O. EISSFELDT, Kleine Schriften, II (Tübingen 1963), 453–463.

[70] Vgl. dazu O. H. STECK, Die Erzählung von Jahwes Einschreiten gegen die Orakelbefragung Ahasjas (2Kön. 1,2–8, *17), Evangelische Theologie 27 (1967), 546–566. – Vergleichbare Gesandtschaften um Hilfe in Krankheitsfällen sind aus dem Alten Orient bekannt. Vgl. etwa die Belege bei W. Helck, Die Beziehungen Ägyptens zu Vorderasien im 3. und 2. Jahrtausend v. Chr. (ÄA 5; Wiesbaden [2]1971), 435–443.

[71] Vgl. dazu B. MAZAR (MAISLER), Gath and Gittaim, IEJ 4 (1954), [227–235] 230f.; anders P. WELTEN, Die Königs-Stempel (Anm. 39), 69 ff.

[72] Schon der Vers 2 Chr. 26,6b gibt zu Bedenken Anlaß. Vgl. W. RUDOLPH, Chronikbücher (Anm. 21), 282.

[73] Wenn die Nennung der Orte Gath, Jabne und Asdod die chronologische und sachliche Folge des Feldzuges wiedergibt (so B. MAZAR [MAISLER], Gath and Gittaim, 231), dann schon auf dem Hinweg nach Jabne und Asdod. Ist das hier genannte Gath gleichzusetzen mit der südlicher gelegenen Philisterstadt, die nach 2 Chr. 11,8 seit Rehabeam in judäischem Besitz gewesen ist (so P. WELTEN, Die Königs-Stempel [Anm. 39], 73 Anm. 83), dürfte sich

israelitischer Seite aus mit Vorstößen auf Gibbethon das nördliche philistäische Gebiet unter Druck gesetzt worden war, hätten mit diesem Zug unter König Usia/Asarja erstmals die Judäer Ansprüche angemeldet. Ekron ist aber wohl nicht in ihre Hände gefallen, da man das verzeichnet hätte. – Im Gegenzug haben sich (2 Chr. 28,18) z. Z. des Königs Ahas von Juda die Philister der judäischen Orte Beth-Schemesch, Ajalon, Gederoth (*Qaṭra/Qidrōn*)[74], | Socho (*Ḫirbet ʿAbbād/Ḥorvat Sōḵō*), Timna und Gimso (*Ǧimzū/Gimzō*, Koordinaten 1445.1485) bemächtigt und durch ihre Besetzung das Staatsgebiet Judas empfindlich reduziert.

Wichtiger aber als das Verhältnis zu den Nachbarn Israel und Juda wurde für Ekron seit Mitte des 8. Jahrhunderts ein Arrangement mit der assyrischen Militärmacht. Schon vor dem entgültigen Untergang Israels hatte Tiglath-Pileser III. (745–727) Kriegszüge nach Askalon und Gaza unternommen[75]. Bei diesen Feldzügen müssen die Assyrer erstmals in der Nähe von Ekron vorübergezogen sein[76]. Durch die Einordnung der westisraelitischen Landesteile in das assyrische Provinzialsystem (um 733/2) unter dem Namen der Provinz Dor (*Dūru*)[77] war nicht weit von Ekron die assyrische Grenze entstanden. Israels Schicksal stand damit den Philisterstädten deutlich vor Augen.

Die Aufstände in Gaza und Askalon schlug Sargon II. (721–705) brutal nieder. Er eroberte Asdod und setzte einen assyrischen Provinzialgouverneur[78] ein. Auch Ekron wurde von ihm erobert und zerstört[79]. Das Territorium der Stadt wurde wahrscheinlich der neuen Provinz Asdod zugeschlagen[80].

Beim Zug Sanheribs gegen die philistäischen Städte um 701 v. Chr. hatten sowohl das gerade kürzlich zur Provinzhauptstadt gewordene Asdod als auch das gerade zerstörte Ekron wieder einen König. Ekron hat von diesem Feldzug Sanheribs

das judäische Heer auf dem Rückweg von Jabne aus in Richtung auf Ajalon, *Laṭrūn* oder Beth-Schemesch durchgeschlagen haben.

[74] Koordinaten 1299.1360; vgl. dazu M. NA'OR, Bet-Dagon and Gederoth-Kidron, Elteke and Ekron, EI 5 (1958), [124–128] 125f. (hebr.).

[75] Zur Ordnung der Texte Tiglath-Pilesers III. und damit der Chronologie seiner Zeit vgl. vorläufig W. SCHRAMM, Einleitung in die assyrischen Königsinschriften, Zweiter Teil: 934–722 v. Chr. (HO I, Ergänzungsband 5, 1; Leiden-Köln 1973), 125 ff.

[76] Möglicherweise wird Ekron schon in der Korrespondenz aus der Zeit Tiglath-Pilesers III. genannt. Vgl. H. W. F. SAGGS, The Nimrud Letters 1952, Part II, Iraq 17 (1956), [126–160] Nr. XVI (ND 2765), 134, Pl. XXXIII: *KUR a[k?-r]u-[n]a-a-a.*

[77] Vgl. E. FORRER, Die Provinzeinteilung des assyrischen Reiches (Leipzig 1920), 60ff.; A. ALT, Das System der assyrischen Provinzen auf dem Boden des Reiches Israel, ZDPV 52 (1929), 220–242 = A. ALT, Kleine Schriften II, 185–205.

[78] E. FORRER, Provinzeinteilung, 63f.; A. ALT, Neue assyrische Nachrichten über Palästina, ZDPV 67(1945), 139–146 = A. ALT, Kleine Schriften II, 234–241. Bruchstücke einer Stele Sargons II. sind bei den Ausgrabungen in Asdod gefunden worden: H. TADMOR, Fragments of an Assyrian Stele of Sargon II, in: M. DOTHAN, Ashdod II–III (Anm. 68), 192–197.

[79] M. EL-AMIN, Die Reliefs mit Beischriften von Sargon II. in *Dūr-Sharrûkīn*, Sumer 9 (1953), [35–59.214–228] 37ff.

[80] So E. FORRER, Provinzeinteilung, 63, allerdings mit der falschen Lesung „Rašpuna“ statt *Kašpuna*. Anders A. ALT, Neue assyrische Nachrichten, 239, in Unkenntnis der Reliefbeischriften aus *Dūr-Šarrukīn*.

sogar profitiert. Sein in Jerusalem gefangener König wurde aus der Gefangenschaft befreit und das Territorium der Stadt Ekron auf Kosten Judas erweitert. Noch zur Zeit Asarhaddons (680–669) und Assurbanipals (668–633) hatten Asdod und Ekron jeweils einen König[81]. Auch in den Fremdvölkerorakeln des Buches Zephanja wird Ekron noch als selbständig unter den Philisterstädten genannt (Zeph. 2,4)[82]. Daß Josia in den Norden eine erfolgreiche Expansion betrieb, ist überliefert (2 Kön. 23,15.19.29; 2 Chr. 34,6; 35,20ff.). Von ähnlichen Unternehmungen Josias in Richtung Westen, wobei ihm etwa auch Ekron in die Hand gefallen wäre, schweigen aber die Quellen.

Nach J. NAVEH war der kleine Ort *Məṣad Ḥăšavyāhū* südlich von *Yavne-Yām*, an dem auch hebräische Ostraka gefunden wurden[83], eine griechische Siedlung im Staatsterritorium Josias[84]. Doch kann die Zugehörigkeit zu Juda aus dem archäologischen Befund nicht sicher gefolgert werden. Aber selbst wenn in *Məṣad Ḥăšavyāhū* z.Zt. Josias Juden gewohnt hätten, ist das noch kein Beweis dafür, daß Ekron damals auch judäisches Staatsgebiet war.|

Die Existenz von Ekron hat sich bis in die hellenistische Zeit (vgl. 1 Makk. 10,89; Jos., Ant. XIII, 102) und darüber hinaus bis in die Tage Eusebs durchgehalten, in denen ihre Bedeutung allerdings zu der eines „großen Dorfes" (κώμη μεγάλη) herabgesunken war (Onomastikon 22,9–10).

Nach den alttestamentlichen und assyrischen Aussagen läßt sich somit für die Zeit von David bis zur Zerstörung Jerusalems kein eindeutiges Zeugnis dafür beibringen, daß Ekron jemals zum Staate Juda oder zum Staate Israel gehört hätte. Bei beiden Versuchen dieser Staaten zur territorialen Expansion in diese Richtung – die israelitischen Belagerungen von Gibbethon und Usias/Asarjas Zug nach Gath, Jabne und Asdod – ist nichts über die Einnahme von Ekron berichtet. Zwar ist auch für die Zeit Josias ein Ausgreifen des Staates Juda in westliche Richtung möglich, ein Bericht über die Einnahme der Stadt Ekron findet sich aber in den Quellen nicht.

Die Frage nach einer Zugehörigkeit von Ekron zum Staatsgebiet Israels oder Judas ist deswegen besonders schwierig, weil die genaue Ortslage von Ekron als umstritten gilt.

Nachdem E. ROBINSON[85] seinerzeit die Gleichung Ekron = *ʿĀqir*[86] vorgeschlagen

---

[81] R. BORGER, Die Inschriften Asarhaddons, Königs von Assyrien (AfO Beiheft 9; 1956; unv. Nachdruck Osnabrück 1967), 60; ANET, 291aff. 294af.; TGI, 70.

[82] Sowohl die Verfasserschaft Zephanjas als auch überhaupt die zeitliche Einordnung dieser Fremdvölkersprüche sind umstritten. Die teilweise recht allgemein gefaßten Drohungen bieten wenig Anhaltspunkte für eine exakte Datierung. Vgl. W. RUDOLPH, Micha-Nahum-Habakuk-Zephanja (KAT XIII 3; Gütersloh 1975), 275ff.

[83] J. NAVEH, A Hebrew Letter from the Seventh Century B.C., IEJ 10 (1960), 129–139 und DERS., More Hebrew Inscriptions from *Meṣad Ḥašavjahu*, IEJ 12 (1962), 27–32. Von der umfänglichen Literatur zu diesem Text (= KAI, Nr. 200) vgl. besonders A. LEMAIRE, L'Ostracon de *Meṣad Ḥashavyahu* (Yavneh-Yam), Semitica 21 (1971), 57–79.

[84] J. NAVEH, The Excavations at *Meṣad Ḥašavjahu*, IEJ 12 (1962), 89–113; so auch nachdrücklich P. WELTEN, Die Königs-Stempel (Anm. 39), 66 f., 101.

[85] E. ROBINSON-E. SMITH, Palästina und die südlich angrenzenden Länder. Tagebuch einer Reise im Jahre 1838 in Bezug auf die biblische Geographie, III (Halle/S. 1842), 230ff.

[86] *ʿĀqir/Kəfar ʿEqrōn*, Koordinaten 1331.1408.

hatte und die Ähnlichkeit der Namen ihm recht zu geben schien, muß diese Gleichung mangels archäologischen Materials in *ʿĀqir* ausscheiden[87]. Die von W. F. ALBRIGHT vorgeschlagene Lage von Ekron bei *Qaṭra* (s.o. S. 14) kann für Ekron nicht in Anspruch genommen werden, weil *Qaṭra* mit dem hellenistischen Kedron (1 Makk. 15,40f.) gleichzusetzen ist[88]. B. MAISLER (MAZAR) setzte Ekron gleich mit *Tell el-Baṭāšī*[89], dem zwar der archäologische Befund nicht widerspricht, was aus anderen Gründen aber mit Timna gleichzusetzen ist[90]. Weitgehend akzeptiert ist der Vorschlag, Ekron in *Ḫirbet el-Muqannaʿ/Tēl Miqnā* (Koordinaten 1356/60.1315/20) zu suchen[91]. Dieser Tell ist einer der größten im Südwesten Palästinas (140 000 m^2) und muß in der Antike eine bedeutende Stadt gewesen sein, wie man es von Ekron erwarten kann. Der Tell war nach den Scherbenfunden auf seiner Oberfläche in der frühen Bronzezeit II und seit der frühen Eisenzeit II bis in die Perserzeit besiedelt. Keramik der hellenistischen und byzantinischen Zeit fand sich kaum, jedenfalls nicht in dem Maße, daß man auf eine nennenswerte Siedlung auf dem Tell – die Euseb noch gekannt hat! – auch für diese Zeit noch schließen könnte. Dieses ist der Vorbehalt, den J. NAVEH gegen seine Identifizierung *Ḫirbet el-Muqannaʿ* = Ekron machte[92]. Sofern aber die anderen vorgeschlagenen Ortslagen – *ʿĀqir*, *Qaṭra* und *Tell el-Baṭāšī* – aus verschiedenen Gründen für Ekron ausscheiden müssen und ein besserer Vorschlag nicht in Sicht ist, wird man an der Gleichung Ekron = *Ḫirbet el-Muqannaʿ* festhalten.

Die Auseinandersetzungen um Ekron werden bei einer Position des Ortes auf *Ḫirbet el-Muqannaʿ* leichter einsichtig. Das zur Stadt gehörende Territorium hätte demnach mindestens in assyrischer Zeit über das heutige *Wādī el-Muqannaʿ/Naḥal ʿĒvōt* nach Norden ein gutes Stück hinausgegriffen und bis hart an das judäische Hügelland gereicht. Nicht nur im | Westen, sondern auch im Norden und Nordosten wäre dem Gebiet Ekrons zeitweilig asdoditisches Territorium benachbart gewesen. Sofern Timna (*Tell el-Baṭāšī*) nach Sanheribs Bericht mindestens zeitweilig zum Gebiet von Ekron gehört hat und zwischen *Tell el-Baṭāšī* und *Ḫirbet el-Muqannaʿ* sich keine natürliche Barriere als mögliche Landesgrenze befindet, sind anhaltende territoriale Streitigkeiten in diesem Gebiet leicht verständlich.

---

[87] W. F. ALBRIGHT, Contributions to the Historical Geography of Palestine: I, The Sites of Ekron, Gath and Libnah, AASOR 2–3 (1923), [1–17] 5; anders z.B. G. VON RAD, Das Reich Israel (Anm. 60), 32 Anm, 5; M. NOTH, Josua, 75 u.a.

[88] G. BEYER, Beiträge zur Territorialgeschichte von Südwestpalästina im Altertum, V: Ekron, ZDPV 54 (1931), [159–170] 168ff.

[89] The Campaign of Sennacherib in Judaea, EI 1 (1953), 171–174 (hebr.).

[90] Vgl. Y. AHARONI, The Northern Boundary (Anm. 61), 28 f.

[91] Seinerzeit von W. F. ALBRIGHT, Researches of the School in Western Judaea, BASOR 15 (1924), 8, für Elteke in Anspruch genommen. Gerade die Größe des Tells spricht aber eher für Ekron als für Elteke. Archäologisch begründet wurde der Vorschlag Ekron = *Ḫirbet el-Muqannaʿ* durch J. NAVEH, *Khirbat al-Muqannaʿ* – Ekron. An Archaeological Survey, IEJ 8 (1958), 87–100.165–170.

[92] J. NAVEH, *Khirbat al-Muqannaʿ*, 169f., suchte die hellenistische und byzantinische Ortslage im Westen des Tells; vgl. jetzt aber auch A. F. RAINFY, The Identification (Anm. 39), 64*, Anm. 14. 16.

Für Elteke sind die Angaben des Alten Testaments[93] äußerst dürftig. Abgesehen von der in Rede stehenden danitischen Ortsliste (Jos. 19,40–48) wird der Ort nur noch in der Liste der danitischen Levitenstädte Jos. 21,23, zusammen mit Gibbethon, Ajalon und Gath-Rimmon, erwähnt.

Da die Namen der danitischen Ortsliste keiner strengen geographischen Ordnung folgen (siehe oben S. 12f.), eine solche auch aus der Liste der Levitenstädte nicht ablesbar ist, kann für Elteke nur auf eine ungefähre Position im Westen oder Nordwesten von Ajalon geschlossen werden.

Der Bericht Sanheribs nennt als eroberte Städte vor Elteke/*Altaqū* noch *Bit-Daganna* (Beth-Dagan)[94], *Jappū* (Japho), *Banāia-Barqa* (Bene Berak) und *Azuru* (Asor). Auch in seinem Bericht sind diese Orte in keiner ersichtlichen geographischen Folge angeordnet. Geographisch liegt zwischen den ersten beiden Orten der vierte. Ein arabischer Ortsname, der den antiken Namen von Elteke bewahrt hätte, ist in der Gegend südlich von Japho nicht überliefert. So bleibt für die Lokalisation von Elteke einiger Spielraum.

Ein erster begründeter Versuch, den Ort zu lokalisieren, stammt von W. F. Albright. Er setzte Elteke mit *Ḫirbet el-Muqannaʿ* gleich[95]. Dieser Tell sollte aber wegen seiner Größe eher für Ekron in Anspruch genommen werden. F.-M. ABELS (Géographie II [Anm. 28], 313f.) vorgeschlagene Identifikation mit *Ḫirbet el-Muġār* (Koordinaten 1298.1387) war nur durch einen unhaltbaren Namensanklang hervorgerufen, ist dadurch aber nicht wahrscheinlich zu machen. B. MAZAR[96] schlug für Elteke *Tell eš-Šallāf*[97] vor, wo sich auch Keramik findet, die den Ort in der fraglichen Zeit als besiedelt ausweist. *Tell eš-Šallāf* liegt nicht weit von der Küstenstraße entfernt (von *Yavnē* ca. 4 km), die auf dem Weg nach Asdod und Gaza mehrfach von den Assyrern benutzt wurde. In der Nähe dieses Ortes mag sich tatsächlich der Kampf Sanheribs gegen die gegnerische Koalition abgespielt haben. Nach der Eroberung von Elteke hätte Sannerib dann in einem taktischen Manöver Ekron umgangen und diese Stadt durch die Eroberung von Timna (*Tell el-Baṭāšī*) von Osten und Westen zugleich angegriffen[98]. – K. ELLIGER hielt auch eine Position auf *Tell el-Melāt* (*Tēl Gibbəṭōn*; Koordinaten 1374.1404) für möglich[99]. Ob Elteke auf *Tell eš-Šallāf* oder auf *Tell el-Melāt* anzusetzen ist, ist kaum zu entscheiden. Für die größere Wahrscheinlichkeit spricht *Tell eš-Šallāf*, da dieser Ort näher an der Küstenstraße lag.

Nimmt man für Elteke *Tell eš-Šallāf* und für Gibbethon *Tell el-Melāt* (*Tēl Gibbəṭōn*) in Anspruch, so wäre von diesen geographischen Positionen her zu postulieren, daß zu der Zeit, als Gibbethon von israelitischen Heeren unter Nadab und Ela

---

[93] Vgl. aber auch die Angaben Sanheribs, Anm. 65.

[94] = *Bēt-Değen*/*Bēt-Dāǧān*, Koordinaten 1340.1567. Vgl. dazu M. NA'OR, Bet-Dagon (Anm. 74), 124.

[95] Researches of the School, 8.

[96] The Cities (Anm. 49), 72 f.

[97] Koordinaten 128.144 (nicht verzeichnet); nach Y. AHARONI, The Land (Anm. 23), 376.

[98] So Y. AHARONI, The Northern Boundary (Anm. 61), 29; B. MAZAR, The Cities (Anm. 49), 73; K. ELLIGER, Art. Eltheke, in: BHH I, 403.

[99] Art. Eltheke, in: BHH I, 403.

belagert wurde, auch Elteke zum philistäischen Territorium gehörte[100]. Wenn aber Gibbethon schon zur Zeit Nadabs – ca. 20 Jahre nach Salomos Tod – zu „Philistäa" gehört hat, und von einem Abfall von Elteke zu den Philistern nach dem Tod Salomos nichts berichtet wird, darf auch schon für die Zeit Salomos mit der Zugehörigkeit von Elteke zu „Philistäa" gerechnet werden. |

Gibbethon wird, abgesehen von Jos. 19,40–48 und der Liste der Levitenorte Jos. 21,23, im Alten Testament[101] zweimal als Kampfstätte der Israeliten und Philister genannt: 1 Kön. 15,27; 16,15. An beiden Stellen gehört Gibbethon unbestritten zum philistäischen Gebiet. Wenn Gibbethon aber schon zu Nadabs Zeit – ca. 20 Jahre nach Salomos Tod – philistäisches Territorium war, ist mit der Zugehörigkeit des Ortes zu „Philistäa" auch für die salomonische Zeit zu rechnen[102]. Auch die wiederholten Kämpfe um Gibbethon bis in Omris Zeit haben an diesem Besitzstand nichts ändern können. – Von diesen wenigen Zeugnissen ergibt sich ein israelitischer Anspruch auf Gibbethon – nicht aber einer des Staates Juda.

Nach dem Untergang des Reiches Israel erwähnt Sargon (721–705) Gibbethon (*Gabbutunu*) als erobert[103]. Möglicherweise ist der Ort von ihm so gründlich zerstört worden, daß er zur Zeit Sanheribs nicht mehr existierte. Andernfalls würde man eine Erwähnung von Gibbethon bei den Unternehmungen Sanheribs im Raum von Elteke – Timna – Ekron erwarten.

Von diesen wenigen Zeugnissen her ist eine Bestimmung der Ortslage des alttestamentlichen[104] Gibbethon schwierig. Ein arabischer Ortsname, der den antiken Namen in abgewandelter Form tradiert, ist nicht vorhanden. G. VON RAD[105] hatte vorgeschlagen, Gibbethon mit *Tell el-Melāt* zu identifizieren. Der Tell ist auch in der entsprechenden Zeit besiedelt gewesen[106].

Allerdings war G. VON RAD für die Identifizierung von Gibbethon mit *Tell el-Melāt* davon ausgegangen, daß die danitischen Orte (Jos. 19,40–48) in einer geographischen Abfolge liegen. Doch trifft das nicht zu (siehe oben S. 12f.). Die von ihm vorausgesetzte Identität von Timna mit *Ḫirbet Tibne/Ḥorvat Tamnă* (Koordinaten 1441.1279) und von Ekron mit *ʿĀqir* ist aufzugeben. Auch seine angenommene Gleichung der „Schulter von Ekron" mit dem Hügelland nördlich von *ʿĀqir* ist kaum

---

[100] Vgl. Usias/Asarjas Zug gegen Jabneel und Asdod (2 Chr. 26,6). *Tell eš-Šallāf* liegt von *Yavnē* (= Jabneel) nur ca. 4 km südlich entfernt und wird damals zu „Philistäa" gehört haben. Für die Zeit um 701 bezeugen diese Staatszugehörigkeit die Texte Sanheribs.

[101] Zu *Qpt* in der Ortsnamensliste Thutmosis' III., das fälschlich mit Gibbethon identifiziert wird, vgl. W. HELCK, Die Beziehungen (Anm. 70), 125 ff.

[102] O. EISSFELDT setzte auch das 2 Sam. 21,15–16 (*cj*). 18.19 genannte Gob mit Gibbethon gleich, da beide Orte nahe bei Geser zu suchen seien (Israelitisch-philistäische Grenzverschiebungen [Anm. 69], 456ff.). Doch bleibt das hypothetisch; vgl. noch unten Anm. 104.

[103] M. EL-AMIN, Die Reliefs (Anm. 79), 36f.

[104] Vgl. noch die rabbinischen Angaben über Gibbethon, die Antipatris (*Rās el-ʿĒn*) und Gibbethon (auch: Gbh) als nördlichsten und südlichsten Ort judäischen Gebietes angeben: A. NEUBAUER, La Géographie (Anm. 66), 72.86.

[105] Das Reich Israel (Anm. 60), 38 f.

[106] G. VON RAD, Das Reich Israel, 38.

zu halten[107], Somit ist die davon abhängige Gleichung Gibbethon = *Tell el-Melāt* von ihrer Ausgangsbasis her schwer erschüttert. Doch bessere Vorschläge sind nicht gemacht worden[108], und der archäologische Befund auf *Tell el-Melāt* spricht nicht gegen diese Gleichung.

Tell el-Melāt ist dann allerdings nicht mehr als Vorfestung von Ekron anzusehen[109], sondern als Sperrfort zwischen Geser (= *Tell Abū Šūše*) und Ekron (=*Ḫirbet el-Muqannaʿ*), das die nordsüdliche Verbindung unterhalb des Hügellandes und die ostwestliche zwischen Ekron und Geser zu schützen hatte. Die Lage von Gibbethon auf *Tell el-Melāt* würde auch erklären, warum sich jeweils das gesamte israelitische Heer gegen diesen Ort versammelte. Eine kleine Heeresabteilung hätte jederzeit von Geser oder Ekron aus in die Zange genommen werden können!

Über das nach Gibbethon in der danitischen Ortsliste genannte Baalath läßt sich kaum | etwas ausmachen. Der gleiche Ort scheint gemeint, wenn in der judäischen Grenzbeschreibung Jos. 15,11 der „Berg“ von Baalath als Grenzfixpunkt erwähnt wird. Andere Bezeugungen sind unsicher[110].

G. von Rad nahm für Baalath eine Position beim damaligen Araberdorf *el-Iqbēbe*, ca. 4 km nordöstlich von *Yavnē*, an[111]. Durch die neueren Lagebestimmungen für Timna und Ekron (siehe oben S. 13.16f.) ist aber auch für Baalath eher eine Lage am *Wādī eṣ-Ṣarār/Naḥal Śōrēq* anzusetzen, das offenbar den Hintergrund der Reihe von Jos. 15,10f. bildet[112]. Z. Kallai-Kleinmann plädierte daher für eine Lage bei *el-Muġār* (Koordinaten 1298.1387), wobei der Abfall des Berges von *el-Muġār* als „Berg“ (*har*) von Baalath anzusehen wäre[113]. In *el-Muġār* sind u.a. Siedlungsspuren der Eisenzeit I und II gefunden worden. Y. Aharoni stellte *el-Muġār* oder *el-Qaṭra*[114] zur Diskussion, wobei auch in *Qaṭra* Siedlungsspuren der Eisenzeit

---

[107] Für Y. Aharoni (The Northern Boundary [Anm. 61], 30) ist die „Schulter von Ekron“ der Abfall des *Wādī el-Muqannaʿ/Naḥal ʿĒvōt* bei *Ḫirbet el-Muqannaʿ*.

[108] K. Elliger, Art. Gibbethon, in: BHH I, 566–567, hielt auch eine Identität von Gibbethon mit *ʿĀqir* für möglich, doch sind in *ʿĀqir* keine frühen Besiedlungsspuren gefunden worden. *ʿĀqir* scheidet damit (sowohl für Ekron als auch) für Gibbethon aus.

[109] So G. von Rad, Das Reich Israel (Anm. 60), 38.39. Anders K. Elliger, Art. Gibbethon, 566 f.

[110] Ein Baalath (*Bʿlt*) wird 1 Kön. 9,18; 2 Chr. 8,6 unter den Städten genannt, die Salomo ausgebaut hat. Die dortige Folge: Beth-Horon – Baalath – Thamar gibt keinen Anhaltspunkt für die Lage von Baalath. Es könnte bei Beth-Horon gesucht werden und wäre dann wohl mit dem Baalath von Jos. 19,44 identisch. Doch könnte man auch ein anderes, unbekanntes Baalath in der Nähe von Thamar ansetzen. Gegen die Gleichsetzung des „danitischen“ mit dem salomonischen Baalath spricht jedenfalls, daß anderswo nichts von einem so weiten Ausgreifen des israelitisch-judäischen Staatsgebietes nach „Philistäa“ berichtet ist und daß die Ruinenstätte des „danitischen“ Baalath (= *el-Muġār*? oder *el-Qaṭra*?) in keiner Weise mit anderen salomonischen Städten wie Hazor, Megiddo oder Geser konkurrieren kann.

[111] Das Reich Israel (Anm. 60), 35 f.

[112] Y. Aharoni, The Northern Boundary (Anm. 61), 28ff.

[113] Notes on Elthekeh, Ekron and Timnah, BIES 17 (1952), [62–64] 63 (hebr.).

[114] Letzteres aber wohl eher identisch mit dem 1 Makk. 15,40 genannten Kedron; siehe oben Anm. 88.

I und II nachgewiesen werden konnten[115]. In jedem Fall kommt Baalath damit hart an das *Wādī eṣ-Ṣarār/Naḥal Śōrēq* zu liegen.

Wenn Baalath nordwestlich von *Ḫirbet el-Muqannaʿ* gelegen hat, ist seine staatliche Zugehörigkeit zu Israel oder zu Juda nur dann anzunehmen, wenn zur gleichen Zeit auch die Orte Jabne, Gibbethon (*Tell el-Melāt*) und Ekron (*Ḫirbet el-Muqannaʿ*) zu Israel bzw. Juda gehört haben. Das ist jedoch für keinen der Orte bislang nachgewiesen.

Der im Alten Testament nur Jos. 19,45 bezeugte Ort Jehud ist identisch mit dem 1 Makk. 4,15 genannten ἡ ᾿Ιουδαία und dem heutigen *el-Yehūdīye/Yəhūd*[116]. Als israelitische Heere unter Nadab/Baesa und Ela/Simri/Omri gegen das noch südlicher als Jehud liegende philistäische Gibbethon antraten, kann Jehud – falls schon existierend – unmöglich zum Staate Juda gehört haben. Denn der Durchzug des israelitischen Heeres nach Gibbethon hätte Jehud von seinem Mutterland getrennt und unweigerlich auch zum Konflikt Israels mit Juda führen müssen. Wenn Jehud damals also schon bestand, könnte es nur philistäisches oder israelitisches Territorium gewesen sein. Auf Grund seiner relativen Nähe zu den philistäischen Orten Beth-Dagon, Bene-Berak, Asor und Japho müßte man es jedoch als philistäisch ansprechen!

Kurz vor dem Untergang des Staates Juda aber haben auch in der Nähe von Jehud Judäer gewohnt. Denn aus dem noch westlich von Jehud liegenden Ono (*Kafr ʿAnā*; Koordinaten 1374.1588) sind Leute mit ins babylonische Exil gekommen, deren Rückwanderung Neh. 7,37; Es. 2,33 erwähnt. Doch erweist die Liste der Rückwanderer aus Ono, Hadid und Lod diese Orte damit noch nicht für einen früheren Zeitpunkt als politisch zum Reiche Juda gehörig[117].

Der Ort Asor (*Yāzūr/Āzōr*; Koordinaten 1375.1585) wird nur in der Überlieferung der LXX^{B} zu Jos. 19,45 geboten. Daneben kennt die LXX^{B} noch die Namen Asa und Ammon (siehe Anm. 50.53). Aber nur für die Existenz von Asor in alttestamentlicher Zeit gibt es | zufällig im Bericht Sanheribs eine Bestätigung. Danach hat Sanherib 701 diesen Ort, der damals philistäisches Territorium war, zerstört (vgl. Anm. 65). Über einen Wiederaufbau fehlen literarische Zeugnisse.

Nun sind in Asor genauere archäologische Untersuchungen vorgenommen worden. Sie konnten eine Besiedlung des Ortes von der späten Bronzezeit II bis in die erste Hälfte des 6. Jahrhunderts nachweisen[118]. Danach muß Asor nach der Zerstörung durch Sanherib bald wiederaufgebaut worden sein.

Auf einem Krug aus Asor, zu dessen Form es ein sehr ähnliches Pendant aus Zypern gibt und der wohl in das 7./6. Jh. v. Chr. zu datieren ist, fand sich die Eigentumsnotiz *l-Šlmy*. Sie wurde vom Entdecker M. DOTHAN als Kurzform eines hebräischen Namens wie *Šlmyhw* oder *Šlmy* gedeutet. Damit sei gleichzeitig eine judäische Besiedlung des Ortes zwischen 700 und der ersten Hälfte des 6. Jahrhunderts erwie-

---

[115] The Northern Boundary (Anm. 61), 30.

[116] O. EISSFELDT, Jehud Jos. 19,45 und ἡ ᾿Ιουδάια 1. Makk. 4,15 = *el-jebudīje*, ZDPV 54 (1931), 271–278 = O. EISSFELDT, Kleine Schriften II (Anm. 69), 274–279.

[117] So schon E. MEYER, Die Entstehung des Judenthums (Halle/S. 1896), 152.

[118] M. DOTHAN, Excavations at Azor, IEJ 8 (1958), 272–274; DERS., Azor, IEJ 10 (1960), 259–260; DERS., Excavations at Azor, 1960, IEJ 11 (1961), 171–175 u.a.

sen[119].

Nun sind kanaanäisch-phönikische Namen des Stammes *šlm* gut bezeugt[120]. Außerdem ist bekannt, daß Philister, darunter etliche Könige, semitische Namen gehabt haben[121]. Der Krug mit der Eigentumsmarke *l-Šlmy* könnte somit einem Hebräer, einem „Kanaanäer", einem Philister, einem Phöniker oder einem Zyprer gehört haben. Mit den ethnischen und kulturellen Einflüssen aller Gruppen im Hinterland von Japho ist jedenfalls zu rechnen. Bislang sind in diesem Gebiet noch keine schriftlichen Zeugnisse gefunden, die eindeutig den Nicht-Hebräern dieses Gebietes (abgesehen von den Griechen) zugeordnet werden müßten. Nicht jedes Ostrakon darf daher als „hebräisch" angesprochen und als Beleg für die Anwesenheit von Judäern oder Israeliten gebraucht werden[122].

Der im Alten Testament nur Jos. 19,45 genannte Ort Bene-Berak (*Ibn-Ibrāq/Bənē-Bəraq*; Koordinaten 1345.1665) wurde ebenfalls von Sanherib 701 zerstört (vgl. Anm. 65). Er gehörte damals – wie Beth-Dagon und Asor – zum Gebiet des philistäischen Königs von Askalon. Von einer staatlichen Zugehörigkeit des Ortes zu Israel oder Juda ist nichts bekannt.

Die Lage des danitischen Ortes Gath-Rimmon (vgl. Jos. 21,24; 1 Chr. 6,54) ist ungewiß. Die wenigen sicheren Stellen, die die Stadt nennen (vgl. noch El-Amarna-Briefe Nr. 250,46; 319,5), reichen zu einer exakten Ortsbestimmung nicht aus. Die Gleichsetzung mit *Tell Abū Zētūn/Tēl Zētōn* (Koordinaten 1346.1675)[123], mit *Tell el-Ǧerīše/Tēl Gərīsā* (Koordinaten 1320.1667)[124] oder mit *Rās Abū Ḥamīd* (Koordinaten 140.145)[125] kann noch nicht zureichend begründet werden, da die Lokalisation dieses Gath-Rimmon wiederum mit der anderer Orte des Namens Gath verbunden ist[126].

Ob Me-Jarkon einen Ort bezeichnet, ist unsicher. Die LXX überliefert den Namen nicht. Da die übrigen Namen der Liste aber alle wirkliche Ortsnamen sind und andere | Ortsnamen der Bildung Me-... vorzuliegen scheinen (vgl. Medeba, Mephaath, Mesahab?), wird man auch in Me-Jarkon einen Ortsnamen sehen dür-

---

119 M. DOTHAN, An Inscribed Jar from Azor, 'Atiqot ES 3 (1961), 181–184.

120 F. L. BENZ, Personal Names in the Phoenician and Punic Inscriptions (Studia Pohl 8; Roma 1972), 180.417.

121 *Aḥimilki, Azūri, Ḥanūn, Mitinti, Ṣidqā, Ṣillībēl* u.a.; vgl.– H. TADMOR, Philistia under Assyrian Rule, BA 29 (1966), 86–102.

122 Mit Recht hält B. PECKHAM, An Inscribed Jar from Bat Yam, IEJ 16 (1966), [11–17] 11 Anm. 2, die Inschrift *l-Šlmy* für phönizisch. Diese sprachliche Zuweisung schließt noch nicht aus, daß der Eigentümer *Šlmy* ein „Kanaanäer", Philister oder Zyprer war.

123 So F.-M. ABEL, Géographie II (Anm. 30), 327.

124 So B. MAISLER (MAZAR), The Excavations at *Tell Qasîle*, IEJ 1 (1950–51), [61–76.125–140.194–218] 63 Anm. 6.

125 Zur Ortslage vgl. B. MAZAR, Gath and Gittaim (Anm. 71), 227ff. (= Gath/Gittajim). Für J. STRANGE, The Inheritance (Anm. 63), 123ff., ist dieses Gath/Gittajim identisch mit Gath-Rimmon = *Rās Abū Ḥamīd*.

126 Vgl. die Diskussion bei P. WELTEN, Die Königs-Stempel (Anm. 39), 68ff.; J. STRANGE, The Inheritance (Anm. 63), 123ff.; A. F. RAINEY, The Identification (Anm. 39), 64*ff.

fen[127]. Mit dem Namen könnte ein Ort im Wassereinzugsgebiet des Jarkon gemeint sein. Über die Lage in der Nachbarschaft von Japho (?) kann aber nur spekuliert werden.

Als natürliche Grenze zwischen Japho und einem nicht zu dieser Stadt gehörenden Territorium bieten sich die Plätze nördlich des *Nahr el-ʿŌǧā/Naḥal Yarqōn* oder östlich des *Nahr el-Bāride/Naḥal Ayyālōn* an. Nördlich des *Nahr el-ʿŌǧā* liegt der *Tell Qasīle/Tēl Qasīlā*, dessen Ostraka u.a. einen jahwistischen Namen erbracht haben[128]. Östlich des *Nahr el-Bāride* liegt der *Tell el-Ǧerīše/Tēl Gərīsā* (Koordinaten 1320.1677). Doch beträgt die Entfernung von Japho aus 8,5 bzw. 8 km (Luftlinie), und es bleibt fraglich, ob mit dem Ausdruck „gegenüber von Japho" (Jos. 19,46) noch ein israelitisches/ judäisches Gebiet bezeichnet werden konnte, das so weit von Japho entfernt lag.

Daß die Orte am *Nahr el-ʿŌǧā* oder am *Nahr el-Bāride* in omridischer Zeit nicht zu Israel gehört haben, macht noch eine andere Überlegung wahrscheinlich. Wenn man sich fragt, warum israelitische Heere ihre Angriffe nicht direkt vom Jarkon aus auf Japho gelenkt haben, sondern strategisch ungünstig in das Grenzgebiet um *Tell el-Melāt* (= Gibbethon), kann darauf nur die Existenz der Festung Aphek (*Qalʿat Rās el-ʿĒn*)[129] die Antwort sein. Aphek hatte gewiß die Ostgrenze „Philistäas" gegen Übergriffe zu schützen. Die Stadt hat noch bis in die Zeit des Joas von Juda zu „Philistäa" gehört (vgl. 2 Kön. 12,18–20; 2 Kön. 13,24 LXX^{Luc}). Diese Festung hat die israelitischen Heere von Übergriffen auf das Territorium von Japho abgehalten!

Der Grenzverlauf Israels zum Nachbarstaat Juda mag ein weiteres strategisches Argument gewesen sein, die Feldzüge gegen Gibbethon vorzutragen. Die israelitisch-judäische Grenze im „Dreiländereck" muß nämlich schon damals etwa auf der Höhe von Gimso (*Ǧimzū/Gimzō*; Koordinaten 1448.1478) verlaufen sein. Diese

---

[127] So J. SIMONS, The Geographical Texts (Anm. 53), 201 und B. MAZAR, The Cities (Anm. 49), 67f.; gegen M. NOTH, Josua (Anm. 15), 118: Textanmerkung zu Jos. 19,46.

[128] B. MAISLER (MAZAR), The Excavations (Anm. 124), 208. Neben einem Ostrakon mit der Inschrift (1) *lmlk ʾl…* (2) *šmn wmʾh* (3) *ḥyhw* („for the king one thousand and one hundred [log of] oil… Hiyahu"), einem mit der Inschrift (1) *zhb. ʾpr. lbyt ḥrn* (2) *š* 30 („gold of Ophir to Beth Horon … thirty shekels") ist ein Siegel der persischen Zeit mit der Inschrift *ʿšnyhw ʿbd hmlk* gefunden worden und ein (unpubl.) griechisches Ostrakon. Beide publizierten Ostraka waren Oberflächenfunde vor der Ausgrabung. Paläographisch und von ihrer Scherbenform her werden sie zugeordnet „to the end of the Israelite period in *Tell Qasîle…*". „Philistäische" Keramik fand sich vom XI. Stratum an (mit einem Schmelzofen), im X., IX. und VIII., wobei die Strata VII und VIII als israelitisch angesehen werden. Daneben gibt es reichlich fremde Keramik, die auf zyprische Einflüsse zurückgeführt wird. So wie bei dem Ostrakon aus *Məṣad Ḥăšavyāhū* und beim Krug aus Asor kein sicherer Rückschluß auf die staatliche Zugehörigkeit von *Məṣad Ḥăšavyāhū* oder Asor möglich ist, kann auch aus den Ostraka von *Tell Qasîle* nicht auf eine staatliche Zugehörigkeit ihres Fundortes zum Staate Israel oder Juda geschlossen werden.

[129] Zu den neueren Ausgrabungen in Aphek vgl. M. KOCHAVI, The First Two Seasons of Excavations at Aphek-Antipatris, Tel Aviv 2 (1975), 17–42; P. BECK, The Pottery of the Middle Bronze Age II A at Tel Aphek, Tel Aviv 2 (1975), 45–85; M. KOCHAVI, Excavations at Aphek-Antipatris, The Third Season, New Orleans 1974; M. KOCHAVI-PIRHIYA BECK-R. GOPHNA, Aphek-Antipatris, *Tēl Pōlēg, Tēl Zərōr and Tēl Burgā*: Four Fortified Sites of the Middle Bronze Age II A in the Sharon Plain, ZDPV 95 (1979), [121–165] 126–133.

Annahme ergibt sich daraus, daß erst zur Zeit des Ahas die Philister dem Staate Juda den Ort entrissen haben (2 Chr. 28,18). Nun hat zwar Ahas mit Pekach von Israel im Krieg gelegen (2 Kön. 16,5ff.)[130], aber israelitische Städte hat Juda damals nicht erobert. Man muß dementsprechend davon ausgehen, daß der Grenzverlauf Israel–Juda auf der Höhe von Gimso schon seit langem (seit | Rehabeam?) fixiert war. Sehr hart nördlich von Gimso wird dann das israelitische Staatsgebiet begonnen haben. Ein Grenzverlauf Israel–Juda auf der Höhe von Gimso bedeutet auch, daß z.B. die Stadt Unteres Beth-Horon, die Jos. 16,3 als josephitisch bezeichnet wird, in Ahas' Zeit zum Staate Juda gehört haben muß (vgl. 1 Kön. 9,17). Auch Geser (*Tell Abū Šūše/Tēl Gēzer*; Koordinaten 1424.1407), ca. 8 km (Luftlinie) südlich von Gimso gelegen, kann demnach nicht zum Staate Israel gehört haben.

Geser ist bekanntlich erst zu Salomos Zeit zum Großreich gekommen (1 Kön. 9,16). Salomo hat diese Stadt – wie Hazor, Megiddo, Unteres Beth-Horon u.a. – als Festung ausgebaut (1 Kön. 9,17f.), Über die staatliche Zugehörigkeit von Geser nach dem Zerfall des Großreiches haben wir kein Zeugnis. Meist wird angenommen, daß Geser zum Staate Israel kam[131], wobei der Hintergrund dieser Annahme die Nennung von Geser in den Listen des Buches Josua ist (z. B. Jos. 16,3.5 [LXX] josephitisch bzw. ephraemitisch). – Geser war wahrscheinlich nicht unter den Städten aufgeführt, die Pharao Schischak bei seinem Feldzug in Palästina berührt hat[132]. Unsicher ist die Nennung von Geser in den Inschriften Tiglath-Pilesers III.[133]. Aus dieser zweifelhaften Nennung läßt sich kein politischer Status von Geser ableiten. Erst die Keilschriftzeugnisse der spätassyrischen Zeit, die in Geser selbst gefunden wurden[134], lassen die Verhältnisse zu dieser Zeit etwas genauer erkennen[135]. In dieser Zeit haben auch Leute mit jahwistischen Namen in Geser gelebt.

Insgesamt läßt sich für keinen der Orte der danitischen Liste ein Zeitpunkt angeben, zu dem er nach literarischen Zeugnissen in der Zeit nach Salomo bis zum Untergang des Nordreiches sicher zum Staate Israel gehört hätte. In Azor, *Məṣad Ḥăšavyāhū* und *Tell Qasīle* sind zwar „hebräische" Ostraka gefunden worden, doch belegt das zuerst nur die Anwesenheit von hebräisch sprechenden Leuten an diesen

---

[130] Zu den prophetischen Texten über den syrisch-ephraemitischen Krieg vgl. H. DONNER, Israel unter den Völkern (VTS 9; Leiden 1964), passim.

[131] Vgl. z.B. K. GALLING, Assyrische und persische Präfekten in Geser, PJB 31 (1935), [75–93] 78f.; J. HEMPEL, Art. Israel I, in: BHH II, 782–786, Abb. Sp. 782–784.

[132] Liste Nr. 12. Der Name ist heute nicht mehr sicher lesbar, vgl. W. HELCK, Die Beziehungen (Anm. 70), 239; K. A. KITCHEN, The Third Period (Anm. 1), 435, liest nach der neueren Edition (Chicago Epigraphic Survey, Reliefs and Inscriptions at Karnak, III: The Bubastite Portal [Chicago 1954]) zwei verschiedene Vögel: *M-⌜q⌝3-⌜d⌝* = Maqqeda!

[133] H. TADMOR, Philistia under Assyrian Rule (Anm. 121), 89 Anm. 15.

[134] R. A. S. MACALISTER, The Excavation of Gezer 1902–1905 and 1907–1909,I–III (London 1912); I, 23ff. 27ff.; A. ROVE, The 1934 Excavations of Gezer, PEFQS (1935), 19–33. Zu den neueren Ausgrabungen vgl. W. G. DEVER, Excavations at Gezer, BA 30 (1967), 47–62; W. G. DEVER u.a., Gezer I. Preliminary Report of the 1964–1966 Seasons (Annual of the Hebrew Union College Biblical and Archaeological School in Jerusalem; Jerusalem 1970); W. G. DEVER u.a., Gezer II. Report of the 1967–1970 Seasons in Field I and II (Annual of the Hebrew Union College/Nelson Glueck School of Biblical Archaeology; Jerusalem 1974).

[135] K. GALLING, Assyrische und persische Präfekten, 81ff.

Orten, erweist aber nicht deren politische Zugehörigkeit zu Israel bzw. Juda. Soweit es sich übersehen läßt, sind alle „danitischen" Orte in der Zeit nach Salomo bis zum Untergang Samarias entweder philistäisch (Asor, Baalath, Bene-Berak, Ekron, Elteke, Gath-Rimmon, Gibbethon, Japho, Jehud, [Timna]) oder judäisch (Ajalon, Beth-Schemesch, Eschtaol, [Timna], Zora) gewesen. Innerhalb dieser Zeitspanne hat das Gesamtgebiet, das mit der Ortsliste umschrieben wird, nie geschlossen zu einem der drei benachbarten Staaten Israel, Juda oder „Philistäa" gehört.

Die Annahme, daß das Gebiet der „danitischen" Ortsliste, das implizit Geser umfaßt, in Josias Zeit zum Staate Juda gehört hat, vermag nicht zu erklären, warum gerade Geser in dieser Liste nicht genannt wird.

Der Überlieferungsstand der Ortsnamen im MT und in der LXX^B ist für eine Ansetzung der Liste Jos. 19,40ff. in der Zeit Salomos nicht günstig. Manche Orte scheinen erst in einem sehr späten Stadium der Textgeschichte gegen andere Ortsnamen ausgetauscht worden zu sein (vgl. Azor, Jehud). Das läßt darauf schließen, daß im Überlieferungsprozeß dieser Liste mancherlei Änderungen eingetreten sind. Vor einer Fixierung der Entstehungszeit dieser Liste müßte erst einmal geklärt werden, welche Orte | originär zu ihr gehörten und welche spätere Zufügung sind. Bislang fehlen dafür aber sichere Kriterien. Wenn angesichts dieser Schwierigkeiten doch noch ein Zeitpunkt in der Geschichte Israels oder Judas gefunden werden soll, in dem das mit der Liste Jos. 19,40ff. umschriebene Gebiet einheitlich und für eine gewisse Zeit zu einem der beiden Staaten gehörte, so müßte ein solcher Versuch erklären, warum man dieses Gebiet dem Stamm Dan zuschrieb, obgleich von David bis Josia für dieses Gebiet keine Daniten mehr nachweisbar sind. Doch selbst wenn sich für die Liste „danitischer" Städte kein historischer Ort findet, zu dem dieser genau umrissene Bereich zum Reich Israel oder Juda gehört hat, so hätte eine solche Aufzählung von angeblich ehemals hebräisch besiedelten Orten doch eine Funktion gewinnen können. Eine solche Liste konnte z. B. jederzeit zum Grund eines Rechtsanspruches werden, um militärische Maßnahmen gegen diese Städte zu unternehmen. Nach der Eroberung von Beth-Schemesch, Ajalon, Gederoth, Socho, Timna und Gimso durch die Philister z. Z. des Königs Asa von Juda (2 Chr. 28,18) waren offenbar alle Städte des „danitischen" Gebietes in philistäischer Hand. Die Wahrung eines judäischen Rechtstitels auf die besetzten Städte ist nach diesem Zeitpunkt am ehesten vorstellbar. Ihm mag eine solche Liste gedient haben.

Daß man als ideell konzipierte Rechtsnormen zur Grundlage neuen Rechts machen konnte, zeigt die Auffindung des Gesetzbuches unter Josia (2 Kön. 22) zur Genüge. Daß sich Josia für seine expansionistische Politik auf alte Überlieferungen, etwa eine „danitische" Ortsliste, berufen hat, ist möglich, aber vorerst nicht beweisbar.

Für die Kämpfe zwischen den Israeliten und Philistern hat die Übersicht über die Einzelgeschichte der „danitischen" Orte deutlich gemacht, daß von ihnen keiner auf längere Zeit israelitisches Staatsterritorium gewesen ist. Die Grenze zwischen den Staaten Israel und „Philistäa" ist auf der Höhe von Gimso verlaufen. Die israelitischen Kriege gegen Gibbethon sind daher als Versuche anzusehen, das philistäische Gebiet um Japho von seinen südlichen Verbindungen abzuschneiden.

Israels Grenze zu den Phönikern

Am einfachsten scheint sich das Verhältnis der Israeliten zu den Phönikern gestaltet zu haben. Nach der Übergabe eines israelitischen Landstriches um Kabul (*Kābūl/Kāvūl*; Koordinaten 1702.2535) an die phönikischen Nachbarn durch Salomo (1 Kön. 9,10–14)[136] hatte sich offenbar doch bald ein freundschaftliches Verhältnis eingestellt. Der Karmel scheint zur Zeit Ahabs fest zum israelitischen Staatsgebiet gehört zu haben[137]. In Ahabs Zeit ist Elia nach Sarepta hinübergegangen, „das zu Sidon gehört" und hat hier bei einer phönikischen Witwe freundliche Aufnahme gefunden (1 Kön. 17). Auch wenn diese Darstellung aus späterer Zeit stammt, so ist es wohl nicht zufällig, daß auch Ahabs Frau, Isebel, aus Sidon stammte[138]. Die nordwestliche Grenze des Staates Israel dürfte somit in der Zeit nach Salomo kein Streitobjekt zwischen den beiden Nachbarn gewesen sein. Die Grenzlinie wird etwa dort verlaufen sein, wo sie nach dem Tode Salomos festgelegt war.

---

[136] Nach 2 Chr. 8,2 hat Hiram das Gebiet um Kabul an Salomo geschenkt!

[137] Für einen Wechsel des Karmel aus israelitischer Oberhoheit in phönikische und (zu Omris oder Ahabs Zeit) wieder in israelitische, wie ihn A. ALT annahm (Das Gottesurteil auf dem Karmel, in: Festschrift G. Beer [Stuttgart 1935], 1–18 = A. ALT, Kleine Schriften II, 135–149), fehlen die Belege.

[138] Zu Isebels Herkunft aus Sidon vgl. meine Dissertation, Teil III, Kap, 5 und 6.

Der Heilige Mose bei den Christen in Ägypten. Eine Skizze zur Nachgeschichte alttestamentlicher Texte

Wie in den orientalischen Regionen des Christentums trotz gleichen Ausgangspunktes: der einen Heiligen Schrift, doch ganz andere Vorstellungen entwickelt wurden als im christlichen Abendland, ist ein Grundanliegen aller Arbeiten des Jubilars. Die Überlieferungen des Alten und Neuen Testaments bekamen in der Geschichte der Textauslegung verschiedene Akzente, wie sie in der Vielfalt der christlichen Kirchen heute noch vorliegen. Auslegungsgeschichte bleibt auch Aufgabe der Exegeten. Daß der Autor, als Alttestamentler, vom Nestor der deutschen Koptologie in manchen Jahren in dieser Hinsicht bleibende Anregungen bekam, möge die nachfolgende Skizze zeigen[1].

Würde man in der heutigen Zeit der Demoskopie eine Umfrage machen „Wer war Mose?", so wäre das Ergebnis wohl eindeutig. Die Mehrheit der Befragten würde gewiß antworten: „Mose gab den Israeliten das Gesetz"; noch genauer: „Mose gab den Dekalog". Wären mehrere Antworten erlaubt, so käme vielleicht auch bibelkundliches Wissen, wie: „Mose wurde in einem Kästchen im Nil ausgesetzt, Mose hatte am brennenden Dornbusch eine Gotteserscheinung, Mose führte die Israeliten aus Ägypten, Mose besiegte die Amalekiter, Mose starb auf dem Berg Nebo ..." Die erste Antwort aber würde wohl immer Mose und das Gesetz miteinander verbinden. Mose und das alttestamentliche Gesetz wären danach eines.

Die Richtigkeit aller dieser – fiktiven – Antworten ist nicht zu bestreiten. Aber stammen die Kenntnisse wirklich aus | alttestamentlichen Texten? Oder aus neutestamentlichen? Oder gar, bei den vielen Gastarbeitern im Land, aus noch anderen Überlieferungen?

Daß unter den Antworten auch eine lauten könnte: „Mose ist ein Heiliger der christlichen Kirche", ist nicht zu erwarten. Dennoch wäre sie zutreffend. Im Abendland, d.h. in der römisch-katholischen Kirche, im Morgenland, in der griechisch-orthodoxen Kirche, ja auch bei den orientalischen Nationalkirchen, den jakobitischen und nestorianischen Syrern und den ägyptischen Kopten ist der alttestamentliche Mose in die Menologien und die Martyrologien aufgenommen worden und hat im Jahreskalender einen festen Gedenktag[2]. Im Martyrologium Romanum heißt es zum 4. September: „In Monte Nebo terrae Moab sancti Moysis legislatoris et

---

[1] Die Skizze entspricht dem Colloquiumsvortrag im Habilitationsverfahren des Autors vom 14.2.1987. Ihr Vortragscharakter ist beibehalten und mit den nötigsten Hinweisen versehen worden.

[2] Die Monatstage, an denen in den kirchlichen Kalendarien des Mose gedacht wird, sind zusammengestellt bei J. STILTING, in: Acta Sanctorum Septembris, Collectio, Digesta Illustrata, II, Venetiis 1756, 6–176 (6).

prophetae"[3]. Das ist nicht viel zu Mose – und überdies fehlt eine Begründung, warum denn der Prophet Mose, der doch nur das Gesetz gebracht hat, an diesem Tag zu ehren sei. Wie wurde Mose, der Repräsentant des Judentums mit seinem Gesetz, ein Heiliger, sanctus, der christlichen Kirchen?

Geht man den Traditionen nach, wie aus dem Repräsentanten des Judentums schließlich ein Heiliger des christlichen Kirchenvolkes wurde, so kommt man teilweise in dunkle Gefilde; vielleicht auch in Steppen und Wüsten, wo es kaum noch Überlieferungen gibt. Dennoch ist der Weg zu versuchen. Denn Bemühungen darum, wie sich Christen Gottes Offenbarung nach der Schrift angeeignet haben, sind solange legitim, wie eben diese Schrift für die Christen Gültigkeit hat. |

Das Mosebild, wie es sich bei den Christen Ägyptens herausbildete, ist noch nicht Gegenstand von Untersuchungen gewesen[4], obgleich es an Texten nicht fehlt. Die Schriften der berühmten Theologen Alexandrias, Clemens, Origenes, Athanasius oder die ihm nachfolgenden Patriarchen, böten hinreichend Stoff. Allerdings gehörte Alexandria in der römisch-byzantinischen Zeit nicht zu Ägypten. Administrativ war Alexandria keineswegs die Hauptstadt Ägyptens, sondern ihm nur beigeordnet. Alexandria lag „ad Aegyptum"[5]. Weiterhin: In der hellenisierten Großstadt Alexandria galt das griechische Bildungsideal. Griechischer Erziehung, griechischer Bildung und griechischer Exegese befleißigte man sich hier mit Hingabe. Im Land Ägypten hingegen sprach das Volk die einheimische Sprache, das seit dem 2. Jh. nach Christus auch geschriebene Koptisch. Den Christen des ägyptischen Landes war das Griechentum grundsätzlich des Heidentums verdächtig. Das Wort *Hellēn* blieb ein Schimpfwort, gleichbedeutend mit Heide[6]. Der Unterschied zwischen dem hellenisierten Alexandria „ad Aegyptum" und dem Land Ägypten ist von grundsätzlicher Art und darf nie übersehen werden. Im folgenden geht es also mehr um das Mosebild der christlichen Ägypter und weniger um das der berühmten alexandrinischen Theologen, auch wenn die griechische Theologie Alexandrias das Land Ägypten tief geprägt hat.

Den Christen Ägyptens wie der Alten Kirche generell bilden selbstverständlich die Texte des Alten Testaments den Ausgangspunkt aller Moseüberlieferungen. Für die kirchliche Überlieferung | waren es die kanonischen Schriften der griechischen Septuaginta. Von Exodus 1 über die Bücher Leviticus und Numeri bis hin zu Deute-

---

[3] Martyrologium Romanum Gregorii XII iussu editum Urbani VIII et Clementis XX auctoritate recognitum Benedicti XIV opera ac studio emendatum et auctum, Editio typica vaticana auspice SS. D.N. Pio Papa X confecta in qua sanctorum et beatorum extant elogia a S. Rituum congregatione ad haec usque tempora adprobata, Romae 1913, 263.

[4] In dem Sammelband: Moses in Schrift und Überlieferung, Hg. F. STIER/E. BECK, Düsseldorf 1963 (= Moise, l'homme de l'alliance, Tournai 1955) wird für die alte Kirche der lateinische und syrische Raum ausführlicher behandelt, der ägyptisch-koptische nicht. In der Materialsammlung H. SCHLOSSERs, Quellengeschichtliche Studien zur Interpretation des Leben-Moses-Zyklus bei den Vätern des 4. Jahrhunderts, Diss. kath. theol., Freiburg i. B. 1972, passim, wird nicht deutlich, daß der eigene Weg, den Ägypten in der Mosedeutung ging, im 4. Jh. längst gebahnt ist.

[5] Vgl. E. BRECCIA, Alexandria ad Aegyptum, Bergamo 1922.

[6] *Hellēn* ist als Schimpfwort „Heide" noch in den Schriften Šenutes häufig.

ronomium 34 sind es 117 Kapitel, die Mose und seine Gesetze zum Gegenstand haben. Fällt außerhalb des Pentateuchs im Alten Testament der Name Mose, so ist es meist wiederum ein Rückverweis auf eben diesen Inhalt von Exodus 1 bis Deuteronomium 34: Die Gesetze, oder generalisierend das Gesetz Moses (ὁ νόμος Μωϋσέως)[7].

Eine deutliche Akzentverschiebung bietet dann Jeremia 15, 1: „... auch wenn Mose und Samuel – die Septuagintahandschrift des Alexandrinus hat statt Samuel: Aaron! – vor mir stünden, so hätte ich doch kein Herz für sie“, d.h. die Israeliten. Nicht der Exodus, die Jahre der Wüstenwanderung oder gar die Gesetze sind es, die hier das Mosebild bestimmen, sondern Mose und Samuel, bzw. Aaron sind die größten Fürbitter Israels. Dasselbe in Psalm 99 (= LXX 98), 6: „Mose und Aaron unter seinen Priestern und Samuel unter denen, die seinen Namen anrufen, die riefen zum Herrn und er erhörte sie ...“. Gemessen an der Textmenge der 117 Kapitel von Exodus 1 bis Deuteronomium 34 fallen diese beiden Verse außerhalb des Pentateuchs scheinbar nicht ins Gewicht. Da die mosaischen Gesetze jedoch durch das Evangelium relativiert sind, dazu in den Kirchen die prophetischen Bücher des Alten Testaments und noch mehr die Psalmen entschieden öfter gelesen wurden als etwa das Buch Leviticus, haben die beiden Verse Jer 15, 1 und Psalm 99, 6 in der Mosedeutung der alten Kirche einen sehr wichtigen Platz[8]. |

Diese äußerst knappen Andeutungen müssen genügen, um die Richtung anzuzeigen, in die die frühkirchliche Mosedeutung der alttestamentlichen Texte ging. Denn die alttestamentlichen Moseüberlieferungen sind nur eine der drei Quellen, aus denen sich der Strom der altkirchlichen Moseüberlieferung bildete. Die zweite und wichtigere Quelle sind die neutestamentlichen Texte. Wenn auch das Neue Testament von Mose spricht, – er ist im Neuen Testament achtzigmal namentlich genannt –, so ist das eigentlich überraschend. Ist doch die Offenbarung Gottes in Christus der Inhalt des Neuen Testamentes und nicht Mose. Das eigentlich Neue der Offenbarung wird jedoch im Kontrast zum Alten Bund erst wirklich deutlich. So ist für Paulus Mose der Amtswalter einer διακονία τοῦ θανάτου (2 Kor 3,7). Dieser διακονία war zwar eine δόξα eigen, aber eben nur eine vergängliche. Die Diener des Neuen Bundes haben hingegen eine διακονία του πνεύματος und τῆς δικαιοσύνης. Sie schauen die δόξα des Herrn unverhüllt. Bei Paulus stehen sich nicht einmal Mose und Christus gegenüber, sondern der Diener des Alten Bundes und die des Neuen, unvergänglichen. Von Mose, dem Repräsentanten des Alten Bundes bei Paulus, führt kein Weg zu Mose als Heiligem der christlichen Kirchen. Gleiches gilt für das Johannesevangelium. „Nicht Mose gab Euch das Brot vom Himmel, sondern

---

[7] Zu Tōrat Mosē = griech. (ὁ) νόμος Μωϋσέως bzw. Μωϋσῆ vgl. Jos 8, 31 (= LXX 9, 2b), 32 (= LXX 9, 2c), 34 (= LXX 9, 3e); 23, 6; 1 Kön (= LXX 3 Kön) 2, 3; 2 Kön (= LXX 4 Kön) 14, 6 (ὁ νόμος Μωϋσέως bzw. Μωϋσῆ) ; Mal 4, 4 (= LXX 3, 22); Dan 9, 11,13; 1 Esr 8, 3; 9, 39; Esr (= LXX 2 Esr) 3, 2; 7, 6; Neh (= LXX Esr 18ff.) 8, 1; 2 Chr 23, 18; 35, 12,19; Tob 1, 8; 6, 12; 7, 13 (14); Bar 2, 2; Sir 24, 23; Sus 3.

[8] Zu Mose als Fürbitter nach den alttestamentlichen Traditionen vgl. J. JEREMIAS, Die Vollmacht des Propheten im Alten Testament, Ev Theol 32 (1971) 305–322 (3+8, Anm. 6: Litt.); zu vergleichbaren Aussagen des Judentums: Ders., Art. „Μωϋσῆς“, in: ThWNT IV, Stuttgart 1942, 852–878 (858, Anm. 80).

mein Vater gibt Euch das wahre Brot vom Himmel“ (Joh 6,32). Auch hier werden nicht Mose und Christus typologisch aufeinander bezogen, sondern das Manna in der Wüste wird durch das wahre Brot vom Himmel, das „mein Vater gibt“, überboten. Gäbe es nur Paulus und das Johannesevangelium als neutestamentliche Schriften, so wäre Mose nie ein Heiliger der christlichen Kirche geworden. Die „Hintertür“, durch die Mose als Heiliger Eingang in die christliche Kirche fand, ist der Hebräerbrief. Im Hebräerbrief kreuzen sich zwei Linien. Einerseits war „Mose in Gottes ganzem Haus treu als Knecht, Christus aber war treu als Sohn“ (Hebr 3,5f.). Der Typos Mose wird von seinem Antitypos Christus überboten. Andererseits ist Mose ein Zeuge der Heilswirklichkeit, die schon unter dem Alten Bund in Geltung war. In der Reihe der alttestamentlichen Zeugen Hebr 11,17ff. steht neben Abraham, Isaak, Jakob und Joseph auch Mose.

> „Durch Glauben war Mose nach der Geburt drei | Monate verborgen von seinen Eltern ... Durch Glauben wollte Mose, als er groß geworden war, nicht mehr ‘Sohn der Tochter des Pharao’ geheißen werden, sondern lieber mit dem Volk Gottes mitleiden als vergänglichen Genuß von Sünde haben, indem er die Schmach Christi für einen größeren Reichtum hielt als die Schätze Ägyptens ... Durch Glauben verließ er Ägypten, ohne den Zorn des Königs zu fürchten. Durch Glauben hielt er das Passah und das Blutsprengen, damit der Verderber ihre Erstgeburt nicht träfe“.

Neben allen Erzvätern ist Mose hier ein besonders leuchtendes Vorbild des Glaubens an Christus. Nicht nur eine, sondern vier Glaubenstaten sind von ihm zu berichten[9]. Auf dieser Linie: Mose als vorbildliche Glaubensgestalt des Alten Bundes liegt auch die Rede des Stephanus Apg 7, 20–41. Mose war es, den Gott als einen „Obersten und Erlöser gesandt hatte durch die Hand des Engels, der ihm im Dornbusch erschien“ (V. 35b). „Die Israeliten aber verleugneten ihn, da sie sprachen: ‘Wer hat dich zum Obersten und Richter gesetzt’“ (V. 35a). Von der neutestamentlichen Heilsgeschichte her wird im Hebräerbrief und in der Stephanusrede das Alte Testament auf Glaubensvorbilder hin durchforscht. Das Neue Testament ist Regulativ des Alten. Es ist ebenso aber auch der Ausgangspunkt, im Alten Testament Vorabbildungen des Neuen zu suchen. Wenn Mose ein Heiliger der christlichen Kirche wurde, so nur dadurch, daß die Linie des Hebräerbriefes und der Stephanusrede weiter ausgezogen wurde.

Für die zweite Quelle, aus der der Strom der altkirchlichen Moseüberlieferungen gespeist wurde, die neutestamentlichen Schriften, muß dieser stark vergröbernde Überblick genügen[10]. Im neutestamentlichen Schrifttum wird Mose trotz Hebräerbrief und Stephanusrede nirgendwo ἅγιος, „heilig“ genannt. Gewiß, die Septuaginta sprach schon vom alten Bundesvolk als ἔθνος ἅγιος | (Ex 19, 6; Dtn 7, 6), dem Mose ja nunmal zugehörte. In Psalm 106 (LXX = 105), 16 heißt es, die Israeliten

---

[9] Codex D fügt noch eine fünfte hinzu. Vgl. Novum Testamentum Graece (Nestle-Aland), 26. Aufl., Stuttgart 1979, z. St.

[10] Zu den neutestamentlichen Aussagen über Mose vgl. J. JEREMIAS, Art. „Μωϋσῆς“ 868ff. und T. SAITO, Die Mosevorstellungen im Neuen Testament, EH, XXIII: Theologie, Bd. 100, Bern/Frankfurt a. M./Las Vegas 1977, passim.

„empörten sich wider Mose im Lager, und wider Aaron τὸν ἅγιον Κυρίου". Aaron hat das Attribut ἅγιος somit schon in einem alttestamentlichen Text. Auch die Propheten, die Christus vorhergesagt haben, sind im Neuen Testament als „heilig" benannt (Lk 1, 70; Apg 3, 21; 2 Petr 3, 2). Mose erhält das Attribut ἅγιος jedoch nicht. Angesichts der Stellungnahmen bei Paulus und im Johannesevangelium ist das auch nicht zu erwarten. Gleiches gilt für die frühchristliche Literatur der apostolischen Väter und der Apologeten. Die in dieser Literatur vorhandenen Ansätze zu regionalen Unterschieden in der Ausprägung des Gemeindelebens und noch mehr in der Theologie sind erst aus dem Rückblick der späteren Jahrhunderte deutlicher erkennbar. Extreme Positionen hat es aber schon früh gegeben. Eine von ihnen vertritt der Barnabasbrief[11]. Nach dem Barnabasbrief hatte zwar Mose das Testament empfangen (Ex 31, 18ff.; Dtn 9, 9–11). Aber weil die Israeliten sich zu den Götzen hinwandten, verloren sie es. Denn Mose „warf die zwei Tafeln aus seinen Händen. Und ihr Testament zerbrach, damit das des Geliebten, Jesu, in unser Herz eingesiegelt werde durch die Hoffnung, die der Glaube an ihn gibt" (Barn 4, 8; vgl. 14, 2ff.). Der Verfasser des Barnabasbriefes hätte gewiß auch „im Propheten Mose" lesen können, daß Mose nach den zerbrochenen Tafeln zwei neue bekam und ihren Inhalt dem Volk gebot (Ex 34, 1–32; Dtn 10, 1–5). Er wußte ja auch, daß „im Gesetz des Mose" eine Fülle von Speisevorschriften steht, z.B. nur das Fleisch von Spalthufern und Wiederkäuern zu essen (Lev 11, 3; Dtn 14, 6). „Was aber bedeutet der Spalthufer? Daß der Gerechte zwar einerseits in dieser Zeit das Leben führt, aber andererseits den heiligen Äon erwartet" (Barn 10, 11). „Sie aber haben es dem sinnlichen Verlangen gemäß aufgefaßt, als | ginge es ums Essen" (Barn 10, 9). Mit dieser Form „geistlicher" Interpretation wäre es dem Verfasser des Barnabasbriefes wohl auch gelungen, die zweiten Tafeln des Gesetzes, die Israel ja doch bekam, „richtig" zu interpretieren[12] . Doch lag dem Verfasser gerade daran, aufzuweisen, daß es nur eine διαθήκη gibt: der sich von Anfang an in Gebot und Verbot äußernde Heilswille Gottes. Dieser Gebote und Verbote, interpretiert im „geistlichen" Sinn des Barnabasbriefes, hatte sich Israel nicht würdig erwiesen. Die Christen aber haben diese διαθήκη in der Taufe erhalten. So sind die Handlungen und Gesetze Moses nach dem Barnabasbrief nicht mehr nur Vorabbildungen auf Christus hin, sondern sie sind Prototypos und Typos zugleich. Das wird z.B. deutlich in der Deutung der Amalekiterschlacht (Ex 17, 8ff.) nach Barnabas 12, 2f. „... daher streckte Mose seine Hände aus. Und so siegte Israel wieder. Jedesmal dann, wenn er sie sinken ließ, wurden sie wieder getötet. Wozu? Damit sie erkennen, daß sie nur gerettet werden können, wenn sie auf ihn hoffen". Letzteres: ἐπ᾽ αὐτῷ ἐλπίσωσιν[13] ist offensichtlich doppelsinnig. Moses' Beten war nicht nur Vorabbildung des Kreuzes, das durch Christus überboten wurde, sondern es war die Rettung selbst. In Mose war Christus

---

[11] Zum Barnabasbrief vgl. K. WENGST, Didache (Apostellehre), Barnabasbrief, Zweiter Klemensbrief, Schrift an Diognet = Schriften des Urchristentums II, Darmstadt 1984, 101–202. Die im folgenden gebotenen Übersetzungen aus dem Barnabasbrief lehnen sich eng an WENGST an.

[12] Vgl. WENGST, a.a.O., 131, Anm. 157.

[13] WENGST, a.a.O., 172. Die lateinische Version löst die Doppeldeutigkeit auf, indem sie „in cruce Christi" liest.

schon gegenwärtig[14]. Von diesem Mosebild des Barnabasbriefes zu Mose als Heiligem der christlichen Kirche ist es kein großer Schritt mehr.

Die allegorischen und typologischen Deutungen, die der Barnabasbrief sonst in großer Fülle enthält, haben immer wieder Anlaß gegeben, den Entstehungsort des Schreibens in Alexandria anzusetzen[15]. Auch wenn sich das nicht zwingend erweisen läßt[16], | sicher ist, daß der Barnabasbrief in Ägypten bis ins 4. Jh. neutestamentlichen Schriften nahezu gleich geachtet wurde. Noch der Codex Sinaiticus bezeugt dort im 4. Jh. den liturgischen Gebrauch des Barnabasbriefes[17].

Die dritte Quelle, aus der das frühchristliche Mosebild entstand, sind nicht die Schriften des Alten oder des Neuen Testaments, sondern die des Juden Philo. Seine, in alexandrinischer Schultradition stehende Methodik der allegorischen Schriftauslegung hatte bei den frühen Kirchenvätern die nachhaltigsten Wirkungen. Sie zitieren Philo quasi als ihresgleichen, als „*propatōr kata pneuma*"[18]. Philos Schrift über Moses findet sich in langen Auszügen wieder bei Clemens von Alexandria; Philos exegetische Schriften werden bis hin zu Ambrosius und Augustin fleißig ausgeschrieben. Da nach Philo über Mose Bedeutung Unklarheit herrsche, „den einen sei Mose Gesetzgeber der Juden, den anderen Interpret der heiligen Gesetze"[19], unternahm er es nun selbst, „das Leben dieses in jeder Hinsicht größten und vollkommensten Mannes"[20] zu beschreiben. Denn der Ruhm der von ihm hinterlassenen Gesetze sei zwar durch die ganze Welt, bis an die Grenzen der Erde gedrungen, aber von seiner Persönlichkeit hätten nur wenige richtige Kenntnis[21]. Philo hingegen wußte, wer Mose war: Er war König, Gesetzgeber, Hoherpriester und Prophet. Der Dreiklang: König, Gesetzgeber | und Hoherpriester wird überhöht durch den Propheten. „Herrlich und ganz harmonisch ist die Vereinigung dieser vier genialen Anlagen"[22]. Der Mose des Philo übersteigt das Maß der Sterblichen. Es ist nur konsequent, wenn Philo Moses Tod geheimnisvoll offenläßt. Er sei „nämlich nicht von

---

[14] Zur späteren, typologischen, Mose-Christus-Deutung der Amalekiterschlacht führt SCHLOSSER, Studie (Anm. 3), 65–69 aus Hieronymus, Ambrosius, Augustin, Gregor von Nazianz und Aphraat Belege an.

[15] Vgl. die Diskussion bei WENGST, a.a.O., 115–118.

[16] WENGSTs Argumente (a.a.O., 117f.), die für Kleinasien als Entstehungsort sprechen sollen, sind nicht alle überzeugend.

[17] Zur Bezeugung des Barnabasbriefes in Ägypten vgl. WENGST, a.a.O., 105–107.

[18] Zu Philos Einfluß auf die alte Kirche vgl. P. HEINISCH, Der Einfluß Philos auf die älteste Exegese (Barnabas, Justin und Clemens von Alexandrien), = Alttestamentliche Abhandlungen, Bd. I/1–2, Münster i. W. 1900, 42ff. Zur neueren Philodeutung vgl. die Literatur bei W. WIEFEL, Das dritte Buch über Moses; Anmerkungen zum Quaestionenwerk des Philo von Alexandrien, ThLZ 111 (12) (1986) 865–881.

[19] Philos Vita Mosis wird hier zitiert nach L. COHN, Philonis Alexandrini Opera quae supersunt, Berolini 1902, 119–268; ders., Die Werke Philos von Alexandria in deutscher Übersetzung, = Schriften der jüdisch-hellenistischen Literatur in deutscher Übersetzung, Bd. I, Breslau 1909, 215 bis 365. Erstes Zitat dort I 1, 119 = dass., Übersetzung, a.a.O., 221.

[20] Vita, I 1, 119 = dass., Übersetzung, a.a.O., 221f.

[21] Vita, I 2, 119 = dass., Übersetzung, a.a.O., 222.

[22] Vita, II 7, 201 = dass., Übersetzung, a.a.O., 229.

sterblicher Hand, sondern von unsterblichen Wesen begraben“[23]. So ist Mose bei Philo denn auch nicht nur ἅγιος „heilig“, sondern ἱερώτατος τε καὶ ἅγιος[24].

Für die Väter der alten Kirche ging es nicht an, von Philo zu übernehmen, daß etwa Mose der Hohepriester schlechthin war. Der Hebräerbrief hatte dieses Attribut auf Christus übertragen (Hebr 4, 14ff; 8, 11ff.). Zu Moses Königtum wußte Philo selbst keine einschlägigen alttestamentlichen Texte beizubringen. Die Vorstellung des Hebräerbriefes und der Stephanusrede, wonach Mose als leuchtendes Glaubensvorbild des Alten Bundes angesehen wurde, mußte aber – sobald das Mosebild des Philo auch nur teilweise übernommen wurde – mit innerer Konsequenz dazu führen, daß Mose unter die Heiligen der christlichen Kirche gerechnet wurde. Seit Clemens von Alexandria dem Schrifttum Philos in der Kirche eine Heimstatt verschafft hat, ist Mose als Heiliger der Kirche angesehen worden[25]. Wie schnell sich diese Anschauung durchgesetzt hat, ist nicht genau zu sagen. Man wüßte mehr, wenn sich z.B. die Schriften des Ägypters Ammonius erhalten hätten. Ammonius schrieb – nach Euseb (Kirchengeschichte VI 19, 9f.) – im 3. Jh. eine Abhandlung mit dem bezeichnenden | Titel περὶ τῆς Μωϋσέως καὶ ᾽Ιησοῦ σομφωνίας[26]. In den apokryphen Petrusakten, auf die vielleicht schon Origenes in seinem Genesis-Kommentar (vor 231 AD) anspielt, die in der ersten Hälfte des 3. Jhs. dann in der Didaskalia zitiert werden[27], findet sich das Attribut „heilig“ schon mit Mose verbun-

---

[23] Vita, II (III) 291, 268 = dass., Übersetzung, a.a.O., 364; vgl. noch Philo, Quaestiones in Exodum, II 29: „transmutatur in divinum, ita ut fiat deo cognatus vereque divinus“ = J.B. AUCHER, Philonis Judaei Paralipomena Armena, Venitiis 1826.

[24] So: Philo, De specialibus legibus, IV 105 = L. COHN, Philonis Alexandrini Opera quae supersunt, Vol. 5, Berolini 1906, 233.

[25] Es ist in diesem Zusammenhang darauf hinzuweisen, daß Clemens unter seinen Lehrern auch einen hatte, der von seiner leiblichen Herkunft her Hebräer war: Stromateis I 11, 2.

[26] Zu Ammonius, den Euseb mit Ammonius Sakkas identifiziert hat, vgl. schon A. von HARNACK, Geschichte der altchristlichen Literatur bis Eusebius, Teil I/l, 1893 = 2. Aufl. Leipzig 1958 (Nachdruck mit einem Vorwort v. K. ALAND), 406–408. Zur umstrittenen Figur des Ammonius vgl. die Diskussion bei F.H. KETTLER, War Origenes Schüler des Ammonius?, in: Epektasis, Mélanges patristiques offerts au Cardinal J. Daniélou (Ed. J. FONTAINE/CH. KANNENGIESSER), Beauchesne 1972, 327–334 und H. DÖRRIE, Art. „Ammonios Sakkas“, in: TRE II, Berlin/New York 1978, 463–471. Die antiken Überlieferungen zu Ammonius erlauben es nicht, sich eine Vorstellung davon zu machen, welchen Inhalt „περὶ τῆς Μωϋσέως ...“ gehabt hat. – J.E. BRUNS, The Agreement of Moses and Jesus in the „Demonstratio evangelica“ of Eusebius, Vigiliae Christianae 31, 1977, 117–125 hat zu Recht herausgestellt, daß in Eusebs Demonstratio VI, 96–101 ein Textstück vorliegt, das sich von den sonstigen Ausführungen Eusebs über Mose abhebt. Sein Verweis auf die koptisch-arabische Patriarchengeschichte, wonach Ammonius Gegner des Origenes und des Symmachus gewesen sein soll, reicht jedoch nicht aus, das Stück aus der Demonstratio dem Ammonius zuzuordnen. Denn die frühen Teile der Patriarchengeschichte gehen auf eine Kurzfassung der Kirchengeschichte des Euseb zurück (vgl. W.E. CRUM, Eusebius and Coptic Church Histories, TSBA 24, 1902, 68–84, die durch eine koptische Übersetzung (vgl. deren Reste bei T. ORLANDI, Storia della Chiesa di Alessandria, = Testi e Documenti per lo studio dell'antichità XVII, Milano 1968, passim) vermittelt wurde).

[27] Zu den apokryphen Petrusakten vgl. W. SCHNEEMELCHER, in: E. HENNECKE/W. SCHNEEMELCHER, Neutestamentliche Apokryphen in deutscher Übersetzung, Bd. II,

den. Es heißt dort, der Teufel habe „das Herz des Herodes verstockt und das Herz des Pharao entflammt und ihn gezwungen zu kämpfen gegen den heiligen Diener Gottes, Mose …“[28]. Die Petrusakten wurden in der ägyptischen Kirche noch länger gelesen, denn es gibt eine koptische Übersetzung davon[29].

Die früheste biblische Darstellung Moses in Ägypten findet sich in der ausgedehnten christlichen Nekropole *el-Bagāwāt* in der Oase *el-Ḫārga*. 263 Mausoleen haben sich hier erhalten, teil|weise in noch beachtlich gutem Zustand. Nicht ohne Grund hat man diese christliche Nekropole ein „altchristliches Pompeji“ genannt[30]. Man darf davon ausgehen, daß die Anfänge der Nekropole bis in das erste Viertel des 4. Jhs. zurückgehen[31]. Eine Kirche aus dem 4. Jh. ist 1976 von französischen Archäologen im Süden der Oase entdeckt worden und durch Münzen sicher datiert[32]. So ist ein Datum 4. Jh. für die Anfänge der Nekropole *el-Bagāwāt* nicht zu früh. Das Mausoleum Nr. 30 wird nach der Darstellung des Exodus, die sich neben verschiedenen anderen Malereien in einer Kuppel findet, die Exoduskapelle genannt[33]. Vom architektonischen Typ und von der Darstellungsart gehört die Exoduskapelle zu den ältesten Gebäuden in *el-Bagāwāt*. Neben anderen Szenen des Alten und Neuen Testaments sind hier also die Israeliten auf ihrer Flucht aus Ägypten dargestellt. Mose[34] hält einen großen Wanderstab in der Hand und führt die Israeliten an. Hinter ihm kommt eine halb liegende Figur, die mit ⲓⲟⲑⲟⲣ beschriftet ist, das ist Jethro. Neben Jethro sitzt jemand auf dem Boden. Dann folgen die Israeliten ⲓⲥⲣⲁⲏⲗⲉⲓⲧⲁⲓ (sic), ihren Schluß bilden Leute, die auf Tieren reiten. Die Armee der Ägypter setzt den ausziehenden Israeliten nach und holt sie schon | fast, aber eben nur fast, ein. Über den nachsetzenden Verfolgern steht das Wort ⲉⲣⲩⲑⲣⲁ. Das Wasser des Roten Meeres ist nicht einmal andeutungsweise dargestellt. Die ägyptische Verfolgergruppe besteht aus einem voranschreitenden Mann, dann zwei reitenden Fahnenträgern, gefolgt von sieben Infanteristen, hinter denen drei weitere Reiter im Galopp heran-

---

Apostolisches, Apokalypsen und Verwandtes, Tübingen ³1964, 177–221. Ebd., 177f. zu den Zitaten der Petrusakten bei den Vätern.

[28] SCHNEEMELCHER, a.a.O., 199.

[29] C. SCHMIDT, die alten Petrusakten, TuU 24 (1), Leipzig 1903, passim.

[30] C. M. KAUFMANN, Ein altchristliches Pompeji in der libyschen Wüste. Die Nekropolis der „großen Oase“, Mainz 1902.

[31] Zu den christlichen Relikten aus der Oase vgl. M. MÜLLER–WIENER, Christliche Monumente im Gebiet von Hibis (el-Kharga), MDAIK 19, 1963, 121–140.

[32] Vgl. P. GROSSMANN, Zur koptischen Baukunst in Ägypten, 1. Internationaler Kongreß für Koptologie, Kairo 8. – 18. Dezember 1976, = Enchoria 8, 1978, 89*–100* (135–146) 90*.

[33] So explizit seit A. FAKHRY, The Egyptian Deserts, 5: The Nekropolis of El-Bagāwāt in Kharga Oasis, Service des Antiquités de l'Egypte, Tom. III, Cairo 1951, 185ff. Die früheren Publikationen, etwa: W. de BOCK, Matériaux pour servir à l'archéologie de l'Egypte chrétienne, St. Pétersbourg 1901, 7–33 u.a. sind durch die Arbeiten FAKHRYs weitgehend überholt. In manchen Einzelheiten aber ist de BOCK genauer gewesen; vgl. H. STERN, Les Peintures du Mausolée 'de l'Exode' à el-Bagaouat, Cahiers Archéologiques 11, 1960, 93–119 (94) und besonders J. SCHWARTZ, Nouvelles Études sur des fresques d'el-Bagawat, Cahiers Archéologiques 13, 1962, 1–11 (10f.).

[34] Die ältere Lesung (ⲙⲟⲩⲥⲏⲥ) ist nach dem Foto = Abb. 4 bei STERN, Les Peintures zu korrigieren in ⲙⲱⲩⲥⲏⲥ.

stürmen. Der mittlere von ihnen ist als ϕⲁⲣⲁⲱ bezeichnet. Zur Maltechnik sei Klaus WESSEL zitiert:

> „Dieser Maler weiß gar nichts von den Gesetzen antiker Malerei, auch nichts von denen der Malerei der Spätantike ... Er hat seine Themen, die ihm sicher aufgetragen worden sind, er kennt seine Bibel, und nun malt er, ohne jeden künstlerischen Anspruch und nur mit wenig Können belastet, frisch drauflos. Gemessen an der antiken Ästhetik ist es miserabel, was dabei herauskommt. Aber die Unmittelbarkeit dieser Erzählung mit dem Pinsel an der Stätte des Todes ist dennoch ergreifend und auf ihre Weise großartig"[35].

Was ist das Besondere dieser Darstellung? Es ist die erste Darstellung Moses auf ägyptischem Boden. Weiterhin: Die frühen abendländischen Mosedarstellungen, etwa aus Rom, bilden das Quellwunder Moses bei weitem am häufigsten ab, dann die Übergabe des Gesetzes an ihn[36]. Danach erst kommen Darstellungen der Auffindung des Kästchens, der Berufung am Dornbusch, der zehn Plagen, des Durchzugs durchs Meer, des Manna- und Wachtelwunders, des goldenen Kalbes, des Untergangs der Rotte Korah u.a.[37]. Die hiesige Darstellung entspricht somit nicht dem abendländischen Kanon. Dies umso mehr, als hier Jethro mit dar|gestellt ist. Der Nichtisraelit Jethro gehört doch nicht zum Auszug, sondern entweder als Vater von Moses Frau Zippora in die Vorgeschichte nach Midian (Ex 4, 18ff.) oder zur Einsetzung von Obersten über Tausend, Hundert, Fünfzig und Zehn hinter den Auszug und hinter die Amalekiterschlacht (Ex 18, 1ff.). Soll man annehmen, dem Maler sei hier ein Irrtum unterlaufen? Eine solche Annahme ist ganz unwahrscheinlich. Denn natürlich wollte der Maler nicht darstellen, wie es nach dem Buch Exodus beim Auszug der Israeliten zuging, sondern im Grabmal eine Szene bieten, die dieser Stätte angemessen ist. Warum also Jethro hier mit dargestellt ist, war schon Anlaß zu mancherlei Erwägungen[38]. Einheimische, ägyptisch-christliche Texte sind zur Klärung der Frage bislang nicht beigezogen worden. Ein einschlägiger Text findet sich aber schon in einer koptischen Katechese für seine Mönche bei Theodor, dem 4. Nachfolger des Pachom[39]. Da Theodor etwa von 350–368 sein Amt ausgeübt hat[40], ist

---

[35] K. WESSEL, Koptische Kunst, Die Spätantike in Ägypten, Recklinghausen 1963, 175.

[36] Zu den abendländischen Mosezyklen vgl. SCHLOSSER, Studie (Anm. 3), X–XVI (Denkmälerkatalog) und ders., Art. „Moses", in: Lex. der christlichen Ikonographie, Bd. 3, Rom/Freiburg/Basel/Wien 1971, 282–317. Für das Quellwunder hat SCHLOSSER, Studie, X–XVI, 82 Belege aufgelistet, für die Gesetzesübergabe 23.

[37] Für die Auffindung des Kästchens bzw. Mose am Hof des Pharao bietet SCHLOSSER, Studie, X–XVI, drei Belege, für die Dornbuschszene 12, für die Plagen vier, für den Durchzug durchs Rote Meer 20, für Manna- und Wachtelwunder fünf, für das goldene Kalb und die Rotte Korah je einen Beleg. Auch eine umfassendere Sammlung (vgl. SCHLOSSER, Art. „Mose") ändert die Relationen nicht wesentlich.

[38] Vgl. die Diskussion bei STERN (Anm. 32), 110. STERN selbst sieht die Wiedergabe Jethros auf dem Hintergrund von Ex 18, 12ff., wonach Jethro ein Brand- und Schlachtopfer darbrachte. SCHWARTZ, Nouvelles Études 2 sieht in der Darstellung drei Szenen: a) Mose schlägt Wasser aus dem Felsen, b) Jethro und c) den Durchzug durchs Meer.

[39] L. Th. LEFORT, Oeuvres de S. Pachôme et de ses disciples (Édition), = CSCO, Scriptores Coptici, Tom. 23, Louvain 1956, 40–59 = dass. (Übersetzung) , CSCO, Scriptores Coptici,

seine Katechese in die Mitte des 4. Jhs. oder wenig später zu setzen. Bei Theodor heißt es u.a. „nehmen wir uns ein Beispiel an der Güte Jethros (kopt. ⲓⲟⲑⲟⲣ), des Heiden. Er schlug die Organisation einer Menge von 600 000 Menschen vor und gab Genugtuung dem ganzen Volk und dem Mose, der an ihrer Spitze marschierte". „Mose, der an ihrer Spitze marschierte ..." – als hätte Theodor die Abbildung in *el-Bagāwāt* vor Augen gehabt! Worin bestand die Genugtuung, die Jethro gab? Den ägyptischen Christen, vertraut mit ihrer Bibel, waren gewiß die Worte Jethros nach Ex 18, 10–11 gegenwärtig: „Gelobt sei der Herr, der sein Volk errettet hat aus | der Hand der Ägypter und der Hand des Pharao. Nun weiß ich, daß der Herr größer ist als alle Götter". Nach diesem Schriftzitat ist es nicht zufällig, daß der Pharao nicht unter den ersten Verfolgern abgebildet wird, sondern zuerst die Ägypter und dann erst der Pharao. Da das Wasser des Roten Meeres in der Darstellung völlig fehlt, ist die sonst gängige Deutung des Durchzuges durchs Rote Meer als Sinnbild der Taufe[41] nicht angebracht. Wo kein Wasser ist, ist auch keine Taufe. Hier ist eine Retterszene dargestellt, die den weiteren Retterszenen der Exoduskapelle entspricht: Jona, der dem Walfisch vorgeworfen, von ihm aber wieder ausgespien wird, die drei Jünglinge im Feuerofen (Dan 3), Daniel in der Löwengrube (Dan 6) u.a. Darf man demnach den Sinn des Bildes als Typos deuten: Mose als Typos des Christus, die Israeliten als Typos der christlichen Kirche? Letzteres ist anhand der einheimischen ägyptisch-monastischen Literatur sogleich als unrichtig zu erweisen. Die Israeliten des Alten Testaments sind nicht Typos der monastischen Gemeinde, sondern die Mönchsgemeinde <u>ist</u> Israel. Nicht das „neue" oder das „wahre" Israel, sondern einfach Israel. „Höre Israel, die Gebote des Lebens, vernimm (sie) mit den Ohren und begreif (sie mit) Klugheit"[42]. Mit diesem „*Šᵉmaᶜ Jiśrael*" spricht Horsiēse in seinem Testament, dem Liber Horsiēse, seine Mönchsgemeinde an. Horsiēse hatte sie als dritter Nachfolger des Pachom vor und schließlich auch noch wieder nach dem schon genannten Theodor geleitet. Mit diesem *Šᵉmaᶜ Jiśrael* wird in Deuteronomium 5,1 der Dekalog eingeleitet. Horsiēse zitiert die Worte nach dem Buch Baruch 3, 9, das in | der Septuaginta zu den kanonischen Schriften gehört[43]. Das Zitat aus Baruch, das Israel mit der Mönchsgemeinde gleichsetzt, ist nicht zufällig

Tom. 24, Louvain 1956, 39–61 (45f.).

40 Zur Datierung des Theodor vgl. H. BACHT, Das Vermächtnis des Ursprungs, Studien zum frühen Mönchtum, = Studien zur Theologie des geistlichen Lebens, V, 2. Aufl. Würzburg 1984, 288–289.

41 Für die Deutung des Durchzugs durchs Meer als Taufe vgl. die Belege bei SCHLOSSER, Studie (Anm. 3), 44–51 aus Ambrosius, Athanasius, Basilius, Hieronymus und Gregor von Nyssa. Die Liste ließe sich noch verlängern.

42 BACHT, Vermächtnis, 58 (mit dem lateinischen Text nach der Edition bei A. BOON, Pachomiana latina, Règle et épître de S. Pachôme, épître de S. Théodore et „Liber" de S. Orsiesius, Texte latin de S. Jérôme, Löwen 1932, 59 (Übersetzung).

43 Besonders Baruch 3, 36–38 wird gern herangezogen: „Dieser ist unser Gott, kein anderer ist ihm vergleichbar; er fand jeden Weg der Wissenschaft und gab sie Jakob seinem Diener und Israel seinem Geliebten. Danach ist er auf Erden erschienen und mit den Menschen gewandelt"; vgl. Kyrill von Alexandria, Contra eos, qui Theotocon nolunt confiteri, = E. SCHWARTZ, Acta Concilium Universale Ephesinum, Vol. I: Acta Graeca, Pars Septima, = Acta Conciliorum Oecumenicorum, Berolini/Lipsiae 1929, 19–32 (21).

ausgewählt worden. Auch später im Liber Horsiēse findet sich die Gleichsetzung: „Ich werde ihnen ganz offen meine Liebe kundtun und meinen Zorn von ihnen abwenden. Ich werde wie Tau sein, Israel soll blühen wie eine Lilie und Wurzeln schlagen wie die Libanonzeder“[44]. Der Text ist eine Paraphrase von Hos 14, 6f. Wiederum ist Israel identisch mit der Mönchsgemeinde. In den pachomianischen Klostergemeinden hat sich damit der Gedanke, der im Barnabasbrief in radikaler Weise durchgeführt war, in gewandelter Gestalt erhalten. Der Gedanke, daß die Mönche „Israel“ seien, geht auf Pachom selbst zurück. In den erst vor einigen Jahren aufgefundenen Briefen Pachoms ist z.B. in Brief 3, 99 zu lesen, daß nach den Erzvätern Noah, Abraham, Isaak, Jakob und Joseph schließlich Mose aufstand, „der den Trug des Lebens zerstörte und den Reichtum verachtete, damit er uns den Ort des Reichtums zeige und das Zelt der Weisheit“[45]. Mose wird bei Pachom aus dem Blickwinkel des Hebräerbriefes gesehen. Die Gleichsetzung des Volkes Israel, das Mose aus Ägypten geführt hatte, mit der Gemeinde der Christen bleibt ein charakteristischer Zug des ägyptischen Gemeindeverständnisses. Demgemäß wurde Pachom mit seiner Klosterregel später auch als zweiter Mose apostrophiert[46]. |

Wenn eine Typologie: Israeliten – Christen für die Deutung des Bildes von *el-Bagāwāt* nicht in Anspruch genommen werden kann, ist auch eine Mose-Christus-Typologie als Deutungsmöglichkeit in Frage gestellt. Sie ist nicht nur in Frage gestellt, sondern zurückzuweisen. Im Judasbrief des Neuen Testaments lautet V.5: „Ich will euch aber erinnern, obgleich ihr alles wißt, daß Jesus, nachdem er einmal das Volk aus dem Land Ägypten gerettet hatte, das andere Mal die, die nicht gläubig geworden waren, vernichtete“. Der Text mit „Jesus ..., der aus dem Land Ägypten gerettet hatte“ ist in den griechischen Handschriften extrem variabel überliefert[47]. Die Lesart „Jesus“ ist die, die von Origenes bis Kyrill für Alexandria bezeugt ist[48] und nach den koptischen Übersetzungen des Neuen Testaments im Lande Ägypten allein gültig war[49]. Man darf annehmen, daß der Maler sie kannte. Damit liegt im Bild der Exoduskapelle keine typologische, sondern eine symbolische Darstellung vor, wie sie an der Stätte des Todes auch zu erwarten ist. Der Bezug zwischen Mose und dem Herrn ist nicht dergestalt, daß Mose durch Christus überboten wurde, sondern die Weise, in der Mose Rettung brachte, ist ebendie, in der Jesus seine Kirche

---

[44] BACHT, Vermächtnis, 160 (lat. Text), 161 (Übersetzung); ebd. Anm. 194 auch die Bemerkung zur Textkorrektur.

[45] H. QUECKE, Die Briefe Pachoms = Textus Patristici et Liturgici, Fasc. 11, Regensburg 1975, 105.

[46] Vgl. F. RUPPERT, Das pachomianische Mönchtum und die Anfänge klösterlichen Gehorsams, = Münsterschwarzacher Studien. Münsterschwarzach 1971, 275ff.; BACHT, Vermächtnis, 218–220, 223 Anm. 50 u.ö.

[47] Vgl. die Angaben im Novum Testamentum Graece (NESTLE-ALAND), 26. Aufl., Stuttgart 1979, z.St.

[48] Origenes ist in den früheren Editionen des „NESTLE“ als Zeuge für die Textlesart aufgeführt. Zu Kyrill vgl. ders., Contra eos (Anm. 42), 20.

[49] Vgl. G. HORNER, The Coptic Version of the New Testament in the Northern Dialect Otherwise Called Memphitic and Bohairic, Oxford 1898–1905 = Nachdruck Osnabrück 1969, Bd. IV, 136 = IHC; ders., The Coptic Version of the New Testament in the Southern Dialect Otherwise Called Sahidic and Thebaic, Oxford 1911–1924, Bd. VII, 242 = IC.

rettet. In Mose als Retter ist Christus gegenwärtig. So konnte man sich im Wortlaut des Jethro wiederfinden: „Gelobt sei der *kyrios*, der sein Volk errettet hat ...".

Soweit wie in dem Bild aus *el-Bagāwāt* ist der Symbolismus Mose – Christus kaum wieder vorangetrieben worden. In der monastischen Literatur finden sich meist nur Verweise, in welcher Form Mose vorbildlich war. Der schon zitierte Horsiēse verwies darauf, | daß er das Amt der Klosterleitung nicht gewollt habe. „Als Apa Petronius mir das Amt übertrug, habe ich geweint ... wie es nicht nur ich, sondern auch die Heiligen getan haben, vor allem Mose ..."[50].

In dem Hinweis, daß Horsiēse das Amt nicht gewollt habe, liegt ein gängiger Topos vor. Die biblische Begründung dafür ist allerdings unzureichend. Denn daß Mose bei seiner Berufung geweint habe, steht nicht im Alten Testament. Daß er ein Heiliger war, weder im Alten noch im Neuen Testament. Aber ganz selbstverständlich gehört Mose bei Horsiēse zu den Heiligen. Mit Erstaunen liest man auch, daß Mose, der doch angesichts des goldenen Kalbes voller Zorn die Gesetzestafeln zerschmetterte (Ex 32, 19), für die Mönche ein Muster der Sanftmut war. Doch heißt es wiederum: „seien wir Schüler der Sanftmut, (wie) alle Heiligen, vor allem David, von dem (Ps 132, 1) geschrieben steht: 'Gedenke, Herr, des David und all seiner Sanftmut', aber auch von Mose, von dem wir lesen, daß er 'sanftmütiger gewesen ist, als jeder auf Erden'"[51]. In Num 12, 3 steht tatsächlich, daß der Mann Mose „sanftmütiger war als alle Menschen, die auf Erden waren". Die Schriftstelle ist noch öfter zitiert worden[52]. Schon Philo hatte sie betont[53]. Er trifft hier mit einem monastischen Ideal zusammen.

Sollte nirgendwo gesagt sein, wovon doch die Bücher Exodus bis Deuteronomium voll sind: daß Mose Gesetze gab? Selbstverständlich wußte man das; wie man auch die alttestamentlichen Ge|setze sehr gut kannte. Man hatte z.B. im Gesetz des Mose (Dtn 23, 21) gelesen, daß es erlaubt sei, von einem Ausländer Zins zu nehmen. Das Wort „Ausländer" (ἀλλότριος) war dabei wohl sehr weit ausgelegt worden. Der Mönchsvater Šenute, der im 5. Jh. das ägyptische Mönchtum reformierte und mit Härte seine Prinzipien gegen Heiden und Christen durchsetzte, wendet sich temperamentvoll gegen solcherart „Kenner" des Gesetzes. Die Bestimmung, daß man Zins nehmen dürfe, sei das einzige Gebot des Alten Testaments, das sie überhaupt achten. Nicht einmal um die zehn Gebote würden sie sich kümmern. Im übrigen sei schon im Alten Testament, bei dem Propheten Ezechiel 18, 13. 17 und Ps 15, 5 das Zinsnehmen untersagt. Mose habe das Zinsnehmen überhaupt nur deswegen erlaubt, um die unbarmherzigen Geldleute wenigstens durch Hoffnung auf Gewinn

---

[50] F. HALKIN, Sancti Pachomii Vitae Graecae = Subsidia Hagiographica 19, Bruxelles 1932, Vita G[1]: 126 = S. 80. Die Übersetzung bei BACHT, Vermächtnis, 18, Anm. 46 ist nicht genau.

[51] Memento ... et Mosi de quo legimus quod mansuetus fuerit super omnem terram (lat. Text nach BACHT, Vermächtnis, 184; ebd. 185 Übersetzung). Der lateinische Text des Liber muß nach dem griechischen in Num 12, 3 πραῢς σφόδρα παρὰ πάντας τοὺς ἀνθρώπους τοὺς ὄντας ἐπὶ τῆς γῆς sinngemäß gedeutet bzw. korrigiert werden zu „sanftmütiger als jeder auf Erden".

[52] Vgl. A. LUNEAU, Moses und die lateinischen Väter, in: Moses (Anm. 3), 307–330 (309f. mit Belegen bei Hieronymus und Ambrosius). Die Belege lassen sich vermehren.

[53] Vita Mosis I 26 = COHN (Anm. 18), 227.

dazu zu bringen, die Armen zu unterstützen[54].

Šenutes Argumentation ist nicht nur gut begründet und klug. Sie wird von ihm mit einem Verweis auf das Neue Testament gekrönt. Während es in Lev 19, 12 heiße: „du sollst nicht falsch schwören bei meinem Namen", sage der Herr im Neuen Testament, der Vollendung des Gesetzes, „du sollst überhaupt nicht schwören (Mt 5, 34). Eure Rede sei vielmehr ja, ja – nein, nein" (Mt 5, 37)[55]. Moses Gesetze werden durch das Neue Testament relativiert. Moses Dekalog, der im Hintergrund einmal anklang, hatte in der ägyptischen Kirche keine besondere Bedeutung[56]. An einer Abhandlung über das christliche Verhalten ist das zu erläutern. Es heißt dort:

> „Wir lesen und hören von den Dingen, die Gott Mose befahl, indem er sagte: du sollst nicht töten, | du sollst nicht stehlen, du sollst nicht Böses tun, du sollst nicht fälschlich schwören, du sollst den Namen des Herrn deines Gottes nicht mißbrauchen, du sollst einen Menschen nicht seines Lohnes berauben, du sollst nicht rauben, du sollst nicht zornig sein, du sollst den Herrn, deinen Gott lieben mit all deinem Herzen, all deiner Seele, all deinem Gemüt und all deiner Kraft und du sollst deinen Nächsten lieben wie dich selbst"[57].

Das sind genau zehn Gebote, die hier als Moses Gebote aufgezählt werden; aber es ist keineswegs der Dekalog. Aus Ex 20 bzw. Dtn 5 und Lev 19, 12f. ist eine Reihe von ethischen Geboten zusammengestellt worden, die mit dem Dekalog nur die Zehnzahl und die du-sollst-Formulierungen gemeinsam hat[58]. Die Reihe endet mit dem Doppelgebot der Gottes- und Menschenliebe nach Markus 12, 30f. Sie findet ihren Höhepunkt und Abschluß im neutestamentlichen Herrenwort. Gilt also Mose hier noch? Ja, – jedoch nur auf Grund des Neuen Testaments.

Die Bedeutung, die Mose für das ägyptische Kirchenvolk hatte, läßt sich am besten am ägyptischen Heiligenkalender ablesen. In der arabischen Fassung des Heiligenkalenders, dem Synaxar[59], | steht zum 8. Tag des Monats Tuth, d.h. zum 18.

---

[54] Der Text nach MS copt. Bibl. Nat. Paris, Nr. 130² Fol. 21–23 wie ihn J. LEIPOLDT, Schenute von Atripe und die Entstehung des national-ägyptischen Christentums, TuU, NF 10 (=25), Leipzig 1903, 169–170 bietet.

[55] Ebd.

[56] Ausführliche Zitate des Dekalogs finden sich bei den ägyptischen Vätern der alten Kirche ebenso selten wie sonst in der Reichskirche vor Augustin; vgl. aber Clemens, Stromateis VI 137, 1ff., 146, 1ff. Zum Dekalog in der alten Kirche vgl. E. DUBLANCHY, Art. „Décalogue", in: Dictionnaire de Théologie Catholique IV, Paris 1924, 161–174.

[57] K. H. KUHN, Pseudo-Shenoute On Christian Behaviour, CSCO Vol. 106 = Scriptores Coptici, Tom. 29 (Edition), Louvain 1960, 23 = dass., Vol. 207, Scriptores Coptici, Tom. 30 (Übersetzung), Louvain 1960, 21.

[58] Das Gebot „du sollst nicht zornig sein" ist in dieser Form nicht nachweisbar; vielleicht ist es von Eccl 7, 9 beeinflußt.

[59] Das Synaxar wird hier zitiert nach den beiden Editionen I. FORGET, Synaxarium Alexandrinum (Edition) = CSCO Vol. 47,48,49, 67 = Scriptores Arabici, Tom. 3, 4, 5, 11, 1905, 1906, 1909, 1912 = Nachdruck, Louvain 1954; Vol. 47, S. 12–13 = dass., (lateinische Übersetzung), Vol. 78 u. 90 = Tom. 12 u. 13, 1921, 1926 = Nachdruck, Louvain 1953; 78, S. 16–17 und R. BASSET, Le Synaxaire arabe-jacobite. (Rédaction copte), Texte arabe publié,

September, folgender Text: „An diesem Tag entschlief Mose, der ⌜Gerechte⌝[a], ⌜das Oberhaupt der⌝[b] Propheten. ⌜Er⌝[c] plagte sich mit dem Gottesvolk ⌜bis aufs Blut⌝[d] und gab sich selbst hin für sie“. Es folgt eine längere Paraphrase über die Auffindung des Kästchens, den Mord an dem Ägypter, Moses Aufenthalt in Midian und seine Berufung.

„Dann führte er das Volk heraus und teilte vor ihm das Rote Meer. Er führte das Volk durch das Meer (wörtlich: es) hindurch und ließ die Wasser über ihre Feinde kommen. Dann ließ er in der Wüste ihm das Manna herabfallen vierzig Jahre lang und schlug ihm Wasser aus ⌜dem Felsen⌝[e]. Obgleich sie dieses alles hatten, waren sie widerspenstig gegen ihn und versuchten mehrfach, ihn zu steinigen. Er aber war geduldig mit ihnen und bat für sie zum Herrn. Wegen seiner übergroßen Liebe für sie sprach er zum Herrn: Wenn du ⌜nicht⌝[f] diesem Volk die Sünden vergibst, dann tilge meinen Namen aus dem ⌜Buch des Lebens⌝[g]. Die Schrift gibt Zeugnis, daß er mit dem Herrn fünfhundertsiebzig Worte sprach, wie ein Mann mit seinem Freund spricht. Sein Gesicht aber war verklärt vom Glanz durch die Herrlichkeit des Herrn, bis er einen Schleier auf sein Antlitz legte, damit nicht alle stürben von den Kindern Israel, die darauf sahen. Als er hundertzwanzig Jahre alt war, befahl ihm der Herr, das Volk seinem Schüler, Josua, dem Sohn des Nun, zu übergeben. Er (Mose) ließ ihn holen, übergab ihm die Gebote des Herrn und seine Gesetze und unterrichtete ihn, daß er (Josua) es sei, der das Volk in das gelobte Land führen werde, nachdem er die Bundeslade und alles, was darin war, angefertigt hatte, wie es der Herr ihm befohlen hat. Er starb auf dem Berg und wurde dort begraben. Der Herr verbarg seinen Leichnam, damit nicht die Kinder Israel ihn fänden und ihn anbeteten. Denn die Schrift gibt Zeugnis von ihm, daß in Israel kein Prophet wie Mose erstehen werde. Der Satan wollte seinen Leichnam offenbar machen, aber der Erzengel Michael verjagte ihn und hielt ihn von dort fern – wie es der Apostel ⌜Judas⌝[h] in ⌜seinem Brief⌝[i] bezeugt. Die Kinder Israel beweinten ihn dreißig Tage. ⌜Seine Fürbitte sei⌝[k] mit uns, Amen“. |

Das ist eine lange Geschichte, die das Synaxar über Mose zu berichten weiß. Und das Gesetz? Gerade noch am Rande erwähnt: „die Gebote des Herrn und seine Gesetze übergab er Josua“! Hier gilt nicht mehr: Mose ist das Gesetz. Hier gilt: Mose war Prophet, Retter, Wundertäter und Freund Gottes. Aber hier gilt auch: Mose ist noch Fürbitter. Mit diesem Satz endet die Eintragung. Das Martyrologium Romanum hatte keinerlei Begründung geboten, warum dort der legislator Mose aufge-

---

traduit et annoté, PO I 3, 215–379; III 3, 243–545; XI 5, 505–859; XVI 2, 185–424; XVII 3, 525–782; I 3, 248–250. – Zur Textgrundlage der beiden Editionen vgl. G. GRAF, Geschichte der christlich-arabischen Literatur, II: Die Schriftsteller bis zur Mitte des 15. Jahrhunderts = Studi e Testi 133, Città del Vaticano 1947, 418–420. – Die oben im Text mit a, b usw. angezeigten Varianten sind nach der Edition des CSCO folgendermaßen wiederzugeben: (a) der große Prophet, (b) der Erstgeborene aller, (c) dieser Prophet, (d) in der Wüste, (e) dem harten Felsen, (f) = Zusatz in CSCO, (g) aus deinem Buch, (h) Judas, Sohn des Jakobus, (i) den katholischen Briefen, (k) die Fürbitten dieses Propheten Mose seien … Inhaltlich weniger bedeutsame Varianten bleiben unberücksichtigt.

nommen war. So weit das Abendland vom Morgenland, – so weit sind hier die Vorstellungen über Mose voneinander entfernt.

Gemeinsamkeiten zwischen beiden Eintragungen gibt es ja immerhin auch noch. Beide Kirchen, die abendländische, römisch-katholische und die ägyptische, haben den Propheten Mose in ihre Heiligenkalender aufgenommen. Man darf daraus den Schluß ziehen, daß der Zeitpunkt, zu dem Mose in die kirchlichen Kalendarien aufgenommen wurde, schon vor der großen Kirchenspaltung des 5. Jahrhunderts lag. Auch im Abendland wird Mose zu Ende des 4. Jahrhunderts „sanctus" genannt[60]. In einem Mosaik in San Vitale in Ravenna, das um 540–548 entstand, wird Mose dann mit einem Nimbus, d.h. als Heiliger, abgebildet. Ihm wird dort die Gesetzesrolle übergeben[61]. Legislator war und blieb Mose in der abendländischen Tradition. –

Einige Züge der ägyptischen Mosetradition, wie sie sich im offiziellen Synaxar niedergeschlagen hat, bleiben dunkel. Es hieß dort z.B., daß der Herr 570 Wort mit Mose sprach, „wie die Schrift bezeugt". Wo bezeugt das die Schrift? Nach jüdischer | Tradition enthält die Thora 248 Gebote und 365 Verbote – das sind 613 aber nicht 570. Einen älteren Verweis gibt es immerhin schon in der koptischen Literatur. In eine Homilie auf die Hochzeit von Kana hat der ägyptische Patriarch Benjamin (622 bis 665 AD) eine Lebensgeschichte des Mönches Isidor vom „Kloster der Väter" eingeflochten. Dieser Isidor hatte größte Angst vorm Sterben. Zur Begründung für seine Todesangst verwies er darauf, daß auch alle Heiligen den Tod gefürchtet hätten, auch „Mose, der mit Gott 570 Mal sprach"[62] . In der koptischen Fassung der Homilie steht hier ausdrücklich „Mal" (ⲥⲟⲡ), in der arabischen Übersetzung statt dessen schon „Worte", wie auch im Synaxar. Wahrscheinlich liegt in dieser Zahl von 570 eine viel ältere, apokryphe Tradition vor, die dennoch als „Schrift" galt.

Die schriftliche Fixierung des Mosebildes im Synaxar ist der kirchenamtliche Endpunkt der ägyptischen Entwicklung. Die Volksüberlieferung ist auf dem Weg der Heiligenverehrung weiter gegangen. Zwei Mosestätten zeigte man schon zur Zeit Etherias im Ostdelta in Ramses und Tanis[63]. Im Mittelalter konkurrierten verschiedene Plätze im näheren und weiteren Umkreis Kairos um den Geburtsort Moses[64].

---

[60] Die Nonne Etheria, die mit dem Gebrauch des Attributs „sanctus" verschwenderisch umging, nennt selbstverständlich auch Mose sanctus. Bezeichnenderweise jedoch noch nicht ausschließlich und durchgängig. An einigen Stellen ihres Pilgerberichts fehlt das Attribut, vgl. 4,7; 5,1.3.7.9 (bis); 10,1.6 (bis) 8. Der Wortgebrauch ist also noch nicht zum Stereotyp verblaßt. Zum Text der Etheria vgl. CCSL 175, 1965, 37–90 und H. DONNER, Pilgerfahrt ins Heilige Land. Die ältesten Berichte christlicher Palästinapilger (4. bis 7. Jahrhundert), Stuttgart 1979, 69–137.

[61] F. W. DEICHMANN, Ravenna, Hauptstadt des spätantiken Abendlandes, Wiesbaden 1974, Tf. 318f.

[62] C. D. G. MÜLLER, Die Homilie über die Hochzeit zu Kana und weitere Schriften des Patriarchen Benjamin des I. von Alexandrien, in: AHAW, PH 1968, 1, Abh., 258 (kopt. Text und Übersetzung), 259 (arab. Text und Übersetzung). Die frühere Edition der bohairischen Fassung bei H. de VIS, Homélies coptes de la Vaticane, in: Coptica I, Havniae 1922, 53–106 ist durch die Edition MÜLLERs entschieden erweitert worden.

[63] Vgl. dazu DONNER, Pilgerfahrt, 99–103.

[64] Für die christlichen Mosestätten des Mittelalters im Umkreis Kairos sind die Überlieferun-

Nach der ägyptischen christlichen Tradition blieb aber die Fürbitte Moses vornehmste Aufgabe. Für Moses Fürbitte und über|haupt für alles, was über ihn zu berichten war, konnten aus der Heiligen Schrift ständig neue Aspekte gewonnen werden. Die fünf Bücher Mose waren seine ureigensten Worte. Nach dem hebräischen Text von Ex 4, 10 stammten sie von einem Mann „schweren Mundes und schwerer Zunge". Die altlateinische Bibel übersetzte das mit „von schwacher Stimme". Nach der altlateinischen Übersetzung hat Ambrosius von Mailand einst einen Satz formuliert[65], mit dem die Skizze hier abgeschlossen sei: „Mose hatte eine schwache Stimme, doch alle hörten ihn. Noch heute hört man ihn – in der Kirche".

gen bei „*Abū Ṣāliḥ*" die ausführlichsten; vgl. B. T. A. EVETTS/A. J. BUTLER, The Churches and Monasteries of Egypt and some Neighbouring Countries, Attributed to *Abū Ṣāliḥ*, the Armenian, in: Anecdota Oxoniensia, Semitic Series, Part VII, Oxford 1885 = Nachdr. London 1969, zu den Stichworten *Būṣīr* (Fol. 20b), *Dammūh* (Fol. 67a), *Manf* (Fol. 68b), Šahrān (Fol. 47a) und *Uskur* (Fol. 19b).

[65] Sancti Ambrosii Opera, Pars Quinta: Expositio Psalmi CXVIIX, rec. M. PETSCHENIG, = CSEL 62, Vindobonae/Lipsiae 1913, 426: gracili voce loquebatur Moyses et plus omnibus audiebatur, cotidie auditur in ecclesia.

Anmerkungen zu vier neuen hebräischen Namen*

In einem Katalog hat vor kurzem P. Bordreuil 140 kleinere Objekte, fast ausschließlich Siegel, verschiedener Pariser Sammlungen sorgfältig beschrieben und mit vorzüglichen Fotos abgebildet[1]. Die meisten Siegel der Bibliothèque Nationale oder des Louvre waren schon aus älteren Publikationen bekannt, 44 westsemitische Siegel aber werden in diesem Katalog zum ersten Mal ediert. Unter den 20 hebräischen Siegeln (Nummer 40–59) des Katalogs sind sechs neu: Nr. 44, 52, 53, 57, 58 und 59, dazu noch zwei: Nr. 45 und 55, die zwar schon bekannt waren, von denen es aber nunmehr erstmals eine Abbildung oder genaue Beschreibung gibt.

Die neuen hebräischen Siegel sind aus verschiedenen Materialien gearbeitet und epigraphisch oder ikonographisch unterschiedlich gestaltet worden. Relativ anspruchslos ist das skarabäoide Siegel Nr. 57 aus hellem braunen Stein, dessen Siegelfläche keine Randleiste aufweist und nur aus zwei Zeilen Schrift besteht, die durch einen Doppelstrich getrennt werden. Die Siegelfläche des skarabäoiden Bronzesiegels Nr. 59 ist ebenfalls nur zweizeilig beschriftet und durch einen Doppelstrich getrennt. Sie hat aber zusätzlich eine umlaufende Randleiste.

Ikonographisch bemerkenswert ist die Siegelfläche des Siegels Nr. 44 (*L'BŠ*ʿ*L*) mit der Darstellung einer nackten weiblichen Person, wozu es einige syrische Parallelen gibt[2].

Ganz außergewöhnlich ist die Darstellung auf der Siegelfläche der Nr. 58 (*LH* [...] // *HW* [...] // *LM* [...]) mit einem vierteiligen Bild: unten rechts eine Palmette, wie sie von phönizischen Siegeln mehrfach belegt ist. Auf die Palmette von unten links zuschreitend eine geflügelte Sphinx, die ihr Gesicht dem Betrachter zuwendet. Auf | dem Kopf trägt die Sphinx eine dreistöckige flache Krone. Vom Haupt wallen ihr prächtige Locken, vom Kinn ein starker Bart. Oben links, über der Sphinx, quasi

---

* Die vorliegende Studie war Professor M. Metzger zum 60. Geburtstag am 11. Januar 1988 überreicht.

[1] P. Bordreuil, Catalogue des Sceaux Ouest-Sémitiques inscrits de la Bibliothèque Nationale, du Musée du Louvre et du Musée biblique de Bible et Terre Sainte, Paris 1986.

[2] Bordreuil, S. 48 verweist auf die Darstellungen bei K. Galling, Beschriftete Bildsiegel des ersten Jahrtausends v. Chr. vornehmlich aus Syrien und Palästina, ZDPV 64 (1941), S. 121–202 (S. 185), Nr. 89 = A. Reifenberg, Ancient Hebrew Seals (London 1948), S. 43 = R. Hestrin/M. Dayagi-Mendels, Inscribed Seals: First Temple Period, Hebrew, Ammonite, Moabite, Phoenician and Aramaic (Jerusalem 1979), S. 168, Nr. 131 (im folgenden: IS) und Galling, a.a.O., S. 185, Nr. 90. Galling selbst (S. 152) hatte auf zwei assyrische Rollsiegel des 8. Jh.s hingewiesen sowie auf vier weitere westsemitische Siegel, von denen er (= Nr. 179–180) zwei abbildete. Zum Motiv der nackten Frau auf ikonographischen Darstellungen aus dem syropalästinischen Raum vgl. U. Winter, Frau und Göttin: Exegetische und ikonographische Studien zum weiblichen Gottesbild im alten Israel und in dessen Umwelt, OBO 53 (Freiburg Schw./Göttingen 1983), S. 187–191.

im Flug stehend, so daß von ihren vier Flügeln nur zwei zu sehen sind, befindet sich eine bärtige menschliche Figur mit langem assyrischem Gewand, hutförmiger Krone und einem runden Nackenschopf. Sie hat eine Hand ehrfurchtsvoll zur gegenstehenden Figur erhoben. Die gegenstehende Figur, oben rechts über der Palmette, ist eine vierflügelige fliegende, anscheinend weibliche Gestalt, die während des Fluges weit ausschreitet. Alle Einzelszenen des vierteiligen Bildes sind in der syropalästinischen Glyptik nachweisbar, die Gesamtkomposition in dieser Form aber nicht.

Derartige bildliche Darstellungen können nur dann als genuin israelitisch oder judäisch erwiesen werden, wenn die dazugehörigen Namen der Siegeleigentümer ein aus dem Gottesnamen *YHWH* gebildetes theophores Element enthalten.

Den Namen der Person, der das relativ einfache Siegel Nr. 57 gehörte, liest Bordreuil[3] als *ṢPNYH // MTNYH*. Die beiden Namen sind im Katalog die einzigen hebräischen, die mit der Kurzform *YH* gebildet sind, alle anderen theophoren sind entweder mit *YHW* (so: Nr. 45 (1x), Nr. 47 (2x), Nr. 48 (1x), Nr. 49 (2x), Nr. 53 (2x), Nr. 54 (1x), Nr. 56 (1x?) und Nr. 59 (2x)) oder mit *YW* (so: Nr. 40 (2x), Nr. 41 (3x), Nr. 55 (1x)) gebildet.

Das Siegel mit diesen beiden Namen ist auf seiner Siegelfläche stark abgegriffen. Vor dem ersten Personennamen ist heute noch Raum für die Eigentumsanzeige, ein Lamed, von dem sich jedoch keine Spur erhalten hat. Bordreuil[4] hat das Lamed aber zu Recht ergänzt. Vom letzten *Hē* der ersten Schriftzeile sind auch nicht alle Teile erhalten. Vergleicht man dieses *Hē* mit dem der zweiten Zeile, so fällt auf, daß letzteres neben dem obersten linken Abstrich noch ein kleines Häkchen hat. Dieses Häkchen ist leicht zu einem Waw ergänzbar, das mit dem vorangehenden *Hē* oft eine Ligatur eingeht. Darf man von diesem deutlich sichtbaren Häkchen her hinter dem *Hē* der zweiten Zeile den Rest eines Waw ergänzen, so entsteht die gewöhnliche Endung *MTNYH⌜W⌝*. Dieselbe Endung ist vom Raum her dann auch am Ende der ersten Zeile einzufügen, auch wenn dort von dem Waw ebenso wie von dem Lamed nichts mehr erhalten ist. So ergibt sich für die erste Zeile die Lesung *[L]ṢPNYH[W]*, für die zweite *MTNYH⌜W⌝*. Beide Namen sind auch anderswo auf Siegeln oder Inschriften nachzuweisen[5]. |

---

[3] A.a.O., S. 54.

[4] Ebd.

[5] Zu *ṢPNYHW* auf Siegeln vgl. D. Diringer, Le Iscrizioni antico-ebraici palestinesi, Pubblicazioni della R. Università degli Studi di Firenze, Facoltà di Lettere e Filosofia, III. Ser. Vol. II (Firenze 1934), S. 198, Nr. 39:2 (im folgenden: Diringer) = F. Vattioni, I Sigilli ebraici, Bibl. 50 (1969), S. 357–388, Nr. 39:2 (im folgenden: Vattioni I), ders., I Sigilli ebraici II, Aug. 11 (1971), S. 447–454, Nr. 39:2 und Nr. 258:2 (im folgenden: Vattioni II), ders., I Sigilli ebraici, AION 38 (1978), S. 227–254, Nr. 39:2 und Nr. 258:2 (im folgenden: Vattioni III). *ṢPNYHW* noch auf einem Siegelabdruck aus Tell ed-Duwēr, in: O. Tufnell, Lachish III: The Iron Age = The Wellcome-Marston Archaeological Research Expedition to the Near East. Publication Vol. 3 (London/New York/Toronto 1953), S. 341, Pl. 47 B:8 = A. Eitan u.a. (Ed.), Inscriptions Reveal, Israel Museum Catalogue Nr. 100 (Jerusalem 1973), Nr. 31 (im folgenden: IR). *ṢPNYHW* auch auf zwei Bullae bei N. Avigad, Hebrew Bullae from the Time of Jeremiah: Remnants of a Burnt Archive (Jerusalem 1986), Nr. 53–54 (im folgenden: Avigad). Der Name ist auch wahrscheinlich bezeugt auf dem Ofel-Ostrakon: S. | A. Cook, Inscribed Hebrew Objects from Ophel, PEFQS 56 (1924), S. 180–186 (S.184) = Diringer, S. 74 = A. Lemaire, Inscriptions hébraiques, Tom. 1: Les Ostraca (Paris 1977), S. 240 (im folgenden: Le-

Das Bronzesiegel Nr. 59 (s.o.) ist auf seiner Siegelfläche stark erodiert und daher nur mühsam zu entziffern. Bordreuil[6] liest die zwei Zeilen der Beschriftung als *L DMLYHW B // N YHW* [...]. Der Name *DMLYHW* ist im Alten Testament nicht belegt, aber inschriftlich etliche Male bezeugt[7]. Nach einem Vorschlag B. Portens ist *DML'L* bzw. *DMLYHW* aufzulösen in den Imperativ von *DMM* + Präposition *L* + theophores Element[8]. |

---

maire, Insc.) = IR, Nr. 138. – Zu *MTNYHW* auf Siegeln vgl. die Belege bei Vattioni II, Nr. 268:1; III, Nr. 268:1 (= IR, Nr. 133 = IS, S. 66), Nr. 367:2, Nr. 369:2 und A. Lemaire, Nouveaux Sceaux nord-ouest sémitiques, Sem. 33 (1983), S. 17–31 (S. 17) (*LBNYHWH // MTNYHW*), die Bullae bei K. G. O'Connell, An Israelite Bulla from Tell el Hesi, IEJ 27 (1977), S. 197–199 (*LMTNYHW // YŠMʻ'L*) und Avigad, Nr. 119 sowie denselben Namen auf dem Lachisch-Brief Nr. 1 Zeile 5 = H. Torczyner, Lachish I, The Lachish Letters = The Wellcome Archaeological Research Expedition to the Near East, Publication Vol. I (Oxford 1938), S. 23ff.

[6] A.a.O., S. 55.

[7] Belege für *DMLYHW* auf Siegeln: Vattioni I, Nr. 19:1 und Nr. 60:2 (beides noch *RMLYHW* gelesen), sowie die Bullae bei Y. Shilo, A Hoard of Hebrew Bullae from the City of David, EI 18 (1985), S. 73–87, Nr. 36 (*LNRHW // DMLYHW*) und Nr. 50 (*LŠPṬYHW // BN DMLY[HW]*) sowie Avigad, Nr.42a–c (*LDMYLYHW // BN RP'*), Nr. 43–46 (*LDMLYHW BN HWŠʻYHW* [mit Varianten der graphischen Aufteilung]) und Nr. 170 (... // *DMLYHW BN* // ...).

[8] M. Noth, Die israelitischen Personennamen im Rahmen der gemeinsemitischen Namengebung, BWAT III/10 (Stuttgart 1928 = 2. reprographischer Nachdruck Hildesheim/New York 1980), S. 32 Anm. 1 u.ö. (im folgenden: IP) hatte imperativisch gebildete Namen für das Hebräische abgelehnt. B. Porten, Domla'el and Related Names, IEJ 21 (1971), S. 47–49 bietet drei alttestamentliche Belege: *DʻW'L* (Num 1:14 u.ö.), *HWDWYH* (Esr 2:40 u.ö. auch aramäisch *HWDW*) sowie *ḤKLYH* (Neh 1:1 u.ö.). Seine weiteren Beispiele imperativischer Namen, sofern sie über Parallelbelege zu den alttestamentlichen hinausgehen, sind aramäischen Texten aus Ägypten entnommen: *PNWLYH*, *ṢPLYH'* (auch *ṢPLY'*), *QWYLYH* und *QWL'*. Dazu noch den Namen *QLYHW* auf dem hebräischen Siegel, das S. H. Horn publizierte: An Inscribed Seal from Jordan, BASOR 189 (1968), S. 41–43 (*LQLYHW DML'L*) = Vattioni III, Nr. 233:2. Krughenkelinschriften aus *el-Ǧīb* bei J. B. Pritchard, Hebrew Inscriptions and Stamps from Gibeon (Philadelphia 1959) S. 11ff, Nr. 21, 26, 27, 28, 29 haben dazu die Kurzform *DML'*, ebenso ein Ostrakon aus Samaria bei J. Crowfoot u.a., The Objects from Samaria (= Samaria-Sebaste III), (London 1957), S. 21–22. Einen weiteren Beleg für *DML'* auf einer Bulla veröffentlichte N. Avigad, New Names on Hebrew Seals, EI 12 (1975), S. 66–71 (S. 70, Nr. 18). – Zur Liste B. Portens hat J. J. Stamm noch zwei weitere Parallelbelege aus Lachisch, Nr. 3:17 (= *HWDWYHW*) und Nr. 20:2 (= *ḤKLYHW* [Lesung unsicher]) hinzugefügt: Eine Gruppe hebräischer Personennamen, in: Travels in the World of the Old Testament, Studies Presented to M. A. Beek on the Occasion of His 65th Birthday (Assen 1974), S. 230–240 = ders., Beiträge zur hebräischen und altorientalischen Namenkunde zu seinem 70. Geburtstag (Hgg.: E. Jenni/M. Klopfenstein), OBO 30 (Freiburg Schw./Göttingen 1980), S. 147–157 (S. 148). Zum Namen *HWDWYHW* vgl. jetzt auch die Bullae bei Avigad, Nr. 55:2 (*[L]ḤGY BN // HWDWYHW*) und Nr. 117 (*LMTN BN // HWDWYHW*). Avigad (S. 55) verweist für den Namen *HWDWYHW* noch auf ein unveröffentlichtes Siegel. – Der Deutung *DML'L*'s bzw. *DMLYHW*'s als imperativischer Verbalform + Präposition *L* + theophores Element | schließt sich auch Stamm, a.a.O., S. 149, an. Zu imperativischen Namen vgl. jetzt auch J. D. Fowler, Theophoric Personal Names in Ancient Hebrew: A Comparative Study, JSOT.S 49 (Sheffield 1988), S. 125ff.

Waren die Namen *ṢPNYH[W]*, *MTNYH⌜W⌝* und *DMLYHW* bislang schon bezeugt, so enthalten die beiden Siegel Nr. 53: *LḤNNYHW B // N QWLYHW* und Nr. 55: *LŠMʿ B // N YWSTR* zwei neue jahwistische Namen, für die es bislang keine weiteren Parallelen gibt[8a].

Das skarabäoide Siegel Nr. 53 aus bläulichem Chalzedon hat eine ovale Siegelfläche mit zweizeiliger Beschriftung. Die oberste Zeile ist von der untersten durch ein sogenanntes Min-Emblem getrennt[9]. Um die Siegelfläche läuft eine Randleiste. Die Buchstaben der Beschriftung sind alle klar lesbar: *LḤNNYHW B // N QWLYHW*. So ist die Namensform *QWLYHW* sicher. In Analogie zu dem aramäisch überlieferten Namen *QWYLYH*[10] löst Bordreuil[11] die Schreibung des Namens auf in die Wurzel *QWH* + Präposition *L* + Nomen Divinum. Diese Lösung ist auf dem Hintergrund anderer Personennamen, die mit der Präposition *L* gebildet sind (s.o. Anm. 8), überzeugend[12].

Das skarabäoide Siegel aus Hämatit bei Bordreuil Nr. 55 hat eine ovale Siegelfläche mit Resten einer Randleiste. Die zwei Schriftzeilen sind ohne Trenner übereinandergesetzt. Zwischen dem letzten Buchstaben und der Randleiste stehen noch zwei starke Punkte. Sie können an dieser Stelle, wo die Schrift ganz nahe an den Rand geführt ist, nicht als Raumfüller dienen. Es ist unklar, ob die Punkte | nur Schmuckornament sein sollen oder ob sie einen Symbolwert haben[13]. Die Buchsta-

---

[8a] Eine Vorankündigung des letzteren Siegels bei P. Bordreuil, Inscriptions sigillaires ouest-sémitiques II, Syr. 52 (1975), S. 107–118 (S. 110), vgl. Vattioni III, Nr. 346.

[9] Vgl. dazu auch N. Avigad, Titles and Symbols on Hebrew Seals (Ivrit), EI 15 (1981), S. 303–305 (S. 303) und Bordreuil, a.a.O., S. 52 Anm. 23.

[10] So bei A. Cowley, Two Aramaic Ostraca, JRAS (1929), S. 107–112 (S. 108). Diesen aramäisch überlieferten Namen hatte schon S. Daiches, Some Notes on Ostracon A, JRAS (1929), S. 584–585 (noch mit Fragezeichen) gedeutet als „Trust in Ya". Daiches' Deutung folgen dann Porten, a.a.O., und Stamm, a.a.O., S. 150, wobei der Hinweis auf weitere imperativisch gebildete hebräische Namen das Fragezeichen überflüssig gemacht hat. – Die aramäische Schreibung *QWYLYH* wird irrtümlich als *QWLYH* aufgeführt bei W. Kornfeld, Onomastica aramaica aus Ägypten, SÖAW. PH 333 (Wien 1978), S. 70.

[11] A.a.O., S. 52.

[12] Die inschriftlich überlieferten Namen *QLYHW* (oben Anm. 8: S. H. Horn) und *QLYW* – auf einem Ostrakon aus Samaria: Samaria-Sebaste III (Anm. 8), S. 17–18, Pl. I:1 = Lemaire, Insc. (Anm. 5), S. 248 – sind noch ebenso ohne überzeugende Deutung wie das masoretische *QWLYH* (Jer 29:21; Neh 11:7). Der Versuch bei H. Bauer, Die hebräischen Eigennamen als sprachliche Erkenntnisquelle, ZAW 48 (1930), S. 73–80 (S. 74), masoretisches *QWLYH* als „Jahwe hat gesprochen" zu deuten, hat gegen sich, daß die Wurzel *Q(W)L* im Hebräischen nicht als Verb bezeugt ist. Insofern sind Hinweise auf akkadisches *qālu* oder ugaritisches *ql* (so: W. F. Albright bei Horn, a.a.O. S. 42) nur Verlegenheitsauskünfte. Das akkadische *qālu* heißt „schweigen", „aufpassen", vgl. AHw., S. 895a–b. Es bildet einen Typ von Personennamen, der mit *QWLYH* nicht übereinstimmt, vgl. Stamm, a.a.O., S. 151. Das ugaritische *ql* ist mehrdeutig, vgl. G. del Olmo Lete, Mitos y leyendas de Canaan según la tradición de Ugarit, Textos, versión y estudio, Fuentes de la Ciencia Biblica 1 (Valencia/Madrid 1981), S. 617–618 s.v. *ql* I–III. Es ist in ugaritischen Personennamen nicht bezeugt, vgl. C. J. Labuschagne, Art. *qōl*, Stimme, THAT II, Sp. 629–634 (Sp. 630). Vgl. jetzt auch Fowler (Anm. 8), S. 119, 148 und 200.

[13] Auf den Bullae bei Avigad, Nr. 60, 87, 95, 105a–b, 110, 112, 124, 126a–n, 141, 161 und

ben der zweizeiligen Beschriftung sind alle klar und als *LŠMʿ B // N YWSTR* zu lesen. Die Radikale des zweiten Elements im Namen *YWSTR* waren bislang nur in den alttestamentlichen Namen Setur (Num 13:13) und Sitri (Ex 6:22) bezeugt. Noth[14] hatte dazu noch den talmudischen Namen *STRY'L* stellen können. Der vorliegende Beleg *YWSTR* bietet nun erstmals eine klassische Vollform des Namens, die Bordreuil gewiß zu Recht verbal übersetzt hat: „*YW* a abrité“[15]. Allerdings ist die Wurzel *STR* im alttestamentlichen Hebräisch von zwei Ausnahmen abgesehen (Jes 16:3 [Piel], Prov 27:5 [Pual]) nur im Hifil und Hitpael bezeugt. So ist für den Namen *YWSTR* mit einer im alttestamentlichen Hebräisch sonst nicht belegten Qalform[16] oder mit einer Pielform (vgl. Jes 16:3) im Sinne von „schützend bergen“ zu rechnen[17]. *STRH* auf einem Siegel wäre eine hypokoristische Bildung derselben Wurzel, wenn dort nicht besser *S'RH* zu lesen ist[18]. Den Namen *STRYH* auf dem aramäischen Ostrakon der Sammlung | Clermont-Ganneau Nr. 175:3[19] löst Kornfeld[20] nominal

---

166 stehen vergleichbare Punkte an ganz verschiedenen Stellen. Es ist bislang noch kein System für derartige Punkte auf den Siegeln feststellbar, vgl. Avigad, a.a.O., S. 84.

[14] IP, S. 158.

[15] A.a.O., S. 53.

[16] Vgl. zu der Erscheinung, daß im alttestamentlichen Hebräisch in Personennamen bisweilen noch das Qal gebraucht wird, wo im masoretischen Hebräisch dann das Hifil steht, zuerst F. Delitzsch, Commentar über das Buch Jesaja, BC III/1, 4. Aufl. (Leipzig 1889), S. 39. Noth, IP, S. 36 führte folgende Verben an, die in Personennamen im Qal bezeugt sind: *YŠʿ*, *ḤB'*, *NBṬ* und *'ZN*. Einen Gebrauch des Qal in Personennamen, wo später das Piel gebraucht wird, registrierte er ebd. für die Verben *MLṬ* und *DLH*. Vgl. jetzt auch Fowler (Anm. 8), S. 86ff.

[17] Im achämenidischen Nippur hieß der Sohn eines Sabbatay: *mSa-at-tu-ru*: The Babylonian Expedition of the University of Pennsylvania, Ser. A: Cuneiform Texts (Ed. H. V. Hilprecht), Vol. IX: Business Documents of Murashû Sons of Nippur Dated in the Reign of Artaxerxes I (464–424 BC) … (Edd.: H. V. Hilprecht/A. T. Clay) (Philadelphia 1898), Nr. 45:3. Die morphologische Bildung des Namens *mSa-at-tu-ru* ist nicht eindeutig. M. D. Coogan, West Semitic Personal Names in the Murašû Documents, HSM 7 (Missoula/MONT 1976), S. 79 zieht eine *qatūl*-Bildung in Betracht, erwägt aber (a.a.O., S. 111) auch eine *qattūl*-Form, R. Zadok, On West Semites in Babylonia During the Chaldean and Achemenian Periods: An Onomastic Study (Jerusalem 1977), S. 136 nur eine *qattūl*-Form. In jedem Fall liegt mit *mSa-at-tu-ru* eine nominale Bildung vor, die wohl nicht mit dem reichsaramäischen *STR* = „Versteck“ identisch ist. Für das aram. Nomen *STR* = „Versteck“ setzt K. Beyer eine *qitl*-Bildung (= **sétar)* an: Die aramäischen Texte vom Toten Meer samt den Inschriften aus Palästina, dem Testament Levis aus der Kairoer Genisa, der Fastenrolle und den alten talmudischen Zitaten (Göttingen 1984), S. 648. Zu beachten sind noch die beiden syrischen Bildungen *setrā* = „Geheimnis“ und *settārā* = „Zufluchtsplatz“ u.ä.: R. Payne Smith, A Compendious Syriac Dictionary Founded upon the Thesaurus Syriacus … (Ed.: J. Payne Smith), (Oxford 1903 = Nachdruck London 1967), S. 394 b s.v.

[18] Ch. C. Torrey, A Few Ancient Seals, AASOR 3 (New Haven 1923), S. 103–108 (S. 106), Nr. 4 = Diringer (Anm. 5), S. 173, Nr. 12, Tf. XIX/12 = Vattioni I, Nr. 12. Der Name fehlt bei Noth, IP. – L. G. Herr, The Scripts of Ancient Northwest Semitic Seals, HSM 18 (Missoula/MONT 1978), S. 20, Nr. 23 liest die Buchstaben wohl richtiger als *(L)S'RH* und ordnet die Schriftform dem aramäischen Bereich zu.

[19] A. Dupont-Sommer, „Yahô“ et „Yahô-ṣeba'ôt“ sur les ostraca araméens inédits d'Elephantine, CRAIBL (1947), S. 175–191 (S. 181–185).

auf: „Versteck (ist) *YH*“. Der in aramäischer Schrift überlieferte Name könnte aber ebenso – und noch besser – ein Verbalsatzname sein. Dabei ist darauf hinzuweisen, daß noch in der späten Sprachstufe des Aramäischen: im Syrischen, anders als im Hebräischen, auch Peal (= Qal)-Formen des Verbs *STR* ganz geläufig waren[21]. Eine aramäische Kurzform dazu ist *STRY*.[22]

Die beiden neuen Personennamen *QWLYHW* und *YWSTR* sind von ihren theophoren Elementen her eindeutig jahwistisch. Das ist nicht der Fall bei den beiden neuen Namen *'BŠ*ᶜ*L* und *PLṬH*.

Hebräisch *Šūᶜāl*, mit vergleichbaren Bildungen in anderen semitischen Sprachen, bedeutet nach Auskunft der Wörterbücher „Fuchs“. Neben den geographischen Begriffen *'äräṣ šūᶜāl* (I Sam 13:17) und *ḥᵃṣar šūᶜāl* (Jos 15:28; 19:3; Neh 11:27) ist im Alten Testament auch eine Person als *Šūᶜāl* benannt I Chr. 7:36: einer der Söhne Zophachs aus dem Stamm Asser.

Ebenso wie K. Galling als Editor des (= *L*) *Š*ᶜ*L B* // *N 'LYŠ*ᶜ-Siegels[23] hatte auch Noth[24] dieses inschriftliche *Š*ᶜ*L* zum masoretischen Namen in I Chr 7:36 gestellt und beide als auf einen Menschen angewandten Tiernamen gedeutet. Diese Deutung wird bis heute akzeptiert – bei ungleich mehr Belegen für den Personennamen *Š*ᶜ*L*. Folgende seien angeführt:

1) Das schon genannte Siegel des (= *L*) *Š*ᶜ*L B* // *N 'LYŠ*ᶜ, das neuerdings als ammonitisch klassifiziert wird[25].
2) Das hebräische Siegel des (= *L*) *Š*ᶜ*L* // *YŠ*ᶜ*YHW* bei N. Avigad, Sechs alte hebräische Siegel (Ivrit), in: Sefer Sh. Yevin (Jerusalem 1970), S. 305–308 (S. 306), Nr. 3 = IS (Anm. 2), S. 100, Nr. 76 = Vattioni (Anm. 5) III, Nr. 426.
3) Das Siegel des (= *L*) *'LYŠB* // *BN Š*ᶜ*L*: P. Bordreuil/A. Lemaire, Nouveaux Sceaux hébreux, araméens et ammonites, Sem. 26 (1976), S. 45–63 (S. 51f), Nr. 17 = Vattioni III, Nr. 375 (mit der irrigen Lesung *Š'L*). Das Siegel wird bei Bordreuil/Lemaire nicht unter dort auch publizierte ammonitische Siegel rubriziert. |
4) Die Eigentumsmarke des (= *L*) *Š*ᶜ*L* aus *Ḫirbet el-Qôm*? = A. Lemaire, Inscription

---

[20] Kornfeld, a.a.O., S. 65.

[21] Vgl. Payne Smith, S. 393b–394a s.v.

[22] Kornfeld, a.a.O., S. 65.

[23] K. Galling, Ein hebräisches Siegel aus der babylonischen Diaspora, ZDPV 51 (1928), S. 234–236 und Tf. 17c = Diringer, Nr. 41 = Vattioni I, Nr. 41.

[24] IP, S. 230, S. 258, Nr. 1319.

[25] Wegen der Buchstabenformen hat N. Avigad dieses Siegel als phönizisch angesprochen: Sechs alte hebräische Siegel (Ivrit), in: Sefer Sh. Yevin (Jerusalem 1970), S. 305–308 (S. 306). Unter die ammonitischen Siegel wird es eingeordnet bei Herr, The Scripts, S. 64, Nr. 15 und bei K. P. Jackson, The Ammonite Language of the Iron Age, HSM 27 (Chico/CAL 1983), Nr. 46, vgl. ders., Ammonite Personal Names in the Context of the West Semitic Onomasticon, in: The Word of the Lord Shall Go Forth: Essays in Honor of D. N. Freedman in Celebration of His Sixtieth Birthday (Edd.: C. L. Meyers/M. O'Connor), (Winona Lake/IND 1983), S. 507–521 (S. 517). – Die Berechtigung zur ammonitischen Klassifikation bleibe bei diesem und anderen Siegeln dahingestellt.

paléo-hébraique sur une assiette, Sem. 28 (1977), S. 21–22[26].

5) Das Siegel des (= *L*) *PLṬY* // *BN Š'L*: IS, S. 136, Nr. 109 (als ammonitisch klassifiziert) = Vattioni III, Nr. 446.
6) Das Siegel des (= *L*) *MT' B* // *N Š'L*: IS, S. 137, Nr. 110 (als ammonitisch klassifiziert) = Vattioni III, Nr. 447.
7) Das Siegel des (= [*L*?]) *[Š]'L* // *[']BDYHW* bei A. Lemaire, Nouveaux Sceaux nord-ouest sémitiques, Syr. 63 (1986), S. 305–325 (S. 312), Nr. 5. Vgl. noch die Namensform *Š'LY* auf dem Siegel des (= *L*) *Š'LY* ebd., S. 322, Nr. 14.
8) Der Siegelabdruck auf der Bulla Nr. 69 bei Avigad (Anm. 5), S. 60f. *L YD'YHW* // *BN Š'L*.
9) Der Siegelabdruck auf der Bulla Nr. 79 bei Avigad, S. 64f *L YŠM''L* // *[B]N Š'L BN* // *[ḤL]ṢYH[W]*.
10) Der Siegelabdruck auf der Bulla Nr. 123 bei Avigad, S. 83 *L NMŠR*. // *BN Š'L*.
11) Der Siegelabdruck auf der Bulla Nr. 164 bei Avigad, S. 102f *L Š'L BN* // *YŠM''L*.
12) Der Siegelabdruck auf der Bulla Nr. 174 bei Avigad, S. 105 *L Š[']L B[N]* // *MLKYH[W]*.
13) Eine Krughenkelschrift angeblich aus einem Ort nördlich von Jerusalem: *HMṢH . Š'L*: N. Avigad, Hebrew Inscriptions on Wine-Jars, IEJ 22 (1972), S. 1–9 (S. 5ff) = IR (Anm. 5), S. 118, Nr. 107.
14–15) Ein Ostrakon aus Arad: *Š'L ‹B›N ḤN[N]*[27] und eine Inschrift auf einem Schalenfragment aus Arad: *Š'L* + Zahlzeichen bei Y. Aharoni u.a., Arad Inscriptions (Ivrit), Judean Desert Studies (Jerusalem 1975), S. 69f, Nr. 38:2, S. 82f, Nr. 49:14.

Auch wenn man bislang keinen Anstoß daran genommen hat, daß so viele Personen „Fuchs" geheißen haben sollen, so versagt diese traditionelle Deutung bei dem neuen Namen *'BŠ'L*. „Mein Vater ..." oder „der Vater ist Fuchs"[28] hat keine Analogie.

Ist die Namensform *Š'L* auch anders auflösbar? Solange sie als Wort dreier Radikale verstanden wird, wohl nicht[29]. Doch kann *Š'L* in Analogie zu *DML'L* | bzw.

[26] Der Name wird bei Lemaire, a.a.O. noch als *ŠL* gelesen, doch erlauben die Schriftzüge auch die bessere Deutung *Š'L* vgl. J. Teixidor, Bulletin d'épigraphie sémitique, Syr. 56 (1979), S. 353–405 (S. 378) § 111 (*Š[W]'L* gelesen) – lies *Š'L*!

[27] Das Ostrakon bietet in scriptio continua *Š'L'NḤN*, was Aharoni, a.a.O., S. 69 zu *Š'L ‹B›N ḤN[N]* konjiziert hat.

[28] So Bordreuil, a.a.O., S. 48 „'mon père est renard' ou 'le père est renard'".

[29] Der ugaritische Name *ṯ'l* wird nach dem hebräischen *Šū'āl* als „Fuchs" gedeutet, vgl. F. Gröndahl, Die Personennamen der Texte aus Ugarit, StP 1 (Rom 1967), S. 198. Doch findet sich in Ugarit auch der keilschriftliche Name *Ša-a-la-na*, der nicht so aufgelöst werden kann, vgl. J. Nougayrol, Le Palais d'Ugarit, III: Textes accadiens et hourrites des Archives Est, Ouest et Centrales ..., = MRS VI (Paris 1955), Nr. 130:26. In RŠ 18.297 steht in einer Liste von Feldern u.a. ...] *šd·ṯ'lb* = C. F.-A. Schaeffer, Le Palais Royal d'Ugarit V: Textes en Cunéiformes alphabétiques des Archives Sud, Sud-Ouest et du Petit Palais (Ed.: Ch. Virolleaud) = MRS XI (Paris 1965), Nr. 30 B:3 = M. Dietrich/O. Loretz/J. Sanmartín, Die keilalphabetischen Texte aus Ugarit, AOAT 24 (Kevelaer/Neukirchen-Vluyn 1976), | Nr. 4.425:3. C. H. Gordon, Ugaritic Textbook, AnOr 38 (Rome 1965), S. 505a, Nr. 2718 löst die

DMLYHW (s.o. Anm. 8) auch in zwei Elemente aufgelöst werden: in eine Verbalform (3. Pers. Sing., Perf. Qal oder Imp. mask. Qal) der Wurzel *Šʿ H* + Präposition *L* + ungeschriebenes Suffix 1. Pers. Sing. Der Name *Šʿ L* bedeutet dann „[NN] ist es, der mich gnädig ansah" bzw. „[NN] sieh mich gnädig an!" und der neue Name *ʾBŠʿ L* dementsprechend „der/mein Vater ist es, der mich gnädig ansah" bzw. „mein Vater, sieh mich gnädig an!".

Das skarabäoide Siegel aus Chalzedon im Katalog bei Bordreuil Nr. 52 hat eine ovale Siegelfläche mit umlaufender Randleiste. Das Siegelfeld ist durch eine ornamental verzierte Trennlinie[30] in zwei Felder geteilt, die je eine Zeile Schrift aufweisen. Die Buchstaben *L PLṬH BN // YŠMʿʾL* sind alle klar lesbar. Die Verbalwurzel *PLṬ* im neuen Personennamen *PLṬH* ist bei Personennamen im Alten Testament mehrfach zur Anwendung gekommen[31] und auch auf außerbiblischen Siegeln und Bullae oft bezeugt. Beispiele sind:

1) das ammonitische Siegel des (= *L*) *ʾDNPLṬ // ʿBD ʿMNDB* = M. Jastrow, Jr., A Phoenician Seal, Hebr. 7 (1891), S. 257–267 = Diringer (Anm. 18), S. 253ff, Nr. 98 = Vattioni (Anm. 5) I, Nr. 98[32],
2) das ammonitische Siegel des (= *L*) *ŠMʿL // BN PLṬW* = Vattioni III, Nr.298:2[33],
3) die Bulla des (= *L*) *PLṬYHW // ḤLQYHW* = Vattioni III, Nr. 379:1,
4) das ammonitische Siegel des (= *L*) *TMKʾL // BN // PLṬY* = Vattioni III, Nr. 384:2[34], |

Form *ṯʿlb* im Sinne von „Fuchs" auf. Ihm folgt für *ṯʿlb* auch Gröndahl, a.a.O. Angesichts des keilschriftlichen Namens *Ša-a-la-na* und des Personennamens(?) *ṯʿlb* ist die Deutung des ugaritischen *ṯʿlb* als „Fuchs" in jedem Fall problematisch. Zum ugaritischen Verb *ṯʿy* vgl. M. Dietrich/O. Loretz/J. Sanmartín, Zur ugaritischen Lexikographie (VIII), UF 5 (1974), S. 105–117 (S. 116f) und del Olmo Lete, Mitos (Anm. 12), S. 643 s.v. *ṯʿy*. Noch anders jetzt Fowler (Anm. 8), S. 195.

[30] Zu vergleichbaren Trennern auf Siegeln vgl. C. Graesser, Jr., The Seal of Elijah, BASOR 220 (1975), S. 62–66 (S. 62) und Abb. 1–3, M. Weippert, Ein Siegel vom *Tell Ṣāfūṭ*, ZDPV 95 (1979), S. 173–177 (S. 174 mit Anm. 6) und Abb. 2/2, P. Bordreuil/A. Lemaire, Nouveau Groupe de sceaux hébreux, araméens et ammonites, Sem. 29 (1979), S. 71–84 (S 72 Anm. 1) und jetzt auch Avigad (Anm. 5), Nr. 30, Nr. 37, Nr. 99, Nr. 136, Nr. 138a–b, Nr. 165, Nr. 178, Nr. 187 und Nr. 191.

[31] Vgl. Noth, IP, Register Nr. 159, Nr. 1153, Nr. 1155, Nr. 1156, Nr. 1157, Nr. 1158 (auch *PLṬYHW* Ez 11:1,3). Eine besondere Affinität derjenigen alttestamentlichen Personen, die mit der Wurzel *PLṬ* gebildete Namen trugen, zu den ostjordanischen Staaten Ammon und Moab ist nicht feststellbar; vgl. aber auch Pelatja I Chr. 4:42. Zu aramäischen Namen der Wurzel *PLṬ* vgl. Kornfeld (Anm. 10), S. 68–69 (mit Verweisen auf weitere Bildungen in anderen westsemitischen Sprachen); zu keilschriftlich überlieferten siehe Zadok (Anm. 17), S. 127 (sub: 1124124).

[32] Zur ammonitischen Einordnung des Siegels und damit des Namens *ʾDNPLṬ* vgl. Jackson, Ammonite Language (Anm. 24), Siegel Nr. 19; ders., Ammonite Personal Names (Anm. 24), S. 509, S. 515.

[33] Zur ammonitischen Einordnung des Siegels und damit des Namens *PLṬW* vgl. Jackson, Ammonite Language, Siegel Nr. 9; ders., Ammonite Personal Names, S. 516.

[34] Zur ammonitischen Einordnung des Siegels und damit des Namens *PLṬY* vgl. Jackson, Ammonite Language, Siegel Nr. 16; ders., Ammonite Personal Names, S. 517.

5) das ammonitische Siegel des (= *L*) *PLṬ* [?] = Vattioni III, Nr. 385[35],
6) das ammonitische Siegel des (= *L*) *PLṬY // BN Š'L* = IS (Anm. 2), S. 136, Nr. 109 = Vattioni III, Nr. 446,
7) das Siegel des (= *L*) *'ḤQM B // N PLṬYHW* = P. Bordreuil/A. Lemaire, Nouveau Groupe des sceaux hébreux, araméens et ammonites, Sem. 29 (1979), S. 71–84 (S. 74), Nr. 5 und
8) das moabitische Siegel des *PLṬY BN // M'Š HM // ZKR* = M. Abu Taleb, The Seal of *plṭy bn m'š* the mazkir, ZDPV 101 (1985), S. 21–29.

Die genannten Personen mit Namen der Wurzel *PLṬ* ohne das theophore Element *YHW* o.ä. sind alle den ostjordanischen Staaten Ammon und Moab zuzuordnen[36]. Die Namensform *PLṬYHW* ist im Alten Testament nur für Pelatjahu, den Sohn Benajas, bezeugt (Ez 11:1,3), die verkürzte Form Pelatja (*PLṬYH*) für drei verschiedene Personen (I Chr 3:21; 4:42; Neh 10:23). Die hebräischen Bullae zeigen aber, daß die Namensform *PLṬYHW* beliebter war, als die alttestamentlichen Texte erkennen lassen, vgl.

die Bulla des (= *L*) *ŠM'YHW // [B]N PLṬYHW* bei Shilo (Anm. 7), Nr. 23,
die Bulla des (= *L*) *MḤ[SY]HW // BN PLṬYHW* bei Avigad (Anm. 5), Nr. 86,
die Bulla des (= *L*) *MKY[HW] // PLṬYHW* bei Avigad, Nr. 94,
die Bulla des (= *L*) *MTN BN // PLṬYHW bei* Avigad, Nr. 114,
die Bulla des (= *L*) *MTN BN // [P]LṬYHW* bei Avigad, Nr. 115,
die Bulla des (= *L*) *MTN B[N] // PLṬYH[W]* bei Avigad, Nr. 116a,
die Bulla des (= *L*) *MTN B[N] // [P]LṬY[HW]* bei Avigad, Nr. 116b,
die Bulla des (= *L*) *'ZR // PLṬYHW* bei Avigad, Nr. 135a,
die Bulla des (= *L*) *'ZR // PLṬYHW* bei Avigad, Nr. 135b,
die Bulla des (= *L*) *PLṬYHW B // N HWŠ'YHW* bei Avigad, Nr. 143a,
die Bulla des (= *L*) *PLṬYHW B // N HWŠ'Y[HW]* bei Avigad, Nr. 143b,
die Bulla des (= *L*) *PLṬY[HW] // HWŠ'YH[W]* bei Avigad, Nr. 144a,
die Bulla des (= *L*) *PLṬY[HW] // HWŠ'[YHW]* bei Avigad, Nr. 144b,
die Bulla des (= *[L]*) *PLṬYHW // HWŠ'YHW* bei Avigad, Nr. 145a,
die Bulla des (= *[L]*) *PLṬYH[W] // HWŠ[']YHW* bei Avigad, Nr. 145b,
die Bulla des (= *L*) *PLṬYHW //* [...] bei Avigad, Nr. 146,
die Bulla des (= *L*) *PLṬYHW // HWŠ'YHW* bei Avigad, Nr. 147,
die Bulla des (= *L*) *PLṬYHW // BN HWŠ'YHW* bei Avigad, Nr. 148 und
die Bulla des (= *L*) *PLṬYHW // BN ḤLQ* bei Avigad, Nr. 149.

So sind im neuen Namen *PLṬH* auch nicht die Radikale problematisch, sondern die Endung und damit die morphologische Bildung des Namens. Bordreuil[37] deutet das *Hē* am Ende von *PLṬH* als Suffix 3. Pers. Sing. mask. „il [la divinité] l'a délivré". Beispiele für ein solches Suffix 3. Pers. Sing., unmittelbar auf das Verb fol-

---

[35] Ob auf den letzten Buchstaben: *Ṭ* noch ein Buchstabe folgte, ist unsicher.

[36] Vgl. aber auch noch das Ostrakon aus Tel Dan mit der Inschrift *B'LPLṬ*: A Biran, *LYŠIDN ṢFWNWT 'YR KN'NYT W'YR YŚR'LYT*, Qad. 4 (1971), S. 2–10 (S. 10).

[37] A.a.O., S. 52.

gend, sind in hebräischen Personennamen bislang nicht bezeugt[38]. |

Für verkürzte Nominal- oder Verbalsatznamen gibt es im Hebräischen überwiegend die Endung -ʾ.[39] Sie kann jedoch in den gleichen Namen auch mit der Endung -*H* wechseln[40]. So ist der neue Personenname *PLṬH* besser nicht als verkürzter Verbalsatzname + Suffix 3. Pers. Sing. mask. zu deuten, sondern als verkürzter Verbalsatzname mit der hypokoristischen Endung -*H*.

Die Nr. 53 und 55 im Katalog bei Bordreuil sind durch die theophoren Elemente in den Personennamen *QWLYHW* und *YWSTR* als hebräische Siegel ausgewiesen. Aus epigraphischen Gründen datiert Bordreuil[41] beide Siegel in das Ende des 7. bzw. den Anfang des 6. Jahrhunderts v. Chr.[42] Sowohl *QWLYHW* als auch *YWSTR* sind demnach Judäer gewesen und vielleicht Zeitgenossen des Propheten Jeremia.

Die Siegelfläche dieser beiden jahwistischen Siegel ohne eigentliches Bildfeld ist relativ einfach gestaltet worden. Sie ist in beiden Siegeln aber noch wieder verschieden. Die eine enthält einen ornamentalen Trenner (sog. Min-Emblem s.o.), die andere nur Beschriftung ohne weitere ikonographische Elemente (vgl. aber noch die Randleiste).

Die beiden nichtjahwistischen Siegel Nr. 44 und Nr. 52, des *ʾBŠ̌ʿL* bzw. des *PLṬH…*, sind aus epigraphischen Gründen ins 8. Jh. bzw. in die zweite Hälfte des 7. Jh.s zu setzen[43]. Das nichtjahwistische Siegel des *ʾBŠ̌ʿL* (Nr. 44) bietet auf seiner Siegelfläche eine geflügelte, nackte, weibliche Figur (und eine Randleiste), das nichtjahwistische Siegel des *PLṬH…* (Nr. 52) nur einen ornamental ausgeschmückten Trenner (und Randleiste). Insofern ist das nichtjahwistische Siegel des *ʾBŠ̌ʿL* mit seiner auffälligen bildlichen Darstellung eine Besonderheit, die noch Anlaß weiterer Diskussionen sein wird. Das Siegel des *PLṬH…*, mit seinem ornamentalen Trenner, steht dem jahwistischen Siegel des (= *L*) *ḤNNYHW B // N QWLYHW* (Nr. 53) recht nahe. Es ist auch zeitlich nur wenig früher anzusetzen. Man wird in dem Siegelei-

---

[38] Vgl. Noth, IP, S. 32f.

[39] M. Lidzbarski, Semitische Kosenamen, in: ders., Ephemeris für semitische Epigraphik II: 1903–1907 (Gießen 1908), S. 1–23 (S. 7ff), Noth, IP, S. 38 und ebd., Register Nr. 360 (*GRʾ*), Nr. 1036 (*ʿZʾ*), Nr. 1087 (*ʿMŚʾ*), Nr. 1318 (*ŠWʿʾ*).

[40] Vgl. Noth, IP, Register, Nr. 131/136 (*ʿLʾ/ʾLH*), Nr. 240 (*BʾRʾ/BʾRH*), Nr. 1053 (*ʿZRʾ/ ʿZRH*), Nr. 1302 (*ŠBNʾ/ŠBNH*), Nr. 1368 (*ŠMʿʾ/ŠMʿH*). Auf Siegeln ist die Deutung des *Hē* als hypokoristische Endung stets unsicher, vgl. aber Vattioni I, Nr. 140 (*ʾLD/RH*), Nr. 228:2 (*HGBH*), Nr. 236 (*PDH*); III, Nr. 304 (*ḤNNH*), Nr. 351 (*ḤNH*), Nr. 353 (*MYKH*) und auch die Bullae bei Avigad, Nr. 27:2 (*MYKH*) und Nr. 155 (*Š̌ʿLH*). Zur hypokoristischen Endung *ʾ/H* vgl. jetzt auch Fowler (Anm. 8), S. 165 ff.

[41] A.a.O., S. 52, S. 53.

[42] Eine Schrifttabelle der Buchstabenformen auf den Siegeln bietet Bordreuil in seinem Katalog nicht. Da die Datierung der beschrifteten Siegel aber nach den Buchstabenformen vorgenommen wurde, ist ein genauer Vergleich der graphischen Formen noch nachzuholen. Zu beachten bleibt dabei schon jetzt, daß auf einigen Siegeln verschiedene Formen des gleichen Buchstabens vorkommen, vgl. zum Nun auf Nr. 41a und b, zum Lamed auf Nr. 44, zum Ḥeth auf Nr. 56 u.a. Die kursiven Buchstabenformen etwa des Nun auf dem Siegel Nr. 49, die Bordreuil (ebd., S. 50) in den Anfang des 7. Jh.s setzt, sind gewiß nicht zeitgleich mit den eckigen Nunformen auf dem Siegel Nr. 50.

[43] Bordreuil, a.a.O., S. 47, S. 52.

gentümer: *PLṬH* ebenso einen Judäer sehen dürfen wie in *QWLYHW.* |

Ein ausführlicher Vergleich zwischen den ikonographischen Elementen auf hebräischen Siegeln ohne jahwistisches Element im Namen des Siegeleigentümers mit den ikonographischen Elementen auf hebräischen Siegeln, deren Eigentümer jahwistische Namen hatten, wird durch diese Stücke neu angeregt werden. Schon die hebräischen Siegel, die P. Bordreuil in seinem Katalog neu zugänglich gemacht hat, sind eine willkommene Bereicherung des onomastischen und ikonographischen Materials. Die auf unbekannten Wegen in die Pariser Sammlungen gelangten Siegel ermöglichen damit Einblicke in Zeiten, die sonst nur durch mühsame archäologische Arbeit erlangt werden können.

Die Ausgrabungen in *Ḥesbān* als Testfall der neueren Palästina-Archäologie*

Bevor 1968 die Ausgrabungen in *Ḥesbān* begannen, wußte schon jeder auch nur ein wenig an der Topographie interessierte Alttestamentler, wo der Ort Heschbon lag. Das im Alten Testament und auch sonst einige Male genannte Heschbon war danach gleichzusetzen mit der Ruinenstätte *Ḥesbān*. *Ḥesbān* – auch die arabischen Namensformen *Ḥasbān*, *Ḥisbān*, *Ḥösbān* und *Ḥusbān* sind überliefert – liegt ca. 75 km Luftlinie fast genau östlich von Jerusalem im Ostjordanland. Von Rabbat Ammon, der heutigen Hauptstadt Jordaniens: *ʿAmmān*, sind es bis *Ḥesbān* auf der Straße etwa 25 km in südwestlicher Richtung; bis zur nächsten Stadt: *Mādebā* dann noch 9 km in fast genau südlicher Richtung.

Die Gleichsetzung des alttestamentlichen Heschbon mit der Ruinenstätte *Ḥesbān* geht zurück auf die beiden berühmtesten Forscher, die im 19. Jahrhundert das Ostjordanland bereist und erforscht haben: auf Ulrich Jasper Seetzen und Johann Ludwig Burckhardt.[1] Ulrich Jasper Seetzen unternahm seine Reise 1806; Johann Ludwig Burckhardt seine 1812. Zu *Ḥesbān* heißt es bei ihm:

> „Hier fanden sich die Trümmer einer großen alten Stadt sammt den Überbleibseln einiger aus kleinen Steinen errichteten Gebäude; ein paar zerbrochene Säulenschäfte stehen noch; zugleich sieht man eine Menge tiefer in den Felsen eingehauener Brunnen und einen großen Wasserbehälter für den Sommerbedarf der Einwohner."

Die Gleichsetzung der Ruinenstätte *Ḥesbān* mit Heschbon durch Ulrich Jasper Seetzen und Johann Ludwig Burckhardt beruhte auf zwei Argumenten. 1.) *Ḥesbān* ist eine bedeutende Ruinenstätte, wie es für Heschbon nach den literarischen Belegen zu erwarten ist. Und 2.) die arabische Namensform *Ḥesbān* entspricht der hebräisch überlieferten sprachlich genau mit ihrer Umsetzung des hebräischen *Šin* in arabisches *Sin* und der Umsetzung der Endung *-ōn* in *-ān*.

Seit Ulrich Jasper Seetzen und Johann Ludwig Burckhardt galt die Gleichsetzung von Heschbon mit *Ḥesbān* als unumstößlich. Sie ist auch bei allen späteren, die die

---

* Der Vortrag wurde auf dem „Symposium on Biblical History and Archaeology and Old Testament Theology" am 12.8.1988 in Stellenbosch gehalten. Der Vortragscharakter des Manuskripts ist beibehalten worden.

[1] Ulrich Jasper Seetzen's Reisen durch Syrien, Palästina, Phönicien, die Transjordan-Länder, Arabia Petraea und Unter-Ägypten herausgegeben und commentirt von F. Kruse, I-IV (Berlin, 1854–1859), I, S. 394: *Hüsbân* unter den Städten der El-Belka; S. 407: *Hösbân* mit Verweis auf das Hohelied 7:4. J. L. Burckhardt's Reisen in Syrien, Palästina und der Gegend des Berges Sainai aus dem Englischen herausgegeben und mit Anmerkungen begleitet von W. Gesenius, I-II (Weimar, 1823–1824), S. 623f.

Ruinenstätte besucht und beschrieben haben, als selbstverständlich vorausgesetzt. Zu erwähnen sind unter den späteren Besuchern Henry Baker Tristram, Captain Claude R. Conder und besonders Alois Musil.[2] Alois Musil hatte zu Anfang dieses Jahrhunderts auf dem Ruinenhügel eine | noch anstehende Mauer gefunden, die die höchste Kuppe rings umschloß. Im etwas niedrigeren Teil des Hügels vermutete er die „mit Pracht aufgeführte Stadt" der griechischen und römischen Zeit.[3] Weiterhin identifizierte er die Reste eines paganen Tempels, einer Kirche, vieler Zisternen und Grabanlagen. Die Kirchenruine hatte zu seiner Zeit eine Apsis von 7,3 m Breite und 4,57 m Tiefe bei einer Gesamtlänge von 22 m Ost-Westausdehnung und eine Breite der Schiffe von 17,3 m.

Die Keramik, die bei jeder alten Siedlungsstätte im Orient meist in Mengen aufliegt und zu Anfang des Jahrhunderts gewiß auch in *Ḥesbān* unübersehbar war, hatte bei Alois Musil noch keine Beachtung gefunden. Aus der anfallenden Keramik auf eine bestimmte Siedlungsfolge zu schließen, hat erstmals Sir William Matthew Flinders Petrie bei seiner Grabung 1890 im westpalästinischen *Tell el-Ḥēsi* methodisch in die Palästina-Archäologie eingebracht.[4] Flinders Petrie hat damit die Palästina-Archäologie auf den Weg geführt, auf dem ihm alle Ausgräber bis auf den heutigen Tag nachgefolgt sind. Auf seinen Prinzipien: genaueste Untersuchung der jeweiligen Siedlungshorizonte und genauestes Studium der den Siedlungshorizonten zuzuordnenden Keramik basiert bis heute die archäologische Arbeit in Syro-Palästina. Die Kenntnis der Keramiktypologie ist inzwischen so gut, daß auch bei Siedlungen, an denen keine Grabungstätigkeit vorgenommen werden kann, sondern nur ein systematischer Survey der Oberflächenkeramik, bei positivem Befund schon von der Keramik her ein Schluß auf eine bestimmte Siedlungsabfolge möglich ist. Daß bei solcher Schlußfolgerung aber auch Fehlurteile abgegeben werden können, beweisen die folgenden Aussagen, die John Garstang 1931 abgab: „*Ḥesbān* ist ein großer Hügel ... teilweise in landwirtschaftlicher Bearbeitung, so daß ohne Ausgrabung die Umrisse der Geschichte der Stadt nicht feststellbar sind, auch nicht, ob sie ummauert war" – eine Ummauerung, welcher Zeit auch immer zuzuordnen, hatte immerhin Alois Musil schon festgestellt! „Nichtsdestotrotz sind die Siedlungsspuren der Mittel-Bronzezeit und der Späten Bronzezeit über all seinen Hängen zahlreich und die Oberflächenscherben haben deutliche Ähnlichkeit mit den Lokaltypen von Jericho ..."[5] Ganz im Gegensatz zu John Garstang fand Nelson Glueck bei seinen Oberflächenuntersuchungen in den dreißiger Jahren dieses Jahrhunderts in *Ḥesbān* nur eine einzige Scherbe der Eisen-I-Zeit, aber keinerlei frühere Keramik.[6] Bernhard W. Anderson hingegen sammelte in *Ḥesbān* nicht weniger als neun Keramikstücke, die

---

[2] H. B. Tristram, The Land of Moab: Travels and Discoveries on the East Side of the Dead Sea and the Jordan (London, 1874), S. 345. C. R. Conder, The Survey of Eastern Palestine, Memoirs of the Topography, Orography, Hydrography, Archaeology, etc. (London, 1899), I, S. 104–109. A. Musil, Arabia Petraea, I: Moab (Wien, 1907), S. 383–389, S. 393 Anm. 1 mit Quellenbelegen für Heschbon bzw. *Ḥesbān*.

[3] Musil, Arabia Petraea, I, S. 383.

[4] W. M. Flinders Petrie, Tell el Hesy (Lachish), London, 1891.

[5] J. Garstang, The Foundations of Bible History; Joshua, Judges (London, 1931), S. 384.

[6] N. Glueck, Explorations in Eastern Palestine, I, ASOR XIV (Philadelphia, 1934), S. 1–113 (S. 6).

Paul Lapp 1968 als Eisen-I-zeitlich bestimmte.[7]

Die archäologische Bestimmung der Oberflächenkeramik von *Ḥesbān* durch John Garstang, Nelson Glueck und Bernhard W. Anderson bzw. Paul Lapp war also widersprüchlich. Die Siedlungsgeschichte *Ḥesbāns* reichte nach den Keramikbestimmungen John Garstangs bis in die Mittelbronzezeit zurück, d.h. bis in die Zeit von ca. 2150–1550 v. Chr., ist für diesen Zeitraum nach Nelson Glueck jedoch überhaupt nicht durch Keramik ausgewiesen und selbst noch in der Eisen-I-Zeit, d.h. von ca. 1200–1000 v. Chr., nur ganz spärlich bezeugt, während diese Zeit nach Paul Lapp recht gut dokumentiert sei. Die Keramikstücke, aus denen John Garstang, Nelson Glueck und Paul Lapp völlig verschiedene Schlüsse gezogen hatten, sind nie veröffentlicht worden. So konnte hier nur der Spaten der Archäologen Klar|heit bringen. Sofern eine Grabung in *Ḥesbān* bis auf den Naturfelsen vorstoßen würde, wäre damit die Möglichkeit gegeben, eine archäologische Siedlungsgeschichte *Ḥesbāns* zu erstellen. Mit den fünf Grabungskampagnen seit 1968 hat der Spaten der Archäologen auch Klarheit erbracht – wenngleich sehr anders als es die Ausgräber erwartet hatten.

Eine erste Kritik ist hier nun schon einzubringen. Die Lokalgeschichte Heschbons war vor den Grabungen nur durch literarische Nachrichten punktuell bekannt. Neben Nachrichten im Alten Testament sind es vor allem Aussagen bei Josephus und Ptolemäus, später dann bei Euseb und Hieronymus, sowie Listen zu kirchlichen Konzilien aus dem 4.–6. Jahrhundert nach Chr. und schließlich noch vereinzelte Belege bei arabischen Autoren. Literarische Belege zur Ortsgeschichte Heschbons hatte schon Alois Musil beigebracht. Eine breitere Zusammenstellung des literarischen Materials, die aber keineswegs vollständig ist, lieferte Werner Vyhmeister.[8] Die Paraphrase der literarischen Belege, wie sie Werner Vyhmeister geboten hat, ist jedoch keine kritische Quellendiskussion. Auf Vyhmeisters unvollständiger Sammlung und unkritischer Paraphrase basieren aber alle Rekonstruktionen der Lokalgeschichte durch die Ausgräber.[9]

Die Beobachtungen, die die Forscher und Reisenden des 19. Jahrhunderts in *Ḥesbān* getroffen hatten, sind von den Archäologen nicht zur Kenntnis genommen worden. Jedenfalls fehlen Hinweise auf Ulrich Jasper Seetzen, Johann Ludwig Burckhardt und besonders das große Opus Alois Musils völlig. Diese Mißachtung der früheren Beobachtungen am Ort ist unverständlich und auch damit nicht zu entschuldigen, daß Alois Musils klassisches Werk über das Ostjordanland in deutscher und nicht in englischer Sprache erschienen ist. Weder von den Ruinen der Kirche, die Alois Musil schon genau vermessen hatte,[10] noch von der Mauer, die zu Musils Zeit noch die ganze Kuppe des Hügels *Ḥesbān* umgab, ist in den ersten Grabungs-

---

[7] B. W. Anderson, Newsletter No. 3, 1963–1964, ASOR, Jerusalem/Jordan, January, 4 (1969), S. lf; zitiert nach W. Vyhmeister, The History of Heshbon from Literary Sources, AUSS 6 (1968), S. 158–177 (S. 175).

[8] Vyhmeister, *passim.*

[9] Über Vyhmeister hinaus geht erstmals J. Sauer, Area B, in: R. S. Boraas/S. H. Horn, The Second Campaign at Tell Ḥesbān, AUSS 9 (1973), S. 1–125, S. 35–71. Besonders S. 53 mit Anm. 57-60.

[10] Vgl. oben Anm. 2.

publikationen die Rede.[11] Daß man schon in der ersten Grabungskampagne eine Kirchenapsis fand sowie das zur Kirche gehörende Fragment eines Mosaiks, wurde vielmehr als sensationell herausgestrichen.[12]

Auf dem Hügel von *Ḥesbān* sind seit 1968 fünf Grabungskampagnen unter der Leitung der Andrews University, Berrien Springs, Michigan, durchgeführt worden. Initiiert hatte die Grabung Siegfried Horn. Die erste Kampagne fand 1968 statt, die zweite 1971, die dritte 1973, die vierte 1974 und die fünfte 1976. Jede der Kampagnen dauerte etwa 6–7 Wochen. Über alle fünf Grabungskampagnen liegen vorläufige Berichte vor. Ein Abschlußbericht ist angekündigt. Für die schnelle Publikation der Grabungsergebnisse der einzelnen Kampagnen kann man den Ausgräbern nur seinen herzlichen Dank sagen. Es ist außergewöhnlich, daß schon jeweils kurz nach den Grabungskampagnen ausführliche vorläufige Berichte geboten werden. Der fast 150 Seiten starke vorläufige Bericht über die erste Kampagne vom 17. Juli bis 30. August 1968 erschien schon vor Ablauf eines Jahres,[13] die Berichte der weiteren Kampagnen ähnlich schnell.

Die erste Aufgabe für die Archäologen war eine genaue Konturkarte der Ruinenstätte | *Ḥesbān*. Mit der zweiten Kampagne ist diese Aufgabe abgeschlossen worden. Auf der höchsten Kuppe, wo die Akropolis der Stadt zu vermuten war, wurde in der ersten Kampagne das Areal A eröffnet, in südlicher Fortsetzung davon Areal D. Areal B verlegte man an eine Stelle des Hügels, wo ein Zugang, d. h. ein Tor, zur Akropolis zu vermuten war, Areal C an den westlichen Hang des Hügels. In den späteren Kampagnen sind die Areale E–K hinzugekommen, die an dem Rand des Hügels und in der Umgebung des Hügels liegen und überwiegend Grablagen betreffen.[14]

Jedes Areal wurde in kleinere Grabungsfelder aufgeteilt. In jedem Grabungsfeld wurde dann nach der Methode Wheeler-Kenyon gegraben, wobei gemäß der Methode auf die Stratigraphie der Bodenschichten und der einzelnen Loci besonderes Augenmerk gerichtet wurde. Am Ende jeder Kampagne wurde eine Zusammenschau der Ergebnisse aus den einzelnen Grabungsarealen versucht. Aus der Zusammenschau der einzelnen Areale ergab sich dann im Laufe der Grabung ein sukzessiv wachsendes Bild der Siedlungsgeschichte *Ḥesbāns*. Die anfallenden Siedlungsstrata, markante Objekte wie Mauern, Treppen, Zisternen usw. erhielten die Nummern der betreffenden Loci.

Es ist kein Zweifel, daß die Ausgräber von *Ḥesbān* alle erdenklich große Mühe auf die Detaildokumentation gelegt haben. Ein Leser der vorläufigen Grabungsberichte hat beim Nachvollzug der archäologischen Arbeit allerdings ein kaum auflösbares Problem vor sich. Für den Ausgräber liegt die Siedlungsgeschichte des Tells in der Abfolge der einzelnen Strata unmittelbar vor Augen. Eingebettet in die einzelnen

---

[11] Ein erster Hinweis auf die Arbeit A. Musils dann bei J. Sauer, Area B, in: The Second Campaign at Tell Ḥesbān, S. 44 Anm. 38.

[12] B. van Elderen, Heshbon 1968: The First Campaign at Tell Ḥesbān: A Preliminary Report, AUSS, 7 (1969), S. 142–164 (S. 158f).

[13] Heshbon 1968: The First Campaign at Tell Ḥesbān, AUSS, 7(2) July 1969, S. 97–139.

[14] Vgl. den Plan in: R. B. Boraas/L. T. Geraty, Heshbon 1976: The Fifth Campaign at Tell Ḥesbān: A Preliminary Report, AUM Studies in Religion, Vol. X, Berrien Springs, 1978 zwischen S. 16 und 17.

Siedlungsstrata und Loci sind die Kleinfunde wie Lampen, Münzen oder die Keramikbruchstücke. Keramik ist das alltäglich immer wieder körbeweise anfallende Arbeitsmaterial. In den vorläufigen Grabungsberichten ist aber die genaue Beschreibung der Siedlungsstrata bzw. der Loci vollständig von der genauen Beschreibung der Keramik separiert. Nirgendwo in den vorläufigen Berichten wird für ein bestimmtes Siedlungsstratum oder einen Locus auch nur *ein* typisches Keramik-Specimen abgebildet, das eben für dieses Stratum oder diesen Locus bezeichnend war. Ein Hinweis für die chronologische Einordnung eines aufgefundenen Fußbodens oder einer Mauer nach dem Schema: „Für die chronologische Einordnung des Objektes x vgl. die im Verbund gefundene Keramik in Abbildung y" fehlt vollständig. Dem Leser der vorläufigen Berichte wird im jeweils separaten Teil der Keramikbeschreibung zwar ständig bewiesen, daß den Ausgräbern die typischen Keramikformen sicher bekannt sind. Dennoch hat der Leser keine überprüfbare Kontrolle für die Zuweisung einer Siedlungsschicht mittels der schichtenspezifischen Keramik. Die sorgfältige Beschreibung der einzelnen Strata oder Loci bildet in keinem Fall die schichtenspezifische Keramik mit ab, auch nicht als Einzelstück. Die Siedlungsstratigraphie in ihrer relativen Abfolge wird nicht durch beigegebene typische Keramik veranschaulicht. Siedlungsstratigraphie und Keramikbeschreibung haben sich zu zwei völlig separaten Dokumentationen verselbständigt. Nur mit erheblichem Aufwand ist aus der separaten Keramikbeschreibung die jeweilige Locusnummer zurückzufinden und über die Locusnummer dann der Zugang zu den Siedlungsstrata möglich. Die seit Flinders Petrie eingebürgerte Methode, Siedlungsstrata *und* zugehörige Keramik jeweils als eine zusammengehörige Einheit anzusehen, wird in der Dokumentation nicht mehr befolgt.

Da es nun aber so ist, daß der Spaten der Archäologen das zu erforschende Objekt nahezu zerstört, jeder Spatenstich, jede Entfernung von Steinen die gewachsenen Zusammenhänge | der Ruine vernichtet,[15] kommt alles auf die Überprüfbarkeit der chronologischen Schichtenzuweisung an. Die chronologische Schichtenzuweisung ist aber dann nicht mehr nachvollziehbar, wenn kein einziges Stück der den jeweiligen Loci zugehörigen Keramik mit abgebildet wird. Das grundsätzliche Prinzip der Nachprüfbarkeit der Ergebnisse ist damit aufgegeben worden.

Hatte man in der ersten Grabungskampagne 1968 die zu erwartenden Siedlungsschichten eingeteilt in die Hauptperioden: Modern, Arabisch, Byzantinisch, Römisch, Eisen-III-zeitlich = Persisch, Eisen-II-zeitlich, Eisen-I-zeitlich und Spätbronzezeitlich, so gibt es seit der zweiten Kampagne keine Periode Eisen-III-zeitlich = Perserzeitlich mehr. Man hatte aber in der ersten Kampagne in Areal B Grabungsfeld 1 die starke Mauer gefunden, die den Locus 17B bildet, und diese Mauer der Siedlungsperiode Eisen-III-zeitlich = Perserzeitlich zugeordnet. Diese Zuordnung des Locus B:1:17B ist auch plausibel, da die Mauer B:1:17B erst *unter* dem hellenistischen Locus B:1:14(15) zutage gekommen war.[16] Dem hellenistischen Locus B:1:14(15) war ein rhodischer Krughenkel zuzuordnen, der die Aufschrift trägt επι

[15] Vgl. zum Wortlaut: F. Crüsemann, Alttestamentliche Exegese und Archäologie, ZAW, 91 (1969), S. 177–193 (S. 183).

[16] E. N. Luegenbeal/J. A. Sauer, Seventh–Sixth Century BC Pottery from Area B at Heshbon, AUSS, 10 (1972), S. 21–128 (S. 26f s.v. 14A–15B).

ΑΡΑΤΟΦΑΝΕΙΣ.[17] Der Eponym Aratophanēs ist in die Zeit um 220–180 v. Chr. einzuordnen.[18] Liegt ein Locus wie B:1:17B *unter* dem hellenistischen Locus B:1:14(15), so muß B:1:17B älter als B:1:14(15) sein. Da aus dem Fundamentgraben der Mauer B:1:17B[19] dazu noch Keramiktypen stammen mit doppelt scheibenförmigen Basen und einem inneren sowie äußeren Rand, war die Zuordnung der starken Mauer, die der Locus B:1:17B repräsentiert, in die persische Zeit auch sinnvoll. Dies umso mehr, da man hier auch eine perserzeitliche Lampe und einen perserzeitlichen Mörser gefunden hat.[20]

Man kann nicht erwarten, daß in einem vorläufigen Bericht alle wichtigen Keramikstücke der Grabungskampagne schon veröffentlicht werden. Es bleibt dennoch befremdlich, daß gerade die perserzeitliche Keramik, die perserzeitliche Lampe und der perserzeitliche Mörser nicht publiziert wurden.

Seit der zweiten Kampagne rechnet man nicht mehr mit einer Siedlungsperiode Eisen-III-zeitlich = Perserzeitlich. Die starke Mauer B:1:17B mit ihrer spezifischen Keramik und der perserzeitlichen Lampe sowie dem perserzeitlichen Mörser aus ihrem Fundamentgraben ist nun der Eisen-II-Zeit subsumiert worden. Es ist anscheinend nur eine Frage der Terminologie, ob man mit einer Eisen-III-Zeit = Perserzeit rechnet, oder nur mit einer Eisen-II-Zeit, die diese Epoche mitumfaßt. Aus der nur terminologischen Benennung wird aber sogleich eine historische Aussage, wenn man – wie die Ausgräber von *Ḥesbān* – die Eisen-II-Zeit um 500 v. Chr. enden läßt, während doch die Eisen-III-Zeit per definitionem früher auch den viel größeren Zeitraum der neubabylonischen Epoche und die ganze Perserzeit mitumfaßte. Durch die Subsumtion der früheren Eisen-III-Zeit unter die Eisen-II-Zeit ist etwas Einschneidendes „passiert“. Es ist nun nämlich eine Siedlungslücke für die Zeitspanne von ca. 500 v. Chr. bis zum Beginn der hellenistischen Zeit um 330 v. Chr. entstanden. Archäologisch ist | diese Periode nicht mehr nachweisbar, denn die „perserzeitlichen“ Relikte sind der Eisen-II-Zeit zugerechnet worden.

Gegen dieses Verfahren ist Einspruch zu erheben. Nach den Ausgräbern sind in *Ḥesbān* Keramikformen gefunden worden, die eindeutig der Perserzeit zuzurechnen sind.[21] Wegen dieser eindeutig bestimmten Relikte ist mit einer perserzeitlichen Besiedlung in *Ḥesbān* zu rechnen, die nicht schon gleich auf die kurze Zeitspanne bis ca. 500 v. Chr. eingegrenzt werden darf. Wenn andere typisch perserzeitliche Stücke, wie sie aus dem Westjordanland bekannt sind, in *Ḥesbān* nicht zutage kamen, so ist das noch kein Argument, die Perserzeit in *Ḥesbān* um 500 v. Chr. enden zu lassen. Denn für die meisten Keramikstücke aus *Ḥesbān* gilt, daß sie ihre nächsten Parallelen im Ostjordanland haben und nicht im Westjordanland. Die Perserzeit

---

[17] D. T. Ariel, Two Rhodian Amphoras, IEJ, 38 (1988), S. 31 n. l.

[18] J. Kirchner, Art. Aratophanēs, RE Teilband 3 (Stuttgart, 1895), S. 382 ordnet den Eponym Aratophanēs ins 2. oder 1. Jh. v. Chr. Ebd. auch Belege für Aratophanēs. Die Datierung: um 220–180 v. Chr. bei D. M. Beegle, Heshbon 1968: Area B, in: Heshbon 1968: The First Campaign at Tell Ḥesbân: A Preliminary Report, AUSS, 7 (1969), S. 118–126 (S. 123) ist nicht überprüfbar.

[19] Mit dem Locus B:1:17B zeitgleich ist der Locus B:1:40 vgl. Luegenbeal/Sauer, a.a.O., S. 29.

[20] Luegenbeal/Sauer, a.a.O., S. 63 Anm. 39.

[21] Luegenbeal/Sauer, a.a.O., S. 59f, S. 63.

ist auch an anderen Orten im Ostjordanland noch zu ergraben, wenn sie nicht schon mit den genannten Relikten in *Ḥesbān* gefunden ist.

Weiterhin: Der Hinweis der Ausgräber auf angeblich fehlende literarische Zeugnisse für die Existenz Heschbons in persischer Zeit ist ein klassischer Fall von *argumentum e silentio*. Da die Existenz Heschbons im 6. und 5. Jahrhundert angeblich literarisch nicht belegt sei, müssen die archäologischen Fundstücke also früher datiert werden. *Argumenta e silentio* sind nie überzeugend. Auch nicht in diesem Fall. Denn wie lange die in *Ḥesbān* gefundene perserzeitliche Keramik, die Lampe und der Mörser in Gebrauch gewesen waren, ist einfach nicht präzis zu sagen. Das Argument der fehlenden literarischen Zeugnisse für die Existenz Heschbons im 6. und 5. Jahrhundert hat mit dem vorliegenden archäologischen Befund nichts zu tun. Archäologisch ist genug getan, wenn die Ausgrabung nach klaren wissenschaftlichen Prinzipien durchgeführt wird und die Ergebnisse schnell und methodisch sauber dokumentiert werden. D.h. für diesen Fall ist deutlich zu sagen, daß es für die Keramik des Locus B:1:17B anderswo Beispiele gibt, die eindeutig in die Perserzeit zu datieren sind. Von der Datierung der Keramik aus ist dann auch die Mauer B:1:17B in perserzeitliche Zeit zu datieren. Nur am Rand ist darauf hinzuweisen, daß es im Westjordanland eine Reihe von Orten gibt, die bedeutende perserzeitliche Mauern haben.[22] Die Argumentation mit der fehlenden literarischen Überlieferung ist eine metabasis eis allo genos. Sie beruht auf der Annahme, daß die Aussagen über Heschbon, wie sie in Jesaja Kapitel 15–16 und in Jeremia Kapitel 48–49 vorliegen, die authentischen Äußerungen der Propheten des 8. bzw. des 7. Jahrhunderts v. Chr. sind. Diese Annahme ist aber von den Exegeten längst aufgegeben.[23] Zwar ist noch nicht genau zu sagen, wann die Orakel Jes 15–16 und Jer 48–49 ihre heutige Form erhalten haben. Die Analyse der Kapitel hat aber längst gezeigt, daß es sukzessiv gewachsene Texte sind. Welches Ergebnis auch immer weitere literarische Untersuchungen zu Jes 15–16 und Jer 48–49 haben mögen, – in keinem Fall kann daraus geschlossen werden, daß Heschbon im 6.–4. Jahrhundert v. Chr. *archäologisch* nicht besiedelt war.

Der Eisen-III-Zeit, also der Perserzeit im herkömmlichen Sinn, d.h. den Zeitraum von ca. 500–330 v. Chr. umfassend, ordnete man in der ersten Kampagne auch ein Ostrakon zu, das sich im Areal A, Grabungsfeld 1 bei Locus 52 gefunden hatte. Es gehört zu den glücklichen Stunden der Archäologen, wenn sie beschriftetes Material finden. Frank Moore Cross[24] hat | dieses erste Ostrakon aus *Ḥesbān* in das letzte Viertel des 6. Jahrhunderts v. Chr. datiert, mit einer runden Zahl gesagt: um 500 v. Chr. Seine Datierung beruhte auf einem Vergleich der Buchstabenformen des Ostrakons mit anderen aramäischen Buchstabenformen, im besonderen auf einem Vergleich mit aramäischen Urkunden aus Ägypten. Epigraphische Datierungen allein aufgrund der Buchstabenformen haben aber immer eine gewisse „Bandbreite", die

[22] Zu perserzeitlichen Mauern bei westpalästinischen Städten vgl. die Belege oder Hinweise bei E. Stern, Material Culture of the Land of the Bible in the Persian Period 538–332 BC, (Warminster/Jerusalem, 1982) oder V. Fritz, Einführung in die biblische Archäologie (Darmstadt, 1985), S. 171.

[23] W. Rudolph, Jeremia, HAT I/12, 3.Aufl (Tübingen, 1966), S. 277–289; H. Wildberger, Jesaja 2. Teilband: Jesaja 13–27, BK X/2 (Neukirchen-Vluyn, 1975), S. 587–632.

[24] F. M. Cross, An Ostracon from Hesban, AUSS, 7 (1969), S. 223–229 (S. 228).

einen Spielraum von 50 Jahren nie ausschließt. Die epigraphische Datierung des ersten Ostrakons aus *Ḥesbān* ist somit ebenfalls kein Argument, von ca. 500 bis ca. 330 v. Chr. mit einer Siedlungslücke in *Ḥesbān* zu rechnen.[25]

Ein gleicher Fall von metabasis eis allo genos liegt mit der Deutung der literarischen Überlieferung von Num 21:21–31 durch die Ausgräber vor. Man sollte meinen, daß die Deutung irgendeines Textes, und sei es des schwierigen Num 21:21–31, unabhängig von irgendeinem archäologischen Befund unternommen werden kann und die Beschreibung eines archäologischen Sachverhalts unabhängig von der Interpretation eines Textes. Die Deutung des archäologischen Befundes in *Ḥesbān* in Hinsicht auf ihr Verständnis von Num 21:21–31 ist aber zum Hauptproblem der Ausgräber geworden.

In Num 21 wird u.a. berichtet, wie die Israeliten nach ihrem Auszug aus Ägypten und der Wüstenwanderung schließlich in Bamoth ankamen. Dort baten sie Sihon, den König der Amoriter, um den Durchzug. Sihon verweigerte das. So kam es zum Kampf, den die Israeliten gewannen. Auf diese Weise eroberten sie das Land Sihons, des Königs von Heschbon.

Die Textaussage wird von den Ausgräbern in der Weise gedeutet, daß Sihon König eines spätbronzezeitlichen Reiches mit Zentrum in Heschbon gewesen sei. Folglich müßten auch von diesem spätbronzezeitlichen Reich des Amoriters Sihon in *Ḥesbān* noch charakteristische Relikte zu finden sein. Trotz intensiver Suche in allen fünf Grabungskampagnen hat man in *Ḥesbān* aber keinerlei spätbronzezeitliche Siedlungsreste oder spätbronzezeitliche Keramik gefunden. Selbst die Relikte der Eisen-I-Zeit sind noch relativ spärlich, obgleich man in fast allen Arealen bis zum Naturfelsen vorgestoßen ist. Der Schluß der Ausgräber aus diesem Befund ist unmißverständlich und oftmals ausgesprochen: Das spätbronzezeitliche Heschbon des Amoriters Sihon ist nicht *Ḥesbān*. Auf eine verkürzte, wenn auch mißdeutbare Formel gebracht: *Ḥesbān* sei nicht Heschbon.

Der Grabungsbefund ist eindeutig. Spätbronzezeitliche Siedlungsreste gibt es in *Ḥesbān* nicht. An diesem Befund ist nicht zu deuteln. Worin also liegt das Problem? Es liegt dann, daß eine literarische Überlieferung in fast naiver Weise zur Deutung eines archäologischen Befundes herangezogen wird. Ja, man kann noch schärfer formulieren: Die Suche nach dem Amoriter Sihon bestimmte von Anfang an das Grabungsziel.[26] Ist das Verständnis, das die Ausgräber von einer literarischen Überlieferung haben, nicht mit dem archäologischen Befund in Einklang zu bringen, so sind also die archäologischen Ergebnisse anders zu interpretieren. Der Fehler, der hier vorliegt, ist nicht mangelnde Sorgfalt der archäologischen Arbeit oder der archäologischen Dokumentation, sondern die Annahme, daß das eigene Verständnis einer literarischen Überlieferung und die archäologischen Ergebnisse übereinstimmen *müssen*. Diese Annahme ist ein unakzeptables Postulat. Zur Entlastung archäologischer Arbeit ist von ihm grundsätzlich Abschied zu nehmen. *Ḥesbān* ist Hesch-

---

[25] Für Luegenbeal/Sauer, a.a.O., S. 63 ist die Datierung des ersten Ostrakons wiederum ein Argument, die Keramik des Locus B:1:52 der Eisen-II-Zeit (mit dem Ende um 500 v. Chr.) zu subsumieren.

[26] Vgl. R. S. Boraas/S. H. Horn, Heshbon Expedition. Heshbon 1968: The First Campaign at Tell Ḥesbân: A Preliminary Report, AUSS, 7 (1968), S. 97–239, S. 97–117 (S. 103) = AUM, II (Berrien Springs, 1969), S. 103.

bon – ein spätbronzezeitliches Reich des Sihon hingegen ist ein Konstrukt. |

Für die archäologische Arbeit im eigentlichen Sinne, die in den fünf Kampagnen von 1968–1975 in *Ḥesbān* unternommen wurde, ist folgendes Summarium zu ziehen:

1) Die eigentliche Zielsetzung der Ausgräber: die spätbronzezeitliche Stadt des Amoriters Sihon von Heschbon zu finden, wurde nicht erreicht. Dies gelang deswegen nicht, weil das anvisierte Ziel fiktiv ist und daher in jedem Fall unerreichbar bleiben mußte.

2) Sofern in die vermutete Siedlungsabfolge einer Ruinenstätte mit den Periodisierungen: Arabisch, Byzantinisch, Hellenistisch, Eisenzeitlich oder Bronzezeitlich usw. bewußt oder unbewußt historische Daten eingehen, ist streng darauf zu achten, ob diese Periodisierung vom Material her legitimiert werden kann. Ein historisches Datum, wie z.B. die Eroberung Palästinas durch die Araber, 636 n. Chr., bedeutet ja nicht, daß mit diesem Zeitpunkt die spätbyzantinische Keramik abrupt abbricht und ab 637 n. Chr. nur noch arabische Keramik hergestellt wurde. Trotz einschneidender historischer Daten bleiben die Übergänge in der archäologischen Hinterlassenschaft fließend.[27] Läßt man – wie die Ausgräber von *Ḥesbān* – die Eisen-II-Zeit um 500 v. Chr. enden, so wird damit eine Siedlungslücke für die Zeit von ca. 500 bis ca. 330 v. Chr. suggeriert, obgleich Relikte der Perserzeit nachgewiesen sind.

3) Die Dokumentation einer Ausgrabung, sofern sie die Beschreibung der Siedlungsstrata bzw. Loci völlig von der der zugehörigen Keramik trennt, führt ab von dem Weg, den Flinders Petrie der Palästina-Archäologie gewiesen hat. Siedlungsstrata und Keramik bilden eine Einheit, die auch in der Grabungspublikation nicht aufgelöst werden sollte. Sofern man die Grabung in *Ḥesbān*, mit ihrem erheblichen Aufwand an Geld und Material als Testfall der neueren Palästina-Archäologie betrachtet, stehen diese kritischen Einwände einem ungeschmälerten Dank für die geleistete Arbeit entgegen.

Bei allen fünf Grabungskampagnen in *Ḥesbān* ist kulturgeschichtlichen Aspekten viel mehr Raum gegeben als bei früheren Ausgrabungen andernorts. Von Anfang an waren z.B. Meteorologen im Grabungsteam, die genaue Messungen aller meteorologischen Erscheinungen vornahmen, um auf diese Weise den klimatischen Raum *Ḥesbān* genauestens zu erfassen. Geologen erforschen, wo man in der Antike in und bei *Ḥesbān* Bausteine gebrochen hat. So konnte der Steinbruch, wo für die Kirche in byzantinischer Zeit das Baumaterial gebrochen wurde, genau fixiert werden.[28] Aufschlußreich sind auch die Untersuchungen der zoologischen Knochenrelikte. Ca. 70000 Knochen sind bei der Grabung in *Ḥesbān* zutage gekommen. 95% aller tierischen Knochen stammen von domestizierten Tieren, von Kamelen, Rindern, Pferden, Schweinen, Hunden, Hühnern usw. aber zum größten Teil von Schafen und Ziegen. Aus den osteologischen Untersuchungen ergibt sich z.B., daß man in spätbyzantinischer Zeit ältere Schafe schlachtete als in der mittelalterlichen mamlukischen Zeit.[29] 5% der sonstigen Tierknochen stammen von anderen Tieren, vom

---

[27] So auch schon B. van Elderen in Bezug auf die Unterscheidung zwischen Frühchristlich und Römisch, in: Heshbon 1968 Area A, S. 142–165 (S. 155 Anm. 12).

[28] Vgl. R. G. Bullard, Geology of the Heshbon Area, AUSS, 10 (1972), S. 129–141 (S. 136).

[29] Ø. S. Labianca, Man, Animals and Habitat at Ḥesbân: An Integrated Overview, in: Heshbon 1976: The Fifth Campaign at Tell Ḥesbân: A Preliminary Report, AUM Studies in Religion X

Dachs, Stachelschwein, Strauß, Schildkröten sowie schließlich von Fischen und Muscheln. Die Knochenfunde bedeuten nicht, daß alle diese Tiere auch von den Einwohnern Heschbons verzehrt worden sind. Von den Süß- und Salzwasserfischen und -muscheln allerdings wird man das annehmen dürfen, da | sie eine erhebliche Strecke vom See Genezareth, vom Jordan, vom Mittelmeer oder gar vom Golf von *ʿAqaba* nach *Ḥesbān* gebracht worden sein müssen. Hinter Funden von Salzwassertieren muß ein vorzügliches Handelsnetz gestanden haben, in das *Ḥesbān* eingebunden war. Den Speisezettel der Heschboniter darf man sich in jedem Fall recht abwechslungsreich vorstellen.

Untersuchungen der Pollen und sonstigen Florareste zeigen, daß in antiker Zeit mit viel stärkerem Bewuchs in der Umgebung *Ḥesbāns* zu rechnen ist als heute. Der Rückgang des Bewuchses ist wahrscheinlich auf Überweidung zurückzuführen.[30]

Die Untersuchung menschlicher Gebeine aus einem römerzeitlichen Grab ergab, daß bei 50 Individuen 36 (!) Gebeine von Kleinkindern stammten, die das erste Lebensjahr noch nicht vollendet hatten. Keiner der Bestatteten hatte ein Alter von mehr als 65 Jahren. Die genauen Lebensverhältnisse der Bürger in Heschbon sind mit diesen Zahlen noch nicht erfaßt. Dennoch ermöglichen solcherlei kulturanthropologische Untersuchungen weitere Zugänge zum Verständnis der alten Welt. Wenn denn schriftliche Funde wie Ostraka ans Tageslicht kommen, kann man geradezu Namen und „Anschrift" einiger antiker Bewohner Heschbons angeben.

Das erste Ostrakon aus Heschbon enthält eine Reihe von fünf Personennamen. In Zeile 2 einen Namen, der wahrscheinlich als *ʿUzziʾēl* zu lesen bzw. zu ergänzen ist, in Z. 3 den Namen *Ben Rāfāʾ*, in Z. 4 den Namen *Psammī* und in Z. 5 den Namen *Nanaydīn*.[31] *ʿUzziʾēl* und *Rāfāʾ* sind Personennamen, die in dieser Form auch im Alten Testament vorkommen (I Chr 4:12, 4:42 u. ö.). Der Personenname *Psammī* weist hingegen darauf hin, daß man von Heschbon aus enge Verbindungen nach Ägypten hatte; der Name *Nanaydīn* zeigt, daß ebenso Verbindungen nach Mesopotamien gepflegt wurden. Die semitischen Ostraka aus *Ḥesbān* sind eine höchst willkommene Bereicherung des inschriftlichen Materials aus dem Ostjordanland. Die wissenschaftliche Diskussion über diese Ostraka hat kaum begonnen.

Die fünf Grabungskampagnen in *Ḥesbān* von 1968–1976 gehören zu den bedeutendsten archäologischen Unternehmungen im Ostjordanland. Sie haben die Ruinenstätte bis auf den natürlichen Felsen durchgegraben und damit eine archäologische Siedlungsgeschichte Heschbons ermöglicht. Die obersten Siedlungsschichten sind arabisch und byzantinisch. In arabischer Zeit hatte *Ḥesbān* einen bedeutenden Fürstenhof samt Badeanlage, in byzantinischer Zeit eine bedeutende Kirche auf dem Stadthügel. Der Kirche ging in römischer Zeit eine großes Gebäude voraus, vielleicht ein Tempel, dessen Mauern in die byzantinische Kirche teilweise übernommen wurden. Aus der römischen Zeit stammen die meisten Ruinen, wie eine Mauer um die Akropolis – die Musil noch teilweise anstehend fand, aber nicht datieren konnte – weiterhin ein Turm und eine monumentale Treppe zur Akropolis. Dem großen Ausbau in römischer Zeit ging eine Besiedlung im 2. Jh. v. Chr. voraus. Ins

(Berrien Springs, 1978), S. 229–252.

[30] Labianca, S. 249.

[31] Die Deutung als *Nanay-iddin* von der Wurzel NTN bei F. M. Cross (= Anm. 23) ist nicht überzeugend.

7./6. Jahrhundert wird eine bedeutende Verteidigungsmauer datiert, die nach dem oben Gesagten aber in die Perserzeit gehört. Aus dem 9.–8. Jahrhundert stammen mehrere Siedlungsstrata, u.a. auch ein offenes Wasserreservoir. Der Eisen-I-Zeit konnten Reste einer Befestigungsmauer und eine Zisterne zugewiesen werden. Voreisenzeitliche Siedlungsreste gibt es in *Ḥesbān* nicht.

Die Lebensumstände der antiken Bewohner Heschbons sind dank der Ausgrabung konkret vorstellbar geworden. Man denke nur an den ständigen Wassermangel, dem nur durch gute Zisternen und volle Wasserteiche abzuhelfen war.

Das Hohelied, Kap 7:5, vergleicht den Hals der schönen Sulamith mit einem Turm von | Elfenbein, ihre Augen mit den Teichen in Heschbon, am Stadttor von Bath-Rabbim. Sulamith ist uns nicht mehr gegenwärtig – das Stadttor von Bath-Rabbim noch nicht wieder aufgefunden. Dank der Arbeit der Archäologen aber kann jedermann das Spiegelbild seiner Sulamith in den Teichen von *Ḥesbān* wiederfinden.

Einige Orte und Straßen auf dem Gebiet des alten Moab bei Eusebius*

Das Onomastikon des Eusebius bleibt eine unerschöpfliche Quelle aller biblischen Ortsnamen.[1] Das gilt trotz aller historischen Nachrichten für den westjordanischen Raum, in besonderem Maße für den ostjordanischen, aus dem entschieden weniger literarische Überlieferungen erhalten sind. Dabei sind stets diejenigen Toponyme von besonderem Interesse, für die Eusebius explizit oder implizit angibt, daß sie zu seiner Zeit noch existierten. Das ist bei folgenden Toponymen aus dem Umkreis des alten Moab der Fall: ᾿Αρνών (10:15ff.), ᾿Αροήρ (12:5ff.), ᾿Αγροῦ σκοπιά (12:16ff.), ᾿Αραβὼθ Μωάβ (12:20ff.), ᾿Αβαρείμ (16:24ff.), ᾿Αγαλλείμ (36:19ff.), ᾿Αρινὰ ἢ καὶ ᾿Αριήλ (36:24ff.), Βαλά (42:1ff,), Βεελφεγώρ (44:12ff.), Βηθναμράν (44:16ff.), Βεελμεών (44:21ff.), Βεθφογόρ (48:3ff.), Βηθασιμούθ (48:6ff.), Βηθαράμ (48:13ff.), Βηθνεμρά (48:16f.), Γαλαάδ (60:15ff.), Δαναβᾶ (76:9ff.), Δαιβὼν ἢ Δίβων (76:17ff.), Δειβών (80:5f.), Δωδάνειμ (80:8f.), ᾿Εσσεβών (84:1ff.), ᾿Ελεάλη (84:10ff.), Ζοόβ (92:6ff.), Ζογερά (94:1f.), ᾿Ιεσσά

---

* Die vorliegende Studie wurde in Stellenbosch im Sommer 1988 erarbeitet. Der Human Sciences Research Council gab dazu finanzielle Unterstützung, die Theologische Fakultät in Stellenbosch gute Arbeitsmöglichkeiten. Ihnen sei hiermit vielmals Dank gesagt, besonders aber Professor J. P. J. Olivier und seiner Frau für unermüdliche Hilfe und vielfältige Organisation.

[1] E. Klostermann, Das Onomastikon der biblischen Ortsnamen = Eusebius Werke, III. Band, 1. Hälfte = GCS 11/1, Leipzig 1904. (Die Abkürzungen richten sich nach S. Schwertner, Theologische Realenzyklopädie: Abkürzungsverzeichnis, New York 1976. Zusätzlich: BN.B = Biblische Notizen. Beiheft; BTAVO = Tübinger Atlas des Vorderen Orients. Beiheft; SHAJ = Studies in the History and Archaeology of Jordan). – Über die parallele Version des Hieronymus hinaus, wie sie E. Klostermann seiner Edition beigegeben hat, ist an einigen Stellen auch das Fragment einer syrischen Version beizuziehen: E. Tisserant/E. Power/R. Devreesse, L'Onomasticon d'Eusèbe dans une ancienne traduction syriaque, ROC, 3. Sér. Tom. III (1922–1923), S. 225–270. Ein Vergleich zwischen der griechischen und syrischen Version einerseits und der lateinischen und syrischen Version andererseits führt zu dem Schluß, daß die syrische Version noch nicht von der lateinischen des Hieronymus beeinflußt ist. Das syrische Fragment hat auch nicht an allen Stellen die heutige, teilweise verderbte griechische Fassung zur Vorlage gehabt und natürlich noch wieder eigene Fehler. – Fragen zu den Quellen und der Entstehungsgeschichte des Onomastikons bleiben hier weitgehend unerörtert, vgl. dazu C. U. Wolf, Eusebius of Caesarea and the Onomasticon, BA 27 (1964), S. 66–96 (S. 85f. zu E. Z. Melamed), T. D. Barnes, The Composition of Eusebius' Onomasticon, JThS 26 (1975) S. 412–415, drs., The Editions of Eusebius' Ecclesiastical History, Greek, Roman and Byzantine Studies 21 (1980), S. 191–201 (S. 193 Anm. 9) und D. E. Groh, The Onomasticon of Eusebius of Caesarea and the Rise of Christian Palestine, in: Studia Patristica XVIII = Papers of the 1983 Oxford International Patristic Conference Vol. I: Historia – Theologica – Gnostica – Biblia (Ed.: E. A. Livingstone), (Kalamazoo 1986), S. 23–31.

(104:9ff.), ᾿Ιαζηρ (104:13ff.), Καριαθαείμ (112:14ff.), Λουείθ (122:28f.), Μαδιάμ (124:8ff.), Μωάβ (124:15ff.), Μαθθανέμ (126:14f), Μεδδαβά (128:19f.), Μηφαάθ (128:21ff.), Νααλιήλ (136:4f.), Ναβαῦ (136:6ff.), Ναβώθ (136:9ff.), Νεβηρείμ (138:20ff.), Σηγώρ (152:8ff.), Σαττείν (154:9ff.), Φογώρ (168:25ff.) und Φασγά (168:28ff.). Es wäre sehr zu wünschen, alle genannten Toponyme in ihrem geographischen Kontext zu erörtern, muß hier jedoch auf eine Auswahl beschränkt werden.

Straßen und Verkehrswege im Bereich des alten Moab sind bis in die Gegenwart von der Geographie des Landes geprägt. Sofern sich in den Angaben des Eusebius ein Wegenetz der römisch-byzantinischen Zeit ausmachen läßt, ist von diesem Straßen- und Wegenetz der römisch-byzantinischen Zeit her auch ein Wegenetz früherer Jahrhunderte erschließbar.[2]

Eusebius bietet jedoch nicht für alle Toponyme die Angabe, daß die so benannten Ortschaften an einer Straße lagen. Die Lage etlicher Ortschaften war ihm und seinen Zeitgenossen selbstverständlich bekannt. Das gilt z.B. für die Hauptstädte der römisch-byzantinischen Provinzen, die das Attribut „angesehene Stadt" (πόλις ἐπίσημος) erhalten.[3] Bei den Lesern des Onomastikons wird auch die Lage der ostjordanischen Orte Esbous (84:4f.), *Mēdaba* (128:19f.), *Mōab* (124:15ff.) und Zoora (42:1ff.) als so bekannt vorausgesetzt, daß Eusebius von diesen Orten her andere, seinen Zeitgenossen weniger gut bekannte, bestimmen konnte. Das Verfahren, im mittleren Ostjordanland nur nach Esbous, *Mēdaba*, *Mōab* und Zoora die Lage anderer Orte zu definieren, – durch die heutige Anordnung des Onomastikons etwas verdeckt, – ist aber als Grundprinzip in diesem geographischen Bereich durchgehalten.

Begonnen sei nicht mit einem Ort, sondern mit einem, d.h. dem bedeutendsten Fluß im Ostjordanland. Neben verschiedenen Angaben zum Arnon (᾿Αρνών) nach der Schrift (Num 21:13,23f., 26 u.ö.) weiß Eusebius (10:15ff.) zu berichten, daß „noch bis jetzt" ein Topos gezeigt wird, voller Schluchten, überaus wild, Arnon genannt (᾿Αρνωνᾶς ὀνομαζόμενος). Er erstrecke sich im „nördlichen Bereich von Areo|polis" (ἐπὶ τὰ βόρεια τῆς ᾿Αρεοπόλεως). Bei ihm halten Soldatenlager (φρούρια ... στρατιωτικά) von jeder Seite her Wache wegen der Furchtbarkeit des Topos (διὰ τὸ φοβερὸν τοῦ τόπου).[4] Unter den vielen Belegen für Topos bei

---

[2] Einige weniger gut bekannte Straßen und Wege im alten moabitischen Bergland sind in den letzten Jahren schon ins Blickfeld gekommen: vgl. A. Strobel, Das römische Belagerungswerk um Machärus: Topographische Untersuchungen, ZDPV 90 (1974), S. 128–184 (S. 175ff.); drs., Auf der Suche nach Machärus und Kallirrhoë, ZDPV 93 (1977), S. 247–267; drs., Die alte Straße am östlichen Gebirgsrand des Toten Meeres, ZDPV 97 (1981), S. 81–92 und U. [F. Ch.] Worschech/E. A. Knauf, Alte Straßen in der nordwestlichen Ard el-Kerak: Ein Vorbericht, ZDPV 101 (1985), S. 128–133. U. [F. Ch.] Worschech u.a., Northwest Ard el-Kerak 1982 and 1984: A Preliminary Report, BN.B 2, München 1985; drs., Preliminary Report on the Third Survey Season in the North-West Ard el-Kerak, 1985, ADAJ 29 (1985), S. 161–173.

[3] M. Noth, Die topographischen Angaben im Onomastikon des Eusebius, ZDPV 66 (1943), S. 32–63 = M. Noth, Aufsätze zur biblischen Landes- und Altertumskunde (Hg. H. W. Wolff), I (Neukirchen-Vluyn 1971), S. 309–331 (S. 327, 328f.).

[4] Hieronymus' Text lautet anders! Wie furchtbar das Arnontal noch zu Anfang des 7. Jh.s

Eusebius[5] ist dieses der einzige, der einen Fluß und dessen Bett/Ufer so benennt.[6] Fast alle sonstigen Belege für Topos bezeichnen im Onomastikon eine öde Stätte, die in Eusebius' Zeit nicht mehr bewohnt war; selbst wenn dort – wie etwa in Sychem (150:6) – ein bekanntes Grab gezeigt werden konnte.[7]

Zu beachten ist auch, daß das Lemma Arnon zwar mit der biblischen Namensform des Arnon (᾿Αρνών) beginnt, dann aber die zeitgenössische Form (᾿Αρνωνᾶς) benutzt, um am Ende – bei der Paraphrase biblischer Texte – wieder in die biblisch überlieferte Namensform zurückzufallen. Die biblische Namensform Arnon (᾿Αρνών) benutzt Eusebius noch in Schriftzitaten bzw. -paraphrasen bei den Lemmata *Aroēr* (12:6) und Zoob (92:7,8), die ungewöhnliche Genitivform τοῦ ᾿Αρνῶνος, um im Lemma ᾿Αγροῦ σκοπιά (12:16ff.) eine Entfernung zu fixieren. Ansonsten wird regelmäßig die zeitgenössische Form ᾿Αρνωνᾶς gebraucht.

Die geographische Lageangabe für den Arnon: „im nördlichen Bereich von Areopolis"[8] ist zutreffend, – wenngleich man über den Arnon unter diesem Stichwort gern noch etwas mehr gelesen hätte. Auch die Entfernung der 13–14 (röm.) Meilen (= ca: 20 km) von Areopolis (er-Rabbe) bis zur Abbruchkante des *Wādi el-Mōǧib* vom Hochplateau des ostjordanischen Hochlandes hätte präzisiert werden können. Anderswo (12:5ff. s.v. *Aroēr*) weiß Eusebius ja auch, daß der Arnon durch seinen Cañon in das Tote Meer ausmündet, daß (44:7 s.v. *Bamōth*) die Stadt *Bamōth* „am Arnon" (ἐν τῷ ᾿Αρνωνᾷ)[9] lag, oder (76:9ff.) daß sich auf dem Weg von Areopolis zum Arnon, bei der 8. (röm.) Meile, der Ort Dannea[10] befinde. Zwischen Areopolis und dem | Arnontal „im nördlichen Bereich von Areopolis" wußte Eusebius also sehr wohl noch andere Ortschaften. Auch *Daibōn* oder *Dibōn* (76:17ff.) lag z.B. „neben dem Arnon" (παρὰ τὸν ᾿Αρνωνᾶν), ebenso Ianna (104:6ff.). Nach der Schrift (Num 21:19) war schon die Wüstenstation Naaliel „nahe beim Arnon" (πλη–

---

gewesen ist, kann man nachlesen bei Johannes Moschus, der zu beschreiben wußte, daß es dort noch einen Löwen gab: Pratum spirituale (PG Tom. 87/3, Col. 2843–3116), Kap. 101 (Col. 2959f.), vgl. ebd. Kap. 155 (Col. 3023): drei Sarazenen waren πλησίον τοῦ ᾿Αννωνὰ (sic) καὶ τοῦ ᾿Αιδονά und Kap. 179 (Col. 3049f.) zu Johannes Μωαβίτου.

[5] 6:2; 8:18; 10:27; 10:28; 12:22; 46:18; 48:6; 68:17; 70:17; 82:16; 82:19; 90:1; 104:23; 120:16; 142:22 (152:2).

[6] Beachte noch 10:25f., wonach ῎Αρ ein Topos des Arnons (τόπος τοῦ ᾿Αρνωνᾶ) war.

[7] Wolf (Anm. l), S. 79.

[8] Die Längenangabe ἐπὶ τὰ βόρεια ist singulär. Sie hat als nächste Parallele ἐπὶ τὰ βόρεια μέση (76:15), während sonst oft ἐν βορείοις gegeben wird, aber auch περὶ τὰ βόρεια (86:2), ἐκ βορείων (138:21) und mehrfach πρὸς βορρᾶν oder εἰς βορρᾶν.

[9] Der Ausdruck ἐν τῷ ᾿Αρνωνᾷ braucht nicht wörtlich „im Arnontal" zu bedeuten. ἐν kann auch „bei" oder „am" meinen, vgl. die *kōmē Dabeira*, die „am Berg Tabor"(ἐν τῷ ὄρει Θαβώρ) lag (78:5ff.).

[10] Dannea hat A. Musil, Arabia Petraea I: Moab (Wien 1907), S. 376 mit Anm. 7 (= S. 382) identifiziert mit *Ḫirbet ed-Denn*. Ebd. S. 417 (Index) schreibt er den Ortsnamen ed-Denne. – Obgleich N. Glueck, Explorations in Eastern Palestine I, AASOR XIV (Philadelphia 1934), S. 57 *Ḫ. ed-Denn* auch kannte, ist bislang keine Untersuchung über archäologische Relikte am Ort publiziert. Die Gleichung wird dennoch allgemein anerkannt; vgl. G. Beyer, Die Meilenzählung an der Römerstraße von Petra nach Bostra und ihre territorialgeschichtliche Bedeutung, ZDPV 58 (1935), S. 129–159 (S. 153 Anm. 6); Noth, Die Angaben, S. 313 mit Anm. 33.

σίον τοῦ ᾿Αρνωνᾶ) gewesen (136:4f.). Wie auch (124:8ff.) die öde Stätte der einstigen Stadt Madiam (Μαδιάμ) noch in Eusebius' Zeit „nahe beim Arnon und (bei) Areopolis" ([πλησίον τοῦ ᾿Αρνωνᾶ καὶ ᾿Αρεο]πόλεως) gezeigt wurde.[11] Der Ort Maschana (126:14f.) befand sich „oberhalb des Arnon" (ἐπὶ τοῦ ᾿Αρνω-νᾶ), bei der 12. (röm.) Meile von *Mēdaba* gen Osten.[12]

Was bei Eusebius mit Arnon(as) gemeint ist, war nie zweifelhaft: natürlich derselbe Fluß, der auch im Alten Testament so genannt ist, das heutige *Wādi el-Mōǧib* mit seinem Wasserlauf. Nun hat man allerdings zu berücksichtigen, daß das *Wādi el-Mōǧib* diesen Namen erst etwa von der Höhe zwischen *ʿArāʿir* und *ʿAǧam* bekommt, nachdem von Süden her das große *Wādi en-Nuḫēla* (auch: *Wādi Enḫēli*) in den östlichen | Zufluß eingemündet ist. Die modernen historischen Karten[13] benennen vielfach den südlichen Zufluß: das *Wādi en-Nuḫēla* (= *W. Enḫēli*) samt seinem Oberlauf: dem *Wādi el-Muḫēreṣ* (auch: *Wādi l-Mḫēreṣ*) mit dem alttestamentlichen Namen „Arnon". Es ist aber die Frage, ob in byzantinischer Zeit etwa auch Eusebius den *südlichen* Zufluß als Oberlauf des Arnon bezeichnet hat. Die beste Beschreibung für das gesamte Einzugssystem des *Wādi el-Mōǧib* mit allen seinen Zuflüssen von Osten und Süden[14] rechnet damit, daß der *östliche* Hauptzufluß des *Wādi el-Mōǧib*: das *Wādi* bzw. der *Sēl eṣ-Ṣufēy* (*Wādi ṣ-Ṣfoy*)[15] mit seinen Oberläufen: *Wādi Saʿīde*[16], *Wādi el-Ḫaraza* und *Wādi eš-Šuwēmi*[17] bis hin zu einem seiner Kopftäler:

---

[11] Eine Stadt, die schon zu Eusebius' Zeit verödet (ἔρημος) war, ist verständlicherweise heute kaum zu lokalisieren. Der Vorschlag, Madiam = *Middīn* sö. von Kerak bei P. Thomsen, Loca Sancta, I (Halle a.S. 1907), S. 85 widerspricht der Angabe im Onomastikon und kommt nicht in Frage. Die Gleichsetzung (= a) mit *el-Medēyine* am *Wādi Saʿīde*, d.h. dem östlichen Zufluß des *Wādi el-Mōǧib*, hatte Musil, Arabia I, S. 247f., S. 329 mit Anm. 1 (= S. 332f.) vorgeschlagen. Auch Beyer, Meilenzählung, S. 153 mit Anm. 8 hat sie als möglich erachtet, darüber hinaus (ebd. S. 153 Anm. 7) zwei weitere Orte des Namens *el-Medēyine* in die Debatte eingebracht. Nämlich (= b): *Ḫurēbet el-Medēyine* südlich des *Wādi el-Mōǧib* = westlich von *Frēwān*, ca: 15 km nnw. von er-Rabbe (zur Lage vgl. Musil, Arabia I, S. 94, S. 137) und (= c) *el-Medēyine* onö. von er-Rabbe. Letzterer Ort soll, wie Musil, Arabia I, S. 34 vom Hören-Sagen wußte, westlich des *Wādi el-Muḫēreṣ* liegen (vgl. die Eintragung auf Musils Karte). Alle Vorschläge gehen von einem vagen Namensanklang zwischen Madiam und *Medēyine* aus, der philologisch nichts besagt. Die Lagebestimmung, „nahe beim Arnon und [nahe bei] Areopolis", ist entweder so deutbar, daß eine Lage am Arnon bevorzugt wird, oder so, daß eine Lage nahe bei Areopolis angesetzt wird. Solange weitere Belege für den Ort fehlen, gibt es kein hinreichendes Argument für seine Lokalisation.

[12] Ein System für die vagen Angaben „oberhalb" (ἐπὶ), „neben" (παρὰ) oder „nahe bei" (πλησίον) hat sich in den Angaben des Onomastikons bislang nicht finden lassen; vgl. G. Beyer, Eusebius über Gibeon und Beeroth, ZDPV 53 (1930), S. 199–211 (S. 200); Noth, Die Angaben, S. 327, 328f.; Wolf (Anm. 1), S. 78.

[13] Zuletzt E. Höhne, Palästina. Historisch-archäologische Karte, Göttingen 1979.

[14] R. E. Brünnow/A. von Domaszewski, Die Provincia Arabia aufgrund zweier in den Jahren 1897 und 1898 unternommenen Reisen und der Berichte früherer Reisender beschrieben, I–III (Straßburg 1904–1909), I, S. 6–9.

[15] Zur Namensform (…*eṣ-Ṣfejj*) vgl. A. Musil bei Brünnow/Domaszewski II, S. 324.

[16] Auch *Wādi s-Su'aydah* u.a. Zur Namensform *Wādi Saʿīde* vgl. Musil bei Brünnow/Domaszewski II, S. 325.

[17] Zur Namensform vgl. Musil bei Brünnow/Domaszewski II, S. 325.

dem *Wādi eṭ-Ṭuwēy* (*Wādi ṭ-Ṭwejj*),[18] den eigentlichen Oberlauf des *Wādi el-Mōǧib* = Arnon bildet, trotz des großen Wasserzustroms, den das süd-nördlich fließende *Wādi el-Muḫēreṣ* zum *Wādi el-Mōǧib* beibringt. Es gibt keinen Grund anzunehmen, daß das nicht auch in byzantinischer Zeit der Fall gewesen ist. Unter dieser Annahme ist jedenfalls auch Eusebius' weitere Aussage, daß am Arnon Soldatenlager (P1!) waren, viel leichter verständlich. Zwei dieser Lager[19] sind gewiß das untere und das obere *Muḥāṭṭet el-Ḥāǧǧ* gewesen.[20] Wenn Eusebius mit φρούρια wirklich einen Plural und nicht nur einen Dual intendierte, ist mindestens noch ein drittes φρούριον bei demselben Arnon (ἐν ᾧ) anzusetzen. Das wird dann am ehesten *Qaṣr eṯ-Ṯurayye* gewesen sein, das am östlichen Zulauf zum *Wādi el-Mōǧib*: am *Wādi Saʿīda* gelegen ist.[21] Südlich des *Wādi Saʿīda* | erfüllten sechs kleinere römische Wachttürme die gleiche Aufgabe.[22] So hätten dann Soldaten[23] vom östlichen Oberlauf des Arnon (heute: *Wādi Saʿīda*) an, bis hin auf die Höhe, wo die Römerstraße den Cañon quert, den gesamten Lauf des Flusses bewacht.[24]

Zu *Essebōn* (᾿Εσσεβών)[25] heißt es im Onomastikon (84:1ff.) – nach dem Exzerpt

---

[18] Zur Namensform (...*eṭ-Ṭwejj*) vgl. Musil bei Brünnow/Domaszewski II, S. 324. Ebd. auch Korrekturen zum Ursprung des *Wādi eṭ-Ṭwejj* (= eṭ-Ṭuwēy).

[19] Hieronymus gibt Eusebius' griechisches φρούριον meist mit lateinisch praesidium wieder und nur zweimal mit castellum: U. Kellermann, *ʿAštārōt- ʿAštᵉrōt* Qarnayim – Qarnayim, ZDPV 97 (1981), S. 45–61 (S. 59 Anm. 86). So ist die Übersetzung von Eusebius' φρούριον mit „Kastell" in jedem Fall problematisch. Oben ist φρούριον mit „Lager" wiedergegeben worden. – Die beiden *Muḥāṭṭet el-Ḥāǧǧ* sind jedenfalls keine ausgebauten Kastelle gewesen wie etwa *Qaṣr eṯ-Ṯurayye*.

[20] Zum unteren und zum oberen *Muḥāṭṭet el-Ḥāǧǧ* als römisch-byzantinischer Befestigungen vgl. Brünnow/Domaszewski I, S. 39–45; G. A. Smith, The Roman Road between Kerak and Madeba, PEFQS (1904), S. 367–377 (S. 374) und S. Th. Parker, Romans and Saracens: A History of the Arabian Frontier, ASOR Diss. Series 6 (Winona Lake 1985), S. 55–58.

[21] Zu *Qaṣr eṯ-Ṯurayye* als römisch-byzantinischem Kastell vgl. Brünnow/Domaszewski II, S. 62–63; N. Glueck, Explorations I (Anm. 10), S. 34; Parker, a.a.O., S. 50, S. 17. – *el-Lehūn*, östlich von *ʿArāʿir* am nördlichen Rand des Cañons gelegen, war kein römisch-byzantinisches Kastell; vgl. die Ergebnisse der archäologischen Arbeiten durch D. Homès-Fredericq mit der Literatur in: D. Homès-Fredericq/J. B. Hennessy (with the Collaboration of F. Zayadine), Archaeology of Jordan = Akkadica Supplementum III (Leuven 1986), S. 218 s.v. Lehun (el).

[22] Parker, a.a.O., S. 50f., S. 59 (Karte); drs., The Roman Limes in Jordan, in: SHAJ III (London 1987), S. 151–164 (S. 160 Abb. 10), drs., The Limes Arabicus Project: The 1985 Campaign, ADAJ 30 (1986), S. 233–252 (S. 248).

[23] Zur vorerst noch unlösbaren Frage, ob sich eine der drei Angaben der Notitia Dignitatum (Ed.: O. Seeck, Notitia Dignitatum accedunt Notitia Urbis Constantinopolitanae et Laterculi Provinciarum (Berolini 1876)), XXXVII (Dux Arabiae), Nr. 28: Ala secunda Miliarensis, Naarsafari, Nr. 34: Cohors tertia felix Arabum, in ripa Uade Afaris fluuii, in castris Arnonensibus, Nr. 35: Cohors tertia Alpinorum, apud Arnona auf die beiden *Muḥāṭṭet el-Ḥāǧǧ* oder auf das Kastell *Qaṣr eṯ-Ṯurayye* beziehen könnten, vgl. Parker, Romans, S. 50, 58. Zur Notitia allgemein: D. Hoffmann, Das spätrömische Bewegungsheer und die Notitia Dignitatum, Epigraphische Studien 2, Düsseldorf 1969–1970.

[24] Zu einem weiteren Argument, daß der *östliche* Zulauf des heutigen *Wādi el-Mōǧib* bei Eusebius als Arnon bezeichnet ist, s.u. zu Maschana.

[25] In der syrischen Übersetzung (Anm. 1) fehlt das Lemma. Zum Lemma Danaba (*D'n'b'*)

einiger alttestamentlicher Belege (Num 21:16ff.; Jes 15:4; Jer 31 [= MT 48] :2 u.a.)[26] – daß es nun Esbous (᾿Εσβοῦς) genannt und eine angesehene Stadt (ἐπίσημος πόλις) der [Provinz] Arabia sei, in den Bergen gegenüber Jericho gelegen, etwa 20 (röm.) Meilen vom Jordan entfernt.

Der Name Esbous war zu Eusebius' Zeit für Heschbon längst eingebürgert.[27] Die

---

findet sich dort (S. 241) für griechisch *Essebōn*/Esbous die Schreibung *'sbw* (= * *'Essebō*); zum Lemma Nebo (*N'bw*) (ebd. S. 257) die Schreibung *Ḥ'šbwn* (= **Ḥešbōn*).

[26] Das Reich Sihons umfaßte nach Dtn 3:12–16; Jos 13:8–11 einen Teil des Gebirges Gilead. Daraus hat Eusebius (84:1f.) in Verbindung mit Jos 21:38–39 erschlossen, daß *Essebōn*/Esbous „im Land Gilead" (ἐν γῇ Γαλαάδ) gelegen habe. In seiner zeitgenössischen Beschreibung der Lage der Stadt Esbous (84:4f.) hat er die erschlossene Angabe „im Land Gilead" dann insoweit korrigiert, daß er nur noch „die Berge gegenüber Jericho" als geographische Position für Esbous angibt.

[27] Römisch-byzantinische Belege für Esbous aus *Josephus,* Antiquitates (Ed.: B. Niese, Flavii Josephi Opera, Vol. III [Berolini 1892]), XII:IV, 11 τῆς ᾿Εσσεβωνίτιδος (Var. lect. ἐσεβωνίτιδος [lat. Sebonitide]); XIII:XV, 4 ᾿Ησεβών (Var. lect. ᾿Εσεβών, ᾿Εσσεβών [lat. Sebon]); XV:VIII, 5 τὴν ἐσεβωνῖτιν; drs., Bellum (Edd.: O. Michel/O. Bauernfeind, De Bello Judaico – Der jüdische Krieg, Griechisch und Deutsch, Bd. I, 2. Aufl. [München 1962], Bd. II/1 [München 1963], Bd. II/2 – III [München 1969]), 11:18,1 (᾿Εσεβωνῖτιν [=Akk.]); III:3,3 (Σεβωνίτιδι [crrpt.] [Dat.]); vgl. dazu auch Ch. Möller/G. Schmitt, Siedlungen Palästinas bei Flavius Josephus, BTAVO Reihe B (Geisteswissenschaften), Nr. 14 (Wiesbaden 1976), S. 89; *Plinius,* Naturalis Historiae Libri XXXVII (Ed.: L. Mayhoff), (Lipsiae 1906), V:11 (S. 387f.): Esbonitarum (Var. lect. hesbonitarum, herbonitarum); *Ptolemaios,* Geographia (Ed.: C. Müllerus, Claudii Ptolemaei Geographia, Vol. I, Pars 2 [Parisiis 1901]), V: 16:4 (᾿Εσβούτα [var. lect.: ᾿Εσβοῦτα, ῎Εσβουτα, Σεβοῦντα]); *Etheria* (Edd.: A. Franceschini/R. Weber, Itinerarium Egeriae, CCSL 175 [Turnholt 1965], S. 28–103), 12:8 (= S. 53): Esebon ... quae nunc appellatur Exebon; dazu auch H. Donner, Pilgerfahrt ins Heilige Land: Die ältesten Berichte christlicher Palästinapilger (4.–7. Jahrhundert) (Stuttgart 1979), S. 110 Anm. 101 und *Georg von Zypern* (Ed.: H. Gelzer, Georgii Cyprii Descriptio orbis Romani [Lipsiae 1890]), Nr. 1066 ῎Εσβους schon bei I. Benzinger, Art. Esbus, PRE, Bd. VI (Stuttgart 1909), Sp. 613 und bei E. Schürer, Geschichte des jüdischen Volkes im Zeitalter Jesu Christi, II, 4. Aufl. (Leipzig 1907), S. 200–202 = drs., History of the Jewish People in the Age of Jesus Christ (175 BC – AD 135). New English Version Revised and Edited G. Vermes/F. Miller/M. Black (Edinburgh 1979), II, S. 165–166; Thomsen, Loca Sancta (Anm. 21), S. 62; F.-M. Abel, Géographie de la Palestine II: Géographie politique. Les villes, 3. Ed. (Paris 1967), S. 348f.; W. Vyhmeister, The History of Heshbon from Literary Sources, AUSS 6 (1968), S. 158–177 (S. 164ff.); J. Sauer, Heshbon 1971: Area B, AUSS 11 (1973), S. 35–71 (S. 53ff.); M. Avi-Yonah, Gazetteer of Roman Palestine, Qedem 5 (Jerusalem 1976), S. 65 und L. A. Mitchel, The Hellenistic and Roman Periods at Tell Hesban, Jordan, Andrews University Diss. Theol. 1980. – Das Mosaik aus der Akropoliskirche in *Mā'īn* (dazu früher: R. de Vaux, Une Mosaique byzantine à *Mā'īn* [Trans-Jordanie], RB 47 [1938], S. 226–258) bietet als Beischrift zur Stadtvignette von Heschbon: ΕΣΒΟΥΝ; vgl. M. Piccirillo, Le Antichità bizantine di *Mā'īn* e dintorni, SBFLA 35 (1985), S. 339–364 (S. 345). Die schöne Ortsvignette Heschbons im Mosaik der Stephanus-Kirche zu *Umm er-Reṣāṣ* ist ΕΣΒΟΥΝΤΑ beschriftet: M. Piccirillo/T. *Aṯṯiyat,* The Complex of Saint Stephen at Umm er-Rasas – Kastron Mafaa, First Campaign August 1986, ADAJ 30 (1986), S. 341–351 (S. 348 und Pl. LXXVII/1) = M. Piccirillo, Le Iscrizioni di Um er-Rasas – Kastron Mefaa in Giordania I (1986–1987), SBFLA 37 (1987), S. 177–231, Nr. 25 (S. 197) und R. L. Wilken, Byzantine Palestine: A Christian Land, BA 51 (1988), S. 214–217, S. 233–237 (S. 214). Die Dedika-

Gräzisierung der alten Namensendung *-ōn* zu -ous ist zu | beachten. Sie ist noch anderswo in diesem Raum belegt (vgl. Baal-Meon – Βεελμαούς 44:21ff.), hat aber nicht überall stattgefunden (vgl. Dibon – Δαιβὼν ἤ Δίβων 76:17 auch Δείβων 80:5). Daß Eusebius die Stadt (πόλις) Esbous als Fixpunkt für weitere Ortschaften benutzt hat, hängt | wahrscheinlich mit eben diesem Polis-Charakter zusammen.[28] Sind doch in byzantinischer Zeit Esbous, *Medāba*, Areopolis und Zoora die einzigen regionalen Zentren gewesen, die auf dem ehemaligen moabitischen Gebiet im 4.–5. Jh. auch Bistümer wurden.[29] Als Bistum ist Esbous bei Eusebius jedoch noch nicht genannt, obgleich dort spätestens seit 325 AD ein Bischof residierte.[30] Der Anfang

---

tionsinschrift in der Stephanus-Kirche ebenda hatte 756 AD der Mosaizist *Staurakēos* ΕΖΒΟΥΝΤΙΝΟΥ (=Gen.) angefertigt (Piccirillo/*Aṯṯiyat*, a.a.O., S. 347 Anm. 26 = Piccirillo, a.a.O., Nr. 1–3, S. 180ff.).

[28] Zur Problematik, ob das Münzrecht schon vollwertig das Polisrecht zum Ausdruck bringt, vgl. A. H. M. Jones, The Cities of the Eastern Roman Provinces, 2. Ed. (Oxford 1971), S. 245f., S. 292f. – Zu Münzen aus Esbous vgl. Mitchel, S. 160ff. und A. Terian, Coins from the 1976 Excavations at Heshbon, AUSS 18 (1980), S. 173–180 (S. 173 Anm. 1 mit der früheren Literatur).

[29] Nach dem Edikt des Kaisers Zenon (um 480 AD) = Corpus Iuris Civilis II: Codex Iustinianus III: Novellae (Ed.: P. Krüger [Berlin 1900]), I, 3:35 (= S. 23f.) ändert sich die Situation und über die früheren Bistümer hinaus ist nunmehr auch *Charachmōba* als Bistum bezeugt, s.u. Anm. 139. – Zu den Bistümern generell vgl. immer noch M. Le Quien, Oriens Christianus (Paris 1740 = Nachdruck Graz 1958), II, Col. 859–860 (zu *Mēdaba*), Col. 863–864 (zu Esbous), III, Col. 729–734 (zu *Charachmōba*), Col. 733–736 (zu Areopolis), Col. 737–746 (zu Zoora), Col. 769–772 (zu *Mēdaba*). Korrekturen und Ergänzungen zu Le Quien u.a. bei R. Aigrain, Art. Arabie, DHGE, Tom. III (Paris 1924), Col. 1158–1339 (Col. 1170ff.); H. Leclercq, Art. Madaba, DACL, Tom. X (Paris 1931), Col. 882–883; R. Canova, Iscrizioni e monumenti protocristiani del paese di Moab, Sussidi allo Studio delle Antichità Cristiane IV (Città del Vaticano 1954), S. LVII–LXVII und K.C. Gutwein, Third Palestine: A Regional Study in Byzantine Urbanization (Washington 1981), S. 125–128 (zu Zoora), S. 128–130 (zu Areopolis). Einzelbelege zu den Bistümern Esbous, *Mēdaba*, Areopolis und Zoora s.u. Anm. 30, 73, 104 und 186.

[30] Bischöfe von Esbous: 325 AD beim Konzil von Nikaia: *Gennadios* Ἐσβοῦντος = E. Honigmann, La Liste originale des pères de Nicée, Byz. 14 (1939), S. 17–76 (S. 46), Nr. 70; 431 AD (Ephesus) und 451 AD beim Konzil von Chalcedon: *Zōsyos* πόλεως Ἐσβοῦντος = E. Honigmann, The Original Lists of the Members of the Council of Nicaea, The Robber-Synod and the Council of Chalcedon, Byz. 16 (1942) S. 20–80 (S. 61), Nr. 497. – Eine Mosaikinschrift aus der Kirche in *Māsūḥ*, 3 km sudöstlich von *Ḥesbān*, berichtet, daß das Mosaik unter dem allerheiligsten *Theodosius*, dem Bischof (ΕΠΙ ΤΟΥ Ο/ΣΙΩ(ΤΑΤΟΥ) ΘΕΟΔΟΣΙΟΥ(sic) ΕΠΙΣΚ(ΟΠΟΥ)) vollendet wurde: B. van Elderen, Tell Swafiyeh and Tell Masuh, Newsletter of the ASOR 9 (1970), S. 1–4; M. Piccirillo, La Chiesa di Massuh e il territorio della diocesi di Esbous, SBFLA 33 (1983), S. 335–346 = P.– L. Gatier, Inscriptions de la Jordanie, Tom. 2: Région Centrale (Amman–Hesban–Madaba–Main–Dhiban), BAH 114 (Paris 1986), Nr. 57b (S. 74). Das Mosaik ist aufgrund seines Stils und seiner Technik in die zweite Hälfte des 6. Jhs zu datieren (Piccirillo, ebd., S. 343ff.). Die Zugehörigkeit *Māsūḥs* zum Bistum Esbous geht aus der Inschrift zwar nicht hervor, ist aber von der Entfernung her anzunehmen (Piccirillo, ebd., S. 344f.). – 649 AD schreibt Papst Martin an *Theodor* (Θεοδώρῳ) ἐπισκόπῳ Ἐσβούντων, PL, Tom. 87 (Paris 1863), Col. 163–166; vgl. ebd. Col. 161 im Schreiben des Papstes Martin an Bischof Johannes von Philadelphia die Ankündigung, daß gleichlautende Briefe gehen würden an Theodor τὸν Ἐσβούντων und Antonius τὸν

der Entwicklung dieser Poleis hin zu Zentren der umliegenden Regionen liegt aber bei Eusebius insofern schon vor, daß er im alten Moab nur von diesen Fixpunkten her auf Straßen und Wegen seiner Zeit die Distanzen zu untergeordneten Ortschaften bestimmt hat. Dem entspricht, daß z.B. von Esbous aus (ἀπὸ 'Εσβοῦντος bzw. lateinisch: A ESB[UNTE?]) | offiziell die Meilen auf der Römerstraße nach Livias gezählt werden.[31] So gut die Straße Esbous – Livias durch literarische Zeugnisse und im Gelände selbst auch dokumentiert ist, so fehlt sie doch in der Tabula Peutingeriana.[32] Die Straße Esbous – Livias bildet aber den Hintergrund zu Eusebius' Distanzangaben für Danaba (76:9ff.) und den Berg Nebo (136:6ff.), sowie für *Arabōth Mōab* (12:20ff.) und Bethphogor (48:3ff.), wobei er die Entfernung der beiden letztgenannten Orte von Livias aus bestimmt. Hinter der Lagebestimmung für *Arabōth Mōab* bzw. Bethphogor an der Straße Esbous – Livias, aber von Livias aus definiert, wird schon eine Pilgertradition stehen, die mit dem Berg Phogor verbunden war (vgl. 12:23 s.v. *Arabōth Mōab*: Φογώρ bzw. 48:4 s.v. Bethphogor: Φογόρ).[33] Für vom Westjordanland kommende Pilger wurde die Lage des Berges Phogor bzw. *Phogōr* dementsprechend von Jericho her[34] oder von dem noch näher gelegenen

---

Βακαθῶν.

[31] Zu dieser Straße und ihren Meilensteinen vgl. J. Germer-Durand, Voie d'Hesban au Jourdain, RB 4 (1895), S. 398–400; drs., Voie d'Hesban au Jourdain, RB 5 (1896), S. 613–615; P. Thomsen, Die römischen Meilensteine der Provinzen Syria, Arabia und Palaestina, ZDPV 40 (1917), S. 1–103 (S. 67ff.): Strecke XXVI mit den Meilensteinen Nr. 229, Nr. 230 und Nr. 231; W. Kubitschek, Rezension von K. Miller, Itineraria Romana u.a., GGA 179 (1917), S. 1–117 (S. 28, S. 36f.); A. Kuschke, Das Deutsche Evangelische Institut für Altertumswissenschaft des Heiligen Landes: Lehrkursus 1959, ZDPV 76 (1960), S. 8–49 (S. 27f.); S. Mittmann, Danaba, ZDPV 87 (1971), S. 92–94; Mittmann folgend M. Wüst, Untersuchungen zu den siedlungsgeographischen Texten des Alten Testaments I: Ostjordanland, BTAVO, Reihe B (Geisteswissenschaften), Nr. 9 (Wiesbaden 1975), S. 159–160. Ausführlich S. D. Waterhouse/R. Ibach, The Topographical Survey, 1; Roman Road from Livias to Esbus, AUSS 13 (1975), S. 217–228; R. D. Ibach, Archaeological Survey of the Hesban Region: Catalogue of Sites and Characterization of Periods = Hesban 5 (Berrien Springs 1987), S. 176ff. und M. Piccirillo, The Jerusalem – Esbous Road and its Sanctuaries in Transjordan, in: SHAJ III (London 1987), S. 165–172.

[32] K. Miller, Die Peutingersche Tafel: Neudruck der letzten von K. Miller bearbeiteten Auflage einschließlich seiner Neuzeichnung des verlorenen 1. Segments mit farbiger Wiedergabe der Tafel (Stuttgart 1962), Tafel X, S. 12–13. Zur Tabula Peutingeriana vgl. noch H. I. MacAdam, Studies in the History of the Roman Province of Arabia, BAR International Series 295 (Oxford 1986), S. 27 „it is not a document describing the road system of the Empire at any one time, but at various times. Some of the roads depicted antedate the creation of Roman Arabia, but others … built later that same Century are not shown … The map's intention was not to show every road, especially not every Roman-made road. Its purpose was clearly to aid the traveller by indicating the major routes and their respective distances as well as noting those way-stations which offered sustenance and secure lodging …".

[33] Vgl. dazu schon die Targumfassung zu Num 32:3 וסיעת ובית קבורתא דמשה= „und *Siʿat* und Haus des Mosegrabes": A. Sperber, The Bible in Aramaic I (Leiden 1959), App. z.St. früher schon F.-M. Abel, Exploration du sud-est de la vallée du Jourdain (suite): VI Le Nebo, RB 40 (1931), S. 375–400 (S. 377) und jetzt Piccirillo, The Jerusalem – Esbous Road, S. 167ff.

[34] Vgl. die Nennung Jerichos im Kontext mit *Arabōth Mōab* (12:22) bzw. mit Bethphogor

Livias aus bestimmt und nicht nach der tatsächlichen Straßenführung: Esbous – Livias. Hinter der Orientierung von *Arabōth Mōab* und Bethphogor | nach Livias steht weiterhin wahrscheinlich auch die historische Grenze, die zwischen dem Gebiet der Stadt Livias und dem Gebiet der Stadt Esbous verlief. Gehörte Livias noch zum judäischen Peräa, so Esbous (nach Ptolemaios, Geographia, V: 16:4) zur Provinz Arabia. Die politische Grenze könnte genau am Berg Phogor bzw. *Phogōr* verlaufen sein.[35]

Wenn Eusebius schließlich unter dem Lemma *Essebōn* (84:1 ff.) die Distanz vom Jordan nach Esbous mit 20 (röm.) Meilen angibt und nicht, – wie zu erwarten, – von Esbous zum Jordan, so ist das allein durch den Kontext bedingt, in dem soeben (ἀντικρὺ τῆς 'Ιεριχοῦς) Jericho erwähnt war.

Der Punkt, an dem die Römerstraße von Esbous via Livias den Jordan berührte, wird nicht angegeben. So ist die Stelle, an der die Römerstraße von Livias zum Jordan führte, bis heute unbekannt. Gekannt hat man diesen Punkt in byzantinischer Zeit dennoch genau. Er ist z.B. auf der Mosaikkarte von *Mādebā* deutlich markiert.[36] Die Entfernung vom Jordan nach Livias (*Tell er-Rāme*) beträgt in der Luftlinie ca: 6 (röm.) Meilen = 9 km. Für die tatsächliche Straßenführung ist aber mit Umwegen zu rechnen, so daß die Gesamtdistanz von 20 (röm.) Meilen, die das Onomastikon für die Strecke Esbous – Jordan angibt, richtig sein kann.

Auffällig ist, daß Eusebius noch die ältere, biblische Namensform *Essebōn* benutzt, wenn er die Entfernung einiger Orte von Esbous/*Essebōn* nach anderen Straßen als der von Esbous nach Livias bemißt. So war nach seinen Angaben (104:18ff.) der Ort *Jazēr* (᾿Ιαζήρ) auf der Strecke von *Essebōn* (sic) nach NN erreichbar, 15 (röm.) Meilen von *Essebōn* entfernt;[37] auch *Mēdaba* war „nahe bei *Essebōn*"

(48:4).

[35] Vgl. Schürer, Geschichte, 4. Aufl., S. 200–202 = drs., History , New English Version II, S. 165–166; Beyer, Meilenzählung (Anm. 10), S. 156.

[36] Zur Darstellung des Jordanüberganges auf der Mosaikkarte von *Mādebā* vgl. H. Donner bei H. Donner/H. Cüppers, Die Restauration und Konservierung der Mosaikkarte von *Mādebā*: Vorbericht, ZDPV 83 (1967), S. 1–33 (S. 18f.). Wenn die Notitia Dignitatum (Ed.: Seeck) unter Nr. XXXIV (Dux Palaestinae): 47 notiert: Cohors secunda Cretensis, iuxta Iordanem fluuium, so wird die Funktion dieser Kohorte im Schutz des Übergangs der Römerstraße über den Jordan bestanden haben (Donner, ebd. S. 19). Es spricht manches dafür, den Übergang der Römerstraße über den Jordan bei der alten ostjordanischen Taufstelle Bethabara anzusetzen, obgleich das nicht die einzige Möglichkeit der Jordanquerung war. Zu Bethabara vgl. W. Wiefel, Bethabara jenseits des Jordan, ZDPV 83 (1967), S. 72–81; D. Baldi/B. Bagatti, Saint Jean Baptiste dans les souvenirs de sa patrie, SBF.CMi 27 (Jerusalem 1980), S. 46–50. Zu den Jordanübergängen: L. Féderlin, Béthanie au delà du Jourdain (Paris [1908]), S. 1–2; R. Hartmann, Materialien zur historischen Topographie der Palaestina Tertia, ZDPV 36 (1913), S. 110–113, S. 180–198 (S. 188f.); C. Kuhl, Römische Straßen und Straßenstationen in der Umgebung von Jerusalem, PJ 24 (1926) S. 113–140 (Skizze gegenüber S. 96); D. Buzy, Béthanie au delà du Jourdain: Tell el Medesch ou Sapsas? RSR 21(1931), S. 444–462.

[37] Die Position *Jazērs* wird in doppelter Weise fixiert: an einer Straße von Philadelphia (*'Ammān*) nach NN gen Westen, 10 (röm.) Meilen von Philadelphia entfernt, und an einer Straße von *Essebōn* – offenbar gen Norden – nach NN, 15 (röm.) Meilen von *Essebōn* entfernt (104:13–19). Zu dieser problematischen Lagebestimmung und damit der unsicheren Lokalisation des Ortes vgl. G. M. Landes, The Fountain at Jazer, BA 114 (1956), S. 30–37;

(128:19f.). | Der Unterschied in der Ortsnamensform ist schwer erklärbar. Will man nicht mit verschiedenen Quellen des Eusebius rechnen,[38] so könnte vermutet werden, daß sich der ältere Name: *Essebōn* auf die ältere Straße, die Via Traiana Nova (Baudaten 111 und 114 n. Chr.), bezieht, der jüngere: Esbous auf jüngere Straßen wie etwa die Strecke Esbous – Livias. – Das genaue Baudatum der RömerStraße Esbous – Livias ist unbekannt. Sie muß in jedem Fall vor Kaiser Marc Aurel gebaut worden sein, unter dem man sie (162 AD) wiederherstellte (re[fecerunt]).[39] Mit dem Bau der Römerstraße Esbous – Livias zum gleichen Zeitpunkt wie dem Bau der Via Traiana Nova rechnete z.B. C. Kuhl.[40] Mit einem Baudatum der Strecke Esbous – Livias *vor* der Traiana Nova rechnen S. D. Waterhouse/R. Ibach.[41] Sie ziehen aber auch ein Baudatum nach 114 AD, aber vor 129 AD in Erwägung.[42] Mit einem (unbestimmten) Baudatum zur Zeit Hadrians rechnen andere.[43]

Die *kōmē Maanith* (Μαανίθ)[44] lag nach dem Onomastikon (132: lf.) 4 (röm.) Meilen von Esbous entfernt, wenn man nach Philadelphia | (*ʿAmmān*) geht. Mit dieser Wegstrecke von Esbous nach Philadelphia ist ein Zweig der Via Traiana Nova gemeint, der Esbous mit Philadelphia verband.[45] Die Straße ist durch zwei[46] Mei-

---

M. Noth, Gilead und Gad, ZDPV 75 (1959), S. 14–73 (S. 62ff.) = drs., Aufsätze I, S. 489–543 (S. 535ff.); R. Rendtorff, Zur Lage von Jazer, ZDPV 76 (1960), S. 124–135 (S. 125); W. Schmidt, Zwei Untersuchungen im *Wādi Nāʿūr*, ZDPV 77 (1961), S. 46–55 (S. 54); M. Ottosson, Gilead: Tradition and History, CB.OT 3 (Lund 1969), S. 68 mit Anm. 57 und P. Kaswalder, Aroer e Iazer nella disputa diplomatica di Gdc 11,12–18, SBFLA 34 (1984), S. 25–42 (S. 37).

[38] So E. Z. Melamed (Anm. 1).

[39] Zur Lesung des Meilensteines vgl. Thomsen, Meilensteine (Anm. 31), S. 68, Nr. 230.

[40] Römische Straßen (Anm. 36), S. 113–140 (S. 124f.).

[41] The Topographical Survey (Anm. 31), S. 217.

[42] Ebd., S. 218.

[43] Vgl. M. Avi-Yonah, Art. Palaestina, PRE. S (München 1973), Sp. 321–454 (Sp. 436). Zur Sache auch R. Beauvéry, La Route romaine de Jérusalem à Jéricho, RB 64 (1957), S. 72–101 (S. 100f.: Entstehungsdatum um 68–70 AD); J. Wilkinson, The Way from Jerusalem to Jericho, BA 38 (1975), S. 10–24; Sauer (Anm. 26), S. 56 (herodianischer Neubau und römische Renovation um 70 AD); B. Isaak, Milestones in Judaea, from Vespasian to Constantine, PEQ 110 (1978), S. 47–60 (S. 57ff.) und jetzt ausführlich Ibach, Hesban 5 (Anm. 31), S. 176ff., jedoch ohne neue Argumente für das postulierte Baudatum „just prior to AD 135".

[44] Hieronymus schreibt in seiner Übersetzung des griechischen Onomastikons (133:1) Mennith und Mannith. Daraus hat S. Mittmann, Aroer, Minnith und Abel Keramim, ZDPV 85 (1969), S. 63–75 (S. 72) wohl zu Recht erschlossen, daß der heutigen griechischen Textform des Onomastikons ein Schreibversehen, MAANIΘ entstanden aus *MANNIΘ, zugrunde liegt.

[45] Eine solche Straßenverbindung wurde u.a. noch abgelehnt bei Thomsen, Meilensteine (Anm. 31), S. 46f.

[46] Der eine Meilenstein = Thomsen, Meilensteine, Nr. 113 ist verbaut in einen Brunnen (Beyer, Meilenzählung (Anm. 10), S. 137). Er enthält keine Meilenangabe (mehr), aber das Datum 114 AD. Den Meilenstein der zweiten Meile entdeckte und publizierte J. Germer-Durand, Rapport sur l'exploration archéologique en 1903 de la voie romaine entre Ammân et Bostra (Arabie), BAr (1904), S. 3–43 (S. 31, Nr. 50), nach Germer-Durand dann auch Brün-

lensteine sicher fixiert und war teilweise im Gelände noch aufweisbar.[47] Der eine Meilenstein der Strecke stammt nach seiner eigenen Datierung aus dem Jahr 114 AD, der andere, von der zweiten Meile,[48] aus dem Jahr 129 AD, als man das Straßenstück ausgebessert (REFE[C]IT)[49] hat. Auf Eusebius' „moderne" Ortsnamensform Esbous ist in diesem Zusammenhang also nichts zu geben. An der Straße Esbous – Philadelphia hat also Eusebius' Maanith (= *Mannith) gelegen. Dessen Lage ist nach der Angabe des Onomastikons wohl auf *Umm el-Basātīn* (früher *Umm el-Ḥanāfīš* genannt) anzusetzen.[50]

Eine Straße von Esbous gen Norden scheint die Meßstrecke für Eusebius' Angabe (84:10) zu sein, daß *Elealē (el-ʿĀl)* 1 (röm.) Meile von Esbous entfernt sei (vgl. Anm. 37). Eine Straße von Esbous gen Süd(west)en bildet anscheinend den Hintergrund für die Aussage des Onomastikons (136:12f.), daß das verödete Nabau (νῦν ἔρημος ἡ Ναβαῦ) von Esbous aus gen Süden 8 (röm.) Meilen entfernt war | (διεστῶσα Ἐσβοῦς σημείοις ἡ εἰς νότον). Das hier genannte verödete Nabau kann nach der Richtungsangabe: gen *Süden* von Esbous, nicht der Ort gewesen sein, den spätere Pilger bei den Mose-Memorialstätten des Berges Nebo im *Westen* von Esbous vorgefunden haben.[51] Denn den Berg Nebo (ὄρος Ναβαῦ) wußte ja auch Eusebius selbst nur 6 (röm.) Meilen im Westen von Esbous (136:6ff.). – Den *Darb eš Šefa'*, der von Esbous (*Ḥesbān*) südwestlich nach *Māʿīn* führt, sind im 19. Jh. manche Reisenden gezogen.[52] Auf dieser Strecke findet sich ca: 12 km (= 8 röm.

---

now/Domaszewski II, S. 181 (mit falscher Positionsangabe). Der Stein ist neu beschrieben bei F. Schultze, Ein neuer Meilenstein und die Lage von Jazer, PJ 28 (1932), S. 68–80 (S. 68), der auch weitere Hinweise für den Verlauf der Strecke Philadelphia – Esbous gibt; vgl. noch A. Alt, Das Institut im Jahre 1932, PJ 29 (1933), S. 5–29 (S. 27f.) und drs., Zur römischen Straße von Philadelphia nach Esbous, PJ 32 (1936), S. 110–112 (mit Verbesserung der Lesung bei Schultze) sowie Beyer, Meilenzählung, S. 137 Anm. 6.

[47] Schultze, S. 68 und Alt, Zur römischen Straße, S. 110ff.

[48] So die Lesung bei Germer-Durand, Nr. 50; vgl. Alt, Zur römischen Straße, S.110ff.

[49] Die Lesung bzw. Ergänzung [...re]fe[cit] bei Schultze, S.68 ist für den Wortanfang bei Germer-Durand noch als refe[ci]t sicher gelesen; vgl. Alt, a.a.O., S. 110ff.

[50] Für *Umm el-Basātīn* (früher = *Umm el-Ḥanāfīš* vgl. dazu C.R. Conder, The Survey of Eastern Palestine, Memoirs of the Topography, Orography, Hydrography, Archaeology etc. (London 1899), S. 246–248 mit Resten einer alten Straße nördlich der Siedlung) = byzantinisches Maanith (= *Mannith) plädierte schon Alt, Das Institut im Jahre 1932, S. 27, vgl. auch Avi-Yonah (Anm. 43), Sp. 427, ausführlich Mittmann, Aroer (Anm. 44), S. 72. Beyer, Meilenzählung, S. 137 Anm. 7 zog auch Umm el-Burak (= Conder, Survey of Eastern Palestine, S. 242–245 Umm el-Buruk, Musil: *Umm el-Brač*) in Erwägung, wo Conder, a.a.O. und Musil, Arabia Petraea I (Anm. 10), S. 390ff. beachtliche Ruinen gefunden hatten. M. Noth, Das Land Gilead als Siedlungsgebiet israelitischer Sippen, PJ 37 (1941), S. 50–101 = drs., Aufsätze 1, S. 347–390 (S. 365 Anm. 47) vermutete es in der *Ḫirbet Hamze*, die *Umm el-Basātīn* südöstlich vorgelagert ist. Vgl. dazu Conder, a.a.O., S. 246–248.

[51] Dazu schon Noth, Topographische Angaben (Anm. 3), S. 317 Anm. 65. Für die Richtigkeit der Aussage des Eusebius, daß der Ort Nabau zu Anfang des 4. Jh.s verödet war, ausführlich S. J. Saller/B. Bagatti, The Town of Nebo (Khirbet el-Mekhayyat), SBF.CMa 7 (Jerusalem 1949 = Nachdruck Jerusalem 1982), S. 215. Piccirillo, The Jerusalem – Esbous Road (Anm. 31), S. 167f. geht auf den Text des Eusebius nicht ein.

[52] Vgl. H. B. Tristram, The Land of Moab: Travels and Discoveries on the East Side of the

Meilen) südwestlich von Esbous (*Ḥesbān*) das Dolmenfeld von *Ḫirbet el-Quwwēqiyye*.[53] Wahrscheinlich hat Eusebius mit seiner Angabe zur verödeten Stadt Nabau diesen Platz im Auge gehabt.

An einer Strecke von Esbous gen Süden orientiert Eusebius (44:21ff.) die Lage von Beelmaous (Βεελμαούς), das als *kōmē megistē*, nahe dem Berg[54] der Thermalbäder der [Provinz] Arabia bezeichnet wird, 9 (röm.) Meilen (= 13,5 km) von Esbous entfernt.[55] Es ist unbestritten, | daß mit dem hiesigen Beelmaous[56] die byzantinische Vorgängersiedlung des heutigen *Māʿīn* gemeint ist.[57] Wenn Beelmaous jedoch 9 (röm.) Meilen von Esbous aus in südlicher Richtung gelegen haben soll, so ist das eine in doppelter Weise ungewöhnliche Aussage. Denn zum einen geht von Esbous (*Ḥesbān*) keine Straße direkt südlich nach Beelmaous (*Māʿīn*). Die einzige Straße, die von Esbous (*Ḥesbān*) direkt nach Süden führt, ist die Via Traiana Nova,

---

Dead Sea and the Jordan (London 1874), S. 304 (mit Anm.) u.ö.; C. R. Conder, Heth and Moab, Explorations in Syria in 1881 und 1882 (London 1883), S. 130; drs., Survey of Eastern Palestine (Anm. 50), S. 91–92, S. 113, S. 176–178 und für den letzten Teil der Strecke: C. Schick, Bericht über eine Reise nach Moab , ZDPV 2 (1879), S. 1–12 (S. 4f.) sowie P. Karge, Rephaim, CHier 1 (Paderborn 1917), S. 465.

[53] Zum Dolmenfeld von *el-Quwwēqiyye* vgl. Conder, Survey of Eastern Palestine, S. 158, S. 190, S. 254–274; Musil, Arabia Petraea I, S. 267f., S. 366; Karge, Rephaim, S. 463ff.

[54] Den – nach Hieronymus und der *Mādebākarte* – konjizierten Text des Onomastikons (44:22) κώμη μεγίστη πλησίον *Βααροῦ τῶν θερμῶν ὑδάτων hatte Klostermann, S. 205 nach der Lesart des Cod. Vaticanus Gr. Nr. 1456 als ... πλησίον τοῦ ὄρους wiederhergestellt. Denn nach dem Onomastikon (112:16f.) lag Karaiatha ἐπὶ τὸν Βάρην. Die syrische Version des Onomastikons (Anm. 1), S. 249 hat dafür *l·wat Bāʾrēn*. *Josephus,* Bellum (Edd.: Michel/ Bauernfeind (Anm. 27)), VII: VI, 3 bietet den Ortsnamen als Βαάρας (Var. lect. Βαάρος*),* vgl. dazu auch Möller/Schmitt (Anm. 27), S. 30f. *Hieronymus* hat in seiner Übersetzung des Onomastikons (45:26) die lateinische Form Baaru. Die *Mosaikkarte von Madeba* hat [B]ʿAʾAPOY: H. Donner, *Kallirrhoë*, ZDPV 79 (1963), S. 58–89 (S. 64). *Petrus der Iberer* (Ed.: R. Raabe, Petrus der Iberer: Ein Charakterbild zur Kirchen- und Sittengeschichte des fünften Jahrhunderts (Leipzig 1885)), S. 85 (Text) bietet eine mask. semitische Namensform *Bʿ R*, die auch als Vorform für Josephus angesetzt werden kann (anders: S. Klein, Hebräische Ortsnamen bei Josephus, MGWJ 59 (1915), S. 156–169 (S. 164 בַּעֲרָן*). – Zu einer möglichen Lage des Ortes *Baarēs* vgl. Strobel, Die alte Straße (Anm. 2), S. 90 Anm. 23.

[55] Daß auch der Prophet Elisa aus Beelmaous stammte (so Eusebius, a.a.O.), ist eine Verwechselung mit Abel Beth Maacha, unter welchem Stichwort (Βηθμαελά: 34:23) sich die Angabe ebenfalls findet.

[56] Vgl. noch Hieronymus, Commentariorum in Hiezechielem Libri XIV = S. Hieronymi Presbyteri Opera, Pars I: Opera Exegetica (Ed.: F. Glorie), CCSL 75 (Turnholt 1964), VIII (zu Ez 25:8ff.), S. 339: „Beelmeon" quoque usque hodie in Moab vicus sit maximus. Der Ort ist auch in der martyrologischen Literatur bezeugt: P. Peeters, La Passion georgienne de SS. Théodore, Julien, Eubulus, Malcamon, Mocimus et Salamanes, An. Boll. 44 (1926), S. 70–101 (S. 90). Ob auch die κώμη Βιλβάνους bei Georg von Zypern (Ed.: Gelzer), Nr. 1084 Beelmaous meint, bleibt umstritten. Für diese Gleichung Th. Nöldeke bei Gelzer, S. 209 und de Vaux (Anm. 27), S. 254 mit Anm. 1.

[57] Die Identifikation des biblischen (Jos 13:17) Baalmeon (= byzantinisch Beelmaous) mit dem heutigen *Māʿīn* hat erstmals U. J. Seetzen vorgeschlagen: U. J. Seetzen's Reisen durch Syrien, Palästina, Phönicien, die Transjordan-Länder, Arabia Petraea und Unter-Aegypten (herausgegeben und commentiert von F. Kruse), I–IV (Berlin 1854–1859), I, S. 408.

die als nächsten Ort südlich von Esbous aber *Mēdaba* (*Mādebā*) berührt, was hier jedoch nicht genannt wird. Zum anderen liegt *Mēdaba* (*Mādebā*) viel näher an Beelmaous (*Māʿīn*) als an Esbous (*Ḥesbān*) und war schon in der Antike mit ihm durch einen guten Weg verbunden.[58]

In den Haupthimmelsrichtungen – hier: Süden – sind im Onomastikon die Nebenhimmelsrichtungen (z.B. Südwesten und Südosten) ja immer mit eingeschlossen.[59] Die Römerstraße von Esbous nach Livias und zum Jordantal verläßt Esbous (*Ḥesbān*) in südwestliche Richtung zum heutigen Ort *el-Mušaqqar*.[60] Östlich vor *el-Mušaqqar* zweigt der Weg ab, der seit arabischer Zeit *Darb eš-Šefaʾ* genannt wird.[61] Er führt östlich von *el-Mušaqqar* in südliche Richtung nach *Qabr ʿAbdallāh*, von wo ein Abzweig in südöstliche Richtung nach *Mēdaba* (*Mādebā*) geht. Bei *Qabr ʿAbdallāh* schwenkt der *Darb eš-Šefaʾ* in südwestliche Richtung um| und geht auf der Höhe von *el-Mešrefe* in den breiten Darb *el-Mešrefe* über, der den Reisenden nach *Māʿīn* bringt.[62] Von *el-Mušaqqar* bis Beelmaous (*Māʿīn*) sind es auf diesem Weg ca: 13 km (= knapp 9 (röm.) Meilen) Luftlinie.

Zum anderen wird mit Eusebius' Aussage auch eine administrative Verbindung zwischen Esbous und Beelmaous suggeriert. G. Beyer hat die Verknüpfung, die im Onomastikon zwischen Esbous und Beelmaous mittels der Distanzangabe hergestellt ist, territorialgeschichtlich gedeutet,[63] d.h. er rechnete in Eusebius' Zeit mit einer Zugehörigkeit Beelmaous' zum Territorium von Esbous.[64] Die territorialgeschichtli-

---

[58] Den Weg von *Mēdaba* (*Mādebā*) zu den Thermen von *Baʿar*, der über Beelmaous (*Māʿīn*) führt, ist z.B. Petrus der Iberer hin und zurück gezogen, ohne daß allerdings Beelmaous (*Māʿīn*) explizit für seinen Weg genannt ist (Petrus der Iberer (Ed.: Raabe), S. 82–87, S. 90). Vgl. für den Weg von *Mādebā* via *Māʿīn* zu den *Ḥammām ez-Zerqāʾ* (= Thermen von *Baʿar*) im 19. und 20. Jh.: Ch. L. Irby/J. Mangels, Travels in Egypt and Nubia, Syria and Asia Minor During the Years 1817 and 1818 (London 1823), S. 465ff.; diess., Travels etc. Including a Journey Round the Dead Sea, New Edition (London 1852), S. 142ff.; Conder, Survey (Anm. 50), S. 176–178; Musil, Arabia Petraea I, S. 21; G. A. Smith, *Callirrhoë* and Machaerus, PEFQS 37 (1905), S. 219–230.

[59] G. Beyer, Eusebius über Gibeon und Beeroth, ZDPV 53 (1930), S. 199–211 (S. 201f.); Noth, Die Angaben (Anm. 3), S. 316 Anm. 50.

[60] Zum Verlauf der Römerstraße von Esbous (*Ḥesbān*) nach *el-Mušaqqar* vgl. Waterhouse/Ibach (Anm. 31), S. 218, früher Mittmann, Danaba (Anm. 31), S.93f.

[61] Zum *Darb eš-Šefaʾ* vgl. Anm. 52 und auch Musil, Arabia Petraea I (Anm. 10), S. 20f., S. 266f., S. 346.

[62] Zum *Darb el-Mešrefe*: Musil, ebd. S., 270f.

[63] Beyer, Meilenzählung (Anm. 10), S. 154f.

[64] So auch A. Alt, Die letzte Grenzverschiebung zwischen den römischen Provinzen Arabia und Palaestina, ZDPV 65 (1942), S. 68–76, der (ebd., S. 68f., 72, 76 mit Anm. 1) aufgrund der Mosaiken aus der Akropolis von *Māʿīn* (de Vaux (Anm. 27), S. 227–258) annahm, daß Beelmaous bis zum Ende des 6. Jh.s dem Bistum Esbous zugeordnet war und nicht dem viel näher gelegenen *Mēdaba*. M. Noth, Prosopographie des Bistums Medaba in spätbyzantinischer Zeit, ZDPV 84 (1968), S. 143–158 (S. 144) folgte in der Frühdatierung und der Deutung der Mosaiken aus der Akropoliskirche von *Māʿīn* als Bistümer den Ausführungen de Vaux' und Alts. So auch noch Avi-Yonah (Anm. 43), Sp. 427. Vgl. noch unten Anm. 67. Die erhaltenen Beischriften zu den Stadtvignetten aus der Akropoliskirche von *Māʿīn* lauten an einigen

che Zuordnung von Beelmaous zu Esbous ist aber nicht überzeugend.[65] Da in *Māʿīn* Mosaiken gefunden wurden, die den Mosaiken aus Mephaat = *Umm er-Reṣāṣ* technisch und chronologisch entsprechen, gehörte Beelmaous in früharabischer Zeit ebenso wie Mephaat = *Umm er-Reṣāṣ* immer noch zum Sprengel *Mēdaba*.[66] Da es keine historischen Quellen gibt, die für Beelmaous in Eusebius' Zeit eine andere Zuordnung ausdrücklich benennen,[67] ist für seine Zeit mit Beelmaous' Zuordnung zum | Territorium *Mēdabas* zu rechnen. Hinter Eusebius' Distanzangabe „von Esbous nach Beelmaous" steht also keine territorialgeschichtliche Zugehörigkeit, sondern wirklich eine Straßenverbindung, der später *Darb eš-Šefaʾ* und Darb *el-Mešrefe* genannte Weg. Die Entfernung dieses Weges von der Römerstraße Esbous – Livias bei *el-Mušaqqar* bis *Māʿīn* sind fast genau die 9 (röm.) Meilen = 13,5 km, die Eusebius angibt.

Eusebius benutzt (128:19f.) als „Stichwort" für sein Lemma *Mēdaba* den Namen der Stadt (πόλις) in einer Form: Μεδδαβά, die so in keiner der wichtigen Septuagintahandschriften überliefert ist.[68] Der textgeschichtliche Hintergrund solcher au-

---

Stellen etwas anders als de Vaux angab: (1) ΝΗΚΩΠΟΛΕΙΣ (2) [ΓΕΩΡΓΙΟΥ oder ΕΔΕΥΘΕΡΟ?]⸢ΠΟ⸣ΛΕΙΣ (3) ΑΣΚΑΛΟΝ⸢Α⸣ (sic) (4) ⸢Μ⸣ΑΗΟΥΜΑΣ (5) [ΓΑ]ΖΑ (6) Ω⸢Δ⸣[ΡΟΑ?] (7) [ΧΑΡΑΧΜΟ]ΥΒΑ (8) Α⸢Ρ⸣[Ε]ΩΠΟΛΕΙΣ (9) ΓΑΔΟΡΟΝ (10) ΕΣΒΟΥΝ (sic) (11) ΒΕΛΕΜΟΥΝ⸢ΙΜ⸣: Piccirillo, Le Antichità (Anm. 27), S. 345 + Foto 4–6, Tf. 58–59. Ungenau ist Gatier (Anm. 30), Nr. 157 (S. 184–185). Besonders die Schreibungen ΓΑΔΟΡΟΝ und ΕΣΒΟΥΝ zeigen ihr spätes Entstehungsdatum, Piccirillo, ebd. S. 346.

[65] Noth, Die Angaben (Anm. 3), S. 331 mit Anm. 191 hat Beyers territorialgeschichtliche Deutung vergleichbarer Angaben im Onomastikon zu Recht kritisiert, für Beelmaous jedoch an Beyers territorialgeschichtlicher Zuweisung zu Esbous festgehalten, vgl. Noth, Prosopographie, S. 144, S. 145 Anm. 12.

[66] Zum Mosaik aus der Akropoliskirche in *Māʿīn* vgl. de Vaux und Piccirillo, Le Antichità (Anm. 27).

[67] Die Frühdatierung der Mosaiken aus der Akropoliskirche von *Māʿīn*, aus der de Vaux (Anm. 27), Alt (Anm. 64) und Noth (Anm. 64) abgeleitet hatten, daß die dargestellten Ortschaften spätbyzantinische Bistümer gewesen sein müßten, ist durch die Funde stilistisch und technisch vergleichbarer Mosaiken aus *el-Quwēsme* bei *ʿAmmān* als unrichtig erwiesen. Zu den Mosaiken aus *el-Quwēsme* vgl. Salier in Saller/Bagatti, The Town of Nebo (Anm. 51), S. 134 Anm. 1, S. 256 und S. 267–268; M. Piccirillo, Le Chiese di Quweisme-Amman, SBFLA 34 (1984), S. 329–340 und Gatier (Anm. 30), Nr. 53 (S. 67f.). Die Mosaiken aus *el-Quwēsme* sind in die 1. Indiktion 780 (der pompejanischen Aera) = 717/18 AD datiert. Danach ist auch das Datum der Mosaiken aus der Akropoliskirche in *Māʿīn*: 3. Indiktion 614 (der Provinz Arabia) = 719/20 AD als Datum der Entstehung dieser Mosaiken anzusehen und – entgegen de Vaux, Alt und Noth – nicht Datum einer späteren Restauration; ausführlich: M. Piccirillo, The Ummayyad Churches of Jordan, ADAJ 28 (1984), S. 333–341 (S. 334); drs., Le Chiese di Quweismeh, S. 329–346; drs., Le Antichità (Anm. 27), S. 345ff. R. Schick, Christian Life in Palestine During the Early Islamic Period, BA 51 (1988), S. 218–221, S. 239–240 (S. 219). – Welchen kirchenrechtlichen Status in früharabischer Zeit die in der Akropoliskirche von *Māʿīn* dargestellten Ortschaften hatten, ist angesichts der Mosaiken aus der Stephanus-Kirche in *Umm er-Reṣāṣ* (= Mephaat) ganz neu zu bedenken. Zu den Mosaiken aus der Stephanus-Kirche in *Umm er-Reṣāṣ* vgl. Piccirillo/*Aṯṭiyat*, The Complex (Anm. 27), Piccirillo, Le Iscrizione (Anm. 27), passim und drs., The Mosaics at Umm er-Rasas in Jordan, BA 51 (1988), S. 208–213, S. 227–231.

[68] Die Septuaginta bietet zu Jos 13:9 und 13:15f. die Formen Μαιδαβάν (= LXX^{B}), Μεδαβά

ßergewöhnlicher Namensformen im Onomastikon ist noch aufzuklären. – Das Attribut πόλις zu *Mēdaba* konnte Eusebius zwar aus Jos 13:9ff. entwickelt haben; aber *Mēdaba*[69] | hat in seiner Zeit wohl wirklich Stadtrecht gehabt. Schon unter Septimius Severus (193–211 AD), Caracalla (211–217 AD), Geta (211–212 AD) und Elagabal (218–222 AD) hatte man eigene Münzen (u.a. mit der Aufschrift ΜΗΔΑΒΩΝ

(LXX[Luc]) und Μαιδαβά (LXX[A]), zu I Chr 5:14ff. und 19:7 überwiegend die Form Μηδαβά.

[69] Zu römisch-byzantinischen Belegen für *Mēdaba* (u.ä.) vgl. I Makk 9:35f. Μηδαβά (dazu auch J.T. Milik, La Tribu des Bani *'Amrat* en Jordanie de l'époque grecque et romaine, ADAJ 24 (1980), S. 41–54 (S. 44)); *Josephus,* Antiquitates (Ed.: Niese (Anm. 27)), XIII:I,2 ἐκ Μηδάβας πόλεως (Var. lect.: Μηδαβᾶς ..., Μηδανᾶς ..., Μιβάδας); XIII:I,4 εἰς τὰ Μήδαβα (Var. lect.: Μηδάβαν); XIII:IX,l Μήδαβαν; XIII:XV,4 Μωαβίτιδος Ἡσεβὼν (Var. lect.: Ἐσεβών; Ἐσσεβών*)* Μήδαβα (Var. lect.: Μήδαβαν, Μήδανα); XIV:I,4 Μήδαβα (= Nom.) (Var. lect.: Μηδαβᾶ); drs., Bellum (Edd.: Michel/Bauernfeind (Anm. 27)), I:2,6ff. Μεδάβην (= Akk.). Zu den historisch schwierigen Angaben des Josephus vgl. Möller/Schmitt (Anm. 27), S. 136f. *Ptolemaios,* Geographia (Ed.: Müllerus (Anm. 27)), V, 16:4 Μηδάβα (Var. lect.: Μηδαύα, Μήδαυα, Μηδυνα); *Petrus der Iberer* (Ed.: Raabe (Anm. 54)), S. 82 (Übers.), S. 84 (Text) *M'db'*; *Theodoret von Kyrrhos:* Kommentar zu Jesaja (Ed.: A. Möhle, MSU 5 (Berlin 1932), S. 75 = Ed.: J.-N. Guinot, Théodoret de Cyr, Commentaire sur Isaie, Tom. II (Sections 4–13) = SC 295 (Paris 1982), S. 100) zu Jes 15:2: ἐπὶ Ναβαῦ καὶ Μηδαβὰ τῆς Μωαβίτιδος (= Zitat des Septuagintatextes) πόλεις ἦσαν καὶ αὗται· ἡ δὲ Μηδαβὰ (Var. lect.: Μηδαβὰν) κώμη νῦν ἐστι τῆς Ἀραβίας μεγίστη. *Hierokles* (Ed.: E. Honigmann, Le Synekdèmos d'Hieroklès et l'opuscule géographique des Georges de Chypre, Texte, Introduction, Commentaire et Cartes, CBHB, Forma Imperii Byzantini, Fasciculus 1 (Bruxelles 1939), S. 42, S. 43, Nr. 722:16 Μήδαβα; *Georg von Zypern* (Ed.: Gelzer (Anm. 27)), Nr. 1062 Μέδαβα; *Stephan von Byzanz,* Ethnica (Ed.: A. Meineke [A. Meinekii], Stephani Byzantii Ethnicorum quae supersunt (Berolini 1849)), Tom. I, S. 5:9, S. 25:7f, S. 449:5f. (Μήδαβα πόλις τῶν Ναβαταίων); *Kyrill von Skythopolis,* Vita Euthymii (Ed.: E. Schwartz, Kyrillos von Skythopolis, Leben des Euthymios, TuU 49 (Leipzig 1939), S. 3–85) 34 (= S. 53:3) um 458 AD: Gaianos Bischof τῆς τόλεως Μηδάβων; drs., Vita Sabae (Ed.: E. Schwartz, ebd. S. 85–200) 45 (= S. 136:1) Μεδαβὰ πόλις ἐστὶ πέραν τοῦ Ιορδάνου, *Theodosius* (Ed.: P. Geyer, Theodosii de Situ Terrae Sanctae), CCSL 175 (Turnholt 1965), S. 113–125 (S. 123)) 24: (in Arabia u.a. die civitas) Medeua, dazu auch Donner, Pilgerfahrt (Anm. 27), S. 219. – Die Ortsvignette *Mēdabas* ist im schönen Mosaik der Stephanus-Kirche von *Umm er-Reṣāṣ* als ΜΙΔΑΒΑ beschriftet: Piccirillo/*Aṯṯiyat*, The Complex (Anm. 27), S. 348, bzw. Pl. LXXVII/1 und Piccirillo, Le Iscrizioni (Anm. 27), Nr. 24 (S. 197). – Zu den byzantinischen Belegen vgl. teilweise schon Thomsen, Loca Sancta (Anm. 11), S. 89f.; G. Hölscher, Art. Medeba, PRE, 29. Halbband (Stuttgart 1931), Sp. 29; Abel, Géographie II (Anm. 27), S.381f.; Avi-Yonah, Gazetteer (Anm. 27), S. 79. – Die Relikte aus der christlichen Zeit *Mēdabas* sind über das berühmte Mosaik hinaus zahllos und werden ständig noch mehr. Zum älteren Bestand vgl. etwa H. Leclercq, Art. Madaba, DACL Tom. X (Paris 1931), Col. 806–885; dann u.a. U. Lux, Eine altchristliche Kirche in Madeba, ZDPV 83 (1967), S. 165–182; dies., Die Apostel-Kirche in *Mādeba*, ZDPV 84 (1968), S. 106–129; B. van Elderen, The Salayta District Church in Madeba, ADAJ 17 (1972) S. 77–80; M. Piccirillo, La „Cattedrale" di Madaba, SBFLA 31 (1981), S. 299–322; drs., La Chiesa della Vergine a Madeba, SBFLA 32 (1982), S. 373–408; Byzantinische Mosaiken aus Jordanien, Ausstellungskatalog (Wien 1986), S. 123–126 (M. Piccirillo), S. 139–156 (H. Buschhausen); M. Piccirillo, The Burnt Palace of Madeba, ADAJ 30 (1986), S. 333–339; Gatier (Anm. 30), S. 117–180.

ΤΥΧΗ und ΜΗΔΑΒΗΝΩΝ ΤΥΧΗ) geprägt.[70] Meilensteine der Via Traiana Nova zählen seit 200 AD ebenfalls von | *Mēdaba* (lateinisch A MEDA[BA]) aus[71] und weisen damit von anderer Seite auf den Munizipalstatus der Stadt hin.[72] Schließlich ist *Mēdaba* ja auch ein gut bezeugtes Bistum geworden.[73] Insofern hat Eusebius' |

---

[70] G.F. Hill, Catalogue of the Greek Coins of Arabia in the British Museum (London 1922), S. XXXV–XL, Pl. 33; ausführlicher A. Spijkerman, The Coins of the Decapolis and Provincia Arabia (Ed.: M. Piccirillo), SBF.CMa 25 (Jerusalem 1978), S. 180–185, S. 292, Pl. 39–40. Sylloge Nummorum Graecorum: The Collection of the American Numismatic Society, Part 6: Palestine-South Arabia (New York 1981), Nr. 1351–1352; vgl. auch Mitchel (Anm. 27), S. 177ff.

[71] Vgl. die Meilensteine Nr. 116a (334–335 AD); 118a (200 AD); 119a (219 AD); 119b (334–335 AD); 125c (219 AD) bei Thomsen, Meilensteine (Anm. 31), S. 47–50.

[72] Beyer, Meilenzählung (Anm. 10), S. 136.

[73] Zuerst bezeugt ist 451 AD beim Konzil von Chalcedon Bischof *Gaianos* πόλεως Μη–δαβῶν (Var. lect. Μηδάβων), für den Konstantin, der Metropolit von Bostra, mitunterzeichnete (Honigmann, The Original Lists (Anm. 30), S. 61, Nr. 504). Dann, um 458 AD, ein namensgleicher Bischof Gaianos τῆς πόλεως Μηδάβων bei Kyrill von Skythopolis, Vita Euthymii 34 (s.o. Anm. 69). Weitere Bischöfe des Ortes sind aus Inschriften bekannt geworden. So amtierte etwa zu Ende der ersten Hälfte des 6. Jh.s *Kyros*. Er wird in der Mosaikschrift aus dem Baptisterium der sogenannten Kathedrale in *Mādebā* als amtierender Bischof ([ΕΠΙ ΤΟΥ Θ]ΕΟΦΙΛ (ΕΣΤΑΤΟΥ) / [ΚΑΙ Ο]ΣΙΩΤΑΤΟΥ/ ΕΠΙΣΚΟΠΟΥ ΚΥΡΟΥ) genannt (Piccirillo, La „Cattedrale" (Anm. 69), S. 314, vgl. Gatier (Anm. 30), Nr. 138 (S. 135f.)) und als amtierender Bischof (ΕΠΙ ΤΟ(Υ) Ε(ΥΛΑΒΕΣΤΑ–ΤΟΥ)/ΚΥΡΟΥ ΕΡ⌈Ι⌉/ΣΚ(ΟΠΟΥ)) – ohne Datum – im Mosaik der Unterkirche des Kaianosklosters im *Wādi ʿAyūn Mūsa* (M. Piccirillo, Una Chiesa nell' *Wadi ʿAyoun Mousa* ai piedi del Monte Nebo, SBFLA 34 (1984), S. 307–318 (S. 314, Nr. 4), vgl. Gatier, Nr. 96c (S. 101)). Da Eigendatierungen des Bischofs Kyros bislang noch fehlen, kann er – ebenso wie Fidus – Vorgänger oder Nachfolger des Elia gewesen sein. *Fidus* ist – neuerdings – in einem Mosaik der Theotokoskapelle bezeugt (vgl. M. Piccirillo, Rezension von P.-L. Gatier, Inscriptions de la Jordanie, Tom. 2, SBFLA 36 (1986), S. 386–392 (S. 391)). Sein Text ist noch nicht zugänglich. *Elia* ist für den August in einer 9. Indiktion des Jahre 425 der Provinz [Arabia] = 531 AD in einer Mosaikinschrift aus dem ersten Baptisterium der Kirche des *Rās es-Siyāga* als amtierender Bischof (ΕΠΙ ΤΟΥ ΤΑ ΠΑΝ–ΤΑ ΘΕΟΦΙΛΕΣΤ(ΑΤΟΥ) ΠΑΤΡΟΣ ΗΜΩΝ Κ(ΑΙ) ΠΟΙΜΕΝΟΣ ΗΛΙΟΥ ΕΠΙΣΚ(ΟΠΟΥ)) genannt (M. Piccirillo, Campagna archeologica nella basilica di Mosè Profeta sul Monte Nebo-Siyagha (1 Luglio – 7 Settembre 1976), SBFLA 26 (1976), S. 281–318; drs., New Discoveries on Mount Nebo, ADAJ 21 (1976), S. 55–59 (S. 59), vgl. Gatier, Nr. 74 (S. 87ff.)). Er war früher schon durch eine Mosaikinschrift in der Georgskirche in *Ḫirbet el-Muḫayyiṭ* als amtierender Bischof bezeugt (Saller/Bagatti, The Town of Nebo (Anm. 51), S.140, Nr. 1B, S.155f., vgl. jetzt Gatier, Nr. 100b (S.105f.)). Eine Mosaikinschrift unmittelbar neben seiner in der Georgskirche (Saller/Bagatti, ebd. Nr. 1C = Gatier, Nr. 100c) ist datiert in die Zeit eines ΘΕΠΦ(ΙΛΕΣΤΑΤΟΥ) ΙΩ[ΑΝΝΟΥ ...?], in das Konsulat eines Flavius und noch durch eine zusätzliche Datumsangabe präzisiert. Schon die Deutung der zwei Anfangsbuchstaben des mit dem Attribut theophilestatos versehenen Amtsträgers (= ? ΙΩ[ΑΝΝΟΥ]/ ΙΟ[ΥΣΤΙΝΙΑΝΟΥ?]) ist strittig und noch mehr dessen zu ergänzender(!) Amtstitel (ΕΠΙΣΚΟΠΟΣ?). Ebenso umstritten ist die Deutung der präzisierenden Datumsangabe: [...]ΔΙΙΔ' = Monat Dios, 4. Indiktion (...]ΔΙ (Ω) Ι(ΝΔΙΚΤΙΩΝΟΣ) Δ') oder 14. Indiktion ([...ΙΝ]ΔΙ(ΚΤΙΩΝΟΣ) ΙΔ'), vgl. Gatier, S.106. Als Consules kämen in Frage: Flavius Philoxenus (= 525 AD), Flavius Belisarius (535/6 AD) und Flavius Justinus Junior (540 AD). Da die Lesung [Bischof!] Jọ[hannes] nicht gesichert ist, muß das Datum für Johan-

Angabe, daß *Mēdaba* „auch bis jetzt eine Stadt der [Provinz] Arabia" sei (πόλις καὶ μέχρι νῦν ἔστι τῆς Ἀραβίας), ihren zeitgenössischen Hintergrund. Wenn es dann weiter heißt, daß die Stadt „noch bis jetzt (εἰς ἔτι νῦν) *Mēdaba*" (Μηδαβά) genannt werde, so widerspricht das der Namensform, die Eusebius – offenbar nach der Schrift! – an den | Anfang seines Lemmas gestellt hatte.[74] Daß *Mēdaba* „nahe bei *Essebōn*" (πλησίον Ἐσσεβών) gelegen war,[75] hat Eusebius nicht aus der

---

nes hier offen bleiben. Derselbe oder ein anderer *Johannes* wird viermal in Mosaikinschriften als amtierender Bischof genannt. Einmal – ohne Datum – in der Kapelle an der Nordwand der Apostelkirche in *Mādebā* (M. Noth, Die Mosaikinschriften der Apostelkirche zu *Mādebā*, ZDPV 84 (1968), S. 130–142 (S. 141f. Nr.4), vgl. Gatier, Nr. 144 (S. 140)). Dann für einen September in einer 11. Indiktion im Jahre 457 (der Aera der Provinz Arabia) = 562/563 AD in der Kapelle des Märtyrers Theodor in der sogenannten Kathedrale in *Mādebā* (Piccirillo, La „Catte|drale" (Anm. 69), S. 303ff., vgl. Gatier, Nr. 133 (S.132)), für einen November in einer 7. Indiktion in der Kirche des Lot und Prokop in *Ḫirbet el-Muḫayyiṭ* (Saller/ Bagatti, The Town of Nebo, S. 183ff. = Gatier, Nr. 97 (S. 101ff.)) sowie für den August einer [...?] Indiktion in der Kirche des Presbyters Johannes ebenda (Saller/ Bagatti, a.a.O., S. 172ff. = Gatier, Nr. 106 (S. 109ff.)). Zu Johannes vgl. noch S. Saller, The Works of Bishop John of Madaba in the Light of Recent Discoveries, SBFLA 29 (1969), S. 145–167.

Sergios (I.) ist in Inschriften oft als amtierender Bischof bezeugt. Der früheste Beleg datiert aus dem Jahre 470 (der Aera) der Provinz [Arabia] = 575/6 AD und stammt aus der sogenannten Kathedrale in *Mādebā* (Piccirillo, La „Cattedrale", S. 308, vgl. Gatier, Nr. 135 (S. 133f.)). Der späteste, aus der 15. Indiktion im Jahr 492 = 597/8 AD, findet sich im zweiten Baptisterium der Kirche auf dem *Rās es-Siyāga* (Saller/Bagatti, S. 247–251 = Gatier, Nr. 80b (S. 93f.)).

Leontios ist als amtierender Bischof (ΤΟΥ ΑΓΟΙΥ ΠΑΤΡΟΣ ΗΜΩΝ ΛΕΟΝΤΙΟΥ ΕΠΙΣΚΟΠΟΥ) bezeugt in einem Mosaik der Theotokoskapelle in *Rās es-Siyāga* (S. J. Saller, The Memorial of Moses on Mount Nebo (Jerusalem 1941), S. 252–258, vgl. Gatier, Nr. 78 (S. 91f.)), für das Jahr 498 (der Aera von Bostra), 6. Indiktion = 603 AD als Priester(!) (ΙΕΡΕΩΣ) in der nach ihm benannten Kirche in *Mādebā* (Piccirillo, La „Cattedrale", S. 301, vgl. Gatier, Nr. 140 (S. 136f.)) und für das Jahr 502, 11. Indiktion = 607/608 AD in der Eliakirche in *Mādebā* (Gatier, Nr. 145, S. 141ff.).

Theophanes war im Februar des Jahres 974 (der seleukidischen Aera) in der 5. Indiktion = 662/3 AD Bischof, als das christusliebende Volk dieser Stadt *Mādebā* (ΦΙΛΩΧ(ΡΙΣΤΟ)Υ ΛΑΟΥ ΤΑΥ(ΤΗ)Σ /[ΤΗΣ ΠΟΛΕ]ΟΣ ΜΙΔΑΒΩΝ (sic)) das Mosaik der Jungfrau-Marien-Kirche vollendete (Piccirillo, La Chiesa, S. 379f., Gatier, Nr. 131 [S. 128ff.]). Von ihm ist auch ein Bronzekreuz in der École Biblique in Jerusalem erhalten: F. M. Abel, Croix byzantines de Mạdaba, RB 33 (1924), S. 109–111, vgl. Piccirillo, La Chiesa, S. 381f.

Hiob (ΙΩΒ) ist für den März der 9. Indiktion des Jahres 650 = 756 AD in einem Mosaik aus der Stephanus-Kirche in *Umm er-Reṣāṣ* bezeugt (Piccirillo, Le Iscrizioni (Anm. 27), Nr. 1–3 (S. 180ff.)).

Sergios (II.) ist ebenda sogar noch für den Oktober der 2. Indiktion des Jahres 680 (der Aera) der Provinz [Arabia] = 785 AD genannt (Piccirillo, ebd. Nr. 4 (S. 183ff.)). – Von einem Bischof des Bistums *Mādebā* hat sich inschriftlich in *Mā'īn* nur die Namensendung [...]ΟΥ für das Jahr [...] (der Aera) der [Pro]vinz Arabia = [...] AD erhalten (A.J. Jaussen/R. Savignac, Mission archéologique en Arabie I (Paris 1909), S. 6–8, S. 298–300 (S. 298) = Piccirillo, Le Antichità bizantine (Anm. 27), S. 365ff. = Gatier, Nr. 156 (S. 183–184)).

[74] Nicht ohne Grund hat Hieronymus in seiner Übersetzung hier stillschweigend ausgeglichen, Onomastikon 129:19. Im syrischen Fragment fehlt dieser Teil.

[75] Noth, Die Angaben (Anm. 3), S. 327f. hatte den hiesigen Beleg für πλησίον nicht aufgenommen.

Schrift extrapolieren können, da dort *Mēdaba* nie unmittelbar zusammen mit *Essebōn* genannt ist (vgl. Jos 13:9 und 13:10). Diese Angabe muß sich auf die Lage *Mēdabas* an der Via Traiana Nova beziehen. Allerdings ist das „nahe bei" so vage, daß daraus jemand, der die tatsächliche Ortslage *Mēdabas* nicht kennt, keinerlei Schluß ziehen kann. Nicht einmal die Himmelsrichtung von *Essebōn* aus wird angegeben. Die Distanz von ca: 6 (röm.) Meilen[76] auf der RömerStraße von Esbous/ *Essebōn* nach Medaba fehlt somit, obgleich sie Eusebius zu Händen gewesen sein muß.

Wie Esbous, so ist auch die Polis *Mēdaba* im Onomastikon Ausgangspunkt für weitere Straßen und Wege gewesen. So war sie Ausgangspunkt für eine Straße gen Westen, nach Karaiatha, das 10 (röm.) Meilen von *Mēdaba* entfernt war (112:16). Dieses Karaiatha hat A. Kuschke genau den Angaben des Onomastikons entsprechend in *Ḫirbet el-Qurēye* wiederentdeckt.[77] Während des Lehrkursus des Deutschen Evangelischen Instituts zur Erforschung des Heiligen Landes 1983 fand der Autor in *Ḫirbet el-Qurēye* einen unbeschrifteten Meilenstein.[78] Damit wird die Aussage des Eusebius, daß es nach Karaiatha eine amtliche Straße gab, erneut bestätigt.

Mēdaba ist aber auch Ausgangspunkt für eine oder zwei Straßen gewesen, die von dieser Stadt in Richtung Osten und Südosten führten. Die erste dieser Straßen führte über (das heutige) *Ǧālūl* in Richtung auf (das heutige) *Ǧīze*. Die zweite ging in mehr südöstliche Richtung über (das heutige) Nitil in Richtung *Umm er-Reṣāṣ*. Entweder an der erstgenannten Strecke, von *Mēdaba* östlich über *Ǧālūl* nach *Ǧīze*, oder an der zweitgenannten, südöstlichen Strecke über Nitil, lagen Iessa und *Dēbō* (104:9ff. s.v. Ἰεσσά ... καὶ δείκνυται νῦν μεταξὺ Μηδαβῶν καὶ Δηβοῦς). Das hier genannte *Dēbō*[79] ist jedenfalls nicht identisch mit Dibon, das im Onomastikon (76:16) Δαιβὼν ἢ Δίβων bzw. (80:5) Δειβών geschrieben wird. Daß die in südöstliche Richtung, über Nitil, führende Straße den Hintergrund abgibt für eine Ortsbestimmung des | Onomastikons, ergibt sich aus dem Eintrag zu Maththanem (126:14f.). Danach soll Maththanem (Num 21:18) in byzantinischer Zeit Maschana geheißen (αὕτη νῦν λέγεται Μασχανά) und am Arnon (κεῖται δὲ ἐπὶ τοῦ Ἀρνωνᾶ) 12 (röm.) Meilen gen Osten von *Mēdaba* (πρὸς ἀνατολὰς Μηδαβῶν) gelegen haben. Stephan von Byzanz[80] meinte mit Μασχανά, πόλις πρὸς τῶν Σκηνιτῶν Ἀράβων gewiß dieselbe Ortschaft.[81] Da für Maschana ausdrücklich eine Lage am Arnon angegeben wird, kann trotz der Richtungsangabe: im Osten von

---

[76] Beyer, Meilenzählung (Anm. 10), S. 139.

[77] A. Kuschke, Das Deutsche Evangelische Institut für Altertumswissenschaft des Heiligen Landes, Lehrkursus 1960, ZDPV 77 (1961), S. 1–37 (S. 24–31: Zweimal *Ḳrjtn*); drs., Das Deutsche Evangelische Institut für Altertumswissenschaft des Heiligen Landes, Lehrkursus 1961, ZDPV 78 (1962), S. 113–142 (S. 139–140: Karaiatha); drs., Jer 48:1–8: Zugleich ein Beitrag zur historischen Topographie Moabs, in: Verbannung und Heimkehr, Festschrift W. Rudolph (Hg.: A. Kuschke), (Tübingen 1961), S. 181–196 (S. 191–196).

[78] Zeitmangel hat damals eine genauere Untersuchung des Steines nicht erlaubt.

[79] Aus der Form Δηβοῦς ist – sofern die Form Genitiv sein soll – ein Nominativ Δηβώ zu erschließen, vgl. Gen. Ἰεριχοῦς = Nom. Ἰεριχώ . Andernfalls laute der Ortsname eben auch im Nominativ Δηβοῦς.

[80] Ethnica (Ed.:Meineke),S.289:12f.

[81] Thomsen, Loca Sancta (Anm. 11), S. 88.

Mēdaba nur eine Stätte gemeint sein, die geographisch südöstlich von *Mēdaba* lag.[82] Der Hauptstrom des Arnon (*Wādi el-Mōğib*) liegt ja direkt südlich von *Mēdaba*. Eusebius' Maschana muß dementsprechend an der Straße gelegen haben, die von *Mēdaba* südöstlich ausgehend, über das heutige Nitil, die östlichen Zuläufe des *Wādi el-Wāle* und des *Wādi el-Mōğib* kreuzend, in Richtung auf *Umm er-Reṣāṣ* zulief. *Umm er-Reṣāṣ* gehört noch Ende des 6. Jh.s als Kastron *Mephaōn* zum Bistum *Mēdaba*.[83]

Mit den genannten 12 (röm.) Meilen = ca: 18 km von *Mēdaba* aus, kommt man für die Lage von Maschana allerdings erst in das Gebiet der Oberläufe des *Wādi el-Wāle*, z.B. zum *Wādi en-Nitil* und zum *Wādi eṯ-Ṯemed*, aber noch nicht zu den östlichen Zuflüssen des *Wādi el-Mōğib* selbst. Aber daß Eusebius einen östlichen Zufluß des *Wādi el-Wāle* mit einem östlichen Zufluß des *Wādi el-Mōğib* verwechselt hat, ist leicht verständlich und verzeihlich. In jedem Fall ist aus seiner Angabe zu Maschana zu erscnließen, daß er nicht den süd-nördlichen Zufluß zum *Wādi el-Mōğib* als Oberlauf des Arnon angesehen hat, sondern einen ost-westlichen Zufluß.

Unter dem Stichwort Μωάβ wird im Onomastikon (124:15ff.) zuerst ein Exzerpt zur Genealogie aus Gen 19:37 gegeben, dann die Angabe, daß *Mōab* auch eine Stadt (πόλις) der [Provinz] Arabia sei, die nun Areopolis (heiße), wie schon zuvor (s.v. Areopolis) beschrieben. *Mōab* werde aber auch die [die gleichnamige Stadt umgebende] Landschaft | genannt, die Stadt hingegen Rabbath[84] *Mōab* (ἡ δὲ πόλις Ῥαββάθ (cj.) Μωάβ).

Es ist auffallend, daß Eusebius den Regionalnamen Μωαβῖτις hier nicht gebraucht, obgleich der ihm aus Jes 15:1 (u.ö.) und Jer 31 [= MT 48]:33 (u.ö.) vertraut war, wie seine Schriftzitate mit Μωαβῖτις (36:18,19,23 u.ö.) zeigen. Der Regionalname *Mōabitis* war bei anderen kirchlichen Autoren nach Eusebius in byzantinischer Zeit sehr wohl noch üblich.[85] Im Kontext einer Heiligengeschichte antworten noch

---

[82] Musil, Arabia Petraea I (Anm. 10), S. 296 mit Anm. 9 (= S. 318) hat Maschana mit *Ḫrejbet es-Sičer* [= *Ḫurēbet es-Siker*] südwestlich von *Ǧīze* gleichgesetzt. Doch entspricht weder die Entfernung von *Ḫurēbet es-Siker* nach *Mādabā* den (18 km =) 12 (röm.) Meilen des Onomastikons, noch liegt *Ḫurēbet es-Siker* an einem Fluß(tal). Die Lage der byzantinischen Siedlung Maschana (= ? aram. מַשְׁכְּנָא = Lagerplatz) ist noch nicht sicher bestimmt. In Frage käme am ehesten *Ḫirbet el-Medēyine* am *Wādi eṯ-Ṯemed* (so schon: Thomsen, Loca Sancta, S. 88). – Die Verweise bei Avi-Yonah, Gazetteer, S. 79, auf Musil, Arabia I, S. 247f. bzw. S. 299f. und Glueck, Explorations I, S. 36 sind irreführend, da bei Musil deutlich zwei verschiedene Orte dieses Namens beschrieben sind. *Ḫirbet el-Medēyine* am *Wādi eṯ-Ṯemed* beschrieb Musil, a.a.O., S. 299, setzte es jedoch (ebd. S. 299 Anm. 11 = S. 318) mit dem alttestamentlichen Beer (Num 21:16) bzw. mit Beer Elim (Jes 15:8) gleich. Zu *Ḫirbet el-Medēyine* am *Wādi Sāliye* vgl. Musil, a.a.O., S. 247f. und Glueck, a.a.O.

[83] Piccirillo/*Aṯṯiyat*, The Complex (Anm. 27), S. 347, Pl. LXXV/2; Piccirillo, Le Iscrizioni (Anm. 27), passim.

[84] So nach Textkonjektur. Die einzige Handschrift des griechischen Onomastikons: Vaticanus Gr. Nr. 1456 (vgl. dazu Klostermann (Anm. 1), S. XXX) bietet die Lesart Ῥαμβάθ. Die syrische Version (Anm. 1), S. 254f. hat: *Rabbat d·Mō'ab*.

[85] Vgl. *Epiphanius,* Ancoratus und Panarion (Haer. 1–33), Ed.: K. Holl, Epiphanius Bd.1 = GCS 25 (Leipzig 1915), XIX:1,1 (= S. 217:20) Ὡρμῶντο δὲ οὗτοι (d.i. οἱ Ὀσσαῖοι) ... ἀπὸ τῆς Ναβατικῆς χώρας καὶ Ἰτουραίας, Μωαβίτιδός τε καὶ Ἀριηλίτιδος, drs. Panarion (Haer. 34–64), Ed.: K. Holl, Epiphanius Bd. 2 = GCS 31 (Berlin 1922), LIII:2f. (S.

836 AD befragte Christen, wo sie geboren seien, „in der *Mōabitis*“ (ἐν Μωαβίτιδι).[86] Ob dieser kirchlich noch sehr spät gepflegte Gebrauch des Regionalnamens *Mōabitis* die arabische Tradition beeinflußt hat, bedarf noch der Untersuchung. Die auch im Arabischen weiterhin tradierte Regionalbezeichnung *Ma'āb* ist kaum allein nur durch die Heiligen Schriften (des Alten Testaments und des Koran) vermittelt worden, sondern hat gewiß noch andere Quellen gehabt.[87]

Auf einer der vielen Tesserae aus Palmyra findet sich (auf der Vorderseite [= a]) die palmyrenische Inschrift *'RṢWBL* (*'Arṣūbēl*) mit einem stehenden Gott. Das Haupt des Gottes ist unbedeckt. Er trägt einen Brustpanzer, hat einen Schild über der linken Schulter, stützt sich mit der Rechten auf einen Speer, in der Linken hält er ein Schwert.[88] | Die Rückseite (=b) ist beschriftet mit *TYMRṢW WYMLKW WŠ'DY (Taimarṣū und Jamlikū und Šu'adai)*. Hinter dem Namen *'Arṣūbēl* steht der arabische Gottesname *'Arṣū* /*'Arṣā*[89]. *M*it dem Namen des Gottes *'Arṣū* /*'Arṣā* zusammengesetzte Personennamen aus Palmyra haben z.B. die Form *TYMRṢW* bzw. griechisch Θαιμαρσου[90] oder *GDRṢW* bzw. Γαδδαρσου.[91] Die gleiche Darstellung wie auf der genannten Tessera aus Palmyra, damit wahrscheinlich auch derselbe Gott,[92] erscheint auf Münzen des Kaisers Septimius Severus (193–211 AD) mit der

315) Elkesaiten (= Σαμψαῖοι) gäbe es ἔν [τε] τῇ Μωαβίτιδι χώρᾳ περὶ τὸν χειμάρρουν 'Αρνών. *Theodoret von Kyrrhus,* Kommentar zu Jesaja (Ed.: Möhle), S. 115, vgl. Ed.: Guinot, Théodoret de Cyr, Commentaire [Anm. 69]), S. 115, S. 243f., S. 248 'Αριὴλ ἡ 'Αρεόπολις καλεῖται. τῆς δὲ Μωαβίτιδός ἐστιν αὕτη [πόλ]ις ἐπίσημος ... *Prokop von Gaza,* In Isaiam Prophetam Commentationum Variarum Epitome (PG, Tom. 87), Col. 1801–2718 (Col. 2097[A]): Σηγὼρ ἦν ὁρίζειν τὴν Μωαβῖτιν φασὶ τουτ' ἔστιν ἡ πᾶσα χώρα μέχρι περάτων αὐτῆς ἐξ ὧν ἡ Παλαιστίνη τὴν 'Αραβίαν ἐκδέχεται.

[86] Simeon Metaphrastes, Theodori Grapti Vita et Conversatio (PG, Tom. 116), Col. 653–684 (Col. 673); vgl. dazu auch J. T. Milik, Notes d'épigraphie et de topographie jordaniennes, SBFLA 10 (1959), S. 147–184 (S. 172, S. 173f.).

[87] Zum arabischen Stadt- und Regionalnamen *Ma'āb* vgl. u.a. A.-S. Marmardji, Textes géographiques arabes sur la Palestine, recueillis, mis en ordre alphabétique et traduits en français, EtB (Paris 1951), S. 191 oder A. al-Hilou, Topographische Namen des syropalästinischen Raumes nach arabischen Geographen: Historische und etymologische Untersuchungen, Diss. Phil. (Berlin 1986), S. 333.

[88] H. Ingholt/H. Seyrig/J. Starcky/A. Caquot, Recueil des tessères de Palmyre, BAH 57 (Paris 1955), S. 28, Nr. 197; Pl XI; vgl. Negev (Anm. 100), S. 94. – Zu anderen Darstellungen des *'Arṣūbēl* in Palmyra vgl. Ingholt u.a., ebd. S. 24f., Nr. 169–170 (*'RṢW*), Pl. X; S. 25, Nr. 175 (*'RṢW R'YY*), PL X; S. 27, Nr. 187 (*['*]*R*[*Ṣ*]*W*), Pl. XI; S. 27, Nr. 192 (*'RṢW*), Pl. XI; S. 28, Nr. 196 (*['*]*RṢW*), Pl. XI u.ö. und auch J. Teixidor, The Pantheon of Palmyra, CRPO 79 (Leiden 1979), S. 69–71.

[89] J. Fevrier, La Religion des palmyréniens (Paris 1931), S. 29–33.

[90] J. K. Stark, Personal Names in Palmyrene Inscriptions (Oxford 1971), S. 55f., S. 117. Zu den griechischen Formen ΘΑΙΜΑΡΣΟΥ u.a. vgl. H. Wuthnow, Die semitischen Menschennamen in griechischen Inschriften und Papyri des Vorderen Orients, Studien zur Epigraphik und Papyruskunde, 1/4 (Leipzig 1930), S. 52 u.ö., auch E. A. Knauf, Arsapolis: Eine epigraphische Bemerkung, SBFLA 34 (1984), S. 353–356 (S. 354).

[91] Zu *GDRṢW* vgl. Stark, S. 81 bzw. Wuthnow, S. 38.

[92] Anders Knauf, a.a.O., der in der Darstellung aus Areopolis eine Abbildung des alten moabitischen Gottes Kamosch sehen will.

Beischrift PABAΘ M[ΩBΩN] [Θ]EOΣ APHΣ (u.ä.), ΘEOΣ APHΣ PABBA/ΘMΩ u.ä.[93] und ohne ΘEOΣ APHΣ auf Münzen der Julia Domna († 217 AD), des Caracalla (211–217 AD) und Geta (211–212 AD).[94] Im Typ die gleiche Darstellung findet sich schließlich noch auf Münzen des Kaisers Elagabal (218–222 AD).[95] Ihre Inschriften bieten dann aber statt PAB(B)AΘ MΩBΩN (u.ä.) die Lesung APΣAΠOΔIΣ (u.ä.) ohne ΘEOΣ APHΣ.[96] Die Münzen des Elagabal beziehen sich unzweifelhaft auf *Rab(b)ath Mōba*, für das damit in Elagabals Zeit auch der Name „Stadt des (Gottes) *Arṣa*" bezeugt ist. Wenn Hieronymus später meinte, im ersten Teil des Stadtnamens Areopolis[97] stecke der Name der alten | moabitischen Stadt Ar (Num 21:15 u.ö.), der Polisname sei somit „Hebraeo et Graeco sermone composita"[98] und nicht, wie die meisten meinen, der Name des (Gottes) „Ἄρεος id

[93] Spijkerman, The Coins (Anm. 70), S. 265 Nr. 1, 8, 9; drs., Unknown Coins of Rabbath Moba-Areopolis, SBFLA 34 (1984), S. 347–352 (S. 348).

[94] Zu den Münzen des Septimius Severus der Julia Domna, des Caracalla und des Geta vgl. Spijkerman, The Coins, S. 268–273 Nr. 18–35 und Pl. 60–61; Sylloge Nummorum (Anm. 70), Nr. 1413–1420 und Mitchel (Anm. 27), S. 177ff.

[95] Spijkerman, The Coins, S. 274–275, Nr. 36–40 (Nr. 36) und Pl. 61/36.

[96] Spijkerman, The Coins, S. 275, Nr. 36–40 und Pl. 61–62/36–40; drs., Unknown Coins, S. 348f.; Knauf (Anm. 90), S. 353.

[97] Zu den römisch-byzantinischen Belegen für Areopolis vgl. noch *Notitia Dignitatum* (Ed.: Seeck), XXXVII (Dux Arabiae): 5: Areopolis; 17: Equites Mauri Illyriciani Areopoli; Vita des *Bar Ṣauma* (= F. Nau, Résumé de monographies syriaques ... (suite), ROC 8 (18) (1913), S. 379–389 [S. 383]): *Bar Ṣauma* kommt nach *Rabbath Mō'ab*, wo es eine Synagoge gab. Beschreibung der Synagoge. *Hierokles* (Ed.: Honigmann [Anm. 69]), Nr. 721:6 (sub Palaestina Tertia): Ἀρεόπολις; *Georg von Zypern* (Ed.: Gelzer [Anm. 27]), Nr. 1048 (sub Palaestina Tertia): Ἀρεόπολις (Var. lect. Ἀρεώπολις u.ä.). Nach *Sozomenos,* Kirchengeschichte (Ed.: J. Bidez, eingeleitet, zum Druck besorgt und mit Register versehen von G. Ch. Hansen) = GCS 50 (Berlin 1960), VII: 15,11 (S. 321) waren (um 385 AD) die hartnäckigsten Heiden die Πετραῖοι καὶ Ἀρεοπολῖται. *Hieronymus,* Commentariorum in Esaiam Libri I–XI (= S. Hieronymi Presbyteri Opera, Pars 1/2: Opera Exegetica (Ed.: M. Adriaen), CCSL 73/1 [Turnholti 1963]), Buch V zu Jes 15:1 (= S. 175): Moab ... huius metropolis civitas Ar. *Theodoret von Kyrrhus* zu Jes 29:1 Ariel = Ἀρεόπολις (s.o. Anm. 85); *Stephan von Byzanz* (Ed.: Meineke), | S. 25:7f. Ἄδαρα ... κώμη μεγάλη τρίτης Παλαιστίνης μεταξὺ Χαρακμώβων καὶ Ἀρεοπόλεως, S. 541:19 (s.u. Anm. 100). – Im Edikt von Beerscheba (A. Alt, Die griechischen Inschriften der Palaestina Tertia westlich der *'Araba*, Wissenschaftliche Veröffentlichungen des Deutsch-Türkischen Denkmalschutz-Kommandos 2 (Berlin/Leipzig 1921), S. 10) findet sich die abgebrochene Schreibung [...]οπόλεος, die gern zu [Ἀρε]οπόλεος ergänzt wird (vgl. A. Barrois, Art. Bersabée, DB.S (Paris 1928), Sp. 963–968 [Sp. 967]). Diese Ergänzung bleibt ganz unsicher. Zum Datum des Edikts (vor 443 AD): D. van Berchem, L'Armée de Dioclétien et la réforme constantinienne, BAH 56 (Paris 1952), S. 33–36. – Zu Areopolis noch I. Benzinger, Art. Areopolis, PRE, Bd. II/l (Stuttgart 1895), Sp. 641–642 (mit unrichtiger Aufteilung der Belege auf zwei Orte); Thomsen, Loca Sancta (Anm. 11), S. 25. Avi-Yonah, Gazetteer (Anm. 27), S. 90 (bietet nur ein Stichwort Rabbath Moab); M. Sartre, Trois Études sur l'Arabie romaine, Collection Latomus 178 (Bruxelles 1982), S. 37, S. 73 Anm. 349 und A. Segal, Town Plannings and Architecture in Provincia Arabia. The Cities along the Via Traiana Nova in the lst–3rd Centuries C.E., BAR International Series 419 (Oxford 1988), S. 3–18.

[98] Commentariorum (zu Jes 15:1), S. 175: Huius metropolis civitas Ar, quae hodie ex Hebraeo

est Martis", so ist das philologisch unrichtig. Hieronymus hat mit seiner Deutung: Areopolis = Ar (= er-Rabbe) aber Generationen von Forschern beeinflußt,[99] ohne daß sie sahen, daß hinter seiner Deutung die Absicht stand, die Kontinuität der heiligen Geschichte auch an den Ortsnamen aufzuweisen.

Der Ortsname *Rab(b)ath Mōba* ist nur nach- und außerbiblisch belegt.[100] Die Belege bei Ptolemaios, aus der jüdischen Grotte (Polots|ky) sowie bei Stephan von Byzanz mit (Rabath) *Mōba* bzw. (Rabbath) *Mōaba* zeigen, daß sich im Ortsnamen der aramäische Einfluß längst durchgesetzt hatte.[101] Eusebius' Form (...) *Mōab* statt (...) *Mōba* dürfte allein durch den biblischen Sprachgebrauch bedingt sein. Die Namensform *Rab(b)ath Mōba* bzw. (...) *Mōaba* ist gegenüber dem griechischen Areopolis oder dem gräzisierten *Arṣapolis* eindeutig die ältere, einheimische semitische Namensbildung.[102]

---

et Graeco sermone composita Areopolis nuncupatur, non ut plerique existimant quod Ἄρεος id est Martis, civitas sit.

[99] Vgl. die Liste beginnend mit U. J. Seetzen, Duc de Lynes und H. B. Tristram bei Brünnow/Domaszewski (Anm. 14), I, S. 56–59.

[100] *Ptolemaios,* Geographia (Ed.: Müllerus [Anm. 27]), V: 16:4 (Ῥαβάθμωβα (Var. lect. Ῥαβμαθμώμ, Ῥαβμαθμῶμ, Ῥαβμαθμώμα, Ῥαβμαθμών, Ῥαβμαθμῶν, Ῥαβμαθών, Ῥαβμαθμώθη, Ῥαβμαθώμη). Von Ptolemaios in Arabia Petraea angesetzt, vgl. dazu M. Linke, Syrien und Palästina in der Karte des Ptolemäus, WZH, Math.-Nat. Reihe 14 (1964), S. 373–477 (S. 477); *Josephus,* Antiquitates (Ed.: Niese [Anm. 27]), XIV:I,4 Ἀραβάθα (Var. lect. Ῥαβαθα, Βαρβαθά, Θαραβαθά u.ä.). Nach Niese Vol. III, S. 242 sei hier Philadelphia = Rabatha olim Ammanitarum gemeint (vgl. ebd. den Verweis auf VII:VI, 2); nach Abel, Géographie II (Anm. 27), S. 148, S. 425 jedoch *Rab(b)ath Mōba* = er-Rabbe; vgl. dazu noch Möller/Schmitt (Anm. 27), S. 143. *Stephan von Byzanz* (Ed.: Meineke), S. 541: 19f.: Ῥα-βάθμωβα, πόλις τρίτης Παλαιστίνης, ἡ νῦν Ἀρεόπολις. Inschriftliche griechische Belege aus dem Jahr 127 AD bei H. J. Polotsky, The Greek Papyri from the Cave of the Letters, IEJ 12 (1962), S. 258–262 (S. 258: ΡΑΒΒΑΘΜΩΑΒΑ, S. 260: ΕΝ ΡΑΒΒΑΘ ΜΩΒΟΙΣ); Siegelabdrucke bei A. Negev, Seal-Impressions from Tomb 107 at Kurnub (Mampsis), IEJ 19 (1969), S. 89–106 (S. 96ff.: ΡΑΒΒΑΘ ΜΟΩΒ u.ä.).

[101] Anders noch wieder die Schreibungen bei Negev, a.a.O.

[102] Vgl. auch die griechisch überlieferten Schreibungen für Kerak, die alle einen Endvokal bieten: *Ptolemaios,* Geographia (Ed.: Müllerus), V:16:5 Χαράκμωβα (Var. lect. Χα-ρακμῶβα, Χαραχμῶβα, Χαρακκώβα (zum Ansatz in Arabia Petraea vgl. Linke [Anm. 100]); *Hierokles* (Ed.: Honigmann [Anm. 69]), Nr. 721:5 (sub Palaestina Tertia) Χαραγ-μοῦβα ; *Georg von Zypern* (Ed.: Gelzer [Anm. 27]), Nr. 1047 (sub Palaestina Tertia) Χα-ραχμούδα (verschrieben); *Theodoret von Kyrrhus* (Ed.: Möhle, S. 75 = Ed.: Guinot (Anm. 69), S.100) zu Jes 15:1 (Μωαβῖται ...) μητρόπολιν δὲ εἶχον τὴν νῦν καλουμένην Χα[ραχμωβάν]; *Stephan von Byzanz* (Ed.: Meineke), S. 26:10 (ἔστι δὲ καὶ Ἄδαρα κώμη μεγάλη τρίτης Παλαιστίνης μεταξὺ Χαρακμώβων καὶ Ἀρεοπόλεως καὶ γὰρ φυλή τις ἐν Χαρακμώβοις Βαβυλώνιοι, S. 687:9 – 688:7 (mit Verweis auf Ptolemaios und Ouranios wonach der Ort auch Μωβουχάρα geheißen haben soll); *Nessana-Papyri* (=C. J. Kraemer Jr., Excavations at Nessana, Vol. III: Non-Literary Papyri (Princeton 1958), S. 108–110), Nr. 35:11 (6. Jh.) ἁγ(ίοις) Γεωργίῳ{γις} καὶ ... μαιρα Χαρακ-μούβων (Gen.); *Mādebā*-Mosaik: [ΧΑΡ]ΑΧΜΩΒΑ; Mosaik der Akropolis-Kirche von *Māʿīn* (de Vaux (Anm. 27), S. 248 = Piccirillo, Le Antichità (Anm. 27), S. 345) [ΧΑΡΑΚΜΟ]ΥΒΑ; Mosaik der Stephanus-Kirche in *Umm er-Reṣāṣ* (= Piccirillo/*Attiyat*, The Complex (Anm. 27), S. 348 und Pl. LXXVII/2): ΧΑΡΑΚΜΟΥΒΑ = Piccirillo, Le Iscrizioni (Anm. 30), Nr. 28 (S.

Wie Esbous und *Mēdaba*, so hat wahrscheinlich auch *Rab(b)ath Mōba* / Areopolis in byzantinischer Zeit ein eigenes Stadtrecht gehabt (vgl. Eusebius' Attribut πόλις und noch Theodorets [πόλ]ις ἐίσημος). Unter Septimius Severus (193–211 AD) bis Elagabal (218–222 AD) wurden über die Münzen mit der Aufschrift Arsapolis hinaus (s.o.) auch Münzen mit der Aufschrift ΡΑΒΒΑΘ ΜΩΒΩΝ, ΡΑΒΑΘ ΜΩΒΗΝΩΝ, ΡΑΒΒΑΘ ΜΩΒΗΝΩΝ ΤΥΧΗ, ΡΑΒΑΘ ΜΩΒΑ u.ä. geprägt[103] und schließlich ist die Stadt ja auch Bistum geworden.[104] Meilensteine der | Via Traiana Nova haben ebenfalls *Rab*[(*b*)*ath Mōba*] als Ausgangspunkt ihrer Zählung gehabt. Die zwei nördlichsten Meilensteine, die eine Zählung mit *Rab*[(*b*)*ath Mōba*] als caput viae aufweisen, sind unter Septimius Severus und Pertinax, im Jahr 194 AD, aufgestellt worden.[105] Sie lagen zusammen mit Meilensteinen anderer Kaiser[106] im Flußtal des *Wādi el-Mōǧib* zehn Minuten südlich des Flußlaufes.[107] Sie bieten beide die lateinische Distanzangabe A RAB[BA] MP XVI. Neben ihnen gab es noch einen Meilenstein mit der griechischen Distanzangabe *ĪĒ* (= 15).[108] Er stammt wohl aus dem Jahre 230 AD[109] und ist entweder von seinem ursprünglichen Aufstellungsort eine (röm.) Meile verschleppt worden oder er hatte gegenüber der früheren Zählung einen um eine Meile nördlicher verschobenen Ausgangspunkt der Zäh-

---

198). – Vgl. noch I. Benzinger, Art. Charakmoba, PRE, Bd. 3 (Stuttgart 1899), Sp. 2120.

[103] G.F. Hill, Catalogue of the Greek Coins of Arabia, Mesopotamia and Persia (London 1932), S. XLII–XLIII S. 14, Nr. 1–6, Pl. III:1–3, 5; S. 44, Nr. 1–4, Pl. VII: 1–2; Spijkerman, The Coins (Anm. 69), S. 262–275, Nr. 1–35 mit Pl. 59–61/1–35; Sylloge Nummorum (Anm. 69), Nr. 1413–1420 und Sartre, Trois Études (Anm. 97), S. 37.

[104] An Bischöfen sind bezeugt: 449 AD (Ephesus) *Anastasios* ᾽Αρεοπόλεως (Var. lect. ᾽Αρειουπόλεως, Εἰρηνοπόλεως!) = Honigmann, The Original Lists (Anm. 30), S. 35, Nr. 72. 518 AD unterzeichnete *Polychronios* ἐ. ᾽Αρεοπόλεως den Brief des Johannes von Jerusalem an Johannes von Konstantinopel: E. Schwartz, Collectio Sabbaitica contra acephalos et origeniastas destinata = Acta Conciliorum Oecumenicorum, Tom. III (Berolini 1940), S. 79:5. 536 AD ist *Elias* ἐ. ᾽Αρεοπόλεως bei der Synode von Jerusalem = Schwartz, ebd. S. 188:16. Vgl. noch die Kleriker Theoktistos und Viktor τῆς κατὰ ᾽Αρεούπολιν ἁγίας τοῦ Θεοῦ ἐκκλησίας διάκονος und ἀποκρισιάριος bei Schwartz, ebd. S. 188:16 und 152:46. – Eine Inschrift aus er-Rabbe datiert die Errichtung eines Gebäudes in das Jahr 492 (der Aera der Provinz Arabia) = 597–598 AD „nach dem Erdbeben" (μετὰ τ(ὸν) | σισμόν); F. Zayadine, Deux Inscriptions grecques de Rabbat Moab (Areopolis), ADAJ 16 (1971), S. 71–76 (S. 73f.); drs., Une Séisme à Rabbat Moab (Jordanie) d'après une inscription grecque du VIe s., Berytus 20 (1971), S. 139–141. Für eine 15. Indiktion des Jahres 582 (der Aera der Provinz Arabia) = 687 AD wird Stephanus (ΕΠΙ ΣΤΕΦΑΝΟΥ ΤΟΥ ΑΓΙΩΤ(ΑΤΟΥ) / ΗΜΩΝ ΜΗΤΡΟΠΟΛ[ΙΤΟΥ]) in einer Inschrift aus er-Rabbe als „unser allerheiligster Metropolit" bezeichnet: Zayadine, Deux Inscriptions, S. 74ff.

[105] CIL, III, 14 149_{43} = Brünnow/Domaszewski (Anm. 14), I, S. 38 = Thomsen, Meilensteine (Anm. 31), Nr. 126 c_1. In den Formulierungen entspricht teilweise CIL, III, 14 149_{44} = Brünnow/Domaszewski, I, S. 38 = Thomsen, Meilensteine, Nr. 126 d_1.

[106] CIL, III, 14 149_{41} und 14 149_{42} = Thomsen, Meilensteine, Nr. 126 $a_1 - a_2$, b_{1-2}.

[107] Zum Standort vgl. Brünnow/Domaszewski, I, S. 36f. Die dortige Berechnung von *Mēdaba* aus ist zu korrigieren, vgl. Thomsen, Meilensteine, S. 50.

[108] CIL, III, 14 149_{45} = Brünnow/Domaszewski, I, S. 38 = Thomsen, Meilensteine, Nr. 126 e_1.

[109] Thomsen, ebd. S. 51.

lung.[110] – Auf der südlichen Hangseite des *Wādi el-Mōǧib*, zwischen dem unteren und dem oberen *Muḥaṭṭet el-Ḥāǧǧ*, stand ein Meilenstein[111] mit der lateinischen | Distanzangabe XV (= 15). Neben ihm ein weiterer[112] aus dem Jahre 111 AD, der unterhalb seiner lateinischen Inschrift später mit einer griechischen versehen wurde.[113] Unterhalb seiner griechischen Legende wurde irgendwann die lateinische Ziffer XV oder XVI eingeritzt. Ob die eingeritzte Ziffer XV oder XVI zu lesen ist,[114] – die gemessene Distanz bezieht sich in jedem Fall auf Rab(b)ath *Mōba*/Areopolis (er-Rabbe).[115] Damit ist an der Via Traiana Nova zwischen dem Arnon (*Wādi el-Mōǧib*) und Rab(b)ath *Mōba* /Areopolis (er-Rabbe) seit Septimius Severus (194 AD) an zwei verschiedenen Meilen die Zählung von *Rab(b)ath Mōba* /Areopolis als caput viae bezeugt. – Auf dem Nordhang des *Ǧebel Šīḥān* fand sich ein weiterer römischer Meilenstein.[116] Er trägt die Distanzangabe MP XII. Sein Fundort[117] ist von er-Rabbe nur ca: 13–14 km (= 8–9 röm. Meilen) entfernt,[118] so daß entweder mit einer Verschleppung des Steines gerechnet werden muß,[119] oder die Distanzangabe falsch gelesen ist. Beim Fundort dieses Meilensteines hatte G.A. Smith einen östlichen und westlichen Straßenzug festgestellt. Von seiner Streckenführung her kann der Straßenzug im Norden des *Ǧebel Šīḥān* kein Teil der Via Traiana Nova gewesen sein.[120] Er muß eine weitere, literarisch nicht bezeugte Straße im alten moabitischen Gebiet repräsentieren, die genau wie die Via Traiana Nova und die Straße Esbous – Livias mit Meilensteinen versehen war.

---

[110] Mit einem um eine Meile verschobenen Ausgangspunkt der Zählung für diesen Stein rechnete Beyer, Meilenzählung (Anm. 10), S. 135. Zu vergleichbaren variablen Zählungen bei Meilensteinen im Westjordanland und der damit verbundenen Frage, inwieweit vom Status eines caput viae auf den Munizipalstatus des Ortes zu schließen ist vgl. Isaak (Anm. 43), passim. – Genauere Nachmessungen einiger noch in situ befindlicher Meilensteine im Westjordanland haben neuerdings zu der Annahme geführt, daß zu verschiedenen Zeiten verschieden große Meilendistanzen (1478.5, 1482, 1572 und 1635 Meter) in Gebrauch waren: I. Roll, The Roman Road System in Judea, The Jerusalem Cathedra 3 (1983), S. 136–161 (S. 152). Der Sachverhalt bedarf weiterer Prüfung.

[111] CIL, III, 14 149_{40} = Brünnow/Domaszewski, I, S. 42 = Thomsen, Meilensteine, Nr. 127 c_1.

[112] CEL, III, 14 149_{38} = Brünnow/Domaszewski, I, S. 42 = Thomsen, Meilensteine, Nr. 127 a_1–a_2.

[113] CEL, III, 14 149_{38} = Brünnow/Domaszewski, I, S. 42 = Thomsen, Meilensteine, Nr. 127 a_2.

[114] Brünnow/Domaszewski, I, S. 42 lasen eindeutig XVI. G. A. Smith, The Roman Road between Kerak and Madeba, PEFQS 36 (1904), S. 367–379 (S. 375) las ebenso sicher XV; vgl. Thomsen, Meilensteine, S. 51 Anm. 1.

[115] Brünnow/Domaszewski, I, S. 42 bezogen die Distanzangabe noch auf *Mēdaba*; anders schon Thomsen, Meilensteine, S. 51 Anm. 1.

[116] CIL, III, 14 149_{37} = Brünnow/Domaszewski, I, S. 42 = Thomsen, Meilensteine, Nr. 128.

[117] Vgl. dazu Smith, The Roman Road, S. 372.

[118] Beyer, Meilenzählung (Anm. 10), S. 134 Anm. 1.

[119] So: Thomsen, Meilensteine, Nr. 128, S. 51 und Beyer, Meilenzählung, S. 134 Anm. 1.

[120] Smith, S. 372.

Schwierig einzuordnen sind zwei[121] Meilensteine, die sich in sekundärer Verwendung als Grabsteine – südlich von Kerak, im Norden des Ortes *Mōte* befinden. Der eine von ihnen, ohne Meilenangabe, stammt aus dem Jahre 305/6 AD,[122] der andere aus der Zeit des Kaisers Pertinax, aus dem Jahr 193 AD.[123] Er hat die lateinische Entfernungsangabe: A RAB[BA] M[P] XIII.|

Die Via Traiana Nova ist von *Rab(b)ath Mōba* /Areopolis (er-Rabbe) in Richtung Süden nicht direkt nach *Charachmōba* (Kerak) verlaufen, sondern führte östlich daran vorbei.[124] Insofern ist es ganz korrekt, daß die Tabula Peutingeriana den Ort *Charachmōba* (o.ä.) nicht nennt. Auf der Höhe von *Ḫirbet Abū er-Ruzzi* und *Ḫirbet el-Qamarēn* könnte allerdings eine StichStraße in Richtung Südwesten nach *Charachmōba* (Kerak) abgezweigt sein. Diese Stichstraße wäre dann ein Vorläufer des späteren *Darb es-Sulṭāni*[125] gewesen. Ob es von *Charachmōba* (Kerak) in byzantinischer Zeit auch eine östliche Stichstraße gab, die in Richtung auf (das heutige) an die Nord-Südstraße anband[126] oder eine südöstliche, in Richtung auf (das heutige) *eṯ-Ṯeniyye*, die südöstlich von *eṯ-Ṯeniyye* den Anschluß an die nordsüdlich laufende Via Traiana Nova fand,[127] bleibt noch festzustellen. In jedem Fall hat sich die Via Traiana Nova südlich von *eṯ-Ṯeniyye*, bei *Middīn*, geteilt. Der eine Zweig führte in Richtung Südsüdosten nach *Dāt Rās*,[128] der andere in südsüdwestliche Richtung nach *Mōte*. In *Mōte* scheint sich die Strecke erneut geteilt zu haben. Die Hauptrichtung ging über *Kaṯrabbe* zum Toten Meer und zum *Līsān*,[129] der andere Zweig in südliche Richtung, wo er bei *Naqb el-ʿAkūze* in beschwerlicher Weise den

---

[121] Nach Musil, Arabia Petraea I (Anm. 10), S. 152 sah man 1898 bei Mote „links am Weg" noch „drei[!] alte römische Meilensteine".

[122] CEL, III, 14 149_{36}= Brünnow/Domaszewski, I, S. 104 = Thomsen, Meilensteine, Nr. 186.

[123] Ch. L. Irby/J. Mangels, Travels in Egypt and Nubia, Syria and Asia Minor During the Years 1817 and 1818 (London 1823), S. 371 = CIL, III, 14 149_{35}= Brünnow/|Domaszewski, I, S. 104 = Thomsen, Meilensteine, Nr. 185; vgl. Beyer, Meilenzählung, S. 131.

[124] Vgl. ausführlich Brünnow/Domaszewski, I, S. 59, S. 69f., S. 75, S. 79.

[125] Zu *Ḫirbet Abū er-Ruzzi* und *Ḫirbet el-Qamarēn* vgl. Musil, Arabia Petraea I, S. 86. Ebd. S. 26, 47 und 86 auch zum *Darb es-Sulṭāni*. Zu *Ḫirbet Abū er-Ruzzi* auch Brünnow/Domaszewski, I, S. 60; Thomsen, Meilensteine, Nr. 131 und Beyer, Meilenzählung, S. 131.

[126] Zum Weg von Kerak nach *Ḫirbet el-Kinnār* und *Ruğm el-Ḫūri* vgl. Musil, Arabia Petraea I, S. 26.

[127] Die Verbindung Kerak - *eṯ-Ṯeniyye* ist nach Musil, Arabia Petraea I, S. (21), 45 (77) ein künstlicher Weg.

[128] Vgl. Brünnow/Domaszewski, I, S. 60,103f.; Thomsen, Meilensteine, S. 58.

[129] Vgl. dazu Musil, Arabia Petraea I, S. 22, S. 362; drs., Moab: Vorbericht über eine ausführliche Karte und Beschreibung des alten Moab, AAWW.PH 25 (1903), S. 176–182 (S. 179); A. Alt, Zum römischen Straßennetz in der Moabitis, ZDPV 60 (1937), S. 240–244; N. Glueck, Explorations in Eastern Palestine III, AASOR 18–19 (New Haven 1939), S. 97f.; drs., An Aerial Reconnaissance in Southern Transjordan, BASOR 67 (1937), S. 19–26 (S. 19f.); S. Mittmann, The Ascent of Luhith, SHAJ I (Amman 1982), S. 175–180 (S. 178f.); H. Donner, Transjordan and Egypt on the Mosaic Map of Madeba, ADAJ 28 (1984), S. 249–257 (S. 251).

Sēl el-Ḥesa überquerte.[130] Ob die Meilensteine bei *Mōte* sehr nahe ihrem ursprünglichen Aufstellungsort sekundäre Verwendung fanden,[131] oder ob sie vom Abzweig der Römer|straße bei *eṯ-Ṯeniyye* gen *Dāt Rās* verschleppt wurden,[132] – ihre Distanzangabe reicht mit 13 (röm.) Meilen von *Rab(b)ath Mōba*/Areopolis aus jedenfalls erheblich über die Höhe von *Charachmōba* (Kerak) südlich hinaus. Sie zeigt damit, daß *Charachmōba* in der Zeit des Septimius Severus und des Pertinax – anders als Esbous, *Mēdaba* und *Rab(b)ath Mōba*/Areopolis – kein caput viae geworden ist. Es gibt keinen einzigen Meilenstein an der Via Traiana Nova oder ihren südlichen Abzweigungen bei *eṯ-Ṯeniyye*, der *Charachmōba* (Kerak) als Ausgangspunkt einer Meilenzählung hat. Obgleich es aus der Zeit des Kaisers Hadrian (?) Siegelabdrucke[133] mit der Aufschrift ΧΑΡΑΚ–ΜΩΒΑΠΟΔΙΣ u.ä. gibt,[134] sind eigene Münzen der Stadt (mit der Legende ΧΑΡΑΚΜΩΒΑ u.ä.) nur aus der Zeit des Elagabal (218–222 AD) bekannt geworden.[135] Da *Charachmōba* offenbar nie das Recht zu eigener Meilenzählung hatte, auch abgesehen von der kurzen Zeitspanne unter Elagabal nie eigene Münzen prägen ließ, ist sein rechtlicher Status in byzantinischer Zeit gegenüber Esbous, *Mēdaba* und *Rab(b)ath Mōba* deutlich minderen Ranges gewesen. Theodorets Aussage,[136] daß die Moabiter *Charachmōba* als Metropole gehabt hätten, kann gegenüber dem Schweigen der sonstigen Quellen keine gegenteilige Beweiskraft zugebilligt werden. Da auch erst lange nach dem Zenonedikt (um 480 AD), d.h. um 536 AD, ein Bischof für *Charachmōba* genannt wird,[137] ist zu folgern, daß *Charachmōba* als Siedlungszentrum in byzantinischer Zeit kommunalrechtlich und verkehrstechnisch nur eine ganz untergeordnete Rolle gespielt hat. So ist das Schweigen des Eusebius über *Charachmōba* beredt! Die originäre[138] Berechnung

---

[130] Zur Uberquerung des *Sēl el-Ḥesa* bei *Naqb el-ʿAkūze* vgl. Musil, Arabia Petraea I, S. 20, S. 359f.

[131] So Alt (Anm. 129), S. 240 Anm. 7 mit dem einleuchtenden Argument, daß das Auftreten der Meilensteine als Gruppe eher gegen die Verschleppung der Steine spricht und (ebd., S. 240 Anm. 5) die Entfernungsangabe der Distanz er-Rabbe – *Mōte* mit 13 (röm.) Meilen in etwa nahe kommt.

[132] So Beyer, Meilenzählung (Anm. 10), S. 131f.

[133] Zur Datierung der Abdrucke aus Kurnub vgl. A. Negev bei Spijkerman, The Coins (Anm. 70), S. 276f.

[134] Negev (Anm. 100), S. 93; auch Spijkerman, The Coins, S. 110–115 (S. 112, Nr. 12).

[135] Spijkerman, The Coins, S. 110–111.

[136] S.o. Anm. 102.

[137] 536 AD unterschrieb Demetrius ἐπίσκοπος Χαρακμώβων (Var. lect. Χαρακμωβῶν; Χαρακμωμῶν) die Synodalakten von Jerusalem, Schwartz (Anm. 104), S. 188:18. Noch später (8./9.Jh.) ist der Schüler des Stephanus Sabaita: Johannes ἐπίσκοπος τῆς περιφανοῦ καὶ ἐνδόξου πόλεως Χαραχμοβῶν: Acta Sanctorum Julii, Tom. III, d.XIII (Venetiis 1747), S. 524–613 (S. 545). Zur Vita des Stephanus Sabaita, die bemerkenswerte Angaben zur christlichen Regionalgeschichte des 8.–9. Jh.s im Ost-und Westjordanland bietet, vgl. G. Garitte, Un Extrait géorgien de la vie d'Étienne le Sabaite, Le Muséon 67 (1954), S. 71–92 und ders., Le Début de la vie de S. Étienne le Sabaite retrouvé en arabe au Sinai, An. Boll., 77 (1959), S. 332–369.

[138] Warum Beyer, Meilenzählung (Anm. 10), S. 151 die originäre Distanzangabe auf dem Meilenstein von *Mōte* als eine „sekundäre Zählung von Rabba aus" ansah, ist unerklärlich.

der Meilen noch südlich von Kerak nach *Rab(b)ath Mōba* und der sonstige Mangel an Quellen zur Lokalgeschichte des Ortes *Charachmōba* im 4./5. Jh.| sprechen dafür, daß *Charachmōbas* Territorium, wie zur Zeit des Septimius Severus und Pertinax, auch später noch dem viel bedeutenderen *Rab(b)ath Mōba*/Areopolis subsumiert blieb.[139] Erst im 6. Jh. beginnt *Charachmōba* Bedeutung zu gewinnen (Bischof Demetrius) und wird dann auf der Mosaikkarte von *Mādebā* und auf den späteren Mosaiken von *Māʿīn* und *Umm er-Reṣāṣ* mit bedeutender Ortsvignette dargestellt.

Rabbath *Mōab*/Areopolis ist bei Eusebius auch Fixpunkt für die Lokalisation anderer Orte wie *Dōdaneim* (80:8f.)[140] und Madiam (124:12ff.).[141] Für die Angabe (76:10f.), daß die *kōme* Dannea (κώμη Δαννεά) 8 (röm.) Meilen von Areopolis entfernt sei, wenn man zum Arnon gehe,[142] bildet eindeutig die Via Traiana Nova die Meßstrecke.[143] Ca: 11 km (= knapp 8 röm. Meilen) nördlich von Areopolis (er-Rabbe) wird denn ja auch seit A. Musil Eusebius' Dannea als Vorgängersiedlung des heutigen *Ḫirbet ed-Denn* angesetzt.[144]

Areopolis ist ebenfalls Ausgangspunkt für die Lagebestimmung des Ortes Eglaim (Jes 15:8 אֶגְלַיִם), den Eusebius unter dem Stichwort Agalleim (᾿Αγαλ-λείμ)[145] behandelt. Dieses Agalleim sei zu seiner Zeit (νῦν ἐστὶν Αἰγαλλεὶμ κώμη) die *kōme* Aigalleim, gen Süden (πρὸς νότον ᾿Αρεοπόλεως) von Areopolis (gelegen), 8 (röm.) Meilen entfernt (36:19ff.).

Noth hat die These aufgestellt, daß in den Fällen, wo – wie hier bei Aigalleim – im Onomastikon Himmelsrichtungen den Distanzangaben vorangestellt werden, die Himmelsrichtungen die eigentlichen Angaben seien, mit denen „lokale Verkehrswege ungefähr festgelegt" würden, weil die genaue „Lagebestimmung durch eine Römerstraße nicht möglich war".[146] So sinnvoll dieses heuristische Prinzip für die Aus|sagen des Onomastikons an anderen Stellen sein mag, für die Angabe über

---

Dementsprechend meinte er (ebd., S. 153), daß man über die südliche Erstreckung des Territoriums von er-Rabbe „nichts Positives aussagen" könne.

[139] Zu den spärlichen Belegen für christliche Kirchen in Kerak nach dem Mosaik der *Mādebākarte*, des Patriarchen Sophronius' Laus SS. Martyrum Cyri et Iohannis et miraculorum quae ab eis gesta sunt ex parte narratio, PG, Tom. 87, Col. 3379–3696 (Col. 3629ff.) und der Vita des Stephanus Sabaita (Acta Sanctorum (Anm. 137), III, S. 524 ff.) vgl. Canova (Anm. 29), S. XXIIIf. und J.T. Milik, Nouvelles Inscriptions sémitiques et grecques du pays de Moab, SBFLA 9 (1958), S. 330–358 (S. 341 Anm. 33).

[140] Δωδάνειμ (nach Jes 21:13) ist anderswo nicht bezeugt. Der Septuaginta-Text hat ἐν ὁδῷ Δαιδάν (mit vielen Varianten). Aquila und Symmachus bieten Δωδανίμ. Vgl. J. Ziegler, Isaias, Septuaginta Vetus Testamentum Graecum, Vol. XIV (Göttingen 1939) z.St. Es kann mit der vagen Angabe „nahe bei (πλησίον) Areopolis" nicht fixiert werden; vgl. Thomsen, Loca Sancta (Anm. 11), S. 57. Die mit zwei Fragezeichen versehene Gleichsetzung mit *Tedūn* wsw. von *Qaṣr er-Rabbe* bei Höhne, Palästinakarte (Anm. 13), ist rein spekulativ.

[141] Vgl. dazu Anm. 11.

[142] Der Text ist nach Hieronymus herzustellen, vgl. Klostermann (Anm. 1), S. 76. Die syrische Version (Anm. 1), S. 241 bietet den Textausfall des griechischen Textes noch nicht.

[143] Vgl. Noth, Die Angaben (Anm. 3),S. 313 mit Anm. 32.

[144] Vgl. Anm. 10.

[145] Zur Textergänzung am Anfang vgl. Klostermann, S. 36.

[146] Noth, Die Angaben, S. 316, S. 321.

Aigalleim ergibt sich damit ein Widerspruch. Denn nimmt man die Angabe „gen Süden" wirklich wörtlich wie sie im Text steht, so muß die Entfernung in Meilen nach Aigalleim eben doch an der Römerstraße, der Via Traiana Nova, von Areopolis gen Süden gemessen sein. Die Via Traiana Nova ist die einzige Straße, die von Areopolis (er-Rabbe) genau gen Süden führt und Meilensteine hat. An dieser Strecke ist ja auch bislang das byzantinische Aigalleim lokalisiert worden, wobei es meistens mit einem Ort namens *Ǧilime* (u.ä.) gleichgesetzt wird. Der erste, der einen Ort dieses Namens erwähnt, ist Musil. Auf seinem Weg von *Ḳasr Bšejr* (= *Qaṣr Bušēr*), weit östlich von er-Rabbe, kam er 1896 schließlich nach *el-Ḥmêmât* (= *el-Ḥumēmāt*), ca: 4 km nordöstlich von er-Rabbe. Um aus den Zisternen von *Ḫirbet er-Rabbe* (= er-Rabbe) Wasser zu holen, ritt er von *el-Ḥmêmât* aufbrechend vorbei an „*ḫ. [= Ḫirbet] el-Ǧilime* zu dem 4 km entfernten *ḫ*. er-Rabba".[147] Wohl erst bei der Ausarbeitung seines Werkes identifizierte er die erwähnte *Ḫirbet el-Ǧilime* im Nordosten von er-Rabbe mit dem alttestamentlichen Ort Eglaim, den die Septuaginta Jes 15:8 ᾿Αγαλλιμ (sic)[148] schreibt, der nach dem Onomastikon in byzantinischer Zeit aber Aigalleim hieß. Die *Ḫirbet el-Ǧilime*, nordöstlich von er-Rabbe, hat Musil also nie aufgesucht, geschweige denn genau beschrieben. Trotz der anderslautenden Himmelsrichtung im Onomastikon (πρός νότον = im Süden von Areopolis) und trotz der anderslautenden Entfernungsangabe von 8 (röm.) Meilen (= ca: 12 km) hat er aber *Ḫirbet el-Ǧilime* 4 km nordöstlich von er-Rabbe mit dem byzantinischen Aigalleim gleichgesetzt.[149] – Auf seinem Weg von *Middīn*, südöstlich von Kerak, nach Kerak selbst, sah Musil 1896 aus der Höhe der RömerStraße, die östlich an Kerak vorbeiführt, von *Ḫirbet el-Ḥawiyye* aus, die Ortschaften: „*ḫ. [= Ḫirbet] el-Mṣāṭeb*, von diesem nördlich *ḫ. el-Ḳarjetên*, in derselben Richtung *ḫ. en-Naḳḳâz* und dann östlich von der Festung el-Kerak *ruǧm el-Ǧilime* mit *Ǧilimet eṣ-Ṣabḥa*".[150] *Ruǧm el-Ǧilime*,[151] südöstlich von Kerak, ist von Musil also auch nicht aufgesucht, sondern nur als ein Geländepunkt erwähnt worden.[152] – Thomsen[153] hat das byzantinische Aigalleim des Eusebius – unter ausdrücklichem Verweis auf Musils Werk[154] – mit | *Ḫirbet Ǧalǧūl* gleichgesetzt. Musil hatte zu *Ḫirbet Ǧalǧūl* zu berichten gewußt,[155] daß bei dieser Stätte, ostsüdöstlich von Kufrabbe (= *Kaṯrabbe*) das *Wādi eḍ-Ḍabʿa* entspringe, bzw. daß in 358° von *Čfêrâz* (= *Kufērāz*) „die alte Ruine *ḫ*.

---

[147] Musil, Arabia Petraea I, S. 35.

[148] Zu den Namensfromen in der Septuaginta vgl. Ziegler, Isaias (Anm. 143) zu Jes 15:8: τῆς Μωαβίτιδος τηῆ ᾿Αγαλλιμ. Ebd. u.a. die Varianten:᾿Αγαλ(ε)ίμ,᾿Αγγαλείμ,᾿Αγαλ(λ)ήμ, ᾿Αγααλείμ, ᾿Αγαλίμ ...

[149] Musil, Arabia Petraea I, S. 35 Anm. 4 (S. 57) mit Verweis auf das Onomastikon. Vgl. auch ebd. S. 381 Ende von Anm. 1 (zu Eglaim von Jes 15:8) „gemeint ist wohl *Ḫirbet el-Ǧilime* n(ord)ö(stlich) von er-Rabbe".

[150] Arabia Petraea I, S. 44f.

[151] So die Schreibung ebd. im Index S. 413.

[152] Vgl. noch ebd. S. 362.

[153] Loca Sancta (Anm. 11), S. 17.

[154] Die angegebene S. 181 ist unrichtig, da sich dort nur eine Abbildung befindet. Gemeint war wohl S. 381 (s.u. Anm. 157).

[155] Arabia Petraea I, S. 364 (sic.).

Ǧalǧūl liege".[156] Besucht oder genauer beschrieben hatte Musil auch *Ḫirbet Ǧalǧūl* nicht. In einer Fußnote[157] war dann zu *Ḫirbet Ǧalǧūl* der hebräische Text aus Jes 15:8 mit den Ortsnamen אֶגְלַיִם und בְּאֵר אֵילִים beigezogen worden und ein Rückverweis auf sein eigenes Werk gegeben. Unter der angegebenen Stelle[158] hatte Musil letzteren Ort, das hebräische בְּאֵר אֵילִים von Jes 15:8 zusammengestellt mit בְּאֵרָה aus Num 21:16 und beides mit „*al-Mdejjene* am [*Wādi*] *aṯ-Ṯamad*" gleichgesetzt. Das erstgenannte אֶגְלַיִם hatte er aber zuvor[159] mit *Ḫ. el-Ǧilime* nordöstlich von er-Rabbe identifiziert. So bleibt der Bezug, den Musil zwischen dem hebräischen Eglaim bzw. dem byzantinischen Aigalleim und *Ḫirbet el-Ǧilime* nordöstlich von er-Rabbe einerseits und Eglaim und *Ḫirbet Ǧalǧūl* südöstlich von *Kaṯrabbe* andererseits herstellen wollte, widersprüchlich und kryptisch.

Abel[160] hatte für das hebräische Eglaim (Jes 15:8) und Eusebius' Aigalleim darauf verwiesen, daß sich „à 12 kilomètres de Rabba … près de Kerak un *Ruǧm el-Ǧilimé*" [sic] befinde, das den byzantinischen Namen bewahrt habe. Woher Abels genaue Distanzangabe für die Entfernung von Kerak nach *Ruǧm el-Ǧilime* stammt, wird sich nicht mehr aufklären lassen. Weiterhin heißt es dann bei ihm, Musil habe gegenüber der Gleichung Aigalleim – *Ruǧm el-Ǧilime* die Gleichung Aigalleim = *Ḫirbet el-Ǧalǧūl* bevorzugt. Das ist offensichtlich eine Anspielung auf dessen widersprüchlichen und kryptischen Text. Abel hat somit das südliche *Ruǧm el-Ǧilime* bei Kerak für das byzantinische Aigalleim in die Debatte eingebracht. N. Glueck hat dann erstmals *Ruǧm el-Ǧilime* bei Kerak aufgesucht und beschrieben: „*Rujm el-Ǧilîme* [sie] … is not a real ruin, as one might suppose from Musil's description …, but a pile of field stones flung into a large heap during the course of years and centuries, as ploughmen have attempted to clean somewhat the petraean acres".[161] Der Feldsteinhaufen *Ruǧm el-Ǧilime* bei Kerak kommt folglich für eine Gleichsetzung mit dem byzantinischen Aigalleim nicht in Betracht.|

J. Simons[162] weiß dann – nach Glueck, ohne ihn jedoch zu zitieren – daß „*Ruǧm el-Ǧilimeh*[sic], se. of el-Kerak" keine alte Ruinenstätte sei; deren Name könne allerdings eine Verbindung zu hebräisch Eglaim und byzantinisch Aigalleim haben. Darüber hinaus gäbe es ein anderes „*ruǧm* [richtiger: Hirbet] *el-Ǧilimeh*[sic]" nordöstlich von er-Rabbe.

Aufgrund der Untersuchungen Gluecks hat A. H. van Zyl darauf verwiesen, daß etliche Ruinenstätten im Umkreis Keraks moabitische Keramik aufweisen, *Ruǧm el-*

[156] Ebd. S. 365.

[157] Arabia Petraea I, S. 365 Anm. 1 (= S. 381).

[158] Arabia Petraea I, S. 318 Anm. 11.

[159] Ebd. S. 365 Anm. 1.

[160] Géographie (Anm. 27) II, S. 310f.

[161] Explorations III (Anm. 129), S. 98f. Zum negativen Befund in *Ḫirbet Ǧalǧūl* für die byzantinische Zeit vgl. Glueck, Explorations III, S. 100 und W. Schottroff, Horonaim, Nimrin, Luhith und der Westrand des „Landes Ataroth", ZDPV 82 (1966), S. 163–208 (S. 186 Anm. 102).

[162] The Geographical and Topographical Texts of the Old Testament: A Concise Commentary in XXXII Chapters, Studia Francisci Scholten Memoriae Dicata, Vol. II (Leiden 1959), § 1259, S. 436.

Ğilime jedoch nicht. So hat van Zyl das alttestamentliche Eglaim (und das byzantinische Aigalleim) „somewhere in this vicinity“, d.h. bei „*Ḫirbet et-Tellîsah*“, südlich von Kerak angesetzt.[163] Für die Beschreibung der Ruinenstätte verwies er nun nicht auf positive archäologische Befunde, etwa bei Glueck,[164] sondern wiederum auf Musils Werk.[165] Musil hatte an der angegebenen Stelle jedoch nicht *Ḫirbet eṭ-Ṭelīsa* beschrieben, sondern *Ḫirbet eṯ-Ṯeniyye*.[166] *Ḫirbet eṭ-Ṭelīsa*, viel weiter südlich von Kerak gelegen, erwähnte Musil nur einmal ganz am Rande,[167] ohne jemals dort gewesen zu sein.

Ohne Abel zu erwähnen, der erstmals *Ruğm el-Ğilime* bei Kerak mit Eglaim bzw. mit Aigalleim gleichgesetzt hatte, heißt es bei H. Wildberger[168] unter Verweis auf Simons, daß man das hebr. Eglaim „in *ruğm el-Ğilimē* bei Kerak“ suche. Simons hatte aber genau diese Gleichung aus archäologischen Gründen verworfen. Die Namensform ... *el-Ğilimē*[sic] bei Wildberger ist nirgendwo überliefert,[169] auch nicht die Namensform ... *el-Ğilimē* bei O. Kaiser,[170] die Wildberger zu Recht für einen Lapsus ansieht.

Abgesehen von philologischen Schwierigkeiten zwischen hebräisch Eglaim bzw. griechisch Aigalleim und arabisch *el-Ğilime*[171] und auch noch abgesehen davon, daß für keinen der beiden Orte des Namens ... *el-Ğilime* ein positiver archäologischer Befund der byzantinischen Zeit vorliegt, ist für keinen der beiden Orte ... *el-Ğilime* entsprechend Eusebius' Aussage die Lage an einer Straße aufweisbar. Daher kommt keiner der beiden Orte ... *el-Ğilime* für das byzantinische Aigalleim (= ? | hebräisch Eglaim) in Frage. Die Lage an einer Straße ist auch für *Ḫirbet eṭ-Ṭelīsa* (van Zyl) nicht aufweisbar, um von *Ḫirbet el-Ğalğūl* nicht noch weiter zu reden.

Gesetzt den Fall, Eusebius hat seine Entfernung für Aigalleim im Süden von Areopolis an der einzigen von er-Rabbe direkt nach Süden führenden Straße: der Via Traiana Nova gemessen, so führt seine Distanzangabe von 8 (röm.) Meilen (=12 km) genau nach *eṯ-Ṯeniyye* südsüdöstlich von Kerak.[172] *Eṯ-Ṯeniyye* ist in jedem Fall eine bedeutende Siedlung an der Via Traiana Nova gewesen. Reste mehrerer (!) Römerstraßen sah noch F. A. Klein im letzten Jahrhundert am Ort.[173] Die byzantinischen

---

[163] The Moabites, POS 3 (Leiden 1960), S. 69. So auch Höhne, Palästinakarte.

[164] Zu *Ḫirbet eṭ-Ṭelīsa* vgl. Glueck, Explorations III, S. 99 mit Scherben der Eisen-I- und Eisen-II-Zeit.

[165] The Moabites, S. 69 Anm. 4–5 mit Verweisen u.a. auf Musil, Arabia Petraea I, S. 44, 87, 360–361, 365, 381.

[166] Arabia Petraea I, S. 45.

[167] Arabia Petraea I, S. 362.

[168] H. Wildberger, Jesaja, 2. Teilband: Jesaja 13–27, BK X/2 (Neukirchen-Vluyn 1075), S. 617.

[169] Vgl. immerhin Abel, Géographie II (Anm. 27), S 310f. ...*el-Ğilimé* [sic].

[170] O. Kaiser, Das Buch des Propheten Jesaja, Kapitel 13–39, ATD Teilband 18, 3.Aufl. (Göttingen 1983), S. 58.

[171] Dem arabischen *Ğilime* könnte ohne weiteres eine genuin arabische Etymologie zugrunde liegen; vgl. *ğalama* – „abschneiden“, „abscheren“.

[172] Vgl. das Itinerar bei Brünnow/Domaszewski I, S. 59–60, Route 5.

[173] F. A. Klein, Notizen über eine Reise nach Moab im Jahre 1872, ZDPV 2 (1879), S. 124–

Relikte in *eṯ-Ṯeniyye* sind zahlreich.[174] Unter den Voraussetzungen, daß – erstens – Eusebius' Richtungsangabe an dieser Stelle wörtlich zu nehmen und – zweitens – seine Entfernungsangabe richtig überliefert ist, so kann sein Aigalleim nur bei *eṯ-Ṯeniyye* angesetzt werden. Akzeptiert man von diesen zwei Voraussetzungen die erste nicht, sondern verweist darauf, daß bei Eusebius oft genug unter den Haupthimmelsrichtungen (hier: Süden) auch die Nebenhimmelsrichtungen mit eingeschlossen sind (s.o. zu Beelmaous), so könnte jede andere Straße von Areopolis (er-Rabbe) nach Südwesten oder Südosten als „Meßstrecke" für Aigalleim in Frage kommen. Von Areopolis (er-Rabbe) nach Südosten gibt es aber keine Straße. Von Areopolis (er-Rabbe) nach Südwesten führt dagegen tatsächlich eine.[175] Der Verlauf dieser Strecke über *el-Bulēdā* zum Tiefland am Toten Meer, die in römisch-byzantinischer Zeit gewiß ein bedeutender Weg war, ist noch nicht vollständig klar. Für sie sind aber an keiner Stelle Meilensteine bezeugt. So wäre an dieser Strecke die zweite Angabe des Eusebius für die Lage von Aigalleim: = 8 (röm.) Meilen von Areopolis (er-Rabbe) entfernt, nicht nach Meilensteinen fixierbar.[176] Das spricht denn auch gegen die Annahme, daß Eusebius überhaupt diese Verbindung, die von er-Rabbe via *Rākīn nach el-Bulēdā* zum Tiefland am Toten Meer führte, als Meßstrecke für Aigalleim vor Augen hatte.

Für den Ort *Belaᶜ* hatte schon der hebräische Text in Gen 14:2,8 die gelehrte Glosse, daß er identisch sei mit *Zoᶜar*. Die Septuaginta gibt das | wieder mit Βάλα αὕτη ἐστὶν Σήγωρ.[177] Eusebius zitiert den Schrifttext in der Form Βάλα ἥ ἐστι Σιγώρ, das nun Zoora (Ζοορά) genannt werde (42:1ff.).[178] Er bietet also für *Sēgōr* eine von der Septuaginta im Grunde nicht abweichende Form.[179] Es sei die einzige [Stadt],[180] die vom Land der Sodomiter errettet worden sei. *Sigōr* sei „bis jetzt noch" (καὶ εἰς ἔτι νῦν*)* bewohnt, nahe beim Toten Meer gelegen. Dort sei auch ein La-

---

134 (S. 133f.) „... *Chirbet Taṯnije*, wo Cisternen und Reste von Römischen Straßen sich finden ...". Die Schreibung „... *Taṯnije*" muß fehlerhaft sein. Der Ort ist als *eṯ-Ṯeniyye* schon bei *Ibn Baṭūṭa* bezeugt; vgl. Musil, Arabia Petraea I, S. 85 Anm, 1.

[174] Canova (Anm. 29), S. 257–262.

[175] Vgl. Worschech/Knauf (Anm. 2), S. 131f.: er-Rabbe – *Rākīn, Rākīn – el-Bulēdā*. Für den Abschnitt *Rākīn – el-Bulēdā* vgl. früher Musil, Arabia Petraea I, S. 154, S. 158–160: *Darb el-Mezarāb*.

[176] U. Worschech/E. A. Knauf, Dimon und Horonaim, BN 31 (1986), S. 70–95 (S. 81), plädieren für *el-Bulēdā*, dessen genaue Entfernung von Areopolis/er-Rabbe auf dem Weg von er-Rabbe via *Rākīn* noch zu ermitteln ist, mit schätzungsweise 21 km von er-Rabbe aber die 8 röm. Meilen (= 12 km) des Eusebius bei weitem übertrifft.

[177] Zum Septuagintatext vgl. J. W. Wevers, Genesis, Septuaginta Gottingensis editum Vol. I (Göttingen 1974) s.v. Frühere Editionen boten auch Βάλακ; vgl. dazu die Manuskriptvarianten bei Wevers a.a.O.

[178] Vgl. noch Eusebius' Lemmata Zogera (94:1f. πόλις Μωάβ) und Soora (150:19f. πόλις τῆς περιχώρου Σοδόμων) mit teilweise etwas anderen Aussagen. Das *Mādebāmosaik* bietet ΒΑΛΑΚ Η Κ(ΑΙ) Σ[ΗΓΩΡ] [Η ΝΥΝ] ΖΟΟΡΑ.

[179] Die Schreibung Σιγωρ ist auch in Septuagintamanuskripten gut bezeugt, vgl. Wevers a.a.O.

[180] Ergänze [πόλις]; vgl. Anm. 178.

ger von Soldaten.[181] Der Balsam(baum) wachse bei dieser Stadt sowie die Dattelpalme,[182] (beides) Zeichen der früheren Fruchtbarkeit dieser öden Stätten.[183]

Der Ort namens Zoora (Ζοορά u.ä.)[184] ist noch anderweitig in der römisch-byzantinischen Zeit bezeugt.[185] Die Stadt (πόλις) ist ebenso wie | Esbous, *Mēdaba*

---

[181] Zwischen Eusebius' und Hieronymus' Zeit hat sich der Charakter des Soldatenlagers (Eusebius: φρούριον) offensichtlich verändert, vgl. Hieronymus (43:11): et praesidium in ea est militum Romanorum. Die syrische Version (Anm. 1) folgt noch wörtlich Eusebius.

[182] Vgl. dazu auch die Darstellung der Gegend von Zoar auf der *Mādebākarte*. Auch Hieronymus weiß für Engaddi und Segor zu berichten, daß Paula dort (um 386 ? AD) die Balsampflanzungen bewunderte: contemplata est balsami uineas in Engaddi et Segor: Epitaphium Sanctae Paulae, in: Sancti Eusebii Hieronymi Epistulae Pars II, Epistulae LXXI–CXX = S. Eusebii Hieronymi Opera (Sect. I, Pars II), (Ed.: I. Hilberg), CSEL 55 (Vindobonae/Lipsiae 1912), S. 306–351 (S. 320); vgl. Donner, Pilgerfahrt (Anm. 27), S. 160.

[183] Beachte den Ausdruck Topos an dieser Stelle!

[184] Vgl. noch Onomastikon 94:2f., 122:29, 138:21, 150:20.

[185] Belege für den Ort u.a. bei *Josephus,* Antiquitates (Ed.: Niese (Anm. 27)), I:XI, 4 Lot flieht mit seinen Töchtern nach Ζωώρ (Var. lect. Ζόωρ, Ζοώρ, Ζωόρ (lat. Zohor)); XIII:XV, 4 Ζόαρα (Var. lect. Ζοαρα, Ζαρά, Ζάρα (lat. Zora)); XIV: I,4 Ζωϊρα (Var. lect. Ζωϊρά, Ζωάρα, Ζόαρα, Ζῶρα); ders., Bellum (Edd.: Michel/Bauernfeind (Anm. 27)), IV:VIII, 4 μέχρι Ζοάρων τῆς Ἀραβίας ἐκτείνεται (Var. lect. Ζωάρων, Ζοβάρων, Ζοβαρῶν), V:5; dazu auch Möller/Schmitt (Anm. 27), S. 91f.; *Ptolemaios* (Ed.: Müllerus (Anm. 27)), V:16, 4: Ζοάρα (Var. lect. Ζόαρα, Ζώαρα); , *Hieronymus,* In Esaiam: zu 15:1: Segor in finibus Moabiatarum sita est dividens ab iis terram Philistiim; *Basilius*, Kommentar zu Jesaja (um 365 AD), (PG, Tom. 30), Col. 640: Σηγὼρ ἥτις ἐπὶ (Var. lect.: ἐν*)* τοῖς ὁρίοις ἤδη κεῖται τῆς Παλαιστίνης; *Notitia Dignitatum* (Ed.: Seeck (Anm. 23)), XXXIV (Dux Palaestinae) 7: Zoara, 26: Zoarae (= Gen.?); *Hierokles* (Ed.: Honigmann (Anm. 69)), Nr. 721:7: Ζώαρα, Ζωόρα; *Georg von Zypern* (Ed.: Gelzer (Anm. 27)), Nr. 1051 (Palaestina Tertia) Ζώορα. Der *Anonymus von Piacenza* (Ed.: P. Geyer, Antonini Placentini Itinerarium, CCSL 175 (Turnholti 1965), S. 127–174 (S. 134)), 10: Segor (S. 146) lokalisiert den Ort Segor am *Nordende* des Toten Meeres, vgl. dazu Donner, Pilgerfahrt, S. 270, S. 297 mit Anm. 56; *Kyrill von Skythopolis,* Vita Sabae (Ed.: Schwartz (Anm. 27)), XXII (= S. 106:18): ἔρημον ... ἐπὶ Ζώαρα; *Anastasius Sinaita,* Interrogationes et responsiones (PG, Tom. 89), Sp. 311–824, Quaestio XCVI (Sp. 745): εἰς τὰ μήρη Ζωηρῶν καὶ τετραπυρίας;| *Edikt von Beerscheba* (Alt, Die griechischen Inschriften (Anm. 97)), S. 5:9f. Ζοόρ (bis) mit Soldaten; *Stephan von Byzanz* (Ed.: Meineke), S. 297:4–10 ἔστι καὶ κώμη μεγάλη ἤ φρούριον ἐν Παλαιστίνῃ ἐπὶ τῇ Ἀσφαλτίτιδι καλουμένῃ θαλάσσῃ Ζόαρα ... ; *Prokop von Gaza:* Segor (s.o. Anm. 85); *Nessana-Papyri* (s.o. Anm. 102), Nr. 39; vgl. Thomsen, Loca Sancta (Anm. 11), S. 64; E. Power, The Site of the Pentapolis, Bibl. 11 (1930), S. 23–62, S. 149–182 (mit vielen Belegen); kritisch dazu Abel, Exploration (Anm. 33), S. 384ff.; Avi-Yonah, Gazetteer (Anm. 27), S. 104; A. Dietrich, Art. Zoara, PRE, 2. Reihe, 19. Halbband (Stuttgart 1977), Sp. 461; Gutwein (Anm. 29), S. 18, S. 125–128; G. W. Bowersock, Roman Arabia (Cambridge/MA-London 1983), S. 77 Anm. 5; G. R. D. King/C. J. Lenzen/A. Newhall/J. L. King/J. D. Deemer, Survey of Byzantine and Early Islamic Sites in Jordan: Third Season. Preliminary Report (1982) The Southern *Ghōr*, ADAJ 31 (1987), S. 439–459 (S. 447ff.). – Die Belege für Zoora im Babatha-Archiv bleiben hier unerörtert. Vgl. dazu ansatzweise H. J. Polotsky, Three Greek Documents from the Family Archive of Babatha, EI 8 (1967), S. 46–51, Nr. 1:3, Nr. 2:3f. u.a.

und *Rab(b)ath Mōba*/Areopolis später auch Bistum geworden.[186] Eusebius benutzt die Stadt Zoora für die Näherbestimmung der Ortschaften Loueitha (122:281): zwischen Areopolis und Zoora, *Bēnnamareim* (138:20f.): im Norden von Zoora, und Phainon (168:8ff.): zwischen Petra und *Zōara* (sic), sowie zur Lageangabe für das Tote Meer (100:4f.): zwischen Jericho und *Zōara*. Welche Unterlagen für die Näherbestimmung anderer Orte nach dem Fixpunkt Zoora ihm auch immer zur Verfügung gestanden haben mögen – genaue Meilenangaben nach Straßen zu geben, war ihm offensichtlich nicht möglich. Das unterscheidet seine Aussagen zu Zooras Verkehrslage deutlich von denen zu Esbous, *Mēdaba* und *Rab(b)ath Mōba*/Areopolis. |

Eusebius' Angabe, daß eine Ortschaft „zwischen" (μεταξύ) zwei Fixpunkten lag, bezieht sich im Onomastikon nach Noth[187] bisweilen, aber nicht immer, auf eine Straße. Falls ersteres auch für Loueitha „zwischen" Areopolis und Zoora zutrifft, – was Noth[188] nicht annahm! – so müßte eine Verbindung gemeint sein, die von *Rab(b)ath Mōba*/Areopolis aus, über Zwischenstationen die Abbruchkante des ostjordanischen Hochlandes überwindend, schließlich parallel zum Toten Meer in nordsüdlicher Richtung Zoora erreichte.[189] Diese Strecke kann jedenfalls ihren Aus-

---

[186] An Bischöfen sind bezeugt: 449 AD Ephesus: Μουσώνιος ἐπίσκοπος Ζοορῶν = Honigmann, The Original Lists (Anm. 30), S. 36, Nr. 81; 451 AD Chalcedon: Mousonios ἐπίσκοπος Σηγώρ (Secundae Palaestinae) = Honigmann, The Original Lists, S. 51; 518 AD Isidor ἐπίσκοπος τῆς Ζωορηνῶν = Schwartz (Anm. 104), 79:19; 536 AD Johannes ἐπίσκοπος Ζωόρων = Schwartz ebd. 28:40; 116:47 [Ζωόρων τρίτης Παλαιστίνης ἐπαρχίας!]; 126:23; 150:11; 155:24; 161:17; 170:17; 184:39; 188:17 (Ζοάρων cj.). Der vielzitierte Bischof von Sodoma (325 AD) gehört nicht nach Zoora; vgl. E. Honigmann, La Liste originale des pères de Nicée: A propos de l'évêché de „Sodoma" en Arabia, Byz. 14 (1939), S. 17–76 (S. 17ff.). – Leider namentlich nicht genannt ist der Bischof von Segor, der die Etheria (um 384 AD) auf den Nebo-Berg begleitet hat (Edd.: Franceschini/Weber (Anm. 27), S. 53): 12:7: episcopus loci ipsius, id est Segor ..., vgl. dazu Abel, Exploration (Anm. 33), S. 387ff. und Donner, Pilgerfahrt, S. 109f.

[187] Die Angaben (Anm. 3), S. 329f. Vgl. zu den μεταξυ-Formulierungen auch G. Schmitt, Gat, Gittaim und Gitta, in: R. Cohen/G. Schmitt, Drei Studien zur Archäologie und Topographie Altisraels, BTAVO, Reihe B (Geisteswissenschaften), Nr. 44 (Wiesbaden 1980), S. 77–138 (S. 94ff.).

[188] Die Angaben, S. 331.

[189] Diese Straße um das Tote Meer herum nach Thamara scheint die Tabula Peutingeriana mit ihrem Ausgangsort Rababatora schon zu kennen, sofern ihr Rababatora mit *Rab(b)ath Mōba* (er-Rabbe) gleichzusetzen ist; so die meisten seit A. von Domaszewski, Die Namen römischer Kastelle am Limes Arabicus, in: Beiträge zur Alten Geschichte und Geographie: Festschrift für H. Kiepert (Berlin 1898), S. 65–69 (S. 65f), vgl. z.B. Alt, Zum römischen Straßennetz (Anm. 129), S. 243f. Gegen diese Annahme spricht, daß keiner der Wege, die von Areopolis in Richtung auf das Tote Meer ihren Ausgang nehmen (vgl. oben Anm. 175f.) mit Meilensteinen versehen ist, wie das die Tabula Peutingeriana mit ihrer Strecke um das Tote Meer samt deren Distanzangaben vorauszusetzen scheint. Daß die Straße um das Tote Meer, die die Tabula Peutingeriana mit ihrem Ausgangspunkt Rababatora verzeichnet, *südlich* von Kerak von der Via Traiana Nova abzweigte, meint Mittmann, The Ascent (Anm. 129), S. 175 Anm. 3. Aber auch für diese Strecke ist kein Meilenstein bezeugt, der Rababatora als caput viae hätte. Auf dieser Strecke liegen immerhin die Meilensteine von *Mōte* (oben Anm. 121–123), die aber Rab(b)ath-*Mōba* als caput viae bezeichnen! Der Ort Rababatora der Tabula Peutinge-

gangspunkt nicht südöstlich von Kerak, von der Via Traiana Nova genommen haben,[190] da das dem Wortlaut des Onomastikons widerspräche. Bei einem Ausgangspunkt *Rab(b)ath Mōba*/Areopolis ist wahrscheinlich die Verbindung gemeint, die von *Rab(b)ath Mōba*/Areopolis in südwestlicher Richtung ausgeht, bei *Rākīn* in nordwestliche Richtung umbiegend als *Darb el-Mezārīb* bei *el-Bulēdā* das Tiefland am Toten Meer erreicht.[191] Die Alternativstrecke von *Rab(b)ath Mōba*/Areopolis ausgehend über *Rākīn, Ḫirbet Beḏḏān, Sakkā, Samara, ʿĪzār nach Kaṯrabbe* und weiter über die Steige westlich von *Kaṯrabbe* zum Toten Meer[192] erreicht ihr Ziel: das Tiefland am Toten Meer auf einem viel längeren und nicht einfacheren Weg.[193] In | jedem Fall ist Eusebius mit seiner Angabe zu Loueitha „zwischen" Areopolis und Zoora wohl der früheste Zeuge für eine Verbindung zwischen diesen beiden Städten. Die byzantinische Stadt (πόλις) Zoora, Kreuzungspunkt dieser Strecke mit einer über *Phainōn* nach Petra (168:8ff.), und Bistum[194] hat bei *Ḫirbet Šēḫ ʿĪsā* nur dürftige Spuren hinterlassen.[195] Das Soldatenlager bei Zoora, von dem Eusebius als erster spricht, harrt noch der Untersuchungen.[196]

Mit den Straßen- und Wegeverbindungen, die hinter Eusebius' Angaben im Onomastikon stehen, sind bei weitem nicht alle Verkehrsverbindungen der römisch-byzantinischen Zeit im Bereich der *Mōabitis* erfaßt.[197] Selbst wenn sich die geogra-

---

riana bleibt ein offenes Problem.

[190] Anders Mittmann, a.a.O.

[191] Zu dieser Straße vgl. schon Musil, Arabia Petraea I, S. 154; S. 158–160 und Worschech u.a., Northwest *Arḍ el-Kerak* (Anm. 2), S. 42; Worschech/Knauf, Alte Straßen (Anm. 2), S. 131f.: *er-Rabbe – Rākīn, Rākīn – el-Bulēdā.*

[192] Zum ersten Teil dieser Strecke vgl. Worschech/Knauf, Alte Straßen, S. 133. Zum zweiten Teil der Strecke von *Kaṯrabbe* zum Toten Meer vgl. Mittmann, The Ascent (Anm. 129).

[193] Eine dritte Alternativstrecke führt von *Rab(b)ath Mōba*/Areopolis in nordwestliche Richtung über *Meǧdelēn und Ṣirfa* zum Tiefland am Toten Meer bei *Ḥadīṯa* (vgl. | Worschech/Knauf, Alte Straßen S. 128f., S. 130). Von ihrem nordwestlichen Ausgangspunkt in er-Rabbe her ist Zoora als Zielpunkt wenig wahrscheinlich.

[194] Zum Bistum Zoora vgl. schon Le Quien (Anm. 29) und oben Anm. 186.

[195] Zu den äußerst spärlichen byzantinischen Ruinen bei *Ḫirbet Šēḫ ʿĪsā* vgl. W. F. Albright, The Archaeological Results of an Expedition to Moab and the Dead Sea, BASOR 14 (1924), S. 2–12 (S. 4); A. Mallon, Voyage d'exploration au Sud-Est de la Mer Morte, Bibl. 5 (1924), S. 413–455 (S. 437); F. Frank, Aus der ʿAraba I, ZDPV 57 (1934), S. 191–280 (S. 204f.); Glueck, Explorations I, S. 8–9; W. E. Rast/R. Th. Schaub, Survey of the Southeastern Plain of the Dead Sea, ADAJ 19 (1974), S. 5–53 (S. 9f.); King u.a. (Anm. 185), S. 447ff.; B. MacDonald/G. A. Clark/M. Neely, Southern Ghors and Northeast ʿAraba Archaeological Survey 1985 and 1986, Jordan: A Preliminary Report, BASOR 272 (1988), S. 23–45 (S. 37).

[196] Das Soldatenlager bei Zoora, von dem Eusebius als erster spricht, haben frühere Forscher als *Ḫirbet Labruš* bzw. … *el-Ebruš* beschrieben, vgl. H. C. Hart bei H. H. Kitchener, Major Kitchener's Report, PEQ (1884), S. 202–221 (S. 216f.), Mallon, a.a.O., S. 438 u.a. Es befindet sich oberhalb von *Ḫirbet Šēḫ ʿĪsā* bei *Umm eṭ-Ṭuwābīn*. Das Lager bedarf trotz der Neuentdeckung durch D.W. McCreery (vgl. King u.a. (Anm. 185), S. 449 und MacDonald u.a., S. 37) noch gründlicher Untersuchung. Andere Identifizierungen wie noch bei Frank, a.a.O., S. 205 oder Bowersock (Anm. 185), S. 183, S. 185 sind jedoch jetzt überholt.

[197] Die Angaben etwa bei Musil, Arabia Petraea (Anm. 10) und bei Brünnow/Domaszewski

phischen Gegebenheiten über die Jahrhunderte hin nicht grundlegend gewandelt haben, so sind im Laufe der Zeit je nach Bedeutung der Siedlungszentren mal unbedeutende Verbindungen zu „Magistralen" aufgestiegen aber auch Hauptverbindungslinien wieder zu unbedeutenden Lokalverbindungen abgesunken. Ein regionales Zentrum wie das heutige Kerak hatte in römisch-byzantimscher Zeit nur einen mittelbaren Verkehrsanschluß an die nord-südlich laufende Hauptroute. Andere Verbindungen, wie etwa die von *Mādebā nach Umm er-Reṣāṣ* (Mephaat), müssen damals größere Bedeutung gehabt haben als heute. Die Siedlungszentren und Verkehrs-Verhältnisse in hellenistisch-nabatäischer Zeit könnten noch wieder erheblich anders ausgesehen haben als die der römisch-byzantinischen. Die der Eisenzeit gar, in der hier Moab sein blühendes Staatswesen entwickelte, sind gewiß noch wieder anderer Art gewesen. Das alles aber bleibt noch zu erarbeiten.

(Anm. 14) sind noch systematisch auszuschöpfen. Verwiesen sei nur auf Musil, Arabia Petraea I, S. 112; Brünnow/Domaszewski, I, S. 18, II, S. 45 und besonders Musils Nachträge bei Brünnow/Domaszewski II, S. 327.

Die Eroberung Samarias aus assyrisch-babylonischer Sicht*

Die ersten sechs Verse im 17. Kapitel des 2. Königsbuches sind der ausführlichste Text des Alten Testaments über den Untergang des Staates Israel. Sie lauten:

> „Im zwölften Jahr[1] des Ahas, des Königs von Juda, wurde Hosea, der Sohn des Ela, in Samaria König über Israel für neun Jahre. Er tat, was böse war in den Augen Jahwes, doch nicht wie die Könige Israels, die vor ihm waren. Gegen ihn zog herauf Salmanassar, der König von Assyrien, dem Hosea Untertan gewesen war und dem er Tribut gebracht hatte. Als der König von Assyrien bei Hosea eine Verschwörung aufdeckte – nämlich, daß er Boten gesandt hatte zu So, dem König von Ägypten – und dem König von Assyrien keinen Tribut mehr brachte wie jedes Jahr, da nahm der König von Assyrien ihn fest und warf ihn ins Gefängnis. Der König von Assyrien zog also herauf durchs ganze Land und gegen Samaria und belagerte es drei Jahre. Im neunten Jahr Hoseas nahm der König von Assyrien Samaria ein, deportierte Israel nach Assyrien und siedelte sie dort an in Helah und am Habur, dem Fluß Gozans, und in den Städten der Meder."[2]

Der Einsatz des 17. Kapitels im 2. Königsbuch mit Synchronismus und Beurteilung (V.1–2) und die Fortsetzung in V.7ff sind anerkanntermaßen deuteronomistische Textgebilde. Darin eingebettet ist die Beschreibung über den Zug des assyrischen Königs Salmanassar, Hoseas Gefangennahme, die Eroberung der Stadt Samaria und die Exilierung Israels (V.4–6). Der deuteronomistische Einsatz mit Synchronismus

---

* Vorliegender Artikel entspricht der Antrittsvorlesung im Rahmen meines Habilitationsverfahrens vom 14.2.1987 an der Theologischen Fakultät der CAU in Kiel. Der Vortragscharakter des Manuskripts ist beibehalten worden. Für die neueste Diskussion kann hier nur verwiesen werden auf M. Cogan/H. Tadmor, II Kings, AncB 11 (Garden City 1988) und N. Naʿaman, The Historical Background to the Conquest of Samaria (720 BC), Bibl. 71 (1990), 206–225.

[1] Auf die teilweise bemerkenswerten Abweichungen vom masoretischen Text besonders in der Septuaginta ist hier nicht einzugehen; vgl. dazu J. C. Trebolle, La Caida de Samaria, Critica textual, literaria e historica de 2 Re 17, 3–6, Salamanticensis 28 (1981), 137–152. – Die benutzten Abkürzungen richten sich nach S. Schwertner, Theologische Realenzyklopädie: Abkürzungsverzeichnis, Berlin/New York, 1976.

[2] Zur andauernden Diskussion über den Text vgl. u.a. R. Kittel, Geschichte des Volkes Israel, Bd. II: Das Volk in Kanaan. Quellenkunde und Geschichte der Zeit bis zum babylonischen Exil, 2. Aufl. (Gotha 1909), 485ff; L. Haefeli, Geschichte der Landschaft Samaria von 722 v. Chr. bis 67 n. Chr.: Eine historische Untersuchung, ATA VII, Bd. 1-2 (Münster i.W. 1922), 9ff; B. E. J. H. Becking, De Ondergang van Samaria: Historische, exegetische en theologische opmerkingen bij II Koningen 17, Proefschrift (Rijksuniversiteit te Utrecht 1985), 22–33.

und Beurteilung ist mit dem nachfolgenden Text (V.4–6) über den Untergang Samarias in Hoseas neuntem Jahr derart eng verquickt, daß alle Versuche zu säuberlichen Scheidungen innerhalb der Verse 1–6 in deuteronomistische Floskeln einerseits und vordeuteronomistische oder außerdeuteronomistische Angaben andererseits bislang nicht überzeugen konnten[3]. So bleiben zur Herkunft und Entstehung des Textes II Kön 17:1–6 offene Fragen. Keine Frage ist jedoch, daß mit den Namen Hosea und Salmanassar sowie den Stadt- bzw. Staatsnamen Samaria und Assur der „harte Kern" der Überlieferung vorliegt. Sofern das neunte Jahr Hoseas mit einem festen außerbiblischen Datum verbunden werden kann, ergibt sich damit auch ein Fixpunkt für die absolute Chronologie der Staaten Israel und Juda. Außerbiblische Texte zum Untergang Samarias sind aus Mesopotamien seit langem bekannt. Wie nach biblischen Anweisungen aufgrund zweier oder dreier Zeugen Mund (Dtn 19:15; Mt 18:16; II Kor 13:1) eine Sache gültig sein soll, so hat der Historiker auch die anderen Zeugen zur Sache zu hören. Das Nachfolgende könnte somit auch überschrieben werden: *autiatur et altera pars.* Folgende Bereiche sind es im besonderen, zu denen die mesopotamischen Aussagen beitragen: A) Zur Eroberung Samarias durch den auch im Alten Testament genannten Salmanassar B) Zur Regierungszeit Salmanassars. Weiterhin gibt es C) Aussagen, daß Sargon Samaria erobert habe und D) Hinweise auf die militärtechnische Situation. |

A. Salmanassar V. als Eroberer Samarias aus babylonischer Sicht

H. Winckler veröffentlichte 1887 eine große Tontafel in babylonischer Keilschrift, die 1884 aus Mesopotamien in das Britische Museum zu London gekommen war. Damit seine Publikation die gebührende Würdigung erlange, schrieb er sie in Latein: „Chronicon Babylonicum editum et commentario instructum"[4]. Der Text der Tonta-

---

[3] Der Versuch, etwa V.3–6 als vordeuteronomistisch von V.1–2 als deuteronomistischen Versen abzusetzen, scheitert schon am ersten Wort von V.3 (עליו), das ohne V.1–2 keinen Bezug hat. Anders z.B. E. Würthwein, Die Bücher der Könige: l.Kön 17–2.Kön 25, ATD 11/2 (Göttingen 1984), 392ff. Ebenso setzt der Name – aber nicht der Titel – Hosea in V.3 samt der dort beschriebenen Handlungsweise V.1 mit dem Titel Hoseas voraus. Der in V.5 stehende namenlose König von Assur ist ohne V.3 unverständlich. In V.6 rekurriert die Zeitangabe auf V.1. Würde nur die Zeitangabe in V.6 gestrichen, ergäbe sich mit dem verbleibenden לכד מלך־אשור eine stilistische Wiederholung zu V.5, die so nicht in einer vordeuteronomistischen Quelle gestanden haben kann. Nach einer Streichung der Zeitangabe in V.6 bedürfte es weiterer Umstellungen, um einen genauen Anschluß an V.5 zu erhalten. Nur V.4–5 als „reliable historical account" anzusehen – so: G. H. Jones, 1 and 2 Kings, NCeB Commentary (Grand Rapids/London 1984), II, 545 – setzt u.a. voraus, daß in einer nordisraelitischen Quelle die Handlungsweise des eigenen Königs als קשר bezeichnet war, was gänzlich unwahrscheinlich ist. Da V.3–4 einerseits V.1 inhaltlich voraussetzen, V.5–6 hingegen andererseits einen bekannten Hosea, aber einen namenlosen assyrischen König kennen, sind auch die Versuche, V.3–4 und V.5–6 verschiedenen Quellen zuzuordnen, nicht plausibel. Anders zuletzt Becking, 22ff. – Das alles spricht noch gegen die neueren Versuche, in V.1–6 vor- und außerdeuteronomistische Formulierungen von typisch deuteronomistischen auf literarkritischem Wege klar abzugrenzen.

[4] Zur Tafel K 84, 2–11, 356 vgl. H. Winckler, Studien und beiträge (sic!) zur babylonisch-assyrischen geschichte: Chronicon Babylonicum editum et commentario instructum, ZA 2 (1887), 148–168, 299–307. Eine Paraphrase des Textes samt Textauszug hatte früher schon

fel stammt aus dem 22. Jahr des Perserkönigs Darius, d. i. aus dem Jahr 500 v. Chr. Er geht nach seinem Kolophon auf eine ältere Abschrift zurück. Aus dem Blickwinkel Babyloniens sind in ihm verschiedene Ereignisse chronikartig aufgelistet. Der ursprüngliche Textanfang fehlt. So setzt die babylonische Chronik heute mit der Zeit des assyrischen Königs Tiglatpileser III. (745–728 v. Chr.) ein. Sie endet mit dem assyrischen König *Šamaš-šuma-ukîn* (668–648 v. Chr.). In (Grayson, ABC, Chron. 1) Kolumne I, Zeile 27–29 enthält die babylonische Chronik eine Passage, um deren rechte Deutung nun seit mehr als einhundert Jahren gestritten wird. Sie lautet:

> „Am 25. Tag des Monats *Ṭebēt* bestieg *Šulmānu-ašarēd* in dem Land Assur[5] den Thron. Die Stadt *Šá-ma-ra-ʾ-in* zerbrach er. Im fünften Jahr *Šulmānu-ašarēds*[6] starb er[7] im Monat *Ṭebēt*. Fünf Jahre übte *Šulmānu-ašarēd* das | Königtum über das Land Akkad und über das Land Assur aus. Im Monat *Ṭebēt*, am 12. Tag, bestieg *Šarru-ukîn*[8] in dem Land Assur den Thron."

Der hier mit seinem assyrischen Namen *Šulmānu-ašarēd* benannte König ist der,

---

Th. G. Pinches gegeben: Communications, PSBA 6 (1884), 193–204 (198). Der von Pinches angekündigten Publikation (vgl. ders., Notes, JRAS.NS 19 [1887], 327) war Winckler zuvorgekommen. Erste Korrekturen an der Edition Wincklers, aber auch eigene Fehler bei Th. G. Pinches, The Babylonian Chronicle, JRAS.NS 19 (1887), 655–681. Zum Text und zu Übersetzungen der obigen Passage der babylonischen Chronik vgl. neben F. Delitzsch, Die babylonische Chronik, AKSGW.PH 25/1 (Leipzig 1907), 3–24 (mit Behandlung der Duplikate); L. W. King, Cuneiform Texts from the Babylonian Tablets in the British Museum, 34 (London 1914), Pl. 43–50; E. Ebeling in: AOT², 359–361; R. Borger in: TGI³, 60; ders. in: TUAT, I, 401–402; G. Morawe in: Von Sinuhe bis Nebukadnezar: Dokumente aus der Umwelt des Alten Testaments (Hg.: A. Jepsen), (Berlin 1975), 164; J. Briend/M.-J. Seux, Textes du proche-orient ancien et histoire d'Israel (Paris 1977), 105–106, Nr. 32. Ausführlich: A. K. Grayson, Assyrian and Babylonian Chronicles, TCS 5 (Locust Valley/New York 1973), 73 und zuletzt Becking, 40–43.

[5] Vor oder hinter *ina* KUR *Aš-šur* ist noch KUR *Akkadî u* bzw. *u* KUR *Akkadî* zu ergänzen; vgl. ebd., I:30 *šarru-ut* KUR *Akkadî u* KUR *Aš-šur*, Delitzsch, 9; Grayson, 73 Anm. zu I:28.

[6] Die synchronistische Datierungsweise verlangt, daß nach der temporalen Bestimmung „... Jahr Salmanassars" ein Subjekt des Satzes folgt, vgl. I:[1], [3], 6, 9, 19 u.ö. Bei Identität zwischen *nomen rectum* der Temporalbestimmung und Satzsubjekt wird das Satzsubjekt jedoch nicht wiederholt, woraus sich eine ungenaue Satzkonstruktion ergibt, vgl. I:11, 14, 24 u.ö.

[7] Die Wendung NAM.MEŠ (*šīmāte*) wird in der Chronik nirgendwo aufgelöst. Sie | muß „eines natürlichen Todes sterben" meinen; vgl. die Diskussion bei Delitzsch, 26; Grayson, 71 zu I:11; AHw. III, 1238–1239 s.v. *šīmtu(m)*: D und Becking, 41 zu I:29.

[8] Die babylonische Chronik bietet als Namensform LUGAL DU, die Delitzsch, 9; Grayson, 3 u.a. aufgelöst haben als *Šarrukîn*. E. Unger, Sargon II. von Assyrien der Sohn Tiglatpilesers III., Istanbul Asariatıka Müzelerı Neşriyatı [= Publikationen der osmanischen Museen], IX (Istanbul 1933), 17f bietet die Namensform ᵐLUGAL(*Šarru*)-*ú-ki-in* ... A(*apal*)-ᵐKU(*Tukul*)-*ti*-A(*apal*)-É-*šar-ra* in einer amtlichen Inschrift Sar-gons. Danach sind auch die sonst ideographisch geschriebenen Formen als *Šarru-ukîn* aufzulösen und nicht in die Form *Šarru kênu* (= Sargon I.), wie der berühmte König in Akkads Altertum hieß. Anders noch H. Donner, Geschichte des Volkes Israel und seiner Nachbarn in Grundzügen II, ATD, Ergänzungsreihe Bd. 4/2 (Göttingen 1986), 317.

den wir als Salmanassar V. benennen; *Šarru-ukîn* ist sein Nachfolger: Sargon II. Für Salmanassar V. berechnet die Chronik eine unbestrittene Königsherrschaft über Akkad und Assur von fast fünf Jahren. Genau genommen fehlten ihm maximal 12 Tage, um exakt fünf Regierungsjahre zu vollenden. Das ist nach moderner Chronologie die Zeitspanne von 727–722 v. Chr.[9] Es ist die kürzeste Zeit, die ein assyrischer König im 8. Jahrhundert v. Chr. amtiert hat. Seine Regierungszeit ist dennoch keineswegs „ereignisarm" gewesen. Darauf ist noch zurückzukommen. Von diesem Salmanassar V. heißt es in der babylonischen Chronik, er habe die Stadt *Šá-ma-ra-ʾ-in* „zerbrochen". Seit der Publikation der Chronik geht der Streit, ob hier wirklich *Šá-ma-ra-ʾ-in* zu lesen ist oder *Šá-ba-ra-ʾ-in.*[10] Liest man *Šá-ma-ra-ʾ-in*, mit dem Zeichen *ma*, so ist hier | Samaria gemeint[11], wie es erstmals F. Delitzsch schon im Jahre der Publikation der babylonischen Chronik vorschlug[12]. Liest man jedoch *Šá-ba-ra-ʾ-in* mit dem Zeichen *ba*, so wäre hier eine sonst unbekannte Stadt gemeint[13].

---

[9] Die chronologischen Daten in den neueren Darstellungen variieren etwas. J. A. Brinkman, A Political History of Post-Kassite Babylonia 1158–722 BC, AnOr. 43 (Rom 1963), 69, 73 u.ö.; Grayson, 242, 248 und W. Schramm, Einleitung in die assyrischen Königsinschriften, Zweiter Teil: 934–722 v. Chr., HdO, Ergänzungsband 5 (Leiden/Köln 1973), 125, 140 bieten für Tiglatpileser III.: 744–727, für Salmanassar V.: 726–722 v. Chr. Andere bieten für Tiglatpileser III.: 745–727 und Salmanassar V.: 727–722 v. Chr., vgl. so z.B. S. Herrmann, Geschichte Israels in alttestamentlicher Zeit, 2. Aufl. (München 1980), 310; Donner, Geschichte II, 299.

[10] Winckler (Anm. 4), 152, bot als Lesart ^{âlu}*Ša-ba-ra-ʾ-in*, schrieb dazu (ebd., Anm. 1) jedoch, daß die Zeichen *ba* und *ma* kaum voneinander unterschieden werden können („haec signa interdum vix alterum ab alterno distinguuntur"). Pinches (Anm. 4), 666, bot ^{Âl}*Ša-ba-ra-ʾ-in* und übersetzte das (ebd., 673) als „He destroyed Šabara'in". Die ältere Diskussion bietet A. T. Olmstead, The Fall of Samaria, AJSL 21 (1906), 179–182 (181f); ders., Western Asia in the Days of Sargon of Assyria 722–705 BC: A Study in Oriental History, Cornell Studies in History and Political Science, Vol. II (New York 1908), 45 Anm. 9. Mit überzeugenden Argumenten hat H. Tadmor die Gleichung mit Samaria erneuert: The Campaigns of Sargon II., JCS 12 (1958), 22–40, 77–100 (33ff). Zu Tadmors Thesen ausführlich Becking (Anm. 4), 69ff.

[11] Zur phonetischen Gleichung (neubabylonisch) *Šá-ma-ra-ʾ-in* über eine aramäische Zwischenstufe *Šāmᵊrēn* = Samaria siehe A. R. Millard, Assyrian Royal Names in Biblical Hebrew, JSS 21 (1976), 1–14 (7f).

[12] F. Delitzsch, Rezension von A. H. Sayce, Alte Denkmäler im Lichte neuer Forschungen, Leipzig o.J, LZD 38 (1887), Sp. 1289–1290 (1290).

[13] Die Gleichung mit Sibrajim (Ez 47:16) hat erstmals vorgeschlagen J. Halévy, Notes assyriologiques, ZA 2 (1887), 401–402. Zuletzt noch – mit? – W. F. Albright, Die Religion Israels im Lichte der archäologischen Ausgrabungen (München/Basel 1956), 247 Anm. 123. Die Gleichung ist phonetisch nicht überzeugend. Die Gleichsetzung des Sibrajim von Ez 47:16 mit Sepharwajim aus II Kön 17:24, 31 u.ö. ist philologisch ebenfalls unmöglich. Anders noch W. Gesenius, Hebräisches und aramäisches Handwörterbuch zum Alten Testament, 17. Aufl., bearbeitet von F. Buhl (1915 = Nachdruck Berlin/Göttingen/Heidelberg 1962), 552(a) s.v. ספרוים „viell(eicht) identisch mit Šabara'in der 'babylonischen Chronik' ... und viell(eicht) auch m(it) סברים" samt älterer Literatur. – L. Koehler/W. Baumgartner, Hebräisches und aramäisches Lexikon zum Alten Testament, 3. Aufl., III (Leiden 1983) bietet 700(a) s.v. סברים keine Identifikation oder Lokalisation, verweist jedoch auf Albright, Religion, a.a.O. Ebd., 725(a) s.v. ספרוים lautet die Eintragung „inc(ertum)" mit weiteren Literaturangaben. Zum Problem vgl. Becking (Anm. 4), 114–117.

Entscheidet also nur ein Keil innerhalb der komplizierten babylonischen Keilschrift über die Lesung *Šá-ma-ra-'-in* oder *Šá-ba-ra-'-in*? Ein einziger Keil entscheidet es nicht. Denn die spätbabylonischen Zeichenformen für *ma* und *ba* sind in der Chronik bisweilen völlig gleich[14]. Entscheidend für die Gleichsetzung *Šá-ma/ba-ra-'-in* = Samaria ist, daß die Eroberung Samarias nach anderen Zeugnissen sehr wohl in die Regierungszeit Salmanassar V. gehören kann – darauf ist noch einzugehen – und noch gewichtiger, daß auch Salmanassars V. Nachfolger, Sargon II., von einem Tribut spricht, den der frühere König (*šarru maḫrû*) den Samariern auferlegt hat. Mit dem namentlich nicht genannten „früheren König" (*šarru maḫrû*) ist bei Sargon II. immer Salmanassar V. gemeint.

In der babylonischen Chronik steht nun nicht, daß Salmanassar V. Samaria einen Tribut auferlegt hat und auch nicht, daß er es erobert hat. Hier steht das Verb *ḫepû*, das oft für das Zerbrechen von Gefäßen benutzt wird[15]. Die Chronik bezieht das Verb *ḫepû* noch an zwei anderen Stellen auf Städte (II:25; 38f), an drei Stellen sogar auf Länder (I:21; 43f; III:10f). Es liegt also ein übertragener Wortgebrauch vor. Er umfaßt mehr als etwa durch militärische Präsenz den Widerstand brechen | und auch mehr als „erobern" (*kašādu*). Was mit „eine Stadt bzw. ein Land zerbrechen" in der Chronik gemeint ist, wird deutlich, wenn der übertragene Wortgebrauch anderweitig erhellt werden kann. Von Salmanassars V. zweitem Nachfolger Sanherib heißt es in der Chronik (II:24f) lakonisch: Im ersten Jahr des (babylonischen) Königs *Bêl-ibnī* hat (der assyrische König) Sanherib die Stadt *Ḫirimma* und die Stadt *Ḫarratum* zerbrochen[16]. In Sanheribs eigenen Annalen hört sich das anders an:

> „Im Verlauf meines Kriegszuges erhielt ich von *Nabû-bêl-šu-māte*, dem Gouverneur der Stadt *Ḫararate*, Gold, Silber und große Makanbaumhölzer, Esel, Kamele, Rinder und Schafe als seinen schweren Tribut. Die Kämpfer der Stadt *Ḫirimme*, hartnäckige Feinde, schlug ich mit dem Schwert nieder. Niemand entkam. Ihre Leichname hing ich auf Stangen und umgab (damit) die Stadt. Jenen Distrikt organisierte ich neu. Einen Ochsen, 10 Schafe, 10 Homer Wein, 20 Homer Datteln bester Sorte setzte ich für alle Zeit zugunsten der Götter Assyriens, meiner Herren, fest."[17]

Weiterer Beispiele für die übertragene Bedeutung von *ḫepû* „zerbrechen" bedarf es nicht. *Ḫepû* bedeutet im übertragenen Gebrauch der babylonischen Chronik grausamste Bestrafung der Gegner, Ablieferung schweren Tributs und administrative Neuordnung des eroberten Gebietes. Zwar fehlt an dieser Stelle bei Sanherib im Katalog der assyrischen Kriegsgreuel die Deportation. Sie wird aber an anderen

---

[14] Zur Zeichenform und zur Identität des Zeichens *ma* mit dem Zeichen *ba* in der babylonischen Chronik schon ausführlich Delitzsch (Anm. 4), 25f, auch Becking, 41.

[15] Zum Wortgebrauch von *ḫepû* vgl. CAD Ḫ (Chicago/Glückstadt 1956), 170–174 (173 sub 3) und AHw. I, 340(a) s.v.

[16] Grayson (Anm. 4), 77. – Zu Belegen für beide Orte siehe S. Parpola, Neo-Assyrian Toponyms, AOAT 6 (Kevelaer/Neukirchen-Vluyn 1970), 165 s.v. *Ḫirimmu*; ebd., 154 s.v. *Ḫarrutu*. Zu *Ḫirimmu* vgl. auch W. Röllig, Art. Ḫirimmu, RLA IV (Berlin/New York 1972–1976), Sp. 418(b).

[17] D. D. Luckenbill, The Annals of Sennacherib, OIP 2 (Chicago 1924), 25f Col. 1:54–63.

Stellen zusammen mit *ḫepû* genannt[18].

Aus der kurzen Eintragung der babylonischen Chronik zu Salmanassar V. ist folgender Schluß zu ziehen: Der Feldzug gegen Samaria war nach der babylonischen Chronik die bedeutendste militärische Unternehmung Salmanassars V. Die einzige, die sich zu diesem König zu vermelden lohnte. – Der Krieg Salmanassars V. gegen Samaria ist in der babylonischen Chronik zeitlich nicht fixiert. Die Behauptung, die Chronik setze die Eroberung an das Ende der Regierungszeit Salmanassars V., ist nicht | zutreffend[19], denn die Notiz über Samaria ist die einzige Erfolgsmeldung, die überhaupt zur fünfjährigen Regierungszeit des assyrischen Königs mitgeteilt wird. Der Feldzug gegen Samaria könnte von der babylonischen Chronik her an den Anfang, an das Ende oder auch in die Mitte der Regierungszeit Salmanassars V. gesetzt werden. Der Wortlaut der Chronik und der Tribut, den nach Sargons II. Aussage sein Vorgänger, der frühere König (*šarru maḫrû*), Samaria auferlegt hat, widersprechen aber der beliebten Annahme[20], Salmanassar V. habe den Kampf gegen Samaria nur begonnen, sein Nachfolger ihn dann erst vollenden können. Es rühmt sich nicht Salmanassar V. der Eroberung, sondern die babylonische Chronik schreibt allein ihm den Sieg zu. Für Sargon II. weiß sie anderes, nämlich eine schimpfliche Niederlage durch den König *Ḫumbanikaš* von Elam zu berichten (I:34f). Der babylonische Blickwinkel, unter dem die Chronik die *res gestae* der Könige zusammengestellt hat, darf für die berichteten Taten der Assyrer insgesamt mehr Glaubwürdigkeit beanspruchen als die redseligen Aussagen der assyrischen Könige selbst. Daher ist der Feldzug Salmanassars V. gegen Samaria auch als erfolgreiche und abgeschlossene Kampagne anzusehen. Der assyrische König Salmanassar V. war es, der den Reststaat Samaria „zerbrochen" hat. Das war das Ende der politischen Selbständigkeit Israels. Der Staat Israel, den Saul gegründet, den David im Verband mit Juda zu imperialer Größe geführt und der unter dem Omriden Ahab das Kräftespiel in Syro-Palästina entscheidend mitgestaltet hatte, ist in der Antike nie wieder eine politisch eigenständig handelnde Größe geworden.

B. Wer war Salmanassar V., der den assyrischen Thron fast genau fünf Jahre innehatte?

Wir kennen an biographischen Daten zu Salmanassar V. schlechterdings nichts – wenn man davon absieht, daß er ein Sohn des bedeutendsten assyrischen Königs im 8. Jahrhundert v. Chr., Tiglatpilesers III., gewesen ist[21]. Im Unterschied zu anderen

---

[18] Zum Wortgebrauch von *ḫepû* in der babylonischen Chronik meinte Delitzsch (Anm. 4), 27 unter Verweis auf die Passage der Sanherib-Annalen, „es müsse durchaus kein 'Zerstören' am wenigsten ein solches für ewige Zeiten notwendig in sich (schließen)". Anders aber mit Recht Becking (Anm. 4), 43 und auch S. Dalley, Foreign Chariotry and Cavalry in the Armies of Tiglath-Pileser III and Sargon II, Iraq 47 (1985), 31–48 (33). – Zu *ḫepû* verbunden mit Deportation vgl. noch die babylonische Chronik I:43; II:38f; III:10ff.

[19] So zuletzt wieder Dalley, 33. – Anders schon Olmstead, Fall (Anm. 10), 181.

[20] Gegen diese Annahme zu Recht schon Delitzsch (Anm. 12), Sp. 1290.

[21] Zu Salmanassar V. als Sohn Tiglatpilesers III. vgl. Unger (Anm. 8), 16ff und auch A. L. Oppenheim, The City of Assur in 714 BC, JNES 19 (1960), 133–147 (141f). – Zur hebräischen Form des Namens Salmanassar: Millard (Anm. 11), 7f.

assyrischen Königen sind von Salmanassar V. keine eigenen Annalen oder Bauinschriften überliefert[22]. Alle Daten und Angaben zu seiner Regierungszeit müssen aus anderen Quellen zusammengetragen werden. Da den Schreibern der späteren Könige selbstverständlich mehr daran lag, den Ruhm ihrer Herrscher zu verbreiten, sind es nur wenige Zeugnisse, die über Salmanassars V. Regierungszeit Auskunft geben. Als erster Text ist es die schon genannte babylonische Chronik. Sie schreibt Salmanassar V. das unbestrittene Königtum über Akkad und Assur zu. Akkad ist in der Chronik eine altertümliche Bezeichnung für Babylon[23]. Ein weiterer Text ist die babylonische Königsliste. Aus ihr – und einem sogleich noch zu nennenden aramäischen Brief – geht hervor, daß sich Salmanassar V. in Babylon krönen ließ und dort unter dem Namen *Ulūlāya* geführt wurde[24]. Das genaue Datum, zu dem sich Salmanassar V. in Babylon krönen ließ, ist noch nicht bekannt. Unter seinem babylonischen Königsnamen *Ulūlāya* hat Salmanassar V. jedoch Furcht und Schrecken unter den Feinden Assurs verbreitet. Möglicherweise ist es auch Salmanassar V. gewesen, der als *Ulūlāya* die Nimrudbriefe Nr. 31, 51 und 53 geschrieben hat[25]. Aus einer Tontafel der Kuyunğik-Sammlung des British Museum hat M. Dietrich herauslesen können, daß auch Salmanassar V., ebenso wie sein Vater Tiglatpileser III., den Tempel Esangila in Babylon mit einem Schutzbrief privilegierte[26]. So verpflichtete sich – drittens – Salmanassar V. das stets unsichere Babylon religiös. Und nicht nur das. Unter seinem babylonischen Namen *Ulūlāya* unternahm er einen Feldzug über Babylon hinaus gegen *Bīt Adini*. Diesen Feldzug erwähnt – viertens – ein aramäischer Brief, der wahrscheinlich aus der Mitte des 7. Jahrhunderts v. Chr. stammt[27].

---

[22] Abgesehen von beschrifteten Löwengewichten – vgl. dazu E. Schrader in: KB II (Berlin 1890), 32f und CIS II/1, Nr. 2 – sind keine Texte bekannt, vgl. Brinkman (Anm. 9), 243–245 (mit Anm. 1560–1571), 360; Grayson (Anm. 4), 242 und ebd., Addenda et Corrigenda 292; Schramm (Anm. 9), 140. Eine bruchstückhafte Lehmziegelinschrift Salmanassars V. ist nach J. Laessøe in Tell Abū Marya (= Apqu) zutage gekommen: D. Oates, Excavations at Tell al Rimah: A Summary Report, Sumer 19 (1963), 69–73 (73). – Ein Kudurru aus dem 11. Jahr Sargons II. bezieht sich auf einen Kauf, der im 3. Jahr Salmanassars V., im Jahr des *Ilu-ia-da-'*, *šakin* von *Dēr*, getätigt worden war: F. E. Peiser, Texte juristischen und geschäftlichen Inhalts, in: KB IV (Berlin 1896), 158–165, Nr. 8 = J. A. Brinkman, A Preliminary Catalogue of Written Sources for a Political History of Babylonia: 1160–722 BC, JCS 16 (1962), 83–108 (102).

[23] Vgl. I:3, 20f; II:[1], 26, 27, 40; III:16; IV:4, 35.

[24] Babylonische Königsliste A IV:9; Brinkman, History (Anm. 9), Tabelle zwischen 40–41, 43 Anm. 1560.

[25] Für die Gleichung plädiert K. Deller bei K. Deller/W. R. Meyer, Rezension: Akkadische Lexikographie CAD M, Or. NS 53 (1984), 72–124 (79); anders noch der Ersteditor der Nimrudbriefe H. W. F. Saggs, The Nimrud Letters, 1952, Part V, Iraq 21 (1959), 158–179 (160).

[26] So in K 4740 + K 5559 + K 14644 nach M. Dietrich, Neue Quellen zur Geschichte Babyloniens (I), WdO 4 (1967–1968), 60–103 (68: mit der Ergänzung [... SAG.] KAL (= [*Šulmānu-aša*]*rēd*)); ders., Cuneiform Texts from Babylonian Tablets in the British Museum, 54 (London, 1979), Nr. 66; ders., Die Aramäer Südbabyloniens in der Sargonidenzeit (700–648), AOAT 7 (Kevelaer/Neukirchen-Vluyn 1970), 155 Anm. l.

[27] Aramäischer Assurbrief, KAI, Nr. 233; vgl. H. Donner in: KAI II, 282–291. Zum südbabylonischen *Bīt-Adini* vgl. E. Honigmann, Art. Bīt-Adini, RLA II (Berlin/Leipzig 1938), 33–34; Brinkman, History, 224 Anm.1567; Parpola, 75f s.v. *Bīt-Adini*; B. Oded, Mass Deportations

Wir erfahren darin, daß *Ulūlāya* die in *Bīt Adini* besiegten | Feinde nach der üblichen assyrischen Praxis deportieren ließ. Neben dem Text II Kön 17:1–6, der davon sprach, daß der assyrische König Salmanassar V. Israel deportierte, gibt es damit ein weiteres Zeugnis dafür, daß Salmanassar V. auch einen anderen Kriegszug mit der Deportation der Besiegten beschloß. Die assyrische Deportation aus *Bīt Adini* ist noch ein Jahrhundert später bei dem Schreiber des aramäischen Briefes in böser Erinnerung gewesen. Aus den Eroberungen seines Nachfolgers Sargon II. ist – fünftens – zu erschließen, daß Assyrien auch zu Zeiten seines Vorgängers in Regionen, weit von Mesopotamien entfernt, Krieg geführt hat. Bei Sargon II. heißt es in den Annalen einmal (Z. 169f), der „Fürst, der mir vorausging" (*rubû ālik pānija*) habe die Familie des *Ḫulli* samt Beute aus dem Land *Bīt Buritiš* nach Assyrien deportiert[28]. Zum dritten Mal ist damit von Deportation durch Salmanassar V. die Rede. *Bīt Buritiš* oder *Bīt Burutaš* (Annalen Z. 197)[29] war in Sargons II. Zeit Teil des Vasallenkönigtums *Tabāl*[30]. Folglich hat der namentlich nicht genannte Vorgänger Sargons II., eben Salmanassar V., einen für Assyrien siegreichen Feldzug in Richtung *Tabāl* unternommen. Mindestens das dort amtierende Königshaus, wenn nicht noch weitere Teile der Bevölkerung, hat Salmanassar V. aus *Bīt Buritiš* deportiert. In seinen Annalen (Z. 194, 198) berichtet Sargon II. auch, er habe dem König Ambaris, dem Sohn des deportierten *Ḫulli*, seine Tochter *Aḫat-Abīša* zur Frau gegeben, „samt der Landschaft *Ḫilakku*"[31]. Von *Ḫilakku* = Kilikiens Eroberung | wird weder bei

---

and Deportees in the Neo-Assyrian Empire (Wiesbaden 1979), 52 Anm. 69.

[28] H. Winckler, Die Keilschrifttexte Sargons nach den Papierabklatschen und Originalen neu herausgegeben, I–II (Leipzig 1889), I, 28, Zeile 169ff = A. G. Lie, The Inscriptions of Sargon II King of Assyria, Part I: The Annals (Paris 1929), 32 mit Anm. 4, 33 Zeile 194ff. Für die Sargon-Annalen wird im folgenden der Zählung bei Lie gefolgt. Zum Text der Annalen bei Lie vgl. noch A. T. Olmstead, The Text of Sargon's Annals, AJSL 47 (1931), 259–280 (268). – Zum Feldzug Salmanassars V. nach Südostkleinasien/Nordsyrien, wie er aus den Texten bei Sargon II. zu erschließen ist, vgl. E. Forrer, Die Provinzeinteilung des assyrischen Reiches (Leipzig 1920), 71f; B. Landsberger, Sam'al: Studien zur Entdeckung der Ruinenstätte Karatepe, 1. Lieferung, Veröffentlichungen der Türkischen Historischen Gesellschaft, VII. Serie, Nr. 16 (Ankara 1948), 16 Anm. 34; R. Labat, Assyrien und seine Nachbarländer (Babylonien, Elam, Iran) von 1000 bis 617 v. Chr. / Das neubabylonische Reich bis 539 v. Chr., in: Fischer Weltgeschichte IV: Die altorientalischen Reiche III, Die erste Hälfte des ersten Jahrtausends, Fischer Bücherei (Frankfurt a.M. 1967), 9–11 (58: zu *Ḫilakku*) und K. R. Veenhof/M. A. Beek, Geschiedenis van het Oude Nabije Oosten tot de tijd van Alexander de Grote, in: Bijbels Hand-Boek, Deel 1 (Hg.: A. S. van der Woude), (Kampen 1981), 278–441 (410: zu *Sam'al*).

[29] Zu Namen und Belegen für *Bīt Buritiš* vgl. Parpola (Anm. 16), 79f s.v. *Bīt Burutaš*.

[30] M. Wäfler, Zu Status und Lage von Tabāl, Or. NS 32 (1983), 181–193 (184).

[31] Zu *Aḫat-Abīša* in K 181 vgl. schon H. Winckler, Griechen und Assyrer, in: ders., Altorientalische Forschungen I (Leipzig 1893–1907), 356–370 (365 Anm. 3) sowie R. F. Harper, Assyrian and Babylonian Letters Belonging to the Kouyunjik Collection of the British Museum, I–XIV (London/Chicago 1892–1914), Nr. 197 = R. H. Pfeiffer, State Letters of Assyria: A Transliteration of 355 Official Assyrian Letters Dating from the Sargonid Period, AOS Vol. 6 (New Haven 1935 = Nachdruck New York 1967), 10f, Nr. 11; F. Thureau-Dangin, Une Relation de la Huitième Campagne de Sargon (714 av. J.-C.), TCL 3 (Paris 1912), XIV; E. Ebeling, Art. Aḫat-Abīša, RLA I (Berlin/Leipzig 1928), 53(b); Forrer (Anm.

Tiglatpileser III. noch bei Sargon II. etwas gemeldet. Doch konnte Sargon das Land *Ḫilakku* nur dann seiner Tochter als Mitgift mitgeben, wenn er es denn schon besaß. So hat wahrscheinlich – sechstens – Salmanassar V. *Ḫilakku* erobert[32].

Daß es keine Feldzugsberichte Salmanassars V. gibt, ist kaum mit seiner kurzen Regierungszeit zu erklären[33]. Es wird vielmehr – siebtens – darin seinen Grund haben, daß Salmanassar V. äußerst unpopuläre Kult- und Steuermaßnahmen gegen die eigene Reichshauptstadt Assur durchsetzte[34]. Diese Steuer- und Kultmaßnahmen haben Salmanassar V. eine *damnatio memoriae* bei den assyrischen Schreibern eingebracht. Wäre Salmanassar V. nicht im Alten Testament im Zusammenhang mit der Eroberung Samarias genannt, so würde man seinen Namen kaum kennen. Sein Nachfolger, Sargon II., nennt Salmanassar V. nie namentlich, sondern nur als den „früheren König" (*šarru maḫrû*) oder noch abwertender als den „Fürsten, der mir vorausging" (*rubû ālik pānija*)[35].

Die verstreuten Zeugnisse über Salmanassar V. sind vorerst nicht in eine gesicherte chronologische Abfolge zu bringen. Geographisch lagen *Ḫilakku* und *Bīt Buritiš* von Assur weiter entfernt als das südbabylonische *Bīt Adini*. Man wird daher in der Annahme kaum fehlgehen, daß der Feldzug nach Südostkleinasien mindestens logistisch, wenn nicht auch chronologisch mit dem Kampf gegen Samaria zu verbinden ist. Das bedeutet dann, daß diese erfolgreichen Kriege eher in die Anfangszeit Salmanassars V. zu datieren sind (727–725 v. Chr.). Der Krieg gegen das südbabylonische *Bīt Adini* ist davon ganz zu trennen und gehört viel|leicht eher an das Ende seiner Regierungszeit. Die Eroberung Samarias könnte nach diesen außerbiblischen Zeugnissen in das Jahr 725 v. Chr. datiert werden.

C. Aussagen, daß Sargon II. Samaria erobert habe

Als Samaria – wohl innerhalb der ersten Regierungsjahre Salmanassars V. – gefallen war, haben die Samarier ihren Provinzstatus noch nicht als endgültig angesehen, sondern wohl sogleich nach Salmanassars V. Tod einen Aufstand unternommen. Spätestens elf Tage nach Salmanassars V. Tod bestieg der Bruder oder Halbbruder des verstorbenen Königs, Sargon II., den assyrischen Thron[36]. Bei seinem Regie-

---

28), 73f.

[32] J. D. Hawkins, Art. Ḫilakku, RLA IV (Berlin/New York 1972–1975), 403–405 rechnet die Eroberung *Ḫilakkus* Salmanassar V. oder Sargon II. zu.

[33] Anders Schramm (Anm. 9), 140. Von Tukulti-Ninurta II. (890–884 v. Chr.), der nur ein Jahr länger als Salmanassar V. regiert hat, sind sehr wohl bedeutende Annalen erhalten, vgl. W. Schramm, Die Annalen des assyrischen Königs Tukulti-Ninurta II. (890–884 v. Chr.), BiOr. 27 (1970), 147a–160b.

[34] Vgl. dazu H. W. F. Saggs, Historical Texts and Fragments of Sargon II of Assyria 1: The „Aššur-Charter" , Iraq 37 (1975), 11–20 (14f).

[35] Die „Ergänzung" des Personennamens Salmanassar in der Assur-Charta, Z. 31 muß daher unrichtig sein (anders: Saggs, 14f). Sie ist durch eine der Umschreibungen: *šarru maḫrû* oder eher *rubû ālik pānija* zu ersetzen, auch wenn die Zeichenspuren dazu nicht zu passen scheinen. Kollation erforderlich.

[36] Unger (Anm. 8), 16ff. – Vgl. noch R. C. Thompson, An Assyrian Parallel to an Incident in the Story of Semiramis, Iraq 4 (1937), 35–43 (35ff).

rungsantritt hatte er in Assyrien alle Hände voll zu tun, um die innerassyrische Opposition gegen sich auszuschalten[37]. Um der innerassyrischen Opposition willen hat der neue König mit einem der frühesten Edikte aus seiner Regierungszeit, der Assur-Charta, der Reichshauptstadt ihre Privilegien bestätigt[38]. „Bestätigung" heißt in diesem Zusammenhang genauer, daß Sargon II. die Steuer- und Kultmaßnahmen, die sein Vorgänger, Salmanassar V., angeordnet hatte, widerrief. Trotzdem ist die Opposition gegen Sargon II. in den ersten Jahren seiner Herrschaft nicht zur Ruhe gekommen. Es lag wahrscheinlich an eben den innerassyrischen Auseinandersetzungen, daß Sargon II. seinen ersten Kriegszug erst in seinem zweiten Regierungsjahr unternehmen konnte. In dieses zweite Jahr Sargons II. datiert jedenfalls die babylonische Chronik seinen ersten Feldzug, der gegen *Ḫumbanikaš* von Elam gerichtet war. Die Angabe der Chronik, daß | der Feldzug gegen *Ḫumbanikaš* wirklich erst im zweiten Regierungsjahr des assyrischen Königs stattgefunden hat, ist glaubwürdig. Sie wird durch die Assur-Charta Sargons II. bestätigt, die diesen Krieg in Sargons zweiten *palû* setzt. H. Tadmor hat herausgestellt, daß auch in der Assur-Charta Sargons II. das Wort *palû* noch identisch ist mit Regierungsjahr[39]. So datiert also die Assur-Charta den ersten Feldzug Sargons II. ebenso in das zweite Regierungsjahr des Königs wie die babylonische Chronik. In den viel späteren Annalen Sargons II. bedeutet *palû* dann Feldzug. Das hat zu mancherlei Konfusion für die Chronologie der Anfangsjahre Sargons II. geführt. Die Datierung nach *palû* = Feldzug in den späteren Annalen Sargons II. ist aber nichts weiter als ein Kunstgriff der Schreiber, die damit verdecken konnten, daß Sargon II. in der Anfangszeit seines Königtums wegen der innerassyrischen Opposition nicht in der Lage war, einen Feldzug zu unternehmen.

In seinem dritten Regierungsjahr, 720 v. Chr., marschierte Sargon II. gen Westen, um den Aufstand niederzuschlagen, der dort – wohl schon seit Salmanassars V. Tod – in weiten Landstrichen ausgebrochen war. Der Vasallenstaat Hamath stand in

---

[37] Zur innerassyrischen Opposition vgl. Tadmor (Anm. 10), 30f; Brinkman (Anm. 9), 245 Anm. 1572; Dalley (Anm. 18), 33.

[38] Saggs (Anm. 34), 11–20. Die Assur-Charta kennt kein Ereignis, das später als der Kampf gegen Hamath zu datieren ist. Dementsprechend ist für ihre Entstehungszeit das Jahr 720 v. Chr. oder äußerstenfalls noch 719 v. Chr. anzunehmen, vgl. Tadmor, (Anm. 10), 30 Anm. 78. Vgl. noch das Eigenlob, das sich Sargon II. wegen der Pflege der Tempel in *Ḫarrān* und in babylonischen Tempelstädten in späteren Texten spendet: Zylinderinschrift = D. G. Lyon, Keilschrifttexte Sargon's Königs von Assyrien, AB 6 (Leipzig 1883), 23–25; Prunkinschrift Z. 5–11 = Winckler, Keilschrifttexte I (Anm. 28), 96–135 (96f); Pavé des portes IV: Z. 5–10 = Winckler, ebd., 146f; Pavé des portes V: Z. 5–11 = Winckler, ebd., 158f; Inschrift auf der Rückseite der Platten Z. 4–8 = Winckler, ebd., 164f; Annalen Z. 2 = Winckler, ebd., 2f = Lie (Anm. 28), 2f; Annalenfassung aus Saal XIV in Chorsabad Z. 3–5 = Winckler, ebd., 80f = F. H. Weißbach, Zu den Inschriften der Säle im Palaste Sargon's II. von Assyrien, ZDMG 72 (1918), 161–185; Nimrud-Prisma (D) Z. 10ff, 26ff = C. G. Gadd, Inscribed Prisms of Sargon II from Nimrud, Iraq 16 (1954), 173–201 = Briend/Seux (Anm. 4), 109f, Nr. 36 u.a. – Zur Sache schon H. Winckler, Die politische entwicklung (sic) Altmesopotamiens, in: ders., Altorientalische Forschungen I (Anm. 31), 75–97 (93) und ders., Zur babylonisch-assyrischen geschichte, in: ders., Altorientalische Forschungen I, 371–420 (403ff).

[39] Tadmor (Anm. 10), 26ff.

offenem Aufruhr, nachdem dort *Ilu-biʿdi* – anderswo heißt er auch *Jaubiʿdi*[40] – sich des Thrones bemächtigt hatte. *Ilu-biʿdis* Verbindungen reichten bis Gaza, wo der Vasallenkönig *Ḫanūn* ebenfalls den Tribut schuldig geblieben war. Noch alarmierender war für den assyrischen König, daß über die Vasallenstaaten hinaus die assyrischen Provinzen Arpad, *Ṣimirra* und Damaskus und wohl auch *Ḫatarikka*[41] sich wieder verselbständigen wollten. Selbst das von Salmanassar V. „zerbrochene" Samaria stand in offener Rebellion. Seines siegreichen Krieges gegen Hamath, Samaria und Gaza rühmt sich Sargon ausführlich und allerorten. Die Siegesmeldung über das aufständische Samaria lautet in Sargons II. großer Prunkinschrift:

> „Seit Beginn meines Königtums bis zu meinem 15. *Palû* besiegte ich *Ḫumbanikaš* von Elam im Bezirk *Dēr*. Samaria belagerte, eroberte ich. 27290 seiner Einwohner führte ich als Beute fort. 50 Streitwagen hob ich unter ihnen aus und ließ ihren Rest rechtes Verhalten lehren. Meinen Gouverneur setzte ich über sie ein und legte ihnen den Tribut des vorangegangenen Königs auf".[42]

Die Sätze des assyrischen Königs sind herrisch und dulden keinerlei Widerspruch. Sie sind dennoch kritisch zu beurteilen. Natürlich hat Sargon II. nicht seit Antritt seiner Regierung bis zu seinem 15. *Palû* ununterbrochen gegen Elam und Samaria Krieg geführt. Die Zeitangabe ist im Text nur ein literarisches Strukturelement. Sie ist wohl als Nachahmung vergleichbarer Formulierungen seines Vaters und Vorvorgängers Tiglatpileser III. anzusehen[43]. Der Kampf gegen den elamischen König fand im 2. Regierungsjahr Sargons statt und endete – nach der babylonischen Chronik – mit einer eklatanten Niederlage des Assyrers. Der Feldzug gegen Samaria gehört mit dem Feldzug gegen *Ilubiʿdi* von Hamath und *Ḫanūn* von Gaza zusammen in das dritte Regierungsjahr Sargons II. Die chronologische Angabe „seit Beginn meiner Regierungszeit ..." ist aber für die Geschichte Israels von größter Bedeutung geworden. Denn nach dieser – unrichtigen! – Zeitangabe der großen Prunkinschrift hatte H. Winckler in der ersten wissenschaftlichen Edition der Annalen Sargons II. das im Annalentext Z.11 abgebrochene Wort [...]*i-na-a-a* zu [*Sa-ma-r*]*i-na-a-a* = Samarier

---

[40] Zur Namensform und den Belegen für *Ilu-biʿdi* vgl. J. D. Hawkins, Art. Hamath, RLA IV (Berlin/New York 1972–1975), 67(a)–70(a); ders., Art. Jaubi'di, RLA V (Berlin/New York 1976–1980), 272(b) –273(a); Becking (Anm. 2), 58, 59 Anm. 200.

[41] Zur Teilnahme *Ḫatarikkas* am Aufstand, gefolgert aus der Ašarnastele (= F. Thureau-Dangin, La Stèle d'Asharné, RA 30 [1933], 53–56) vgl. H. Tadmor, Philistia under Assyrian Rule, BA 29 (1966), 86–102 (91); M. Wäfler, Nicht-Assyrer neuassyrischer Darstellungen, AOAT 26 (Kevelaer/Neukirchen-Vluyn 1975), 134 Anm. 688, 135 Anm. 691 u.a. – Zur Teilnahme der Provinzen am Aufstand ausführlich Becking, 60–62.

[42] Winckler, Keilschrifttexte I (Anm. 28), 100f; E. F. Peiser, Inschriften Sargons, KB 2 (Berlin 1890), 54f; E. Ebeling in: AOT^2, 349; D. D. Luckenbill, Ancient Records of Assyria and Babylonia (= ARAB), I–II (Chicago 1926), II, 62f, §55; A. L. Oppenheim in: ANET^3, 284f; Briend/Seux (Anm. 4), 109, Nr. 35 B; R. Borger in: TUAT I, 383f; Becking, 47–49; Dalley (Anm. 18), 34f.

[43] Zu vergleichbaren Formulierungen bei Tiglatpileser III. vgl. Luckenbill, ARAB I, §782, 788, 805, 809. Die Anlehnung Sargons II. an die Formulierungen Tiglatpilesers III. bedarf noch der genaueren Untersuchung.

ergänzt[44]. Aus seiner Ergänzung ergibt sich dann fast automatisch, daß zwar Salmanassar V. die Belagerung Samarias begonnen, aber erst Sargon II. sie in seinem Regierungsantrittsjahr vollendet habe. Oder auch, derselbe Schluß anders formuliert: Salmanassar V. mußte vor dem endgültigen Untergang Samarias sterben, damit Sargon II. sich die Eroberung zuschreiben konnte. Mit Recht könnten deswegen die beiden assyrischen Könige Salmanassar V. und | Sargon II. die Eroberung Samarias für sich beanspruchen. So oder ähnlich steht es in den meisten Geschichten Israels[45].

Auf diese Weise trägt das Datum 722 v. Chr. als einer der Grundpfeiler der Chronologie Israels noch, was es tragen soll: das Jahr der Eroberung Samarias. Seit H. Winckler 1889 die Textergänzung [*Sa-ma-r*]*i-na-a-a*[46] in Z.11 der Annalen Sargons vorschlug, findet sich 722 v. Chr. in allen Zeittafeln und chronologischen Anhängen in den Bibelausgaben für den Untergang Samarias. Genaugenommen ist dieser Eckpfeiler der Chronologie Israels längst eingestürzt[47]. 722 v. Chr. als Datum für den Untergang des selbständigen Staates Israel ist aufzugeben, sofern das Datum mit *Sargon II.* als Eroberer Samarias verbunden wird. 722 v. Chr. ist zwar das Datum, zu dem Sargon II. seinen Thron bestieg. Eben dieser Sargon rühmte sich in seiner Prunkinschrift von seinem Regierungsantritt an bis hin zu seinem 15. *palû* *Ḫumbanikaš* von Elam und Samaria besiegt zu haben. Aber sein mißlungener Feldzug gegen Elam gehört in sein zweites Regierungsjahr, der gegen Samaria – für das Sargon keinen König zu nennen weiß! – ins dritte Regierungsjahr. Die chronologisch angeordneten Annalen Sargons II. dürfen nicht nach der unrichtigen Aussage

---

[44] Winckler, Keilschrifttexte I (Anm. 28), 4f, Z.11. So in fast allen Übersetzungen und Textbearbeitungen; ausdrücklich anders: Becking, 47–49. – Nach F. H. Weißbach, Art. Salmanassar V., RE, 2. Reihe, 2. Halbband (Stuttgart 1920), Sp. 1983–1985 soll Salmanassar V. schon zu Zeiten seines Vaters Tiglatpileser III. als Kronprinz Syrien und Palästina eingenommen haben und deren Statthalter gewesen sein; ähnlich Forrer (Anm. 28), 63. Das ist ebenso ohne Beleg wie die Annahme bei W. von Soden, Herrscher im Alten Orient, Verständliche Wissenschaft 54 (Berlin/Göttingen/Heidelberg 1954), 94, daß Salmanassar V. während der dreijährigen Belagerung Samarias „fern von der Heimat ermordet wurde"; vgl. ders., Einführung in die Altorientalistik (Darmstadt 1985), 54: Salmanassar V. „kam bei der Belagerung von Samaria, der Hauptstadt von Israel, um". – Wenn Thompson (Anm. 36) mit der Deutung von K 81–2, 4, 65 = Harper, ABL (Anm. 31), Nr. 473 Recht hätte, so wäre Salmanassar V. in Assur gestorben. An dieser Deutung meldet Tadmor (Anm. 10), 37 Anm. 138 jedoch begründete Zweifel an.

[45] Vgl. die Autorenliste bei Becking, 69 Anm. 241, die sich mühelos verlängern läßt: G. Fohrer, Geschichte Israels: Von den Anfängen bis zur Gegenwart, UTB 708 (Heidelberg 1977), 154; J. A. Soggin, A History of Israel: From the Beginnings to the Bar Kochbar Revolt AD 135 (London 1984), 229–230; J. M. Miller/J. H. Hayes, A History of Ancient Israel and Judah (Philadelphia 1986), 336 u.a. – Ausgehend vom Datum 722 v. Chr. schreibt Donner, Geschichte II (Anm. 8), 315 die Eroberung Samarias dennoch Salmanassar V. zu. Vom Kampf Sargons II. gegen Samaria im Zusammenhang mit dem Aufstand des *Ilubi'di*, 720 v. Chr., ist dort (ebd., 318ff) nicht mehr die Rede.

[46] Zu andern Ergänzungsvorschlägen ausführlich Becking, 46f. Selbst wenn man Wincklers Ergänzung akzeptiert (vgl. noch Z.15 mit der Anzahl von 27290 Gefangenen wie in der Prunkinschrift!), so bleibt für die Annalen das Problem der Vordatierung mittels der *palû*-Zählung.

[47] Vgl. schon Olmstead, The Fall (Anm. 10), 180ff.

der Prunkinschrift so ergänzt werden, daß sich ein Feldzug Sargons II. gegen Samaria in seinem ersten oder zweiten Regierungsjahr ergibt. Die heutige Fassung der Annalen Sargons II. ist überhaupt erst in seinem 15. Regierungsjahr (= 708/7 v. Chr.) entstanden[48]. Die Annalen gestalten besonders die dunklen Ereignisse in den ersten Regierungsjahren Sargons um *ad maiorem gloriam huius regis Assyriae*. Salmanassar V. und nicht Sargon II. ist es gewesen, der den Reststaat Samaria erobert hat[49]. | Dennoch endet die Geschichte Israels nicht mit dem Fall Samarias. Wie schon der Gründung des Staates Israel durch Saul eine vorstaatliche Geschichte vorausging, so folgt der Eroberung des Reststaates durch Salmanassar V. noch eine Geschichte als abhängiger Provinz nach, erst des assyrischen Großreiches, dann des neubabylonischen und später des hellenistischen und römischen. Aus der Anfangszeit der assyrischen Provinz unter Sargon II. liegen ja auch noch einige Zeugnisse zur Geschichte der Provinz Samaria vor. Danach hat Sargon II. in seinem dritten Regierungsjahr, d.i. 720 v. Chr., das rebellierende Samaria niedergeschlagen. In seiner Prunkinschrift spricht er sogar explizit davon, Samaria belagert zu haben. Das Wort „belagern“ (*lemû*) erscheint aber in keinem der sonstigen Texte Sargons II. zu Samaria wieder. Man wird es nicht auf die Goldwaage legen dürfen, sondern dem Prunkstil der Inschrift zuschreiben. Historisch ist für Sargon II. nur mit einer Eroberung der Stadt Samaria zu rechnen, ohne daß ihr eine langwierige Belagerung vorausging.

[2]7280 Leute sind laut Sargons Nimrud-Prisma ihm in Samaria in die Hände gefallen, dazu „Streitwagen ... und die Götter, ihre Helfer ...“[50]. Man weiß nicht recht,

---

[48] Tadmor (Anm. 10), 31 Anm. 79.

[49] Die Versuche (bei Olmstead, The Fall, 181f und Forrer [Anm. 28], 71), aus dem Eponymenkanon den Feldzug zeitlich zu fixieren, sind nicht überzeugend, vgl. Tadmor, 33 Anm. 100; Becking, 35ff. Sie sind im übrigen unternommen ohne Kenntnis des Feldzugs gegen *Bīt-Adini*. – Aus Inschriften Tiglatpilesers III. ist bekannt, daß Hosea von Samaria im südbabylonischen *Sarrabānu* dem Assyrer Tribut gebracht hat; vgl. dazu schon ansatzweise M. | Weippert, Edom: Studien und Materialien zur Geschichte der Edomiter auf Grund schriftlicher und archäologischer Quellen, Diss. ev. theol. (Tübingen 1971), 499–506 (Rs. 9), dann R. Borger/ H. Tadmor, Zwei Beiträge zur alttestamentlichen Wissenschaft aufgrund der Inschriften Tiglatpilesers III, ZAW 94 (1982), 244–251 (244–249). Den Krieg Tiglatpilesers III. gegen *Sarrabānu* versuchen Borger/Tadmor, 248 in das Jahr 745 v. Chr. oder – lieber! – in das Jahr 731 bzw. 729 v. Chr. zu datieren. Für die Tributleistung Hoseas bei *Sarrabānu* – sei es, daß er sie persönlich überbracht hat oder durch Boten überbringen ließ – erschließen sie das Jahr 731 v. Chr. Das wievielte Jahr Hoseas das war, ist völlig unbekannt. Nach Borger/Tadmor wäre Hosea 732 oder 731 v. Chr. König geworden. Beim Datum 732 ist Hoseas 9. = letztes Jahr = Beginn der Belagerung Samarias durch Salmanassar V. = 724 v. Chr.; beim Datum 731 als erstem Jahr Hoseas entsprechend 723 v. Chr. Für 732 als Thronbesteigungsjahr Hoseas = 724 v. Chr. als erstem Jahr der Belagerung Samarias durch Salmanassar V. plädiert H. Tadmor bei Soggin (Anm. 45), 377. Ebenda findet sich dann auch das Jahr 722 als Ende der Belagerung durch Salmanassar V. Eine Berechnung mit 732 als Thronbesteigungsjahr Hoseas und dem Ergebnis, daß Salmanassar V. Samaria zwischen Frühjahr 723 und Frühjahr 722, vermutlich im Sommer 723 v. Chr., eingenommen habe, bietet Becking, 31–33. Alle Berechnungen, die von den Angaben des Königsbuches ausgehen, haben jedoch eine Reihe von Voraussetzungen, die nicht verifizierbar sind, vgl. Becking, 29.

[50] Gadd (Anm. 38), 179f. Die abweichende Ziffer von 27290 im Annalentext (= Lie [Anm.

was man von den Zahlenangaben halten soll. Sonstige Ziffern erbeuteter Gefangener bewegen sich bei Sargon II. meist in niedrigeren Größenordnungen. Sie können aber auch die exorbitante Ziffer von 90580 Personen erreichen[51]. In jedem Fall umfaßte die Menge | von mehr als 27000 Menschen nicht die an Ort und Stelle zurückgebliebenen Samarier, über die der assyrische König einen hohen Offizier (*šūt rēši*)[52] als Administrator einsetzte. Der Satz von den Göttern – gemeint sind natürlich Götterbilder –, die Sargon II. in Samaria als Beute in die Hände gefallen seien, ist seit seiner Veröffentlichung (1954) als Beweis dafür aufgefaßt worden, daß es in Samaria nicht nur Götterbilder, sondern einen Polytheismus gegeben hat[53]. Nach der hier vorgetragenen Datierung für den Untergang Samarias durch Salmanassar V. ist eine solche Interpretation überzogen. Man braucht in den genannten Göttern keineswegs jahwistische Götterbilder zu sehen, sondern es waren eben die Verehrungsobjekte, die in jeder bedeutenden Stadt einer assyrischen Provinz zu finden waren. Denn Stadt einer assyrischen Provinz war Samaria seit der Eroberung durch Salmanassar V., auch wenn man noch nicht zu sagen vermag, wann die ehemalige Hauptstadt des Nordreiches zur assyrischen Provinzhauptstadt erhoben wurde.

Den verbliebenen Samariern wurde von Sargon II. die gleiche Höhe an Tributzahlung aufgebürdet, wie sie der vorangegangene König (*šarru maḫrû*) gefordert hatte. Dieser Hinweis auf die Tributzahlung, die der vorangegangene König Samaria auferlegt hatte, ist das Argument dafür, daß die babylonische Chronik mit ihrem Eintrag zu Salmanassar V. recht hat. Unterstützt wird der Schluß noch dadurch, daß Sargon II. trotz mehr als 27000 Gefangener keinen König von Samaria zu nennen weiß. Es gab nach der Eroberung der Stadt durch Salmanassar V. ja auch keinen mehr.

Man fragt sich, wie der letzte König im Reststaat Samaria, Hosea, auf den selbstmörderischen Gedanken kam, dem assyrischen König Salmanassar V. den Gehorsam aufzukündigen. Was nur kann wenige Jahre später die königslosen Samarier bewogen haben, eine Koalition mit *Ilubiʿdi* von Hamath und *Ḫanūn* von Gaza einzugehen und den Tribut an Sargon II. einzustellen? Kein Text und keine Inschrift berichten die Gründe. So ist man auf Mutmaßungen und Erwägungen angewiesen. Die nächstliegende ist, daß der Aufstand des assyrischen Vasallen Hosea gegen Salmanassar V. eben im Vasallenstatus Samarias seine Ursache hatte. Es wird glaub-

---

28], Z.15 = nach der Prunkinschrift ergänzt!) kann ebenso ein Schreibfehler sein wie die Ziffer 27280.

[51] Folgende Zahlenangaben bieten die Annalen Sargons I:22 = [...]7; 57 = 9033; 107 = [4]200; 112 = 4820; 116 = 2530; 134 = 260; 154 = 6170; 168 = 2200; 213 = | 5000; 279 = 18[4]30; C_1 (Lie, Annals, 52): 16 = 7520 und 12062; V,7 (Lie, Annals, 62): 6 = [90580]; 450 = 2400; V,4 (Lie, Annals, 72f): 11 = 20000 und 10000. Die Zahlenangaben sind teilweise aus den anderen Inschriften zu ergänzen oder zu vermehren.

[52] Zu *šūt rēši* vgl. J. N. Postgate, The Place of the šaknu in the Assyrian Government, AnSt 30 (1980), 67–76.

[53] Gadd, 181. – Anders R. Borger in: TGI[3], 60 Anm. 1, wonach der assyrische Schreiber irrtümlich in Samaria Götterstatuen voraussetzte. Andere Deutungen bei M. Cogan, Imperialism and Religion: Assyria, Judah and Israel in the Eighth and Seventh Centuries BC, SBLMS 19 (Missoula 1974), 104f und H. Spieckermann, Juda unter Assur in der Sargonidenzeit, FRLANT 129 (Göttingen 1982), 348ff.

würdig berichtet, daß Tiglatpileser III. den König Hosea als | Vasallen inthronisiert hat. 10 Talente Gold und anscheinend 1000 Talente Silber betrug die jährliche Abgabe des Reststaates Samaria zu Tiglatpilesers III. Zeit[54]. Von Verringerung des schweren Tributs beim Thronwechsel von Tiglatpileser III. zu Salmanassar V. im Jahre 728/727 v. Chr. verlautet nichts. Aber den Tribut an Assyrien zu mindern, wenn er denn schon nicht abzuschaffen war, muß das erste und wichtigste Ziel der Politik Hoseas in Samaria gewesen sein.

Es gibt in der Tat auch einige Belege dafür, daß die Assyrer gegen rebellierende Vasallen nicht immer in der schärfsten Form vorgingen, sondern gleichsam auch „milde" Formen der Auseinandersetzung fanden, wenn es aus ihrer Sicht opportun erschien. Als *Ḫanūn* von Gaza gegen Tiglatpileser III. die Waffen erhob, angesichts der militärisch aussichtslosen Situation aber schleunigst nach Ägypten floh, wurde er von dort an Tiglatpileser ausgeliefert. Der assyrische König bestrafte nun den widerspenstigen *Ḫanūn* nicht exemplarisch für seine Rebellion oder brachte ihn kurzerhand um, sondern installierte ihn erneut in Gaza, seinem angestammten Königtum[55]. – Wahrscheinlich aus der Zeit Sargons II. stammt das Schreiben eines urartäischen Vasallen. Darin sagt der namentlich nicht bekannte Vasall dem assyrischen Oberherrn ganz offen, seine Bevölkerung rebelliere, wenn er, der Vasall, den zur Zeit sehr teuren Lapislazuli eintreibe. Der assyrische König möge selbst Truppen schicken, um den Lapislazuli zu holen. Er, der Vasall, werde den Truppen jedoch unfreundlich begegnen, was man ihm aber nicht zur Sünde anrechnen möge[56]. Derartige Ankündigungen waren nur sinnvoll, wenn es wirklich eine Hoffnung auf Erleichterung des Tributs gab. Die genannten zwei Beispiele aus Gaza und Urartu stammen aus Vasallenstaaten. Aber auch in den der Königshäuser beraubten und zu assyrischen Provinzen degradierten ehemaligen Vasallenstaaten waren die Unabhängigkeitsbestrebungen keineswegs überall aufgegeben, wie das Beispiel *Tabāl* zeigt. Aus diesem Staat hatte – wie schon erwähnt – wahrscheinlich Salmanassar V. den König *Ḫulli* samt dessen Familie nach Assyrien deportiert und das | Land damit zu einer assyrischen Provinz gemacht. Salmanassars V. Nachfolger, Sargon II., begnadigte einen Sohn des deportierten *Ḫulli* namens Ambaris und setzte ihn wieder als Vasallen ein. Ja, der assyrische König verschwägerte sich mit Ambaris, indem er ihm seine Schwester *Aḫat-Abīša* zur Frau gab. Dazu vergrößerte die Mitgift der Frau, das Land *Ḫilakku*, das Territorium des neuen Vasallen ganz erheblich. Am-

---

[54] Kleinere Orthostateninschrift aus Nimrud = III R 10:2 = P. Rost, Die Keilschrifttexte Tiglat-Pilesers III. (Leipzig 1893), Tf. XXV–XXVI; E. Ebeling in: AOT[3], 347–348; Luckenbill, ARAB I, §815–819; A. L. Oppenheim in: ANET[3], 283–284; R. Borger in: TGI[3], 58–59; ders., in: TUAT I, 373–374. Neue Textbearbeitung bei Weippert, Edom (Anm. 49), 489–491, Text 38: 18', wo die Lesung 1000 Talente Silber noch als sicher gegeben ist, und Borger/Tadmor (Anm. 49), 244ff.

[55] Tiglatpileser III. Kleinere Orthostateninschrift, Z.8ff; ND 400 (= D. J. Wiseman, Two Historical Inscriptions from Nimrud, Iraq 13 [1951], 21–26), Z.14ff; ND 4301 + (vgl. Anm. 66), Rs. 13ff.

[56] K 83-1, 18, 46 = Harper, ABL (Anm. 31), Nr. 1240 = L. Waterman, Royal Correspondence of the Assyrian Empire Part II: Translation und Transliteration (Ann Arbor 1930), 262–263 = Pfeiffer, 12 = A. L. Oppenheim, Letters from Mesopotamia (Chicago/London 1967), 178–179, Nr. 127.

baris ist nicht das einzige Beispiel dafür, daß assyrische Könige deportierte Gefangene auch wieder in ihre Heimat entlassen konnten[57].

Wieweit die genannten oder vergleichbare Vorgänge den Zeitgenossen in Samaria bekannt waren, ist unbekannt. Ohne eine Hoffnung auf Erleichterung des assyrischen Joches wird man dort aber nicht zu den Waffen gegriffen haben. Denn militärisch gesehen war das Zahlenverhältnis zwischen den Soldaten aus dem Reststaat Samaria nebst allen seinen Verbündeten und den Legionen des riesigen assyrischen Imperiums hoffnungslos. Vertraute man in Samaria zur Zeit Hoseas im Kampf gegen Salmanassar V. und später im Kampf gegen Sargon II. auf so etwas wie eine Wunderwaffe? Die Vermutung ist nicht ganz so abwegig, wie es scheinen mag.

D. Hinweise auf die militärische Situation

Als Sargon II. 720 v. Chr. Samaria erobert hatte, hob er dort 50 Streitwagen aus, wie seine Prunkinschrift berichtet – laut Nimrud-Prisma waren es sogar 200[58]. Sie wurden geschlossen in eine Spezialeinheit des assyrischen Heeres, die Kerntruppe, eingefügt[59]. 13 solcher samarischen Streitwagenoffiziere werden noch lange nach dem Fall ihrer Heimatstadt in einem assyrischen Text namentlich genannt[60]. Die Aufnahme in die as|syrische Kerntruppe war eine außergewöhnliche Maßnahme[61]. Denn sie bedeutete ja, daß die gegen ihren assyrischen Oberherrn rebellierenden samarischen Streitwagenkämpfer nicht mit härtesten Strafen belegt wurden, sondern als geschlossene nationale Formation der Samarier innerhalb des assyrischen Heeres weiter bestand. Die Anerkennung der Tapferkeit der Gegner konnte in Sargons II. Zeit keinen deutlicheren Ausdruck bekommen.

Mit militärischen Streitwagen war man in Israel seit langem vertraut. Schon Salomo hatte 1400 Streitwagen aus Ägypten importiert, das Stück für 600 Šekel, die dazugehörenden Wagenpferde für je 150 Šekel (I Kön 10:26, 28f)[62]. König Ahab

---

[57] Vgl. noch die Berichte über *Mu‹wa›tallû* von *Kummuḫ* = Sargon, Annalen, Z.220f, V,4:1; Luckenbill, ARAB II, §64 und über die Bewohner von Gurgum, Annalen, XIII/4:5.

[58] Vgl. Gadd (Anm. 38), IV:33 (179f). – Die Aussagen über Samaria sind im Nimrud-Prisma (D und E) dem Feldzug gegen Pisiris von Karkemiš nachgeordnet. Die Annalen datieren den Feldzug gegen Pisiris in den 5. *Palû*. Sofern man die Anordnung des Nimrud-Prismas als chronologisch ansieht, müßte das hier zu Samaria Berichtete in den 6. *Palû* gehören. Vgl. aber schon Gadd, 181 „the present account may be a conflation of the two campaigns".

[59] Zur Kerntruppe, *kiṣir šarrūti*, vgl. J. N. Postgate, The Economic Structure of the Assyrian Empire, in: Power and Propaganda: A Symposium on Ancient Empire (Ed.: M. T. Larsen) = Mesopotamia 7 (Copenhagen 1979), 193–221; F. Malbrant-Labat, L'Armée et l'organisation militaire de l'Assyrie d'après les lettres des Sargonides trouvées à Ninive (Genève/Paris 1982), 60, 113, 126, 161; Dalley (Anm. 18), 39ff.

[60] ND 10002, IM 64210: II, 16–23 = S. Dalley/J. N. Postgate, The Tablets from Fort Shalmaneser, Cuneiform Texts from Nimrud III (‹London› 1984), 167–179, Nr. 99.

[61] Zur Integration fremder Soldaten in das assyrische Heer ausführlich Malbrant-Labat, 89–101. Auch die Streitwagen aus dem eroberten *Karkemiš* fügte Sargon II. seiner Kerntruppe ein, Dalley, a.a.O.

[62] I Kön 10:28f ist am ehesten verständlich, wenn man annimmt, daß zu den ägyptischen Streitwagen auch ägyptische Rosse eingeführt wurden, Pferde für andere Zwecke hingegen

von Israel hatte gar 2000 Streitwagen aufbieten können und durch sie – im Verein mit einer großen syro-phönizischen Allianz – bei Qarqar 853 v. Chr. den Vormarsch des damaligen assyrischen Königs Salmanassar III. gestoppt[63]. Des Streitwagenoffiziers Jehu wilde Fahrweise war sprichwörtlich geworden (II Kön 9:20). Zwar waren auch andere Staaten für ihre Pferdezucht berühmt[64], Rosse für Streitwagen bezog man in Syro-Palästina aber noch im 8. Jh. v. Chr. aus Ägypten. Der assyrische König Tiglatpileser III. ließ sich 734 v. Chr. von einem phönizischen Fürsten, wahrscheinlich dem König des Inselstaates Arwad, große Pferde aus Ägypten liefern[65]. Große Pferde aus Ägypten gehörten wahrscheinlich auch zum Tribut, den König *Ḫirummu* von der | Inselstadt Tyrus Tiglatpileser III. offerieren mußte[66]. Allerdings wußte die assyrische Heeresführung mit ägyptischen Pferden anscheinend nichts Rechtes anzufangen. Denn als Sargon II. sich 716 v. Chr. vom Pharao *Šilkan(ḫe)ni*, das ist wahrscheinlich Osorkon IV.[67], zwölf große ägyptische Pferde schenken ließ, gab es dergleichen in Assyrien immer noch nicht[68].

---

aus anderen Regionen (z.B. aus Quë); so: K. Galling, Die Bücher der Chronik, Esra, Nehemia, ATD 12 (Göttingen 1952), 81. Ohne Differenzierung für den Gebrauch der Pferde und mit der Annahme, daß hebräisch *Miṣrayim* ein kleinasiatisches Land bezeichne, anders: M. Noth, Könige 1: I. Könige 1–16, BK IX/1 (Neukirchen-Vluyn 1968), 233–237, E. Würthwein, Die Bücher der Könige 1–16, ATD 11/1 (Göttingen 1977), 128–129 und G. Hentschel, 1 Könige: Die neue Echter-Bibel (Würzburg 1984), 73; ausführlicher Johns (Anm. 2), I, 230f.

[63] Vgl. dazu S. Timm, Die Dynastie Omri: Quellen und Untersuchungen zur Geschichte Israels im 9. Jahrhundert vor Christus, FRLANT 124 (Göttingen 1982), 180–185.

[64] Vgl. A. Salonen, Hippologica accadica, AASF, Serie B, Tom. 100 (Helsinki 1955), 34, 36f. Salonens Deutung von *Muṣri* (im Gefolge Wincklers) auf ein arabisches Staatswesen ist nicht überzeugend.

[65] ND 400:6''20 = Wiseman (Anm. 55), 21–26; vgl. dazu schon A. Alt, Tiglathpilesers III. erster Feldzug nach Palästina (1951) = ders., Kleine Schriften zur Geschichte des Volkes Israel (München 1953), II, 150–153; R. Borger, in: TGI[3], 56, Nr. 25; ders. in: TUAT I, 375–376; Briend/Seux (Anm. 4), 103–104, Nr. 30. Neuere Textbearbeitung bei Weippert, Edom (Anm. 49), 497–498, Text 42 mit der Lesung ANŠE.KUR.RA.MEŠ (*sisê*) *M*[*u-uṣ-ri*...].

[66] DT 3 = E. Schrader, Zur Kritik der Inschriften Tiglath-Pileser's III., des Asarhaddon und des Asurbanipal (Berlin 1880), Tf. I und Duplikat ND 5419 = J. D. Wiseman, Fragments of Historical Texts from Nimrud, Iraq 26 (1964), 118–124 und ND 4301 + 4305 Vs. (+ K 2649) = J. D. Wiseman, A Fragmentary Inscription of Tiglathpileser from Nimrud, Iraq 18 (1956), 117–129 + ND 5422 (= Wiseman, Fragments, a.a.O.) + K 2649 Vs. = Rost (Anm. 54), Tf. XXIV C + ND 4301 + 4305 Rs.; vgl. R. Borger in: TGI[3], 57, Nr. 26; ders. in: TUAT I, 376f; Briend/Seux (Anm. 4), 102–104, Nr. 29 B und Nr. 30. Neuere Textbearbeitung (mit Duplikat DT 3) bei Weippert, Edom, 499–506, Text 43 mit der Lesung: Rs. 8: A[NŠE.KUR.RA.MEŠ (*sisê*) GAL.MEŠ(*rabûti*) (*šá*) KUR(*māt*) *M*]*u-*uṣ-r*[*i*...], die nach ND 400:6' ergänzt ist (vgl. Weippert, ebd., 505 Anm. f–f).

[67] Die Gleichung stammt von W. F. Albright, Further Light on Synchronisms between Egypt and Asia in the Period 935–685 BC, BASOR 141 (1956), 23–27.

[68] E. Weidner, Šilkan(ḫe)ni, König von Muṣri, ein Zeitgenosse Sargons II.: Nach einem neuen Bruchstück der Prisma-Inschrift des assyrischen Königs, AfO 14 (1941–1944), 40–53. Zum Text und seiner Übersetzung vgl. noch A. L. Oppenheim, in: ANET[3], 286; R. Borger, in: TGI[3], 62, ders. in: TUAT I, 382f. – Zur Lieferung von (ägyptischen?) Pferden aus dem Raum von Gaza an Sargon II. noch ND 2765:33–46 (= H. W. F. Saggs, The Nimrud Letters [1952]

Da das israelitische Streitwagencorps über Jahrhunderte seine militärische Effektivität behielt, darf man postulieren, daß der Nachschub aus Ägypten kontinuierlich geregelt war. Die Gesandtschaft an „So, den König von Ägypten", wovon II Kön 17:4 berichtet[69], wird somit nicht nur ein allgemeines Hilfegesuch gewesen sein, sondern dürfte die Bezüge ägyptischer Pferde nach Israel zum Hintergrund haben. In Krisenzeiten zog man „nach Ägypten um der Hilfe willen, stützte sich auf Rosse, vertraute auf Streitwagen, weil sie zahlreich, und auf Wagenpferde, weil sie sehr stark sind" (nach Jes 31:1). Eine derartige militärische Sicherheitspolitik, wie sie auch später in Juda betrieben wurde, verurteilte der Prophet mit einem einzigen Wort: Wehe!

Hoseas Aufstand gegen Salmanassar V. ist gescheitert, auch wenn die Stadt nach seiner Gefangennahme noch drei Jahre belagert werden mußte. Die scheinbar lange Dauer[70] der Belagerung hat zu mancherlei | Überlegungen in chronologischer und militärtechnischer Hinsicht Anlaß gegeben[71]. Wer die biblische Redeweise kennt, sooft sie vom „auferstanden nach drei Tagen" spricht (vgl. Matth 27:63; Mark 8:31), weiß, daß damit nicht dreimal 24 Stunden moderner Zeitrechnung gemeint sind, sondern eine Zeitspanne, die zwei Tageswechsel übergreift. Eine „dreijährige" Belagerung bedeutet nicht, daß die Stadt mehr als 1000 Tage eingeschlossen war, sondern nur, daß zwei Jahreswechsel über der Belagerung hingingen. Der Widerstand nutzte nichts. Das politische Kalkül Hoseas erwies sich ebenso als Gespinst trügerischer Hoffnungen wie später der Aufstand der königslosen Samarier gegen Sargon II. Die ägyptischen Rosse der samarischen Streitwagen waren Fleisch und nicht Geist (Jes 31:3). Historisch sind die Umstände, die zum Untergang Samarias geführt haben, mittels der überkommenen Texte zu erhellen. So ist – dank außerbiblischer Texte – zum Untergang Samarias entschieden mehr zu sagen als in den sechs Versen II Kön 17:1–6 geschrieben steht. Daß es nach II Kön 17:23 hingegen Jahwe selbst war, der sein Volk Israel „wegtat von seinem Angesicht" bleibt jenseits historischer Aussagemöglichkeiten.

Part II: Relations with the West, Iraq 17 [1955], 126–154 [134f, Nr. 16]), dazu auch S. Timm, Moab zwischen den Mächten: Studien zu historischen Denkmälern und Texten, ÄAT 17 (Wiesbaden 1989), 338ff.

[69] Zum rätselhaften „So" vgl. Becking (Anm. 2), 26f und K. A. Kitchen, The Third Intermediate Period in Egypt (1100–650 BC), 2. Ed. (Warminster 1986), 551.

[70] Einige Belege aus keilschriftlichen, griechischen (Josephus) und biblischen Texten zur Dauer einer Stadtbelagerung in neuassyrischer und neubabylonischer Zeit hat I. Ephʿal gesammelt: On Warfare and Military Control in the Ancient Near Eastern Empires: A Research Outline, in: History, Historiography and Interpretation, Studies in Biblical and Cuneiform Literature (Edd.: H. Tadmor/M. Weinfeld), (Jerusalem/Leiden 1983 = Reprint 1984), 88–106 (94 Anm. 16–18). Nach den keilschriftlichen Quellen belagerte z.B. Sanherib Babylon 15 Monate, Assurbanipal zwei Jahre, Nabupolassar die Stadt Uruk 16 Monate.

[71] Die meisten chronologischen Erwägungen gehen von dem ergänzten Annalentext Wincklers aus. Hinweise auf die geographische Lage der Stadt Samaria oder ihre Befestigungswerke, die die Belagerungsdauer begründen sollen, z.B. bei Kittel (Anm. 2), 487 oder Fohrer (Anm. 45), 154f.

Das ikonographische Repertoire der moabitischen Siegel und seine Entwicklung: Vom Maximalismus zum Minimalismus*

I. Die Ausgangslage

Daß sich bis in die Gegenwart hinein überhaupt moabitische Siegel erhalten haben, ist noch vor einigen Dezennien generell bezweifelt worden. In Nachfolge W. F. Albrights (1947: 14–15, vgl. auch Thomsen 1951: 150) hat seinerzeit z.B. A. H. van Zyl bezweifelt, ob die ihm bekannten zwei "moabitischen" Siegel aus der Kollektion A. Reifenberg (das anikonische Siegel des *kmšʿm kmšʾl hspr* [Timm 1989a: 168ff, Nr. 3] und das Siegel des *mšʿʾ* bzw. *mšʿ* [ebd. 254f, Nr. 42]) überhaupt authentische antike Siegel seien und nicht vielmehr moderne Fälschungen (van Zyl 1960: 31). In den nun mehr als dreißig Jahren seit van Zyls Studie hat sich die Anzahl derjenigen Siegel, die als moabitisch angesprochen werden, enorm vermehrt. F. Israel hat in einer kenntnisreichen Abhandlung 35 Siegel als moabitisch klassifiziert (1987b; beachte das Postscriptum a.a.O., 122 mit einem Hinweis auf Heltzer 1985: 25–29). Der Autor dieser Studie hat 1989 47 Siegel diskutiert, die mit mehr oder weniger starken Argumenten für moabitisch angesehen werden (Timm | 1989a: 159–264). Seitdem haben neue Funde, neue Publikationen, aber auch neue Klassifizierungen schon länger bekannter Stücke weitere Siegel den Moabitern zugewiesen, und es ist damit zu rechnen, daß künftig noch weitere Siegel auftauchen, die als moabitisch deklariert werden (vgl. jüngst etwa Wolfe & Sternberg 1989: Nr. 24; NAAG 1991: Nr. 23 [s. Anm. 2]; Avigad 1992a). Wie schon zu W. F. Albrights Zeiten wird aber auch künftig vielfach strittig bleiben, ob ein Siegel, das sich in irgendeiner öffentlichen oder privaten Sammlung befindet, überhaupt authentisch und zu Recht als moabitisch zu klassifizieren ist. Auch die nachfolgende Darstellung wird durchgängig von dieser Grundsatzfrage bestimmt sein: Mit welchen Gründen können überhaupt palästinische Siegel der Eisenzeit als moabitisch klassifiziert werden? Für mehr denn zwanzig als "moabitisch" klassifizierte Siegel hat der Autor dieser Studie die Authentizität der Siegel oder deren Zuweisung nach Moab in Frage gestellt (Timm 1989a: 225–263, Nr. 27–47). Da ihm bislang keine durchschlagenden gegenteiligen Argumente bekannt geworden sind, bleiben diese Stücke – unter denen teilweise sehr bekannte oder berühmte sind! – denn auch im folgenden unberücksichtigt.

Ob alle bislang bekannten "moabitischen" Siegel authentisch sind, ist generell noch nicht zu sagen. Nur zwei der nachfolgend zu besprechenden Siegel stammen

* Für die Hilfe bei der redaktionellen Gestaltung des Manuskripts ist Herrn Dr. Ch. Uehlinger herzlich zu danken.

aus wissenschaftlich kontrollierten Ausgrabungen, keines davon aus Moab (Abb. 18 aus *Umm Uḍaina* bei *ʿAmmān*, das anikonische Siegel des *kmšntn* aus Ur, vgl. zu letzterem Timm 1989a: 182ff, Nr. 7). Keines der anderen "moabitischen" Siegel ist bislang mit modernen technischen Hilfsmitteln jemals auf seine Authentizität hin untersucht worden. Ihre Herstellung in der Antike wird also – ungeprüft! – überall vorausgesetzt. Ob diese ungeprüfte Voraussetzung auch weiterhin gültig bleibt, wird die Zukunft erweisen.[1] Daß die Authentizität der Siegel eine ungeprüfte Prämisse ist, sei hiermit nachdrücklich unterstrichen.

II. Siegel mit *kmš*-Namen

Bislang sind sieben[2] Siegel bekannt, die mindestens einen vollständigen Personennamen in ihrer Beschriftung enthalten, der mit dem Namen des moa|bitischen Gottes Kamosch (*kmš*; zur Aussprache vgl. Israel 1987c) gebildet ist.[3] Davon sind zwei anikonisch: das Siegel *lkmšʿm kmšʾl hspr*, angeblich in *ʿAlēy* im Libanon gefunden (Israel 1987b: Nr. III; Timm 1989a: 168ff, Nr. 3), und das im *É-nun-maḫ*-Tempel in Ur oberhalb eines Muschelflurs der persischen Zeit gefundene Siegel des *kmšntn* (Israel 1987b: Nr. IX; Timm 1989a: 182f, Nr. 7). Die verbleibenden fünf Siegel mit *kmš*-Namen und ikonischem Dekor sind im folgenden kurz vorzustellen.

Das Siegel des *kmšyḥy* (Abb. 1): Die Siegelfläche ist dreigeteilt. Im obersten Drittel befindet sich die extrem stilisierte Darstellung einer geflügelten Sonne mit je einem Punkt (= stilisiertem Stern?) zur Rechten und Linken. Davon ist durch eine doppelte Trennlinie die erste Zeile Beschriftung abgesetzt; darunter steht, durch eine einfache Trennlinie abgehoben, die zweite Zeile Beschriftung (zum Namen vgl. Timm 1989a: 164f).

Die geflügelte Sonnenscheibe ist ein uraltes ägyptisches Motiv, das schon im 2.

---

[1] Zu modernen Fälschungen von Rollsiegeln, die durch subtile vergleichende ikonographische Studien als Fälschungen erkannt sind, vgl. Teissier 1984: Nr. 692ff; Collon 1987: 94ff. Ein modernes technisches Hilfsmittel zur Erkennung von Fälschungen durchbohrter Siegel stellen Gorelick & Gwinnet 1978 vor.

[2] Zwar spricht Bordreuil (1986a: 61 Anm. 29) unter Hinweis auf Lemaire (1983: 26) von neun Siegeln mit *kmš*-Namen, doch ist dies ein aufklärbarer Rechenfehler: Lemaire hatte a.a.O. neun *kmš*-Namen zusammengestellt, die aber auf sieben Siegeln belegt sind. Auf einem Siegel aus Samaria liest Lemaire zwar auch *km*[*š*], doch ist dort nur das Kaf wirk|lich lesbar (vgl. Ornan 1993: 67, Fig. 56; Sass 1993: 232 mit Anm. 88). Eine Lesung *km*[*hm*/*n*] ist ohne weiteres möglich; vgl. zu anderen Vorschlägen schon Israel 1987b: Nr. XXII. Zum Siegel HD 117 mit der Zeile, die Lemaire einst *l*[*k*]*mšpṭ* las, vgl. Timm 1989a: 252f, Nr. 41; vgl. nun aber Lemaire 1993: 16 mit Fig. 24. Ein achtes Siegel mit einem *kmš*-Namen (*kmšḥsd*) und dem Titel *hspr* zeigte P. Bordreuil freundlicherweise dem Autor dieser Zeilen während der Tage in Fribourg. Dafür sei ihm herzlich gedankt. Das anikonische Siegel (vgl. die vorläufige Publikation in NAAG 1991: Nr. 23) muß in den nachfolgenden Ausführungen ebenso unberücksichtigt bleiben wie der neunte Beleg, eine jüngst von N. Avigad (1992a) publizierte Bulle *kmšʿz hspr*.

[3] Für die Literatur zu den nachfolgenden Siegeln wird jeweils nur die Erstpublikation und ausgewählte Corpora angegeben. Für weitere Literaturangaben sei verwiesen auf die Zusammenstellungen bei Israel 1987b und Timm 1989a: 159–264.

Jt. über ganz Vorderasien Verbreitung fand. Die vergleichbaren Darstellungen der geflügelten Sonne auf syro-palästinischen Siegeln des 1. Jt.s (vgl. schon Galling 1941: 148f; Welten 1969: 19–30; Wildung 1977; Keel 1982: 463–466; Mayer-Opificius 1984; ausführlich Parayre 1990a, vgl. 1993: 27ff) sind aber bei weitem nicht so stark stilisiert, daß das Motiv kaum noch zu erkennen ist.[4] Es ist – mit den zwei 'Punkten' zur Rechten und Linken (= stilisierten Sternen?) – das einzige dekorative Element der Siegelfläche. Die Datierung dieses Siegels ist – wie die aller Siegel – schwierig. Die starke Abstraktion der geflügelten Sonne steht in gewisser Spannung zu den Buch|stabenformen, die in den Anfang des 7. Jh.s datiert werden (Bordreuil 1986a: 61).[5]

Das Siegel des *kmšm'š* (Abb. 2): Im oberen Drittel seiner Siegelfläche liegt ein Halbmond über einem 'Strich'. Links von ihm befindet sich ein vielzackiger Stern (oder eine Strahlensonne?).[6] Symmetrisch dazu war ehedem auch rechts neben der Mondsichel etwas abgebildet, was heute durch die Erosion der Siegeloberfläche nicht mehr erkennbar ist. Der rechte Gegenstand muß jedoch nicht auch ein Stern gewesen sein (vgl. das Siegel des *yr'* bei Avigad 1954b: Nr. 7 = Israel 1987b: Nr. XI). Die zwei Zeilen seiner Beschriftung[7] sind von der bildlichen Darstellung durch

[4] Die beiden Darstellungen der geflügelten Sonnenscheibe, die D. Parayre in ihrem Katalog der hiesigen stilisierten Form zur Seite gestellt hat (1990a: 283f, Nr. 115–117; 1993: 43 Fig. 14–15): B 64 (s.u. Abb. 19) und B 63 (vgl. Israel 1987b: Nr. XXVIII; Timm 1989a: 205f, Nr. 17) sind deutlich verschieden von der hier vorliegenden Form.

[5] Die Lesung der Buchstaben bereitet keine Schwierigkeiten. Die Form des Ḥet ( ) gilt als moabitische Sonderform (Bordreuil 1986a: 61; Timm 1989a: 164 Anm. 5, 282f). Der Standardform auf der Mescha'-Inschrift ( ) entspricht das Ḥet auf dem Siegel des (= *l*) *'bdḥwrn* (B 2), das L. G. Herr (1978: 17f, Nr. 16) als aramäisch, F. Israel (1986: 71f) und P. Bordreuil (a.a.O.) als phönizisch klassifiziert haben, wogegen A. Lemaire es für moabitisch hält (1993: 14f mit Fig. 20). Die ikonographische Darstellung des Opfergabentisches auf diesem Siegel ist im syro-palästinischen Raum bislang ohne Parallele. Vergleichbare "Lotosszepter" gibt es u.a. auf neohethitisch-nordsyrischen Darstellungen (vgl. Orthmann 1971: 366–393). Einen Anschluß an phönizische Darstellungen für dieses Stück versucht E. Gubel (1987b: 247–249). Eine sichere Zuordnung des Siegels in den phönizischen, aramäischen (?) oder moabitischen Raum ist noch nicht möglich. Inzwischen ist aus *Ḏībān* eine beschriftete Scherbe bekannt geworden, die neben einem 'Aleph ein Ḥet und ein (um 90° verdrehtes) Šin (oder ein um 90° verdrehtes und rechts beschädigtes Mem) aufweist (Morton 1989: 318, Fig. 12). Das Ḥet auf dieser Scherbe hat die Form . Die Folge ist, daß für den moabitischen Schriftraum nunmehr mit *drei* verschiedenen Ḥet-Formen zu rechnen ist.

[6] Auch wenn eine endgültige Klärung noch aussteht, ob es sich bei dem "Stern" wirklich jeweils um einen Stern handelt – es könnte an manchen Stellen auch eine Darstellung der Sonne gemeint sein (vgl. schon Bordreuil & Lemaire 1976: 52 zum Siegel des *rp'*, unten Abb. 20) –, sei das Motiv hier weiterhin als Stern bezeichnet.

[7] Auf der mittleren Partie stehen die Buchstaben *lkmšm*, auf der untersten zwei, anscheinend ein 'Aleph und ein Šin. Die beiden Mem auf diesem Siegel sind untereinander etwas verschieden. Das zweite hat unter seinem mittleren horizontalen Balken noch einen zusätzlichen kleinen Strich. Da sich dieses kleine, aber auffällige Detail bei anderen moabitischen Mem wiederholt, hat diese Buchstabenform als typisch moabitisch zu gelten (vgl. Timm 1989a: 290–293; Lemaire, 1993, S. 4, 6). – Die Lesung des 'Aleph ist nicht ganz sicher; doch ergibt sich nur bei der Lesung mit 'Aleph ein Personenname, der im nordwestsemitischen Onomast-

je zwei Trennstriche abgeteilt. |

Die Datierung des Siegels ist unsicher (vgl. Timm 1989a: 166 Anm. 10). Man wird eher für eine jüngere Entstehung (letzte Hälfte des 7. Jh.s) plädieren. Die Darstellung einer Mondsichel wird sich auf weiteren moabitischen Siegeln wiederholen (vgl. Abb. 5–6, 17–19).

Das Siegel des *kmšṣdq* (Abb. 3): Die Siegelfläche ist dreiteilig, wobei zwei Drittel der oberen Siegelfläche von der bildlichen Darstellung einer vierflügligen, anthropomorphen Gestalt eingenommen werden. Durch einen Doppelstrich abgetrennt steht darunter in einer Zeile *lkmšṣdq*. Darunter befindet sich, nochmals durch einen einfachen Trennstrich abgeteilt, eine stilisierte geflügelte Sonne. Sie bildet hier nur ein untergeordnetes Bildelement, ist aber mit diesem Siegel ein weiteres Mal für Moab bezeugt, dazu in viel weniger abstrahierter Form als auf dem Siegel des *kmšyḥy* (Abb. 1). Als Entstehungszeit des Siegels ist das 8./7. Jh. anzunehmen (vgl. Timm 1989a: 171 Anm. 20).[8]

Neben einer Deutung der dargestellten vierflügligen Figur als weiblich (so Galling 1941: 152f, 186), als weibliche Göttin (Keel 1977: 196), als männliche solare Gottheit (Barnett 1969: 420), als vierflügliger Seraph (Culican 1977: 3) bzw. als göttliches Wesen (Israel 1987b: 109f) ist auch die als Genius vorgeschlagen (Giveon 1961: 38–42 = 1978: 110–116). Die Argumente für oder gegen die genannten Deutungen sollen hier auf sich beruhen (vgl. noch unten), versuchen derartige Deutungen doch generell, die jeweils vorliegende vierflüglige Figur im Kontext weiterer vergleichbarer, zeitlich und örtlich aber erheblich differenter Darstellungen zu deuten. Es kann jedoch nicht erwiesen werden, daß eine generelle Deutung auch für das ostjordanische Moab Geltung haben muß.[9] Unstrittig sollte in jedem Fall sein, daß der Kopfschmuck der abgebildeten Figur – ein Nachklang der ägyptischen Roten oder gar der Doppelkrone – in der ägyptisierenden Tradition der syro-palästinischen Siegelkunst steht. Die vier Flügel der Figur aber stammen aus der Bildtradition, die im 15./14. Jh. v. Chr. in Assyrien und Nordsyrien auftretend (vgl. Ward 1968: 139; Giveon 1961: 40, mitannische Herkunft vermutend; Keel 1977: 194) in den ersten Jahrhunderten des 1. Jt.s in den neohethitisch-aramäischen Staaten Nordsyriens ihren Ausdruck auch in Großplastiken gefunden hat | (Genge 1979: Abb. 73f, 91f, 100 u.ö.; Orthmann 1971: 316–319; Börker-Klähn 1982: Nr. 294). Wahrscheinlich

---

ikon eine Parallele hat. Aufgrund dieses Namens sind auch andere Siegel mit dem Namen *m'š* als moabitisch klassifiziert worden. Der Name *m'š*, von der Wurzel '(*W*)*Š* gebildet, ist jedoch auch außerhalb des moabitischen Sprachraums bezeugt (vgl. B 51 *lm'š bn mnḥ hspr*, dazu auch Timm 1989a: 169 Anm. 17), und somit kein hinreichendes Argument für die Klassifikation irgendeines Siegels als moabitisch (vgl. noch die hebräischen Namensbildun|gen von der Wurzel '[*W*]*Š* bei A 30 u.ö. sowie Zadok 1988: 25 mit Anm. 91 u.ö., andere nordwestsemitische bei Maraqten 1988: 125 s.v. *'YŠ*).

[8] Während noch für M. Lidzbarski die bemerkenswerte Darstellung im obersten Teil der Siegelfläche ein Argument war, die Authentizität des Siegels zu bestreiten (ESE I: 136–142), hat K. Galling etliche Parallelen dazu beitragen können (1941: 152f, 186), wonach das Siegel heute als authentisch gilt (vgl. Israel 1987b: Nr. II; Timm 1989a: 171ff, Nr. 4).

[9] Vgl. auch Boardman & Moorey 1986: 43 zu einem unbeschrifteten Siegel in Paris, Cabinet des Médailles, mit einer vierflügligen Figur (a.a.O. 36, Nr. 2): „there is no reason to think it is one and the same genius or deity who is always represented“.

ist das Zusammenkommen dieser beiden Traditionslinien in einem moabitischen Siegel die Ursache dafür, daß die zwei Objekte (Pflanzen bzw. Tiere?), die die dargestellte Figur in ihren Händen hat, bislang nicht eindeutig identifiziert werden konnten. Will man den Versuch wagen, die abgebildete vierflüglige Figur in Bezug zu setzen mit den Gestalten des immer noch unzureichend bekannten moabitischen Pantheons (vgl. dazu Mattingly 1989: 211–238), so muß gleichzeitig angenommen werden, daß im 8./7. Jh. in Moab ägyptisierende Bild- und Religionsvorstellungen mit solchen aus dem nordsyrischen Raum bei diesem Genius (?) eine neue, unlösbare Verbindung eingegangen sind.

Das Siegel des *kmšdn* (Abb. 4): Die Siegelfläche ist fast kreisrund, aber stark erodiert. Etwas mehr als die Hälfte nimmt eine bildliche Darstellung ein, darunter, durch einen einfachen Trennstrich abgeteilt, eine Zeile Beschriftung (zum Namen vgl. Timm 1989a: 179 Anm. 39). Darunter ist rudimentär noch die Andeutung eines eigenartigen Symbols zu erkennen.

Die stark erodierte bildliche Darstellung ist nur noch zur Hälfte erkennbar. Anscheinend standen sich ehedem spiegelbildlich zwei Sphinx- bzw. Greifendarstellungen gegenüber. Die Kopfpartie des allein erhaltenen rechten Greifen bzw. des rechten Sphinx ist auf dem publizierten Foto nicht klar erkennbar. Eine erneute Überprüfung während des Fribourger Symposions ergab, daß oberhalb der Kopfpartie definitiv keine Andeutung einer Krone oder eines Federbusches mehr geboten ist.[10] Als ein geographisch nahestehendes Beispiel für spiegelbildliche Darstellungen von Sphingen sei vor allem auf das ammonitische Siegel des *mlkmgd* verwiesen (Avigad 1985: Nr. III; vgl. Hübner 1993: 161, Abb. 17).[11]

Aufgrund der Buchstabenformen, besonders des Mem und Nun, hatte A. Lemaire als Ersteditor eine Datierung des *kmšdn*-Siegels ins 7. Jh. vorgeschlagen (1983: 26). Bislang gibt es keine moabitische Inschrift, die sicher ins 7. Jh. datiert werden kann. Die spiegelbildliche Greifen- bzw. Sphinxdarstellung hat erst in späterer Zeit Parallelen. So muß dessen Entstehung wohl um ein Jahrhundert herabdatiert werden (6. Jh.). Die Form des Nun entspricht einem solchen Ansatz (vgl. dazu Timm 1989a: 294). |

Bildlich und sachlich umstritten ist das Motiv im untersten Register. A. Lemaire hatte die weitgehend abgegriffene Darstellung – fragend – als ein zweiflügliges Insekt gedeutet (1983: 26) und dafür auf ein Siegel mit umstrittener Lesung *lmš* verwiesen, das sich heute im Israel Museum Jerusalem befindet (HD 117; vgl. Timm 1989a: 252f, Nr. 41; Lemaire 1993: 16 mit Fig. 24). F. Israel (1987b: 117) hat als weiteres Beispiel das Siegel des *mšʿʾ* bzw. *mšʿ* benannt (HD 115, vgl. dazu Timm 1989a: 254f, Nr. 42). Die besten Beispiele bieten aber ein Siegel mit der Beschriftung *lšmʿʾl*, das in *eṭ-Ṭafīle* erworben wurde, vielleicht aber aus *Buṣēra* stammt

[10] Für die Hilfe bei der Klärung des Sachverhalts sei A. Lemaire an dieser Stelle herzlich gedankt.

[11] Avigad verwies für die spiegelbildliche Sphinx-Darstellung auf jenem Stück auf zwei mesopotamische Rollsiegel, von denen eines aus neubabylonischer, eines aus achämenidischer Zeit stammt (Wiseman 1958: PL 71 und 106). Weitere Beispiele auf Siegeln bieten etwa Frankfort 1939: PL 42n, 44n; Porada 1948: Nr. 76, 980, 985; Dessenne 1957: Nr. 76, 79, 92f, 119, 121, 129, 171, 176.

(Harding 1937: 253–255, PL X:10), sowie ein Siegel im Hecht-Museum Haifa, von dem nur die ersten beiden Buchstaben als *yʿ*[.] sicher lesbar sind (Lemaire 1986: Nr. 9; Avigad 1989a: Nr. 23). Das Zeichen im untersten Register des *yʿ*[.]-Siegels deutete Lemaire als eine Art doppelter Halbkugeln, die zwei ägyptische *nb*-Zeichen repräsentieren könnten, worüber eine Art Dreizack eingraviert sei. Das *kmšdn*-, das *šmʿʾl*- und das *yʿ*[.]-Siegel legen allerdings nahe, daß jeweils das gleiche Motiv in abgewandelter Form vorliegt. E. Gubel hat während des Fribourger Symposions auf vergleichbare Darstellungen auf ägyptischen Skarabäen des Mittleren Reiches, der 12. Dynastie und früher, hingewiesen und damit den Ursprung des Motivs wahrscheinlich geklärt (vgl. Ward 1978: 68ff; Tufnell 1984: 270f, class 3A2; ebd. 300f, class 4A2; vgl. auch Gubel 1991b: Nr. 72). Folglich hat sich mit dieser Darstellung im Ostjordanland (*kmšdn*, *šmʿʾl* – die Herkunft des *yʿ*[.]-Siegels ist ungeklärt) ein Bildmotiv aus der Zeit der 12. ägyptischen Dynastie (und früher) bis in die Eisen-II-Zeit durchgehalten, auch wenn die Zwischenglieder dafür bislang noch fehlen.[12]

Das Siegel des *kmš* (Abb. 5): Die Siegelfläche ist kreisrund und dreigeteilt. Im oberen Teil ist die stark erodierte Darstellung einer Mondsichel zu erkennen, daneben rechts ein kleiner Stern; davon durch einen Strich getrennt eine Zeile Beschriftung. Darunter, wiederum durch einen Strich getrennt, war einst ein Gegenstand abgebildet, der heute nicht mehr identifizierbar ist. Als Entstehungszeit des Stückes wird das 7. Jh. angenommen. |

III. Die einzelnen Bildmotive

Die erörterten fünf Siegel mit *kmš*-Namen sind – zusammen mit den oben genannten anikonischen Siegeln des *kmšʿm* und des *kmšntn* – die Grundlage und der Ausgangspunkt, um weitere beschriftete eisenzeitliche Siegel den Moabitern zuzuweisen. Ob derartige Zuweisungen berechtigt sind, muß sich aus den Kriterien ergeben, die anhand dieser sieben Siegel zu gewinnen sind. Was ist das typisch Moabitische dieser Siegel? Die Antwort ist einfach und klar: ihre *kmš*-Namen. Doch ist noch einmal festzustellen: keines der mit *kmš*-Namen beschrifteten Siegel ist durch Ausgrabungen in Moab aufgefunden. Angesichts der unklaren Herkunftsverhältnisse könnte man in fast allen Fällen – ausgenommen das bei Ausgrabungen in Ur gefundene anikonische des *kmšntn* – an der Authentizität der Siegel zweifeln.

Die Form ist bei den *kmš*-Siegeln ebenfalls different: drei Siegel sind Skaraboide (Abb. 1–3 sowie die beiden genannten anikonischen Stücke), zwei sind Konoide (Abb. 4–5). Das Material, aus dem die Siegel hergestellt wurden, ist in allen Fällen verschieden.[13] Geht man einmal davon aus, daß die genannten Siegel authentisch sind, so haben die moabitischen Siegelschneider für deren Herstellung kein bestimmtes Material bevorzugt.

---

[12] Freilich zeigen bereits manche Belege bei Ward (1978: 70, Fig. 15:6, 36, 54, 68, 79, 80), daß das Motiv leicht in Richtung der geflügelten Sonnenscheibe modifiziert und wohl auch als solche verstanden werden konnte, wie B. Sass während des Symposiums zu Recht bemerkt hat.

[13] *lkmšyḥy* Sardonyx, *lkmšmʾš* Achat, *lkmšʿm* ... gelblicher Kalkstein (Geyserit), *lkmšṣdq* Porphyrit, *kmšdn* roter Kalkstein, *kmš* Alabaster, *kmšntn* Lapislazuli.

Dank der ausgeschriebenen Personennamen ist auch der Schriftcharakter einzelner Buchstaben ein Entscheidungskriterium für die Klassifizierung weiterer Siegel als moabitisch geworden. Man hat jedoch einzugestehen, daß dies ein sehr unsicheres Kriterium bleibt. Von den Buchstabenformen des Lamed her, das auf den sieben *kmš*-Siegeln insgesamt fünfmal bezeugt ist, wird niemand weitere Lamed auf anderen Siegeln als "moabitisch" klassifizieren können. Gleiches gilt für den Buchstaben Šin u.a. Der Buchstabe *Ḥet*, der bislang als Kriterium für eine moabitische Zuschreibung beigezogen wurde, ist neuerdings in anderer Form durch einen Ausgrabungsfund aus *Ḏībān* belegt (s.o. Anm. 5). Er hatte auch früher schon vergleichbare Parallelen im hebräischen Schriftraum. Auch Charakteristika bei anderen Buchstaben, die bislang als typisch moabitisch angesehen wurden, könnten sich bei anwachsender Beleglage als viel weniger typisch erweisen. Immerhin ist bei den Buchstaben Kaf und Mem ein kleiner Strich unter dem mittleren horizontalen Balken aufgefallen (Timm 1989a: 287–293, s.o. Anm. 7). Denselben kleinen Strich gibt es beim Nun auf dem Pariser Siegel des *bʿlntn* (Abb. 11), das aus anderen Gründen als moabitisch klassifiziert worden ist.

Sofern beschriftete eisenzeitliche Siegel keine *kmš*-Namen enthalten, kann ihre Zuweisung nach Moab nur durch eine kumulative Argumentation erfolgen. Kumulative Argumente dafür sind (vgl. im allgemeinen Lemaire, 1993: 1ff): |

(a) Der Fundort des Siegels sollte nach Möglichkeit im antiken Moab liegen oder wenigstens in geographischer Relation dazu stehen (vgl. *kmšdn*, Abb. 4, aus Kerak, anders aber *kmšntn* aus Ur!).

(b) Die Buchstabenformen müssen in Übereinstimmung stehen mit den auf den monumentalen moabitischen Denkmälern und den *kmš*-Siegeln belegten Formen.

(c) Die auf den beschrifteten Siegeln erhaltenen Personennamen sollten sich dem bislang bekannten moabitischen Onomastikon einfügen.

(d) Dekorative oder ikonographische Darstellungen müssen sich an diejenigen Bildelemente anschließen, die auf den *kmš*-Siegeln nachgewiesen sind. Letzteres ist ein besonders heikles Kriterium. Von den sieben *kmš*-Siegeln bieten nur fünf ikonographische Elemente. Von diesen ausgehend eine Entwicklung der moabitischen Ikonographie aufzeigen zu wollen, ist kein aussichtsreiches Unterfangen. Der Belegumfang ist für generelle Aussagen zu gering und noch mit der zusätzlichen Schwierigkeit belastet, daß die Datierung der Siegel alles andere, nur nicht gesichert ist.

Solche Kautelen vorausgeschickt, dürfen das Siegel des *kmšmʾš* (Abb. 2) und das des *kmšṣdq* (Abb. 3) als die beiden ältesten moabitischen Siegel gelten (8.–7. Jh.).

1. Zu Mondsichel und Stern

Im *kmšmʾš*-Siegel (Abb. 2) wird eine Darstellung der Mondsichel geboten, im obersten Register der Siegelfläche stehend, links neben sich ein Stern, rechts ein heute undefinierbarer Gegenstand. Den Strich unter der Mondsichel könnte man für einen sekundären Einschnitt halten, wenn sich nicht auf der Siegelfläche des *mnšh bn hmlk*-Siegels, das aus anderen Gründen als moabitisch anzusehen ist (Abb. 17), ein vergleichbarer Strich fände. Auf dem Hintergrund der vielen syro-palästinischen

Siegel, die eine Mondsichel mit einer Standarte auf einem Podest abbilden (vgl. Spycket 1973; 1974; Keel 1977: 284–296; Weippert 1978; GGG: §§ 174ff), wird man den Strich unter der Mondsichel als rudimentäre Andeutung eines Podestes deuten dürfen. Damit ist zugleich auch gesagt, daß hier weder der assyrische Typ eines solchen Podestes, noch der palästinische Typ vorliegt (dazu Keel 1977: 284ff). Es ist vielmehr eine eigenständige Entwicklung aufweisbar, die nur noch einen entfernten Anklang an die Vorlage(n) hat.

Der Sichelmond steht auf moabitischen Siegeln fast immer an prominenter Stelle im obersten Bildregister, so z.B. im Siegel des *kmš* (Abb. 5), das ins 7. Jh. datiert wird, wo er von einem (weitgehend erodierten) Stern begleitet ist. Auch auf anderen Siegeln, die als moabitisch klassifiziert wurden, steht | der Sichelmond fast immer im obersten Bildregister (anders Abb. 7, 19).[14] Ein Beleg für einen Sichelmond (mit einbeschriebener kleiner Neumondscheibe oder Sonnenscheibe) findet sich auch auf einem wenig bekannten Stück, dessen Siegelfläche ansonsten von einem springenden Vierfüßler (Capriden?) dominiert wird (Abb. 6).[15] Eine ganze Reihe von palästinischen Beispielen mit vergleichbarem Motiv gehören mehrheitlich ins 8./7. Jh. (vgl. Shuval 1990: 105 Anm. 4, 111 Tabelle 4), ein vergleichbarer Diskoid (Shuval 1990: Nr. 0101) ans Ende des 7. Jh.s. So wird auch dieses anepigraphische Siegel eher ins 7. Jh. gehören (vgl. GGG: § 188).

Damit legt sich die Annahme nahe, daß für die moabitischen Siegelschneider (und ihre Kunden) die Darstellung des Sichelmondes mit einer konkreten theologischen Vorstellung verbunden war. Von den *kmš*-Siegeln her ist auch klar, daß die Mondsichel eine viel wichtigere Rolle spielte als die geflügelte Sonnenscheibe. Thetisch formuliert: In Moab ist eher mit einem Mondkult als mit einem Sonnenkult zu rechnen.[16]

2. Zur geflügelten Sonnenscheibe

Auf einem der beiden ältesten moabitischen Siegel kommt auch das uralte Motiv der geflügelten Sonne vor. Auch wenn die geflügelte Sonne auf dem Siegel des *kmšṣdq*

---

[14] Daß sich die Mondsichelstandarte auf ostjordanischen Siegeln nicht überall zu einer strichförmigen Andeutung verringert hat, belegt u.a. ein Siegel aus dem edomitischen *Ṭawīlān* mit einem überaus betonten Podest (Bennett 1967–1968: 53–56; 1969: 389, Pl. VIb; vgl. Keel 1977: 288, Abb. 209; GGG: 343, Abb. 298a).

[15] Die Verbindungen, die Kenna (1973) bei diesem Stück aufgrund der Diskoidform und einzelner Motivausführungen zum kretischen und helladischen Raum ausgezogen hat, und die ihn zu einer Datierung ins 14. Jh. v. Chr. führten, sind so wenig zu halten wie das frühe Datum.

[16] Auch wenn zwischen den eisenzeitlichen Siegeln aus Moab mit Mondsicheldarstellungen und der arabisch beeinflußten, aber aramäisch geschriebenen Inschrift aus Kerak, die J. T. Milik (1958) bekannt gemacht hat (vgl. Lipiński 1975: 261f), ein großer zeitlicher und kultureller Abstand besteht, so ist es doch gewiß kein Zufall, daß der Dedikator jenes Textes, der sich ausdrücklich als *ʿbdkmš* bezeichnet, den schönen Namen "Neumond(sichel)" Sohn des *ʿAmmaʾ* trug (*hll br ʿmʾ*). Schon Milik (a.a.O. 339) hatte zu Recht diese Etymologie für den Namen des Dedikanten jener Inschrift vorgeschlagen – ohne allerdings auf die Neumondsichel auf moabitischen Siegeln zu verweisen.

(Abb. 3) nur ein ganz untergeordnetes Bildmotiv ist, sie ist immerhin da. Welche Abstraktion für dieses Motiv möglich ist, zeigt das Siegel des *kmšyḥy* (Abb. 1). Sofern dessen Datierung ins 8./7. Jh. richtig ist, könnte man meinen, daß sich dieselbe Abstraktion auf noch späteren moabitischen Siegeln wiederholt. Das ist nicht der Fall. Man wird die hier vorliegende, völlig abstrahierte, Form der geflügelten Sonne vorerst für einen Sonderfall anzusehen haben. Es ist allerdings auffällig, daß auch beim *kmš|ṣdq*-Siegel (Abb. 3) dieses Motiv ganz nebensächlich, an fast versteckter Stelle, im untersten Bildregister geboten wird. Daraus ergibt sich, daß auf moabitischen Siegeln mit dem Bildmotiv der Flügelsonne anscheinend keine klare emblematische Vorstellung mehr verbunden war.[17] Wie das Bildmotiv in Moab im einzelnen gedeutet wurde, ist unbekannt.

3. Zur vierflügligen Gestalt

Die Siegelfläche des *kmšṣdq*-Siegels (Abb. 3) wird von einer vierflügligen Gestalt dominiert. Über die Bedeutung der vierflügligen Gestalt besteht kein Konsens (s.o.). Wenn es denn aber so ist, daß in assyrischer Bildtradition bei vergleichbaren vierflügligen Figuren nur ein Bein der Figur von der Kleidung bedeckt ist bzw. die Bekleidung hinter dem einen Bein noch durchscheint (Giveon 1961: 40f; Keel 1977: 200), so steht die hier vorliegende Figur eindeutig nicht in solcher Tradition. Für den Kopfschmuck der vorliegenden Figur gilt, daß er zwar nicht wirklich eine ägyptische Krone oder Doppelkrone ist, aber doch nur verstanden werden kann, wenn man ägyptische Kronendarstellungen als Vorlage annimmt. So steht die vierflüglige Figur auf diesem moabitischen Siegel des 8./7. Jh.s in der ägyptisierenden Bildtradition der syro-palästinischen Siegelkunst, aber (noch) nicht unter direktem Einfluß der assyrischen Glyptik.

4. Zwischenbilanz

Insgesamt sind auf den sieben *kmš*-Siegeln nur wenige bildliche Motive bezeugt. Die auffälligste und auch umstrittenste Darstellung ist die vierflüglige Gestalt auf dem Siegel des *kmšṣdq* (Abb. 3). Weiterhin gibt es Darstellungen der Mondsichel (Abb. 2, 5) und der geflügelten Sonne (Abb. 1, 3), dazu noch eine spiegelbildliche Greifen- oder Sphinxdarstellung (Abb. 4) und – auf demselben Siegel – vielleicht ein Bildrelikt aus dem Mittleren Reich. Das ist wahrlich keine Fülle an verschiedenen Bildmotiven, sondern ein beklagenswerter Mangel, der generalisierende Aussagen nicht erlaubt. Vermehrt werden die erörterten Bildmotive nun aber durch Siegel, die zwar keine *kmš*-Namen aufweisen, aber aus anderen Gründen als moabitisch klassifiziert wurden. |

---

[17] Bezeichnenderweise hat C. Bonnet in ihrer Studie zum Sonnengott im kanaanäisch-phönizischen Raum (1989) die geflügelte Sonnenscheibe nicht als Repräsentation des Sonnengottes aufgenommen.

IV. Siegel mit Namen ohne *kmš*-Element

Auch im folgenden bleiben anikonische Siegel unberücksichtigt, die allein von der Form ihrer Buchstaben her als moabitisch klassifiziert wurden.[18] Die nachfolgende Erörterung faßt einige Siegel nach der jeweils dominierenden ikonographischen Darstellung auf ihrer Siegelfläche zu 'Gruppen' zusammen. Wenn dabei nicht allein die ikonographische Darstellung diskutiert wird, sondern immer wieder gefragt werden muß, ob das Siegel zu Recht als moabitisch deklariert ist, unterstreicht das erneut die schwierigen Unterscheidungskriterien zwischen phönizischen, hebräischen und moabitischen Siegeln.

1. Greif oder Sphinx

Das Siegel des *'ḥyšʿ* (Abb. 7): Die Siegelfläche ist dreiteilig. Im obersten Teil, mehr als die Hälfte der Siegelfläche einnehmend, findet sich die Darstellung eines stilisierten geflügelten Löwen mit einem großen Schurz zwischen seinen Vorderpranken. Das Mischwesen schreitet auf dem Siegel nach rechts. Sein Kopf ist so erodiert, daß nicht sicher erkennbar ist, ob es sich um einen menschenartigen (= Sphinx; so zuletzt Lemaire 1990b: 99 Anm. 10) oder um einen vogelartigen Kopf (= Greif) handelt. Vor dem Kopf des Tieres steht ein hohes *ʿnḫ*-Zeichen (oder Thymiaterion?), hinter ihm ein kleineres. Von der Darstellung ist die Beschriftung durch einen Doppelstrich getrennt. Unten, wiederum durch einen Doppelstrich getrennt, erscheint die Darstellung einer Mondsichel, rechts davon ein mehrzackiger Stern.

Ist eine phönizische Klassifikation (so HD 119) ausgeschlossen[19], so läßt sich auch eine Zuweisung nach Moab paläographisch nicht zwingend beweisen.[20] Die

---

[18] Etwa das Siegel eines *nḥm bn ḥmn* (Timm 1989a: 211f, Nr. 19) und das eines *klkl mnḥm* (Timm 1989a: 203f, Nr. 16; zum Namen *klkl* vgl. noch Silverman 1970: 481; Zadok 1988: 31 s.v. *klkl* und *klklyhw*). Besonders letzteres wäre schriftgeschichtlich wichtig, weil auf ihm die Form des Mem mit einem kleinen Strich unter dem mittleren horizontalen Balken zu finden ist, die bislang nur auf moabitischen Siegeln nachgewiesen wurde. Würde das Siegel – wie vom Ersteditor des Siegels vorgeschlagen (Avigad 1979: Nr. 9) – weiterhin als hebräisch klassifiziert, so liefe das darauf hinaus, daß die Form des Mem generell kein Klassifikationsmerkmal für moabitische oder hebräische Siegel mehr sein könnte. Vgl. noch unten die Diskussion zum Mem auf dem Siegel des *mypʿh* (Abb. 13).

[19] Der Name des Siegelinhabers ist – entgegen der Erstpublikation – aus dem Nominalelement *'ḥ* und der Verbalwurzel *YŠʿ* zusammengesetzt. Letztere ist im Phönizisch-Punischen nicht nachgewiesen.

[20] A. Lemaire (1980: 496) hat für die Ḥet-Form auf moabitische Parallelen verwiesen und damit eine moabitische Klassifikation begründet (vgl. 1990b: 100 Anm. 6). In den | moabitischen Monumentalinschriften oder den *kmš*-Siegeln ist ein vergleichbares Ḥet freilich nicht nachgewiesen. Eine vergleichbare Form gibt es auf dem Siegel des *ḥšk 'mhy*, das ebenfalls als moabitisch deklariert worden ist (B 68; Israel 1987b: Nr. XVII), bei dem aber für eine solche Klassifikation und überhaupt an der Authentizität ernste Zweifel anzubringen sind (Timm 1989a: 232f, Nr. 31). Das Šin auf dem Siegel des *'ḥyšʿ* ist nicht sicher erkennbar. Die übrigen Buchstaben ermöglichen zwar eine Datierung ins 8. oder 8./7. Jh., jedoch keine sichere Zuweisung nach Moab.

Greifen- bzw. Sphinxdarstellung, die hier im unteren Register | begleitet ist von der Darstellung eines Sichelmondes und eines Sterns, ist also für die Klassifikation maßgeblich. Sie hat eine Analogie in der (spiegelbildlich verdoppelten) Darstellung auf dem Siegel des *kmšdn* (Abb. 4). Sofern das *'ḥyš'*-Siegel weiterhin als moabitisch anzusehen ist, wäre für Moab eine frühe Darstellung eines einzelnen Greifen bzw. eines einzelnen Sphinx bezeugt.

Das Siegel des *'mr'l* (Abb. 8): Die ellipsoide Siegelfläche wird zu mehr als der Hälfte eingenommen von einem Greifen, der nach links schreitet.[21] Dessen Kopfputz besteht aus vier Strahlen. Zwischen seinen Vorderläufen befindet sich ein Schurz. Vor dem Greifen steht ein hohes *'nḫ*-Zeichen (oder Thymiaterion?). Unter der Greifendarstellung, davon durch eine einfache Trennlinie abgeteilt, steht *'mr'*. Darunter befindet sich eine letzte Trennlinie. Parallel zur letzten Trennlinie ist ein verdrehtes Lamed eingraviert, für das der Raum hinter dem letzten 'Aleph offensichtlich falsch berechnet war.[22]

Die moabitische Klassifikation dieses Siegels, das um 750 v. Chr. datiert wird, ist von seiner Beschriftung her ebenso wenig zu sichern wie von seiner Ikonographie. Greifen- bzw. damit eng verwandte Sphinxdarstellungen gibt es ja außerhalb der moabitischen Glyptik häufig (vgl. Gubel 1985; Lemaire 1990b).

Das Siegel des *ydl'* (Abb. 9): Die Siegelfläche wird von etwas mehr als zur Hälfte von einem stilisierten geflügelten Löwen (?) eingenommen, dessen Kopf in einen Federbusch von vier Strahlen ausläuft. Zwischen seinen Vorderläufen befindet sich wieder ein Schurz. Vor dem Löwen (?), der auf dem Siegel nach links schreitet, steht ein 'Pfahl', der sich oben zu drei 'Ästen' verzweigt. Mittels einer Doppellinie wird die Beschriftung *ydl'* davon abgeteilt. Dabei folgt auf das 'Aleph noch ein vertikaler Strich. Darunter steht nochmals ein Doppelstrich. |

Unter Hinweis auf die Greifen- bzw. Sphinxdarstellungen der "moabitischen" Siegel, speziell des *'mr'l*-Siegels (Abb. 8), hat A. Lemaire kürzlich vorgeschlagen (1990b: 100 Anm. 16), die Buchstabenformen dieses Siegels paläographisch dem moabitischen Schriftraum zuzuweisen.[23] Ausschlaggebend für diese Klassifikation ist gewiß mehr die ikonographische Darstellung auf dem Siegel als die Formen von Yod, Dalet, Lamed und 'Aleph (vgl. Lemaire 1993: 15 mit Fig. 21). Für alle vier Buchstaben lassen sich aber auch im hebräischen Schriftraum Parallelen finden, so daß die neue Klassifikation noch nicht das letzte Wort für die künstlerische Heimat

---

[21] Es handelt sich – anders als auf Abb. 7 – eindeutig um die Darstellung eines Greifen, nicht eines Sphinx.

[22] Auch die obere, zweite Trennlinie zwischen der Greifendarstellung und der Beschriftung kann so gedeutet werden, daß unter dem eigentlichen, einfachen Trennstrich noch ein weiteres verdrehtes Lamed liegt, dessen Abstrich mit dem ersten 'Aleph der Inschrift eine Ligatur eingegangen ist. So ergäbe sich als Beschriftung *l*[!]*//'mr'//l* (anders noch B 62; Israel 1987b: 108; Timm 1989a: 189f, Nr. 10).

[23] P. Bordreuil hatte das Siegel um 750 v. Chr. datiert und als phönizisch klassifiziert; die Verbalwurzel (*DLH*) des Personennamens sei für das Phönizische freilich neu. Das nachfolgende 'Aleph repräsentiere einen Gottesnamen (B 3). Letzterem ist angesichts vieler Hypokoristika mit der Endung 'Aleph nicht zuzustimmen.

des Siegels ist.[24]

Das Siegel des *m'š* (Abb. 10): Die Siegelfläche wird mehr als zur Hälfte von einem Greif ausgefüllt, der nach links schreitet. Sein Kopf ist verziert mit einem dreistrahligen Federbusch. Zwischen seinen Vorderläufen befindet sich wieder ein Schurz. Darunter eine doppelte Trennlinie, darunter die Beschriftung.

P. Bordreuil (1986f) hat dieses Stück aufgrund der Buchstabenformen, der Darstellung und des Namens[25] als moabitisch klassifiziert und darauf hingewiesen, daß Abbé Starcky ehedem noch weitere Siegel aus Transjordanien in seiner Sammlung hatte. Eine (ehedem spiegelbildlich verdoppelte) Darstellung eines Sphinx oder eines Greifen ist auf dem Siegel des *kmšdn* (Abb. 4) bezeugt. Insofern könnte auf einem zeitlich früheren moabitischen Siegel sehr wohl auch eine einzelne Greifen- oder Sphinxdarstellung auftreten. Die Buchstabenformen erlauben allerdings nur eine Datierung in die Mitte des 7. Jh.s, aber keine eindeutige Zuweisung nach Moab.[26]

Auffallend ist bei den vier hier erörterten Siegeln mit einer Sphinx- oder Greifendarstellung, daß die Kopfpartie des Greifen bzw. des Sphinx zwar bisweilen mit einer Art Federbusch versehen ist, keine der Darstellungen aber | eine eindeutig ägyptische Krone zeigt, wie sie doch für einen ägyptischen Sphinx erwartet werden dürfte und auch oft genug auf anderen Siegeln belegt ist (vgl. schon G 1–7, andeutungsweise auch G 10–11; Gubel 1985; Lemaire 1990b). Angesichts dessen, daß ein moabitischer Siegelschneider die vierflüglige Figur auf dem Siegel des *kmšṣdq* (Abb. 3) mit einer Krone von der Art der ägyptischen Königskrone versehen hat, sollte man annehmen dürfen, daß auch ein so typisch ägyptisches Wesen wie ein Sphinx (oder der damit ikonographisch eng verwandte Greif) mit einer ägyptischen Krone hätte versehen werden können. Doch ist dies hier nicht der Fall. Vielleicht handelt es sich um eine Besonderheit gerade moabitischer Sphinx- bzw. Greifendarstellungen.[27] Da die (ehedem spiegelbildliche) Sphinx- oder Greifendarstellung auf dem moabitischen Siegel des *kmšdn* (Abb. 4) oberhalb der heute allein erhaltenen rechten Figur keinen Federbusch aufweist, unterscheiden sich die vier zuletzt erörterten Siegel davon freilich in einem wichtigen Detail. War ihre Klassifizierung als moabitisch schon durch ihre Buchstabenformen nicht sicher zu erweisen, so kann

[24] Eine moabitische Parallele zu Personennamen der Wurzel *DLH* fehlt. Zu hebräischen vgl. Zadok 1988: 25, 30, 31, 39, 96; Avigad 1989a: Nr. 10 (Siegel des/der *dlh* oder *dly* samt zwei weiteren Belegen auf Siegeln).

[25] Daß der Name *m'š* in Moab gebräuchlich war, bezeugt seine Langform *kmšm'š*. Allerdings hat es diesen Namen z.B. auch im hebräischen Sprachraum gegeben, wie z.B. das Siegel des *m'š bn mnḥ hspr* (B 51) erweist.

[26] Ein typisch moabitisches Mem mit zusätzlichem Strich unter dem horizontalen Mittelbalken gibt es auf dem Siegel des *m'š* jedenfalls nicht. Sein 'Aleph und Šin sind für die Datierung relevant, reichen jedoch nicht, um eine moabitische Klassifikation über jeden Zweifel erhaben sein zu lassen.

[27] Dann wäre allerdings auch das Siegel des *šmʿ*, mit einer deutlich erkennbaren Krone auf dem Haupt des Sphingen (G 3), von den hier erörterten Darstellungen abzusetzen, als nichtmoabitisch anzusehen (anders noch Timm 1989a: 224, Nr. 26) und im westjordanischen Raum Syrien-Palästinas zu belassen (so schon Gubel 1985: 106f).

auch die Zuordnung ihrer Greifen- bzw. Sphinxdarstellungen zum Repertoire der moabitischen Glyptik nicht als endgültig gesichert gelten. Wenn aber auch nur eines der vier Siegel im Land der Moabiter hergestellt wurde – was vorerst nicht sicher erweisbar ist –, so würde sich damit eine ikonographische Kontinuität zur Darstellung auf dem Siegel des *kmšdn* ergeben, und das dort vorliegende Motiv wäre dann für Moab nicht mehr singulär.

Was emblematisch mit dem Motiv des Sphinx oder des Greifen in Moab ausgesagt werden sollte, entzieht sich noch unserer Kenntnis. Man wird es am ehesten mit dem Königtum verbinden.

2. Vierflüglige Gestalt

Die Siegelfläche des *kmšṣdq*-Siegels (Abb. 3) wird von der Darstellung einer vierflügligen Gestalt dominiert. Vergleichbare Gestalten finden sich u.a. auf vier weiteren, ebenfalls als moabitisch klassifizierten Siegeln.

Das Siegel des *bʿlntn* (Abb. 11): Das Siegel ist im letzten Jahrhundert von E. de Sarzec in Tello in Mesopotamien gefunden worden. Mehr als die Hälfte seiner Siegelfläche ist von einer nach links schreitenden vierflügligen Gestalt ausgefüllt, die etwas Schlangenähnliches in ihren Händen hat. Es ist nicht auszuschließen, daß die | Figur eine Maske vor dem Gesicht trägt.[28] Auf dem Haupt der Figur befindet sich eine stilisierte ägyptische Krone, wobei vor und hinter dem Haupt sonderbare 'Bänder' von oben herabreichen, die auch als Lamed gedeutet werden könnten. Bekleidet ist die Figur mit einem kurzen Gewand, das noch nicht einmal bis zu den Knien reicht. Unterhalb der Figur, vor und hinter ihr, findet sich je ein liegendes spitzes Dreieck (dazu Timm 1989a: 194 Anm. 29). Unterhalb der Darstellung, durch einen Doppelstrich getrennt, steht die Beschriftung.

Die Buchstabenformen dieses Siegels sind anfänglich als phönizisch oder hebräisch deklariert worden, dann als phönizisch (Delaporte 1920: 26, Pl. 242), aber auch als aramäisch (VSA 20). Zuletzt hat sie L. G. Herr (1978: 158, Nr. 8) als moabitisch klassifiziert, worin ihm nunmehr gefolgt wird (vgl. B 61; Israel 1987b: Nr. XVI; Timm 1989a: 194f, Nr. 12).[29]

Der Name *bʿlntn* ist noch mehrfach auf Siegeln belegt. Neben dem in Rede stehenden Siegel hatte schon P. Schroeder (1880: Abb. 8) ein zweites mit der Inschrift *bʿlntn* publiziert, das sich damals in der Sammlung Dr. J. Mordtmann, Konstantinopel, befand. Es zeigt zwei sich gegenüberstehende, die senkrechte Namensinschrift flankierende Falken über einer Flügelsonne, darunter zwei Uräen, die ein *ʿnḫ*-

---

[28] Vgl. zu solchen Masken, vorwiegend – aber nicht ausschließlich! – aus Gräbern, Ciasca 1988. Eine Zusammenstellung der syro-palästinischen Funde solcher Masken samt dem Versuch, ihre Funktion(en) zu bestimmen, bedarf einer Einzelstudie.

[29] Die auffälligsten Buchstabenformen dieses Siegels sind seine zwei Nun, die voneinander differieren. Das erste hat deutlich einen Querstrich unter seinem horizontalen Balken, das zweite nicht. Derartige zusätzliche Striche unter dem horizontalen Querbalken sind zuvor schon nachgewiesen bei den Buchstaben Kaf und Mem. Sie sind keine Gravurfehler des Siegelschneiders, sondern Eigenarten der moabitischen Schriftentwicklung (Timm 1989a: 290–293). So kann dieses Siegel trotz des weit entfernten Fundortes als moabitisch gelten.

Zeichen flankieren. Jenes Stück soll aus Chalzedon bestanden haben. Ein Skaraboid aus Achat mit gleicher Darstellung und gleichem Namen *bʿlntn* findet sich heute im Bible Lands Museum in Jerusalem und ist von M. Heltzer als hebräisches Siegel angesprochen worden (1981: 311f, Nr. 270); der Skaraboid ist mit dem Stück aus der Sammlung Mordtmann wohl identisch. Ein Siegel im Israel Museum (HD 120) zeigt auf seiner Siegelfläche einen geflügelten Sphinx mit ägyptischer Krone und Schurz zwischen den Vorderläufen, der nach links auf einen stilisierten Lebensbaum zuschreitet. Hinter ihm steht ein *ʿnḫ*-Zeichen, unter der Darstellung, getrennt durch einen einfachen Trennstrich, die Inschrift. Ein sehr einfaches, anikonisches Siegel im Hecht Museum, Haifa, mit dem Namen *bʿlntn* hat kürzlich N. Avigad bekannt gemacht (1989a: Nr. 21).

Da im Phönizisch-Punischen die semitische Wurzel *NTN* im Grundstamm Perfekt regelmäßig als *YTN* erscheint (vgl. Friedrich & Röllig 1970: §§ 158–160), sind Verbalformen mit Nun am Anfang im Phönizisch-Punischen als Textfehler oder als irreguläre Assimilationsformen anzusehen (vgl. noch den Namen *bʿntn* (sic!) auf | einem Krug aus Tell ʿArqa, Bordreuil 1983: 751ff). Will man nicht mit einem ständig wiederholten Schreibfehler rechnen, so sind Siegel mit dem Personennamen *bʿlntn* als nicht-phönizisch zu klassifizieren (anders Avigad 1989a: 18). Hilfsweise könnte vermutet werden, daß man die ikonographischen Darstellungen auf den *bʿlntn*-Siegeln zwar in phönizischen Werkstätten angefertigt, die Beschriftung jedoch in einem Bereich vorgenommen hat, wo man das Verb "geben" mit Nun in der ersten Silbe sprach. Doch deutet auf den *bʿlntn*-Siegeln nichts darauf hin, daß ihre Beschriftung anderswo als in der Werkstatt der ikonographischen Abbildung vorgenommen wurde.

Wohin gehören also die *bʿlntn*-Siegel? Sie stammen gewiß nicht alle aus der gleichen Zeit und auch nicht alle aus der gleichen Werkstatt. Das älteste von ihnen dürfte das Pariser Siegel mit der vierflügligen Gestalt sein (Abb. 11; B 61: Mitte 8. Jh.), das jüngste, mit ganz offener ʿAyin-Form, das Stück in Haifa (Avigad 1989a: 17f: 1.–6. Jh.). Obgleich das Motiv der vierflügligen Gestalt viel älter ist, hatte es im 9.–8. Jh. im nordsyrischen Raum eine neue Blütezeit. Die ägyptisierenden Kronen derartiger Figuren – wie auf Abb. 11 – verwies K. Galling in eine phönizische Werkstatt des 8. Jh.s (Galling 1941: 151ff; vgl. zur ganzen Gruppe auch Gubel 1993: 123–125). Die Frage ist aber, ob der Ausdruck "phönizische Werkstatt" allein geographisch auf das phönizische Mutterland bezogen werden muß. Galling hatte es wohl so gemeint. Inzwischen verdichten sich jedoch die Gründe dafür, daß mit Siegelwerkstätten in phönizischer Handwerkstradition Mitte des 8. Jh.s auf dem Boden des Nordreiches Israel zu rechnen ist (Garbini 1982; Lemaire 1990b: 100f; GGG: Kap. VII). Die Annahme, daß "phönizische" Werkstätten nicht nur im phönizischen Mutterland selbst, sondern auch auf west- und ostjordanischem Boden gearbeitet haben, ist z.Zt. die beste Erklärung dafür, daß Siegel mit dem von der nordsyrischen Glyptik und Reliefkunst her beeinflußten Motiv der vierflügligen Gestalt, verbunden mit dem phönizischen Motiv der ägyptischen Krone(n), eine Beschriftung erhalten haben, die im phönizischen Sprachraum nicht möglich war.

Bleibt es bei der moabitischen Klassifikation des Pariser *bʿlntn*-Siegels, so ist damit zu rechnen, daß das Stück in einer Werkstatt auf dem Boden (West- oder Ost-) Palästinas angefertigt wurde, die eine nordsyrisch-phönizische Bildtradition pflegte.

Im übrigen ist dann mit dem Namen *bʿlntn* der Gottesname Baal erstmals auch für Moab bezeugt.

Daß ein moabitischer Eigentümer eines Siegels mit der Darstellung einer vierflügligen Gestalt darin die Wiedergabe seines Gottes Kamosch erblicken konnte (vgl. den Namen *kmšṣdq* auf Abb. 3), ist möglich. Angesichts des Siegels von Abb. 11 war aber offenbar das gleiche Motiv auf den Gott Baʿal (vgl. den Namen *bʿlntn*) übertragbar. Eine solche Interpretation der beiden Siegel würde freilich voraussetzen, daß zwischen dem Namen des Siegeleigentümers und der ikonographischen Darstellung auf seinem Siegel eine enge inhaltliche Relation besteht. Dafür gibt es zwar einige Beispiele auf syro-|palästinischen Siegeln, doch ist eine solche Relation keineswegs immer gegeben.[30]

Das Siegel des *ʿzʾ* (Abb. 12): Das Siegel stammt aus dem Umkreis des Kibbutz Dan bei *Tell el-Qāḍi* in Israel. Es hat in seiner Beschriftung mit den Buchstaben des Pariser *bʿlntn*-Siegels nur das Lamed und ʿAyin gemeinsam. Leider gehören Lamed und ʿAyin zu denjenigen Buchstaben, bei denen voneinander abweichende Formen im phönizischen, hebräischen, moabitischen und aramäischen Schriftraum kaum nachzuweisen sind. Ein Zayin wie auf dem *ʿzʾ*-Siegel ist auf moabitischen Denkmälern nur auf der Meschaʿ-Inschrift bezeugt, allerdings entspricht jene klassische Form der hier vorliegenden nicht genau. Eine typisch phönizische Form des Buchstabens liegt jedoch auch nicht vor. Eine aramäische Klassifikation des Siegels und eine Datierung ins 9.–8. Jh. (so Herr 1978: 47f, Nr. 99) ist auch noch nicht das letzte Wort (vgl. Timm 1989a: 213f, Nr. 20). Eine moabitische Klassifikation des Siegels wird erst gesichert sein, wenn eines Tages zum Buchstaben Zayin auf dem Siegel des *ʿzʾ* vergleichbare Formen auf unbestreitbar moabitischen Inschriften auftauchen.

Die Darstellung steht in Parallele zu etlichen weiteren Beispielen. K. Galling hatte seinerzeit – wie oben erwähnt – die vergleichbaren Darstellungen auf dem Pariser Siegel des *bʿlntn* (Abb. 11), auf dem Siegel des *kmšṣdq* (Abb. 3) und auf dem Siegel des/der *mmh* (dazu Timm 1989a: 243f, Nr. 37) einer phönizischen Werkstatt des 8. Jh.s zugeordnet (Galling 1941: 151ff). Das letztgenannte Siegel muß aber aufgrund seiner Buchstabenformen, die eine moabitische Klassifikation jedenfalls ausschließen, von den übrigen abgesetzt werden (vgl. Timm, a.a.O.).

Das Siegel des *mypʿh* (Abb. 13): Fast drei Viertel der Siegelfläche werden eingenommen von einer vierflügligen Gestalt, die nach rechts schreitet. Auf ihrem Kopf trägt sie eine ägypti|sche Doppelkrone, deren Vorderteil sich fast kugelartig über das

---

[30] Damit, daß der Gottesname Kamosch und der Gottesname Baʿal auf je einem moabitischen Siegel mit je einer vierflügligen Gestalt bezeugt sind, ergäbe sich ein weites Feld für Erwägungen und Spekulationen, z.B. ob man aus den beiden Siegeln schließen darf, daß der Gott Kamosch bei den Moabitern von Baʿal unterschieden war, oder ob Baʿal dort auch nur eines unter mehreren Epitheta des Kamosch bildete. Daß der Gott Kamosch von den Moabitern als Baʿal tituliert wurde, ist jedenfalls nicht selbstverständlich (vgl. Koch 1979: 466). Gesetzt den Fall, der Gott Kamosch war bei den Moabitern vom Gott Baʿal unterschieden, hatten sich dann die religiösen Vorstellungen über Kamosch den religiösen Vorstellungen über Baʿal einander so stark angenähert, daß ein Verehrer des Kamosch auf seinem Siegel eine ganz ähnliche Darstellung benutzen konnte wie ein Verehrer des Baʿal? Mangels weiterer Quellen – und der generellen Unsicherheit bei der Korrelation von Siegeldekor und theophorem Element im Namen des Siegelbesitzers – sind derartige Erwägungen hier abzubrechen.

Haupt erhebt Die Darstellung der ägyptischen Doppelkrone hat ihre nächste Parallele auf dem *kmšṣdq*-Siegel (Abb. 3). Vor dem Gesicht der Gestalt scheint sich ziemlich deutlich eine Gesichtsmaske zu befinden (s.o. zum Pariser Siegel des *bʿlntn*). In beiden Händen hält die Gestalt je einen Gegenstand, den Avigad (1990: 43) als Lotosblume deutet. Die 'Rippen' der vier Flügel sind bis auf den Leib der Figur durchgestaltet Das Kleid bedeckt auch beim Ausschreiten der Figur deren oberste Beinpartien nicht, so daß es wie ein Hosenanzug wirkt. Assyrische Siegelschneider hatten bessere Fertigkeiten entwickelt, eine schreitende Person bis an die Knie noch von einem Kleid bedeckt sein zu lassen.

Die einzeilige Inschrift ist von der bildlichen Darstellung durch eine Doppellinie abgetrennt. Von ihrem Duktus her hat Avigad das Siegel ins 7. Jh. datiert. Die Buchstabenfolge *mypʿh* war bislang nur als Name der moabitischen Ortschaft Mefaa(t) bekannt.[31] Avigad hat für die Deutung des Siegeleignernamens darauf hingewiesen, daß im Hebräischen öfter Ortsnamen als Personennamen in Gebrauch waren, vgl. Anatot, Betuel, Efron, Eschtemoa, Gilead, Hebron, Jafia, Sichem, Sif und Socho (1990: 42). So liege mit diesem Stück kein Siegel der moabitischen Stadt Mefaa(t) vor, sondern das eines Moabiters, der seinen Personennamen nach der Stadt Mefaa(t) hatte. Daß das Siegel einem Moabiter gehörte, ist also aus dem Namen des Siegeleigners gefolgert, nicht aus den Formen der Buchstaben.[32] Das Gewicht des moabitischen Ortsnamens Mefaa(t) wird den epigraphischen Befund zwar auch künftig verdrängen. Aber so sehr der (Orts-)Name Mefaa(t) und die vierflüglige Gestalt ins Repertoire moabitischer Siegel passen mögen: nach dem epigraphischen Befund ist hinter die moabitische Klassifikation des Siegels ein unübersehbares Fragezeichen zu setzen.

Die Siegel des *kmšṣdq* (Abb. 3) und des *bʿlntn* (Abb. 11) zeigen wie die beiden Siegel des *ʿzʾ* (Abb. 12) und des *mypʿh* (Abb. 13), deren moabitische Klassifikation allerdings problematisch ist (s.u.), jeweils sehr ähnliche Darstellungen. Wenn in deren Bildtradition ein Motiv aus dem nordsyrischen Raum vermehrt wurde um die ägyptisierende Krone aus dem phönizischen Kulturkreis, muß man für die Deutung der dargestellten vierflügligen Gestalt in Moab mit sehr komplexen Einwirkungen

---

[31] Im Alten Testament מפעת und מיפעת geschrieben (Jos 13,18; 21,37; Jer 48,21 Ketib; 1Chr 6,64). Die Meschaʿ-Inschrift (KAI Nr. 181) bietet die Endung *-h* bei den Ortsnamen *qrḥh* (Z. 3, 21, 25) und *nbh* (Z. 14). So kann die hier auf dem Siegel vorliegende Graphie mit He am Ende statt wie im Hebräischen mit Taw als korrekte moabitische Schreibung des Ortsnamens gelten.

[32] Besonders beim Mem ist schon Avigad aufgefallen (1990: 43), daß es nicht die zu erwartende moabitische Form aufweist. Der Leerraum auf dem Siegel hätte in jedem Fall gereicht, ein Mem mit einer gerundeten Unterlänge einzugravieren (zu den moabitischen Mem vgl. Timm 1989a: 290–293). Unter den fünf Buchstaben des Siegels müßte das Mem als *das* Kriterium gelten, epigraphisch zwischen moabitischer oder hebräischer Herkunft zu unterscheiden. Das vorliegende Mem hat aber keine typisch moabitische Form. Vergleichbares läßt sich auch vom He sagen, auch wenn für dessen Entwicklung im moabitischen Schriftraum viel weniger Belege zur Verfügung stehen. Ein moabitisches He sollte im 7. Jh. eine horizontale Oberlänge über den rechten vertikalen Balken hinaus haben (vgl. Timm 1989a: 281f). Nach den sonstigen Schriftdenk|mälern aus Moab können die auf diesem Siegel vorliegenden Buchstaben jedenfalls nicht als moabitisch gelten.

von außen rechnen. Wenn sich bestätigt, daß die vierflüglige Gestalt auf Abb. 11 eine Gesichtsmaske trägt und auch die auf Abb. 13 mit einer solchen Gesichtsmaske versehen ist, wird die Interpretation der Gestalt als einer (männlichen oder weiblichen) Gottheit ganz fraglich. Man wird sie dann eher als eine Mittlerfigur deuten müssen, die angesichts der/einer Gottheit/des Numinosen ihr Antlitz zu verbergen hat (vgl. auch – anders? – Ex 34,29ff; dazu – nicht völlig überzeugend – Jaroš 1976). Darüber hinaus gehört die vierflüglige Gestalt – anders als etwa die geflügelte Sonne – nicht zu den ältesten Motiven der eisenzeitlichen Siegel aus Palästina. So ist diese Darstellung ein Beleg dafür, daß die Siegelschneider der Moabiter im 8. und 7. Jh. neuen ikonographischen und religiösen Einflüssen durchaus offen gegenüberstanden.

3. Adorationsszene

Das erste Siegel mit einer Szene, in der sich zwei Personen an einem altarähnlichen Gegenstand ehrfurchtsvoll gegenüberstehen, das als moabitisch klassifiziert worden ist, war das Siegel des *'mṣ hspr* (Abb. 14). Über dieses berühmte Siegel des "Schreibers Amoṣ" hinaus sind inzwischen noch zahlreiche weitere Siegel mit vergleichbaren Darstellungen[33] als "moabitisch" klassifiziert worden.[34]

Man kann zuweilen geradezu den Eindruck haben, jedes syro-palästinische Siegel, das eine vergleichbare Adorationsdarstellung aufweist, müsse neuerdings als "moabitisch" klassifiziert werden. Überprüft man indes die verschiedenen Buchstabenformen dieser Siegel mit Adorationsdarstellungen, so fallen erhebliche Unterschiede zu den bislang auf den *kmš*-Siegeln belegten Buchstabenformen auf. Legt man ganz strenge Maßstäbe an für einen derartigen epigraphischen Vergleich, so wird sogar die Zuweisung des berühm|ten *'mṣ hspr*-Siegels an einen Moabiter wieder fraglich.[35] Ein minuziöser "buchstäblicher" Vergleich der Schriftformen zwischen den als moabitisch klassifizierten Siegeln mit Adorationsdarstellungen mit den Buchstabenformen auf den moabitischen Inschriften oder den *kmš*-Siegeln kann hier nicht vorgenommen werden. An zwei beschrifteten Siegeln mit einer Adorationsszene sei die Problematik aber verdeutlicht.

Das Siegel des *ḥkm*[!] (Abb. 15): Zwei Drittel der Siegelfläche bilden eine sehr schön ausgeführte Adorationsszene, in der sich zwei Personen einander gegenüberstehen. Über ihnen schwebt ein vielzackiger Stern. Zwischen den beiden Personen befindet sich ein Ständer, dessen oberer Teil als liegender Halbmond geformt ist.

---

[33] Auch wenn andere Benennungen für diese Darstellung vorgeschlagen wurden (B 67: "cérémonie d'alliance"; Bordreuil 1987a: 284 "scène d'alliance"), seien derartige Darstellungen hier weiterhin als Adorationsszene benannt (vgl. Keel 1990c: 17 Anm. 8).

[34] Vgl. Timm 1989a: Nr. 8, 13 (= Abb. 15), 15, 21, 27, 35; B 102; Avigad 1989a: Nr. 18 (= Abb. 16), 22; Lemaire 1990b: Nr. 3 (aus *es-Salṭ* im Ostjordanland). Zur ganzen Gruppe vgl. Ornan, 1993: 66f, Figs. 48–50, 56–65.

[35] Das gilt dann auch für das Siegel des *'ḥyḥy* (vgl. Timm 1989a: 185f, Nr. 8) und das Siegel des *km*[...] aus Samaria (vgl. dazu oben Anm. 2). Ersteres wird hauptsächlich deswegen als moabitisch angesehen, weil das Siegel des Schreibers Amoṣ so klassifiziert ist, letzteres nur aufgrund einer weitgehend ergänzten Lesung.

Links neben dem Ständer ist noch ein undeutbarer Kreis zu sehen. Hinter den beiden Personen steht jeweils ein stilisiertes *ʿnḫ*-Zeichen. Für die sehr schön ausgeführte Adorationsszene hat O. Keel eine Reihe nordsyrischer, aramäischer Beispiele beigebracht (1990c: 15f); die Darstellung steht – unabhängig von der paläographischen Klassifikation des Siegels als moabitisch oder aramäisch – unter starkem aramäischen Einfluß aus Nordsyrien (*Ḥarrān*). Als Datierung des Siegels wird die letzte Hälfte des 8. Jh.s, aber auch die erste Hälfte des 7. Jh.s vorgeschlagen (vgl. Timm 1989a: 197 Anm. 32).

Unter der Szene, durch einen Doppeltrennstrich abgeteilt, ist die Inschrift *lḥkm* eingraviert. Sie ist in sehr ungelenken Formen ausgeführt.[36] Die Zuordnung des Siegels zum moabitischen Schriftraum hatte erstmals N. Avigad (1978a) mit der Lesung *lḥkš* vorgeschlagen, wobei die Form des Buchstabens *Ḥet* wahrscheinlich das (unausgesprochene) Argument bildete, da sie auf dem Siegel des *kmšyḥy* (Abb. 1) ein genaues Pendant hat. L. G. Herr (1978: 51) hatte das Stück bei der Lesung *lḥkm* als "possible Aramaic seal" bezeichnet.[37] Der epigraphische Befund kann die Klassifikation des Siegels als moabitisch nicht begründen.[38] |

Das Siegel des *m'š* (Abb. 16): Die Siegelfläche wird zu mehr als der Hälfte eingenommen von einer Adorationsdarstellung. In dieser Darstellung steht aber nur eine Person rechts vor einem altarähnlichen Ständer. Über diesem leuchtet links ein

---

[36] Herr (1978: 51) hatte wegen der vorzüglichen Darstellung und der gleichzeitig völlig unbeholfenen Buchstabenformen (vgl. Kaf und Mem) eine moderne Fälschung nicht ausschließen wollen.

[37] Die Ḥet-Form sei "all right in Aramaic", die Form des Kaf allerdings für den aramäischen Schriftraum "unique". Das letzte Zeichen las Herr als (eindeutiges) Mem, das – wenngleich verdreht – "a good ... Aramaic form" sei.

[38] In der (Neu-)Publikation des Siegels durch P. Bordreuil wird das Stück – wiederum mit der Lesung *lḥkš* – in die Gruppe der moabitischen Siegel eingereiht, wobei die Form des Buchstabens Ḥet das epigraphische Argument bildet, die vergleichbare Darstellung auf dem Siegel des Schreibers Amoṣ (Abb. 14) das ikonographische (B 67). Der Le|sung *lḥkš* und der Klassifikation als moabitisch schlossen sich Israel (1987b: Nr. XV) und der Verfasser (Timm 1989a: 197f, Nr. 13) an. Der Name des Siegeleigentümers blieb bei dieser Lesung jedoch rätselhaft und war auch mit einem Hinweis auf eine palmyrenische Namensform *ḥkyšw* (Stark 1971: 88) im Grund nicht erklärt. Wie schon Herr gesehen hatte, ist der letzte Buchstabe aber als verdrehtes Mem zu deuten, worauf auch A. Lemaire während des Fribourger Symposions insistierte (cf. 1993: 16f mit Fig. 25). Damit ergibt sich für dieses Siegel zweierlei: (1) Erfreulich: ein von der Wortwurzel *ḤKM* "weise sein" her deutbarer Name (vgl. zu Namen dieser Wurzel Zadok 1988: 98 mit Anm. 67), der allerdings in der hier vorliegenden Form anderweitig bislang nicht bezeugt ist. (2) Fatal: ein neuer Beleg des Buchstabens Mem für den moabitischen Schriftraum (s.o. Anm. 18), der in dieser Form singulär ist. Schließt man sich aufgrund des Ḥet einer moabitischen Klassifikation des Siegels an, wofür die parallele Form auf dem Siegel des *kmšyḥy* (Abb. 1) spräche, während für eine solche Form eindeutige aramäische Beispiele fehlen (anders Herr 1978: 51, vgl. aber ebd., Fig. 27), so ist gleichzeitig zu sagen, daß die Form des Mem den reichlich belegten moabitischen Formen definitiv entgegengesetzt ist. Man mag das für eine individuelle Sonderform auf diesem Siegel halten, wie es ja auch anderswo auf Siegeln ungewöhnliche Buchstabenformen gibt. Gleichzeitig muß aber konzediert werden, daß es zur Form des Ḥet auch im hebräischen Schriftraum eindeutige Parallelen gibt (vgl. Timm 1989a: 284 Anm. 20).

neunstrahliger Stern. Links des Ständers steht der Sichelmond. Im Rücken der Figur ein Ständer – ähnlich dem Altar – mit zwei kreuzweisen Querbalken.

Unter der Darstellung, durch eine doppelte Trennlinie abgeteilt, findet sich die Beschriftung. Avigad (1989a: 16) datiert das Siegel nach den Buchstabenformen ins 8./7. Jh. Die Abbildung des Siegels zeigt beim steifen Mem den typischen Querstrich, der auch auf anderen moabitischen Mem aufgefallen war. Der Name *m'š* ist mit seiner Langform *kmšm'š* (Abb. 2) für Moab sicher nachgewiesen, er ist aber auch außerhalb des moabitischen Sprachraums bezeugt und kann nicht als ein sicheres Kriterium für eine moabitische Klassifikation gelten.

Hinter gelegentlich geäußerten Vorbehalten, Adorationsszenen wie auf dem Siegel des Schreibers Amoṣ, des *ḥkm* oder des *m'š* u.a. dem Corpus der hebräischen Namenssiegel zuzuordnen, steht oft – wenn auch vielfach unausgesprochen – die Annahme, daß derartige Szenen einem Israeliten oder Judäer nicht zuzumuten seien, zumal die Darstellungen durch emblematische Symbole wie den Sichelmond oder Sterne auf pagane Gottheiten verweisen. Bislang ist in der Tat kein Siegel mit einer Adorationsdarstellung und einem jahwehaltigen Namen bekannt geworden, so daß die Annahme, derartige Darstellungen seien grundsätzlich als nicht-hebräisch zu klassifizieren, noch nicht | eindeutig entkräftet werden konnte. Der epigraphische Befund läßt jedoch in manchen Fällen deren bisherige, gerade auch die "moabitische" Zuordnung fraglich und eine hebräische Zuordnung möglich erscheinen. Warum darf eigentlich das Siegel des *km*[...] (Ornan 1993: 67, Fig. 56), obwohl es in Samaria ausgegraben wurde, nicht als hebräisch klassifiziert werden (vgl. Sass 1993: 232 mit Anm. 88)?

Wenn freilich auch nur ein oder zwei Siegel mit Adorationsdarstellungen weiterhin als moabitisch gelten können, so ist das von besonderem Belang. Denn sie bieten dann eine ikonographische Darstellung, die auf *kmš*-Siegeln bislang nicht bezeugt ist, und sind weiterhin ein Zeichen dafür, daß im 8./7. Jh. v. Chr. auch in Moab unter aramäischem Religionseinfluß eine Entwicklung stattfand, die von einer emblematischen Gestaltung der Siegel weg zu typischen Darstellungen geführt hat. Es ist ein erheblicher Unterschied, ob man auf Siegeln nur – oder in erster Linie – emblematische Elemente wie die geflügelte Sonne oder die Mondsichel mit ihrem Verweischarakter auf die damit gemeinte Gottheit abbildet, oder ob man eine Anbetungsszene darstellt, in der sich der Siegeleigner selbst wiederfinden konnte (zum Hervortreten von Verehrerdarstellungen in der nordwestsemitischen Glyptik der Eisenzeit II C vgl. Ornan 1993; Uehlinger 1993: 262–265; GGG: §§ 183–186).

4. Mondsichel und Stern

Zwei *kmš*-Siegel, das des *kmšm'š* (Abb. 2) und das des *kmš* (Abb. 5) enthalten neben ihrer Beschriftung noch jeweils im obersten Bildregister die stilisierte Darstellung eines liegenden Halbmondes und eines strahlenden Sterns. So simpel diese beiden ikonographischen Elemente auch sind, sie können auf den Siegeln in einer erstaunlichen Variabilität auftreten.

Die Mondsichel- und Stern-Darstellung ist geradezu ein Klassifikationsmerkmal für "moabitische" Siegel geworden (vgl. Israel 1987b: 112). Hält man diesem Klassifikationsmerkmal jedoch wieder die epigraphische Form der Buchstaben auf diesen Siegeln entgegen, so wird eine moabitische Zuweisung bei vielen Stücken erneut problematisch. Vier Siegel seien hier noch diskutiert.

Das Siegel des *mnšh bn hmlk* (Abb. 17): Die Siegelfläche ist dreigeteilt. Im obersten Register steht der Sichelmond mit einem untergesetzten kleinen Strich (Andeutung eines Podestes?). Links daneben befindet sich ein sechsstrahliger Stern. Darunter, abgeteilt durch je zwei Doppelstriche als Trennungslinien, die Beschriftung.

Das Siegel wurde vom Ersteditor – und ihm folgend vielen anderen – als hebräisch angesehen. Manche identifizierten den hier bezeugten *bn hmlk* gar mit dem Prinzen Manasseh, der später König in Juda wurde (vgl. Herr 1980b: 69f). J. Naveh hat das Siegel aber aufgrund der Buchstabenformen | dem moabitischen Schriftraum zugewiesen (1966: 29 Anm. 24), worin ihm vielfach gefolgt wird (vgl. Israel 1987b: Nr. VII; Timm 1989a: 207ff, Nr. 18). Damit wäre auch in Moab der Titel *bn hmlk* bezeugt.[39]

Das Siegel des *plṭy bn m'š hmzkr* (Abb. 18)[40]: Die Siegelfläche hat vier Register.

---

[39] N. Avigad hat neuerdings ein weiteres Siegel mit der Aufschrift *mnšh bn hmlk* veröffentlicht (1987a: Nr. 7; vgl. Sass 1993: 214 mit Fig. 85). Ein Vergleich zwischen diesem und dem bislang bekannten von Abb. 17 zeigt etliche Unterschiede: (1) geflügelter Skarabäus und drei Punkte vs. Mondsichel-Stern-Darstellung; (2) andere Zeilentrennung: *lmnšh b//n hmlk* vs. *lmnšh bn // hmlk*; (3) erheblich verschiedene Buchstabenformen. Man wird die beiden Siegel nicht nur verschiedenen Eignern, sondern auch verschiedenen Schrifträumen und verschiedenen Zeiten zuordnen müssen. Insofern unterstützt die Darstellung der Mondsichel und eines Sternes auf dem schon länger bekannten Siegel von Abb. 17 auch dessen Zuordnung nach Moab. Die Diskussion der beiden Siegel könnte künftig wichtige Kriterien für die Unterscheidung moabitischer von hebräischen Buchstabenformen bieten.

[40] Vom Fundort des Siegels her ist anfänglich eine ammonitische (Hadidi 1987: 101), vom Schrifttyp der Buchstaben her eine hebräische (Younker 1985: 179 Anm. 2) Klassifikation vorgeschlagen worden. Doch haben dann zugleich F. Zayadine (1985b) und M. Abu Taleb (1985) das Siegel als moabitisch bestimmt, worin ihnen nunmehr gefolgt wird (vgl. Israel 1987b: Nr. XXV; Timm 1989a: 217ff, Nr. 22; vgl. Lemaire 1993: 2–3). Für die moabitische Klassifikation des Siegels sind in erster Linie seine Buchstabenformen maßgeblich gewesen, dann auch die Darstellung der Mondsichel mit dem Stern. In der Tat haben die meisten der 15 Buchstaben dieses Siegels | ihre engsten Parallelen im moabitischen Schriftraum. Doch gilt einschränkend auch, daß weder bei dem hier vorliegenden Kaf, noch bei dem hier vorliegenden Mem der horizontale Strich unter dem mittleren Querbalken auftritt, der sonst als typisch moabitisch anzusehen ist (s.o. Anm. 7). Auch die hier belegte Form des Buchstabens Yod ist so, mit kleinem Abstrich, noch nicht auf *kmš*-Siegeln nachgewiesen. Auch das *myp'h*-Siegel (Abb. 13) zeigt ein anderes Yod. Die Beispiele auf dem Siegel des *yhṣ* (Israel 1987b: Nr. XXVII; Timm 1989a: 234f, Nr. 32; vgl. Ornan 1993: 66, Fig. 55) und dem Siegel des *yl'* (Israel 1987b: Nr. XXXI; Ornan 1993: 67, Fig. 63) sind wahrscheinlich beide nicht moabitisch (anders noch Timm 1989a: 201f, Nr. 15 zum Siegel des *yl'*). Ganz eigenwillig ist schließlich die Form des Ṭet. Sie wird gern für aramäisch beeinflußt angesehen (Abu Taleb 1985: 24; van der Kooij 1987: 113 Anm. 32: "imitations from Aramaic or Ammonite traditions"). Doch gibt es bislang auf Siegeln kein klar bezeugtes moabitisches Ṭet, so daß die Annahme aramäischen Einflusses unbeweisbar ist (zur Form des Ṭet auf der Mescha'-Stele vgl. Timm 1989a: 284–285). So sind besonders für die Formen des Yod und Ṭet auf diesem Siegel bislang noch keine moabitischen Beispiele beizubringen. Der Name *kmšplṭ* ist in einem aramäischen Papyrus aus der Zeit 472/471 v. Chr. aus Ägypten als moabitisch bezeugt (Timm

Das oberste weist zwei kleine Striche auf, gefolgt von der Mondsichel-Stern-Darstellung. Die übrigen Register sind ausgefüllt durch die Beschriftung, auf die am Ende noch ein kleiner Strich (als Raumfüller?) folgt. Die einzelnen Register sind jeweils durch einen Doppelstrich abgeteilt. Aufgrund der Buchstabenform wird das Siegel ins 8./7. Jh. datiert.

Die Mondsichel-Stern-Darstellung hat die verwandte Darstellung auf dem Siegel des *kmš* (Abb. 5) zur Seite. Dort steht der Stern rechts neben dem Mond, hier links. Außerdem finden sich hier auf dem Siegel zwei kleine Striche vor der Darstellung, die es an dieser Stelle anderswo nicht gibt. Die nächste Parallele zur Mondsichel-Stern-Darstellung von Abb. 18 bietet das eben erörterte Siegel des *mnšh bn hmlk* (Abb. 17). Dort steht aber noch ein kleiner Strich (rudimentäres Podest?) unter der Mondsichel. Bei aller Ähnlichkeit in den beiden Darstellungen haben die Siegelschneider also doch zwei verschiedene Darstellungen geboten.

Das Siegel des *rʿṣ* (Abb. 19): Seine Siegelfläche ist dreigeteilt. Im obersten Register findet sich eine Mondsichel-Stern-Darstellung, wobei der Stern rechts von der Mondsichel steht. | Links neben der Mondsichel stehen zwei kleine Striche. Darunter kommt eine Zeile Beschriftung, wiederum darunter die stark stilisierte Darstellung der geflügelten Sonne, kopfstehend (vgl. Parayre 1990a: 301, Pl. X:116; 1993: 43, Fig. 6). Die einzelnen Register sind voneinander durch eine Doppellinie abgeteilt. Aufgrund der Buchstabenformen und der ikonographischen Elemente hat P. Bordreuil (B 64) das Siegel ins 8. Jh. datiert und als moabitisch klassifiziert.

Die Buchstabenformen haben auf der Meschaʿ-Inschrift, aber auch im hebräischen Schriftraum ihre Parallelen (vgl. Herr 1978: Fig. 50–52). So ist das entscheidende Argument für eine moabitische Klassifikation des Siegels die Darstellung der Mondsichel und eines Sternes im obersten Register sowie die Darstellung einer geflügelten Sonne, kopfstehend, im untersten. Daß mit dem Motiv im untersten Register wirklich eine geflügelte Sonne gemeint ist, zeigt das Siegel des *rp'*.

Das Siegel des *rp'* (Abb. 20): Seine Siegelfläche ist durch zwei Doppelstriche dreigeteilt. Im obersten Register steht eine geflügelte Sonne, im mittleren die Schriftzeile, im untersten die Mondsichel, die einen achtzackigen Stern rechts neben sich hat. Aufgrund der Buchstabenformen[41] und der ikonographischen Darstellung hat F. | Israel es als moabitisch rubriziert (Israel 1987b: Nr. XXX; vgl. Timm 1989a: 221, Nr. 24).

Die Darstellung der geflügelten Sonne im obersten Bildregister erklärt die Darstellung der stilisierten Flügelsonne im zuvor erörterten Siegel des *rʿṣ*. Die hiesige Flügelsonne hat aber einen vogelartigen dreieckigen Schwanz. Sie steht damit in assyrischer oder assyrisierender Bildtradition (vgl. Mayer-Opificius 1984; Parayre 1990a: 301, Nr. 114), was einer Datierung des Siegels ins 8./7. Jh. entsprechen mag.

Von den vielen Mondsichel- und Stern-Darstellungen auf "moabitischen" Sie-

---

1989a: 218f). Seine Kurzform *plṭy* könnte gut moabitisch sein, hat aber auch etliche hebräische Belege zur Seite (Timm 1989b: 195ff).

[41] Die Buchstaben sind freilich – bis auf das Reš – ziemlich standardisiert und bieten keine Charakteristika, die sie eindeutig als hebräisch oder moabitisch ausweisen würden. Der Name *rp'* ist auf Siegeln allein und in Verbindung mit jahwistischen Namen mehrfach belegt (vgl. Timm 1989a: 221 Anm. 82; Zadok 1988: 30 mit Anm. 64, S. 64, 91, 96 mit Anm. 16, S. 130).

geln sind hier nur wenige behandelt worden. Für die Typik dieses Motivs am eindrücklichsten ist die Darstellung auf dem Siegel des *mnšh* (Abb. 17). Die vielen sonstigen Darstellungen des Motivs auf anderen Siegeln, die als "moabitisch" deklariert worden sind, halten bei einer minutiösen paläographischen Überprüfung einer solchen Klassifikation wahrscheinlich nicht stand. Daß das Motiv bei den moabitischen Siegelschneidern insgesamt aber recht beliebt war, zeigen die zwei Siegel mit *kmš*-Namen (Abb. 2, 5).

Während es sonst eine Fülle palästinischer Siegel gibt, auf denen die Mondsichel auf einer Standarte und einem Podest abgebildet wird – bislang allerdings noch nie auf westsemitischen, beschrifteten Stempelsiegeln! –, ist diese Darstellung für Moab nicht belegt.[42] Die moabitischen Mondsichel-Stern-Darstellungen zeichnen sich gerade dadurch aus, daß sie unter die Mondsichel nur einen einfachen 'Strich' setzen. Man wird deshalb künftig darauf zu achten haben, ob nicht noch weitere Mondsichel-Stern-Darstellungen mit einem 'Strich' unter dem Sichelmond als moabitisch gelten können.

Insgesamt bleibt das Mondsichel-Stern-Motiv auf moabitischen Siegeln stets prominent und wird nicht – wie etwa die geflügelte Sonne – zu völlig neuen Formen abstrahiert. |

V. Zusammenfassung und Schluß

Das Schwierigste bei den moabitischen Siegeln ist, hinreichende Merkmale für ihre Authentizität und ihre Klassifikation als moabitisch beizubringen. Nur ein einziges *kmš*-Siegel ist bislang bei archäologischen Ausgrabungen gefunden (*kmšntn* aus Ur, s.o.). Dieses stammt aus dem 6. Jh. (oder später) und ist – zufällig? – anikonisch. Bei keinem der sonstigen "moabitischen" Siegel in öffentlichen oder privaten Sammlungen ist bislang eine Prüfung der Authentizität mit modernen Hilfsmitteln vorgenommen worden.

Sieben Siegel (vgl. aber Anm. 1) sind heute bekannt, die wegen ihrer *kmš*-haltigen Personennamen in den moabitischen Kulturraum gehören. Damit ist das bislang einzig überzeugende Merkmal eines als moabitisch zu klassifizierenden

---

[42] Aus dem eisenzeitlichen Grab Nr. 20 bei der Stadt Nebo/*Ḫirbet el-Muḫayyeṭ* stammt ein anepigraphisches Rollsiegel (des späten 8./7. Jh.s), das wahrscheinlich schon wegen seiner mesopotamischen Rollsiegelform nicht als einheimisches Produkt anzusehen ist und auch von seinem Fundort her nur unter vielen Vorbehalten als moabitisch gelten könnte. Es zeigt zwei musizierende Verehrer vor einer Sichelmondstandarte mit ausgeprägten 'Troddeln' auf einem hohen Podest (Saller 1965–1966: 187–192, Fig. 7; vgl. Weippert 1978: 55, Nr. 16; zuletzt GGG: § 176 und Abb. 300, nunmehr mit richtiger Szenentrennung der Siegelabrollung). Die Szene hat zwar typologische Parallelen in den Adorationsdarstellungen auf den als moabitisch deklarierten Siegeln des *ʿzrʾ* und des *ylʾ* (vgl. Israel 1987b: Nr. XII, XXXI; Timm 1989a: 215f, Nr. 21, 201f, Nr. 15; beide Siegel bei Ornan 1993: 67, Fig. 59, 63), doch sind im einzelnen die Stellung der Figuren, deren Kleidung und die sonstigen Attribute zur Szene in allen drei Stücken so verschieden, daß eine Zusammengruppierung als willkürlich gelten muß. Selbst die beiden zuletzt genannten Siegel können im übrigen aufgrund paläographischer Kriterien nicht sicher als moabitisch klassifiziert werden (anders noch Timm 1989a: Nr. 15 bzw. Nr. 21, aber s.o. Anm. 41).

Siegels gegeben: der *kmš*-Name des Siegeleigners. Davon abgeleitet dienen dann auch die Buchstabenformen als zweites Klassifikationskriterium. Die dekorativen oder ikonographischen Bildelemente bieten dagegen bislang für die moabitischen Siegel (noch) keine ähnlich zuverlässigen Kriterien. Nimmt man methodisch – wie hier geschehen – für die Darstellung der moabitischen Glyptik den Ausgangspunkt bei den fünf *kmš*-Siegeln mit Bildelementen, so ist deren ikonographisches Repertoire äußerst bescheiden:

1. die vierflüglige Gestalt,
2. die geflügelte Sonne, gelegentlich äußerst abstrahiert,
3. der Sichelmond mit oder ohne untergesetztem Strich, begleitet von einem oder zwei anderen Bildelementen, vermutlich Sternen,
4. die (spiegelbildlich verdoppelte) Darstellung eines Sphinx oder eines Greifen,
5. die Darstellung eines Bildelementes aus der Tradition der ägyptischen 12. Dyn. oder früher im unteren Bildregister auf dem Siegel des *kmšdn* (vgl. Abb. 4).

Wahrscheinlich war auf dem Siegel des *kmš* (Abb. 5) im untersten Register noch ein weiteres Bildelement geboten, das heute jedoch zerstört ist.

Weitet man die Dokumentation auf Siegel aus, die nicht wegen eines *kmš*-Namens, sondern aus epigraphischen Gründen als moabitisch zu klassifizieren sind, läßt sich

6. die Adorationsszene hinzufügen. Dazu kommt schließlich
7. das Motiv des säugenden Muttertieres auf dem anepigraphischen Siegel von Abb. 6, das aus Rabbat Moab stammen soll.

Das älteste Motiv aus diesem bescheidenen Bildrepertoire[43] ist die geflügelte Sonnenscheibe. Auf Abb. 3 steht sie an ganz versteckter Stelle, so | auch auf Abb. 19 und auf dem Siegel des *mlkyʿzr* (B 63), dessen Klassifikation als moabitisch wohl nicht zu halten ist (anders noch Timm 1989a: 205f, Nr. 17). Auf Abb. 1 erscheint sie dann in völlig abstrahierter Form im oberen Bildregister (vgl. noch die assyrisch beeinflußte Wiedergabe auf Abb. 20, dort ebenfalls im obersten Bildregister). Das ursprünglich ägyptische Motiv der Flügelsonne hat also in der moabitischen Siegelkunst mancherlei Wandlungen durchlaufen. Einen eindeutigen emblematischen Charakter konnte es nicht bewahren, wie seine fast völlige Abstraktion oder seine randständige Darbietung belegen.

Das ist anders bei der Mondsichel-und-Stern-Darstellung, die auf den *kmš*-Siegeln als einziges Bildmotiv neben der Flügelsonne zweimal erscheint, mehrfach auf weiteren Siegeln ohne *kmš*-Namen belegt ist und fast immer an prominenter Stelle im obersten Bildregister steht (anders nur auf Abb. 7, 20). Auch wenn bei weitem nicht alle Siegel mit Mondsichel-und-Stern-Darstellung, die bislang als

---

[43] Anmerkungshalber sei darauf hingewiesen, daß keines der hier diskutierten moabitischen Siegel ikonographisch an Darstellungen anschließt, wie sie auf zwei anepigra|phischen Siegelabdrücken der SB-Zeit bei archäologischen Ausgrabungen in *Ḏībān* zutage gekommen sind (Morton 1989: 244ff, 315f, Fig. 9–10, 323f; Mussell 1989). Zu einem vergleichbaren Hiatus in Ammon vgl. Hübner 1993: 134–135. Ebensowenig ist ein Anschluß an die ins 7./6. Jh. zu datierende, ägyptische(?) Bulle von *el-Balūʿ* möglich (Worschech 1990: 87–90 mit Abb. 26a und Taf. X:1).

"moabitisch" klassifiziert wurden, wirklich aus Moab stammen, so hat doch die Mondsichel-und-Stern-Darstellung stets einen prominenten Platz in der moabitischen Bildkunst behalten. Diese Beobachtung kann durch den Hinweis unterstützt werden, daß auf fast allen moabitischen Adorationsszenen immer auch der Sichelmond erscheint. Von der Ikonographie der Siegel her ist in Moab also eher mit einem Mondkult als mit einem Sonnenkult zu rechnen.

Mangels einschlägiger literarischer Quellen ist noch nicht sicher zu sagen, welche Vorstellungen man in Moab mit der Darstellung der vierflügligen Gestalt verband. Ikonographisch haben sich hier das nordsyrische Motiv der geflügelten Gestalt und die ägyptische Doppelkrone dank Vermittlung phönizischer Tradition zu einem neuen Ganzen verschmolzen. Dabei sind einige Einzelheiten der jetzigen Darstellungen noch nicht sicher deutbar: z.B. was die Gestalt auf Abb. 3 in den Händen hält oder ob die Figuren auf Abb. 11 und 13 eine Gesichtsmaske tragen. Der ikonographische – und damit verbunden gewiß auch religiöse – Einfluß aus dem phönizischen Raum ist jedoch unübersehbar. Am einfachsten ist er erklärbar, wenn für dieses Motiv mit "phönizischen" Werkstätten auf dem Boden Palästinas gerechnet wird.

Der Mangel an literarischen Quellen erlaubt es auch noch nicht anzugeben, was für Assoziationen oder Vorstellungen mit der Darstellung eines Sphinx oder eines Greifen in Moab verbunden waren. Man kann nur vermuten, daß damit auf das Königtum hingewiesen wird. Das Motiv ist auf Abb. 4 in spiegelbildlich verdoppelter Form belegt. Sieht man andere Siegel ohne *kmš*-|Namen wie Abb. 7–10 weiterhin für moabitisch an, dann ist es noch öfter in Einzeldarstellung bezeugt.

Deutlich hebt sich von solcherart Darstellungen die Adorationsszene ab. Sie ist bislang noch nicht auf *kmš*-Siegeln bezeugt, sondern nur auf beschrifteten Siegeln, die aufgrund ihrer Buchstabenformen oder ihrer Personennamen als moabitisch gelten. Derartige Adorationsdarstellungen bilden wohl nicht den Siegeleigner persönlich bei seinem Kultvollzug ab, sondern wollen wahrscheinlich eine Szene zeigen, in der sich der Siegeleigner wiederfinden konnte. Fast alle moabitischen Siegel mit Adorationsszenen weisen im übrigen auch immer den Sichelmond mit auf. Das kann nur als Reflex eines starken Einflusses des Mondkultes von *Ḥarrān* gedeutet werden, der während der assyrischen Expansion nach Syrien-Palästina im 9. und 8. Jh. durch die aramäische oder aramaisierte Administration vermittelt wurde.

Das letzte ikonographische Motiv ist das sonderbare Element auf Abb. 4 ganz unten, das wohl aus Ägypten aus der Zeit des Mittleren Reiches abzuleiten ist. Das Motiv hat zwar Parallelen auf anderen Siegeln, von denen auffälligerweise eines auch aus dem Ostjordanland stammt (s.o.). Was das Bildmotiv im Ostjordanland in der Eisen-II-Zeit besagen soll, ist bislang nicht bestimmbar.

Fazit: Eine typisch moabitische Ikonographie der Siegel läßt sich nach dem jetzigen Kenntnisstand noch nicht bieten. Ebenso wenig ist es möglich, anepigraphische Siegel eindeutig als moabitisch zu klassifizieren, wenn nicht der Fundort eine solche Zuordnung wahrscheinlich macht. Die bislang bekannten Bildmotive sind nur ein kleiner Ausschnitt aus dem ikonographischen Repertoire, wie es auf ost- und westpalästinischen Siegeln der gleichen Zeit geboten wird. Dabei fehlen viele Bildmotive, die sonst auf west- oder ostjordanischen Siegeln gut bezeugt sind. Doch sollte man aus dem Fehlen vieler Motive bei dem noch so geringen Corpus der moabitischen Siegel keine vorschnellen Schlüsse ziehen. Bislang kann doch auch positiv gesagt werden, daß keines der moabitischen Siegel die einfache Kopie eines westjordanischen Siegels ist. Insofern haben die moabitischen Siegelschneider sehr wohl ihre eigenen Bildaussagen zu formulieren gewußt. Was sie im einzelnen damit haben ausdrücken wollen, können hoffentlich eines Tages neue literarische Nachrichten, die durch archäologische Arbeit aus dem Boden Moabs noch zutage gebracht werden müssen, näher erläutern.

Liste der abgebildeten Siegel

Die jeweils letztgenannte Angabe in Klammern bezeichnet die Quelle der verwendeten Abbildung.

1. Siegel des *kmšyḥy*, Skaraboid aus dunkelbraunem Sardonyx mit dunklen Adern aus Chalzedon, 2,53 x 1,95 x 0,91 cm. Das Siegel soll in Damaskus gekauft worden sein; heute in Paris, BN, Coll. de Clercq Nr. 2515 (vgl. B 66; Israel 1987b: Nr. I; Timm 1989a: 162ff, Nr. 1).
2. Siegel des *kmšm'š*, Skaraboid aus braunem Achat, 1,7 x 1,5 x 1,0 cm. Das Siegel wurde in Jerusalem gekauft, heute in Tel Aviv, Slg. S. Harari (Avigad 1970a: Nr. 7; vgl. Israel 1987b: Nr. IX; Timm 1989a: 166f, Nr. 2).
3. Siegel des *kmšṣdq*, Skaraboid aus Porphyrit, 2,5 x 1,8 x 0,8 cm; Herkunft unbekannt; heute im Vorderasiatischen Museum Berlin, Inv. Nr. VA 2826 (Sachau 1896: 1064 mit Abb.; vgl. Keel 1977: 199, Abb. 143; Israel 1987b: Nr. II; Timm 1989a: 171ff, Nr. 4).
4. Siegel des *kmšdn*, konisches Siegel aus ziegelrotem Kalkstein; angeblich aus Kerak; heute in der Slg. V. Barakat (Lemaire 1983: Nr. 11, Tf. III:11; vgl. Israel 1987b: Nr. XIX; Timm 1989a: 178f, Nr. 5).
5. Siegel des *kmš*, Konoid von 1,4 x 1,2 x 2,3 cm aus Alabaster, Durchbohrung im oberen Ende des Konus. Herkunft unbekannt; heute in Jerusalem, IMJ 73.19.22 (HD 114; vgl. Israel 1987b: Nr. XIV; Timm 1989a: 180f, Nr. 6).
6. Anepigraphisches Siegel, Diskoid, wahrscheinlich aus Marmor; von V. E. G. Kenna 1969 in Rabbat-Moab erworben (Kenna 1973; Keel 1980: 113, Abb. 86).
7. Siegel des *'ḥyš'*, Skaraboid aus hartem, grauem Stein, 1,6 x 2,0 x 0,8 cm; Herkunft unbekannt; heute in Jerusalem, IMJ 75.47.145 (HD 119; vgl. Israel 1987b: Nr. XVIII; Timm 1989a: 187f, Nr. 9; Zeichnung Hildi Keel-Leu nach Museumsphoto).
8. Siegel des *'mr'l*, Skaraboid aus braunem und graugelbem Achat, 2,3 x 1,56 x 1,17 cm; Herkunft unbekannt, heute in Paris, BN, Inv. Nr. 1972.1317.126 (B 62; vgl. Israel 1987b: Nr. XXXII; Timm 1989a: 189f, Nr. 10).
9. Siegel des *ydl'*, Skaraboid aus rotem Jaspis, 1,75 x 1,38 x 0,76 cm; heute in Paris, BN, Inv. Nr. 1972.1317.130 (B 3; Zeichnung Hildi Keel-Leu nach Photo Jean Dufour).
10. Siegel des *m'š*, Skaraboid aus achatem Jaspis, 1,5 x 1,1 x 0,75 cm; Herkunft unbekannt; heute in Palma de Mallorca, Museo Biblico del Seminario diocesano, Inv. Nr. 230.108 (Baqués-Estapé 1976: Nr. 27; vgl. Bordreuil 1986f; Israel 1987b: Nr. XXIV; Timm 1989a: 243, Nr. 36).
11. Siegel des *b'lntn*, Skaraboid aus rotbuntem Achat, 2,2 x 1,55 x 1,14 cm; Herkunft unbekannt; heute in Paris, Louvre, Inv. Nr. MNB 1500 (B 61; vgl. Israel 1987b: Nr. XVI; Timm 1989a: 194f, Nr. 12; Zeichnung Eric Gubel nach B 61 = 1993: 125, Fig. 65).
12. Siegel des *'z'*, Skaraboid aus Karneol, 2,0 x 1,5 x ? cm; IAA 69-5530, ausgestellt im Bet Ussishkin, Kibbutz Dan (Giveon 1961: 38–41 = 1978: 110–116; vgl. Timm 1989a: 213f, Nr. 20; GGG: 221, Abb. 211c).
13. Siegel des *myp'h*, Skaraboid aus Karneol, 1,8 x 1,4 x 0,9 mm; Herkunft unbekannt; heute in Jerusalem, Bible Lands Museum (Avigad 1990; Zeichnung Eric

Gubel = 1993: 125, Fig. 64).

14. Siegel des *'mṣ hspr*, Herkunft unbekannt; heute in Jerusalem, IMJ 71.65.177 (HD 1; vgl. Naveh 1982: 103, Fig. 89a; Israel 1987b: Nr. V; Timm 1989a: 191ff, Nr. 11). |
15. Siegel des *ḥkm*, Skaraboid aus Jaspis, 2,4 x 1,85 x 1,25 cm; Herkunft unbekannt; heute in Paris, BN, Inv. Chabouillet, Nr. 1052/2 = K 1830 (B 67; vgl. Israel 1987b: Nr. XV; Timm 1989a: 197f, Nr. 13; Photo Jean Dufour).
16. Siegel des *m'š*, Skaraboid aus gelbgrauem Kalkstein, 1,8 x 1,6 x 1,15 cm; Herkunft unbekannt; heute in Haifa, Hecht Museum, Inv. Nr. H-920 (Avigad 1989a: Nr. 18; Zeichnung Noga Z'evi = Ornan 1993: 66, Fig. 49).
17. Siegel des *mnšh bn hmlk*, Skaraboid aus braunem Achat mit einem weißen Band, 1,3 x 1,2 x 0,6 cm; Herkunft und Verbleib unbekannt (Avigad 1963; vgl. Naveh 1982: 103, Fig. 89b; Israel 1987b: Nr. VII; Timm 1989a: 207ff, Nr. 18).
18. Siegel des *plṭy bn m'š hmzkr*, Skaraboid aus Achat, 2,2 x 1,7 x 0,8 cm; aus einem eisen-II-zeitlichen Grab in *Umm Uḏaina* im westlichen *ʿAmmān*, zum Fundkontext gehören noch etliche Objekte des 8.–4. Jh.s v. Chr.; heute im Archäologischen Museum *ʿAmmān*, Inv. Nr. J 14.653 (Abu Taleb 1985; Zayadine 1985b: 157; vgl. Israel 1987b: Nr. XXV; Timm 1989a: 217ff, Nr. 22).
19. Siegel des *rʿṣ*, Skaraboid aus Achat, 1,64 x 1,52 x 1,05 cm; Herkunft unbekannt; heute in Paris, Musée Biblique de Bible et Terre Sainte, Inv. Nr. 5128 (B 64; vgl. Israel 1987b: Nr. XXXIV; Timm 1989a: 220, Nr. 23; Zeichnung Hildi Keel-Leu nach Photo Jean Dufour).
20. Siegel des *rp'*, Skaraboid aus rotgeädertem Jaspis; 1,49 x 1,29 x 0,85 cm; Herkunft unbekannt, heute in einer Privatsammlung (Bordreuil & Lemaire 1976: Nr. 19, damals als hebräisch klassifiziert und ins 8./7. Jh. datiert; vgl. Israel 1987b: Nr. XXX; Timm 1989a: 221, Nr. 24 [korrigiere die falsche Angabe des Aufbewahrungsortes!]). |

1
2
3
4
5
6
7
8
9
10

11 12 13

14 15 16

17 18

19 20

Abkürzungs- und Literaturverzeichnis

A = N. Avigad, Hebrew Bullae from the Time of Jeremiah. Remnants of a Burnt Archive, Jerusalem 1986.
Abu Taleb, M., 1985, The Seal of *pl**ṭ**y bn m'š* the *mazkīr*, ZDPV 101, 21–29.
ACISFP 1 = Atti del I° Congresso Internazionale di Studi Fenici e Punici (CSF 16/3), Rome 1983.
Albright, W. F., 1947, Comments on Recently Received Publications, BASOR 105, 12–16.
Avigad, N., 1954b, Seven Ancient Hebrew Seals, BIES 18, 147–153.
– 1963, A Seal of "Manasseh, son of the King", IEJ 13,133–136.
– 1970a, Ammonite and Moabite Seals, in: Sanders 1970, 284–295.
– 1978a, Gleanings from Unpublished Ancient Seals, BASOR 230, 67–69.
– 1979, A Group of Hebrew Seals from the Hecht Collection, in: Festschrift R.R. Hecht, Jerusalem, 119–126.
– 1985, Some Decorated West Semitic Seals, IEJ 35, 1–7.
– 1987a, The Contribution of Hebrew Seals to an Understanding of Israelite Religion and Society, in: Miller, McCarter & Hanson 1987, 195–208.
– 1989a, Another Group of West-Semitic Seals from the Hecht Collection, Michmanim 4, 7–21.
– 1990, The Seal of Mefaʿah, IEJ 40, 42–43.
– 1992a, A New Bulla of a Moabite Scribe, EI 23, 92–93 (Hebrew; English summary 149*).
B = P. Bordreuil, Catalogue des sceaux ouest-sémitiques inscrits de la Bibliothèque Nationale, du Musée du Louvre et du Musée biblique de Bible et Terre Sainte, Paris 1986.
Baqués-Estapé, L., 1976, Escarabeos egipcios y sellos del Museo bíblico del Seminario diocesano de Palma (Mallorca), Boletín de la Asociación Española de los Orientalistas 22, 133–147.
Barnett, R. D., 1969, ʿAnath, Baʿal and Pasargadae, Mémoires de l'Université Saint-Joseph 45 (= Hommages à M. Dunand), 407–422.
Bennett, C.-M., 1967-1968, The Excavations at Tawilan nr. Petra, ADAJ 12/13, 53–55.
– 1969, [Chronique archéologique] *Ṭawilān*, RB 76, 386–390.
BN = Bibliothèque Nationale, Cabinet des Médailles, Paris.
Boardman, J. & Moorey, P. R. S., 1986, The Yunis Cemetery Group: Haematite Scarabs, in: Kelly-Buccellati 1986, 35–48.
Börker-Klähn, J., 1982, Altvorderasiatische Bildstelen und vergleichbare Felsreliefs. Mit einem Beitrag von A. Shunnar-Misera (Baghdader Forschungen 4), Mainz.
Bordreuil, P., 1983, Nouveaux apports de l'archéologie et de la glyptique à l'onomastique phénicienne, ACISFP 1, vol. III, 751–755.
– 1986a, siehe B.
– 1986f, Un cachet moabite du Musée biblique de Palma de Mallorca, Aula Orientalis 4, 119–120.
– 1987a, Perspectives nouvelles de l'épigraphie sigillaire ammonite et moabite, SHAJ III, 283–286.
Bordreuil, P. & Lemaire, A., 1976, Nouveaux sceaux hébreux, araméens et ammonites,

Semitica 26, 45–63.
Ciasca, A., 1988, Masken und Protome, in: S. Moscati (ed.), Die Phönizier (Ausstellungskatalog [= I Fenici, Milano 1988]), München, 354–369.
Collon, D., 1987, First Impressions. Cylinder Seals in the Ancient Near East, London.
Culican, W., 1977, Seals in Bronze Mounts, RSF 5, 1–4 [= 1986: 527–533].
– 1986, Opera Selecta. From Tyre to Tartessos (Studies in Mediterranean Archaeology Pocket-book 40), Gothenburg.
Dearman, A. (ed.), 1989, Studies in the Mesha Inscription and Moab (ASOR/SBL Archaeology and Biblical Studies 2), Atlanta.
Delaporte, L., 1920, Catalogue des cylindres, cachets et pierres gravées de style oriental, Musée du Louvre. I: Fouilles et missions, Paris.
Dessenne, A., 1957, Le Sphinx. Etude iconographique I: Des origines à la fin du second millénaire, Paris.
ESE = M. Lidzbarski, Ephemeris für semitische Epigraphik, I–III (1900–1902, 1902–1907, 1909–1915), Gießen 1902, 1908, 1915.
Frankfort, H., 1939, Cylinder Seals. A Documentary Essay on the Art and Religion of the Ancient Near East, London.
Friedrich, J. & Röllig, W., Phönizisch-punische Grammatik (AnOr 46), Rome ^{2}1970.
G = K. Galling, Beschriftete Bildsiegel des ersten Jahrtausends v. Chr. vornehmlich aus Syrien und Palästina. Ein Beitrag zur Geschichte der phönizischen Kunst, ZDPV 64, 1941, 121–202.
Galling, K., 1941, siehe G.
Garbini, G., 1982, I sigilli del regno di Israele, OrAnt 21, 163–176.
Genge, H., 1979, Nordsyrisch-südanatolische Reliefs. Eine archäologisch-historische Untersuchung, Datierung und Bestimmung, Copenhagen.
GGG = O. Keel & C. Uehlinger, Göttinnen, Götter und Gottessymbole. Neue Erkenntnisse zur Religionsgeschichte Kanaans und Israels aufgrund unerschlossener ikonographischer Quellen (Quaestiones disputatae 134), Freiburg i.Br./Basel/Wien 1992.
Giveon, R., 1961, Two New Hebrew Seals and their Iconographic Background, PEQ 63, 38–42 [=1978, 110–116].
– 1978, The Impact of Egypt on Canaan. Iconographical and Related Studies (OBO 20), Fribourg & Göttingen.
Gorelick, L. & Gwinnet, A. J., 1978, Ancient Seals and Modern Science. Using Scanning Electron Microscope as an Aid in the Study of Ancient Seals, Expedition 20, 38–47.
Gubel, E., 1985, Notes on a Phoenician Seal in the Royal Museums for Art and History, Brussels (CGPH 1), OLP 16, 91–110.
– 1987b, Phoenician Furniture. A Typology Based on Iron Age Representations with Reference to the Iconographical Context (StPh VII), Leuven.
– 1991b, Van Nijl tot Schelde. Du Nil à l'Escaut (Ausstellungskatalog, Banque Bruxelles Lambert, 5 April – 9 June 1991), Brussels.
– 1993, The Iconography of Inscribed Phoenician Glyptic, in: B. Sass & C. Uehlinger (eds.), Studies in the Iconography of Northwest Semitic Inscribed Seals. Proceedings of a Symposium held in Fribourg on April 17–20, 1991 (OBO 125), Fribourg & Göttingen 1993, 101–129.
Hadidi, A., 1987, An Ammonite Tomb at Amman, Levant 19, 101–120.

Harding, G. L., 1937, Some Objects from Transjordan, PEQ 69, 253–255.
HD = R. Hestrin & M. Dayagi-Mendels, Inscribed Seals: First Temple Period. Hebrew, Ammonite, Moabite, Phoenician and Aramaic. From the Collections of the Israel Museum and the Israel Department of Antiquities and Museums, Jerusalem 1979.
Heltzer, M. L., 1981, Inscribed Scaraboid Seals, in: O. W. Muscarella (ed.), Ladders to Heaven. Art Treasures from Lands of the Bible, Toronto, 290–293 (= Länder der Bibel. Archäologische Funde aus dem Vorderen Orient, Mainz, 307–317).
– 1985, An Unpublished Moabite Seal in the Hecht Museum, Michmanim 2, 25–28.
Herr, L. G., 1978, The Scripts of Ancient Northwest Semitic Seals (Harvard Semitic Monographs 18), Missoula, MT.
– 1980b, Palaeography and the Identification of Seal Owners, BASOR 239, 67–70.
Hübner, U., 1993, Das ikonographische Repertoire der ammonitischen Siegel und seine Entwicklung, in: B. Sass & C. Uehlinger (eds.), Studies in the Iconography of Northwest Semitic Inscribed Seals. Proceedings of a Symposium held in Fribourg on April 17–20, 1991 (OBO 125), Fribourg & Göttingen 1993, 130–160.
IAA = Israel Antiquities Authority, Jerusalem.
IMJ = Israel Museum, Jerusalem.
Israel, F., 1986, Observations on Northwest Semitic Seals (review of Herr 1978), Orientalia 55, 70–77.
– 1987b, Studi moabiti I: Rassegna di epigrafia moabita e i sigilli, in: G. Bernini & V. Brugnatelli (eds.), Atti della 4ª giornata di Studi Camito-Semitici e Indeuropei Milan, 101–138.
– 1987c, Studi moabiti II: Da Kamiš à K'môš: Studi e Materiali Storico-Religiosi 53, 5–39.
Jaroš, K., 1976, Des Mose "strahlende Haut": Eine Notiz zu Ex 34:29.30.35, ZAW 88, 275–288.
KAI = H. Donner & W. Röllig, Kanaanäische und aramäische Inschriften, Wiesbaden ³1973.
Keel, O., 1977, Jahwe-Visionen und Siegelkunst. Eine neue Deutung der Majestätsschilderungen in Jes 6, Ez 1 und 10 und Sach 4 (Stuttgarter Bibelstudien 84–85), Stuttgart.
– 1980, Das Böcklein in der Milch seiner Mutter und Verwandtes. Im Lichte eines altorientalischen Bildmotivs (OBO 33), Fribourg & Göttingen.
– 1982, Der Pharao als "vollkommene Sonne": Ein neuer ägypto-palästinischer Skarabäentyp, in: S. Israelit-Groll (ed.), Egyptological Studies (Scripta Hierosolymitana 28), Jerusalem, 406–529.
– 1990c, Aramäisch inspirierte Ikonographie aus Palästina (Vortragsmanuskript, Lyon, Nov. 1990; erweiterte Fassung in: Keel, O., Studien zu den Stempelsiegeln aus Palästina/Israel IV [OBO 135], Fribourg & Göttingen 1993, 135–202).
Keel, O., Shuval, M. & Uehlinger, C., 1990, Studien zu den Stempelsiegeln aus Palästina/Israel III: Die Frühe Eisenzeit. Ein Workshop (OBO 100), Fribourg & Göttingen.
Kelly-Buccellati, M. (ed.), 1986, Insight through Images. Studies in Honor of Edith Porada (Bibliotheca Mesopotamia 21), Malibu, CA.
Kenna, V. E. G., 1973, A Late Bronze Stamp Seal from Jordan, ADAJ 18, 79.
Koch, K., 1979, Zur Entstehung der Baʿal-Verehrung, UF 11, 465–475 [= Studien zur alttestamentlichen und zur altorientalischen Religionsgeschichte (ed. E. Otto), Göt-

tingen 1988, 189–205].
Kooij, G. van der, 1987, The Identity of Trans-Jordanian Alphabetic Writing in the Iron Age, SHAJ II, 107–121.
Lemaire, A., 1980, Review of Hestrin & Dayagi-Mendels 1979, Syria 57, 496–497.
– 1983, Nouveaux sceaux nord-ouest sémitiques, Semitica 33, 17–31.
– 1986, Nouveaux sceaux nord-ouest sémitiques, Syria 63, 305–325.
– 1990b, Cinq nouveaux sceaux inscrits ouest-sémitiques, SEL 7, 97–109.
– 1993, Les critères non-iconographiques de la classification des sceaux nord-ouest sémitiques inscrits, in: B. Sass & C. Uehlinger (eds.), Studies in the Iconography of Northwest Semitic Inscribed Seals. Proceedings of a Symposium held in Fribourg on April 17–20, 1991 (OBO 125), Fribourg & Göttingen 1993, 1–26
Lipiński, E., 1975, Nordsemitische Texte aus dem 1. Jt. v. Chr., in: W. Beyerlin (ed.), Religionsgeschichtliches Textbuch zum Alten Testament (Das Alte Testament Deutsch. Ergänzungsreihe 1), Göttingen, 245–283.
Maraqten, M., 1988, Die semitischen Personennamen in den alt- und reichsaramäischen Inschriften aus Vorderasien (Texte und Studien zur Orientalistik 5), Hildesheim.
Mattingly, G., Moabite Religion, in: Dearman 1989, 211–238.
Mayer-Opificius, R., 1984, Himmels- und Regendarstellungen im alten Vorderasien, UF 16, 189–236.
Milik, J. T., 1958, Nouvelles inscriptions sémitiques et grecques du pays de Moab, LA 9, 330–358.
Miller, P. D., McCarter, P. K., & Hanson, P. D. (eds.), Ancient Israelite Religion. Essays in Honor of F. M. Cross, Philadelphia 1987.
Morton, W. H., 1989, A Summary of the 1955, 1956 and 1965 Excavations at Diban, in: Dearman 1989, 239–346.
Mussel, M.-L., 1989, The Seal Impression from Dhiban, in: Dearman 1989, 247–252.
NAAG 1991 = Ancient Art of the Mediterranean World and Ancient Coins. Public auction, Thursday, 11th April 1991 (Numismatic and Ancient Art Gallery, Catlogue no. 7), Zürich.
Naveh, J., 1966, The Scripts of Two Ostraca from Elath, BASOR 183, 27–30.
– 1982, The Early History of the Alphabet, Jerusalem & Leiden.
Ornan, T., 1993, The Mesopotamian Influence on West Semitic Inscribed Seals: A Preference for the Depiction of Mortals, in: B. Sass & C. Uehlinger (eds.), Studies in the Iconography of Northwest Semitic Inscribed Seals. Proceedings of a Symposium held in Fribourg on April 17–20, 1991 (OBO 125), Fribourg & Göttingen 1993, 52–73.
Orthmann, W., 1971, Untersuchungen zur späthethitischen Kunst (Saarbrücker Beiträge zur Altertumskunde 8), Bonn.
Parayre, D., 1990a, Les cachets ouest-sémitiques à travers l'image du disque solaire ailé (perspective iconographique), Syria 67, 269–301.
– 1993, À propos des sceaux ouest-sémitiques: Le rôle de l'iconographie dans l'attribution d'un sceau à une aire culturelle et à un atelier, in: B. Sass & C. Uehlinger (eds.), Studies in the Iconography of Northwest Semitic Inscribed Seals. Proceedings of a Symposium held in Fribourg on April 17–20, 1991 (OBO 125), Fribourg & Göttingen 1993, 27–51.
Porada, E., 1948, Corpus of Ancient Near Eastern Seals in North American Collections

I: The Collection of the Pierpont Morgan Library (The Bollingen Series XIV), Washington D.C.
Reifenberg, A., 1950, Ancient Hebrew Seals, London.
Sachau, E., 1896, Aramäische Inschriften, SPAW 1896,1051–1064.
Saller, S., 1965–1966, Iron Age Tombs at Nebo, LA 16, 165–298.
Sanders, J. A. (ed.), 1970, Near Eastern Archaeology in the Twentieth Century: Essays in Honor of N. Glueck, Garden City, NY.
Sass, B., 1993, The Pre-Exilic Hebrew Seals: Iconism vs. Aniconism, in: B. Sass & C. Uehlinger (eds.), Studies in the Iconography of Northwest Semitic Inscribed Seals. Proceedings of a Symposium held in Fribourg on April 17–20, 1991 (OBO 125), Fribourg & Göttingen 1993, 194–256.
Schroeder, P., 1880, Phönicische Miszellen 3: Drei Siegelsteine mit phönicischen Aufschriften, ZDMG 34, 681–684, 764–766.
Shuval, M., 1990, A Catalogue of Early Iron Stamp Seals from Israel, in: Keel, Shuval & Uehlinger 1990, 67–161.
Silverman, M. H., 1970, Hebrew Name-Types in the Elephantine Documents, Orientalia 39, 465–491.
Spycket, A., 1973, Le culte du dieu-lune à Tell Keisan, RB 80, 383–395.
Stark, J. K., 1971, Personal Names in Palmyrene Inscriptions, Oxford 1971.
Teissier, B., 1984, Ancient Near Eastern Cylinder Seals from the Marcopoli Collection, Berkeley/Los Angeles/London.
Thomsen, P., 1951, Review of Reifenberg 1950, BiOr 8, 150.
Timm, S., 1989a, Moab zwischen den Mächten. Studien zu historischen Denkmälern und Texten (ÄAT 17), Wiesbaden.
– 1989b, Anmerkungen zu vier neuen hebräischen Namen, ZAH 2, 188–198.
Tufnell, O., 1984, Studies on Scarab Seals II: Scarab Seals and their Contribution to the History of the Early Second Millenium BC, Warminster.
Uehlinger, C., 1993, Northwest Semitic Inscribed Seals, Iconography and Syro-Palestinian Religions of Iron Age II: Some Afterthoughts and Conclusions, in: B. Sass & C. Uehlinger (eds.), Studies in the Iconography of Northwest Semitic Inscribed Seals. Proceedings of a Symposium held in Fribourg on April 17–20, 1991 (OBO 125), Fribourg & Göttingen 1993, 257–288.
VSA = F. Vattioni, I sigilli aramaici, Augustinianum 11, 1971, 47–87.
Ward, W. A., 1968, The Four-Winged Serpent on Hebrew Seals, RSO 43, 135–143.
– 1978, Studies on Scarab Seals I. Pre-12th Dynasty Scarab Amulets, Warminster.
Weippert, H., 1978, Siegel mit Mondsichelstandarten aus Palästina, Biblische Notizen 5, 43–58.
Welten, P., 1969, Die Königs-Stempel. Ein Beitrag zur Militärpolitik Judas unter Hiskia und Josia (ADPV 1), Wiesbaden.
Wildung, S., 1977, s.v. Flügelsonne, LÄ II, 277–279.
Wiseman, D. J., 1958, Cylinder Seals of Western Asia, London.
Wolfe, L. A. & Sternberg, F., 1989, Objects with Semitic Inscriptions, 1100 BC – AD 700. Jewish, Early Christian and Byzantine Antiquities. Auction XXIII, Monday 20 November 1989, Zürich.
Worschech, U., 1990, Die Beziehungen Moabs zu Israel und Ägypten in der Eisenzeit. Siedlungsarchäologische und siedlungshistorische Untersuchungen im Kernland

Moabs (*Arḍ el-Kerak*) (ÄAT 18), Wiesbaden.
Younker, R. W., 1985, Israel, Judah and Ammon and the Motifs on the Baalis Seal from Tell el-ʿUmeiri, BA 48, 173–180.
Zadok, R., 1988, The Pre-Hellenistic Israelite Anthroponymy and Prosopography (OLA 28), Leuven.
Zayadine, F., 1985b, [Chronique archéologique] Une tombe du fer II à Umm Udheinah, Syria 62, 133–158.
Zyl, A. H. van, 1960, The Moabites (Pretoria Oriental Series 3), Leiden.

König Hesion II. von Damaskus

M. Metzger zum 65. Geburtstag am 11.1.1993

Wenn im 8. Jh. v. Chr. ein assyrischer König einen Herrscher von Damaskus namentlich zu benennen wußte, sollte dieser Damaszener auch die Aufmerksamkeit der modernen Historiker auf sich ziehen. War das aramäische Reich von Damaskus doch seit den Zeiten Salomos der Erzrivale des Staates Israel, und jeder König, der seitdem in Damaskus regierte, muß zum Staat Israel wenn nicht in friedlichen, dann in kriegerischen Beziehungen gestanden haben. König Hesion von Damaskus, der im 8. Jh. v. Chr. dort den Thron innehatte, war bis vor kurzem noch völlig unbekannt. Um diesen Hesion, der zur Zeit Salmanassars IV. amtierte, von einem namensgleichen Vorgänger zu unterscheiden, sei er vorläufig hier als Hesion II. gezählt. Sein viel bekannterer namensgleicher Vorgänger, der nunmehr Hesion I. ist, wird im Alten Testament (1. Kön 15:18) als Großvater eines Benhadad benannt. An dessen Enkel Benhadad habe König Asa von Juda ein Hilfsangebot geschickt, damit er ihm im Kampf gegen Baesa von Israel beistehe. Dabei ist nicht mit letzter Sicherheit zu sagen, ob auch schon dieser Hesion (I.), Vater des Tabrimmon und Großvater des Benhadad, den Königsthron in Damaskus innehatte, obgleich der hebräische Text wohl so verstanden werden will. Dann gehört Hesion I. jedenfalls noch in das ausgehende 10. und das beginnende 9. Jh. v. Chr. – Den aramäischen König Hesion II., der im ersten Drittel des 8. Jh.s v. Chr. in Damaskus regierte, kennt das Alte Testament namentlich nicht. Bislang wird dieser Damaszener nur ein einziges Mal in einem Text aus der Zeit des assyrischen Königs Salmanassar IV. genannt. Und auch dieser Text, die sog. Maraş-Stele, wenngleich schon etliche Jahre auf ihn verwiesen wird[1], ist noch kaum kom|mentiert. Eine Transkription der Maraş-Stele,

[1] Vgl. u.a. A. R. Millard/H. Tadmor, Adad-Nirari III in Syria: Another Stele Fragment and the Dates of His Campaigns, Iraq 35 (1973), 57–64 (59, 61); J. D. Hawkins, Rezension von W. Orthmann, Untersuchungen zur späthethitischen Kunst, Saarbrücker Beiträge zur Altertumskunde, Bd. 8, Bonn 1971, ZA 63 (1973), 307–311 (309, 311); ders., Assyrians and Hittites, Iraq 36 (1974), 67–83 (74f); ders., Von Kummuh nach Kommagene, Antike Welt, 6. Jahrgang, Sondernummer (Hg.: F. K. Dörner), 1975, 5–10 (8f mit Anm. 21–23); ders., Some Historical Problems of the Hieroglyphic Luwian Inscriptions, AnStud 29 (1979), 153–167 (161); ders., The Neo-Hittite States in Syria and Anatolia, in: The Cambridge Ancient History, Second Edition (im folgenden: CAH^2), Vol. III, Part 1: The Prehistory of the Balkans and the Middle East and the Aegean World, Tenth to Eighth Centuries BC, Edd.: J. Boardman u.a. (Cambridge u.a. 1982), 372–441 (399 Anm. 218, 400, 401, 404f u.ö.); E. Lipiński, Studies in Aramaic Inscriptions and Onomastics I, OLA 1 (Leuven 1975), 58 Anm. 2; O. A. Taşyürek, Some New Assyrian Rock-Reliefs in Turkey, AnStud 25 (1975), 169–180 (180); E. Puéch, Un ivoire de Bît-Gûši (Arpad) à Nimrud, Syria 55 (1978), 163–169 (166); M. Astour, The Arena of Tiglath-Pileser III's Campaign against Sarduri II (743 BC), Assur II/3 (1979),

zusammen mit einer englischen Übersetzung, sowie einer Nachzeichnung samt Fotos bot erst kürzlich V. Donbaz[2]. Ihren Namen hat die Stele nach ihrem heutigen Standort im Museum von Maraş in der Südosttürkei. Ihre Fundumstände sind schwerlich noch gänzlich aufzuklären. Östlich von Maraş (auch Kahramanmaraş) wurde sie (nach V. Donbaz, a.a.O., 5) gefunden „at the village of Kizkapanli in the Pazarcik area (near Kahramanmaraş) close to the Gözlügöl nomad settlement, while the Pazarcik barrage was being built. Soon after its discovery, the stela was acquired for the Maraş museum". Der assyrische Text lautet:

(R°) Z.1 *Ta-ḫu-mu šá* ᵐX.ÉRIN.GAB (*Adad-nērārī*) MAN (*šar*) KUR ⁽ᵐᵃ̄ᵗ⁾*Aš-šur*
A (*apil*) ᵐ*Šam-ši-x* (*Šamšī-Adad*) MAN (*šar*) KUR ⁽ᵐᵃ̄ᵗ⁾*Aš-šur*
⌈*Sa-am-mu-ra-mat* MÍ.É.GAL (*issi ekalli*)[3]
šá ᵐ*Šam-ši-x* (*Šamšī-Adad*) MAN (*šar*) KUR ⁽ᵐᵃ̄ᵗ⁾*Aš-šur* |
Z.5 AMA (*ummi*) ᵐX.ÉRIN.GAB (*Adad-nērārī*) MAN (*šarri*) KAL (*danni*)
MAN (*šar*) KUR ⁽ᵐᵃ̄ᵗ⁾*Aš-šur*
kal-lat ᵐᵈ*Šùl-ma-nu*-MAS (*Šulmānu-ašarēdu*)
MAN (*šar*) *kib-*(*rat*) IV (*erbet*)-*ti* AŠ (*ina*) u_4-*me* ᵐ*Uš-pi-lu-lu-me*
MAN (*šar*) URU *Ku-mu-ḫa-a-a a-na* ᵐX.ÉRIN.GAB (*Adad-nērārī*)
MAN (*šar*) KUR ⁽ᵐᵃ̄ᵗ⁾*Aš-šur*
⌈*Sa-am-mu-ra-mat* MÍ.É.GAL (*issi ekalli*)
Z.10 ÍD ⁽ⁿᵃ̄ʳ⁾*Pu-rat-tú ú-še-bi-ru-u-ni*
ᵐ*A-tar-šúm-ki* A (*apil*) ᵐ*Ad-ra-a-me* URU *Ár-pa-da-a-a*
a-di 8 MAN.MEŠ (*šarrāni*)-*ni šá* KI (*itti*)-*šú* AŠ (*ina*) URU ⁽ᵃ̄ˡ⁾ *Pa-qi-*

1–23 (4 Anm. 21); E. Lipiński, Aram et Israel du Xᵉ au VIIIᵉ siècle av. n.è., AAH 27 (1979), 49–102 (69 Anm. 70, 93 Anm. 142); I. J. Winter, Is There a South Syrian Style of Ivory Carving in the Early First Millenium BC? Iraq 43 (1981), 101–130; A. K. Grayson, Assyria: Ashur-Dan II to Ashur-Nirari V (934–745 BC), in: CAH², Vol. III, Part 1, 238–281 (273 Anm. 192, 275, 277 Anm. 226, 278 Anm. 240); A. Lemaire/J.-M. Durand, Les Inscriptions araméennes de Sfiré et l'Assyrie de Shamshi-Ilu, École Pratique des Hautes Études, IVᵉ Section, Sciences historiques et philologiques II: Hautes Études Orientales 20 (Genève/Paris 1984), 42 Anm. 13; H. Sader, Les États araméens de Syrie depuis leur fondation jusqu'à leur transformation en provinces assyriennes, Beiruter Texte und Studien, Bd. 36 (Beirut/Wiesbaden 1987), 108, 240; W. A. Pitard, Ancient Damascus: A Historical Study of the Syrian City-State from the Earliest Times until its Fall to the Assyrians in 732 BCE (Winona Lake 1987), 106f mit Anm. 25; G. G. G. Reinhold, Die Beziehungen Altisraels zu den aramäischen Staaten in der israelitisch-judäischen Königszeit, EHS.T, Bd. 368 (Frankfurt a. M. u.a. 1989), 195 u.ö.

[2] V. Donbaz, Two Neo-Assyrian Stelae in the Antakya and Kahramanmaraş Museums, Annual Review of the Royal Inscriptions of Mesopotamia Project 8 (1990), 5–24. Ebd., 7 bietet V. Donbaz auch eine Transkription und Übersetzung der Antakya-Stele, vgl. dazu unten Anm. 84.

[3] Zur Lesung MÍ.É.GAL als *issi ekalli* vgl. – entgegen den früheren Vorschlägen bei R. Borger, Assyrisch-babylonische Zeichenliste, AOAT, Bd. 33 (Kevelaer/Neukirchen-Vluyn 1978), 133 s.v. Nr. 324 oder W. von Soden, Akkadisches Handwörter|buch (im folgenden AHw), Bd. I (Wiesbaden 1965), 193a s.v. *ekallû* und noch S. Parpola, Letters from Assyria and the West, The Correspondence of Sargon II, Part I, State Archives of Assyria 1 (Helsinki 1987), 212 s.v. – nunmehr S. Parpola, Neo-Assyrian Word for Queen, State Archives of Assyria Bulletin II/2 (1988), 73–76.

ra-ḫu-bu-na
si-dir-ta-šú-nu KI (*itti*)-*šú-nu am-daḫ-iṣ uš-ma-na*$^{(?)}$-*šú-nu*
e-kim-šú-nu-ti a-na šu-zu-ub* ZI.MEŠ (*napšātē*)-*šú-nu*
Z.15 *e-li-ú* AŠ (*ina*) MU.AN.NA (*šatti*) *šá-a-te*
ta-ḫu-mu šú-a-tú AŠ (*ina*) *bir-ti* ^{m}*Uš-pi-lu-lu-me*
MAN (*šar*) URU *Ku-mu-ḫa-a-a* AŠ (*ina*) *bir-ti* ^{m}*Qa-al-pa-ru-da*$^{(?)}$
A (*apil*) ^{m}*Pa-la-lam* MAN (*šar*) URU *Gúr-gu-ma-a-a ú-še-lu-ni*
man-nu šá [TA (*issu*)] ŠU (*qāt*)-*at* ^{m}*Uš-pi-lu-lu-me*
Z.20 DUMU.MEŠ (*mārē*)-*šú* DUMU.DUMU.MEŠ (*mār mārē*)-*šú e-ki-mu*
Aš-šur ^{d}AMAR.UTU (*Marduk*) ^{d}IŠKUR (*Adad*) ^{d}XXX (*Sin*) ^{d}UTU (*Šamaš*)
a-na di-ni-šú lu la i-za-zu
ik-kib Aš-šur DINGIR (*ili*)-*ia* ^{d}XXX (*Sin*) *a-šib* URU $^{(āl)}$KASKAL (*Ḫarrān*)

(V°) Z.1 ^{md}*Šùl-ma-nu*-MAŠ (*Šulmānu-ašarēdu*) MAN (*šarru*) KAL (*dannu*) MAN (*šar*) KUR $^{(māt)}$*Aš-šur*
A (*apil*) ^{m}X.ÉRIN.GAB (*Adad-nērārī*) MAN (*šarri*) KAL (*danni*)
MAN (*šar*) ŠÚ (*kiššati*) MAN (*šar*) KUR $^{(māt)}$*Aš-šur*
A (*apil*) ^{m}*Šam-ši*-X (*Šamšī-Adad*) MAN (*šar*) *kib*-(*rat*) IV (*erbet*)-*ti*
^{m}*Šam-ši*-DINGIR (*Šamšī-ilu*) LÚ *tar-ta-nu*
Z.5 *ki-i a-na* KUR $^{(māt)}$ANŠE (*imēri*)-*šú i-lik-ú-ni*
ma-da-tú šá ^{m}*Ḫa-di-a-ni* KUR ANŠE (*imēri*)-*šú-a-a*
KÙ.BABBAR (*kaspu*) KÙ.GI (*ḫurāṣu*) URUDU (*erû*)
GIŠ.NÁ (*eršu*) MAN (*šarrū*)-*ti-šú*
GIŠ *né-mat-tú* MAN (*šarrū*)-*ti-šú* DUMU.MUNUS (*mārat*)-*su*
KI (*itti*) *nu-du-ni-šá ma-a'-di*
Z.10 NÍG.GA (*namkur*) É.GAL (*ekalli*)-*lì la ma-ni am-ḫur-šú* |
AŠ (*ina*) *ta-a-a-ár-ti-ia ta-ḫu-mu šú-a-tu*
a-na ^{m}*Uš-pi-lu-lu-me* MAN (*šar*) URU *ku-mu-ḫa-a-a*
a-din man-nu šá TA (*issu*) ŠU (*qāt*)-*at* ^{m}*Uš-pi-lu-lu-me*
DUMU.MEŠ (*mārē*)-*šú* DUMU.DUMU.MEŠ (*mār mārē*)-*šú e-ki-mu*
Z.15 *Aš-šur* ^{d}AMAR.UTU (*Marduk*) ^{d}IŠKUR (*Adad*) ^{d}XXX (*Sin*) ^{d}UTU (*Šamaš*)
a-na di-ni-šú lu la i-za-zu
pi-ti up-ni-šú la i-šá-me-u-šú
KUR (*māt*)-*su ki-i* SIG$_4$ (*libitti*) *lu-šá*[x x] *ur-ru-uḫ*
mim-ma AŠ (*ina*) UGU (*muḫḫi*) MAN (*šarri*) *la i-ma-lik*
Z.20 *ik-kib Aš-šur* DINGIR (*ili*)-*ia* ^{d}XXX (*Sin*) *a-šib* URU $^{(āl)}$KASKAL (*Ḫarrān*)

(R°) Z.1 Grenzstele des *Adad-nērārī*, des Königs von Assur,
des Sohnes des *Šamšī-Adad*, des Königs von Assur,
(und) der Sammuramat, der Palastfrau
Šamšī-Adads, des Königs von Assur,
Z.5 der Mutter *Adad-nērārīs*, des starken Königs, des Königs von Assur,

der Schwiegertochter Salmanassars,
des Königs der vier Weltgegenden. In den Tagen *Ušpilulumes*,
des Königs der Stadt der *Kummuḫäer*, ließen sie überschreiten
gegen *Adad-nērārī*, den König von Assur,
(und gegen) Sammuramat, die Palastfrau

Z.10 den Euphrat.
(Mit) *Ataršumki*, dem Sohn des Adrame, aus der Stadt der Arpadäer,
samt acht Königen, die mit ihm waren (und) bei der Stadt *Paqiraḫubuna*
ihre Schlachtreihe (aufgestellt hatten) – mit ihnen kämpfte ich. Ihren Troß
nahm ich ihnen weg. Um ihr Leben zu retten,

Z.15 stiegen sie hinauf. In jenem Jahr stellte
man diese Grenzstele zwischen *Ušpilulume*,
dem König der Stadt der *Kummuḫäer*, (und) zwischen Qalparu(n)da,
dem Sohn des Palalam, dem König der Stadt der Gurgumäer, auf.
Wer immer es sein mag, der (sie) aus [der Verfügungsgewalt] *Ušpilulumes*, |

Z.20 seiner Söhne (oder) seiner Nachkommen wegnimmt,
(dem) sollen Assur, Marduk, Adad, Sin (und) *Šamaš*
nicht in seinem Prozeß beistehen.
Verabscheuungswürdig (ist es) für Assur, meinen Gott, (und) für Sin, der in *Ḫarrān* residiert.

(V°) Z.1 Salmanassar, der starke König, der König des Landes Assur,
der Sohn des *Adad-nērārī*, des starken Königs, des Königs der Gesamtheit, des Königs des Landes Assur,
des Sohnes des *Šamšī-Adad*, des Königs der vier W[eltgegend]en.
(Ich,) *Šamšī-ilu*, der Turtan,

Z.5 nachdem man zum Land Aram[4] gegangen war,
empfing als Abgabe *Ḫadyāns*, des Damaszeners,
Silber, Gold, Kupfer, sein königliches Bett,
seine königliche Liege, seine Tochter
samt ihrer reichen Mitgift,

Z.10 das Eigentum des Palastes, in zahlloser Menge.
Bei meiner Rückkehr gab ich diese Grenzstele
Ušpilulume, dem König der Stadt der *Kummuḫäer*.
Wer immer es sein mag, der (sie) aus der Verfügungsgewalt *Ušpilulumes*,
seiner Söhne oder seiner Nachkommen, wegnimmt,

[4] Der Ausdruck KUR ANŠE-*šú* für Aram ist immer noch rätselhaft; vgl. R. Borger, Geographisches und Topographisches, ZA 66 (1977), 276–279 (277). Nicht überzeugend ist E. Gaál, *Mātu ša imērišu* as a Translation from Hurrian, RHAs 36 (1978), 43–48. Vgl. dazu W. T. Pitard, Ancient Damascus (Anm. 1), 14–17 und H. Sader, Les États (Anm. 1), 260–265.

Z.15 (dem) sollen Assur, Marduk, Adad, Sin (und) *Šamaš*
nicht in seinem Prozeß beistehen (und)
nicht hören auf sein (flehentliches) Ausstrecken (der Hände).
Sein Land – wie einen Lehmziegel mögen sie es *zerbröseln*(?).
Was auch immer betreffs d(ies)es Königs (verlautbart), es soll
(ihm) kein Rat werden.
Z.20 Verabscheuungswürdig (ist es für) Assur, meinen Gott (und für)
Sin, der in *Ḫarrān* residiert.

Die Pazarcik-Stele ist handwerklich von nur dürftiger Qualität. Sie besteht aus einem hohen schmalen Stein von 1,40 x 0,44 x 0,165 Metern, auf dem lediglich auf der Vorderseite eine Mondsichel auf einer hohen Stange in erhabenem Relief herausgehoben ist (vgl. Abb. 7 bei Donbaz, a.a.O.). Daß die Mondsichel auf einer hohen Stange hier erscheint, ist allerdings nicht zufällig, sondern Absicht. Wird doch in der Abschluß|formel des Textes auf den Mondgott Sin, „der in *Ḫarrān* residiert“, ausdrücklich hingewiesen[5]. Weitere Schmuckelemente enthält die Vorderseite der Pazarcik-Stele nicht[6]. Ihre Rückseite ist ohne jegliches bildliche Element und ursprünglich gewiß nicht für eine Beschriftung vorgesehen gewesen. Aber medioker ist nicht nur die äußere künstlerische Gestalt der Pazarcik-Stele, sondern auch ihre schriftliche Ausführung. Etliche Zeichenformen sind sehr nachlässig eingemeißelt. So ist das Silbenzeichen NA oft den Zeichen für ŠU oder MA ganz ähnlich[7]. Auf der Vorderseite Z.13 scheint zwischen den Zeichen MA und NA (im Wort *ušmana-šunu*) noch ein weiteres Zeichen (NU korrigiert zu NA?) zu stehen[8]. Auch die Silbenzeichen für DA sind untereinander stark different, ohne jedoch jeweils anders gelesen werden zu können (R° Z.11 und 17; V° Z.6). Sowohl auf der Vorderseite (Z.7) als auch auf der Rückseite (Z.3) ist im Ausdruck *kib-rat* (*erbetti*) die Silbe *-rat* versehentlich ausgelassen[9]. Weiterhin fehlt auf der Vorderseite (Z.19) im

---

[5] Als „harranitischer Armas“ ist der Mondgott Sin von *Ḫarrān* auch in hieroglyphisch-luwischen Texten bezeugt; vgl. M. Weippert, Elemente phönikischer und kilikischer Religion in den Inschriften von Karatepe, in: XVII. Deutscher Orientalistentag vom 21. bis 27. Juli 1968 in Würzburg. Vorträge (Hg.: W. Voigt), ZDMG S 1 (Wiesbaden 1969), 190–217 (199f mit Anm. 32–34). – Zur Bedeutung der Mondsichel als Emblem des Gottes Sin von *Ḫarrān* in der Ikonographie der Assyrer und ihrer Nachbarstaaten vgl. O. Keel, Aramäisch inspirierte Ikonographie aus Palästina, Vortrag Lyon 1991 (erscheint in ders., Studien zu den Stempelsiegeln aus Palästina/Israel IV), 1–21.

[6] Vgl. aber anders die Antakya-Stele bei Donbaz, a.a.O., Abb. 3, die in ihrem Textkorpus ebenfalls als eine Grenzstele ausgewiesen ist (s.u. Anm. 84).

[7] Vgl. Donbaz, a.a.O., 5 Anm. 6.

[8] Auf einem Marmorbruchstück aus der Sammlung Minassian, das V. Scheil erstmals publizierte (Notules: Fragment d'une inscription de Salmanasar, fils d'Aššurnaṣirpal, RA 14 [1917], 159–160), das sich nach der Analyse A. R. Millards und H. Tadmors, Adad-Nirari (Anm. 1), 60f auf denselben Feldzug gegen *Ataršumki* bezieht (vgl. aber noch die Zweifel an solcher Zuweisung bei W. Schramm, Einleitung in die assyrischen Königsinschriften, Zweiter Teil: 934–722 v. Chr., HO, Erste Abteilung, Ergänzungsband 5, Erster Abschnitt [Leiden/Köln 1973], 118), findet sich die Graphie (Z.6) *uš-ma-nu-šú* KAR (*ekim*)-*kim*.

[9] Vgl. Donbaz, a.a.O., 10.

Satzanfang *mannu šá* [TA] ŠU (*qāt*)-*at* ... das Zeichen für die Präposition „aus" = *issu* (*ištu*) (= TA). Auf der Rückseite ist wegen nachlässiger Graphien der Sinn des Vergleiches Z.18 noch nicht verständlich (s.u.).

Darüber hinaus ist schon auf dem Text der Vorderseite der Pazarcik-Stele in manchem Satz das syntaktische Gefüge unklar. Das gilt besonders dann, wenn das einem Verb weit vorangestellte (Akkusativ)Objekt – wie sehr häufig im Neuassyrischen[10] | – ohne Akkusativendung am Satzanfang eingeführt wird, das dazugehörige Verb am Satzende aber eine Akkusativrektion verlangt, die das vorangestellte Objekt jedoch nicht bot. Man ist in diesen Fällen bisweilen unschlüssig, ob ein solcher Satz – dem Nominativ des voranstehenden Satzobjektes folgend – passiv wiederzugeben ist, oder – dem transitiven Verb am Satzende folgend – doch besser aktiv (vgl. zu R° Z.16–18: *taḫūmu* ... *ušēlûni*; vergleichbar auch V° Z.6–10 *madattu* ... *amḫuršu*; Z.11–13 *taḫūmu* ... *adin*). In noch anderen Sätzen wird das weit voranstehende (Dativ)Objekt schließlich mittels eines Suffixpronomens nochmals wieder aufgenommen. Dabei wird einmal aus dem voranstehenden Singular dann fälschlich ein Plural (R° Z.11–13 *Ataršumki* ... *ittīšunu amdaḫiṣ* = „Ataršumki ... mit *ihnen* kämpfte ich"). Die Präposition *ana* dient auf der Vorderseite (Z.8 gefolgt von personalem Objekt und nachgestelltem Verb *ebēru* im Š-Stamm) dazu, einen Sachverhalt auszudrücken, der eindeutig *gegen* den assyrischen König (und seine Mutter Sammuramat) gerichtet ist. Auf der Rückseite, im Text aus der Zeit Salmanassars IV., dient (Z.12) die gleiche Präposition *ana*, wiederum gefolgt von einem personalen Objekt (und nachgestelltem Verb *nadānu* im G-Stamm), aber anscheinend dazu, einen Sachverhalt *zugunsten* des *kummuḫäischen* Königs *Ušpilulume* auszudrücken.

Wie sich aus dem Inhalt ergibt, ist die Vorderseite und die Rückseite der Stele unter zwei verschiedenen assyrischen Königen beschriftet worden. Das ist ein sehr auffälliger Sachverhalt und bislang ohne Parallele. Die Vorderseite bietet aber eindeutig einen Text, der z.Zt. *Adad-nērārīs* abgefaßt wurde, die Rückseite einen, der z.Zt. Salmanassars aufgeschrieben wurde. Da in beiden Texten jeweils eine eigene Genealogie der Könige gegeben wird, ist mit erstgenanntem König *Adad-nērārī*, der Sohn *Šamšī-Adads*, also *Adad-nērārī* III. (808–781 v. Chr.), gemeint. Der Text der Rückseite stammt aus der Zeit Salmanassars, des *Adad-nērārī*-Sohnes, d.i. aus der Zeit Salmanassars IV. (780–771 v. Chr.)[11]. Von beiden Königen sind nur wenige historische Texte überkommen[12]. So bietet die provinzielle Pazarcik-Stele mit ihren

[10] Vgl. W. von Soden, Grundriss der akkadischen Grammatik (samt Ergänzungsheft zum Grundriss der akkadischen Grammatik), AnOr 33 (2. Aufl.) und 47 (Roma 1969), 80f, § 63e.

[11] Die traditionelle Datierung *Adad-nērārīs* III. und Salmanassars IV. wird nach dem Eponymenkanon (vgl. dazu A. Ungnad, Art. Eponymen, in: RLA, Bd. II (Berlin/Leipzig 1938), 412–457 (420, 422, 424 u.ö.) mit den Jahren 809–782 v. Chr. bzw. 781–772 v. Chr. angegeben. Für das Jahr 763 v. Chr., den Monat Siwan, erwähnt derselbe Eponymenkanon eine Sonnenfinsternis, die astronomisch das Fixdatum für die neuassyrische (und damit auch die syro-palästinische) Chronologie ist. Nach modernen astronomischen Berechnungen fand diese Sonnenfinsternis jedoch am 15.6. des Jahres 762 v. Chr. statt. M. Kudlek/E. H. Mickler, Solar and Lunar Eclipses of the Ancient Near East from 3000 BC to 0 with Maps, AOAT Sonderreihe (Kevelaer/Neukirchen-Vluyn 1971), s.d. Die Daten des Eponymenkanons sind demnach um ein Jahr herabzusetzen.

[12] Vgl. dazu W. Schramm, Einleitung, 111–124 (mit Ergänzungen ebd., 141) sowie A. R.

teilweise | neuen Nachrichten aus der Zeit *Adad-nērārīs* III. auf ihrer Vorderseite und den neuen Nachrichten aus der Zeit Salmanassars IV. auf ihrer Rückseite einige sehr willkommene Zusatzinformationen für eine quellenmäßig immer noch dunkle Zeit.

Obgleich die Texte der Vorderseite und der Rückseite aus verschiedenen Zeiten stammen, sind sie dennoch nach einem vorgegebenen Formular abgefaßt. Das Formular beginnt auf der Vorderseite mit dem Stichwort *taḫūmu* (R° Z.1; vgl. auch V° Z.11)[13]. *Taḫūmu* war bislang nur in der Bedeutung „Grenze" u.ä. belegt[14], muß hier jedoch „Grenzstele", „Grenzverlauf", „Grenzvertrag" u.ä. heißen[15]. Auf das Stichwort *taḫūmu*, mit dem sowohl die Grenzstele selbst wie auch ihr schriftlicher Inhalt benannt sind, folgt dann – in indirektem Genitiv mit *šá* nachgestellt – die Genealogie desjenigen, der das Denkmal setzen ließ (R° Z.1–7 [erste Hälfte])[16]. Mit einer temporalen Bestimmung („*ina ūmē* ᵐ*Ušpilulume*"), „in den Tagen *Ušpilulumes*", setzt auf der Vorderseite (Z.7) das eigentliche Textkorpus ein. Es umfaßt hier einen ersten Sachverhalt, der in den Zeilen 7 (zweite Hälfte) bis 15 (Anfang) beschrieben wird. Eine erneute Temporalbestimmung („*ina šatti šāte*"), „in demselben Jahr", verbindet dann auf der Vorderseite eine zweite Sachaussage mit der ersten. Die zweite Sachaussage der Vorderseite umfaßt Z.15 (zweites Wort) bis 18. – Auf der Rückseite der Stele, im Text aus der Zeit Salmanassars IV., entspricht dem eine Sachgliederung, die zuerst den König mit Namen und Genealogie vorstellt. Dann folgt eine eigene Zeile mit dem Namen und Titel des Turtan *Šamši-ilu*. In Z.5 beginnt dort ein Nebensatz mit der Partikel *kī*, die einen ersten Sachverhalt beschreibt, der dort Z.5–10 umfaßt. Ein zweiter Sachverhalt wird anschließend mit dem Ausdruck (*ina tayārtiya*) „bei meiner Rückkehr" eingeleitet und umfaßt V° Z.11–13 (erstes Wort). Dem jeweiligen Textkorpus werden in beiden Fällen Verwünschungen angefügt (R° Z.19–20 bzw. V° Z.13 [zweites Wort] bis 19). Den Abschluß bildet in beiden Fällen die syntaktisch unvollständige Abschlußformel „Greuel des (Gottes) Assur, meines Gottes, (und Greuel) des Gottes Sin, der in *Ḫarrān* residiert"[17].

Millard/H. Tadmor, Adad-Nirari (Anm. 1), passim und H. Tadmor, The Historical Inscriptions of Adad-Nirari III, Iraq 35 (1973), 141–150. – Einen Zug nach „Arwad, mitten im Meer", erwähnt eine Statueninschrift, die P. Hulin bekannt gemacht hat: An Inscription on a Statue from the Sinjar Hills, Sumer 26 (1970), 127–131. Auch dieser Text ist der Zeit *Adad-nērārīs* III. zuzuordnen. Nach H. D. Galter, Eine Inschrift des Gouverneurs Nergal-Ereš in Yale, Iraq 52 (1990), 47–48 (48 Anm. 8) | soll auch ihr Urheber *Nergal-ēreš* gewesen sein, der diese Inschrift bald nach 787 v. Chr. aufsetzen ließ.

[13] Anders die Antakya-Stele (Donbaz, a.a.O., 7 vgl. unten Anm. 84), die mit dem Namen, der Titulatur und der Genealogie des Königs *Adad-nērārī* III. einsetzt und erst dann, in Z.4, das Stichwort [*ta*]*ḫumu* bietet.

[14] Vgl. AHw, Bd. III (Wiesbaden 1981), 1303 s.v.

[15] So schon Donbaz, a.a.O., 6f. Das gleiche *taḫumu* bezeichnet auf der Antakya-Stele (Donbaz, a.a.O., 7 Z.4 [*ta-*]*ḫumu*) den geographisch festgesetzten Grenzverlauf *und* die Stele, auf der er festgeschrieben wurde (s.u. Anm. 84).

[16] Vgl. wiederum anders die Antakya-Stele, die zuerst den Namen (usw.) des Königs bietet, dann das Stichwort *taḫumu*, das dann Objekt einer eigenen Satzaussage ist.

[17] Auf die Verwünschungsformeln, zumal die bemerkenswerte „Greuel des (Gottes) Assur ..." (*ikkib Aššur*), kann hier nicht eingegangen werden. Zu *ikkibu* vgl. nunmehr auch S. Par-

Nicht nur das Gesamtformular geht auf vorgegebene Texte zurück, sondern schon die Genealogie im jeweils ersten Teil des Formulars. Der Verweis auf den Vater ist in den Inschriften der assyrischen Könige bei legitimer Erbfolge selbstverständlich. In den Inschriften *Adad-nērārīs* III. findet sich darüber hinaus auch oft ein Verweis | auf die Königsmutter, die berühmte Semiramis – Sammuramat[18]. Dennoch liegt schon in der einleitenden Genealogie des ersten Textes ein eklatanter syntaktischer Bruch vor. In Z.2f bezeichnet sich dort *Adad-nērārī* III. als Sohn des *Šamšī-Adad* (und) der Sammuramat. In Z.5 aber wird – syntaktisch immer noch im selben Satz! – dieselbe Sammuramat als „Mutter *Adad-nērārīs*" tituliert. Die Tautologie, daß *Adad-nērārī* III. so seine eigene Mutter als „Mutter *Adad-nērārīs*" benennt, wird nur mittels der epitheta ornantia, sei es zum König selbst, sei es zu seinem Vater, Großvater oder zu seiner Mutter, verdeckt. Die dreifache Titulatur zu Sammuramat: „Palastfrau", „Mutter *Adad-nērārīs*" und „Schwiegertochter Salmanassars" ist zwar ehrenvoll, sie kann aber nicht darüber hinwegtäuschen, daß für die Frau hier kein wirklich königliches Epitheton geboten wird[19].

Inhaltlich berichtet der Text *Adad-nērārīs* III. auf der Vorderseite der Stele also zwei Sachverhalte. Historisch ist der erste, der Kampf des assyrischen Königs gegen *Ataršumki* und dessen Verbündete, von besonderem Interesse, für das Verständnis der Rückseite der Stele aber der zweite: die Stiftung eines neuen Grenzverhältnisses zwischen den Staaten *Kummuḫ* und *Gurgum*. Zwei historische Aussagen bietet auch der Text der Rückseite aus der Zeit Salmanassars IV. Die erste ist ein Kurzbericht über einen Krieg gegen Damaskus, fast nur aus einer Beuteliste bestehend. In diesem Kurzbericht wird immerhin auch der Name des Königs von Damaskus: *Ḫadyān* genannt. Der zweite historische Teil der Rückseite spielt zwar sachlich auf den zweiten Teil der Vorderseite an, ist in seiner intendierten Aussage aber mangels weiterer Quellen noch undurchsichtig.

Das sachliche Verständnis des ersten historischen Teils der Vorderseite hängt nicht nur an den hier genannten Personen und Orten, sondern – wie immer – auch an den grammatischen und syntaktischen Konstruktionen des Textes. Syntaktisch beschreiben den ersten historischen Sachverhalt fünf Sätze. Deren erster und dritter bis fünfter sind normale Verbalsätze, wobei der dritte und vierte in der Ichform der 1. Pers. Sing. stehen: (*itti-šunu amdaḫiṣ*) „ich kämpfte mit ihnen" und (*ušmana-šunu ekim-šunūti*) „ihren Troß nahm ich ihnen weg". Im dritten und vierten Satz trifft der assyrische König also Selbstaussagen. Der fünfte und damit letzte Satz im ersten historischen Teil ist ebenso eindeutig eine Aussage über die geschlagenen Feinde in

---

pola/K. Watanabe, Neo-Assyrian Treaties and Loyalty Oaths, State Archives of Assyria II (Helsinki 1988), 90 (Index).

[18] Vgl. W. Eilers, Semiramis: Entstehung und Nachhall einer altorientalischen Sage, SÖAW. PH 274/2 (Wien 1971), 35ff; W. Schramm, War Semiramis assyrische Regentin?, Historia 21 (1972), 513–521; W. Nagel, Ninus und Semiramis in Sage und Geschichte: Iranische Staaten und Reiternomaden vor Darius, BBV NF, Bd. 2 (Berlin 1982), 92f und S. Arbeli, Woman in the Bible in Position of Privilege and Their Development in Social and Political Affairs: A Comparative Study Using Ancient New Eastern Sources, Diss. phil. (Jerusalem 1984), 55f. Romanhaft ist G. Pettinato, Semiramis – Herrin über Assur und Babylon, Biographie (Zürich/ München 1988), 208ff.

[19] Vgl. W. Schramm, a.a.O., 519f.

der 3. Pers. Pl.: „um ihr Leben zu retten, stiegen sie hinauf" („... *eliū*"). Syntaktisch schwieriger ist hingegen der erste Satz, der mit „*ina ūmē* ᵐ*Ušpilulume*" eingeleitet wird. V. Donbaz hat dessen Einleitung als Temporalkonjunktion und dessen Verbalform | (*ušēbirūni*) als 3. Pers. *Sing.* gedeutet und folglich übersetzt „when Ušpilulume ... caused Adad-nerari ... to cross the Euphrates"[20]. Bei dieser Auffassung wäre es König *Ušpilulume* von *Kummuḫ* gewesen, der durch irgendeinen aggressiven Akt den assyrischen König zur Euphratüberquerung veranlaßte. Es dürfte hingegen besser sein, den Ausdruck „*ina ūmē* ᵐ*Ušpilulume*" als eine Constructusverbindung zu verstehen („in den Tagen Ušpilulumes") und ein unbestimmtes „man" oder „sie" als Subjekt des Satzes anzusetzen. Der erste Satz des historischen Teils auf der Vorderseite sagt dann aus, daß z.Zt. des Königs *Ušpilulume* von *Kummuḫ* eine Mehrzahl ungenannter Feinde gegen den assyrischen König den Euphrat überschritt. Dem Anführer dieser Feinde wird in diesem ersten Satz vorerst kein Personenname zugebilligt. Es ist aber kein anderer als *Ataršumki*, der König von Arpad, gewesen. Von ihm ist aber erst im zweiten Satz die Rede.

Ein Unbekannter ist der im Text *Adad-nērārīs* III. auf der Vorderseite der Pazarcik-Stele genannte *Ataršumki*[21] für die modernen Historiker auch vor der Publikation der Inschrift nicht gewesen. Dank der aramäischen Sfīre-Inschriften[22] wußte man schon, daß *Ataršumki* der Vater des Königs *Matiʿ-ʾEl* von *Bt-Gš* (Arpad) war. Trotz einer langen Regierungszeit, die sich nach den Belegen für *Ataršumki* ergibt, ist nicht mit mehreren Trägern dieses Namens zu rechnen[23]. Auf einem Marmorbruchstück (Z.8), das V. Scheil erstmals publizierte, haben A. R. Millard und H. Tadmor als Namen für den Vater *Ataršumkis* assyrisch „Arame" (ᵐ*a-ra-me*) herauslesen können[24] und diesen Arame mit „Arame aus Bīt-(A)-Gūsi" gleichgesetzt, der in Texten Salamanassars III. mehrfach genannt ist[25]. Auch sonst ist *Ataršumki* in

---

[20] V. Donbaz, a.a.O., 9. – Anscheinend hatte aus einer vergleichbaren Textdeutung O. A. Taşyürek, Some New Assyrian (Anm. 1), 180 erschlossen, daß Sammuramat – Semiramis selbst den Euphrat überschritten hatte. Diese Deutung ist in jedem Fall unrichtig.

[21] Die Transkription „*Ataršumki*" ist Konvention. Zur Bildung seines Namens vgl. ausführlich E. Lipiński, Studies (Anm. 1), 58ff. Nach K. Deller, Rezension von R. de Vaux, Les Sacrifices de l'Ancien Testament, Or. NS 34 (1965), 382–386 (383) ist dieser Name auch zu lesen bei J. Friedrich/G. R. Meyer/A. Ungnad/E. F. Weidner, Die Inschriften vom Tell Ḥalāf: Keilschrifttexte und aramäische Urkunden aus einer assyrischen Provinzhauptstadt, AfO, Bd. 6 (Leipzig 1940 = Nachdruck Osnabrück 1967), 64f, Nr. 114 Rs. 11. Mit diesem Namen ist dort aber eine andere Person gemeint.

[22] Vgl. dazu ausführlich A. Lemaire/J.-M. Durand, Les Inscriptions (Anm. 1), 120.

[23] Anders: A. R. Millard/H. Tadmor, Adad-Nirari (Anm. 1), 59; E. Lipiński, Studies (Anm. 1), 61f und auch E. Puéch, Un Ivoire (Anm. 1), 166 mit Anm. 1 und 3.

[24] Vgl. Anm. 7. – Die bei A. R. Millard/H. Tadmor, Adad-Nirari, 61 angenommene Textrekonstruktion der Z.8 des Scheilschen Textes: „(*Ataršumki*) son of Arame, (I deposed) fr(om his royal throne ...)" war für die letztere Aussage „quite conjectural" (ebd.). Sie ist nicht zu sichern und eher unzutreffend.

[25] Vgl. dazu die Belege bei M. Liverani, *Bar-Guš* e *Bar-Rakib*, RSO 36 (1961), 185–187; S. Parpola, Neo-Assyrian Toponyms, Programming and Computer Printing | by K. Koskenniemi, AOAT, Bd. 6 (Kevelaer/Neukirchen-Vluyn 1970), 6 s.v. Bīt-Agūsi; E. Puéch, Un Ivoire, 163ff und J. D. Hawkins, Art. Jaḫan, in: RLA, Bd. V (Berlin/New York 1976–1980), 238b–

Texten aus dem Ende des 9. | und dem Anfang des 8. Jh.s einige Male erwähnt[26]. Nachweislich kannten also die assyrischen Schreiber z.Zt. *Adad-nērārīs* III. diesen aramäischen König und damaligen Hauptgegner Assyriens im Westen. In der Sab'a-Stele[27], die *Adad-nērārīs* Offizier und Eponym des Jahres 802 v. Chr.[28] *Palil-ēreš*[29], in späteren Jahren setzen ließ, heißt es (Z.13f) u.a. „die Könige des weiten [Hethiterlandes], welche zur Zeit *Šamšī-Adads*, meines Vaters, stark geworden waren und [...". Was auch immer ehedem dort in dem heute abgebrochenen Satz mit „und ..." gestanden hat, – es waren auf jeden Fall antiassyrische Aktivitäten der nordsyrischen und südanatolischen Staaten. Die Vorbereitungen zu | einem Krieg gegen Assyrien reichten auf der antiassyrischen Seite also bis in die Zeiten *Šamšī-Adads* zurück. Die *Tell Šēḫ Ḥamad*-Stele (Z.5ff) weiß über die andauernden assurfeindlichen Aktivitäten der westeuphratenischen Könige noch genauer zu berichten, daß es *Ataršumki* [von Arpad] war [samt den Königen] des Hethiterlandes, welche sich damals aufgelehnt hatten[30]. So sind schon die antiassyrischen Unternehmungen im nordsyrischen Raum z.Zt. *Šamšī-Adads* auf *Ataršumki* von Arpad zurückzuführen. Sofern man den

---

239b.

[26] Vgl. die Belege bei J. D. Hawkins, Art. Jaḫan, 238bf. – Neuerdings ist auch das Siegel eines (= *L*) *NRŠ' 'BD 'TRSMK* bekannt geworden: P. Bordreuil, Catalogue des sceaux ouest-sémitiques inscrits (Paris 1986), 76f., Nr. 86. Ebd. auch zur Deutung des Namens *NRŠ'* = „*Nurši* ou *Nirši*" ... „lumière de Sin". – Zu *Ataršumki* als Zeitgenossen des Zakkur von Hamat ist nun die Antakya-Stele (Donbaz, a.a.O., 7 und unten Anm. 84) von entscheidender Bedeutung. Denn der dort gebotene Synchronismus zwischen *Ataršumki* von Arpad und Zakkur von Hamat ermöglicht nunmehr eine chronologisch genauere Fixierung Zakkurs. In seiner aramäischen Stele (KAI, Nr. 202 A: 5; vgl. W. C. Delsman, Aramäische historische Inschriften, in: Texte aus der Umwelt des Alten Testaments [im folgenden: TUAT], [Hg.: O. Kaiser], Bd. I: Rechts- und Wirtschaftsurkunden. Historisch-chronologische Texte [Gütersloh 1982–1985], 625–637 [626ff (Lit.)]; H. Sader, Les États [Anm. 1], 206–210 [Lit.] und G. G. G. Reinhold, Die Beziehungen [Anm. 1], 250ff mit Lit.) nennt Zakkur von Hamat seinen aramäischen Gegner *Ataršumki* aus Arpad ja nur geringschätzig, ohne eigentlichen Personennamen, *BR-GŠ*: „den aus der Dynastie (= *Bt*) *Gūši*". Versuche zu einer neueren chronologischen und historischen Einordnung der Ereignisse, von denen Zakkur in seiner Inschrift erzählt, bei J. A. Hawkins, CAH², 403f; W. Pitard, Ancient Damascus (Anm. 1), 171–175; H. Sader, Les États, 216ff und G. G. G. Reinhold, Die Beziehungen, 196ff und 250ff.

[27] E. Unger, Reliefstele Adadniraris III. aus Saba'a und Semiramis, PKOM II (Istanbul 1916). Vgl. zum schwierigen Text und seiner Deutung H. Donner, Adadnirari III. und die Vasallen des Westens, in: Archäologie und Altes Testament: Festschrift K. Galling (Hgg.: A. Kuschke/ E. Kutsch), (Tübingen 1970), 49–60; M. Weippert, Edom: Studien und Materialien zur Geschichte der Edomiter auf Grund schriftlicher und archäologischer Quellen, Diss. ev. theol. (Tübingen 1971), 476–486 (Text 36); W. Schramm, Einleitung (Anm. 7), 111ff (Lit.); H. Tadmor, The Historical Inscriptions (Anm. 10), 144 (Lit.); H. Sader, Les États (Anm. 1), 238f u.a. – Die obige Übersetzung nach R. Borger, Historische Texte in akkadischer Sprache aus Babylonien und Assyrien, in: TUAT I, 354–410 (369 mit Lit.).

[28] Zur Herabsetzung des Datums um ein Jahr s.o. Anm. 11.

[29] Zur Lesung des Namens ᵈIGI. DU - ... vgl. M. Weippert, Elemente (Anm. 5), 211 mit Anm. 94; H. Tadmor, The Historical Inscriptions, 147 mit Anm. 32; M. Weippert, Edom (Anm. 27), 483f; R. Borger, Zeichenliste (Anm. 3), 173, Nr. 449 sowie den Onyxzylinder des *Palil-ēreš* in Yale, den H. D. Galter vor kurzem veröffentlichte (Anm. 12).

[30] A. R. Millard/H. Tadmor, Adad-Nirari (Anm. 1), 57ff und R. Borger, in: TUAT I, 369.

Vater des *Ataršumki*: Adrame[31] mit Arame von aramäisch *Bt-Gš* = assyrisch *Bīt-(A)Gūsi* gleichsetzt – und alle Texte sprechen für diese Gleichung[32] –, so hatte letzterer schon zu Zeiten Salmanassars III. mit den Assyrern harte Auseinandersetzungen gehabt[33]. Auch für den Schreiber der Pazarcik-Stele ist *Ataršumki* also keine namenlose Größe gewesen. Aber wie er den Anführer der antiassyrischen Koalition im ersten Satz des historischen Teils seiner Stele namentlich verschweigt, so gönnte er ihm im zweiten Satz nicht einmal ein Verb. Trotzdem ist klar, daß *Ataršumki* sich acht Könige zu Hilfe nehmen konnte und in oder bei der Stadt *Paqiraḫubuna* die mit ihm verbündeten antiassyrischen Truppen Aufstellung nehmen ließ. Für letzteres steht im zweiten Satz nur das Akkusativobjekt „ihre Schlachtreihe" (*sidirta-šunu*), jedoch kein dazugehöriges Verb. So verschleiert nun der grammatisch unkorrekte Text die antiassyrische Aktion *Ataršumkis* und seiner Koalitionäre ganz bewußt. Wegen der beschriebenen Gegenreaktion des assyrischen Königs ist der Kriegsverlauf dennoch hinreichend deutlich.

Der zweite historische Sachverhalt, den *Adad-nērārī* III. auf der Vorderseite der Stele (Z.15 [zweite Hälfte] bis Z.18) beschreiben ließ, wird mit der Temporalbestimmung „in diesem Jahr" eingeleitet. Für das Verständnis des Ausdruckes gibt es zwei Möglichkeiten. Die erste ist, ihn – unabhängig von dem gerade zuvor beschriebenen Krieg – auf das Jahr zu beziehen, in dem die Stele gesetzt wurde. Dann sollte man | jedoch erwarten, daß „dieses Jahr" schon zuvor im Text mit einer Temporalbestimmung chronologisch fixiert worden wäre. Das ist nicht der Fall. So wird man „dieses Jahr" auf den Zeitpunkt beziehen müssen, in dem *Adad-nērārī* III. *Ataršumki* und die mit jenem vereinten acht Könige schlug. Die temporale Zeitbestimmung im zweiten Teil des Textes verknüpft somit nicht nur beide Ereignisse chronologisch, sondern auch kausal[34].

In demselben Jahr, in dem *Adad-nērārī* III. *Ataršumki* von Arpad samt dessen acht verbündeten Königen schlug, hat er nach dem zweiten historischen Teil auf der Vorderseite der Stele einen Grenzvertrag zwischen *Ušpilulume* von *Kummuḫ* und Qalparu(n)da von Gurgum abgeschlossen. Von diesem Grenzvertrag wußte man bislang nichts[35]. Die Pazarcik-Stele ist nun der augenfällige Beleg dafür. Ebensowenig kannte man aus assyrischen Texten bislang den Vatersnamen des Qalparu(n)da

---

[31] Auf den Bronzebeschlägen von *Balawāt* aus der Zeit Salmanassars III. ᵐ*A-ra-me* DUMU (*mār*) ᵐ*Gu-si* geschrieben (vgl. E. Michel, Die Assur-Texte Salmanassars III. [858–824], 11. Fortsetzung, Fortsetzung des 34. Textes [Palasttore von *Balawāt*, Ende], WO IV [1967–1968], 29–37 [35]); zu weiteren Schreibungen des ᵐ*A-ra-mu* bzw. ᵐ*A-ra-me* DUMU (*mār*) *A-gu-u-si* bzw. *Gu-si* in der Zeit Salmanassars III. vgl. M. Weippert, Edom, 81 mit Anm. 298; H. Sader, Les États (Anm. 1), 100, 102f, 104ff; auf dem Marmorbruchstück V. Scheils Z.8 … DUMU (*mār*) ᵐ*A-ra-me* geschrieben, in der Pazarcik-Stele Z.10 ᵐ*A-tar-šúm-ki* A (*apil*) ᵐ*Ad-ra-a-me*, in der Antakya-Stele (vgl. Donbaz, a.a.O., 7) Z.5 ᵐ*A-tar-šúm-ki* A (*apil*) ᵐ*Ad-ra-mu*.

[32] Anders, aufgrund (nicht überzeugender) chronologischer Erwägungen, A. R. Millard/H. Tadmor, Adad-Nirari (Anm. 1), 59; E. Lipiński, Studies (Anm. 1), 59f und E. Puéch, Un Ivoire (Anm. 1), 166 mit Anm. 1 und 3.

[33] Vgl. die Belege bei J. D. Hawkins, Art. Jaḫan (Anm. 25), 238bf.

[34] Vgl. V. Donbaz, a.a.O., 9.

[35] Vgl. immerhin schon J. D. Hawkins, Art. Kummuḫ, in: RLA, Bd. VI (Berlin/New York 1980–1983), 338–340 (339).

von Gurgum, den dieser Text mit „Palalam“ angibt. Hieroglyphisch-luwische Texte nennen für Qalparu(n)da (III.) von Gurgum als einheimischen Namen *Ḫalparuntiyas* (III.)[36]. Sein Vatersname, assyrisch hier erstmals als Palalam belegt, scheint auf dem sog. Maraş-Löwen in hieroglyphisch-luwischem Text als Laramas wiedergegeben zu sein[37].

Zwei Sachverhalte sind es also, die die Vorderseite der Pazarcik-Stele aus der Zeit *Adad-nērārīs* III. berichtet: Einen Feldzug, den der assyrische König gegen *Ataršumki* und dessen acht verbündete Könige unternahm, und einen Grenzvertrag, den er im selben Jahr – und infolge des siegreichen Krieges gegen die antiassyrische Koalition – zwischen dem König von *Kummuḫ* und dem König von *Gurgum* stiftete. Unausgesprochen bleibt dabei mancherlei. So z.B. wie die acht Könige namentlich hießen, die sich *Ataršumki* zu Hilfe nehmen konnte und welchen Staaten sie vorstanden[38]. Unausgesprochen bleibt natürlich auch das Kriegsziel *Ataršumkis* und seiner Verbündeten. Die Annahme, daß *Ataršumki* samt seinen Koalitionären das assyrische Einflußgebiet gen Osten, zum Euphrat hin, zurückdrängen wollte, wird dennoch nicht fehlgehen. Heißt es doch im Text, daß die assurfeindlichen Truppen in oder bei der Stadt *Paqiraḫubuna* Aufstellung nahmen (R^{o} Z.12). Die hiesige Stadt *Paqiraḫubuna* meint denselben Ort, der in assyrischen Texten aus der Zeit von *Adad-nērārīs* Großvater, Salmanassar III., als | *Paqaraḫubuni*, *Paqarḫubuna*, *Paqarḫubuni* und *Paqarruḫbuni* genannt wird[39]. Die genaue Lage dieses Ortes bzw. seine Identifizierung mit einer heute noch vorhandenen Ruinenstätte ist bislang leider noch offen. Sie wird aber westlich des Euphrats, im Gebiet nach *Kummuḫ* und *Gurgum* hin, anzusetzen sein[40].

---

[36] Vgl. J. D. Hawkins, Assyrians (Anm. 1), 74; ders., CAH^2, 383, 401 u.ö.; ders., Art. Maraş, in: RLA, Bd. VII (Berlin/New York 1980), 352–353.

[37] Vgl. J. D. Hawkins/A. Morpurgo Davies, On the Problems of Karatepe: The Hieroglyphic Text, AnStud 28 (1979), 103–119 (104f); J. D. Hawkins, Art. Maraş, 352b.

[38] Erwägungen dazu bei J. D. Hawkins, CAH^2, 400 (= Que, Unqi, Gurgum, Sam'al und Melid).

[39] Vgl. dazu S. Parpola, Neo-Assyrian Toponyms (Anm. 25), 272f s.v. *Paqarḫubuni*.

[40] Schon F. Delitzsch, Wo lag das Paradies? Eine biblisch-assyriologische Studie (Leipzig 1881), 264 nahm an, daß der Ort auf der rechten, d.h. westlichen, Euphratseite lag. Das war aus der Monolith-Inschrift Salmanassars III. erschlossen, wo es u.a. heißt, daß der assyrische König von *Bur-mar'ina* aufbrach und den Euphrat überquerte, um den Tribut des Qatazi(l)i von *Kummuḫ* in Empfang zu nehmen. Von dort näherte er sich der Stadt *Paqaruḫubuni* und den Städten des *Aḫuni* von *Bīt ʿAdini* auf der anderen Seite des Euphrats. An anderer Stelle heißt es dort, daß Salmanassar III. von *Paqaruḫubuni* aufbrach, um von Mu(wa)talli von Gurgum den Tribut einzuholen (vgl. A. L. Oppenheim, Babylonian and Assyrian Historical Texts, in: J. B. Pritchard, Ancient Near Eastern Texts relating to the Old Testament, 3. Ed. [with Supplement], [ANET^3], [Princeton/New Jersey 1969], 264–317 [283]). Eine Lage auf der westlichen Seite des Euphrats ist aus jenen Angaben für *Paqaraḫubuni* in jedem Fall zu erschließen. Die Frage ist nur, ob der Ort südlich oder nördlich von Karkemisch gelegen hat. Der Bezug zu *Kummuḫ* und *Gurgum* sowohl im Text Salmanassars III. als auch im hiesigen Text *Adad-nērārīs* III. macht eine Lage nördlich von Karkemisch wahrscheinlicher als südlich davon. In der Region zwischen dem Sagur, dem westlichen Zufluß zum Euphrat, und dem heutigen Gaziantep, aber südlich von Gaziantep selbst, setzt N. Na'aman dementsprechend *Paqaraḫubuni* an: Notes on the Monolith Inscription of Shalmaneser III from Kurkh, Tel

Seinen siegreichen Feldzug gegen die antiassyrische Koalition unter *Ataršumki* hat der assyrische König in der Pazarcik-Stele nicht datiert. Das Datum muß also aus anderen Quellen erhoben werden. Da im strengen Sinne „Annalen" *Adad-nērārīs* III. nicht überkommen sind, bildet der Eponymenkanon das chronologische Grundgerüst für seine Regierungszeit und für seine militärischen Aktivitäten. Der Eponymenkanon (C^b I)[41] bietet für die ersten zehn Regierungsjahre *Adad-nērārīs* III. folgende Einträge: (im ersten vollen Regierungsjahr)[42] 808 v. Chr. gegen die Meder (*a-na Mad-a-a*), 807 v. Chr. gegen das Land Guzana (*a-na* ^{māt}*Gu-za-na*), 806 v. Chr. gegen das Land der Manäer (*a-|na* ^{māt}*Man-a-a*), 805 v. Chr. gegen das Land der Manäer (*a-na* ^{māt}*Man-a-a*), 804 v. Chr. gegen das Land Arpad (*a-na* ^{māt}*Arpad-da*), 803 v. Chr. gegen die Stadt *Ḫazazi* (*a-na* ^{āl}*Ḫa-za-zi*), 802 v. Chr. gegen die Stadt *Baʿli* (*a-na* ^{āl}*Ba-ʾ-li*), 801 v. Chr. zum Ufer des Meeres; Seuche (*a-na* UGU [*muḫḫi*] *tâmti*; *mu-ta-nu*), 800 v. Chr. gegen die Stadt *Ḫubuškia* (*a-na* ^{āl}*Ḫu-bu-uš-ki-a*), 799 v. Chr. gegen die Meder (*a-na Mad-a-a*). Von den späteren Feldzügen gen Westen bekam nur noch der des Jahres 795 v. Chr., gegen *Manṣuate*, einen Eintrag im Eponymenkanon[43], obwohl durch Inschriften aus *Adad-nērārīs* III. Zeit bezeugt ist, daß es – über die Einträge des Eponymenkanons hinaus – noch weitere assyrische Militärkampagnen im „Westland" gegeben hat[44]. Die zwei weiteren Inschriften aus *Adad-nērārīs* III. Zeit, die explizit solche Feldzüge berichten, die Sab'a-Stele und die *Tell er-Rimāḥ*-Stele, sind aber nur Texte höchster Staatsbeamter und keine Inschriften des Königs selbst[45]. Anders scheint es hingegen mit der fragmentarischen Stele von *Tell*

Aviv 3 (1976), 89–106 (96). Zu den antiken Ruinenstätten in diesem Raum vgl. A. Archi/P. E. Pecorella/M. Salvini, Gaziantep e la sua regione: Uno studio storico e topografico degli insediamenti preclassici, Incunabula Graeca Vol. XLVIII (Roma 1971), passim (mit Karte).

[41] A. Ungnad, Art. Eponymen (Anm. 9), 428ff. – Zur Herabsetzung der Daten um ein Jahr s.o. Anm. 11.

[42] Zur Frage der Chronologie, d.h. ob 808 (sic) v. Chr. das erste volle Regierungsjahr *Adad-nērārīs* III. war, vgl. H. Tadmor, The Historical Inscriptions (Anm. 12), 146; A. K. Grayson, Studies in Neo-Assyrian History: The Ninth Century, BiOr 33 (1976), Sp. 134–145 (Sp. 140b Anm. 48) und W. Shea, Adad-nirari III. and Jehoash of Israel, JCS 30 (1978), 101–113 (102f).

[43] Ob sich der Eintrag zum Jahr 786 (d.i. 785) v. Chr. *a-*[*n*]*a* ^{māt}*Ki-i*[*s*]*-ki* (mit der Variante *Ki-is-ki* vgl. Ungnad, a.a.O., 429 Anm. 3) auf einen Westlandfeldzug bezieht, ist unklar.

[44] Erwägungen zur Aufklärung der Diskrepanz zwischen den Eintragungen im Eponymenkanon und den tatsächlich durchgeführten Feldzügen bei A. R. Millard/H. Tadmor, Adad-Nirari (Anm. 1), 62.

[45] Zur Sab'a-Stele vgl. oben Anm. 27. – Zur Stele vom *Tell er-Rimāḥ* vgl. S. Page, A Stele of Adad-Nirari III and Nergal-Ereš from Tell al Rimah, Iraq 30 (1968), 139–153; dies., Adad-nirari III and Semiramis: The Stelae of Saba'a and Rimah, Or. NS 38 (1969), 457–458; dies., Joash and Samaria in a New Stela Excavated at Tell al Rimah, VT 19 (1969), 483–484; J. A. Brinkman, Ad S. Page, Stele of Adadnirari III. from Tell ar-Rimah, RA 63 (1969), 96; H. Cazelles, Une Nouvelle Stèle d'Adad-Nirari d'Assyrie et Joas d'Israel, CRAIBL 1969, 106–117; A. Cody, A New Inscription from Tell al-Rimah and King Jehoash of Israel, CBQ 32 (1970), 333–337; H. Donner, Adadnirari III. (Anm. 27), 49–60; A. Jepsen, Ein neuer Fixpunkt für die Chronologie der israelitischen Könige? VT 20 (1970), 359–361; A. Soggin, Ein außerbiblisches Zeugnis für die Chronologie des Jehô'as/Jô'as, König von Israel, VT 20 (1970), 366–368; E. Lipiński, The Assyrian Campaign to Manṣuate in 796 BC and the Zakir Stele,

Šēḫ Ḥamad (Dūr Katlimmu) zu sein, die heute im Britischen Museum zu London aufbewahrt wird (Inv. Nr. BM 131124). A. R. Millard und H. Tadmor haben sie als Text *Adad-nērārīs* III. identifiziert und | publiziert[46]. Ohne die Einzelheiten der Pazarcik-Stele schon zu kennen, haben sie den fragmentarischen Text jener Stele zu recht mit dem Feldzug gegen *Ataršumki* zusammengestellt. Heißt es doch dort (nach den Ergänzungen A. R. Millards und H. Tadmors):

Z.1 [*Adad-nērārī*, der große König, der] starke [König], der König der Welt, der König des Landes Assur, der Erstgeborene des *Šamšī-Adad*,
[des Königs der Welt, des Königs des Landes Assur, des Erstgeborenen des Sa]lmanassar, des Königs der vier Weltgegenden.
[Auf Befehl (des Gottes) Assur] bot ich meine Wagenstreitmacht und die Truppen des Feldlagers auf [und befahl,] zum Land *Ḫatt*[*i*]
[zu gehen]. Den Euphrat überquerte ich bei seiner Hochflut.
Z.5 [Zur Stadt *Paqarḫu*]*buna* stieg ich hinab. Den *Ataršumk*[*i*]
[aus der Stadt der Arpadäer und die Könige] des Landes [*Ḫat*]*ti*, die rebelliert [un]d
[auf ihre eigene Kraft vertraut hatten], [überwältigten] die (F)urcht und der Schreckensglanz Assurs, meines Her[rn.]
[In ein]em einzigen Jahr er[obert]e ich das Land *Ḫatt*[*i* ...]

Nach der Pazarcik-Stele könnte heute wohl mancher Ergänzungsvorschlag der *Tell Šēḫ Ḥamad*-Stele etwas anders ausfallen. So etwa die Attributierung zu *Ataršumki* oder eine Supplementierung im Sinne der Pazarcik-Stele, die von acht weiteren Königen spricht, die sich *Ataršumki* zu Hilfe genommen hatte. Als A. R. Millard und H. Tadmor den Londoner Text edierten, ergänzten sie den abgebrochenen Ortsnamen nach den Texten Salmanassars III. als [*Paqarḫu*]*buna*. In der Pazarcik-Stele ist er als bislang einzigem weiteren Text aus der Zeit *Adad-nērārīs* III. aber *Paqiraḫubuna* geschrieben. Dieser Ortsname und der nachfolgende Königsname *Ataršumki* erlauben den Schluß, daß mit der *Tell Šēḫ Ḥamad*-Stele ein offizieller Kriegsbericht des assyrischen Königs über denselben Feldzug gegen *Ataršumki* vorliegt[47].

AION 31 (1971), 393–399; A. Malamat, On the Akkadian Transcription of the Name of the King Joash, BASOR 204 (1971), 37–39; M. Weippert, Edom (Anm. 27), 486–489 (Text 37); A. R. Millard, Adad-Nirari III, Aram and Arpad, PEQ 105 (1973), 161–164 (162); A. R. Millard/H. Tadmor, Adad-Nirari (Anm. 1), 164; W. Shea, Adad-nirari (Anm. 42), 101–113; H. Sader, Les États (Anm. 1), 239 u.a. – Die Beobachtungen zur sachlichen und inhaltlichen Zweigliederung der (Sab'a- und) *Tell er-Rimāḥ*-Stele bei W. Schramm, Einleitung (Anm. 7), 111ff sind in jedem Fall zu berücksichtigen; anders wieder W. T. Pitard, Ancient Damascus (Anm. 1), 162–165 und G. G. G. Reinhold, Die Beziehungen (Anm. 1), 180.

[46] A. R. Millard/H. Tadmor, Adad-Nirari, 57ff und A. R. Millard, Adad-Nirari, 161–164. Vgl. zur Übersetzung auch R. Borger, in: TUAT I, 369.

[47] Anders A. R. Millard, Adad-Nirari III., 162f und H. D. Galter (Anm. 10), die auch die *Tell Šēḫ Ḥamad*-Stele – wie die Sab'a-Stele und die *Tell er-Rimāḥ*-Stele – für ein Produkt des Nergal (= *Palil*)-*ēreš* halten.

Ausgehend von der Eintragung des Eponymenkanons sind daher die Aussage der *Tell Šēḫ Ḥamad*-Stele und die Aussage auf der Vorderseite der Pazarcik-Stele auf den Feldzug gegen *Atar̆sumki* zu beziehen, d.h. inhaltlich in das Jahr 804 v. Chr.[48] zu datieren. Der inhaltliche Bezug auf den Feldzug des Jahres 804 v. Chr. besagt jedoch nicht, daß beide Texte auch noch im Jahr 804 v. Chr. abgefaßt sein müssen. Der ausdrückliche Bezug in der königlichen Genealogie der Pazarcik-Stele auf *Adad-nērārīs* Mutter Sammuramat darf wohl als Hinweis dafür gelten, daß die Königsmut|ter zu diesem Zeitpunkt noch lebte. Auf der *Tell Šēḫ Ḥamad*-Stele findet sich hingegen kein Hinweis auf die Königsmutter mehr. Wahrscheinlich ist also die *Tell Šēḫ Ḥamad*-Stele später als die Pazarcik-Stele abgefaßt worden. – Auffällig ist auch, daß sich statt eines Verweises auf die Königsmutter Sammuramat auf der *Tell Šēḫ Ḥamad*-Stele (Z.8) die Redewendung findet, daß *Adad-nērārī* III. das Land *Ḫatti* „in einem (einzigen) Jahr“ („[*ina iš-t*]*e-et šatti*“) erobert habe. Da sich die Redewendung von dem einen (einzigen) Jahr z.B. noch in der *Tell er-Rimāḥ*-Stele (Z.4) wiederholt, die u.a. auch vom Krieg gegen „*Mār'i*“ von Damaskus berichtet (ebd., Z.6f), ist das Abfassungsdatum der *Tell er-Rimāḥ*-Stele auf jeden Fall chronologisch nach dem Feldzug gegen Damaskus anzusetzen[49]. Das mag dann folglich auch für das Abfassungsdatum der *Tell Šēḫ Ḥamad*-Stele gelten. M.a.W.: die Pazarcik-Stele ist von allen hier genannten beschrifteten Denkmälern aus der Zeit *Adad-nērārīs* III. das älteste.

Die zweite historische Aussage auf der Vorderseite der Pazarcik-Stele ist mit der ersten durch die Temporalbestimmung „in diesem Jahr“ verknüpft. Sie meint wohl nicht nur eine temporale, sondern auch eine kausale Verknüpfung (s.o.). Der Grenzvertrag zwischen *Ušpilulume*, dem König der Stadt der *Kummuḫäer*[50], und Qalparu(n)da ..., dem König der Stadt der Gurgumäer, ist also nicht nur im selben Jahr wie der Feldzug gegen *Ataršumki* abgeschlossen worden, sondern als eine Folge dieses Feldzuges anzusehen.

Aus den Zeilen 15 (zweite Hälfte) bis 18 (Ende) geht noch nicht klar hervor, zu wessen Gunsten der assyrische König den neuen Grenzvertrag zwischen *Kummuḫ* und *Gurgum* fixierte. Der erstgenannte der beiden Grenznachbarn, König *Ušpilulume* von *Kummuḫ*, bekommt im Text keinen Vatersnamen, so daß man annehmen könnte, der Vertrag sei zu seinen Ungunsten fixiert worden, zumal der zweite der beiden Grenznachbarn, König Qalparu(n)da von Gurgum, ausdrücklich mit seinem Vatersnamen: „Sohn des Palalam“ versehen wird. Die Verwünschungen in Z.19–22 bedrohen dann jedoch denjenigen mit einem Fluch, der die Grenzstele aus der Verfügungsgewalt von *Ušpilulume* (bzw. von dessen Söhnen oder Enkeln) wegnimmt.

[48] Zur Herabdatierung der Angabe des Eponymenkanons um ein Jahr s.o. Anm. 11.

[49] Damit wird hier implizit vorausgesetzt, daß sich die Aussagen der *Tell er-Rimāḥ*- und der Sab'a-Stele nicht auf einen einzigen Feldzug (den des Jahres 804 v. Chr.) beziehen, von dem u.a. auch „*Mār'i*“ von Damaskus betroffen war; anders ausdrücklich W. Shea, Adad-Nirari (Anm. 42), 110f und zuletzt G. G. G. Reinhold, Die Beziehungen (Anm. 1), 188ff.

[50] *Ušpilulume* von *Kummuḫ* ist – unter einer dem hethitischen Šuppiluliuma ähnlichen Namensform – wahrscheinlich in den einheimischen hieroglyphisch-luwischen Inschriften (Boybeypinarı-Inschriften) aus *Kummuḫ* genannt, vgl. J. D. Hawkins, Hieroglyphic Hittite Inscriptions of Kommagene, AnStud 20 (1970), 69–110 (77f); ders., Rezension (Anm. 1), 311; ders., Assyrians (Anm. 1),79ff; ders., CAH^2, 402; ders., Art. Kummuḫ (Anm. 35), 339f.

Der Grenzvertrag, den *Adad-nērārī* III. 804 v. Chr. zwischen *Gurgum* und *Kummuḫ* stiftete, begünstigte also eindeutig den König *Ušpilulume* von *Kummuḫ* und | benachteiligte den König Qalparu(n)da von Gurgum[51]. Daraus ist auch der Schluß zu ziehen, daß König Qalparu(n)da von Gurgum zu den acht Koalitionären gehörte, mit denen *Ataršumki* sich verbündet hatte, die aber vom assyrischen König geschlagen worden waren. König *Ušpilulume* von *Kummuḫ* war dementsprechend an der antiassyrischen Koalition nicht beteiligt[52].

Bemerkenswert ist schließlich noch das Fluchformular der Grenzstele (Z.19–22). Es benennt keinerlei einheimische Gottheit aus *Kummuḫ* oder *Gurgum*. Selbstverständlich war der Grenzvertrag zwischen *Kummuḫ* und *Gurgum* ein Diktat des assyrischen Königs *Adad-nērārī* III. Da der Vertrag aber keine Grenzregelung zwischen einem assyrischen Nachbarn und Assyrien selbst festsetzte, sondern eine zwischen den beiden selbständigen Staaten *Kummuḫ* und *Gurgum*, sollte man um so mehr erwarten dürfen, daß er dann auch bei den Gottheiten *Kummuḫs* bzw. *Gurgums* beschworen wurde. Das ist nicht der Fall. Allein die assyrischen Götter Assur, Marduk, Adad, Sin und *Šamaš* sind Garanten dieses Vertrages zwischen *Gurgum* und *Kummuḫ*. Das ist ein unmißverständlicher Hoheitsanspruch des assyrischen Königs über die damals noch selbständigen Staaten *Kummuḫ* und *Gurgum*.

Die Grenzstele, die *Adad-nērārī* III. im Jahre 804 v. Chr. zwischen dem Kleinkönigreich *Kummuḫ* und dem Kleinkönigreich *Gurgum* hatte aufstellen lassen, ist in den Jahren seines Sohnes und Nachfolgers Salmanassar IV. auf der Rückseite neu beschriftet worden. Jedenfalls setzt der Text der Rückseite erst einmal mit dem Namen, dem Titel und der Genealogie Salmanassars IV. ein.

Allerdings kommt über den Urheber der rückseitigen Inschrift auch gleich Zweifel auf. Denn nach der königlichen Genealogie, die Salmanassar IV. mit seinem Titel und dem Namen seines Vaters samt dessen Titel vorstellt, wird sogleich der Turtan *Šamšī-ilu* genannt. Syntaktisch wirkt das auf den ersten Blick wie ein Anakoluth. Denn was dann folgt, ist ein mit der Partikel *ki* eingeleiteter Nebensatz in 3. Pers. *Pl.*: „nachdem man/sie zum Land Damaskus gegangen war/en“ (*kī … illikūni*). Das pluralische Subjekt dieses Nebensatzes wird nirgendwo aufgelöst. Man hat es als ein unbestimmtes „man“ oder „sie“ anzusetzen (vgl. auch R° Z.10). Dann folgt, mit einer langen Reihe von vorangestellten Objekten, ein Verbalsatz in 1. Pers. Sing. („… empfing ich“), wobei die vielen vorangestellten Objekte schließlich am Verb inkongruent mit einem *Singular*suffix wieder aufgenommen sind (*amḫur-šu*). Insofern ist das gesamte Satzgefüge wohl eher als ein Verbalsatz in 1. Pers. Sing. | aufzufassen, dessen Subjekt: der Turtan *Šamšī-ilu*, dem weit am Ende des Gefüges stehenden Verb vorangestellt ist „(Ich,) der Turtan *Šamšī-ilu*, nachdem man …, empfing“. In erster Person Sing. fährt der Text in seinem historischen Teil dann ja auch fort (V° Z.11 „bei meiner Rückkehr …“ bis Z.13 „gab ich“).

Niemand vermag zu sagen, ob dieser unmotivierte Wechsel von der königlichen Genealogie (in 1. Pers. Sing.) zur betonten Voranstellung des Subjekts: *Šamšī-ilu* der Turtan, zur 3. Pers. Pl. und wieder zur 1. Pers. Sing. (vgl. auch noch Z.20 „… Assur, meines Gotttes“), etwa auf eine unzureichende Ausbildung des provinziellen

---

[51] Einen Grenzverlauf zwischen *Kummuḫ* und *Gurgum* entlang des Aksu erschließt J. D. Hawkins, Assyrians, 80 vom Fundort der Pazarcik-Stele her.

[52] So auch J. D. Hawkins, CAH², 400.

Schreibers der Inschrift zurückzuführen ist. Unmotiviert ist ja auch, daß der Sprecher des Textes von „meiner Rückkehr" spricht, obgleich zuvor eine ungenannte Pluralität („sie"/„man") nach Damaskus gegangen war. Denkbar – und viel wahrscheinlicher – ist, daß überhaupt der Turtan *Šamšī-ilu* die Rückseite der Grenzstele beschriften ließ. Für diese Annahme spricht jedenfalls das syntaktisch stark hervorgehobene „... (ich,) der Turtan *Šamšī-ilu* ... empfing" und der doppelte Analogiefall der Sab'a- und der *Tell er-Rimāḥ*-Stele. Beide weisen einen vergleichbaren Wechsel zwischen Ich- und Er-Sprecher auf und beide sind Denkmäler, die sich *Palil-ēreš*, einer der höchsten Beamten *Adad-nērārīs* III., selbst setzte[53].

Unklar sind schließlich mindestens zum Teil auch die abschließenden Verwünschungsformeln auf der Rückseite der Stele. Die erste (V° Z.13–16) entspricht zwar formal derselben Formel auf der Vorderseite. Sie muß jedoch aus dem unerschöpflichen Vorrat der assyrischen Verfluchungsformeln genommen und nicht von der Vorderseite abgeschrieben sein, denn sie hat den Schreibfehler von der Vorderseite nicht übernommen, sondern den Ausdruck *man-nu šá* TA (*issu*) ŠU (*qāt*)*-at* korrekt mit dem Zeichen TA (*issu*) geschrieben, das auf der Vorderseite irrtümlich fehlt. Die anschließende Verwünschung, daß die Götter nicht auf die Gebete des Frevlers hören mögen, steht nicht auf der Vorderseite und kann folglich auch nicht von dort übernommen sein. Die weitere Verwünschung über das Land des Frevlers, in einen Vergleich mit einem (Lehm-)Ziegel eingekleidet, ist sachlich noch unklar, da zwischen den Zeichen *lu šá* [xx] *ur-ru-uḫ* noch zwei Zeichen (= xx) stehen, die sich insgesamt aber zu keiner syntaktisch eingebundenen Verbalform fügen wollen[54]. Ambivalent ist schließlich auch, ob innerhalb der letzten Verwünschungsformel mit *šarru* der zu verfluchende Frevler gemeint ist, oder der assyrische Großkönig[55]. Die Abschlußformel des ganzen Textes (V° Z.20) ist dann wörtlich identisch mit der Abschlußformel der Vorderseite. Während dort aber im ganzen Text nur *Adad-nērārī* III. spricht und sich insofern auch das dortige „... Assur, meines Gottes" völlig sachgemäß auf den assyrischen König bezieht, muß man im hiesigen Text die Possessivaussage „... Assur, meines | Gottes" auf den Turtan *Šamšī-ilu* beziehen. Er war derjenige, der im Vorangegangenen als „Ich-Sprecher" auftrat. Durch die schematische Übernahme vorgegebener Formeln ist so eine andere Sachaussage entstanden[56].

Der Turtan *Šamšī-ilu* also ist es, der auf der Rückseite der Pazarcik-Stele nach der königlichen Genealogie zuerst und vor allem übrigen genannt wird. Er war seit der Zeiten *Adad-nērārīs* III. die wichtigste politische Autorität Assyriens für alle ciseuphratenischen Kleinstaaten im nord- und mittelsyrischen Raum[57]. Wenngleich

---

[53] Mit der Benutzung verschiedener, vorgegebener literarischer Quellen erklärt H. Tadmor, The Historical Inscriptions (Anm. 12), 142ff den Wechsel zwischen Er- und Ich-Sprecher auf der Sab'a- und der *Tell er-Rimāḥ*-Stele.

[54] V. Donbaz, a.a.O., 10 Anm. zu V° Z.18 deutet die Verbalform – bei Negierung der zwei Zeichen zwischen *lu* und *ur* – als „presumably for *urriḫiš*". Das ganze sei „either a mistake or a dialectical form".

[55] Letzteres anscheinend V. Donbaz, a.a.O., 10 „May he no longer give advice to the king".

[56] Anders V. Donbaz, a.a.O., 10 wonach der Ich-Sprecher auf der Rückseite Z.10–20 „can refer only to the king, not to the *tartanu* (especially *ikkib aššur ilīia*)".

[57] Vgl. ausführlich J. D. Hawkins, The Neo-Hittite States (Anm. 1), 404f und A. Lemaire/J.-

ideell dem assyrischen König unter- und nachgeordnet, konnte der Turtan doch in seinem riesigen Administrationsgebiet faktisch völlig autonom schalten und walten[58]. Sein Amt hatte er, wie die Antakya-Stele Z.5 (s.u. Anm. 84) ausweist, schon unter *Adad-nērārī* III. inne. Unter demselben König, aber auch unter dessen Nachfolgern: Salmanassar IV. (780–771 v. Chr.), *Aššur-dān* III. (770–753 v. Chr.) und *Aššur-nērārī* (752–744 v. Chr.)[59] ist er weiterhin der „Vize" des assyrischen Imperiums geblieben und auch mehrfach Eponym gewesen[60]. Sein Selbstbewußtsein ging im Laufe der Jahre über alles hinaus, was sich sonst die höchsten assyrischen Staatsbeamten leisten konnten. Hat er doch auf zwei Torlöwen in seinem Amtssitz, Til Barsib, eine Inschrift (doppelt) einmeißeln lassen, in der der Name seines Königs überhaupt nicht mehr vorkommt[61]. Um 772 v. Chr. befand sich *Šamšī-ilu* noch am Anfang seiner mehr als dreißig Amtsjahre als Turtan, wenngleich längst mit allen administrativen und militärischen Vollmachten ausgestattet. Seinen damaligen Kriegszug gegen Damaskus hat er nach dem Formular der eigentlichen Königsinschriften abfassen lassen (vgl. V° Z.10, „... empfing ich", Z.11 „bei meiner Rückkehr", Z.13 „... gab ich"). Aber noch steht auf seiner Stele zuerst der Name des assyrischen Königs.

Der Feldzug des Turtan brachte dem damaszenischen König auch schwere Verluste bei. Von einer Eroberung dessen Stadt, dessen Gefangennahme o.ä. ist bezeichnenderweise jedoch nicht die Rede. Der aramäische König in Damaskus hat dem Ansturm des assyrischen Heeres unter *Šamšī-ilu* also widerstehen können. Wie üblich schwelgt der assy|rische Text geradezu in der Beschreibung der Beutestücke[62]. Das wichtige an diesem Text ist aber nicht die hier aufgelistete Beute – unter der immerhin gleich zwei damaszenische Liegemöbel besonders erwähnt werden[63] – sondern, daß dabei en passant ein neuer Name eines aramäischen Königs aus Damaskus genannt wird: *Ḫa-di-a-ni* (= **Ḫadyān*). Trotz philologischer Probleme muß mit der neuassyrischen Graphie dieselbe Namensform gemeint sein, die die Masoreten im Alten Testament als *Ḫezyōn* (חֶזְיוֹן) wiedergegeben haben.

Der Name *Ḫazyān* war auch zuvor in neu assyrischer Form als *Ḫa-zi-a-nu* schon bezeugt[64]. Nur ihm entspricht die masoretische Form חֶזְיוֹן philologisch genau. Der

---

M. Durand, Les Inscriptions (Anm. 1), 38ff.

[58] Vgl. W. Schramm, Einleitung (Anm. 7), 120.

[59] Zur Herabsetzung der Daten um jeweils ein Jahr s.o. Anm. 11.

[60] Vgl. A. Ungnad, Art. Eponymen (Anm. 11) zu den Jahren 780, 770 und 752 v. Chr.

[61] F. Thureau-Dangin, L'Inscription des lions de Til-Barsib, RA 27 (1930), 11–21; ders., Til-Barsib (Texte), BAH 23 (Paris 1936), 141–151; vgl. dazu auch W. Schramm, Einleitung, 120f und A. Lemaire/J.-M. Durand, Les Inscriptions, 38ff.

[62] Zusammenstellungen der den Assyrern abgelieferten Kontributionen nach den Texten *Adad-nērārīs* III. bei M. Weippert, Edom (Anm. 27), 482; W. T. Pitard, Ancient Damascus (Anm. 1), 162 Anm. 31 und G. G. G. Reinhold, Die Beziehungen (Anm. 1), 184.

[63] Zu solchen Betten und Diwanen vgl. A. Salonen, Die Möbel des alten Mesopotamien, AASF.B 127 (Helsinki 1963), 106–161 (110ff, 123ff s.v. *eršu*; 144ff s.v. *nēmattu*); M. Weippert, Edom, 59 und S. Mittmann, Am 3,12–15 und das Bett der Samarier, ZDPV 92 (1976), 149–167.

[64] Belege dazu bei K. Tallqvist, Assyrian Personal Names, Acta Societatis Scientiarum Fennicae XLIII/1 (Helsinki 1914), 88 s.v. und R. Zadok, On West Semites in Babylonia During the

assyrisch und hebräisch überlieferte Personenname *Ḫa-zi-a-nu* (חֶזְיוֹן) kann unter Hinweis auf das aramäisch lautlich gleiche Nomen *ḫezyōn* חֶזְיוֹן „Traumgesicht", „Offenbarung" als eine *qaṭlān-* oder besser wohl *quṭlān*-Bildung von der Wurzel *ḫzy* erklärt werden[65]. Daneben stehen dann die neuassyrischen Graphien *Ḫa-di-a-ni* und *Ḫa-di-ia-a-ni*, die auf eine Namensform *Ḫadyān* (das entspräche hebr. חֶדְיוֹן*) führen[66]. Mit letzterer Form hatten W. F. Albright und C. H. Gordon noch die schon in Ugarit belegten Namen ᵐ*Ḫu-di-ya-na* und *Ḥdyn* zusammengestellt, womit die Namensbildung dann bis in die Spätbronzezeit zurückgeführt wäre[67]. *Ḫu-di-ya-na* dürfte jedoch ein hurritischer Name in Ugarit gewesen sein, *Ḥdyn* dessen ugaritische Umschreibung[68]. Ebenfalls verbunden mit dem Namen Hesion (hebr. חֶזְיוֹן) hatte W. F. Albright den Vatersnamen des Herrschers Kapara von Guzana // *Tell Ḥalāf*, der sich in mehreren eigenen Inschriften „Erbsohn des **Ḫadyān*" (A[*apil*] ᵐ*Ḫa-di-a-*|*ni* [u.ä.]) nennt[69]. In Hinsicht auf die neuassyrische Schreibung ᵐ*Ḫa-di-ia-a-ni* in einer (unpublizierten) Tontafel des Britischen Museums[70] hat man den Vatersnamen des Kapara wie seinen eigenen auch[71] als semitisch aufzufassen. Am ehesten wohl als eine *qaṭlān-* oder besser noch *quṭlān*-Bildung von der Wurzel *ḫdy* – „sich freuen"[72]. Das müßte dann analog auch für die hier assyrisch überlieferte Namensform des damaszenischen Königs *Ḫa-di-a-ni* (= **Ḫadyān*) gelten. Damit ergäbe sich dann

---

Chaldean and Achaemenian Periods: An Onomastic Study (Jerusalem 1979), 160.

[65] Vgl. K. Beyer, Die aramäischen Texte vom Toten Meer samt den Inschriften aus Palästina, dem Testament Levis aus der Kairoer Genisa, der Fastenrolle und den alten talmudischen Zitaten (Göttingen 1984), 676.

[66] Zur Graphie für den Vatersnamen des Kapara s.u. Anm. 69. Die neuassyrische Graphie ᵐ*Ḫa-di-ia-a-ni* in BM 40458:10 (unpubliziert) wird erwähnt bei J. A. Brinkman, A Political History of Post-Kassite Babylonia 1158–772 BC (Rom 1968), 280; vgl. R. Zadok. a.a.O., 86 mit Anm. 9 und S. 160.

[67] W. F. Albright, A Votiv Stele Erected by Ben-Hadad I of Damascus to the God Melcarth, BASOR 87 (1942), 23–29 (26 Anm. 7) und C. H. Gordon, Ugaritic Textbook, AnOr 38 (Rom 1965), 394 s.v. Nr. 839 *ḥdy* und 400 s.v. Nr. 934 (*bn*) *ḥdyn*.

[68] Vgl. F. Gröndahl, Die Personennamen der Texte aus Ugarit, StP 1 (Rom 1967), 51, 64, 134, 233 und W. T. Pitard, Ancient Damascus (Anm. 1), 105.

[69] B. Meissner, Die Keilschrifttexte auf den steinernen Orthostaten und Statuetten aus dem Tell Ḥalâf, in: Aus fünf Jahrtausenden morgenländischer Kultur: Festschrift M. Freiherr von Oppenheim, AfO.B 1 (Leipzig 1933 = Nachdruck Osnabrück 1967), 71–79 (71 Z.3 u.ö.). Vgl. dazu auch D. J. Wiseman, Art. Ḫadiana, RLA, Bd. IV (Berlin/New York 1972–1975), 38 bzw. W. Röllig, Art. Kapara, RLA, Bd. V (Berlin/New York 1976–1980), 391 und H. Sader, Les États (Anm. 1), 11–14.

[70] Bei J. A. Brinkman, a.a.O.

[71] Vgl. dazu H. Sader, Les États, 42ff. Aber auch – anders – E. Lipiński, Rezension von H. Sader, Les États, WO 20/21 (1989/90), 301–303 (302 = *Kabbārā'* „le très grand").

[72] So: K. Beyer, Die aramäische Texte, 676 (zur Bildung des Nomens *ḫezyōn*). Zur gleichen Wurzel *ḫdy* gehört der Personenname *ḪDY*, der in akkadisch-aramäischen Tontafeln gerade für Guzana - *Ḫarrān* noch später bezeugt ist; vgl. E. Lipiński, Aramaic-Akkadian Archives from the Gozan-Harran Area, in: Biblical Archaeology Today: Proceedings of the International Congress on Biblical Archaeology Jerusalem, April 1984 (Ed.: J. Amitai), (Jerusalem 1985), 340–348 (342f u.ö.).

eine nicht mehr überbrückbare Diskrepanz zwischen der neuassyrischen Graphie, die auf eine Namensform **Ḫadyān* führt, und der masoretischen Form חֶזְיוֹן. Ein Schreibfehler zwischen den Zeichen DI und ZI bzw. den Zeichen ZI und DI auf assyrischer Seite ist jedenfalls nicht wahrscheinlich, eine alternative Lesung des Zeichens DI als ZI bzw. des Zeichens ZI als DI vom Syllabar her ausgeschlossen.

Zwei Auswege aus dem Dilemma bieten sich an. Den einen versuchte W. F. Albright, indem er die assyrische Graphie bei Kapara: *Ḫa-di-a-ni* und die masoretische Form חֶזְיוֹן auf eine beiden gemeinsame Wurzel *ḫḏw* zurückführte, die im Assyrischen als *Ḫa-di-*..., im Hebräischen als -חֶד transkribiert worden sei. Die assyrisch als **Ḫadyān* und hebr. als חֶדְיוֹן überlieferte Namensform sei somit richtiger als **Ḫaḏwān* anzusetzen und bedeute – unter Verweis auf die arabischen Wurzeln *ḫḏw* und *ḫḏy* bzw. das arabische Nomen *ḫaḏwa*[73] – „a person having pendulous ears“[74].

Gegen W. F. Albright ist jedoch festzustellen, daß von einer hypothetischen arabischen Wurzel *ḫḏy*[75] kein Nomen *ḫaḏwān* bildbar ist. Die weiterhin beigezogene arabische Wurzel *ḫḏw* ist im I. Stamm nicht gebräuchlich, auch nicht in nominalen Ableitungen, sondern nur im X. Stamm (wovon dann auch die entsprechenden nominalen Ableitungen gebildet werden) und bedeutet „sich unterwerfen“, „gedemütigt sein“ u.ä.[76]. Weiterhin hatte mindestens das Hebräische die Möglichkeit, bei Nomi|nalbildungen von ursprünglichen Verba Tertiae W (wie z.B. beim hier postulierten **ḫḏw*), das ursprüngliche W der Wurzel in davon abgeleiteten Nominalbildungen auch graphisch noch festzuhalten[77]. So dürfte W. F. Albrights Ableitung des Namens *ḥezyōn* von einer Wurzel *ḫḏw* insgesamt gescheitert sein.

Die Alternative ist, daß man die hebräische Graphie חֶזְיוֹן auch wirklich als einen Hebraismus auffassen muß. Für diese Annahme spricht jedenfalls aramäisch *BR-HDD*, was bekanntlich hebräisch nur als Ben-Hadad erscheint. In dem aramäischen Namen **Ḫadyān*/*Ḫa-di-a-ni* (von der Wurzel *ḫḏy*) hätte man dann auf hebräischer Seite das gehörte aramäische /d/ hyperkorrekt (also fälschlich) als /z/ (= masoretisches חֶזְיוֹן „restituiert“, womit sich gleichzeitig eine Erklärungsmöglichkeit des Namens von der Wurzel *ḥzy/h* „sehen“ ergab. – Vorerst stimmt nur die noch anderswo bezeugte assyrische Graphie *Ḫa-zi-a-nu* (= **Ḫazyān*) mit der hebräischen Form *Ḥezyōn* (חֶזְיוֹן) philologisch genau überein, nicht aber die (bei Kapara und) hier in der Pazarcik-Stele überlieferte Graphie *Ḫa-di-a-ni* (= **Ḫadyān*)[78].

---

[73] Einen Beleg für arabisch *ḫaḏwa* im Sinne von „jemand mit Hängeohren“ gab W. F. Albright nicht.

[74] W. F. Albright, A Votiv Stele, 26 Anm. 7; so auch KBL³ I, 289bf.

[75] Eine solche Wurzel ist nicht verzeichnet bei H. Wehr, Arabisches Wörterbuch für die Schriftsprache der Gegenwart: Arabisch-Deutsch, 5. Aufl. unter Mitwirkung von L. Kropfitsch (Wiesbaden 1985), s.v.

[76] Vgl. H. Wehr, Arabisches Wörterbuch, 325b s.v. Ein Nomen *ḫaḏwa* = „jemand mit Hängeohren“ findet sich dort nicht.

[77] Vgl. W. Gesenius, Hebräische Grammatik, 28. Aufl. völlig umgearbeitet von E. Kautzsch (Leipzig 1909 = Nachdruck Hildesheim u.a. 1983), § 84c mit Beispielen.

[78] Zur Diskussion um den Namen Hesion vgl. noch H. F. Fuhs, Sehen und Schauen: Die Wurzel *ḥzh* im Alten Orient und im Alten Testament: Ein Beitrag zum prophetischen Offenbarungsempfang, fzb32 (Würzburg 1978), 67f und ausführlich W. T. Pitard, Ancient Damascus (Anm. 1), 104–107.

Als Name eines aramäischen Herrschers in Damaskus im ersten Drittel des 8. Jh.s v. Chr. tritt **Ḫadyān* also erstmals in dieser Inschrift auf. Leider ist das dann auch schon alles, was die Pazarcik-Stele über diesen König verlauten läßt. Kein lobendes – oder wie es in einer Inschrift des assyrischen Gegners noch eher zu erwarten wäre – abwertendes Attribut wird *Ḫadyān* beigegeben. Kein Grund wird genannt, warum er von assyrischer Seite mit Krieg überzogen wurde. Keine Andeutung über den Weg, den das assyrische Heer nach Damaskus zog. Und – besonders bedauerlich – auch kein Vatersname für *Ḫadyān*. Man wüßte nur zu gern, von wann bis wann dieser König über das aramäische Reich von Damaskus die Herrschaft ausgeübt hat. Wer will, mag sie mit ca. 15 Jahren vor dem Datum 772 v. Chr. und ca. 15 Jahren danach ansetzen[79]. Der Text gibt für einen solchen, chronologischen Ansatz der Herrschaft des *Ḫadyān* keinen Anhalt. Immerhin ermöglicht er, im Lichte weiterer schriftlicher Zeugnisse aus Salmanassars IV. Zeit, einige indirekte Schlüsse. Der wichtigste ist, daß der Text – wenn denn schon nicht vom assyrischen König selbst in Auftrag gegeben – so doch eindeutig während Salmanassars IV. Königsherrschaft abgefaßt worden ist. Der Eponymenkanon C^b I bietet für das 9. volle Regierungsjahr Salmanassars IV. (772 v. Chr.)[80] den Eintrag „*a-na* URU $^{(\bar{a}l)}$*Di-maš-qa*" = „zur Stadt Damaskus"[81]. Niemand kann daran zweifeln, daß der Feldzug des Turtan *Šamšī-ilu* gegen Damaskus, von dem die Rückseite der Pa|zarcik-Stele spricht, mit diesem Eintrag des Eponymenkanons zu verbinden ist. So hat König *Ḫadyān* (= Hesion II.) im Jahr 772 v. Chr. in Damaskus den Thron innegehabt. Alles weitere zu seiner Regierungszeit aber bleibt vorerst noch vage. Eine Vermutung bleibt z.B., ob schon vor dem Jahr 772 v. Chr. mit einer länger andauernden Regierungszeit *Ḫadyāns* (= Hesion II.) in Damaskus zu rechnen ist. Denn immerhin war der König zu diesem Zeitpunkt in der Lage, dem Turtan *Šamšī-ilu* seine eigene Tochter samt ihrer Mitgift überstellen zu können (V° Z.8f). Niemand aber weiß, in welchem Lebensalter *Ḫadyān* (= Hesion II.) zur Regierung kam oder wie alt seine Tochter damals war. Bedenkenswert ist immerhin, daß mit dem Namen: *Ḫadyān* (= hebr. חֶזְיוֹן) anscheinend an den Namen des Hesion (חֶזְיוֹן), Vater des Tabrimmon und Großvater des Benhadad, angeknüpft werden sollte, der vor Generationen in Damaskus König gewesen war. Als zu Zeiten Salmanassars III. „Hazael, der Sohn eines Niemand" sich in Damaskus an die Macht geputscht[82] und eine neue Dynastie begründet hatte[83], war damit – gegenüber der Bündnispolitik, die sein Vorgänger

---

[79] Vgl. G. G. G. Reinhold, Die Beziehungen (Anm. 1), Exkurs Tf. 7.

[80] Zur Herabdatierung um ein Jahr s.o. Anm. 11.

[81] Vgl. A. Ungnad, Art. Eponymen (Anm. 11), 430.

[82] L. Messerschmidt, Keilschrifttexte aus Assur historischen Inhalts I (Leipzig 1911), Nr. 30; vgl. dazu E. Michel, Die Assur-Texte Salmanassars III., Fortsetzung, 5. Text, WO I/4 (1947), 57–63, 67–81; W. Schramm, Einleitung (Anm. 7), 82f; R. Borger, in: TUAT I, 365 (Lit.); S. Timm, Die Dynastie Omri: Quellen und Untersuchungen zur Geschichte Israels im 9. Jahrhundert vor Christus, FRLANT 124 (Göttingen 1982), 192ff und W. T. Pitard, Ancient Damascus, 134–138.

[83] Dem entspricht auch die Angabe in 2 Kön 13:24–25, wonach der aramäische König von Damaskus z.Zt. des Königs Joahas ein Ben-Hadad, Sohn des Hazael gewesen ist. In der ZKR-Inschrift (vgl. dazu Anm. 24) wird bekanntlich ebenfalls ein König *Br-Hdd* von Aram als Sohn eines *Ḫz'l* benannt. Seine Identität mit dem vorgenannten ist bislang umstritten; vgl. M.

Hadad-ʿezer zu den Nachbarstaaten gepflegt hatte, – politisch eine völlig neue Konstellation eingetreten. Hazael selbst hat aber dem assyrischen Druck allein standhalten und seinem Reich Stärke und Prosperität verschaffen können[84]. Seit jenen Zeiten war das Königshaus Hazael in Damaskus | aber auch schon in die Jahre gekommen. Anscheinend war man nun mehr auf Machterhalt und dynastische Kontinuität bedacht und drückte schon mit dem Namen des königlichen Prinzen seine Verbundenheit mit den früheren Königen aus. So ist denn *Ḫadyān* (= Hesion II.) gewiß kein Sohn, sondern viel eher ein Enkel oder gar ein Urenkel des Dynastiegründers Hazael gewesen[85]. Damit ist dann auch schon gesagt, daß das Rätsel um den König „*Mārʾī*" in Damaskus mit dem neuen Königsnamen *Ḫadyān* leider keiner klaren Lösung

---

Görg, Art. Ben-Hadad, in: Neues Bibel-Lexikon, (Hgg.: M. Görg/B. Lang), Bd. I (Zürich 1991), Sp. 269 und G. G. G. Reinhold, Die Beziehungen (Anm. 1), 195ff. Die Antakya-Stele aus der Zeit *Adad-nērārīs* III. macht nunmehr *Adad-nērārī* III., *Ataršumki* von Arpad und Zakkur von Hamat zu Zeitgenossen. Damit sind auch Zakkur von Hamat und Ben-Hadad, Sohn des Hazael, aus Damaskus Zeitgenossen gewesen.

[84] Deutlichster Ausdruck für die wirtschaftliche und politische Stärke des aramäischen Reiches von Damaskus z.Zt. Hazaels sind die kürzlich bekannt gewordenen Inschriften aus der Zeit dieses Königs, die inhaltlich über die bisherigen schriftlichen Zeugnisse weit hinausgehen, vgl. H. Kyrieleis/W. Röllig, Ein altorientalischer Pferdeschmuck aus dem Heraion von Samos, MDAI.A 103 (1988), 37–75 (62ff) und – mit Korrekturen und Ergänzungen dieser Inschriften – F. Bron/A. Lemaire, Les Inscriptions araméennes de Hazael, RA 83 (1989), 35–44 sowie I. Ephʿal/J. Naveh, Hazael's Booty Inscriptions, IEJ 39 (1989), 192–200. Nicht nur zum Namen Zakkur und zu seiner Zeit ist die Antakya-Stele wichtig, die | V. Donbaz (Anm. 2), 7 zusammen mit der Pazarcik-Stele veröffentlicht hat. Ohne ihren Text hier weiter zu erörtern, sei doch eine (vorläufige) Übersetzung geboten, zumal auf dieses wichtige Zeugnis mehrfach verwiesen wurde: „(Z.1) *Adad-nērārī*, der große König, der starke König, der König der Gesamtheit, der König von Assur, / der Erstgeborene des *Šamšī-Adad*, des starken Königs, des Königs der Gesamtheit, des Königs von Assur, / des Erbsohnes des Salmanassar, des Königs der vier Weltgegenden. / Grenzstele, die zwischen Zakkur (^{m}*Za-ku-ri*), dem König der Hamatäer, / (Z.5) [und zwi]schen *Ataršumki*, dem Erbsohn des Adrame, *Adad-nērārī*, der König von Assur, (und) *Šamšī-ilu*, der Turtan, / [aufgest]ellt haben. Die Stadt *Naḫlasi* (URU *Na-aḫ-la-si*) samt ihren Feldern, ihren Gärten / (und) all ihren Wachtürmen gehört *Ataršumki*. Den Orontes setzten sie zwischen ihnen / zu gleichen Teilen als Grenze des Distriktes. *Adad-nērārī*, der König des Landes Assur, (und) *Šamšī-ilu*, / der [Tur]tan, haben es lastenfrei gestellt und *Ataršumki*, dem Erbsohn des Adramu, seinen Söhnen (und) / (Z.10) seinen zukünftigen Enkeln wahrlich als Geschenk gegeben. Als seine Stadt, seine Grenzen / [...] als/zum Gebiet seines Landes setzte er (sie) fest. Im Namen des Gottes Assur, Adad, Ber, des assyrischen Ellil, / der assyrischen [Mulliss]u (und) im Namen des Gottes Sin, der in *Ḫarrān* residiert, der großen Götter / des Landes Assur, – wer immer zukünftig es sein mag, der den Wortlaut dieser Stele / für schlecht erklärt und dieses Gebiet aus der Verfügungsgewalt des *Ataršumki*, / (Z.15) seiner [Söh]ne oder seiner Enkel mit Gewalt wegnimmt, / den geschriebenen Namen austilgt (und) einen anderen Namen daraufschreibt, / [Assur], Adad und Ber (sowie) Sin, der in *Ḫarrān* residiert, die großen Götter des Landes Assur, / deren auf dieser Stele namentlich gedacht ist, seine Gebete sollen sie nicht erhören."

[85] Eine neue Würdigung Hazaels bietet A. Lemaire, Hazael de Damas, roi d'Aram, in: Marchands, Diplomates et Empereurs: Études sur la civilisation mésopotamienne offertes à P. Garelli (Edd.: D. Charpin/F. Joannès), (Paris 1991), 91–108.

nähergekommen ist[86]. Eher unwahrscheinlich wird mit diesem neuen aramäischen Königsnamen jedoch die Annahme, daß ein Nachkomme des Hazael von Damaskus (= **Ḫadyān*) von den assyrischen oder hebräischen Schreibern promiscue mal mit seinem tatsächlichen Personennamen (= *Ḫadyān* חֶזְיוֹן), mal mit seinem dynastischen Königsnamen (= Bir-Hadad = Ben-Hadad) und mal mit seinem Titel „mein Herr" (= *Mār'i*) benannt worden sein soll[87]. Zwar scheint die Annahme immer noch | möglich, daß der Regent, den die Truppen des Turtan z.Zt. Salmanassars IV. in Damaskus einschlossen und zur Kontributionszahlung nötigten, nicht wirklich „*Mār'i*" hieß, sondern dies nur die einheimische Anredeform für den Herrscher war[88]. Man hat bei dieser These aber einzugestehen, daß eine zwingende Analogie dazu fehlt, daß die jeweilige einheimische Anredeform der nichtassyrischen Untertanen für ihren eigenen Herrscher auch sonst noch von den assyrischen Schreibern irrtümlich als Personenname verstanden worden ist[89]. Die Pazarcik-Stele macht vielmehr erneut deutlich, daß die weitreichende assyrische Diplomatie jeden Herrscherwechsel in den umliegenden Staaten genauestens registrierte.

Genauestens registriert hatte man schon zu Zeiten *Adad-nērārīs* III. nicht nur den Grenzvertrag, den der König nach seinem Sieg über *Ataršumki* zwischen den beiden Kleinstaaten *Kummuḫ* und *Gurgum* stiftete, man hatte in Assyrien auch genauestens aufgeschrieben, wo jene Grenzstele damals aufgestellt worden war. Die Rückseite der Pazarcik-Stele berichtet ja in ihrem zweiten historischen Teil (V° Z.11 bis 13 [Anfang]), das „Ich" dem *Ušpilulume*, dem König der Stadt der *Kummuḫäer*, „diese Grenzstele" (*taḫūmu šuātu*) gab. Der „Ich", der hier in 1. Pers. Sing. spricht, müßte nach dem sonstigen Formular solcher Texte der assyrische König sein. Tatsächlich war es aber wohl der Turtan *Šamšī-ilu* selbst, der sich hier der Ausdrucksformen eines Königs bemächtigt hat (s.o.). Jedenfalls wurde der Grenzvertrag nach „meiner (d.i. des Turtan) Rückkehr" von Damaskus aufgestellt. Da sich dieser neue Grenz-

---

[86] Vgl. zu den neueren Vorschlägen zur Identität des „*Mār'i*" u.a. W. T. Pitard, Ancient Damascus (Anm. 1) 165–166; H. Sader, Les États (Anm. 1), 258–260; G. G. G. Reinhold, Die Beziehungen (Anm. 1), 139ff, 194ff sowie A. Lemaire, Hazael, 106.

[87] So jedoch u.a. M. Weippert, Edom (Anm. 27), 59 und auch J. D. Hawkins, CAH^2, 405 mit Anm. 272.

[88] So – zuerst? – H. Winckler, Alttestamentliche Untersuchungen (Leipzig 1892), 60–67, vgl. dann A. Jirku, Der assyrische Name des Königs Benhadad III. von Damaskus, OLZ 21 (1918), 279 und zuletzt G. G. G. Reinhold, Die Beziehungen, 195.

[89] Hingegen gibt es aus den Jahren Tiglatpilesers I. ein Gegenbeispiel gegen diese weitverbreitete These. Von *Kili-Teššup*, dem Sohn des *Kali-Teššup*, dem König des Landes *Papḫu* wußte man damals, daß die Einheimischen ihn „*e/irrupi*" nennen, vgl. M. Weippert, Edom, 59 mit Anm. 282 und A. K. Grayson, Assyrian Rulers of the Early First Millennium BC, RIMA 2 (Toronto 1991), 15, 25f. Letzteres ist wahrscheinlich als hurritische Form für „Herr" zu deuten; vgl. A. L. Oppenheim, Une Glosse hurrite dans les annales de Téglath-Phalasar I, RHAs 5 (1938), 111–112, I. J. Gelb, Hurrians and Subarians, SAOC 22 (Chicago 1944), 82; E. Laroche, Rezension von E. Cavignac, Les Hettites (Paris 1950), RHAs 10 (1950), 56–66 (65); ders., Glossaire de la langue hourrite, Première Partie, RHAs 34 (1976), 111f und G. Wilhelm, Grundzüge der Geschichte und Kultur der Hurriter, Grundzüge, Bd. 45 (Darmstadt 1982), 58. – Auf den nicht ganz gleich gelagerten Fall, daß z.Zt. Sanheribs assyrische Schreiber den Titel der arabischen Herrscherin *Te'elḫunu*: *'fklt* als Name mißverstanden haben, macht M. Weippert, Edom, a.a.O. aufmerksam.

vertrag auf derselben Grenzstele befindet, auf der seinerzeit *Adad-nērārī* III. den Grenzvertrag zwischen *Kummuḫ* und *Gurgum* einmeißeln ließ, ist der Turtan nach seinem Feldzug in den Süden, gen Damaskus, anscheinend in den äußersten Norden der Ciseuphratene | gezogen, ins Grenzgebiet zwischen *Gurgum* und *Kummuḫ*. An derselben Stelle, wo seinerzeit *Adad-nērārī* III. zwischen *Kummuḫ* und *Gurgum* friedensstiftend tätig geworden war, hatte er einen neuen Grenzvertrag ausgefertigt. Höchst erstaunlich bleibt bei diesem Grenzvertrag (*taḫūmu*) jedoch, daß für ihn jetzt nur ein Partner, der König *Ušpilulume*, benannt wird. Es ist zwar gewiß immer noch derselbe *Ušpilulume* von *Kummuḫ*, den schon *Adad-nērārī* III. im Jahre 804 v. Chr. mit einem Grenzvertrag begünstigt hatte. Was aber machte es für einen Sinn, wenn allein ihm, 32 Jahre später, ein (Grenz-)Vertrag gegeben wurde? Ein zweiter Partner – neben *Ušpilulume* – wird ja für den Grenzvertrag des Jahres 772 v. Chr. nicht genannt. Hier ergeben sich aus dem lapidaren Text der Pazarcik-Stele nur Fragen. War *Kummuḫ* auch zu Zeiten Salmanassars IV. immer noch mit Assur freundschaftlich verbunden, obgleich doch durch das Aufkommen Urartus andere nordsyrische Kleinstaaten, wie z.B. Melid, auf die antiassyrische Seite genötigt waren[90]? War der Thron in *Kummuḫs* westlichem Nachbarstaat, *Gurgum*, um 772 v. Chr. gerade vakant, daß man zu diesem Zeitpunkt keinen Namen eines Gurgum-Königs als zweitem Partner des Grenzvertrages aufführen konnte[91]? War *Gurgum* – wie schon zu Lebzeiten Qalparu(n)das III. – wiederum mit dem assyrischen Feind, diesmal mit Urartu oder gar Damaskus verbündet, so daß man von assyrischer Seite her den *Kummuḫäern* ihren Anspruch auf das gurgumäische Gebiet erneut bestätigen konnte? Oder sollte in der Inschrift anstelle von *Gurgum* überhaupt ein anderer Grenznachbar *Kummuḫs* benannt werden, den man versehentlich oder absichtlich vergaß hinzuschreiben? Auf welchem Weg ist der Turtan überhaupt 772 v. Chr. von Damaskus in die Grenzregion zwischen *Kummuḫ* und *Gurgum* gelangt? Mit den bislang zur Verfügung stehenden schriftlichen Quellen ist das alles noch nicht zu beantworten.

Indes sind es nicht nur neue Fragen, die die Pazarcik-Stele zur Ge|schichte des syrischen Raumes in den ersten Dezennien des 8. Jh.s aufgibt. Der Text ihrer Vorderseite enthält sehr willkommene neue Nachrichten zur politischen und militärischen Situation zwischen Assyrien und dem Reich von Arpad in der Zeit *Adad-nērārīs* III. Dazu erhellt er immerhin ein wenig die Geschichte der südanatolischen, neohethitischen Staaten *Kummuḫ* und *Gurgum*. Die Mondsicheldarstellung auf der Vorderseite der Stele ist ein unübersehbares Zeichen für den immensen Einfluß, den

---

[90] Vgl. dazu M. Wäfler, Zum assyrisch-urartäischen Westkonflikt, APA 11/12 (1980/1981), 79–97 (92ff); ders., Zu Status und Lage von Tabāl, Or. NS 52 (1983), 181–193; ders., Die Auseinandersetzung zwischen Urartu und Assyrien, in: Das Reich Urartu – Ein altorientalischer Staat im 1. Jahrtausend v. Chr. (Hg.: V. Haas), Konstanzer altorientalische Symposien, Bd. 1 = Xenia, Heft 17 (Konstanz 1986), 87–94; R. D. Barnett, Urartu, CAH^2, 314–371 (349ff); M. Salvini, Tušpa, die Hauptstadt von Urartu, in: Das Reich Urartu, 31–58 (35, 39) sowie den Text, den vor kurzem J. D. Hawkins/J. N. Postgate ediert haben: Tribute from Tabal, State Archives of Assyria Bulletin 2 (1988), 31–40.

[91] Nach 780 v. Chr. ist bis zu den Auseinandersetzungen mit Tiglatpileser III. (743 v. Chr.) bislang kein König von Gurgum bekannt. Bezeichnenderweise aber steht dann der gurgumäische König auf urartäischer Seite; vgl. W. Röllig, Art. Gurgum, in: RLA, Bd. III (Berlin 1957–1971), 703–704 und J. D. Hawkins, The Neo-Hittite States (Anm. 1), 383.

der Kult des Gottes Sin von *Ḫarrān* seit dem 9. Jh. auf alle umliegenden Staaten ausübte[92].

Der Text auf der Rückseite der Pazarcik-Stele unterstreicht zuerst und vor allem einmal die Rolle des Turtan *Šamšī-ilu*. Zwar geht seinem Namen noch der des Königs Salmanassar IV. voran, dann aber schreibt der Turtan im Stile der Königsinschriften, daß „Ich" die unzählige Beute aus Damaskus empfangen habe und daß „Ich" bei „meiner" Rückkehr dem König *Ušpilulume* von *Kummuḫ* einen Grenzvertrag festsetzte. Auch wenn die Beute des assyrischen Raubzuges gegen Damaskus „ohne Zahl" gewesen sein soll, ohne Name war der dortige König nicht. Die Mitteilung, daß der mit Krieg überzogene damaszenische König **Ḫadyān* (= hebr. *Ḥezyōn*) hieß, macht den Text auf der Rückseite der Pazarcik-Stele zu einem besonders wichtigen Dokument der syrischen Geschichte. Da der Feldzug gegen Damaskus nach dem Eponymenkanon in das Jahr 772 v. Chr. datiert werden muß, ist damit auch die Regierungszeit dieses aramäischen Königs *Ḫadyān* genau fixiert. So feste chronologische Daten gibt es in dieser Zeit nur für wenige Könige in Syrien und Palästina[93].

Viel unklarer ist dagegen die Aktion, die *Šamšī-ilu* nach seiner Rückkehr von Damaskus im südanatolischen Bereich zugunsten von *Kummuḫ* unternahm. Hier helfen hoffentlich eines Tages neue Texte, die historischen Umstände der Aktion des Turtan aufzuhellen.

Weder der assyrische König *Adad-nērārī* III., noch Salmanassar IV., noch der Turtan *Šamšī-ilu* oder der aramäische König *Ḫadyān* (= Hesion II.) sind im Alten Testament irgendwo namentlich genannt. Wenn denn aber die prophetische Tätigkeit des Amos nach der Überschrift zu seinem Buch „zwei Jahre vor dem Erdbeben" einsetzte (Am 1:1)[94], die | Anspielung auf eine Sonnenfinsternis in Am 8:9 die des Jahres 762 v. Chr. meint[95] und die früheste Wirkungszeit des Propheten demnach allgemein um 760 v. Chr. anzusetzen ist[96], so war das von den Ereignissen, die der Text auf der Rückseite der Pazarcik-Stele berichtet, wenig mehr als ein Jahrzehnt entfernt. Die alte These A. Malamats[97], daß der in Am 1:5 mit dem Untergang bedrohte „Szepterträger von *Bēt ʿĒden*" kein anderer sei als *Šamšī-ilu*, hat angesichts

---

[92] Es ist kein Zufall, daß selbst einer der höchsten Beamten des *Ataršumki* einen Namen trug, der mit dem Mondgott Sin (von *Ḫarrān*) gebildet war: *NRŠ*ʾ. Zu seinem Siegel und seinem Namen vgl. P. Bordreuil (Anm. 26).

[93] Das Datum, an dem König Joahas von Israel nach der *Tell er-Rimāḥ*-Stele (Z.8) dem assyrischen König *Adad-nērārī* III. Tribut bringen mußte, hängt z.B. viel stärker von der entsprechenden Deutung der Passage des dortigen Textes ab; vgl. die Diskussion in der Literatur oben Anm. 45.

[94] Eine chronologische Fixierung des Erdbebens ist nicht möglich, vgl. J. A. Soggin, Das Erdbeben von Amos 1:1 und die Chronologie der Könige Ussiah und Jotham, ZAW 82 (1972), 117–121.

[95] Die Sonnenfinsternis vom 15. Juni des Jahres 762 v. Chr. (vgl. dazu oben Anm. 11) muß auf die Zeitgenossen einen tiefen Eindruck gemacht haben.

[96] Vgl. H. Weippert, Art. Amos/Amosbuch, in: Neues Bibel-Lexikon (Hgg.: M. Görg/B. Lang), Bd. I (Zürich 1991), Sp. 92–95 (Sp. 93).

[97] A. Malamat, Amos 1:5 in the Light of the Til Barsip Inscriptions, BASOR 129 (1953), 25–26.

der Bedeutung, die dieser Turtan in seiner Zeit wirklich gehabt hat, noch an Wahrscheinlichkeit gewonnen[98]. Hatte 772 v. Chr. der Turtan *Šamšī-ilu* aus *Bīt ʿAdinu* noch vergeblich den König *Ḫadyān* (= Hesion II.) von Damaskus berannt, so wird in Am 1:4–5 dem Regenten des einen wie des anderen Gebietes ob ihrer Untaten der Untergang angesagt. Dabei soll in Damaskus das „Hazael-Haus“[99] in einem Feuersturm untergehen, der auch die „Paläste Ben-Hadads“ mitverschlingt. Hazael war jener neue Dynastiegründer in Damaskus gewesen, der sich zu Salmanassars III. Zeit an die Macht geputscht hatte, Benhadad sein Sohn. Die beiden weiteren, namentlich bekannten, nachfolgenden Regenten auf dem | Thron von Damaskus: der änigmatische *Mārʾi* und der nun in der Pazarcik-Stele erwähnte *Ḫadyān* (= Hesion II.), haben nur noch in Abwehrkämpfen gegen assyrische Truppen gestanden. Es ist sehr wohl möglich, daß Amos als eigentlichen Adressaten seines Prophetenspruches, der mit Hazael auf den frevelhaften Gründer der Dynastie zurückweist und mit Benhadad einen der ärgsten Feinde Israels benennt, den zu seiner Zeit letzten aus dieser Reihe[100] gemeint hat, nämlich Hesion II.

---

[98] Vgl. H. W. Wolff, Dodekapropheton 2: Joel und Amos, BK, Bd. XIV/2 (Neukirchen-Vluyn 1969), 190 und A. Lemaire/J.-M. Durand, Les Inscriptions (Anm. 1), 44 – anders: W. Rudolph, Joel – Amos – Obadja – Jona (mit einer Zeittafel von A. Jepsen), KAT, Bd. XIII/2 (Gütersloh 1971), 131. – Sofern die These von A. Lemaire/J.-M. Durand, Les Inscriptions, 43ff sich bestätigt, daß *Šamšī-ilu* kein anderer ist als der in den Sfīre-Inschriften aramäisch genannte *BR GʾYH*, braucht es nicht mehr zu verwundern, daß in Am 1:4–5 die beiden bedeutendsten aramäischen Regenten der damaligen Zeit nebeneinander genannt werden. – Zu bedenken bleibt in jedem Fall, daß der Turtan *Šamšī-ilu* sein Amt nach Ausweis des Eponymenkanons noch 751 v. Chr. ausgeübt hat. Die Umstände seines Todes sind bislang nicht bekannt.

[99] Hebr. *Bēt*-NN kann sowohl „Dynastie des NN“ wie „Wohnhaus des NN“ heißen. Die Satzparallele zu den *ʾarmᵉnōt Ben-hadad* in Am 1:4b und die Sachparallelen in Am 1:7, 10 usw. machen es wahrscheinlicher, daß hier mit „Bet-Hazael“ der Palast des Dynastiegründers Hazael in Damaskus gemeint ist als die Dynastie Hazael (anders: K. Koch und Mitarbeiter, Amos: Untersucht mit den Methoden einer strukturalen Formgeschichte, AOAT, Bd. 30 [Kevelaer/Neukirchen-Vluyn 1976], Bd. II, 4 [= Hauptstadt des Staatswesens], – vgl. aber wieder K. Koch, Die Profeten I: Assyrische Zeit, Urban Taschenbücher 280, 2. Aufl. [Stuttgart u.a. 1987], 78 [„Dynastie Hazael“], P. Höffken, Eine Bemerkung zum „Haus Hasaels“ in Amos 1:4, ZAW 94 [1982], 414 und G. G. G. Reinhold, Die Beziehungen [Anm. 1], 200 [= Staatsgebiet Hazaels]). Gewiß aber ist impliziert, daß mit dem Untergang des königlichen Palastes in Damaskus auch die regierende Dynastie ausgelöscht wird.

[100] Nachfolger *Ḫadyāns* ist dann Rezin (so die masoretische Vokalisation) von Damaskus geworden. Dabei ist bislang noch unbekannt, ob Rezin dem *Ḫadyān* unmittelbar folgte, oder ob zwischen *Ḫadyān* und Rezin noch ein Herrscher NN angesetzt werden muß. Rezin scheint jedenfalls nach den Texten Tiglatpilesers III. wiederum ein Usurpator gewesen zu sein. Vgl. dazu W. T. Pitard, Ancient Damascus (Anm. 1), 182–188. Er hätte dann seinen Vorgänger (= *Ḫadyān* – Hesion II.?) gewaltsam vom Thron gestürzt.

Die Bedeutung der spätbabylonischen Texte aus *Nērab* für die Rückkehr der Judäer aus dem Exil*

Der Name des großen Dorfes *Nērab* (auch *Neirab* und *Neîrab*) ca. 7 km sö. von Aleppo[1] in Syrien gelegen, ist seit bald hundert Jahren den Archäologen und Historikern des Vorderen Orients vertraut, da 1897 dort zwei Monumentalinschriften gefunden wurden, die seitdem zum Standardrepertoire der aramäischen Denkmäler gehören[2]. Sie bieten den einheimischen Namen des Ortes in unvokalisierter Form: NRB. So bildet die heutige Vorortsiedlung Aleppos: *Nērab* das Ende einer Siedlungskette, die inschriftlich bis weit über die erste Hälfte des 1. Jt.s v. Chr. zurückverfolgt werden kann[3].

Im September–Oktober 1926 unternahm eine französische Expedition unter der Leitung von B. CARRIÈRE und P. BARROIS eine Ausgrabung in *Nērab*, bei der u.a. 25 Keilschrifttafeln in spätbabylonischer Schrift und Sprache zutage kamen. Bei einer weiteren Grabungskampagne ein Jahr später, im September–Oktober 1927, unter der Leitung von F.-M. ABEL und P. BARROIS kamen zwei weitere Tafeln als Streufunde hinzu[4]. Fünf der also insgesamt 27 keilschriftlichen *Nērab*-Urkunden tragen auf

---

* Das Folgende ist erstmals vorgetragen worden beim Treffen der nordelbischen Alttestamentler am 28. November 1992 bei Herbert Donner in Kiel.

[1] Die Entfernungsangaben schwanken zwischen 6 bis 8 km; vgl. L. CAGNI, Considerations sur les textes babyloniens de Neirab près d'Alep, Transeuphratène 2 (1990), 169 Anm. 1.

[2] Vgl. C. CLERMONT-GANNEAU, Études d'archéologie orientale II (Paris 1897), Les Stèles araméennes de Neîrab, 182–223; KAI, Nr. 225–226; J. C. L. GIBSON, Textbook of Syrian Semitic Inscriptions II: Aramaic Inscriptions (Oxford 1975), 93–98; S. SEGERT, Altaramäische Grammatik mit Bibliographie, Chrestomathie und Glossar (Leipzig [2]1983), 495, Nr. 19 und zuletzt V. HUG, Altaramäische Grammatik der Texte des 7. und 6. Jh.s v. Chr. (Heidelberger Studien zum Alten Orient 4; Heidelberg 1993), 13–14.

[3] Der Ortsname wird etymologisch auf ein akkadisches *nēribu*, assyrisch *nērabu* – „Eingang", „Paß" u.ä. zurückgeführt; vgl. W. M. MÜLLER bei C. CLERMONT-GANNEAU, Études, 207; S. R. PAYNE-SMITH, Thesaurus Syriacus I-II (Oxford 1879–1901), 2262, 2366; E. LITTMANN, Zur Topographie der Antiochene und Apamene, ZS 1 (1922), 189; C. BROCKELMANN, Lexicon Syriacum (Göttingen [2]1928), 449; AHw II (Wiesbaden 1972), 780; A. AL-HILOU, Topographische Namen des syropalästinischen Raumes nach arabischen Geographen: Historische und etymologische Untersuchungen (Diss. Phil.; Berlin 1986), 375. Die assyrische Wortform muß relativ früh ins Aramäische übernommen worden sein, ohne daß es sich bei den so benannten Siedlungen um assyrische Gründungen handelt. Der Ortsname *Nērab* ist heute noch zweimal im syrischen Raum, einmal bei Idlib und einmal bei Damaskus, bezeugt und darüber hinaus in der aramäischen Form mit Status emphaticus *Nīrabā* bei Mossul (Belege bei A. AL-HILOU, ebd.).

[4] B. CARRIÈRE-P. BARROIS, Fouilles de l'école archéologique française de Jérusalem effectuées à Neirab du 24 septembre au 5 novembre 1926, Syr. 8 (1927), 126–142 und 201–212;

ihrer Rückseite auch Registraturvermerke in Aramäisch[5]. | Eine Scherbe mit angeblich assyrischer Keilschrift ist unlesbar. Weswegen sie – obgleich unlesbar – dennoch assyrisch sein soll, ist ungeklärt und wäre an den jetzigen Aufbewahrungsorten der Tontafeln, in Aleppo und Jerusalem, dringlich nachzuprüfen[6]. P. DHORME hat die Tontafeltexte rasch, schon ein Jahr nach der Ausgrabung, in Umschrift und französischer Übersetzung veröffentlicht. Seitdem sollten sie den Historikern bekannt sein und für die Darstellung der syro-palästinischen Geschichte in der zweiten Hälfte des ersten Jahrtausends mit herangezogen werden. Doch das ist bislang nicht ernstlich der Fall. Warum das so ist, erklärt sich jedoch durch den Inhalt und die Deutung dieser Texte.

P. DHORME hatte nicht begründet, warum er die Abfolge der 27 spätbabylonischen Urkunden aus *Nērab* in seiner Edition so dargeboten hat, wie sie seitdem vorliegt. Sie war anscheinend aber chronologisch gemeint. Denn diejenigen Texte, die eine Datierung nach babylonischen oder persischen Königen bieten, folgen einander in seiner Edition, diejenigen, deren Datierungen abgebrochen sind, stehen am Schluß. Das ist an sich ein sehr vernünftiges Prinzip, aber es führte – wie noch zu erläutern ist – zu einer folgenschweren chronologischen Fehlansetzung und damit einer generellen Fehldeutung aller keilschriftlichen Tontafeln aus *Nērab*. Jedenfalls sind die Urkunden, deren Eigendatierung heute abgebrochen ist und die nun fast alle am Ende der Edition P. DHORMES stehen, nicht deswegen auch jünger als diejenigen, die ihnen in der Edition vorangehen[7].

---

vgl. auch P. DHORME, Note sur les tablettes de Neirab, Syr. 8 (1928), 213–215 und F.-M. ABEL-P. BARROIS, Fouilles de l'école archéologique française de Jérusalem effectuées à Neirab du 12 septembre au 6 novembre 1927, Syr. 9 (1928), 187–216 und 303–319.

[5] Vgl. dazu neben den Bemerkungen in der Edition der Texte bei P. DHORME, Les Tablettes babyloniennes de Neirab, RA 25 (1928), 53–82 zu Nr. 3, 7, 12, 15 sowie 18 und ders., Note, 213–215 auch F. VATTIONI, Epigraphia aramaica, Aug. 10 (1970), 493–532, Nr. 137–141 und J. OELSNER, Weitere Bemerkungen zu den Neirab-Urkunden, Altorientalische Forschungen 16 (1989), 75f sowie ders., Rezension von J. A. | Fitzmyer, S. J., und A. Kaufman, An Aramaic Bibliography, Part I (London, Baltimore 1992), OLZ 89 (1994), 547–552 (548 zu Nr. 3 und Nr. 12).

[6] Zum jetzigen Aufbewahrungsort der Tontafeln im Museum zu Aleppo und in der École Biblique et Archéologique Française zu Jerusalem vgl. die Hinweise bei L. CAGNI (Anm. 1), 173f.

[7] So können die Urkunden Nr. 1–18 nicht zu einer älteren Textgruppe zusammengefaßt werden, denen die Nr. 19–27 als jüngere folgen (so jedoch J. OELSNER, 71). Denn von den letzteren acht sind zwar die Nr. 19–22 in die Zeit des Königs Kambyses datiert und insofern jünger als die vorangehenden Urkunden, aber Nr. 23 enthält heute keine Datierung mehr, war von P. DHORME jedoch *Nabû-nā'id* zugeordnet, was weiterhin möglich ist; vgl. M. T. ROTH, Age and Marriage and the Houshold: A Study of Neo-Babylonian and Neo-Assyrian Forms, CSSH 29 (1987), 725 Anm. 20; dies., Babylonian Marriage Agreements 7th–3rd Centuries BC (AOAT 222; Kevelaer, Neukirchen-Vluyn 1989), 57–58, Nr. 11 und J. OELSNER, 70 Anm. 17. Nr. 24 ist ein Duplikat zu Nr. 14 (erkannt von H. PETSCHOW, Neubabylonisches Pfandrecht [ASAWPH 48/1; Berlin 1956], 58 Anm. 167) und gehört folglich ins 10. Jahr *Nabû-nā'ids*. Nr. 25–26 sind heute ohne Datierung. Von ihnen enthält aber Nr. 25 einen gleichen Personennamen (*Šiena-/Sîn-aḫa-uṣur*), wie die Urkunde Nr. 11 aus dem 10. Jahr *Nabū-nā'ids*. Sie könnte dementsprechend auch in *Nabû-nā'ids* Zeit gehören. So bilden die Nr. 19–27 keine homogene jüngere „Gruppe" gegenüber den vorangehenden Texten.

Ein Fund von fast 30 spätbabylonischen Keilschrifttafeln aus dem Boden Syriens oder Palästinas müßte an sich als archäologische Sensation gelten und eine Flut von Literatur hervorrufen. Einen vergleichbar umfassenden Fund spätbabylonischer Tontafeln aus einem syro-palästinischen Ort gibt es nicht. Doch genügt die Lektüre nur einer oder zwei der Keilschrifttafeln aus *Nērab*, um zu verstehen, daß sie nach ihrer Erstveröffentlichung bald wieder in einen Dornröschenschlaf versanken. Nur wenige Insider weisen hier und da auf eine der Tontafeln aus *Nērab* hin. Sie bemühen sich dabei kaum noch um deren Inhalt, sondern fast ausschließlich um deren Rechtsklauseln, womit die Erörterung der Texte dann auf den äußerst kleinen Kreis der altorientalischen Rechtshistoriker eingeschränkt ist[8].

Das Desinteresse der Historiker an den Tontafeln aus *Nērab* ist verständlich, sofern man sich dem Inhalt der Tafeln zuwendet. In dem von P. DHORME als Nr. 16 publizierten Text z.B. heißt es:

> (R°) „2 Schekel (und) ein Viertel Silber (sind es), die *Zaqup*, Sohn des *Édu-ana-|ummi-šu*, als Schuldforderung hat gegenüber *Nusku-killanu*, Sohn des *Nusku-gabbê*. Im Monat Ayyar wird er das Silber in seiner Gesamtheit abliefern. (V°) Zeuge: *Bīt-ili-adir*, Sohn des *Ilu-il-napḫari* [und] *Iddin-Nabû*, Sohn des *Nabû-eṭir*. Schreiber: *Šum-ukîn*, Sohn des *Kudurru* [Ausstellungsort:] (Stadt) Ammat. [Ausstellungsdatum:] Monat Ayyar, 10. Tag, Jahr 13 *Nabû-nā'ids*, des Königs von Babylon".

So ähnlich lauten die meisten keilschriftlichen *Nērab*-Urkunden. Um ein weiteres Beispiel zu geben, sei noch die Urkunde Nr. 17 zitiert, zumal einer Angabe in ihr eine Schlüsselrolle in der neueren Diskussion um die Texte zukommt. Soweit die Urkunde Nr. 17 nicht nur fragmentarisch erhalten ist, lauten deren Zeilen:

> (R°) „[2]5 gurru, 120 qa Gerste (sind es), welche *Adad*-[xxx], Sohn des *Ḫarimmā'*, Beauftragter des Königs, als Schuldforderung hat gegenüber *Nuḫsayya*, dem Sohn des *Nusku-gabbê*. Im Monat Ayyar wird er die Gerste abliefern … (V°) Zeuge: *Abû-râm*, Sohn des *Idrâ*, [sowie] *Šiena-/Sîn-lē'i*[9], Sohn des *In-Nusku* (und) *Iqbi*, Sohn des *Šiena-/Sîn*-[xxx], Schreiber: *Iddin-Mar-duk*, Sohn des *Nabû-eṭir*. [Ausstellungsort:] Stadt der Nerebäer[10], die am Kanal *Bêl-aba-uṣur* liegt. [Ausstellungsdatum:] Monat *Ṭebet*, 1. Tag, Jahr 16 *Nabû-nā'ids*, des Königs von Babylon".

---

[8] Vgl. M. SAN NICOLÒ, Die neuen babylonischen Tontafeln aus Nêrab bei Aleppo, ZSRGK 49 (1929), 461–462; H. PETSCHOW, 8 Anm. 16, 13 Anm. 30 (zu *Nērab* Nr. 2), 17 Anm. 35b (zu *Nērab* Nr. 5), 111 Anm. 346 (zu *Nērab* Nr. 8–9), 53 Anm. 144b (zu *Nērab* Nr. 14), 17 Anm. 34e (zu *Nērab* Nr. 15), 15 Anm. 31, 20 Anm. 43a, 22 Anm. 47 (zu *Nērab* Nr. 19), 17 Anm. 35a (zu *Nērab* Nr. 21); V. KOROŠEC, Keilschriftrecht (HO, Ergänzungsband 3; Leiden, Köln 1964), 190–191.

[9] Der Name *Šiena-/Sîn-lē'i* wird in der aramäischen Beischrift als *Sn'l* wiedergegeben.

[10] Die Bewohner dieser Stadt werden hier und weiterhin in Anlehnung an den Urkundentext Nerebäer genannt. Eine Gleichsetzung mit den Bewohnern der Siedlung *Nērab* bei Aleppo in spätbabylonischer und persischer Zeit ergibt sich erst durch die Deutung der Texte.

Schon nach der Lektüre zweier solcher Texte ist man ermüdet. Wer wird noch weiter Interesse haben an Forderungen über soundsoviel Schekel Silber oder soundsoviel Sack Gerste, die unbekannte Gläubiger an genauso unbekannte Schuldner einst hatten? Die weiteren Urkunden haben einen vergleichbaren prosaischen Inhalt. Also wendet man sich den Rechtsformen der Texte zu. Juristisch gesehen ist die zitierte Urkunde Nr. 16 ein Schuldschein, d.h. in der Terminologie des spätbabylonischen Rechts ein Verpflichtungsschein (*u'iltu*) über eine bestimmte Menge Silber, die ein *Nusku-killanu*, Sohn des *Nusku-gabbê* einem *Zaqup*, Sohn des *Édu-ana-ummi-šú* schuldete. Die zitierte Tafel Nr. 17 ist ein Verpflichtungsschein über Gerste, die *Nuḫsayya*[11], Sohn des *Nusku-gabbê*, einem Beauftragten des Königs (*qip šarri*) namens *Adad*-[xxx], Sohn des *Ḫarimmā'*[12], zu erstatten hatte. – Wollte man fragen, warum die Schuldner in die Schuldgeschäfte eintreten mußten, so wäre darauf zu antworten, daß bei spätbabylonischen Verpflichtungsscheinen nie der Grund angegeben wird, weswegen die Schuldner in jene Geschäfte hatten eintreten müssen. Man verfuhr mit solcherart Verpflichtungen so, daß die Tontafeln, auf denen sie schriftlich fixiert waren, solange beim Gläubiger verblieben, bis der Schuldner seine Schulden beglichen hatte. Gesetzt den Fall, der Schuldner *Nusku-killanu*, Sohn des *Nusku-gabbê*, aus der Urkunde Nr. 16 bzw. der Schuldner *Nuḫsayya*, Sohn des *Nusku-gabbê*, aus der Urkunde Nr. 17 hätten damals ihre Schulden nicht bezahlt, so wäre anzunehmen, daß diese Schuldscheine, die die französischen Archäologen in *Nērab* gefunden haben, aus dem Privatarchiv des jeweiligen Gläubigers stammen. Gesetzt den Fall aber, die Schuldner hätten ihre Schulden pünktlich und vollständig beglichen, so mußte ihnen ihr Schuldschein ausgehändigt werden und die jeweilige Tontafel würde aus den „Quittungs|sammlungen" der Schuldner stammen. Wie sich aus den Urkunden Nr. 16 und 17 im Verbund mit den übrigen *Nērab*-Texten ergibt, ist anzunehmen, daß die Schuldner tatsächlich ihre Schulden vollständig und pünktlich bezahlt haben und man ihnen einst ihre Schuldscheine zurückgab.

Ansonsten liest man die fremden Personennamen dieser Texte einmal und vergißt sie. Alle in den *Nērab*-Urkunden genannten Personen sind völlig unbekannt – abgesehen natürlich von den Königen, nach denen datiert wird. Nur die Namensbildung der hier bezeugten Personen konnte noch ein gewisses etymologisches Interesse beanspruchen, ist doch fast ein Drittel von ihnen nicht babylonischer, sondern rein aramäischer Etymologie[13]. Aber auch das war für den Großraum Aleppo in

---

[11] Zum Namen *Nuḫsayya* und seinen Schreibungen vgl. F. M. FALES, Remarks on the Neirab Texts, OrAnt 12 (1973), 134f.

[12] Letzterer Name ist noch anderweitig bezeugt vgl. A. T. CLAY, The Babylonian Expedition of the University of Pennsylvania, Series A, Vol. X: Business Documents of Murashû Sons of Nippur Dated in the Reign of Darius II (424–404 BC), (Philadelphia 1904), Nr. 119:12 (= Vater des *El-barak*), Nr. 120:8 (Vater des [*il*] *Šameš-barak*) und ders., PBS Vol. II, Part 1: Business Documents of Murashû Sons of Nippur Dated in the Reign of Darius II (Philadelphia 1912), Nr. 221:9 und dazu M. D. COGAN, West Semitic Personal Names in the Murašû Documents (HSM 7; Missoula/Mont. 1976), 26 und G. WALLIS, Jüdische Bürger in Babylonien während der Achämeniden-Zeit, Persica 9 (1980), 160f sowie R. BORGER, Neubabylonische und achämenidische Rechts- und Verwaltungsurkunden, in: TUAT I (Gütersloh 1982–1985), 416, entgegen früheren Deutungen jedoch nicht hebräisch.

[13] Nach F. M. FALES, 141 Anm. 32 sind 54% der Personennamen der *Nērab*-Urkunden baby-

spätbabylonischer und persischer Zeit nicht anders zu erwarten. Erstaunt konnte man höchstens sein, daß nur etwa ein Drittel der Personennamen aramäischer Bildung ist und nicht mehr, obgleich doch als autochthone Bevölkerung *Nērabs* in spätbabylonischer und persischer Zeit einzig Aramäer anzusetzen sind. Eine Erklärung für den auffälligen Sachverhalt, daß nur etwa ein Drittel der in den Urkunden genannten Personen aramäische Namen tragen, war rasch zur Hand. Wie aus seinen Erläuterungen hervorgeht, hielt P. DHORME die Keilschrifttexte aus *Nērab* für die Unterlagen mehrerer Babylonier, die in diesem syrischen Ort bei Aleppo Handelshäuser unterhielten und dort ihren Geschäften nachgingen[14]. Er brauchte die Analogie zu den berühmten Geschäftshäusern aus spätbabylonischer und persischer Zeit wie des Handelshauses Egibi in Babylon[15] oder gar der noch berühmteren Firma *Murašû und Söhne* aus Nippur[16] gar nicht zu bemühen, um die keilschriftlichen *Nērab*-Texte – vermeintlich – richtig einzuordnen. Zwar sind die *Nērab*-Urkunden um mehr als hundert Jahre älter als die berühmten *Murašû*-Urkunden, die erst aus dem Zeitraum von 454 v. Chr. bis 404 v. Chr. stammen. Aber ihr höheres Alter wertet die wahrlich spröden *Nērab*-Texte auch nicht entscheidend auf. So ordnete man die Aussagen der Keilschrifturkunden aus *Nērab* der Masse der spätbabylonischen und achämenidischen Rechts- und Wirtschaftstexte zu. In deren schier unübersehbarer Menge bilden sie eine gänzlich marginale Gruppe. Eine Sozial- und Wirtschaftsgeschichte der spätbabylonischen und persischen Zeit kann nach viel breiterem Belegmaterial geschrieben werden, in dem die *Nērab*-Texte nur noch ein Facettchen bilden[17].

Seit ihrer Edition durch P. DHORME galten die Tontafeln aus *Nērab* also als Zeugnis dafür, daß babylonische Geschäftsleute ihre Aktivitäten auch in der syri-

---

lonischer, 29% westsemitischer und 16% ungeklärter Etymologie.

[14] P. DHORME (Anm. 5), 54.

[15] Zum Handelshaus Egibi vgl. J. KRECHER, Das Geschäftshaus Egibi in Babylon in neubabylonischer und achämenidischer Zeit (Habilitationsschrift; Münster 1970). – Nicht überzeugend ist der Versuch bei M. MEULEAU, Mesopotamien in der Perserzeit, in: Fischer Weltgeschichte 5: Griechen und Perser – Die Mittelmeerwelt im Altertum (Frankfurt a.M., Hamburg 1965), 344 und neuerlich bei G. GARBINI, History and Ideology in Ancient Israel (London 1988), 79, 92 mit Anm. 5 – hier unter Verweis auf S. W. BARON, A Social and Religious History of the Jews, 1.1 (New York [2]1952), 109 (Egibi = *Jakob) –, aufgrund der Personennamen Egibi (angeblich = * *ʿAqiba* bzw. *ʿAqqub* von der Wurzel *ʿqb*), ***Šulāʾa*** oder der femininen ***Nupta*** und ***Suqāʾitum*** das Geschäftshaus Egibi für jüdisch anzusehen. J. KRECHER, 21f verweist darauf, daß der Personenname Egibi schon in einem Kudurru aus der Zeit des Königs Merodachbaladan (715 v. Chr.) bezeugt ist und eine verkürzte Form von Egibatila bildet.

[16] Dazu M. W. STOLPER, Entrepreneurs and Empire: The Murašû Archive, the Murašû Firm, and Persian Rule in Babylonia (Nederlands Historisch-Archaeologisch Instituut te Istanbul 54; Leiden 1985), passim.

[17] Vgl. dazu P. KOROŠEC, Keilschriftrecht, 196 mit der älteren Literatur. – Entgegen ihrem Titel enthält M. A. DANDAMAEVs Studie auch sehr viele andere Aspekte des wirtschaftlichen und sozialen Lebens in spätbabylonischer und achämenidischer Zeit, wobei auch einige *Nērab*-Urkunden gewürdigt sind: M. A. DANDAMAEV, Slavery in Babylonia from Nabopolassar to Alexander the Great (626–331 BC), (Northern Illinois University Press [2]1984), 10 (zu *Nērab* Nr. 3); 12 (zu *Nērab* Nr. 4–18), 15 (zu *Nērab* Nr. 1–2 und 27), 84, 239, 388 (zu *Nērab*-Nr. 8–9), 21 (zu *Nērab* Nr. 22) und 133 (zu *Nērab* Nr. 23).

schen Provinz ausgeübt haben, | ohne allerdings in Babylonien selbst über ein Stammhaus verfügt zu haben. Für die Historiker oder gar für die Alttestamentler sind die keilschriftlichen *Nērab*-Texte folglich auch fast achtzig Jahre nach ihrer Publikation kaum eines Hinweises wert[18]. In den neueren Geschichten Israels werden sie nicht erwähnt. – Auch eine gründliche Erörterung der Personennamen der Urkunden durch F. M. FALES änderte an der Mißachtung der keilschriftlichen *Nērab*-Texte prinzipiell nichts. F. M. FALES ist es immerhin gelungen, etliche Personen, die in den Texten als Schuldner, Gläubiger oder Zeugen genannt werden, zu einer Familie zusammenzustellen, da sehr oft der Vatersname der Personen mit angegeben wird[19]. Daraus ergibt sich, daß die Geschäftsaktivitäten der *Nērab*-Texte fast ausschließlich von Mitgliedern einer einzigen Familie getätigt worden sind, die in den Urkunden über drei Generationen zu verfolgen ist. Sie ist nach ihrem Stammvater die Familie des *Nusku-gabbê* zu nennen. Auf den Stammvater folgt die zweite Generation mit fünf Söhnen: *Manniya*, *Šiena-/Sîn-aba-uṣur*, *Nusku-killani*, *Nuḫsayya* und *Šiena-/Sîn-uballiṭ*. Schließlich ist auch die Enkelgeneration noch mit einem *Nusku-id-din* vertreten. Mit den *Nērab*-Urkunden liegen somit die Reste der Buchhaltung nur eines Geschäftshauses vor, das als „*Nusku-gabbê und Nachfolger*“ bezeichnet werden kann.

Gänzlich anders stellt sich die Geschichte des Geschäftshauses *Nusku-gabbê und Nachfolger* seit den Untersuchungen dar, die I. EPHʿAL 1978 vorlegte[20]. Er konzentrierte sich einerseits auf die Frage, wo genau die Orte anzusetzen sind, die in den *Nērab*-Urkunden genannt werden, also auf Fragen der historischen Topographie, und andererseits auf die Daten, an denen diese Texte ausgestellt worden sind, also auf Fragen der Chronologie. Probleme der historischen Topographie Syriens oder Mesopotamiens scheinen nicht der Stoff zu sein, in dem dramatische Geschichte sich gestaltet hat. Chronologische Probleme reizen noch weniger. Doch haben die Untersuchungen I. EPHʿALs, ausgehend von der scheinbar so drögen historischen Topographie Syriens und Südmesopotamiens, ein grundsätzlich neues Verständnis der *Nērab*-Urkunden ermöglicht. Fragen der Chronologie dieser Texte waren schon früher von anderen erörtert worden. Beides zusammen ergibt nunmehr ein völlig neues Bild. Eines, das die Alttestamentler als Analogiefall nicht mehr unberücksichtigt lassen dürfen.

Schon P. DHORME hatte seinerzeit als Editor über die wenigen Ortsnamen der Texte nachgedacht. Neunzehnmal wird der Ort Babylon (E. KI, NUN. KI, TIN. TIR. KI u.a.)[21] genannt, über den ja kein Zweifel sein kann, sechsmal ein Ort *Bīt-dayyān*-

---

[18] Vgl. aber K. GALLING, Von Nabonid zu Darius: Studien zur chaldäischen und persischen Geschichte, ZDPV 69 (1953), 42–64; ZDPV 70 (1954), 4–32, cf. dass., in: K. GALLING, Studien zur Geschichte Israels im persischen Zeitalter (Tübingen 1964), 39f und S. SMITH, Isaiah Chapters XL–LV: Literary Criticism and History (SchL 1940; London 1944), 145–146.

[19] F. M. FALES (Anm. 10), 132ff.

[20] I. EPHʿAL, The Western Minorities in Babylonia in the 6th–5th Centuries BC: Maintenance and Cohesion, Or. NS 47 (1978), 74–83; vgl. auch ders., On the Political and Social Organization of the Jews in Babylonian Exile, in F. STEPPAT (Hg.), XXI. Deutscher Orientalistentag vom 24. bis 29. März 1980 in Berlin, Ausgewählte Vorträge (ZDMG.S 5; Wiesbaden 1983), 106–112.

[21] Nr. 1 V°: 2, 4; Nr. 2 V°: 2; Nr. 3 V°: 5; Nr. 4 V°: 8; Nr. 6 V°: 9; Nr. 7 V°: 9; Nr. 8 V°: 10;

Adad (É. DI. KU$_5$. DINGIR. IŠKUR)[22], fünfmal ein Ort Ammat[23], viermal ein Ort *Né-re-bi*, für den es noch weitere, ähnliche Schreibungen gibt[24] und einmal ein Ort *I-tu*$_4$. Dazu gibt es noch zwei Orte, von deren Namen nur Bruchstücke erhalten sind, die in dieser fragmentierten Form jedoch nicht | an bekannte Ortsnamen angeschlossen werden können[25]. Das viermal genannte *Né-re-bi* war seinerzeit für P. DHORME der Ausgangspunkt für seine beiden grundsätzlichen Thesen: daß – erstens – die Ausgrabungsstätte *Nērab* mit dem *Né-re-bi* der Urkunden gleichzusetzen sei und – zweitens – daß auch für die übrigen Ortschaften dieser Urkunden – von Babylon natürlich abgesehen – eine Identifikation mit anderweitig bezeugten syrischen oder nordmesopotamischen Orten versucht werden müsse. So sei in *Am-mat* die mittelsyrische Stadt *Ḥamāt* am Orontes zu sehen, in *I-tu*$_4$ die heutige Stadt *Ḥīt* am Euphrat. *Bīt-dayyān-Adad* – auch *Bīt-dîn-Adad* gelesen – müsse, weil sein Ortsname mit Hadad (Adad) gebildet ist, bei Aleppo vermutet werden, dessen Wettergott ja über die Jahrhunderte hin verehrt worden ist[26]. So ergab die Prämisse, daß das keilschriftliche *Né-re-bi* der ausgegrabenen Urkunden mit dem Ausgrabungsort *Nērab* selbst identisch sei, alle weiteren Schlüsse. An der philologischen Übereinstimmung zwischen keilschriftlichem *Né-re-bi* und heutigem *Nērab* scheint ja auch kein Zweifel möglich. Es ist nicht verwunderlich, wenn P. DHORMEs Deutung der *Nērab*-Urkunden für Dezennien unangefochten blieb.

Freilich, keinen der Orte der *Nērab*-Urkunden – von Babylon abgesehen – hatte P. DHORME wirklich mit einer im Umkreis von Aleppo bezeugten Siedlung gleichsetzen können. Seine Gleichung von *Am-mat* mit *Ḥamāt* am Orontes hatte schon J. LEVY mit dem zutreffenden Hinweis infrage gestellt, daß *Ḥamāt* in den assyrischen und babylonischen Texten immer *Ḫa-ma-tu* oder *A-ma-tu*, geschrieben sei[27]. Aber das schlug nicht durch, da ja wirklich auch mal eine unorthographische Schreibung eines fremden Ortsnamens in den Texten auftreten könnte. – Wichtiger für die Gesamtinterpretation der *Nērab*-Texte wurde daher eine erste Beobachtung I. EPHʿALs, die schon viel früher hätte gemacht werden können – und müssen! – aber wahr-

---

Nr. 9 V°: 9; Nr. 10 V°: 7; Nr. 11 V°: 8; Nr. 12 V°: 6; Nr. 13 V°: 6; Nr. 14 V°: 9; Nr. 15 V°: 9; Nr. 16 V°: 7; Nr. 17 V°: 9; Nr. 19 V°: 7; Nr. 23 V°: 11; Nr. 27 V°: 8.

[22] Nr. 3 V°: 2; Nr. 5 V°: 5; Nr. 7 V°: 7; Nr. 10 V°: 5; Nr. 11 V°: 5; Nr. 15 V°: 6.

[23] Nr. 8 V°: 8; Nr. 9 V°: 8; Nr. 12 V°: 4; Nr. 14 V°: 5; Nr. 16 V°: 5.

[24] Nr. 17 V°: 5f; Nr. 19: 7; Nr. 23 V°: 9; Nr. 26: 3, 6, V°: 2.

[25] *ālu Ša*-[…]-*ḫa-tim* Nr. 4 V°: 6 und *ālu*[…]-*ú-ma-ya* Nr. 20 V°: 4.

[26] P. DHORME, 54. Zum Wettergott von Aleppo vgl. noch H. KLENGEL, Der Wettergott von Halab, JCS 19 (1965), 87–93.

[27] J. LEVY, The Old West Semitic Sun God Ḥammu, HUCA 18 (1943–1944), 432 Anm. 26; ders., Tabor, Tibar, Atabyros, HUCA 23 (1950–1951), 374f mit Anm. 52. Zu den keilschriftlichen Belegen für *Ḥamāt* vgl. jetzt R. ZADOK, Répertoire Géographique des Textes Cunéiformes (RGTC), Bd. 8: Geographical Names according to New- and Late-Babylonian Texts (Wiesbaden 1985), 149f s.v. Hamātu. R. ZADOK hat die Graphie *Am-mat* von *Ḥamāt* am Orontes und von *A-ma-tu*$_4$ getrennt, siehe ebd., 22f s.v. Amatu bzw. Ammat (zwei zusätzliche Belege für URU *A-ma-tú* gibt es nach F. JOANNÈS in den Istanbuler Nippurtexten, cf. L. CAGNI [Anm. 1], 182). Allerdings ist seine Aufteilung der Belege für *Am-mat* auf zwei Orte des Namens unakzeptabel; vgl. J. OELSNER (Anm. 4), 70 Anm. 14 mit zusätzlichen Zweifeln an R. ZADOKs Gleichsetzung von *Am-mat* (1) mit dem neuassyrisch bezeugten *A-ma-ti*.

scheinlich deswegen allen modernen Lesern der Texte entgangen war, weil P. DHORME an der entscheidenden Stelle seiner französischen Übersetzung durch einen Lapsus 7. Jahr des *Nabû-nā'id* bot, obgleich im Text der Urkunde eindeutig 10. Jahr geschrieben steht und von ihm in Transkription auch so wiedergegeben worden ist. Der Lapsus hat Geschichte gemacht. Es lesen sich ja auch moderne Übersetzungen spätbabylonischer Texte entschieden leichter als deren keilschriftliches Original. Den Lapsus in der Übersetzung korrigiert, heißt es in der Urkunde Nr. 11, daß ein gewisser *Kîn-ablu*, Sohn des *Nadin*, am 2. Tag des Monats *Tišri*, im 10. (nicht 7.) Jahr *Nabû-nā'ids*, im Ort *Bīt-dayyān-Adad* diese Tontafel als Schreiber ausgefertigt hat. Derselbe *Kîn-ablu*, Sohn des *Na-din*, war zwei Tage später, am 4. Tag des Monats *Tišri*, im 10. Jahr *Nabû-nā'ids* Zeuge der Urkunde Nr. 12, die im Ort in *I-tu*$_4$ ausgestellt ist. Gesetzt den Fall, der Ort *Bīt-dayyān-Adad* hätte wirklich bei Aleppo gelegen und *I-tu*$_4$ wäre mit dem heutigen *Ḥīt* am Euphrat gleichzusetzen – wie es beides P. DHORME annahm –, so hätte jener Schreiber *Kîn-ablu*, Sohn des *Na-din*, die mehr als 150 km zwischen Aleppo und *Ḥīt* binnen 48 Stunden in Höchstgeschwindigkeit überwinden müssen, um nach dem einen Vertrag, den er im Ort *Bīt-dayyān-Adad* ausfertigte, einen zweiten Vertrag im Ort *I-tu*$_4$ (= *Ḥīt*) zu bezeugen. Man mag ja antiken Vertragsschreibern und -zeugen größere Fähigkeiten zubilligen als modernen Notaren oder Gerichtszeugen. Doch ist von jenem *Kîn-ablu* | wirklich nur bekannt, daß er Schreiber und Zeuge war, jedoch nicht, daß er auch rekordverdächtiger Marathonläufer gewesen wäre[28].

Läßt diese erste Beobachtung I. EPHʿALs vorerst nur massive Zweifel an P. DHORMEs topographischer Fixierung der beiden Orte *Bīt-dayyān-Adad* und *I-tu*$_4$ aufkommen[29], so ist seine zweite für die Gesamtinterpretation aller *Nērab*-Urkunden umstürzend. Sie besteht darin, daß in der Urkunde Nr. 17 (s.o.) der Ausstellungsort heißt „Stadt der Nerebäer, die am Kanal *Bêl-aba-uṣur* liegt" (*âlu šá* ^{amêlu}*Né-re-ba-a-a ša*[30] *ina muḫḫi nâri šá* $^{m\ ilu}$*Bêl-aba*[31]*-uṣur*). Angenommen, diese „Stadt der Nerebäer" wäre wirklich mit dem Fundort der Urkunden: *Nērab* identisch, so ist unerklärbar, warum der Ortsname hier künstlich vom Gentilizium gebildet wurde. Und noch wichtiger: Vom Flüßchen Quwaiq, an dem Aleppo liegt, kann man keinen Kanal nach *Nērab* abzweigen. Das syrische *Nērab* lag weder in der Antike an einem Kanal noch liegt es in der Gegenwart an einem Kanal.

Ist daraus nun die Folgerung zu ziehen, der Ort *Né-re-bi* der *Nērab*-Urkunden sei nicht identisch mit dem Ausgrabungsort *Nērab*, sondern das tückische Spiel eines formalen Gleichklanges suggeriere hier eine nichtvorhandene Identität? Die erste

---

[28] L. CAGNIS (Anm. 1) Erwägung (181), daß *Kîn-ablu* die Entfernung auch hätte mit einem Wagen oder zu Pferde zurücklegen können, überzeugt nicht.

[29] An der Gleichung *I-tu*$_4$ mit *Ḥīt* am Euphrat hält auch R. ZADOK, RGTC 8, 184 s.v. Itu fest. Angesichts des Hydronyms *nâr I*$_7$*-i-tu*$_4$ in CT 56, Nr. 755:4' (vgl. dazu R. ZADOK, 373) ist jedoch anzunehmen, daß neben dem Kanal *Itu* auch ein Ort dieses Namens in den Süden Babyloniens gehört und von *Ḥīt* zu trennen ist. Die neu- und spätbabylonischen Belege, die angeblich eine Gleichung mit *Ḥīt* nahelegen, bedürfen in jedem Fall der Nachprüfung. Sie sind nicht beigezogen von J. N. POSTGATE im Art. Idu (= *Ḥīt*), RLA V (Berlin, New York 1980), 33a–33b.

[30] So (*ša*) P. Dhorme, nicht *šá*.

[31] Lies so (*aba*), P. DHORME bot noch *abû*.

Schlußfolgerung muß anders lauten. Nämlich: Nach Ausweis der Murašû-Urkunden gab es beim südbabylonischen Nippur einen Kanal namens *m ilu Bêl-aba-uṣur*[32]. Dieser Kanal ist in den *Nērab*-Urkunden nun schon für einen Zeitpunkt hundert Jahre vor den Murašû-Urkunden bezeugt. Die zweite Schlußfolgerung lautet: „Die Stadt der Nerebäer am Kanal *Bêl-aba-uṣur*" ist ein Beleg dafür, daß aus dem syrischen *Nērab* stammende Aramäer beim südmesopotamischen Nippur als geschlossene Gruppe siedelten[33]. So ist an der philologischen Gleichung *Né-re-bi* = *Nērab* in der Tat festzuhalten. Allerdings mit dem die frühere Annahme umkehrenden Schluß: Das südbabylonische *Né-re-bi* ist tatsächlich nach dem syrischen *Nērab* benannt worden, aber nicht mit ihm identisch. Die Siedlung, in der sich die syrischen Nerebäer in Südbabylonien niedergelassen hatten, wurde nach ihnen „Stadt der Nerebäer" oder einfach „Nerebi" genannt. Drittens: Auch die weiteren Orte der Urkunden, allen voran Babylon, verweisen auf eine Herkunft aus dem geographischen Raum Südmesopotamiens. Es ist eben nicht zufällig, daß die Urkunden spätbabylo|nisch geschrieben sind, obgleich ihre Schreiber auch des Aramäischen mächtig waren, wie die Registraturvermerke auf etlichen von ihnen bezeugen. Die keilschriftlichen *Nērab*-Urkunden sind somit – viertens – die „Geschäftspapiere" eines aramäischen Handelshauses aus der Gegend von Nippur, deren Inhaber: *Nusku-gabbê und Nachfolger* in ihrem südbabylonischen Geschäftsort vielfach babylonische Personennamen angenommen haben. Die fünfte Schlußfolgerung lautet: Da alle diese Texte in *Nērab* bei Aleppo ausgegraben wurden, sind sie der handfeste Beleg dafür, daß die Manager des Handelshauses *Nusku-gabbê und Nachfolger* aus ihrem Geschäftsort in Südmesopotamien schließlich wieder in den Ort ihrer Vorväter, nach *Nērab* bei Aleppo in Syrien, zurückgekehrt sind.

Die Frage kann nur noch sein, ob die syrischen Nerebäer ehedem freiwillig um ihrer Geschäfte willen von *Nērab* bei Aleppo nach Südbabylonien in die Gegend von Nippur zogen, oder ob sie dorthin zwangsweise umgesiedelt worden waren, also dorthin deportiert worden sind. Für freiwilligen Umzug um der Geschäfte willen spräche, daß auch Angehörige anderer Völkerschaften geschlossen in einzelnen

---

[32] Darauf hatte zwar auch schon P. DHORME, 54 Anm. 2 hingewiesen, daraus aber für den Entstehungsort der Urkunden keine Konsequenzen gezogen. Zum Kanal *m ilu Bêl-aba-uṣur* vgl. die Belege bei R. ZADOK, RGTC 8, 368 s.v. *Nâr-Bêl-aba-uṣur*. – Zur Bedeutung Nippurs als Exilsort vgl. ders., The Nippur Region During the Late Assyrian, Chaldean and Achaemenian Periods Chiefly According to Written Sources, JAOS 8 (1978), 273f und ders., The Toponymy of the Nippur Region During the 1st Millenium BC within the General Framework of the Mesopotamian Toponymy, WO 12 (1981), 39–69.

[33] Man könnte äußerstenfalls noch erwägen, ob es ein anderes syrisches *Nērab* und nicht das bei Aleppo gelegene war, aus dem die südbabylonischen Nerebäer ehedem stammten (zu den beiden anderen syrischen Orten des Namens *Nērab* bei Idlib bzw. bei Damaskus vgl. A. AL-HILOU [Anm. 3]). Indes war Nirabu bzw. Niribi schon in assyrischer Zeit von Bedeutung (E. FORRER, Die Provinzeinteilung des assyrischen Reiches [Leipzig 1920], 56 und 121; die Angaben bei S. PARPOLA, Neo-Assyrian Toponyms: Programming and Computer Printing by K. KOSKENNIEMI [AOAT 6; Neukirchen-Vluyn 1970], 268 s.v. Nirabu bzw. 269 s.v. Niribi sind unklar und unvollständig) und wird immerhin einmal zusammen mit Arpad genannt, was für dieses Niribi eher auf eine Lage bei Aleppo weist als auf einen anderen syrischen Ort des gleichen Namens.

Siedlungen im Raum Nippur siedelten, ohne dorthin deportiert worden zu sein[34]. Für Deportation aber spricht eindeutig die gewaltsame militärische Aktivität Nebukadnezars im syro-libanesischen Raum in den Anfangsjahren seiner Herrschaft (s.u.).

Ergibt sich diese Deutung der Keilschrifttexte aus *Nērab* aufgrund der neueren topographischen Fixierungen für die in ihnen genannten Orte, so bleibt die Frage nach der Chronologie. Wann sind die Nerebäer aus ihrer syrischen Heimat bei Aleppo in den Raum des südbabylonischen Nippur gekommen und wann sind sie von dort nach *Nērab* zurückgekehrt? – Auf das Jahr läßt sich bislang weder das eine noch das andere Datum genau fixieren. Beide Daten aber lassen sich eingrenzen. Es ist anzunehmen, daß alle Tontafeln aus *Nērab* nach den jeweils regierenden neubabylonischen oder persischen Königen datiert waren, wenngleich die Datierungen heute nicht mehr überall erhalten sind. P. DHORME hatte seine Edition nach den erhaltenen oder vermuteten Datierungen der Texte angeordnet. So ist der bei ihm als Urkunde Nr. 1 edierte Text ausgestellt worden am 4. Elul des 1. Jahres eines Nebukadnezar, des Königs von Babylon. In der Urkunde Nr. 2 ist heute das Datum abgebrochen, aber in ihr werden *adê* Nebukadnezars, des Königs von Babylon, erwähnt[35], so daß anscheinend auch für sie ein Entstehungsdatum unter diesem König Nebukadnezar anzusetzen ist. Aus diesem Grund folgt sie denn ja auch in der Edition als Nr. 2 auf die Urkunde Nr. 1. Bei Nebukadnezar denkt man natürlich – wie schon P. DHORME – zuerst an den König, der Jerusalem in Schutt und Asche legte, den zweiten Herrscher dieses Namens, der von 605–562 regierte[36]. Folglich müßte die | Übersiedlung der syrischen Nerebäer noch vor Nebukadnezar II. stattgefunden haben. Denn sofern die syrischen Nerebäer im 1. Jahr Nebukadnezars aus dem Raum Aleppo nach Südmesopotamien gekommen wären – die Urkunde Nr. 1 ist im

---

[34] Vgl. I. EPHʿAL, The Western Minorities (Anm. 20), passim sowie die teilweise analogen Fälle bei G. WILHELM, La première tablette cunéiforme trouvée à Tyr, BMB 26 (1973), 35–39 und S. DALLEY, The Cuneiform Tablet from Tell Tawilan, Levant 16 (1984), 19–20; zu letzterem vgl. auch F. JOANNÈS, A propos de la tablette cunéiforme de Tell Tawilan, RA 81 (1987), 165–166.

[35] Der Textbeginn der Urkunde (= Recto) ist zerstört, so daß nicht klar ist, worauf sich der Ausdruck *adê* Nebukadnezars in Verso 1 bezieht. Vom Urkundencharakter des Textes her (vgl. die Zeugen V° 5) handelt es sich bei den hiesigen *adê* nicht um Loyalitätsverpflichtungen, wie sie in assyrischer Zeit mit diesem Begriff gegenüber unterworfenen Völkern zum Ausdruck gebracht worden sind. Zum staatsrechtlichen terminus technicus *adê* besonders in früheren assyrischen Texten vgl. neben den Belegen in CAD A/1 (Chicago 1963), 131b–133b und AHw I (Wiesbaden 1965), 14 s.v. adû, adiu auch M. COGAN, Imperialism and Religion: Assyria, Judah and Israel in the Eighth and Seventh Centuries BCE (SBLMS 19; Missoula/ Mont. 1974), 42–49 sowie die Diskussion bei A. LEMAIRE/J.-M. DURAND, Les inscriptions araméennes de Sfiré et l'Assyrie de Shamshi-Ilu (École Pratique des Hautes Études, IVe Section, Sciences Historiques et Orientales 20; Genève, Paris 1984), 91–95, K. WATANABE, Die adê-Vereidigung anläßlich der Thronfolgeregelung Asarhaddons (BaghMB 3; Mainz 1987), 6–24, S. PARPOLA, Neo-Assyrian Treaties from the Royal Archives of Nineveh, JCS 39 (1987), 180–183 und S. PARPOLA/K. WATANABE, Neo-Assyrian Treaties and Loyalty Oaths (State Archives of Assyria II; Helsinki 1988), XV–XXIV.

[36] Zu den Regierungsdaten generell R. A. PARKER/W. H. DUBBERSTEIN, Babylonian Chronology 626 BC – AD 75 (Brown University Studies 19; Princeton 1956); ebd., 12 zu Nebukadnezar.

1. Jahr jenes Nebukadnezar ausgestellt –, ist nicht zu erwarten, daß sie schon im 6. Monat (Elul) desselben Jahres an ihrem neuen Ort größere Geschäftsaktivitäten haben entfalten können. Man müßte also für die Übersiedlung der syrischen Nerebäer bis in die letzten Dezennien des assyrischen Großreiches zurückgehen. Das führt aber in große Schwierigkeiten. Denn nach allem, was über die letzten Dezennien des assyrischen Reiches bekannt ist, haben sich deren letzte Könige nur noch in Abwehrkämpfen befunden, aber keine Übersiedlung von syrischen Geschäftsleuten nach Südmesopotamien veranlaßt oder gar noch eine Deportation aus dem Raum Aleppo nach Südmesopotamien vorgenommen.

Den wichtigsten Hinweis für die richtige chronologische Ordnung der *Nērab*-Texte hatte schon 1944 A. GOETZE gegeben. Er stellte damals fest, daß in der ins 1. Jahr „Nebukadnezars" datierten *Nērab*-Urkunde Nr. 1 etliche Personen identisch sind mit anderen, unter *Nabû-nā'id* ausgefertigten *Nērab*-Urkunden. Zwischen dem Anfang der Herrschaft Nebukadnezars II. (605–562 v. Chr.) und dem Beginn der Herrschaft *Nabû-nā'ids* (556–539 v. Chr.) liegen aber 49 Jahre. Wenn gleich mehrere Personen aus der einen Urkunde, die zur Zeit jenes „Nebukadnezar" ausgestellt wurde, identisch sind mit den 49 Jahre späteren Urkunden aus der Zeit *Nabû-nā'ids*, könne hier mit der Datierung etwas nicht stimmen. Nicht stimmig sei nämlich die Annahme, daß mit Nebukadnezar der zweite neubabylonische König dieses Namens gemeint sein müsse. Der in der *Nērab*-Urkunde Nr. 1 genannte Nebukadnezar sei mitnichten der berühmt-berüchtigte Zerstörer Jerusalems, sondern der Usurpator *Araḫu*, der in neubabylonischen Urkunden für die Zeit vom 25. August bis zum 27. November des Jahres 521 v. Chr. als „König Nebukadnezar" benannt ist, den man heute Nebukadnezar IV. zu nennen pflegt[37]. Ihm war ein Jahr zuvor noch für etwas mehr als drei Monate der Usurpator *Nidintu-Bêl* = Nebukadnezar III. vorausgegangene[38]. Dann ergibt sich zwischen der Ausstellung der Urkunden unter *Nabû-nā'id* und der einen unter Nebukadnezar IV. ein Zeitraum von maximal 25 oder minimal 18 Jahren. Aus der kurzen Zeitspanne der beiden Usurpatoren Nebukadnezar III. (= *Nidintu-Bêl*) und Nebukadnezar IV. (= *Araḫu*) datieren nicht weniger als 34 mesopotamische Urkunden[39], so daß die Einreihung der beiden *Nērab*-Texte Nr. 1–2 in die Zeit Nebukadnezars IV. keinerlei Auffälligkeiten hat[40]. Die Gleichsetzung des Nebukadnezar aus der *Nērab*-Urkunde Nr. 1 mit dem armenischen Usurpator *Araḫu*[41], den Darius in seinem Akzessionsjahr niederkämpfte, ist inzwischen aner-

---

[37] Vgl. zu *Araḫu* = Nebukadnezar IV. und seiner Regentschaft vom 25.8.522 - 27.11.521 v. Chr. R. A. PARKER/W. H. DUBBERSTEIN, 15 sowie A. GOETZE, Additions to Parker and Dubberstein's Babylonian Chronology, JNES 3 (1944), 45, Nr. 22 und R. BORGER, Die Chronologie des Darius-Denkmals am Behistun-Felsen (NAWGPH; Göttingen 1982), 118; ebd., 129 zur armenischen Herkunft des *Araḫu* = Nebukadnezar IV.

[38] Vgl. zu *Nidintu-Bêl* = Nebukadnezar III. und seiner Regentschaft vom 3.10.522–18.12.522 v. Chr. R. A. PARKER/W. H. DUBBERSTEIN, 15.

[39] M. A. DANDAMAEV (Anm. 17), 14f.

[40] M. A. DANDAMAEV, 14f hat die beiden *Nērab*-Urkunden Nr. 1–2 ohne weitere Debatte Nebukadnezar IV. zugeordnet. Vgl. aber den Versuch bei J. OELSNER (Anm. 4), 69 die *Nērab*-Urkunde Nr. 2 weiterhin für Nebukadnezar II. zu reklamieren, wenngleich nunmehr in dessen letzte Herrschaftsjahre zu setzen. Siehe dazu aber auch unten Anm. 44.

[41] Nach der persischen Fassung armenischer, nach der babylonischen Fassung urartäischer

kannt[42]. P. DHORMEs Gleichsetzung dieses Nebukadnezar mit dem Zerstörer Jerusalems war ein Fehlschluß, der die Deutung der *Nērab*-Urkunden für | Jahrzehnte irregeführt hat. Die früheste *Nērab*-Urkunde mit erhaltener Datierung stammt nicht aus dem ersten Jahr des neubabylonischen Königs Nebukadnezar II. (= 605 v. Chr.), sondern erst aus der Zeit von dessen zweitem Nachfolger, dem König Neriglissar (560–556 v. Chr.)[43]. In irgendeinem Jahr der fast vierjährigen Herrschaft des Königs Neriglissar wurde jedenfalls die *Nērab*-Urkunde Nr. 3 ausgestellt (Ausstellungsort war *Bīt-*[*dayyān-Adad*]), auch wenn auf der Tontafel das genaue 1., 2., 3. oder 4. Regierungsjahr Neriglissars heute abgebrochen ist. Daraus ergibt sich dann zwingend, daß keine der *Nērab*-Urkunden unter den neubabylonischen Königen Nebukadnezar II. (605–562 v. Chr.) oder Evil-Marduk (562–560 v. Chr.) ausgefertigt wurde. Gleichzeitig ist damit aber auch die Zeitspanne dieser beiden Könige frei geworden, um in sie hinein den Ortswechsel der syrischen Nerebäer aus dem Raum Aleppo nach Südmesopotamien zu setzen. Der Ortswechsel der syrischen Nerebäer in die Gegend des südbabylonischen Nippur gehört also nicht mehr ans Ende der assyrischen Zeit, wo er historisch sowieso unplausibel wäre. Man wird kaum fehlgehen, wenn man den Ortswechsel der Aramäer aus der Umgebung von Aleppo nach Südmesopotamien nunmehr unter Nebukadnezar II. ansetzt[44], da weder von Handels- geschweige denn von Kriegsaktivitäten seines Nachfolgers Evil-Marduk im syro-palästinischen Raum irgend etwas bekannt ist.

J. OELSNER[45] rechnet mit der Deportation der Nerebäer schon zu Beginn des 6. Jahrhunderts. Tatsächlich könnte eine Deportation der Aramäer aus dem Hinterland Aleppos noch im letzten Jahrfünft des 7. Jahrhunderts vorgenommen worden sein, beginnend vom Jahr 605 v. Chr., als der Kronprinz Nebukadnezar die Ägypter bei Karkemisch schlug und bis *Ḥamāt* verfolgte. In den Jahren 604, 603 und 601 v. Chr. fanden weitere Feldzüge des babylonischen Heeres nach Syrien und Palästina statt[46].

Herkunft vgl. R. BORGER/W. HINZ, Die Behistun-Inschrift Darius' des Großen, in: TUAT I, 441, 443f, § 49, 52; vgl. noch ebd., 441 Anm. zu § 49 mit dem Hinweis auf eine armenische Etymologie des Namens *Araḫu* bei V. BANAȚEANU, in: SAO 1 (1958), 79.

[42] Vgl. L. CAGNI (Anm. 1), 171.

[43] Zu den Daten für Neriglissar vgl. R. A. PARKER/W. H. DUBBERSTEIN, 12. – Warum das Akzessionsjahr Neriglissars für die Entstehung der Urkunde Nr. 3 von ihrem Formular her ausgeschlossen sein soll (so: J. OELSNER [Anm. 5], 69), ist nicht ersichtlich.

[44] Die *Nērab*-Urkunde Nr. 2 spielt zwar auf *adê* Nebukadnezars an, bietet aber keine eigene Datierung mehr, so daß unklar bleibt, welcher Nebukadnezar hier gemeint ist. Sie muß mit dieser Namensnennung jedenfalls nicht in die Zeit Nebukadnezars II. gehören (so seinerzeit P. DHORME, vgl. auch F. M. FALES [Anm. 11], 133ff und noch J. OELSNER, 69, der an die letzten Jahre Nebukadnezars II. denkt), sondern könnte ebenfalls in die Zeit Nebukadnezars IV. gehören (so ohne weitere Debatte M. A. DANDAMAEV, 14f).

[45] J. OELSNER, 76.

[46] Vgl. D. J. WISEMAN, Chronicles of the Chaldaean Kings (626–558 BC) in the British Museum (London 1956), 25ff und 67ff; A. K. GRAYSON, Assyrian and Babylonian Chronicles (TCS 5; Locust Valley 1975), 99–102 sowie D. J. WISEMAN, Nebuchadrezzar and Babylon (SchL 1983; Oxford 1985), 21–30. – Nach der Pazifizierung des syrischen Hinterlandes hat Nebukadnezar II. seine Aktivitäten ja bis an die levantinische Küste ausdehnen können, wie u.a. seine Inschriften vom *Wādi Brīsa* und *Nahr el-Kelb* sowie seine Prismeninschrift aus Babylon, heute im Istanbuler Museum Nr. 7834, ausweisen; vgl. dazu F. H. WEISSBACH, Die

Für die Jahre 593–558 v. Chr. hat die neubabylonische Chronik bekanntlich eine Lücke. Ob man somit die Deportation der Nerebäer noch in das ausgehende 7. Jh. setzt oder erst mit Nebukadnezars Feldzügen gegen Jerusalem verbindet, ist noch nicht entscheidbar. In jedem Fall aber wird es Nebukadnezar II. gewesen sein, dem der traurige Ruhm zukommt, neben der Deportation der Judäer aus Jerusalem und Juda auch eine Deportation von Aramäern aus dem Raum Aleppo vorgenommen zu haben. Weitere Hinweise für diese Deportation als den Rückschluß aus den keilschriftlichen *Nērab*-Texten gibt es vorerst nicht. Wenn Berossos überliefert, Nebukadnezar habe schon im Jahr seiner Thronbesteigung die Deportation von Juden, Phöniziern, Syrern und Völkern, die zu Ägypten gehörten, sichergestellt, ist das nur ein Zufall der Überlieferung, auf den man sich für eine solche Deportation | aus dem Raum Aleppo besser nicht beruft[47].

Vorerst wird man davon ausgehen dürfen, daß Nebukadnezar II. die aramäischen Nerebäer in die Gegend des südbabylonischen Nippur zwangsumgesiedelt hat. Dort entfalteten sie – nach gewiß mühsamen Anfängen – ihre Geschäftsaktivitäten unter den neubabylonischen Königen Neriglissar (560–556 v. Chr.) (*Nērab*-Urkunde Nr. 3)[48] bis in die Zeit des neubabylonischen Königs *Nabû-nā'id* (556–539 v. Chr.). In dessen Regierungszeit ist die Mehrzahl, nämlich 15 der insgesamt 27 *Nērab*-Urkunden, ausgestellt (Nr. 4–18). Anscheinend ohne Unterbruch durch das weltgeschichtliche Ereignis, als der Perser Kyrus das neubabylonische Reich eroberte – aus seiner Zeit ist aber keine der *Nērab*-Urkunden datiert –, laufen die Geschäftsunterlagen weiter in der Zeit des Perserkönigs Kambyses (530–522 v. Chr.), der mit vier Urkunden vertreten ist (Nr. 19–22), unter dem genannten Usurpator Nebukadnezar IV. (521 v. Chr.) mit mindestens einer (Nr. 1), wahrscheinlich aber zwei Urkunden (Nr. 2), bis in die Zeit des Perserkönigs Darius I. (522–486 v. Chr.). Aus Darius' Zeit datiert ebenfalls noch eine Urkunde (Nr. 27). Könige nach Darius werden in den *Nērab*-Urkunden keine mehr genannt. Bei den Urkunden aus *Nērab* mit heute abgebrochenen Ausstellungsdaten geben Erwägungen zu den in ihnen genannten Schreibern oder Zeugen keine letzte Sicherheit, unter welchen der genannten Königen sie ausgefertigt wurden. Sie erlauben jedoch den Schluß, daß über die Reihe der Könige von Neriglissar bis Darius I. hinaus in den heute abgebrochenen Datierungen ehedem auch keine weiteren neubabylonischen oder persischen Herrscher mehr genannt waren.

Inschriften Nebukadnezars II. im Wâdi Brîsa und am Nahr el-Kelb (WVDOG 5; Leipzig 1906) und E. UNGER, Babylon die heilige Stadt (Berlin, Leipzig 1931), 282–294; englische Übersetzung von A. L. OPPENHEIM, in: ANET[3], 307–308, neuere deutsche Übersetzung von R. BORGER, Historische Texte in akkadischer Sprache, in: TUAT I, 405f. – Zu den politischen und administrativen Aktivitäten Nebukadnezars II. im syro-phönizischen Bereich auf dem Hintergrund dieser Inschriften bietet eine neuere Zusammenfassung K. A. HOGLUND, Achaemenid Imperial Administration in Syria-Palestine and the Missions of Ezra and Nehemia (SBLDS 125; Atlanta 1992), 12–20.

[47] Der Verweis auf Berossos findet sich bei D. J. WISEMAN, Chronicles, 26f (109f). Zum Text des Berossos vgl. Josephus, Contra Apionem, I 19 (136–138) oder F. JAKOBY, Die Fragmente der griechischen Historiker, Dritter Teil, Geschichte von Staedten und Voelkern (Horographie und Ethnographie) C (Autoren über einzelne Laender Nr. 608a–856, Erster Band: Ägypten-Geten Nr. 608a–708), (Leiden 1958), 388–391, Nr. 680 F 8a.

[48] Zur chronologischen Einordnung der *Nērab*-Urkunde Nr. 2 siehe o. Anm. 44.

Der letzte König, nach dem in einer der *Nērab*-Urkunden datiert wird, ist also Darius I. Unter ihm muß die Rückkehr der damals mehr als zwei Generationen im Raum Nippur ansässigen Nerebäer in ihre Heimat bei Aleppo stattgefunden haben. Wäre es anders, so dürfte man damit rechnen, daß sie unter Darius' Nachfolger oder Nachfolgern ihre Geschäftsaktivitäten beim südbabylonischen Nippur fortgesetzt hätten. Dafür gibt es kein Zeugnis. Darius I. regierte von 522–486 v. Chr. Will man nun genau wissen, in welchem seiner 36 Regierungsjahre die letzte *Nērab*-Urkunde ausgestellt wurde, ist es wie immer, wenn es besonders spannend wird, – die Quellen versiegen. Das Regierungsjahr des Darius in der Urkunde Nr. 27 ist abgebrochen. Doch kommt als ihr Ausstellungsdatum nur eines der ersten Regierungsjahre Darius' in Frage. Denn einer der Zeugen dieser jüngsten *Nērab*-Urkunde namens *Nusku-nā*[*ᶜ id*] Sohn des *Šiena-/Sīn-lē'* hatte schon zu Zeiten Kambyses' (530–522 v. Chr.) eine andere Urkunde bezeugt (Nr. 21 V°: 1f). So wird man mit der jüngsten aller *Nērab*-Urkunden in den Anfangsjahren der Herrschaft Darius' I. bleiben müssen.

Weil P. DHORME seinerzeit die *Nērab*-Urkunden als Geschäfts"papiere" von Babyloniern im syrischen *Nērab* ansah, stellte sich für ihn die Frage der Rückkehr der Aramäer aus dem südmesopotamischen Nerebi natürlich nicht. Sie ist mit den Untersuchungen I. EPHᶜALS überhaupt erst aufgekommen. Da mit Darius I. die *Nērab*-Urkunden abbrechen, hat I. EPHᶜAL die Rückkehr der Nerebäer aus ihrem babylonischen Exil in die letzten beiden Dezennien des 6. Jahrhunderts gesetzt „a few years *after* the beginning of the Jewish Return to Zion"[49]. Man wird aber fragen dürfen, warum denn die südmesopotamischen Nerebäer eigentlich erst nach den Judäern in den Ort ihrer Vorväter haben zurückkommen dürfen. – Noch näher an ein biblisches Datum, schon in die Zeit des Königs Kyrus, rückt J. OELSNER die Rückkehr der aramäischen Nerebäer. Für seinen Ansatz bildet der Beginn des Buches Esra den Hintergrund, das | ja mit einer Order zur Rückkehr der Juden schon im ersten Jahr des Perserkönigs Kyrus einsetzt (Es. 1,1ff). Die nach Südmesopotamien verbannten Nerebäer seien schon in den dreißiger Jahren des 6. Jahrhunderts unter Kyrus in ihre Heimat zurückgekehrt. Da zwar etliche *Nērab*-Urkunden vor der Herrschaft des Kyrus ausgefertigt wurden, jedoch keine unter Kyrus selbst, sei dessen Regierungszeit eben auch die Zeit der Rückkehr der Nerebäer gewesen. Die Urkunden mit späteren Datierungen seien dann im syrischen *Nērab* entstanden, nachdem man die alten Handelsverbindungen wieder aufgenommen habe[50]. J. OELSNER unterstützt diesen Ansatz mit dem Hinweis, daß in der Urkunde Nr. 2 mit ihrer Nennung der *adê* Nebukadnezars ein *Nuḫsayya* auftritt, der sonst nur in Texten aus den Jahren *Nabû-nā'ids* bezeugt ist. Wäre mit dem Nebukadnezar der Urkunde Nr. 2 Nebukadnezar IV. gemeint (= 521 v. Chr.), so ergäbe sich für *Nuḫsayya* eine extreme Lebensspanne von den Jahren *Nabû-nā'ids* (556–539 v. Chr.) angefangen bis 521 v. Chr., die sich jedoch auf ein Normalmaß verkürzt, wenn als Entstehungszeit der Urkunde Nr. 2 die letzten Jahre Nebukadnezars II. (605–562 v. Chr.) angesetzt werden[51].

Eine solche Frühdatierung der Rückkehr der verbannten Nerebäer ist aber noch

---

[49] I. EPHᶜAL, The Jews (Anm. 20), 108 (Kursivsetzung von Timm).

[50] J. OELSNER (Anm. 5), 71.

[51] J. OELSNER, 69.

weniger plausibel als die Spätdatierung bei I. EPHʿAL. Denn ihre unausgesprochene Prämisse, daß die Rückkehrorder in Es. 1,1ff als authentischer Text des Königs Kyrus anzusehen sei, muß mit dem Hinweis darauf, daß das aramäische Edikt des Kyrus in Es. 6,3–6 nichts von Repatriierung verlauten läßt, als unhaltbar gelten[52]. Weiterhin ist auch die Annahme, daß zwischen der Ausstellung der *Nērab*-Urkunden *vor* Kyrus und der Ausstellung der Urkunden *nach* Kyrus der entscheidende Ortswechsel zurück ins syrische *Nērab* stattgefunden habe, ein unbeweisbares *argumentum e silentio*. Darauf kann man nichts bauen. Die Erwägungen zur Identität und Lebenszeit des *Nuḫsayya* schließlich, der in der Urkunde Nr. 2 und in den Urkunden aus *Nabû-nāʾids* Zeit genannt ist, tragen das ganze nicht. Denn selbst unter der zwar unbeweisbaren, dennoch aber wahrscheinlichen Voraussetzung, daß der Namensgleichheit auch eine Personenidentität entspricht, bleibt bei einer Entstehung der *Nērab*-Urkunde Nr. 2 unter Nebukadnezar IV. die für *Nuḫsayya* zu errechnende Lebensspanne noch im Rahmen des Möglichen.

Als Fazit zur chronologischen Debatte um die Repatriierung der aramäischen Nerebäer aus Südmesopotamien in ihre Heimat ist festzuhalten: Ein präzises Datum läßt sich dafür aus den Urkunden nicht geben. Es spricht aber alles dafür, die Rückkehr der Nerebäer in die Anfangsjahre des Perserkönigs Darius I. zu setzen. Der Königsname Darius ist in der *Nērab*-Urkunde Nr. 27 sicher lesbar, sein Regierungsjahr aber leider abgebrochen (das Akzessionsjahr ist vom Formular her ausgeschlossen). Da Darius' erstes Regierungsjahr nach Ausweis der Bisutun-Inschrift von ununterbrochenen Kämpfen gegen Aufständische ausgefüllt war, ist sein zweites Regierungsjahr das frühestmögliche Datum für die Rückkehr der südmesopotamischen Nere|bäer in den Ort ihrer Väter, nach *Nērab* bei Aleppo.

Die spätbabylonischen Urkunden aus *Nērab* sind typische Geschäftstexte. Sie sind Zeugnisse für geschäftliche Aktivitäten eines aramäischen Handelshauses, das über drei Generationen in den Händen der Familie *Nusku-gabbê* und seiner Nachkommen verblieb. Die zu fast einem Drittel aramäisch gebildeten Personennamen dieser Urkunden geben darüber hinaus Kunde von einer aramäischen Volksgruppe, die geschlossen in einer Siedlung namens *Nerebi* oder „Stadt der Nerebäer" am Kanal *Bêl-aba-uṣur* bei Nippur gesiedelt hat. Der Name der Siedlung: *Nerebi* entspricht philologisch dem aramäisch überlieferten NRB und dem heutigen *Nērab* bei Aleppo. In *Nērab* bei Aleppo, aber nicht im südbabylonischen Nippur, sind die Ur-

---

[52] Vgl. dazu – trotz des Widerspruchs bei E. J. BICKERMAN, The Edict of Cyrus in Ezra 1, JBL 65 (1946), 249–275 = ders., Studies in Jewish and Christian History, (AGJU 9; Leiden 1976), 72–108 – überzeugend H. DONNER, Geschichte Israels und seiner Nachbarn in Grundzügen (ATD Ergänzungsreihe 4/1–2; Göttingen 1984, 1986), 407–409. Mit einem „historischen Kern" für das Repatriierungsedikt des Kyrus nach Es. 1,1ff rechnet anscheinend noch wieder L. L. GRABBE, Judaism from Cyrus to Hadrian, Vol. I: The Persian and the Greek Periods (Minneapolis 1992), 127 „he [i.e. Kyrus] may have had special reasons for allowing the return of the Jews or at least no reason to forbid those who wanted to go back". Skeptischer war noch ders., Reconstructing History from the Book of Ezra, in: P. R. DAVIES (Ed.), Second Temple Studies, Vol. 1: Persian Period (JSOT.S 117; Sheffield 1991), 98–106. Unkritisch ist hier T. L. THOMPSON, Early History of the Israelite People: From the Written and Archaeological Sources (Leiden, New York, Köln 1992), 417f. Aus anderer Perspektive jetzt dazu: R. BACH, Esra 1: Der Verfasser, seine „Quellen" und sein Thema, in: P. MOMMER u.a (Hg.), Gottes Recht als Lebensraum: Festschrift für H. J. Boecker (Neukirchen-Vluyn 1993), 41–60.

kunden ja auch ausgegraben worden. Die einfachste Annahme für den Gleichklang des Ortsnamens und für die Fülle der babylonischen Namen in den keilschriftlichen Urkunden aus *Nērab* ist die, daß die syrischen Nerebäer aus ihrem Heimatort deportiert worden sind, schließlich aber doch an den Ort ihrer Väter zurückkehren durften.

Der exakte Zeitpunkt ihrer Deportation und der exakte Zeitpunkt der Rückkehr an ihren Heimatort sind unsicher. Das Argument für die Deportation unter Nebukadnezar II. ist, daß die Urkunden unter Neriglissar einsetzen, die Umsiedlung also zuvor erfolgt sein muß. Nur von Nebukadnezar II., jedoch nicht von seinem Nachfolger Evil-Marduk, sind auch militärische Aktivitäten im syrisch-levantischen Raum bezeugt. Für die Rückkehr der in die Gegend von Nippur exilierten Nerebäer in ihre Heimat unter Darius spricht, daß keine der Urkunden unter einem späteren König ausgefertigt wurde. So können die spätbabylonischen Urkunden aus *Nērab* als Zeugnis dafür gelten, daß in der achämenidischen Zeit einer Bevölkerungsgruppe aus Syro-Palästina die Rückkehr aus ihrer babylonischen Gefangenschaft wirklich möglich war.

'Gott kommt von Teman, der Heilige vom Berg Paran' (Habakuk 3:3) – und archäologisch Neues aus dem äußersten Süden (Tell el-Meḫarret)

Der nachfolgende Vortrag ist in zwei Teile gegliedert, einen exegetischen und einen landeskundlich-archäologischen. Jeder Teil hat zwei Unterabschnitte. Die des ersten exegetischen stehen unter den Überschriften: Die Eigenart des Verses Hab 3:3 im Kontext seiner zwei Parallelen und: Der Name Paran und seine Belege im Alten Testament. Der zweite, landeskundlich-archäologische Teil hat die zwei Unterabschnitte: Die Lage Parans und Die archäologische Tätigkeit in Paran.

1.1: Die Eigenart des Verses Hab 3:3 im Kontext seiner zwei Parallelen

Der erste Teil der Überschrift meines Vortrages ist ein Zitat aus Habakuk Kapitel 3 Vers 3. Redlichkeit gebietet es, Zitate nicht aus ihrem Zusammenhang zu reißen, sondern vollständig zu geben, unter Berücksichtigung ihres Kontextes. So seien hier einleitend die ersten sieben Verse aus dem 3. Kapitel des Buches Habakuk in Anlehnung an den Kommentar W. Rudolphs[1] geboten:

(V1) 'Ein Gebet des Propheten Habakuk …
(V2) Jahwe, ich habe deine Kunde vernommen /
ich habe, Jahwe, dein Tun „geschaut" /
inmitten der Jahre verwirkliche es /
inmitten der Jahre mach (es) bekannt /
im Getümmel gedenke der Erbarmung. |
(V3) Gott kommt von Teman /
der Heilige vom Berg Paran (Sela).
Seine Hoheit bedeckt den Himmel /
sein Ruhm füllt die Erde.
(V4) Ein Glänzen ist es gleich dem (Sonnen)licht /
das von seiner Hand Strahlen empfängt /
worin sich seine Majestät verbirgt.
(V5) Vor ihm her geht die Pest /
auf dem Fuß folgt ihm die Seuche.
(V6) Tritt er auf, so erschüttert er die Erde. /
Schaut er hin, so treibt er Völker auseinander.
Da werden zerschlagen die ewigen Berge. /
Es ducken sich die uralten Hügel.
Das sind von jeher seine Bahnen (V7) als Strafe für Frevel.

---

[1] Rudolph (1975:230f).

Ich sah, wie die Zelte Kuschans erbebten /
die Zeltdecken im Land Midian ...'

Dieser poetische Text enthält eine große Anzahl von textlichen Schwierigkeiten; selbst seine glättende Übersetzung verdeckt sie kaum. Das ist nur anzudeuten, aber keineswegs jetzt auszubreiten. Das ganze dritte Kapitel im Buch des 'kleinen' Propheten Habakuk hat mit תפלה לחבקוק נביא 'ein Gebet des Propheten Habakuk ...' eine eigene Überschrift, zu der auch noch das unübersetzbare על שגינות gehört. Die eigene Überschrift kann so verstanden werden, daß das dritte Kapitel des Habakukbuches unabhängig von den vorangehenden zwei Kapiteln gelesen werden soll, obwohl seine sekundäre Überschrift jetzt bewußt eine Verbindung zu den beiden vorangehenden Kapiteln herstellt.

Damit seien die Einleitungsfragen zu Habakuk Kapitel 3 hier abgebrochen. Denn alles, was zu Habakuk Kapitel 3 an Thesen vorgebracht wurde, ist so umstritten, daß man nur feststellen kann: Eine wenigstens in den Grundzügen überzeugende Sicht für dieses schwierige Kapitel in Bezug auf seine Verbindung mit den beiden vorangehenden Kapiteln des Habakukbuches, in Bezug auf seine innere Einheitlichkeit, seine literarische Form oder seine Entstehungszeit gibt es auch nach den neuesten Studien von Peter Jöcken, Theodore Hiebert, J. de Moor[2] oder Robert de Haak nicht.[3] – Eines allerdings gibt es und es ist längst bekannt: Der | V. 3 aus Habakuk Kapitel 3 'Gott kommt aus Teman, der Heilige vom Berg Paran' hat im Alten Testament zwei so enge Parallelen, daß alle drei Belege nebeneinander gehört werden müssen. Der erste, berühmteste, sind zwei Verse aus dem Deborahlied (Ri 5:4–5):

'Jahwe, bei deinem Auszug aus Seir /
bei deinem Einherschreiten vom Gefilde Edoms /
erzitterte die Erde, ja der Himmel troff /
auch die Wolken troffen von Wasser.
Die Berge „erbebten“ vor Jahwe [dem vom Sinai] /
vor Jahwe, dem Gott Israels'.

---

[2] De Moor (1990:128–136). Die Interpretation des Habakukpsalmes durch J. de Moor steht deutlich in der Nachfolge W. F. Albrights (siehe nächste Anmerkung). Vom unhinterfragten Postulat hohen Alters her wird zuerst eine 'ursprüngliche', regelmäßige Struktur des Psalmes rekonstruiert, – deren angeblich sekundäre Elemente ausgeschieden werden, – um dann unter Mithilfe ugaritischer Parallelen das angeblich hohe Alter des rekonstruierten Textes zu erweisen. – Es ist gewiß zutreffend, daß dem Autor des Habakukpsalmes die Sinaitradition bekannt war (de Moor 1990:134). Um so mehr, bedarf es der Erklärung, daß der *terminus technicus* Sinai hier nicht benutzt wird (vgl. Perlitt) und daß hier – im Gegensatz zu Ri 5 und Dt 33 – nicht von Jahweh, sondern mit dem jungen Wort *'eloah* von Gott die Rede ist, der in jesajanischer Tradition dennoch *qados* genannt wird. Für 'archaizing poetry of the later period' hält Hab 3:3 D. N. Freedman (1980:97).

[3] Neben B. Duhms Spätdatierung des ganzen Buches Habakuk in die Zeit Alexanders des Großen (Duhm 1906) und der noch späteren, in das Jahr 161 v. Chr., bei P. Haupt (1920:46–50, 680–684), war die Frühdatierung des Habakukpsalms durch W. F. Albright besonders einflußreich, (Albright 1950:1–18); vgl. in Albrights Nachfolge u. a. Robertson (1972); Clifford (1972:117–120); Soggin (1983:278) und noch Hiebert (1986). Vgl. noch die extrem differenten Meinungen zum Psalm des Habakuk, wie sie Jöcken (1977) und zuletzt Haak (1992) vertreten haben.

Die zweite Parallele stammt aus dem sogenannten Mosesegen Dt 33:2: ‘Jahwe kam vom Sinai / er ging ihnen auf von Seir / er erstrahlte vom Berg Paran / und kam von „Meribat Kadesch“’.

Alle drei zitierten Texte haben etliche Gemeinsamkeiten und unterscheiden sich gleichzeitig deutlich voneinander. Zu den Gemeinsamkeiten gehört, daß alle drei Texte innerhalb ihres jeweiligen *Kon*textes thematisch eigenständig sind. Die zweite Gemeinsamkeit besteht darin, daß sie von einem ‘Ausziehen’ (hebr. יצא) oder ‘Kommen’ (hebr. בוא) Gottes sprechen, das von außergewöhnlichen oder schrecklichen Naturereignissen begleitet ist. Als dritte Gemeinsamkeit bieten sie als Ausgangsort Jahwes geographische Namen, die – sehr pauschal gesagt – in den Süden des trans- und cisjordanischen Landes gehören. Aufgrund dieser Gemeinsamkeiten hatte Jörg Jeremias 1965 in seiner Dissertation diese Texte einer eingehenden Diskussion unterzogen.[4] Im Rückblick sieht man die fünfziger und die sechziger Jahre als eine Blütezeit der Formgeschichte. Mancherlei Feste wurden damals im Kult Israels gesucht und natürlich auch gefunden, um nicht zu sagen erfunden (Bundeserneuerungsfest, Zionsfest u. a.). Diesen Festen wurden dann auch bestimmte literarische Gattungen zugeordnet. J. Jeremias faßte die drei Texte Ri 5:4–5, Dt 33:2 und Hab 3:3 im Stil der damaligen Zeit zu einer literarischen Gattung ‘Theophanie’ zusammen, wobei er dieser Gattung noch etliche andere Texte wie Am 1:2, Mi l:3f, Ps 18:8f u. ä. zuordnete. Der ursprüngliche ‘Sitz im Leben’ der Gattung sei jedoch kein Kultfest gewesen – unerhört für die damalige Zeit! – sondern | ‘die Theophanietexte hätten … ihren ursprünglichen „Sitz im Leben“ in den Siegesfeiern des israelitischen Heerbannes gehabt’.[5]

Formgeschichtlich hatte das seine innere Logik. Wer für die Theophanietexte eine einheitliche literarische Gattung postuliert, muß auch einen einheitlichen ‘Sitz im Leben’ der Gattung finden. Daß das die Siegesfeiern des vorstaatlichen israelitischen Heerbannes gewesen sein sollen, hatte einzig im Deborahlied einen, dazu nur schwachen, Anhaltspunkt.

J. Jeremias war in seiner Weise auch konsequent, wenn er zu den so verschiedenen geographischen Herkunftsorten, die die Texte nennen, meinte:[6] ‘Seir, Gebirge Pharan und Edoms Gefilde sollen nur in groben Zügen vom palästinischen Kulturland aus die Richtung angeben, aus der Jahwe kommt, er kommt – und hier füge ich ein: *eigentlich* – vom Sinai’. Hinsichtlich des in Dt 33:2 und Hab 3:3 genannten הר־פארן ‘Berg Paran’, oder wie man anscheinend auch übersetzen kann, ‘Gebirge Paran’, erhält man bei ihm die Auskunft:[7] ‘das als Gebirge Pharan bezeichnete Gebiet ist das westlich an das edomitische Land anstoßende Wüstenhochplateau zwischen Palästina und der Sinaihalbinsel, der heutige *dschebel faran*’.[8]

J. Jeremias’ damalige Äußerungen werden gewiß nicht falsch interpretiert, wenn

---

[4] Jeremias (1965).

[5] Jeremias (1965:148).

[6] Jeremias (1965:8).

[7] Jeremias (1965:8).

[8] Vgl. zum Anfang dieses Wortlautes schon Duhm (1906:75) ‘Paran ist das westlich an das edomitische Gebiet anstossende Wüstenhochplateau zwischen Palästina und der sog. Sinaihalbinsel.’

man sagt, den hebräischen Autoren der Texte kam es bei ihren rauschenden Siegesfeiern nicht auf geographische Genauigkeit an, sondern allein darauf, mit allerlei vergleichbaren Begriffen Jahwe bzw. ‘den vom Sinai’ zu preisen, worunter im Parallelismus membrorum Regionen wie ‘Seir’, ‘Edoms Gefilde’ oder Teman usw. subsumiert werden konnten. Nicht die Siegesfeiern des israelitischen Heerbannes störend, – die längst verklungen sind und von denen wir sowieso nichts wissen – sondern für die These J. Jeremias’ wirklich störend war, daß neben den Regionalbegriffen ‘Seir’, ‘Gefilde Edoms’ und ‘Teman’ dann in Dt 33:2 und Hab 3:3 doch ein ganz konkreter Berg genannt wird, der הר־פארן. Jedenfalls wußte J. Jeremias dafür einen arabischen Namen ‘*dschebel faran*’ zu geben. Das wäre ein Name, mit dem die einheimischen Araber anscheinend bis in die Gegenwart eben keine Region, sondern einen ganz bestimmten Berg im Süden Palästinas benennen. | Man müßte einen so benannten Berg heutigentags noch aufsuchen können. Auf diesen angeblichen ‘*Gebel Faran*’ wird noch einzugehen sein. Es sei schon angedeutet, daß er sich noch erstaunlich wandeln wird.

Ob die drei berühmten Texte Ri 5:4–5, Dt 33:2 und Hab 3:3 tatsächlich unter einer einheitlichen *literarischen* Gattung zusammengefaßt werden dürfen, wird man ganz neu fragen müssen.[9] Sieht man sich die drei Texte genau an, so weisen sie charakteristische Unterschiede auf.

Zuerst zum Deborahlied. Ri 5:4–5 blickt mit seiner Aussage eindeutig auf ein in der Vergangenheit liegendes Ereignis zurück:[10] ‘Jahwe, bei deinem Auszug aus Seir, deinem Einherschreiten vom Gefilde Edoms, da erzitterte die Erde, ja der Himmel troff, auch die Wolken troffen von Wasser. Die Berge „erbebten“[11] vor Jahwe [dem vom Sinai], vor Jahwe, dem Gott Israels’. – Abgesehen von zeitlich offenen Infinitiv-Constructusformen stehen alle Verbformen des Stückes im Perfekt bzw. in Afformativkonjugation. Es ist ein Rückblick auf ein vergangenes Ereignis.[12] Dazu wird durch den vorangehenden und nachfolgenden Kontext deutlich, daß dieses Kommen Jahwes – begleitet von unheimlichen Naturereignissen – den Untergang der *Feinde* Israels herbeiführte.

Wie Ri 5:4–5 ist das kurze Stück aus dem Mosesegen ebenfalls ein Rückblick (Dt 33:2): ‘Jahwe kam vom Sinai, er ging ihnen auf von Seir, er erstrahlte vom Berg Paran und kam von „Meribat Kadesch“’. Alle vier Verbformen des hebräischen Textes sind wieder vergangenheitliches Perfekt bzw. Afformativkonjugation. Wäh-

---

[9] Vgl. auch Westermann (1977:69–76), der bei der Begrifflichkeit ‘Epiphanie’-Texte bleibt, obgleich daran zwischenzeitlich erhebliche Kritik geübt worden war; vgl. etwa Schnutenhaus (1964:21). – Eine Zusammenfassung der form- bzw. gattungsgeschichtlichen Versuche zu Hab 3 bei Jöcken (1977:290–357) und Hiebert (1986:80ff).

[10] Anders, d. h. mit präsentisch-futurischer Deutung, u. a. Duhm (1906:77); Lipiński (1967:189–217); Soggin (1981a:628); Soggin (1981b:85); Knauf (1988:51) und noch Hiebert (1986:4); gegen ein vergangenheitliches Verständnis protestierten jedoch mit Recht u. a. Axelsson (1987:1) und Haak (1992:82); s. u. Anm. 12.

[11] Zum hier mit der Septuaginta – in Nachfolge älterer Kommentatoren – konjizierten Text vgl. ausführlich Lipiński (1967:196) und Koehler & Baumgartner (1967:645b–646a).

[12] Vgl. zum rückblickenden Perfekt die mit Ri 5:45 gleiche Konstruktion in Dt 33:2 יהוה משׂני בא gegenüber der in Hab 3:3 אלוה מתמן יבוא.

rend das Kommen Jahwes in Ri 5:4–5 jedoch eindeutig zum Untergang der Feinde Israels führt, gilt es in Dt 33:2 nach dem masoretischen Text einem maskulinen 'ihnen' (למו).

Dieses 'ihnen' hat allerdings im Satzverbund keinerlei Bezug. Bezieht man es auf die im vorangehenden V. 2[13] genannten בני ישׂראל, dann gilt es positiv den Israeliten, über die ja Mose im ganzen Kapitel Dt 33 seinen Segen spricht. Schon die alten Versionen haben an dem sonderbaren 'ihnen' herumgerätselt und es vielfach als 'uns' (לנו) wiedergegeben, wobei unklar ist, ob sie eine andere Vorlage als den masoretischen Text hatten oder einen gleichen Text nur in ihrer Weise | interpretierten.[14] Etliche Kommentatoren konjizieren den masoretischen Text gern zu 'seinem Volk' (לעמו).[15]

Ganz gleich, ob man für Dt 33:2 der Lesart des masoretischen Textes folgt ('ihnen', d. h. den Israeliten), den antiken Versionen (= 'uns') oder der Konjektur (= 'seinem Volk'), – in jedem Fall führt das Kommen Jahwes in Dt 33:2 nicht – wie im Deborahlied – zum Untergang der Feinde Israels, sondern es ist eine heilvolle Zuwendung zu den Seinen.

Das gilt erst recht, wenn das nachfolgende unverständliche (ואתה) מרבבות קדשׁ des masoretischen Textes nicht mit der Septuaginta und anderen antiken Zeugen zu 'er kam von „Meribat Kadesch"',[16] sondern in Nachfolge etlicher Kommentatoren als 'mit ihm Myriaden von Heiligen' zu konjizieren wäre.[17]

Unberührt von den beiden genannten textlichen Schwierigkeiten ist die eindeutige Verbindung, die Dt 33:2 zwischen der edomitischen Landschaft Seir und dem Berg Paran herstellt. Bemerkenswert ist auch, daß Dt 33:2 Jahwes Kommen nicht von unheimlichen Naturerscheinungen begleitet sein läßt, sondern Jahwes aufstrahlender Lichtglanz beschrieben wird als ein heilvoller Advent für die Seinen.[18]

Schließlich nun Hab 3:3. Der erste Unterschied zu Ri 5:4–5 und Dt 33:2 ist der,

---

[13] Daß sich das Personalpronomen auf das erst nachfolgend genannte Volk Israel beziehe (so Dillmann 1886:417), wäre syntaktisch für das Hebräische singulär, im Aramäischen jedoch möglich.

[14] Vgl. Septuaginta, Targum Onkelos, Pesitta und Vulgata; cf. BHK^3 und BHS z. St. Der MT wird vom Samaritanus gestützt.

[15] Die Konjektur ist schon abgelehnt bei Dillmann (1886:417); sie wird dann erneut erwogen oder debattiert bei Freiherr von Gall (1898:11); Dyroff (1914:208f); Bertholet (1922:104); Budde (1922:17); Greßmann (1922:173); Seeligmann (1964:75); Axelsson (1987:49).

[16] Vgl. Ewald (1865:280 Anm. 1; 267 Anm. 3), eine ausdrückliche Ablehnung der Gleichung des alttestamentlichen Pharan mit dem Wadi Feran [von H. Ewald deutsch als *Feïrân* – mit zwei Punkten auf dem i – aber arabisch transkribiert] und der Erwägung, daß Strabos (16:4,16) Maraniten mit den Pharaniten zu vergleichen sein könnten; Dillmann (1886:417); Wellhausen (1927:359); Ball (1896:118f); Bertholet (1899:102); Steuernagel (1900:123); Greßmann (1913:439 Anm. 2); Cross & Freedman (1948:198); vgl. noch – anders – Böttcher (1863:67) (*meʾarbot qades*) und Seeligman (1964:76) (= *meʿarabot qades*).

[17] 'Er kam mit den Engeln' ist die ältere, targumische und rabbinische Deutung (Dillmann (1886:417); vgl. noch Steuernagel (1923:174); Cross & Freedman (1948:193); Jeremias (1965:6 Anm. 5); Miller (1975:76).

[18] Die Eigenart dieser Aussage betonte zu Recht Jeremias (1965:63), der sie – auf dem Hintergrund von Ez 1:4ff – als späte Ausformung seiner Gattung Theophanie ansah.

daß dieser Text nicht von Jahwe spricht, sondern von 'Gott' (אלוה) bzw. dem 'Heiligen' (קדוש). Das ist sehr auffällig, da der Gottesname Jahwe zuvor in V. 2 zweimal und hernach noch dreimal (V. 8, 18, 19) in diesem Kapitel verwendet wird, es in ihm aber keine weiteren Äquivalente für das Tetragramm gibt. Für den vorliegenden Wortgebrauch sei das hebräische und aramäische Wörterbuch von L. Koehler und W. Baumgartner zitiert: 'אלוה im AT eher selten (poetisch) und jung'.[19] Wenn aber auch Hab 3:3 ein Beispiel für die uralte literarische Gattung Theophanie sein soll, warum wird denn gerade in diesem charakteristischen Teil der Gottesname Jahwe bewußt vermieden und statt dessen das junge אלוה benutzt? Ist dieser Unterschied zu Ri 5:4, 5 und Dt 33:2 schon wichtig genug, so kommt ein weiterer gleich hinzu. Ri 5:4, 5 und Dt 33:2 rühmten Jahwes 'Ausziehen' bzw. 'Kommen' als ein Ereignis der Vergangenheit. In Hab 3:3 wird jedoch ''*äloahs*' bzw. | des Heiligen (קדוש) Kommen aus Teman bzw. vom Berg Paran als gegenwärtiges oder futurisches Ereignis erst angesagt (יבוא – Imperfekt bzw. Präformativkonjugation).

Ob das jetzige oder futurische Kommen ''*äloahs*' bzw. des Heiligen in Hab 3:3 zugunsten Israels gilt – wie in Dt 33:2 – oder dem Untergang der Feinde Israels – wie in Ri 5:4,5 –, ist nur vom Kontext in Habakuk Kapitel 3 zu klären. Jedes Urteil über den Kontext schließt jedoch ein Urteil über dessen literarische Zusammengehörigkeit zu V. 3 ein. Immerhin spricht V. 6 vom Auseinandertreiben der Völker (גוים) und V. 7 vom Erbeben der Zelte Kuschans bzw. der Zeltdecken Midians. Unter der zwar nicht 'stringent' beweisbaren, aber doch wahrscheinlichen Annahme, daß V. 6 und V. 7 mit V. 3 eine innere Einheit bilden, führt das Kommen *'äloahs* bzw. des Heiligen dann nicht wie in Dt 33:2 zum Heil seines eigenen Volkes, sondern wie in Ri 5:4–5 zum Unheil der Feinde.

Den dritten Unterschied zwischen den 'Theophanie-Stücken' im Deborahlied, im Mosesegen und in Habakuk Kapitel 3 bilden die differenten Bezeichnungen für den Ausgangsort von Gottes Kommen. Ri 5:4–5 bietet für das Ausziehen Jahwes, 'des vom Sinai' (זה סיני), die Regionalbezeichnungen 'Seir' und 'Gefilde Edoms' nebeneinander. Dabei gilt die völlig singuläre Prädikation zu Jahwe: 'der vom Sinai' (זה סיני) zwar seit langem aus metrischen Gründen als eine Glosse.[20] Es ist jedoch darauf zu insistieren, daß der grammatische Charakter dieser angeblichen Glosse (זה סיני) im masoretisch überarbeiteten Biblisch-Hebräischen kein Analogon hat und somit sehr alt sein muß.[21] Sehr alt sind damit auch die in Ri 5:4–5 genannten Herkunftsorte Jahwes. Seir und Gefilde Edoms, die sich im Parallelismus Membrorum gegenseitig interpretieren. Statt ihrer steht dann im Text von Hab 3:3 die Bezeichnung Teman. Das ist – wie Seir – eine Region Edoms gewesen, die nach den weiteren Belegen im Süden Edoms anzusetzen ist.[22]

---

[19] Koehler & Baumgartner (1967:51a) mit Verweisen auf die Belege für 'eloah in Hi 3:4–40:2; Dt 32:15,17; Hab 1:11; 3:3; Ps 18:32 (anders: II Sam 22:32); 50:22; 139:19; Prov 30:5 (anders: Ps 18:31), Dan 11:37–39; Neh 9:17 und II Chr 32:15; vgl. schon früher die genaue Liste bei Humbert (1944:206–207).

[20] Moore (1958:141); Moore (1900:32); Birkeland (1950:201–202); Mowinckel (1953:31); Kraus (1978:627 u. ä.); vgl. Jeremias (1965:8 Anm. 5).

[21] Grimme (1896:573 Anm. 1); Koehler & Baumgartner (1967:253b), *s.v. nt* und Knauf (1988:48ff)

[22] De Vaux (1969:379–385); Muntingh (1969:65); Emerton (1982:2–20); Conrad (1988:563

Hier wären nun die Lage und Geschichte des Sinai und seine möglichen Beziehungen zu Seir und Teman bzw. zu Edom zu erörtern. Das käme auf ein Thema ohne Ende hinaus. Kurz gesagt, lassen sich zum Stichwort Sinai bislang nur zwei Negativfeststellungen treffen: erstens: der Name Sinai ist etymologisch unerklärt | und zweitens: erst aus der byzantinischen Zeit stammen sichere Belege, die den Sinai eindeutig geographisch auf den Süden der heute sogenannten Halbinsel fixieren.[23] Inneralttestamentlich und damit besonders für den Text Hab 3:3 von Belang ist eine alte Beobachtung, für die L. Perlitt den geistesgeschichtlichen Hintergrund erhellt hat, nämlich daß schon das Deuteronomium und noch mehr die dem Deuteronomium folgende deuteronomistische Schule den der älteren Tradition so wichtigen Begriff Sinai strikt vermeidet und durch den Begriff Horeb ersetzt. Aus dem traditionsgeschichtlich uralten Begriff Sinai wird in der deuteronomisch-deuteronomistischen Überlieferung der Horeb, dessen Lage bewußt geographisch nicht örtlich fest zu stellen sein soll.[24] Während Ri 5:4–5 und Dt 33:2 beide noch den Sinai zusammen mit Jahwe nennen, und sich damit das fast allgemein angenommene hohe Alter dieser beiden Texte bestätigt, schweigt Hab 3:3 – man muß nun sagen beredt – vom Sinai. Nimmt man hinzu, daß das Epitheton ‘heilig’ (קדוֹשׁ) innerhalb des alttestamentlichen Schrifttums erstmals bei Jesaja (Jes 6) sicher für Jahwe belegt ist, seitdem aber wie selbstverständlich auf Gott angewandt wird,[25] so bekommen die Beobachtungen zum Wortgebrauch von אלוה und קדוֹשׁ in Hab 3:3 ein schweres Gewicht. Damit verbunden nötigt das beredte Schweigen des Verses Hab 3:3 über den Sinai dazu, diesen Text – entgegen den neueren Studien von Th. Hiebert und R. de Haak – zeitlich weit nach dem Deuteronomium anzusetzen. – Das ist theologisch hoch bedeutsam. Von Salomos Zeiten angefangen bis hin zu Josia und noch darüber hinaus wurde der Tempel zu Jerusalem in seiner religiösen Bedeutung so erhöht, bis er fast in den Himmel ragte. Für Jahwes Präsenz in seinem Volk war – um eine Formulierung M. Metzgers zu gebrauchen[26] – nur noch eine Koinzidenz seiner himmlischen Wohnstatt mit seiner irdischen, im Jerusalemer Tempel, vorstellbar. Mit dem Text Hab 3:3 hat aber ein alttestamentlicher Autor es lange nach dem Deuteronomium gewagt, Gottes Kommen nicht nur anzukündigen, sondern sein Kommen aus einem realen irdischen Bereich, der weit, weit weg von Jerusalem gelegen war: vom Berg Paran. |

1.2: Der Name Paran und seine Belege im Alten Testament

Wo lag der Berg Paran? – Man muß kein professioneller Bergsteiger sein, um zu wissen, daß es unklug ist, einen Berg unvorbereitet in der ‘direttissima’ anzugehen, wobei die Kräfte rasch schwinden und der Mißerfolg vorprogrammiert ist. Viel

mit Anm. 5a) und Hiebert (1986:848).

[23] Der neue etymologische Versuch zum Namen Sinai bei Maiberger (1984:80–89, 89–101) ist unzureichend; vgl. dazu Kellermann (1985:176–179); Knauf (1988:50–63); zu den byzantinischen Belegen für die Gleichung Sinai = Gebel Musa vgl. Maiberger (1984:11–19).

[24] Perlitt (1977:303f).

[25] Vgl. schon die Aufstellung bei Humbert (1944:207–208) sowie die Diskussion bei Müller (1976:589–609) und Kornfeld & Ringgren (1989:1179–1204).

[26] Metzger (1970:139–158).

aufwendiger – aber auch klüger! – ist es, sich mittels ‘Heimtraining’ und einschlägiger Berichte gründlich vorzubereiten, um dann den Berg – sofern man ihn findet! – in ‘Windungen’ anzugehen, die zwar umständlich sind, aber hoffentlich doch zum Erfolg führen. Zu solchen Vorbereitungen gehört, daß über den Namen Paran Klarheit zu schaffen ist sowie darüber, wo und wie oft er überhaupt belegt ist. Der alttestamentlich überlieferte Name Paran (פרן) ist bislang etymologisch nicht auflösbar. Er ist zwar nach den Regeln der semitischen Sprachen von einer Wurzel פאר abzuleiten und enthält zusätzlich ein Affix *-an*, aber eine Wurzel פאר ist hebräisch nur für die sekundären Verben פאר I ‘die Zweige eines Ölbaumes durchsuchen’ (denominiert von פָּארָה – ‘Äste’, ‘Zweige’) und פאר II = ‘verherrlichen’ (denominiert von פאר – ‘Herrlichkeit’) belegt. Niemand will den Namen Paran mit den sekundär denominierten hebräischen Verben zusammenstellen. Der Name Paran ist nicht hebräisch. Das ergibt sich auch aus seinem Affix *-an*. Gegenüber den masoretisch vokalisierten Orts- und Personennamen ist zwar in vielen Fällen Skepsis angebracht. Im Falle Paran[27] aber überliefert auch die Septuaginta eine Ortsnamensform mit der Endung *-an*, so daß sich die griechische und die masoretische Form genau entsprechen.[28] Auf die Transkription der Septuaginta: *Faran* geht über die Vulgata (*Pharan*) die im deutschen eingebürgerte Form mit Ph am Wortanfang zurück. – Mit dem Affix *-on* werden sehr viele hebräische Substantive[29] und viele Ortsnamen gebildet.[30] Die Umlautung der älteren Nominalendung *-an* zur Endung *-on* ist charakteristisch für den Übergang vom spätbronzezeitlichen Nordwestsemitischen zum Phönizischen und Hebräischen.[31] Der Ortsname Pa’ran mit seiner Endung *-an* hat diesen typisch kanaanäischen Wechsel nicht mitvollzogen. Er gehört mit seiner Endung *-an* in ein *vor*hebräisches oder *nicht*hebräisches Sprachstadium des 2. Jahrtausends v. Chr., das über die Jahrhunderte hin in seinem archaischen Gewand getreu bewahrt wurde.[32] |

Zur Beleglage für den Namen Paran: Auch wenn die Namensform Paran aus dem hebräischen des 1. Jahrtausends vor Christus hinausweist, ist Paran für die Spätbronzezeit und Eisenzeit außerhalb des Alten Testaments bislang nicht bezeugt. Neben den zuvor erörterten zwei Texten Dt 33:2 und Hab 3:3 gibt es das Toponym Paran

---

[27] So an den übrigen Stellen, jedoch nicht in Hab 3:3, wo die Namensform *faran* erst von späteren Septuaginta-Handschriften geboten wird.

[28] Zu weiteren Parallelbelegen zur masoretischen und griechischen Namensform vgl. Murtonen (1986).

[29] Vgl. Meyer (1992:§ 41).

[30] Belege bei Borree (1968:57).

[31] Vgl. Meyer (1992:§ 43a und § 23) sowie Zadok (1977/78:35–56, 38–41) und die ugaritisch noch als *-an* erhaltene Nominalendung, vgl. Gordon (1965:§ 8, 58, 63) und Huehnergard (1987:316).

[32] Für die arabische Namensform verwies Moritz (1917:11) einerseits auf den *Gebel Farân* – so bei Moritz transkribiert; zu diesem Phantom-Namen s. u. –, den südlichen Teil des *Gebel Maqra* und andrerseits auf einen Berg im *Hegaz*, bei dem es nach etlichen arabischen Autoren Eisenerzminen gegeben hat. Soweit aus Moritz’ Transkription ein Rückschluß möglich ist, kann selbst letzterer Ort etymologisch nicht mit dem Ort im Süden der Sinaihalbinsel zusammengestellt werden, da der aufgrund der nabatäischen Belege für *paran* in Moritz’ Transkriptionssystem arabisch als *Farân* erscheinen müßte.

noch achtmal im Alten Testament. Ein neunter Beleg im masoretischen Text von I Sam 25:1 ist ein Textfehler und nicht zu rechnen. Bei immerhin zehn Belegen liegt mit Paran kein seltenes Toponym vor. Manche Orte sind im Alten Testament viel seltener genannt und haben doch einen viel höheren Bekanntheitsgrad; man denke z. B. an die 'Speicherstädte' Pithom und Ramses, die die in Ägypten geknechteten Israeliten hatten bauen müssen, wobei Pithom nur einmal (Ex 1:11), Ramses immerhin dreimal genannt ist (Ex 1:11; 12:37; Num 33:3). Daß der Name Paran dennoch unvertraut, ja weitgehend unbekannt ist, liegt am Charakter der Überlieferungen, in denen er zumeist auftritt. Wenn es z. B. in Dt 1:1 heißt, 'dies sind die Worte, die Mose zu ganz Israel redete jenseits des Jordans – in der Wüste, in der Steppe, gegenüber Suph, zwischen Paran und Tofel, Laban, Hazerot und Di-Sahab ...',[33] so rauscht einem das – wie E. Meyer sich ausdrückte – als eine 'ganz wüste Anhäufung von Namen'[34] am Ohr vorbei, fast ohne daß man bemerkt, daß auch hier Paran genannt ist. Mit einem solchen Beleg ist theologisch, historisch oder geographisch nichts anzufangen; es sei denn das eine, daß Paran auch ohne vorangehendes Attribut wie 'Berg' oder 'Wüste' dem Verfasser von Dt 1 als Ortsname vertraut war und er auf gleiche Vertrautheit bei seinen Lesern rechnete. – Der Beleg im überlieferungsgeschichtlich undurchsichtigen Kapitel Gen 14:6 sei hier übergangen, zumal dort vor Paran noch ein Attribut איל steht, was bislang noch niemand hat deuten können.[35] Von den verbleibenden Belegen für Paran entfallen vier auf das Buch Numeri mit seinen priesterschriftlichen Wüstenwanderungserzählungen. Die vier priesterschriftlichen Belege aus dem Buch Numeri gehen wohl nicht alle auf dieselbe Hand zurück,[36] aber sie haben alle gemeinsam, daß sie nicht von einem Berg Paran sprechen, sondern von einem מדבר פארן, was mit 'Wüste Pharan' übersetzt zu werden pflegt. Num 10:12 heißt es 'Und die Kinder Israel brachen auf aus der Wüste Sinai und die Wolke machte Halt in | der Wüste Paran'. Etwas später, in Num 12:16, ist zu lesen 'danach brach das Volk von Hazeroth auf und lagerte sich in der Wüste Paran'. Von diesem Lagerplatz wurden nach Num 13:3 die Kundschafter ins Land Kanaan entsandt. Dorthin kehrten sie nach erfolgreicher Mission auch zurück 'zu Mose und Aaron und zu der ganzen Gemeinde der Kinder Israel in die Wüste Paran' (Num 13:26).

An letzter Stelle steht zusätzlich zu 'Wüste Paran' noch 'nach Kadesch'. Ob dieses Kadesch in Num 13:26 den bekannten Aufenthaltsort der vierzigjährigen Wüstenwanderung meint, der anderswo (Num 32:8; 34:4 u. ö.) Kadesch-Barnea heißt, oder ein anderes Kadesch, ist nicht sicher zu entscheiden. Die Pesitta und die Targumim haben das Kadesch von Num 13:26 jedenfalls mit Reqem,[37] dem alten Na-

---

[33] Die Übersetzung nach Perlitt (1990:1).

[34] Meyer (1906:375 Anm. 2).

[35] Tastend bleibt auch der neueste Versuch bei Knauf (1989:142), der die Gleichung El-Paran mit dem Toponym Elath für wahrscheinlicher hält als die mit Naqb Istar. Die ebd. angenommene Gleichung des Ortsnamens Kadesch aus Gen 14:7 mit Reqem/Petra könnte auch in Num 13:26 vorliegen, wenngleich beides nur wahrscheinlich jedoch nicht zwingend erweisbar ist.

[36] Die Diskussion um die P-Texte im Numeribuch ist hier nicht aufzunehmen; vgl. zu P generell Knauf (1989:56 mit Anm. 1 und 61 mit Anm. 294); zu Num 13 etwa Schart (1990:58–96).

[37] Vgl. zu Reqem Weippert (1971); Vattioni (1990:129–131); Knauf (1992:22–26).

men von Petra im südlichen Edom, wiedergegeben und so auf eine höchst subtile Weise wieder eine Verbindung zwischen Paran und Edom hergestellt, wie sie seit Dt 33:2 und Hab 3:3 fest überliefert ist. Eine literarische oder gar geographische Verbindung zwischen dem priesterschriftlichen Ausdruck מדבר פארן und Kadesch-Barnea, dem Bereich der heutigen Oasenregion ʿEn el-Quderat und En Qdes, gibt es sonst jedenfalls nicht. Insofern waren besonders die älteren Versuche, auf Grund von Num 13:26 Pa'ran oder מדבר פארן geographisch bei Kadesch-Barnea anzusetzen, d. h. im Bereich um 'En el Quderat und En Qdes, schon rein textlich ganz unsicher, noch ganz abgesehen davon, daß mit den späten, priesterschriftlichen Belegen für מדבר פארן sowieso nur sehr mühsam geographisch zu argumentieren ist.

Charakteristisch für alle Belege des Numeribuches ist also der Ausdruck מדבר פארן. Ob man diesen Ausdruck im Sinne eines Appositionsverhältnisses auflösen muß: 'die Wüste, die Paran heißt' (vgl. *bat Zion*), oder im Sinne eines Genetivverhältnisses: 'Die Wüste, die nach dem Ort Paran benannt wird', ist offen. Die Benennung einer Wüstenregion nach der nächstgelegenen Stadt ist inneralttestamentlich für die 'Wüste von Beerscheba' (Gen 21:14) oder die 'Wüste von Thekoa' (II Chr 20:20) bezeugt, so daß nicht ausgeschlossen werden kann, daß hinter der priesterschriftlichen Redeweise von 'der Wüste Paran' noch das Wissen um einen Ort namens Paran stand. Geographisch ist aus dem Doppelbeleg in der Kundschaftergeschichte (Num 13:3, 26) zu entnehmen, daß 'die Wüste Paran' südlich des Landes Kanaan angesetzt wurde, noch südlicher als der Negev, zu dem man von dort erst 'hinaufziehen' mußte (Num 16:17). – Die beiden noch verbleibenden alttestamentlichen Belege für Paran sind die Hagar-Ismael-Perikope (Gen 21:8–21) und die Salomo-Hadad-Perikope (I Kön 11:14–22). Nach der Hagar-Ismael-Perikope (Gen 21:8–21) war Ismael, der von Abraham verstoßene Sohn seiner ägyptischen Magd Hagar, nach einem Irrweg bei Beerscheba und seinem in letzter Minute abgewendeten Durstod dank Gottes Fürsorge zu einem trefflichen Bogenschützen herangewachsen und wohnte dann mit seiner Mutter 'in der Wüste Paran. Und seine Mutter nahm ihm eine Frau aus Ägyptenland' (Gen 21:21).

Ohne auf die neueste Debatte um die Entstehung der Genesis, gar des Pentateuch, eingehen zu müssen, läßt sich zur Hagar-Ismael-Perikope sagen, daß sie den Ahnvater der Ismaeliter, Ismael, zwar zu einem Bastard aus der Verbindung zwischen Abraham mit seiner ägyptischen Magd degradiert, sie aber diesem Ismael doch auch einen Segen Gottes zuspricht, seinen Wohnsitz aber definitiv außerhalb des 'gelobten Landes' fixiert wissen will, südlich von Beerscheba, 'in der Wüste Paran'. Ismaels Konnubium mit einer Ägypterin implizierte für den Verfasser der Perikope darüber hinaus eine günstige geographische Verbindung zwischen 'der Wüste Paran' und Ägypten. Nach den zuvor erörterten Belegen aus dem Numeribuch dürfte deutlich sein, daß der Ausdruck מדבר פארן in der Hagar-lsmael Perikope Gen 21:21 auch priesterschriftlicher Terminologie entspricht.[38]

---

[38] Vgl. zu den neueren überlieferungsgeschichtlichen und literarischen Vorschlägen zur Perikope: Westermann (1979:411–421) (mit Verzicht auf den traditionellen Elohisten); Van Seters (1975:196–202) (mit Zuordnung zu seinem nach-exilischen Jahwisten); Knauf (1989:18 'späte Ergänzung zum bereits in seiner priesterschriftlichen Ausgestaltung vorliegenden Pentateuch'; cf. ebd. Nachtrag S. 140); Blum (1984:312 'Transformation einer mit Gen 16 'konkurrierenden' Parallelüberlieferung', die in Hinsicht auf Gen 22 komponiert

Eine günstige Verbindung zwischen Edom und Ägypten, die über Paran führte, bildet auch die geographische Voraussetzung für den letzten Beleg, die Erzählung über Salomo und seinen edomitischen 'Widersacher' Hadad I Kön 11:14–22. Nach dieser Erzählung, die mit der über den zweiten 'Widersacher' Salomos: den Aramäer Rezin eng verflochten ist, war der edomitische Prinz Hadad mit einigen Getreuen dem Blutbad entkommen, das Salomos Feldhauptmann Joab in Edom angerichtet hatte. Für ihren Fluchtweg machten sie sich auf 'von Midian[39] und kamen nach Paran. Und sie nahmen Leute aus Paran mit sich und kamen nach Ägypten zum Pharao, dem König Ägyptens' (I Kön 11:18).

Hielt noch M. Noth die Perikope über den edomitischen Widersacher Salomos für eine alte vordeuteronomistische Erzählung, die der Deuteronomist aus älterer Überlieferung übernommen habe,[40] so ist sie für E. Würthwein ein nachdeuteronomistischer Zusatz, der erst sekundär in den vorgegebenen Kontext eingefügt worden sei.[41]

Mit einer historischen Auswertung der Stelle ist man angesichts so gravierender Divergenzen sehr vorsichtig.[42] Das aber läßt sich sagen: Für den Verfasser der Hadad-Perikope war Paran keine Wüste, sondern ein realer, bekannter *Ort* zwischen Edom bzw. Midian und Ägypten außerhalb des salomonischen Großreiches. An diesem Ort konnte man Aufnahme, Zuflucht und Erholung finden, ja weitere Männer für den Weg nach Ägypten antreffen. Ebenso galt dem Verfasser der Hadad-Perikope die Existenz des *Ortes* Paran schon für die salomonische Zeit als selbstverständlich, wobei er damit aber – wissentlich oder unwissentlich –Verhältnisse seiner *eigenen* Zeit in die Vergangenheit zurückprojiziert haben könnte.[43]

Versucht man nach diesem 'Heimtraining', diesem Durchgang durch die alttestamentlichen Belege zu Paran, ein Fazit zu ziehen, so muß es lauten: Die mit Paran verbundenen Vorstellungen waren sehr wandlungsfähig. Neben einem *Berg* (Dt 33:2; Hab 3:3) soll Paran ein *Ort* gewesen sein (Dt 1:1; I Kön 11:18). Nach dem priesterschriftlichen Ausdruck מדבר פארן war eine *Wüste* mit Paran assoziiert. Die nichtkanaanisierte Endung des Ortsnamens Paran deutet darauf hin, daß hier ein vor- oder nichthebräischer Ortsname überliefert ist. Nicht in vorhebräische Zeit, aber immerhin schon in salomonische setzt die Hadad-Perikope die Existenz des Ortes Paran. Bis in die jüngeren Zeiten, da Dt 1:1 geschrieben wurde, war den alttestamentlichen Autoren der Ortsname Paran geläufig. Es war wirklich ein Ort dieser Welt – wenn auch im äußersten Süden, noch südlich des Negev, gelegen.

---

wurde); weiteres u. a. bei MacEvenue (1984:315–332); Schmitt (1986:97f mit Anm. 67); Thompson (1987:95f), Lohfink (1989:256).

[39] Zur Prämisse für die unnötige Konjektur des masoretischen Textes bei Thenius (1873:172f) (cf. noch BHK^3 z. St.) zu Ma'on = heutiges Ma'an vgl. schon Noth (1968:252) und jetzt Knauf (1988:1f).

[40] Noth (1968:251).

[41] Würthwein (1977:135).

[42] Angesichts der Ortsnamen Midian und Paran schafft das erneute Plädoyer für die alte Konjektur von Edom zu Aram, womit Hadad ein aramäischer Prinz würde, mehr Probleme als der jetzige masoretische Text mit seinen Ortsnamen Midian und Paran, anders aber: Lemaire (1988:1418).

[43] Zu Paran und der Hadad-Perikope vgl. schon ausführlich Weippert (1971:297–299).

2.1: Die Lage Parans

Macht man sich mit diesem Wissen nun endlich auf den Weg, um im Süden des heutigen Israel, im Süden des Negevs Paran aufzusuchen, so erlebt man eine | Enttäuschung zugleich mit einem Wunder. Die Enttäuschung besteht darin, daß sich zwar im Bibelatlas von H. Guthe aus dem Jahre 1926[44] südlich von Beerscheba, auf der geographischen Breite des ostjordanischen Petra die Eintragung 'Gebel Faran' mit einer Höhenangabe von 719 m findet, darunter dann in einer Entfernung von ca. 15 km südlich sogar noch ein zweiter Berg von 782 m Höhe, der diesmal mit der *deutschen* Legende *Geb(irge)* Pharan versehen ist. Aber keine moderne Landkarte verzeichnet einen Berg des arabischen Namens 'Gebel Faran', – was ja auch nur 'Berg Paran' bedeutet – geschweige denn das ca. 15 km entfernte 'Geb(irge)' Pharan. *Es gibt realiter weder das eine noch das andere.* Was es dort gibt, wo auf der Gutheschen Karte 'Gebel Faran' eingetragen ist, ist ein Berg, den die beduinischen Araber bis heute 'Gebel Maqra' nennen. Von einer arabischen Namensform Faran wissen sie nichts; und nichts, aber auch gar nichts spricht dafür, ihren Gebel Maqra mit dem alttestamentlichen Paran gleichzusetzen.

Nach dieser herben Enttäuschung auf der Suche nach dem Berg Paran kommt das Wunder. Es ereignet sich sogar regelmäßig. Es ereignet sich, wenn man mit modernen israelischen Straßenkarten ausgerüstet auf der Straße von Mispe Ramon in die Arava fährt. Dort quert man – nach der Landkarte – einen *Fluß* (= *Nahal*) *Paran*. Fast schwärmerisch ist die Beschreibung dieses Nahal Paran in einer modernen israelischen Landeskunde: '*Der Länge (240 km) und Breite (bis zu 3 km) seines Bettes nach ist er der größte Fluß des Landes und dem Jordan (ca. 165 km) weit*

---

[44] Ein Gebel Faran im Bereich des Gebel Maqra ist erstmals verzeichnet auf einer englischen Karte von Afrika aus dem Jahre 1907 im Maßstab 1:250 000 [non vidi] – vgl. dazu Guthe (1913:125); von dort wurde sie als 'Gebirge Pharan' übernommen in die Karte 'Das Syrisch-Ägyptische Grenzgebiet' von Fischer (1910), Anhang; vgl. dazu Fischer (1910a:217) und schließlich mit der zweifachen Legende Gebel Faran bzw. Geb Pharan in Guthe (1926). Die Existenz dieses Phantom-Berges bzw. -Gebirges setzt sich fort bei Wright & Filson (1946:42) und May (1962:59) und – wenngleich mit einem deutlichen Fragezeichen – bei Höhne (1979: Nebenkarte 4); vgl. auch noch Hölscher (1938); Mihelic (1962:657) sowie Bernhardt (1966:1446a) mit der – wahrscheinlich anhand der Gutheschen Karte gemessenen – Angabe '80 km westl. von Petra'; vgl. u. a. auch Rudolph (1975:243 Anm. 14) mit Verweis auf Bernhardt (1966); Jeremias (1965:7). – Geographisch unklar sind Muntingh (1969:66) 'Har Pâran ... was possibly a prominent peak in the mountain range on the west shore of the Gulf of Aqaba' oder Ahlström (1986:58 Anm. 5) 'Paran is usually identified with the territory south of the eastern Negev in the Sinai' sowie zuletzt Hiebert (1986:86 Anm. 14). – Massive Zweifel am Namen Gebel Faran äußerte schon Moritz in seiner Rezension von Greßmann (1917:155f), wobei er besonders darauf verwies, daß A. Musil bei seinen zwei Reisen im Gebiet des Gebel Maqra einem solchen Namen nicht begegnet sei; cf. Musil (1907 samt Karte: Arabia Petraea im Maßstab 1:300000, Wien Militärgeographisches Institut 1906) und früher schon Wilson (1883:4–14); vgl. zur Kritik am palästinischen Phantom-Namen Gebel Faran zuletzt Knauf (1989:23 Anm. 98). – Die Aufweichung des Begriffes Har Paran in 'a mountain country of Paran' bzw. 'a mountainous territory' bei Clifford (1972:115, 119f) oder auch bei Axelsson (1987:57f) ist texterleichternd und erklärt darüber hinaus nicht, was der Begriff Paran in solchem Zusammenhang bedeuten soll.

überlegen'. Nur leider '*bleibt er fast immer trocken*'.[45] Das ist bedauerlich. Aber auch so als Wunder schon fast überwältigend, obwohl es rational erklärbar ist. Denn die älteren Landkarten benennen diesen Nahal Paran noch mit seinem arabischen Namen Wadi el-Gerafi. Dabei sollte man es belassen. Es gibt in Israel keinen Gebel Faran, geschweige denn einen Fluß Paran.

Wo der alttestamentliche Ort Paran tatsächlich lag, hätte man seit C. Niebuhrs '*Reisebeschreibung nach Arabien und andern umliegenden Ländern*', Bd. I (Kopenhagen 1774), S. 240 wissen können.[46] C. Niebuhr ist der erste, der die Gleichsetzung des alttestamentlichen Ortes Paran mit dem ausgedehnten Ruinenfeld (Tell el-Meḫarret) im Wadi Feran begründet hat. Das Wadi Feran liegt nicht mehr in | Palästina, sondern im Süden der Sinaihalbinsel und bildet dank seines Wasserreichtums die einzige Möglichkeit für eine menschliche Daueransiedlung, die den Namen Stadt verdient. Den Anklang an Paran kann jeder noch aus dem heutigen arabischen Namen Feran heraushören. Das Wadi Feran ist heute sehr leicht zugänglich. Täglich passieren es die Busse mit Touristen auf ihrem Weg von Ägypten zum Katharinenkloster. In der Antike aber führten die Wege dorthin von *Palästina* kommend erst durch den ariden Negev und dann durch die Steinwüste der Sinaihalbinsel. Auch der Weg von *Ägypten* war nicht besser. Um so mehr ist verständlich, daß bislang alle, ob Flüchtlinge wie der edomitische Prinz Hadad, byzantinische Pilger oder moderne Touristen in der paradiesischen Oase Feran Rast gemacht haben, über der – von weitem sichtbar – sich majestätisch der Gebirgsstock des Gebel Serbal bis über 2000 m erhebt. Mit dem Namen Serbai bezeichnet man – ungenau – den ganzen fünfgipfeligen Bergstock auf der Westseite der südlichen Sinaihalbinsel, obgleich nur dessen Hauptgipfel von den Arabern wirklich Gebel Serbal genannt wird und es für dessen kleinere Vorberge eigene, einheimische arabische Namen gibt.

Die Begründung für die Gleichsetzung des alttestamentlichen Paran mit dem Ruinenfeld des Tell el-Meḫarret[47] im Wadi Feran besteht *nicht* darin, daß allein

---

[45] Orni & Efrat (1966:21) zitiert nach Keel & Kuechler (1982:309).

[46] Niebuhr (1968) 'ich hörte daß man da noch Überbleibsel von einer alten Stadt findet, und hatte große Lust selbige zu sehen. Aber als die Araber dieß merkten, reiseten sie von uns, ohne mir die geringste Nachricht davon zu geben ... Wir waren also in dem berühmten Thal Pharan ar. Wadi Farân, einer Gegend dieser Wüste, die ihren Namen seit Moses Zeiten nicht verändert hat'.

[47] Der Name des Tells, unter dem sich die antike Stadt im Wadi Feran verbirgt, schwankt bei den Autoren; Palmer (1876:130) bot El Maharrad. Rothenberg (1970:26) gibt 'El Mekharret' (unter Verweis auf Flinders Petrie & Curelly [1909:254], wo jedoch El Maharrad geschrieben ist; vgl. auch drs. [1971:63] Tel – sic – Makharet); Hershkowitz (1988:47–58) spricht vom Tell Mahrad; Wenning (1987:189, 195 u. ö.) benennt ihn als Tell el-Meḫaret; Solzbacher (1989:412) als 'Tell Meḫarred' (= 'die Kreuzung'); Knauf (1989:140) als Tell el-Mḫarit. – [Seetzen (1813:69) – zitiert nach Ritter (1948:713); cf. Weill (1908:302 mit Anm. 1)]. Bei R. Lepsius, der auf seiner Rückreise vom Katharinenkloster nach Abu Zelime Ende März 1845 diese auffällige Stätte am Ausgang des *Wadi 'Aleyat* überhaupt erstmals beschrieb, heißt es 'da, wo das breite vom *Serbâl* herabsteigende *Wadi Aleyât* im *Wadi Firân* mündet und sich der Thalboden zu einer geräumigen Fläche erweitert, erhebt sich mitten inne der Felshügel *Hererât*, auf dessen Höhe die Ruinen eines alten Klostergebäudes liegen. Am Fuße desselben stand einst aus wohlbehauenen Sandsteinblöcken gefügt, eine stattliche Kirche, deren Trümmer zum Theil in die Häuser der gegenüber am Bergabhange liegenden Stadt verbaut sind'

dieser Ort unterhalb des Serbal-Massivs mit allen alttestamentlichen Angaben in Übereinstimmung zu bringen ist, – erinnert man sich an die Gleichung des Gebel Maqra mit Paran bei H. Guthe, so ist zu vermuten, daß die Exegeten auch andere Gleichsetzungen 'begründen' könnten – sondern die Begründung für die Gleichsetzung des alttestamentlichen Paran mit Tell el-Meḫarret im Wadi Feran besteht in der jüngeren *literarischen* Überlieferung zu Paran *außerhalb* des Alten Testaments und in inschriftlichen Funden aus der Umgebung des Wadi Feran selbst. Zur jüngeren, außeralttestamentlichen Überlieferung gehört, daß Claudius Ptolemäus um 150 n. Chr. in seiner Geographie eine *kome faran* zu nennen wußte, wozu auch noch ein Kap auf der westlichen Seite der Sinaihalbinsel gehörte (V. 17,3).[48] Ist dieser Hinweis auf die ununterbrochene Kontinuität des Namens Pharan schon wichtig genug, so ist eine Geschichte der Sinaihalbinsel in | byzantinischer Zeit *ohne* das christliche Bistum *faran* nicht vorstellbar. Es gibt Hunderte von Belegen für das Bistum Pharan in den byzantinischen Synodal- und Konzilslisten sowie den Apophthegmata Patrum.[49] Zusammen mit den Zeugnissen der arabischen Autoren und den Schreiben der römischen Päpste an die geistlichen Oberherren von Pharan reichen sie bis ins hohe Mittelalter. Könnte man die Belege für *faran* bei Ptolemäus und in der christlich-byzantinischen Literatur noch mit dem Argument beiseiteschieben, die Kontinuität des Namens *faran* sei damit nicht abzusichern, so bilden die Tausende von *nabatäischen* Inschriften aus dem Wadi Feran und seiner Umgebung das 'missing link'. In ihnen ist der Ortsname *faran* genau entsprechend seiner unvokalisierten alttestamentlichen Form über 50 mal bezeugt. Als weitere Ortsnamen nennen sie nur noch *hlst* (Ḫallusa//Elusa) und *'lt* (Elat).[50]

2.2: Die archäologische Tätigkeit in Paran

Die archäologische Erforschung der *Stadt* Pharan und ihrer mit antiken 'sites' überhäuften Umgebung hat kaum begonnen. Gewiß, E. H. Palmer als Beauftragter des britischen Ordnance Surveys hatte sich 1869 schon mit einem Spaten in der Basilika des Ortes betätigt.

(R. Lepsius, Briefe aus Aegypten, Aethiopien und der Halbinsel des Sinai 1842–1845 [1852 = Nachdruck Osnabrück 1975], S. 333). Wenig später (a. a. O., S. 334) wird die Ruinenstätte von R. Lepsius auch als *Mehattet* benannt. Aufgrund der Beschreibung bei Lepsius bieten auch Ebers (1872:190) und Weill (1838:195f, 302) die Schreibung *'El Meharret*. Vergleichbar ist auch M.-L. Lagrange, der Palmers und Ebers' Beschreibung kannte: 'Chronique de Suez a Jérusalem par le Sinai', (1896:630 Meḫarret – sic –, 634, 639 Méharret). – Hinter allen Namensformen (beachte besonders die englischen Wiedergaben des Namens mit kh) steht wahrscheinlich eine Ableitung vom arabischen Verb *ḫarra* – 'murmelnd fließen'; vgl. schon Haupt (1906:251) sowie Wehr (1985), s.v. – Daß schon 1546 Paul Belon du Mans eine Stadt 'Pharagou' im Südsinai gefunden hatte, war in den folgenden Jahrhunderten wieder vergessen worden, zumal sich an diese verderbte Namensform keine biblischen Assoziationen knüpfen konnten; zu Paul Belon du Mans vgl. Weill (1838:286 und 254–338) zu weiteren Reiseberichten (vgl. noch besonders den des Diakons Ephrem [17. Jh], ebd. S. 294).

[48] Vgl. dazu Moritz (1916:9ff) und Solzbacher (1989:51f).

[49] Zu den Belegen in den christlichen Pilgerschriften vgl. Maraval (s. a.:307).

[50] Solzbacher (1989:63).

> 'Wir brachten unter diesen alten Trümmern ein paar sehr unterhaltende Abende zu, gruben in den Aschenhaufen und in der Krypta nach und fanden verschiedene Stücke von irdenen Gefäßen, Münzen und andere interessante Altertümer, die unsere Mühe lohnten.'[51]

Ich gebe zu diesem Zitat keinen weiteren Kommentar. – Y. Aharoni grub 1960, als die Sinaihalbinsel von den Israelis besetzt war, in oder bei *Tell el-Meḫarret* Bestattungen aus dem 7. Jh. v. Chr. bis in die Araberzeit aus. Obgleich diese Funde jeden Kenner geradezu elektrisieren müßten, – das 7. Jh. war in Juda die Zeit des Königs Manasse, die Entstehungszeit des Deuteronomiums und die Zeit des Königs Josia, – gab er weder genaue Fundstellen an, noch hat er je die Funde publiziert.[52]

Erstmals im Jahre 1983 und erneut seit 1987 befaßt sich P. Grossmann vom Deutschen Archäologischen Institut in Kairo in jährlichen archäologischen | Kampagnen vorwiegend mit den byzantinischen Kirchen im Wadi Feran. Wie schon die literarischen Belege lehren und die archäologische Arbeit in jeder Kampagne aufs neue erweist, war Pharan nicht nur in byzantinischer Zeit ein hochbedeutender Bischofssitz und eine Stadt, deren Mauer noch heute im Umfang von 1100 Metern nachweisbar ist, sondern es war auch in der voraufgehenden nabatäischen Zeit die bedeutendste Stadt der Sinaihalbinsel. Die Ruine des nabatäischen Tempels steht bis heute auf der Akropolis der alten Stadt. Nach dem Gesetz der Kontinuität heiliger Stätten ist darunter ein vornabatäischer Tempel zu vermuten. Y. Aharonis Befunde lassen ja auch für die Eisen-II-C-Zeit eine Siedlung Paran erschließen, zu der die von ihm gefundenen Bestattungen gehören. Weiter zurück reichen die archäologischen Kenntnisse zu Paran bislang nicht.

Und der Berg Paran? Gab es ihn jemals? Der majestätisch das Wadi Feran überragende fünfgipfelige Bergstock des Gebel Serbal ist nur von der Akropolis der im Tal liegenden Stadt Pharan bzw. ihrer Ruinenstätte auf dem *Tell el Meḫarret* sichtbar. Aber auf halbem Weg von der Stadt Pharan zum Hauptgipfel des Serbal liegt der Gebel Munaga.[53] Er bildet von der Stadt Pharan aus sozusagen den 'Hausberg'

---

[51] Palmer (1876:130).

[52] Aharoni (nach Untersuchungen B. Mazars am Ort), in: Rothenberg, Aharoni & Hashimshini (1961a:115ff, 165f) = Rothenberg, Aharoni & Hashimshini (1961b:118 Abb. 55 von *Tell el-Mekharet*, S. 155 mit Hinweis auf eisen-II-zeitliche [9–8. Jh.] Keramik vom Tell); vgl. drs., Das Land der Bibel, 2. Aufl. (Neukirchen-Vluyn 1984), S. 204f und auch Rothenberg [(1970:429), S. 20 samt den 'site'- Beschreibungen Nr. 363–375 auf S. 26f)]. Auf Y. Aharoni beruft sich Soggin (1991:106). Mit der Gesamtoase Feran verbindet den Ortsnamen Pharan Würthwein (1972:136f).

[53] So [d. h. El Monadscha (mit der arab. Schreibung)] der Name bei J. L. Burckhardt, der die Stätte bei seinem Abstieg vom Serbai im Frühjahr 1816 entdeckte und erstmals beschrieb: J. L. Burckhardt's Reisen in Syrien, Palästina und der Gegend des Berges Sinai, Aus dem Englischen. Herausgegeben und mit Anmerkungen begleitet von W. Gesenius, II (Weimar [s.a.]), S. 969. Spätere Besucher überliefern mehrfach eine Diminutivform: el-Munega (oder engl. Moneijah); vgl. so seit E. Rüppell (1816:417–432) (zitiert nach Weill [1908:304 Anm. 2], drs., Reisen in Nubien, Kordofan und dem peträischen Arabien (Weill 1829:262) und drs., Excursion im peträischen Arabien, in: drs., Reise in Abyssinien, III (Weill 1838), I, S. 103–132 und weitere Autoren bei Ritter (1948:711ff) und Weill (1908:254–338). Vgl. noch Bénédite (1889:364–373).

des Serbalmassivs. Dort, auf dem Gebel Munaga gibt es die größte Ansammlung nabatäischer Inschriften der ganzen Region, die u. a. auch mehrere Personen mit priesterlichen Titeln wie *al-mubaqqer* (*mbqrw*), *al-kahin* (*'lkhn*) oder gar mit dem altertümlichen *'apkallu* (*'pkl*) nennen.[54] Seit langem bekannt ist auch das nabatäische Heiligtum auf dem Gebel Munaga, das der genauen archäologischen Aufnahme noch harrt.[55] Galt auch dafür das Gesetz von der Kontinuität heiliger Stätten? Und wenn ja: wie weit reicht es bis in das 1. Jahrtausend v. Chr. zurück? Das gilt es in einer der nächsten archäologischen Kampagnen im Wadi Feran zu klären.

Bibliographie

Ahlström, G. W. 1986. Who were the Israelites? Winona Lake: Eisenbrauns.

Albright, W. F. 1950. The Psalm of Habakuk, in Rowley, H. H. (ed.), Studies in Old Testament prophecy presented to Th. H. Robinson, 1–18. Edinburg.

Axelsson, L. E. 1987. The Lord rose up from Seir. Stockholm: Almqvist und Wiksell. (Coniectanea biblica OT1/25.)

Ball, C. J. 1896. The blessbg of Moses. ProcSBA 18, 118–137.

Bénédite, O. 1889. Rapport sur une mission dans la péninsule sinaitique. Paris. (JA 8. Serie Tom XIV.)

Bernhardt, K.-H. 1966. Art. 'Pharan'. BHH, Bd. III, 1446a.

Bertholet, A. 1899. Das Deuteronomium erklärt. Abt. V. Freiburg. (KHC.)

Bertholet, A. 1922. Deuteronomium erklärt. Leipzig/Tübingen. (KHC.)

Birkeland, H. 1950. Hebrew ze and Arabic ḏu. Studia Theologica II/2, 201–202.

Blum, E. 1984. Die Komposition der Vätergeschichte. WMANT 57, 311–315.

Borree, W. 1968. Die alten Ortsnamen Palästinas. 2. Aufl. Hildesheim.

Böttcher, F. 1863. Neue exegetisch-kritische Aehrenlese, Erste Abtheilung: Genesis – 2 Samuelis. Leipzig.

Budde, C. 1922. Der Segen Mose's. Tübingen.

Burckhardt, J. L. (Hrsg.) [s. a.]. J. L. Burckhardt's Reisen in Syrien, Palästina und der Gegend des Berges Sinai, Aus dem Englischen, Mit Anmerkungen begleitet von W. Gesenius, II. Weimar [s. a.].

Clifford, R. J. 1972. The cosmic mountain in Canaan and the Old Testament. Cambridge/Mass.

Conrad, D. 1988. Hebräische Bau-, Grab-, Votiv- und Siegelinschriften. Texte aus der Umwelt des Alten Testaments, Bd II (4), 555–572. Gütersloh: Gütersloher Verlagshaus.

Cross, F. M. & Freedman, D. N. 1948. The blessing of Moses. JBL 67, 191–210.

De Moor, J. C. 1990. The rise of Jahwism: The roots of Israelite monotheism. BThL XCI, 128–136.

De Vaux, R. 1969. Teman: Ville ou région d'Edom? RB 76, 379–385.

Dillmann, A. 1886. Die Bücher Numeri, Deuteronomium und Josua. 13. Lief., 2. Aufl. Leipzig. (KeH.)

---

[54] Zu den Belegen vgl. Solzbacher (1989:62–64) und Negev (1977:219–231).

[55] Vgl. dazu zuletzt Negev (1977:219–231), der allerdings die früheren Beschreibungen bei Burckhardt oder Rüppell und späteren nicht zu kennen scheint, jedenfalls nicht auf sie eingeht.

Duhm, B. 1906. Das Buch Habakuk, Text, Übersetzung und Erklärung. Tübingen.
Dyroff, K. 1914. Deuteronomium 33, 2–5 und die Lage des Sinai. ZA 28, 206–241.
Ebers, G. 1982. Durch Gosen zum Sinai: Aus dem Wanderbuche und der Bibliothek. Leipzig.
Emerton, J. A. 1982. New light on Israelite religion: The implications from Kuntillet ‘Ajrud. ZAW 94, 2–20. |
Ewald, H. 1865. Geschichte des Volkes Israel, Bd. II: Geschichte Mose’s und der Gottesherrschaft in Israel. 3. Aufl. Göttingen.
Fischer, H. 1910a. Begleitworte zur Karte des Syrisch-Ägyptischen Grenzgebietes. ZDPV 33, 188–221.
Fischer, H. 1910b. Das Syrisch-Ägyptische Grenzgebiet. ZDPV 33.
Flinders Petrie, W. M. & Curelly, C. T. 1909. Researches in Sinai. London.
Flinders Petrie, W. M. & Curelly, C. T. [s.a.]. Die archaeologische Sinai-Expedition 1967–1970. Ariel 13 (1971), 59–64.
Freedman, D. N. 1980. Pottery, poetry, and prophecy; Studies in early Hebrew poetry. Winona Lake: Eisenbrauns.
Freiherr von Gall, A. 1898. Altisraelitische Kultstätten. Gießen: J. Ricker. (BZAW 3).
Gordon, C. H. 1965. Ugaritic textbook. An Or 38.
Greßmann, H. 1913. Mose und seine Zeit: Ein Kommentar zu den Mose-Sagen, FRLANT 18, 439, Anm. 2.
Greßmann, H. 1922. Die Schriften des Alten Testaments II. Göttingen.
Grimme, H. 1896. Abriss der biblisch-hebräischen Metrik. ZDMG 50, 529–584.
Guthe, H. 1913. Art ‘Paran’. RE, Bd. 24, 125.
Guthe, H. 1926. Bibelatlas in 21 Haupt- und 30 Nebenkarten, Leipzig.
Haak, R. D. 1992. Habakkuk. VTS XLIV.
Haupt, P. 1906. Die semitischen Wurzeln QR, KR, HR. AJSL 23, 241–252.
Haupt, P. 1920. ‘The Poems of Habbakuk’, John Hopkins University Circular.
Hershkowitz, I. 1988. The Tell Mahrad population in Southern Sinai in the Byzantine Era. IEJ 38, 47–58.
Hiebert, Th. 1986. God of my victory: The ancient hymn in Habakuk 3. Atlanta. (HSM 38.)
Höhne, E. 1979. Palästina: Historisch-archäologische Karte. BHH IV, Göttingen.
Hölscher, G. 1938. Art ‘Pharan’. PRE, Bd. 19 = 38. Halbband, 1810–1812.
Huehnergard, J. 1987. Ugaritic vocabulary in syllabic transcription. HSS 32, 316.
Humbert, P. 1944. Problèmes du livre d’Habacuc. MUN 18, 206–207.
Jeremias, J. 1965. Theophanie: Die Geschichte einer alttestamentlichen Gattung. 2. Aufl. Neukirchen-Vluyn. (WMANT 10.)
Jöcken, P. 1977. Das Buch Habakuk. Köln/Bonn. (BBB 48.)
Keel, O. & Kuechler, M. 1982. Orte und Landschaften der Bibel: Ein Handbuch und Studien-Reiseführer, Bd. 2: Der Süden. Zürich/Göttingen.
Kellermann, D. 1985. Rezension von P. Maiberger, Topographische und historische Untersuchungen zum Sinaiproblem. WO 16, 176–179.
Knauf, E. A. 1988. Midian: Untersuchungen zur Geschichte Palästinas und Nordarabiens am Ende des 2. Jahrtausends v. Chr. Wiesbaden: Harrassowitz. (ADPV.)
Knauf, E. A. 1989. Ismael: Untersuchungen zur Geschichte Palästinas und Nordara-

biens im 1. Jahrtausend v. Chr. 2. erw. Aufl. Wiesbaden. (ADPV.)
Knauf, E. A. 1992. Supplementa Ismaelitica 14: Mount Hör and Kadesh Barnea. BN 61, 22–26.
Koehler, L. & Baumgartner, W. 1967. Hebräisches und aramäisches Wörterbuch zum Alten Testament. 3. Aufl., Bd. III. Leiden.
Kornfeld, W. & Ringgren, H. 1989. Art. ‘qds-qds’. ThWAT, Bd. VI, 1179–1204.
Kraus, H.-J. 1978. Psalmen, 2. Teilband: Psalmen 60–150, BK XV/2. 5. Aufl. Neukirchen-Vluyn.
Lagrange, M.-L. 1896. Chronique de Suez a Jérusalem par le Sinai. RB 5, 618–643.
Lemaire, A. 1988. Hadad l’Adomite ou Hadad l’Araméen? BN 43 (19F), 14–18.
Lepsius, R. 1975. Briefe aus Aegypten, Aethiopien und der Halbinsel des Sinai 1842–1845. Osnabrück. |
Lipiński, E. 1967. Juges 5, 4–5 et Psaume 68, 8–11. Bibl 48, 189–217.
Lohfink, N. 1989. Rezension von E. A. Knauf, Ismael, 1985. Theologie und Philosophie 64, 256–257.
MacEvenue, S. E. 1984. The Elohist at work, ZAW 96, 315–332.
Maiberger, P. 1984. Topographische und historische Untersuchungen zum Sinaiproblem: Worauf beruht die Identifizierung des Gabal Musa mit dem Sinai? OBO 54, 80–89.
Maraval, P. [s. a.]. Lieux Saints et pélerinages d’orient: Histoire et géographie des origins à la conquête arabe. Paris.
May, H. G. 1962. The Oxford Bible Atlas. Oxford.
Metzger, M. 1970, Himmlische und irdische Wohnstatt Jahwehs. UF 2, 139–158.
Meyer, E. 1906. Die Israeliten und ihre Nachbarstämme: Alttestamentliche Untersuchungen (mit Beiträgen von B. Luther). Halle/S.
Meyer, R. 1992. Hebräische Grammatik. 3. Aufl. Berlin. Nachdruck (Mit einem bibliographischen Nachwort von U. Rüterswörden), Berlin: De Gruyter.
Mihelic, J. L. 1962. Art ‘Paran’. IDB, 657.
Miller, P. D. 1975. The divine warrior in early Israel. 2nd ed. Cambridge/Mass. (HSM 5.)
Moore, G. F. 1900. The book of the Judges: Critical edition of the Hebrew text printed in colors. Leipzig. (SBOT 7.)
Moore, G. F. 1958. Judges. 7th ed. Edinburgh. (ICC.)
Moritz, B. 1917. Rezension von H. Greßman, Der Sinaikult in heidnischer Zeit, ThLZ, 153–156.
Mowinckel, S. 1953. Der 68. Psalm. ANVQA II, 31.
Müller, H. P. 1976. Art. ‘qds – heilig’. THAT, Bd. II, 589–609.
Muntingh, L. M. 1969. Teman and Paran in the prayer of Habakuk, in Van Zyl, A. H. (ed.), Biblical Essays: Proceedings of the twelfth meeting of Die Ou-Testamentiese Werkgemeenskap van Suid-Afrika, held at the University of Potchefstroom 28th–31st January 1965, 64–70.
Murtonen, A. 1986. Hebrew in its West Semitic Setting I A. Studies in Semitic Languages and Linguistics 13.
Musil, A. 1906. Karte: Arabia Petraea im Maßstab 1:300000. Wien Militärgeographisches Institut.
Musil, A. 1907, Arabia Petraea. Bd. 1: Moab, Bd. 2: Edom. Wien.
Negev, A. 1977. A Nabatean sanctuary at Jebel Moneijah, Southern Sinai. IEJ 27,

219–231.
Niebuhr, C. 1968. Reisebeschreibung nach Arabien und andern umliegenden Ländern. Graz.
Noth, M. 1968. Könige, 1. Teilband, BK XIV/1. Neukirchen-Vluyn.
Orni, E. & Efrat, E. 1966. Geographie Israels. Jerusalem.
Palmer, E. H. 1876. Der Schauplatz der vierzigjährigen Wüstenwanderung Israels: Fußreisen in der Sinai-Halbinsel und einigen angrenzenden Gebieten in Verbindung mit dem Ordnance Survey of Sinai und dem Palestine Exploration Fund unternommen. Gotha.
Palmer, E. H. 1876. The desert of the Exodus, vol II. 2 Aufl. London.
Perlitt, L. 1977. Sinai und Horeb, in Donner, H. (Hrsg.), Beiträge zur alttestamentlichen Theologie, Festschrift W. Zimmerli, Göttingen. 302–333.
Perlitt, L. 1990. Deuteronomium, BK V/1. Neukirchen-Vluyn.
Ritter, C. 1948. Die Erdkunde von Asien, Bd. VIII, 2. Abt.: Die Sinai-Halbinsel, Palästina und Syrien, 1. Abschnitt: Die Sinai-Halbinsel. 2. Aufl. Berlin.
Robertson, D. A. 1972. Linguistic evidence in dating early Hebrew poetry. Missoula/Mont.
Rothenberg, B. 1970. An archaeological survey of South Sinai: First season 1967/8: Preliminary report. PEQ 102, 4–29. |
Rothenberg, B., Aharoni, Y. & Hashimshini, A. 1961a. Die Wüste Gottes. München/Zürich.
Rothenberg, B., Aharoni, Y. & Hashimshini, A. 1961b. God’s wilderness. London.
Rothenberg, B., Aharoni, Y. & Hashimshini, A. 1984. Das Land der Bibel. 2. Aufl. Neukirchen-Vluyn.
Rudolph, W. 1975. Micha. Nahum. Habakuk. Zephanja (mit einer Zeittafel von A. Jepsen). Gütersloh. (KAT XIII, 3.).
Rüppell, E. 1816. Brief an J. von Hammer. Fundgruben des Orients V, 417–432.
Schart, A. 1990. Mose und Israel im Konflikt: Eine redaktionsgeschichtliche Studie zu den Wüstenerzählungen, OBO 98, 58–96.
Schmitt, H.-C. 1986. Die Erzählung von der Versuchung Abrahams Gen 22,1–19 und das Problem einer Theologie der elohistischen Pentateuchtexte. BN 34, 82–109.
Schnutenhaus, F. 1964. Das Kommen und Erscheinen Gottes im Alten Testament. ZAW 76, 1–21.
Seeligmann, I. L. 1964. A Psalm from pre-regal times. VT 14, 75–92.
Seetzen, U. J. 1813. Schreiben aus Mochha 17. Nov 1810. Monatliche Correspondence zur Beförderung der Erd- und Himmelskunde, Bd. 27, 61–79.
Soggin, J. A. 1981a. Bemerkungen zum Deboralied Ri Kap 5. ThLZ 106, 625–639.
Soggin, J. A. 1981b. Judges. London. (OTL.)
Soggin, J. A. 1983. Introduction to the Old Testament. 2nd ed. London.
Soggin, J. A. 1991, Einführung in die Geschichte Israels und Judas von den Ursprüngen bis zum Aufstand Bar Kochbas. Darmstadt.
Solzbacher, R. 1989. Mönche, Pilger und Sarazenen: Studien zum Frühchristentum auf der südlichen Sinaihalbinsel – Von den Anfängen bis zum Beginn der islamischen Herrschaft. Münsteraner Theologische Arbeiten 3, 412.
Steuernagel, C. 1900. Übersetzung und Erklärung der Bücher Deuteronomium und Josua und allgemeine Einleitung in den Hexateuch. Göttingen. (HK.)

Steuernagel, C. 1923. Das Deuteronomium übersetzt und erklärt. 2. Aufl. Göttingen. (HK.)

Thenius, O. 1873. Die Bücher der Könige erklärt. 2. Aufl. Leipzig.

Thompson, T. L. 1987. The origin traditions of Ancient Israel. I: The literary formation of Genesis and Exodus 1–23. JSOT.S 55, 95f.

Van Seters, J. 1975. Abraham in history and tradition. New Haven u. a.

Vattioni, F. 1990. A proposito della radice RQM. SEL 7, 129–131.

Wehr, H. 1985. Arabisches Wörterbuch für die Schriftsprache der Gegenwart: Arabisch Deutsch. 5. Aufl. Unter Mitwirkung von L. Kropfitsch. Wiesbaden.

Weill, R. 1829. Reisen in Nubien, Kordofan und dem peträischen Arabien. Frankfurt am Main.

Weill, R. 1838. Excursion im peträischen Arabien. Reise in Abyssinien, III. Frankfurt am Main.

Weill, R. 1908. La Presqu'ile du Sinai. Paris.

Weippert, M. 1971. Edom: Studien und Materialien zur Geschichte der Edomiter auf Grund schriftlicher und archäologischer Quellen. D (Phil) Diss. ev. Theol., Tübingen.

Wellhausen, J. 1927. Prolegomena zur Geschichte Israels. 6. Aufl. Berlin/Leipzig.

Wenning, R. 1987. Die Nabatäer – Denkmäler und Geschichte: Eine Bestandsaufnahme des archäologischen Befundes. NTOA 3, 189, 195.

Westermann, C. 1954. Das Loben Gottes in den Psalmen. 5. erw. Aufl. Göttingen.

Westermann, C. 1977. Lob und Klage in den Psalmen. Göttingen.

Westermann, C. 1979. Genesis, 2. Teilband: Genesis 12–36. BK I/2. Neukirchen-Vluyn. |

Wilson, C. 1883. Notes to accompany a map of the late Rev. F. W. Holland's journey from Nukhl to 'Ain Kadeis, Jebel Magrah, and Ismailia. PEFQSt, 4–14.

Wright, G. E. & Filson, F. V. 1946. The Westminster Historical Atlas to the Bible. Philadelphia.

Würthwein, E. 1972. Die Bücher der Könige: 1. Könige 1–16. ATD 11/1, 136f.

Würthwein, E. 1977, Die Bücher der Könige, l. Könige 1–16 ATD 11/1, 130, 135.

Zadok, R. 1977/78. Historical and onomastic notes. WO 9, 35–56.

Wo Joseph seinen Vater traf oder: von einem der auszog, eine biblische Stadt zu suchen und einen neuen Gott fand (Überlegungen zu *Hērōnpolis*)[1]

Wer sich auf die Josephsgeschichte einläßt, muß mit Überraschungen rechnen. Überraschungen unangenehmer Art, wie solcher, daß es bis zur Stunde keinen Konsens darüber gibt, ob die Josephsgeschichte – selbst nach Abzug der priesterschriftlichen Stücke – einheitlich ist, d.h. von Anfang bis Ende auf die Hand eines und nur *eines* Erzählers oder Autors zurückgeht, oder ob auch sie – wie viele andere Erzählungen des Buches Genesis – aus mehreren separaten Quellen, Redaktionsschichten o.ä. erst sukzessive zusammengewachsen ist. Damit verbunden sind die offenen Fragen, ob sie eine Geschichte *nur* zwischen Joseph und seinen Brüdern ist, oder ob auch Josephs Vater von Anfang an eine wesentliche Rolle in ihr spielt, zu welcher Zeit denn die Josephsgeschichte bzw. deren früheste Fassung entstanden sein könnte, welcher literarischen Gattung die Erzählung am ehesten zuzuordnen sei usw. Daß die sogenannten Einleitungsfragen zur Josephsgeschichte heutigentags wieder offen sind, hat sie mit vielen anderen Erzählwerken des Alten Testaments gemein; das ist unangenehm, ja ärgerlich; aber eine Situation, die in ihrer Widersprüchlichkeit vorerst auszuhalten ist.

Weiterhin hält der Verfasser der Josephsgeschichte – ohne etwas präjudizieren zu wollen, sei der Einfachheit halber weiterhin von *dem* Verfasser gesprochen – bis auf den heutigen Tag noch einige „Nüsse" parat, die die Exegeten trotz allen Scharfsinnes bislang nicht geknackt haben. Dazu gehören die palästinischen Orte, die er im einführenden und ausleitenden Rahmen der Josephsgeschichte als einheimischen | Aktionsraum der handelnden Personen erwähnt. Als solche heimatlichpalästinischen Orte werden genannt: Sichem, das Tal von Hebron und Dothayim bzw. Dothan, wo Joseph seine Brüder fand bzw. wo sie ihn in eine Zisterne warfen (Gen 37:13ff., 17ff.). – Zum guten Ende der Geschichte bricht Josephs Vater nach Beerscheba auf, um von dort nach Ägypten zu gelangen, wo er seinen längst verloren geglaubten Sohn in die Arme schließen will. Bis nach Beerscheba kommen die Abgesandten des Pharao ihm entgegen, um ihn als höchsten Staatsgast in Nobelkarossen nach Ägypten zu fahren (Gen 46:1,5). Hätte der Erzähler *keine* palästinischen Orte genannt, es wäre nicht aufgefallen. Mittels der *namentlich* genannten palästinischen Orte, die reale, bekannte Orte waren, gibt er seiner Erzählung eine starke „Bodenhaftung" und verhindert, die Josephsgeschichte für fiktive Literatur zu halten. Ihre konkreten Orts- und Personennamen suggerieren reales Geschehen – und dennoch weiß bis heute niemand, warum der Verfasser der Josephsgeschichte z.B. das hinterwäldlerische

[1] Antrittsvorlesung vom 22. Nov. 1994 in Hamburg.

Dothan der Erwähnung wert erachtete.

Indes ist selbst bei genauerer Lektüre der Josephsgeschichte auch nicht alles derart schwierig, daß man von einem ungelösten Problem ins nächste gerät. Es gehört zu den meisterhaften Effekten der Josephsgeschichte, ja es ist geradezu *das* Merkmal ihrer souveränen Erzählkunst, daß man nicht alle palästinischen oder ägyptischen Farbtöne ihrer Einzelszenen schon beim ersten Zuhören oder Lesen wahrnehmen muß und doch den großen Bogen der Erzählung nie aus den Augen verliert. Den großen Bogen, der da beschreibt, wie Gott menschliches Fehlverhalten, ja menschliche Bosheit, in den Dienst seines schon vorherbestimmten Zieles zu stellen vermag. Die Brüder werfen Joseph in eine leere Zisterne, damit er darin qualvoll umkomme. Diese nahezu bodenlos tiefe Erniedrigung Josephs durch seine Brüder wird zum Anfang seines Aufstiegs. Man muß, um aus dem Grubenloch einer palästinischen Zisterne wieder herauszukommen, heraufgezogen werden. Die Midianiter, die Joseph nicht nur verbatim wieder aus der Zisterne heraufziehen, sondern zusätzlich noch wieder „heraufbringen aus der Grube" *(way-yaʿalu min hab-bor),* konnten gar nicht wissen, welcher Hintersinn sich hinter ihrer Tätigkeit des „Heraufbringens aus der Grube" noch verbarg. Jemanden „heraufbringen aus der Grube" war für hebräische Hörerinnen oder Hörer ein *Kontrast*ausdruck zu der geläufigen Redewendung „jemanden in die Grube fahren lassen", d.h. sterben lassen. Die als Leser oder Hörer anvisierten Hebräer nahmen mit leisem Lächeln wahr, daß die nichthebräischen Midianiter hier sehr | doppelsinnig „Joseph aus der Grube heraufholten", ohne zu wissen, was sie wirklich taten. Der Erzähler kommuniziert hier – wie an vielen anderen Stellen – indirekt mit seinen *Hörerinnen* oder *Lesern.* Die Akteure in seiner schönen Geschichte läßt er hingegen über die Doppelsinnigkeit ihrer Handlung völlig im Unklaren.

Was das Nilland angeht, so hat er der Erzähler seine dort spielenden Szenen ebenfalls sehr farbig mit Lokalkorit geschmückt. Er kennt den Nil; weiß von allerlei Titeln und Beamten am pharaonischen Hof; weiß, daß man den Geburtstag des Pharao festlich beging; weiß, daß man als Asiat bei längerem Aufenthalt in Ägypten einen ägyptischen Namen bekam, wie Joseph seinen ägyptischen Namen *Ṣofnat-paʿneaḫ* (Gen 41:44); weiß, daß man in Ägypten ins *bēt has-sohar,* ins Gefängnis für königliche Gefangene kommen konnte – eine Institution, für die in Palästina kein Pendant bezeugt ist usw. Er erwähnt, daß Josephs Schwiegervater Potiphera Priester der ägyptischen Stadt *On* war (Gen 41:45, 50; 46:20) und läßt damit durchblicken, daß diese ägyptische Gauhauptstadt mit ihrem berühmten Sonnenheiligtum des Gottes Re ihm namentlich bekannt war. Darüber hinaus spielt die Landschaft Gosen (Gen 46:28 u.ö.) eine besonders wichtige Rolle in seiner Erzählung. Ansonsten aber werden – im Unterschied zu den rahmenden Szenen in Kanaan-Palästina – genuin ägyptische Orte in den breit entfalteten ägyptischen Szenen anscheinend nicht erwähnt.

Bei ihrem ersten Zug nach Ägypten kommen Josephs zehn Brüder – wie alles ägyptische Volk, das wegen der Hungersnot ebenfalls genötigt war, Getreide zu kaufen, – einfach vor Joseph. Sie huldigen ihm mit Proskynese – wie Joseph es zuvor im Traum gesehen hatte (Gen 42:6). Einen konkreten Ort, wo diese erste, so wichtige, Szene zwischen Joseph und seinen Brüdern auf dem Boden Ägyptens stattfand, nennt der Erzähler nicht, – oder richtiger: *noch* nicht. Die erste Szene spielt anscheinend irgendwo im fremden Nilland. Die Fremdheit des Ortes und die

Fremdheit der Umstände wird hinreichend angedeutet, wenn bei der ersten Begegnung der zehn Brüder mit Joseph in Ägypten ein Dolmetscher die Verständigung zwischen ihnen und Joseph herstellt, obwohl Joseph jedes Wort seiner Brüder versteht.

Bei ihrem zweiten Aufenthalt in Ägypten treten die Zehn sowie ihr jetzt auch anwesender Bruder Benjamin sogleich wieder vor Joseph (Gen 43:15). Nachdem Joseph gesehen hatte, daß sein Vollbruder Benjamin als elfter unter ihnen war, veranlaßte er seinen Hausverwalter, die elf in sein eigenes Haus zu führen. Die zweite Szene wird also an einen festen Ort verlegt, an *den* Ort, wo Joseph in Ägypten sein Haus hatte (Gen | 43:19ff.). Auch der zweiten Szene der Bruder vor Joseph in Ägypten scheint – wie schon der ersten und der noch folgenden dritten – eine konkrete „Verortung" zu fehlen. Doch heißt es dann im *Vorlauf* zur dritten, alles entscheidenden Szene, in der sich Joseph seinen Brüdern zu erkennen geben wird, daß die Brüder *die* Stadt verließen bzw. nachdem bei Benjamin der Becher gefunden worden war, daß sie „in *die* Stadt" zurückkehrten (Gen 44:4, 13). *Die* Stadt, *hā-ʿir* mit Artikel, ist im Hebräischen ein geläufiger Begriff für die Hauptstadt eines Landes. Dort also, in *der* Stadt Ägyptens, fanden – wie jetzt nachträglich klar wird – schon die erste und die zweite Begegnung zwischen Joseph und seinen Brüdern statt. Dort also, in *der* Stadt, gibt sich Joseph seinen Brüdern zu erkennen, wobei nicht nur er seine Brüder umhalst und tränenreich umarmt – jeder Zuhörer vor Rührung zerfließt –, sondern auch die Kunde bis zum Palast des Pharao dringt (Gen 45:2, 16). Selbstverständlich darf bei dieser Szene nun kein Ägypter als Mittelsperson mehr dazwischentreten. Die Szene, wie Joseph sich seinen Brüdern zu erkennen gibt, mußte an *den* Ort verlegt werden, wo auch der höchste Repräsentant Ägyptens, der Pharao, in seinem Palast von ihr Kunde bekommen konnte (Gen 45:16). Dabei bemerkt kein Zuhörer oder Leser, daß der Ort, wo der Pharao seinen königlichen Palast hat, *namentlich nicht* genannt ist. Es war schlicht *die* Stadt, die Residenz.

Hat der Erzähler mit solcherart lokal-topographischen Andeutungen den *einen* Höhepunkt seiner Geschichte, die Szene, in der sich Joseph seinen Brüdern zu erkennen gibt, in die Residenz Ägyptens verlegt, so vermutet man, auch die andere Hauptszene, die Wiederbegegnung zwischen Joseph und seinem greisen Vater, müsse lokal in einer sehr wichtigen Stadt Ägyptens verortet sein. Und es heißt ja auch im Buch *Genesis* 46 V. 28: „Juda aber sandte er [gemeint ist: Josephs Vater, der hier im Kontext Israel heißt] vor sich her zu Joseph, um mit ihm zusammenzutreffen *bei Hērōōnpolis ins Land Ramses*. Nachdem Joseph seine Wagen angespannt hatte, zog er hinauf zur Begegnung mit Israel, seinem Vater, *bei Hērōōnpolis.* Als er sich ihm gezeigt hatte, fiel er ihm um den Hals und weinte sehr heftig. Israel aber sprach zu Joseph: Von nun an mag ich sterben, da ich dein Angesicht gesehen habe". – Da hätten wir also genau das, was wir schon erwarteten: auch der zweite Höhepunkt der Josephsgeschichte, die Szene, in der Joseph seinem Vater nach Jahren wieder begegnete, wäre vom Autor präzis verortet, sogar mit dem Namen einer realen ägyptischen Stadt versehen worden. Man hätte auch hier die hohe Erzählkunst des Verfassers zu rühmen, der selbst bei so kleinen Details wie Lokalangaben im fernen Ägypten nicht nur genau | sein konnte, sondern – von der unbenannten Residenz beim ersten Gipfelpunkt seiner Erzählung bis hin zum konkreten *Hērōōn*polis beim zweiten – seine Erzählung sogar noch zu steigern vermochte. Es wäre nur noch zu fragen: Was hatte es mit der Stadt *Hērōōn*polis auf sich? Wo lag sie in Ägypten? Gibt

es einen Grund, daß der Erzähler die Begegnung zwischen Joseph und seinem greisen Vater gerade nach *Hērōōn*polis verlegt hat?
Die Fragen weisen schon weit voraus. Hier ist einen Moment innezuhalten. Die zuvor zitierte Passage über *Hērōōn*polis steht im Buche *Genesis* Kap. 46, V. 28. Genesis ist zwar das erste Buch des Alten Testaments, aber es ist schon von seinem Titel her ein *griechisches* Buch. Es ist das erste Buch des Alten Testaments, das als erster Teil der christlichen Bibel über Jahrhunderte nur in seiner *griechischen* Fassung der Septuaginta Teil des christlichen Schriftkanons gewesen ist. Wenn die alte Kirche von der παλαία διαθήκη, vom „Alten Testament", sprach, meinte sie einzig die griechische Fassung des ersten Teiles der kanonischen Heiligen Schrift, die Septuaginta. Des Hebräischen kundige Theologen der alten Kirche wie Origenes oder Hieronymus haben gewußt, daß der griechischen Fassung der παλαία διαθήκη eine hebräische oder aramäische Vorlage vorgegeben war und manche Passage im Griechischen den hebräischen oder aramäischen Sinn der Vorlage nicht trifft. Sie wußten darüber hinaus, daß vom Umfang her die *hebräisch-aramäische* Vorlage *weniger* Schriften enthielt als die griechische Septuaginta. Aber die Rede vom „Alten Testament" meinte in der alten Kirche ausnahmslos den *griechischen* Text dieses ersten Teils der biblischen Schriften. Im *griechischen* Text des ersten *biblischen* Buches, der Septuagintafassung des Buches Genesis, steht, daß Joseph seinen Vater bei *Hērōōn*polis traf. Es steht *nur* in der Septuaginta aber *nicht* im hebräischen Text. *Hērōōn*polis ist also ein *biblischer* Ort, ohne im hebräischen Text bezeugt zu sein. Daß der Ort, wo Joseph seinen Vater traf, heutigentags in keinem biblischhistorischen Wörterbuch mehr beschrieben wird und dementsprechend unbekannter ist als das palästinische Dothan, liegt an einer Engführung des Begriffes *biblisch,* der – für den alttestamentlichen Teil auf den rabbinisch, hebräisch-aramäischen Kanon eingeengt ist und die Septuaginta – zu Unrecht! – aus dem Blick verloren hat. | Der Ort, wo Joseph seinen Vater traf, ist außerhalb der Septuaginta noch über zwanzig Mal in antiken Urkunden und Texten genannt[2]. Die Belege sind hier nicht alle zu erörtern, es sei nur angedeutet, daß sie aus so verschiedenen Textsorten stammen wie einem Wirtschaftspapyrus aus dem Jahre 224 v. Chr.[3], aus Erwähnungen bei antiken Historikern und Geographen wie Josephus, Philo, Arrian, Ptolemäus und Strabo bis hin zu byzantinischen Straßenverzeichnissen. Von den etwa 25 Belegen für den Ort außerhalb des Alten Testaments entfallen zwar auch einige auf christliche Autoren wie Eusebius (Klostermann 1904/1966: 94:11f.) oder Hieronymus. Falls man annähme, die von der Heiligen Schrift der Septuaginta herkommenden christlichen Autoren könnten nichts Neues mehr zur Kenntnis des Ortes beitragen, so ist das Gegenteil richtig. Die hochgebildete Nonne Egeria, die am Ende des 4. Jh. n. Chr. in frommer Andacht durch alle Länder des Orients auf den Spuren der heilsgeschichtlichen Personen des Alten und Neuen Testaments wandelte, hat für ihre klösterlichen Mitschwestern den anschaulichsten Bericht über diesen Ort und das Land Gosen hinterlassen, den es gibt. Gewiß, Egeria schilderte das Heilige Land wie *sie* es sah, und was sie sah, sah sie fast alles nur in religiöser Ergriffenheit. Aber ihr Reisebericht quillt über von Beschreibungen biblischer Sehenswürdigkeiten und

[2] Zu Belegen für *Hērōōn*polis u.ä. vgl. Calderini 1985: 228 s.v. *Heroopolites* und *Heroopoliticus sinus*, sowie 228–229 s.v. Ἡρώων πόλις; zuletzt Kettenhofen 1989.

[3] Papyrus Pétrie II, Nr. 40.

konkreten Angaben ihres damaligen Reiseweges, ist überhaupt so liebevoll geschrieben, daß er als schönster Pilgerbericht aus der Zeit der Alten Kirche gelten darf. Egeria kam also um 383/4 n.Chr. vom Sinai und erreichte in *Clesma* (*Kôm el-Qulzum* beim heutigen Suez) den Bereich, der heute schon unstrittig Ägypten ist, der es für sie aber noch lange nicht war. Dort, in Clesma, spürte sie das Verlangen „ins Land Gosen (Egeria nennt es Gesse oder Iesse) zu ziehen, d. h. zu jener Stadt, die Arabia heißt, welche Stadt im Land Gesse liegt; denn danach wird das ganze Land so genannt, das Land von Arabia, das Land Iesse, das doch ein Teil Ägyptens ist, aber viel besser als das ganze übrige Ägypten“[4]. Sie gab ihrem inneren Verlangen auch nach, zog an den Orten des Auszugs der Kinder Israel wie Epauleum, Magdolum, Belsefon und Oton vorbei in gegensätzliche Richtung als einst die Kinder Israel und hatte beim Kastell Pithona endlich das Land der | Sarazenen hinter sich. Es bereitet keine Mühe, den Weg der Pilgerin von Clesma beim heutigen Suez gen Norden, parallel zum heutigen Suezkanal, mindestens auf einer Landkarte zu verfolgen. Die Beschreibung des nächsten Ortes nach Pithona durch Egeria ist im Wortlaut zu zitieren: „Die Stadt Heroumpolis, die zu jener Zeit bestand, d. h. damals als Joseph seinem herankommenden Vater entgegeneilte, wie geschrieben steht im Buch Genesis, ist heute eine ‘come’, doch eine bedeutende, wie wir sie einen Markt nennen würden. Es hat eine Kirche, Märtyrerzeichen und sehr viele Einsiedeleien heiliger Mönche, zu deren Besichtigung wir dort herabsteigen mußten, der Gewohnheit gemäß, die wir einhielten. Dieser Markt heißt heute Her*o* und ist 16 Meilen vom Land Iesse entfernt, schon im Land Ägypten. Der Ort selbst ist sehr annehmbar, denn dort fließt ein Arm des Nil vorbei“. – Man spürt Egeria noch die Erleichterung ab, nach dem gräßlichen Land der Sarazenen nunmehr nicht nur wieder biblischen Boden unter den Füßen zu haben, sondern bei einer Kirche und bei Mönchen auch die vertraute Lebenswelt wieder vorzufinden. Dabei wird leicht überlesen bzw. überhört, daß Egeria eine doppelte Form des Ortsnamen überliefert. Einmal Heroumpolis, dann noch kürzer Her*o*. Keine ihrer beiden Ortsnamensformen entspricht exakt dem *Hērōōn*polis der Heiligen Schrift – was bei Egeria insofern verwundert, da sie mit der Heiligen Schrift, d. h. der Septuaginta, wahrlich vertraut war und gerade etliche Auszugsstationen der Kinder Israel aus Ägypten mit ihren biblischen Namen benannt hatte – wie *Epauleum,* das nur in der Septuaginta genannt ist. Hieß das biblische *Hērōōn*polis gar nicht *Hērōōn*polis, sondern anders? Das ist tatsächlich meine These[5], aber bevor sie argumentativ begründet wird, sei die Nonne noch ein Stück auf ihrer Reise begleitet.

Egerias schon in Heroumpolis bzw. Hero beschwingte Stimmung erlebte ihren Höhepunkt als sie im nächsten Ort, in der Stadt Arabia, vom Bischof der Stadt persönlich empfangen und über alle religiösen Sehenswürdigkeiten der Gegend ausführlich unterrichtet wurde. Dort konnte sie gar das Epiphaniasfest mitfeiern – welch’ Erlebnis zu einer Zeit, da Weihnachten noch nicht erfunden war! Von der Bischofsstadt Arabia aus reiste Egeria dann weiter auf der öffentlichen Staatsstraße in Richtung Pelusium, so daß keine weiteren Fährnisse mehr zu gewärtigen waren. So kam ihre Reise durch das Land Gosen einer Reise durch den Garten Eden gleich. „Während unseres ganzen Zuges durch das Land | Gessen gingen wir immer zwi-

---

[4] Übersetzung nach Donner 1979: 96. Vgl. jetzt auch Egeria 1995: 148f, bzw. 152f.

[5] Vergleiche so schon Myśliewiec 1977: 89–97, aber auch Bleiberg 1983: 21–27.

schen Gärten, die Wein geben, und anderen, die Balsam geben, und zwischen Obstgärten, gepflegtesten Äckern und zahlreichen Gärten, immer am Ufer des Nil zwischen fruchtbarsten Gründen, die einst das Eigentum gewesen waren der Söhne Israels. Wozu viele Worte? Ein schöneres Land habe ich wohl nirgends gesehen als das Land Iessen ist". –

Die *Stadt* Arabia, die zu Zeiten Egerias schon ein christliches Bistum war, tradierte damals immer noch den Namen des ostägyptischen *Gaues* „Arabia". Der ostägyptische *Gau* Arabia ist erstmals bei Herodot bezeugt. Er war über Jahrhunderte hin im östlichen Delta die Grenzmark Ägyptens zur Wüste. Zu jener Wüste, die sich heute noch schier endlos erstreckt, sobald man östlich von *Isma*ʿ *illīya* den Suezkanal in West-Ost-Richtung quert. Diesem *Gau* Arabia ordnet in ptolemäischer Zeit ein Septuagintazusatz in Gen 45:10 (vgl. 46:34) das Land Gosen als Γεσὲμ ᾿Αραβίας zu. Würde jemand fragen, „wo lag das Land Gosen"? so wäre darauf zu antworten: es ist bis heute in keinem originalen ägyptischen Text bezeugt. Aber nach der Septuaginta bildete es einen Teil des Gaues Arabia. Kürzer gesagt: Gosen lag in *Arabia,* wobei dieses Arabia den 20. unterägyptischen Gau im Osten des Deltas meint.

Egerias *Stadt* Arabia kann heute noch aufgesucht werden. Obgleich die Stadt Arabia im Lauf der Jahrhunderte zur Unkenntlichkeit verändert ist, sie auch ihren alten Namen nicht mehr trägt, so ist ihre damalige Stätte sicher fixierbar. Koptische Quellen bezeugen – mit dem femininen koptischen Artikel *ti-* oder *t-* versehen – bis ins hohe Mittelalter eine Stadt Tiarabia bzw. Tarabia im östlichen Delta. Unter Elision des femininen koptischen Artikels erscheint die Stadt dann in arabischen Quellen als *Rabīya*, wozu es heißt, daß das identisch sei mit *Safṭ el-Ḥenna* (Timm 1992: 2522–2530). Egerias Bischofssitz Arabia war also die Vorgängersiedlung des heutigen ägyptischen *Safṭ el-Ḥenna* im östlichen Delta. Man hätte dann, von *Safṭ el-Ḥenna* aus durch das heutige *Wādī eṭ-Ṭumīlāt*, jenen Weg in west-östliche Richtung zu fahren, den die Pilgerin einst in Ost-West-Richtung gezogen ist. *Safṭ el-Ḥenna* ist zwar nicht mühelos, aber auf autobahnähnlicher Straße von Kairo erst in Richtung *Benhā* fahrend, dann gen *Zagazīg* abbiegend in Richtung *Isma*ʿ *ilīya* erreichbar. Ist man – *inša'allāh* – vor allen Fährnissen der heutigen ägyptischen Straßen bewahrt, wie Kollisionen mit rasch eilenden Eselswagen, stolz trabenden, bepackten Kamelen oder gar auf der Straße spielenden Kindern, so gedenkt man bei den Ruinen in *Tell Basṭa* bei *Zagazīg* der einst berühmten Stadt Boubastis. In *Tell Basṭa* wird einem durch das fast vergangene Lehmziegelwerk der | antiken Ruinen drastisch verdeutlicht, daß hohe Erwartungen auf die antike Stadt Arabia oder auf *Hērōōn*polis wohl zu reduzieren sein werden. Die Erwartungen werden dann tatsächlich in *Safṭ el-Ḥenna*, Egerias Bistum Arabia, in jegliger Weise unterboten. Ein in alle Richtungen chaotisch wucherndes Konglomerat merkmalloser Häuser – das ist für einen Europäer heutigentags *Safṭ el-Ḥenna*. Man verläßt die Stadt auf dem schnellstmöglichen Weg, – mit der noch nicht ganz aufgegebenen Hoffnung allerdings, vielleicht in *der* Ruinenstätte noch einen Hauch einstiger Größe zu erahnen, die seit 1883 „Ruinenstätte des Götzenbildes": *Tell el-Masẖūṭā* heißt, weil Edouard Naville damals dort u.a. eine Stele mit der Abbildung des zweiten Ptolemäerkönigs ausgegraben hat. Doch auch *Tell el-Masẖūṭā* mutet – selbst einem Wohlmeinenden – viel zu. Man ist vor Ort im Zweifel, worüber man mehr verstimmt sein soll: über die Müllkippe, in die die Ausgrabungsstätte verwandelt ist, über die Schar bettelnder Kinder und gackernder Hühner oder über den *Ġafīr* der ägyptischen Antikenverwaltung, der einen im ersten Satz bezichtigt, Antiquitäten stehlen zu wollen, im zweiten aber moderne Fälschungen solcher Antiquitäten anbietet.

Der Eindruck der übergroßen Fruchtbarkeit jenes Landstriches bleibt ebenso nachhaltig in Erinnerung wie die Ozeanriesen, die – einer Fata Morgana gleich – auf dem Suezkanal scheinbar über Land fahrend diesem Landstrich immer noch den Hauch vermitteln, eine Nahtstelle zwischen Nord und Süd zu sein. Angereichert mit konkreter Landeskenntnis hat man sich – wieder zu Hause, fern allen ägyptischen Staubes und Lärms, – nochmals in die Geschichte des Gaues Arabia und seiner Hauptstadt zu vertiefen. Ägyptische Gaue und ihre Hauptstädte – zumal eine Grenzmark wie Arabia – waren besonders dann dem Wandel unterworfen, wenn sich die außenpolitischen Schwerpunkte der ägyptischen Politik verlagerten. Zu Zeiten des Pharao Necho (609–593 v. Chr.), durch den bekanntlich König Josia von Judah starb, hatte die ägyptische Ostpolitik Vorrang vor allem anderen. Um seinen Ambitionen auf die Länder im Osten Ägyptens Nachdruck zu verleihen, ließ Necho einen Kanal graben, der eine schiffbare Verbindung zwischen dem Nilarm bei Boubastis und dem Roten Meer herstellen sollte. So wäre es möglich gewesen, vom Mittelmeer über Verbindungskanäle im Nildelta zum Roten Meer und von dort bis in den Persischen Golf zu segeln. Herodot weiß zu berichten, daß zu Zeiten Nechos eine Flotte ganz Afrika umschifft habe. Der Kanal, den Pharao Necho geplant hatte, hätte den schmalen Landstrich des heutigen *Wādī eṭ-Ṭumīlāt* durchquert. Man kann dieses Kanalprojekt durch das ca. 50 km lange | *Wādī eṭ-Ṭumīlāt* durchaus als Vorläufer des Suezkanals bezeichnen. Auch wenn Necho das gesamte Gebiet des *Wādī eṭ-Ṭumīlāt* dem ägyptischen Gott *Atum* unterstellte, ward das Jahrhundertbauwerk zu seiner Zeit nicht fertig. Angeblich wurde das Unternehmen aufgrund eines ungünstigen Orakels abgebrochen. Mögen es realiter andere Gründe gewesen sein, die zum Abbruch des Kanalprojekts zu Nechos Zeiten führten, archäologisch ist nachgewiesen, daß ab dem 6. Jh. v.Chr. die Pharaonen im Gebiet des heutigen *Wādī eṭ-Ṭumīlāt* rege Aktivitäten entfalteten, besonders in *der* Stadt, die damals dort lag, wo sich heute *Tell el-Masẖūṭā* befindet. Was Necho nicht gelang, schaffte der Perserkönig Darius (521–486 v.Chr.). Der uralte ägyptische Wunschtraum, einen Kanal vom Nil bis zum Roten Meer zu bauen, ist durch Darius in die Tat umgesetzt worden. Eine lange Reihe von Stelen am Kanallauf rühmte der Nachwelt seine Tat. Der ehemalige Grenzgau Arabia war durch den Kanal plötzlich zu einer Schnittstelle der großen Politik zwischen Persien und Ägypten geworden. Im Gau Arabia, zumal in seiner Hauptstadt, trafen damals Orient und Okzident zusammen. Die wichtigste Stadt im Gau Arabia hieß, als Herodot zwischen 450 und 440 v.Chr. Ägypten bereiste – nach mehr als siebzigjähriger Perserherrschaft – immer noch Πάτουμος, worin unschwer die ägyptische Bezeichnung *pr 'itm* – „Haus des (Gottes) Atum“ wiedererkannt werden kann, was man auch hebraisieren kann zu Pithom. Die bei Herodot genannte „arabische“ Stadt Patoumos hieß also immer noch nach jenem Gott Atum oder Thoum, dem Pharao Necho seinerzeit schon das ganze *Wādī eṭ-Ṭumīlāt* unterstellt hatte. Wenn der Kanal später wieder versandete und seine Funktion als wichtigste maritime Brücke zwischen Ägypten und Vorderasien einbüßte, so lag das – neben wilden Sandstürmen – auch daran, daß sich seit Artaxerxes I. (463 v.Chr.) die Ägypter gegen die Perser auflehnten und in immer neuen Anläufen deren Fremdherrschaft abzuschütteln versuchten. Generalisierend gesagt versandete der Kanal und verkümmerten alle an ihm liegenden Städte, wenn sich die Herrscher über Ägypten von Asien abwandten. Kamen aber, wie mit Ptolemäus II. Philadelphus (285-247 v. Chr.), mit Trajan (98–117 n.Chr.), Hadrian (117–138 n.Chr.) oder gar mit dem arabischen Eroberer Ägyptens: *ʿAmr ibn al-ʿĀṣ* (641 n. Chr.) Herrscher auf, denen politisch an einer raschen Seeverbindung nach Asien gelegen war, so wurden der Kanal und seine Umgebung energisch instandgesetzt und alle Städte im *Wādī eṭ-Ṭumīlāt* und am Kanal blühten auf.

Der genannte Ptolemäus II. Philadelphus war der, von dem der Aristeasbrief legendär zu berichten weiß, daß zu seiner Zeit die | Übersetzung der Septuaginta entstand. Jene Septuaginta, die – *zusätzlich* zum hebräischen Text – als Ort, wo Joseph seinen Vater traf, *Hērōōn*polis nennt. Ptolemäus II. Philadelphus hat den Kanal zum Roten Meer mit großem Aufwand renoviert und die an ihm gelegenen Städte zu neuer Blüte gebracht. In *Tell el-Mas̱ḫūṭā* hatte ja E. Naville auch eine Stele dieses Königs ausgegraben. Von der unter Ptolemäus II. Philadelphus gebauten Schleuse am Kanalausgang zum Roten Meer hin hatte später der Ort *Klysma* seinen Namen, den Egeria noch als Clesma kennenlernte. Die Zeitgenossen des zweiten Ptolemäers aber negierten absichtlich, was der König für den Kanal zum Roten Meer und dessen Städte an Baumaßnahmen initiierte. Sie fanden auch die damalige, großflächige Urbanisierung im ägyptischen *Fayyūm* kaum der Erwähnung wert. Worüber man sich entsetzte, waren Ptolemäus' Ehegeschichten. Die erste Frau Ptolemäus II. Philadelphus war eine Arsinoë, *Tochter* des thrakischen Königs Lysimachos und der Nikaia. Später heiratete derselbe Thrakerkönig Lysimachos die Schwester Ptolemäus II., die ebenfalls Arsinoë hieß. Nachdem diese Arsinoë sich durch Intrigen, Ränke und Morde am Königshof in Thrakien unmöglich gemacht hatte, floh sie über allerlei Zwischenstationen zu ihrem leiblichen Bruder Ptolemäus II. Philadelphus nach Ägypten. Dort setzte sie ihr Ränkespiel fort, so daß ihr Bruder seine Frau Arsinoë verstieß, und sie, Arsinoë II., seine leibliche Schwester, heiratete. Nach ihrem Tod nannte Ptolemäus II. Philadelphus eine Stadt am Kanal zum Roten Meer ihr zu Ehren Arsinoë wie auch die Hauptstadt des anderen ägyptischen Gaues, dem seine besondere Aufmerksamkeit galt, dem *Fayyūm*, ihr zu Ehren in Arsinoë umbenannt wurde. Auf die Verbindungen des zweiten Ptolemäers zum königlichen Hof in Thrakien geht es zurück, daß damals nicht nur Thraker in Ägypten zu hohen Ämtern und Würden kamen, sondern auch thrakische Götter in Ägypten heimisch wurden. Im damals urbanisierten *Fayyūm* sind an vier Orten Heiligtümer oder Tempel des thrakischen Reitergottes Ἥρων nachgewiesen; in der Hauptstadt des *Fayyūm*: in Krokodilopolis-Arsinoë, in Theadelphia und Tebtynis; in Magdola ist ein solcher Tempel sogar ausgegraben[6]. Es dauerte nicht lange, daß der thrakische Ἥρων mit einheimischen ägyptischen Göttern gleichgesetzt wurde und über die nächsten Jahrhunderte hin in Ägypten heimisch blieb. Die wichtigste Gleichsetzung wurde die mit dem ägyptischen Gott Atum bzw. Thoum. Jenem Atum bzw. Thoum, dem seinerzeit der Pharao Necho das ganze Gebiet des *Wādī eṭ-Ṭumīlāt* geweiht | hatte. So war der *Hauptgott* des Gaues Arabia bzw. des *Wādī eṭ-Ṭumīlāt* ab den Zeiten Ptolemäus' II. Philadelphus nicht mehr nur einheimisch-ägyptisch *'itm* bzw. Thoum, sondern gräko-thrakisch Ἥρων. Ohne einen expliziten Beleg dafür zu haben, ist davon auszu-

---

[6] Vgl. Rübsam 1974: 52 (Krokodilopolis-Arsinoe), 121–122 (Magdola), 190 (Tebtynis), 202 (Theadelphia).

gehen, daß der Hauptort des Gaues Arabia seit den Zeiten Ptolemäus' II. Philadelphus nicht mehr nur ägyptisch *pr-'itm* hieß, sondern griechisch: Stadt des [thrakischen Reitergottes] *Hērōn*, also „*Hērōn* polis". Dieser Ort, wo sich damals Ost und West, Nord und Süd vereinten, war – aus der Sicht der Septuagintaübersetzer – der einzig mögliche Platz, daß Joseph seinen Vater dort traf. So ist ein thrakischer Reitergott zwar nicht im Galopp, sondern auf sehr verschlungenen Um-wegen ins Alte Testament gekommen und hat darin einen sehr versteckten Platz gefunden[7].

So, als Ἥρων πόλις, steht der Name immer noch in etlichen Handschriften der Septuaginta; so oder sehr ähnlich ist er auch in etlichen der mehr als zwanzig antiken Belege für den Ort überliefert. Aber sei es, daß diese Namensform späteren Kopisten der Septuaginta zu heidnisch vorkam, sei es, daß sie meinten, der Genetiv Plural des griechischen Wortes *Hērōs* heiße nicht Ἥρων, sondern korrekt Ἡρώων, in jedem Fall bildeten sie den Ortsnamen um zur „Stadt der Heroen: Ἡρώων πόλις, wie es nun in den „großen" Septuagintahandschriften steht und deswegen auch als angeblich korrekte Form des Ortsnamens in andere Belege zu Ἥρων πόλις hineingelesen wird. Da die Übersetzung der Heiligen Schrift ins Griechische ja für ein griechisches Publikum gedacht war, dem einleuchtete, daß Joseph und sein Vater *Heroen* des jüdischen Volkes waren, so trafen sich dann – nach dieser Interpretation – Joseph und sein Vater in einer Stadt, die gar keinen besseren Namen hätte haben können: eben in der Stadt der Heroen, in Ἡρώων πόλις – wie es noch geschrieben steht.

Bibliographie

Calderini, A. 1985. Dizionario dei nomi geografici e topografici dell'Egitto grecoromano (A cura dì S. Daris). Milano.

Bleiberg, E. L. 1983. The location of Pithom and Succoth. The Ancient World, Egyptological Miscellanies 6, 21–27.

Donner, H. 1979. Pilgerfahrt ins Heilige Land. Die ältesten Berichte christlicher Palästinapilger (4.–7. Jahrhundert). Stuttgart. |

Egeria 1995. Itinerarium. Reisebericht. Mit Auszügen aus Petrus Diaconus. De Locis Sanctis. Die Heiligen Stätten. Übersetzt und eingeleitet von G. Röwekamp unter Mitarbeit von D. Thönnes, Fontes Christiani Bd. 20. Freiburg.

Kettenhofen, E. 1989. Einige Beobachtungen zu *Hērōōn*polis. Orientalia Lovaniensia Periodica 20, 75–97.

Klostermann, E. (Hg.) 1904. Eusebius. Das Onomastikon der biblischen Ortsnamen, GCS II/l (Eusebius III/1). Leipzig (= Nachdruck Darmstadt 1966).

Launey, E. L. 1950. Recherches sur les armées hellénistiques (Bibliotèque des Écoles Françaises d'Athènes et de Rome 169, Bd. I–II). Paris.

Myśliewiec, K. 1977. Zur Ikonographie des Gottes ἭΡΩΝ. Studia Aegyptiaca 3, 89–97.

Nachtergael, G. 1996. Trois dédicaces au dieu Hérôn. Chronique d'Egypte 71, 129–142.

---

[7] An Stelle ausführlicher Darlegungen zur Geschichte des Gottes *Hērōn* in Ägypten sei verwiesen auf Launey 1950: 366–398, 959–979 (Litt.), Will 1990: 393ff. (Litt.) und Nachtergael 1996: 129–142 (Litt.).

Rübsam, W. J. R. 1974. Götter und Kulte in Faijum. Bonn.
Timm, S. 1992. Das christlich-koptische Ägypten in arabischer Zeit, Teil 6 (T-Z), B.TAVO (Geisteswissenschaften), Bd. 41/6. Wiesbaden.
Will, E. 1990. Lexicon Iconographicum Mythologiae Graecae Bd. 5. Zürich/München.

Ein assyrisch bezeugter Tempel in Samaria?

Die alttestamentliche Überlieferung gesteht Samaria für die Zeit, da es Hauptstadt des Reiches Israel war, kein Jahweheiligtum zu. Man kann altorientalische Analogien dazu beibringen, daß die Hauptstadt eines Reiches über mehrere Herrscherdynastien hin ohne eigenes Zentralheiligtum blieb. Man mag Indizien dafür finden, daß die späteren judäischen Tradenten jeden möglichen Hinweis in den älteren Überlieferungen auf einen Konkurrenten zu ihrem Tempel in Jerusalem bewußt verschleiert oder getilgt haben. Auch die archäologische Arbeit in Samaria hat kein eindeutiges Ergebnis erbracht, wenngleich die hellenistischen und herodianischen Um- und Neubauten auf dem Stadtberg Samarias die älteren Bauschichten so tiefgreifend gestört haben, daß hier nicht alles geklärt werden konnte. Man mag also mutmaßen, daß es sich anders verhielt, aber handfeste Argumente dafür, daß während der Zeit, da Samaria die Hauptstadt des Reiches Israel war, in der Stadt selbst ein eigener Jahwetempel bestand, sind bislang nicht zur Hand[1].

Wenn die alttestamentliche Überlieferung (bes. 2 Kön 17,1–6) berichtet, der assyrische König Salmanassar (V.) habe Samaria erobert und damit die Eigenexistenz des Nordreiches ausgelöscht, so liegt damit der seltene Fall vor, daß die alttestamentliche Überlieferung den Namen des assyrischen Eroberers bewahrt hat, von Seiten des assyrischen Eroberers aber (bislang) keine Texte bekannt geworden sind, in denen sich der assyrische König seines Erfolges rühmt. Im Zusammenhang der Ereignisse der letzten Jahre, da Samaria Hauptstadt des Nordreiches war, scheint es indessen doch Hinweise zu geben, daß mindestens damals ein Jahweheiligtum in Samaria bestand. So sind die Vorgänge um die Eroberung Samarias in den letzten Dezennien mehrfach erörtert worden[2].

J. H. Hayes und J. K. Kuan (1991) haben ein besonders eindrückliches Szenario der letzten Jahre Samarias entworfen. Nach ihrer Darstellung der Ereignisse sei in den letzten Jahren Tiglatpilesers III. im Westen ein antiassyrischer Aufstand ausgebrochen, in den u. a. der König von Damaskus, der König von Tyrus und Hosea von Samaria involviert gewesen seien. Salmanassar V. habe – noch als Kronprinz im letzten Jahr seines Vaters Tiglatpileser III. – diesen Aufstand niedergeschlagen, wobei es zu einem ersten Treffen zwischen Salmanassar V. und Hosea gekommen sei.| Während Salmanassar V. dann sein erstes Regierungsjahr in Assyrien zubringen mußte, hätten die westlichen Staaten, u. a. Tyrus und Israel, erneut rebelliert. Gegen sie sei Salmanassar V. dann in seinem 2. Regierungsjahr losgezogen, wobei

---

[1] Ein Summarium der Debatte um einen Jahwetempel in der Stadt Samaria bietet – mit negativem Ergebnis – PFEIFFER 1999, 142–164 (Exkurs).

[2] Vgl. TADMOR 1958; TIMM 1989/1990, 62–82; NA'AMAN 1990, 208–225; BECKING 1992; FUCHS 1994, 458f (s.v. “Samerina”). Die ikonographischen Belege, die für ein Jahwebild (in Samaria) beigebracht worden sind, bedürfen methodologisch einer eigenen Diskussion, die hier zurückgestellt werden muß; vgl. dazu u.a. UEHLINGER 1998; BECKING 1999 und NA'AMAN 1999.

er das Umland Samarias verheert habe, so daß Hosea von Israel sich ihm habe ergeben müssen. Die Stadt Samaria selbst sei Salmanassar bei diesem Feldzug jedoch noch nicht in die Hände gefallen. Auf diese Situation spiele Hos 10,13b–15 an. Dort heißt es[3]:

> Because you have trusted in your way (or your chariotry),
> in the strength of your warriors,
> then the alarm of war will arise among your people,
> and all your fortifications will be destroyed;
> like Shalman(eser) destroyed Beth Arbel on the day of battle,
> a mother with her children was bashed.

Diesem zweiten Feldzug Salmanassars V. (den ersten habe er noch zu Lebzeiten seines Vaters Tiglatpileser III. gegen Tyrus unternommen) sei das Umland der Hauptstadt Samaria anheimgefallen, u. a. die Stadt Bethel mit ihrem Jahweheiligtum. Nach Abzug des Assyrers hätten die Einwohner der Stadt Samaria – ihres bisherigen Heiligtums in Bethel beraubt – in der Hauptstadt Samaria selbst eine Jahwekultstätte errichtet. Darauf spiele Hos 8,4–5 an[4]:

> They have enthroned a king,
> but not with my consent;
> they have set up a government,
> but I have not recognized it.
> Their silver and their gold,
> they have fashioned for themselves cultic paraphernalia;
> in order that it might be cut down.
> It is rejected, your calf, O Samaria;
> my anger burns against them.

Während sonst im Alten Testament nichts von einem Jahweheiligtum in der Stadt Samaria verlaute, sei der Beleg für das „Kalb Samarias“ in Hos 8,4–6 (vgl. noch Hos 10,5) auf eben die Kultstätte zu beziehen, die nach dem Verlust des Heiligtums Bethel für kurze Zeit in der Hauptstadt eingerichtet worden sei. Daß es in der Stadt Samaria selbst ein Heiligtum gegeben habe, werde im übrigen durch zwei außerbiblische Texte bestätigt. Zum einen durch eine Inschrift Sargons II. und zum anderen durch einen in diese Zeit zu datierenden Brief, den H. W. F. Saggs publizieren werde, in dem ein assyrischer Beamter an den Hof berichtet, er habe ein Heiligtum in Samaria gesehen[5]. |

Das Szenario der letzten Jahre des Nordreiches, wie es J. H. Hayes und J. K. Kuan entworfen haben, ist eindrücklich. Es basiert aber zu einem erheblichen Teil auf den griechischen Überlieferungen bei Menander bzw. bei Josephus. Die griechischen Überlieferungen bei Dios und Menander, allein überliefert bei Josephus, sind jedoch gänzlich ungeklärter Herkunft. Sie sind voller Abstrusitäten und Unwahr-

---

[3] Übersetzung von HAYES & KUAN 1991, 163f.

[4] Übersetzung nach HAYES & KUAN 1991, 167.

[5] HAYES & KUAN 1991, 168.

scheinlichkeiten, müssen darüber hinaus an entscheidenden Stellen erst konjiziert werden, um überhaupt Sinn zu geben, so daß die Berufung darauf jede historische Rekonstruktion diskreditiert[6]. Trotz dieses grundsätzlichen Einwandes ist an dem Szenario von J. H. Hayes und J. K. Kuan beeindruckend, daß sie für eine Stelle im Hoseabuch, wo von einem „Kalb Samarias" die Rede ist, eine historische Konstellation entworfen haben, in der dieser Ausdruck so strikt wie möglich verstanden werden kann: als „Kalb"[7] der *Stadt* Samaria und nicht – wie üblich – als pejorative Bezeichnung der Jahwekultstätte in Bethel. Sofern nämlich – wie üblich – unter „Kalb Samarias" das Kultbild in Bethel verstanden wird, müßte schon beim Propheten Hosea mit einer Doppeldeutigkeit des Namens „Samaria" gerechnet werden. Einerseits mit „Samaria" als Name der Hauptstadt des Nordreiches und andererseits mit „Samaria" als Landschaftsbezeichnung. Seit den Zeiten A. Alts galt unter den deutschen Alttestamentlern der erweiterte Gebrauch des Ausdrucks „Samaria" als einer Landschaftsbezeichnung als Erfindung der Assyrer. Nachdem sie den Reststaat des Nordens samt seiner Hauptstadt erobert und als neue Provinz ihrem Imperium eingegliedert hatten, „ist also Samaria nicht mehr wie früher nur Stadt-, sondern zugleich politischer Landschaftsname, was auch im Alten Testament seine Spuren hinterlassen hat"[8]. Abgeleitet vom Namen der assyrischen Provinz, die auf dem Boden des Reststaates Israel eingerichtet worden war, gäbe es im Alten Testament erst nach dem Untergang des Nordreiches die Verwendung des Namens Samaria für die Landschaft.

Wie so oft hat A. Alt eine scharfe Alternative formuliert. Seine These, daß der Name שמרן – Samaria erst *nach* dem Untergang des Staates als Landschaftsname gebräuchlich geworden ist, besagt für Hos 8,6 (unter der Annahme, daß der Text von Hosea stamme), daß hier nur eine Kultstätte in der Hauptstadt gemeint sein kann[9].| Sofern der Text jedoch auf das Heiligtum in Bethel zu beziehen ist, widerspräche er der These Alts, womit gleichzeitig die Herkunft des Textes von Hosea in Frage steht. Beides zugleich ist bei der These Alts anscheinend nicht zu haben: der Gebrauch des Namens שמרן – Samaria als eines Landschaftsnamens erst ab der assyrischen Eroberung und die Herleitung der Textaussage vom Propheten Hosea samt Bezug auf Bethel[10]. Alles andere führt für Hos 8,6 nur zur Konfusion: daß der

[6] Vgl. zu den griechischen Überlieferungen bei Menander bzw. Josephus ausführlich TIMM 1982, 200–230. Die beeindruckende Sammlung von Belegen griechisch-römischer Autoren zu Phönizien durch LIPINSKI 1995 hat dennoch nicht erweisen können, daß die griechisch-lateinischen Überlieferungen für das 9. oder 8. Jh. v. Chr. eine Prävalenz vor den einheimischen phönizischen (und assyrischen) Texten haben.

[7] Immer noch lesenswert WEIPPERT 1961.

[8] ALT 1934, 9 = 1964, 319f. Ebd. 320 Anm. 1 heißt es: „Erst von jetzt an konnte der vorher undenkbare Ausdruck ‚'die Städte Samarias' für die Orte der Provinz aufkommen (2. Kön 17, 24.26; 23, 19; anachronistisch auch 1. Kön 13, 32)". — Unter Berufung auf NOTH 1957, 79 (wo die These A. Alts im Hintergrund steht) so auch WOLFF 1965, 179f.

[9] M. Noth hat seine frühere Ansicht (a.a.O.) später ausdrücklich revidiert. „Dem Ausdruck עגל שמרן in Hos 8, 6 muß trotz der entgegenstehenden Schwierigkeiten (vgl. H. W. WOLFF, BK XIV/I) doch wohl entnommen werden, daß es in der späteren israelitischen Königsstadt Samaria noch in der Zeit der Dynastie Jehu ein solches Kalb gegeben hat" (NOTH 1968, 285).

[10] JEREMIAS 1983, 107f deutet den Wortlaut einerseits so, daß mit der Bezeichnung „Kalb Samarias" –

Text vom Propheten stamme, gleichzeitig aber eine Anspielung auf das Heiligtum in Bethel sei. – Ohne daß sie auf die These A. Alts hingewiesen hätten[11], ist bei dem Szenario, wie es J. H. Hayes und J. K. Kuan für die letzten Jahre des Nordstaates entworfen haben, der Name „Samaria" vor dem Untergang der Stadt noch *nicht* auf die Landschaft ausgeweitet. Er meint dann eine Kultstätte in der Hauptstadt des Nordreiches. Die Herkunft des Textes vom Propheten Hosea gilt gleichzeitig – unausgesprochen – als selbstverständlich.

Wenn J. H. Hayes und J. K. Kuan auf diese Weise einen ersten – alttestamentlichen – Beleg für eine Jahwekultstätte in der Stadt Samaria gewonnen zu haben meinen, so ist ihr zweiter Beleg für eine Jahwekultstätte in der Hauptstadt des Nordreiches ein schon länger bekannter assyrischer Text Sargons II. Im sog. Ninive-Prisma, das Gadd (1954) aus verschiedenen Fragmenten zusammengesetzt und publiziert hatte, rühmt sich der assyrische König u. a.

> „Die Samarier, die aus Haß gegen meinen königlichen [Vorgänger(?)] die Untertänigkeitsbezeugung und das Senden von Tribut [...] eingestellt hatten und Krieg führten – in der Kraft der großen Götter, meiner Herren, kämpfte ich mit ihnen; 27280 Leute samt ihren Kriegswagen und den Göttern, auf die sie vertrauten, erbeutete ich"[12]. R. Borger hatte zu letzterem Satz eine bezeichnende Fußnote geboten. Sie lautete „Auch in Samaria werden, wie sonst in anderen eroberten Städten, irrtümlich Götterstatuen vorausgesetzt"[13].

Der Satz des assyrischen Königs wäre somit eine nichtssagende Floskel und entbehre in Bezug auf | die Stadt Samaria jeglicher Realität. Die Götterbilder – gar im Plural! –, die Sargon angeblich aus der Stadt Samaria fortgeschleppt habe, hätten keinerlei historische Realität, sondern seien eine irrtümlich hier eingefügte leere Floskel. Ohne die Worte des Assyriologen R. Borger zu benutzen, aber die Sache sarkastisch zugespitzt: die biblische Tradition hat recht, der assyrische Text hat unrecht.

Die Deutung dieses offiziellen assyrischen Textes war seit seiner Erstedition

---

frei übersetzt „das Staatskalb" – der offizielle Staatskult des Nordreiches gemeint sei, andererseits aber allein das Stierbild in Bethel („In der Hauptstadt Samaria selber ist uns ein Stierbild nirgends im Alten Testament belegt, und den dortigen Baaltempel hatte Jehu Mitte des 9. Jh. ein für allemal entweiht; vgl. 2Kön 10, 27"), so bleibt dennoch die Frage, ob „Samaria" in diesem Kontext schon als Bezeichnung des Staates angesehen werden darf. – Die Alternative, die A. Alt mit seiner These aufgestellt hatte, ist bei PFEIFFER 1999 nicht mehr gegenwärtig.

[11] Es sei hier nicht erörtert, ob die These A. Alts noch haltbar ist. Es braucht dem geehrten Jubilar nicht erläutert zu werden, daß König Joas vom Land (!) Samaria schon Adadnerari III. Tribut gebracht hatte, der Landesname Samaria den Assyrern also schon längst bekannt war, bevor sie den Rest Israels zur Provinz degradierten, vgl. WEIPPERT 1992, 45 mit Anm. 17. Die Deutung einer der Inschriften auf einem Pithos aus *Kuntillat ʿAǧrūd* (vgl. RENZ 1995, 59–63 = KAgr (9):8) als „... Jahwe von Samaria", die sich seit EMERTON 1982, 3f durchgesetzt hat, entspräche einem solchen erweiterten Wortgebrauch für Samaria schon für frühere Dezennien, wird neuerdings aber auch wieder bestritten; vgl. MERLO 1998, 205f.

[12] Übersetzung nach BORGER: TGI[3] (1979), 60f. Diskussion neuerer Lesungs- und Deutungsvorschläge bei BECKING 1992, 28–31.

[13] A.a.O., 60 Anm. 2.

kontrovers und wird weiter kontrovers bleiben. Während seinerzeit der Ersteditor C. J. Gadd die assyrische Textaussage unstrittig für „bare Münze" hielt und sie als „doubtless an interesting evidence for the Polytheism of Israel" deutete[14], hat sie sich bei R. Borger zu einer leeren Floskel verflüchtigt, die irrtümlich in den Text eingefügt sei und keine historische Realität widerspiegele. – Die eine wie die andere Ansicht sind hinterfragbar. Für C. J. Gadd gilt, daß dann, wenn jemand von „zweifellos" (doubtless) spricht, stets besondere Zweifel angebracht sind. Als bis dato einzigem assyrischen textlichen Zeugnis für Götterbilder in Samaria ist diesem Zeugnis gegenüber solange ein Vorbehalt anzumelden, wie es nicht durch weitere Texte erhärtet werden kann. Beim Diktum R. Borgers wäre zu fragen, wodurch denn erwiesen ist, daß es sich hier um eine inhaltsleere Floskel handle. Wenn R. Borger in seiner Neubearbeitung des Textes in TUAT I (1984), 381 sein früheres Diktum nicht mehr wiederholt, so räumt er stillschweigend ein, daß die Sache nicht so sicher ist, wie es früher schien[15].

Nach dem zuvor referierten Szenario, wie es J. H. Hayes und J. K. Kuan entworfen haben, müßte es in der letzten Phase vor dem Untergang des Nordreiches in der Stadt Samaria tatsächlich Jahwebilder gegeben haben. Also hätte die biblische Tradition recht, die assyrische auch. Nach den Anfragen, die hier zuvor erhoben worden sind, überzeugt diese These aber solange nicht, wie nicht noch weitere Belege hinzukommen. Auf einen – zusätzlichen – assyrischen Beleg für ein Jahweheiligtum in der Stadt Samaria haben J. H. Hayes und J. K. Kuan vor schon mehr als zehn Jahren hingewiesen. In einem keilschriftlichen Brief, der in diese Zeit zu datieren sei und von H. W. F. Saggs publiziert werde, berichte ein assyrischer Beamter, er habe ein Heiligtum in Samaria gesehen.

Dieser Hinweis war bislang nicht verifizierbar. Er ist nunmehr als Nimrud-Dokument Nr. 2417 publiziert[16]. Er lautet wie folgt:

Vs.
1′ … … x [… …]
[x] ? … x AŠ IGI A x[… …]
⸢*a*⸣*-na* ^{māt} *Sa-mir-na* [… …]
ina KUR Ú : GAR BU x [ ]
5′ ^{amēl} *mār šip-ri š*[a] L[Ú] [… …]
issu ^{amēl} *šanū i-r*[a] -x [… …]
bēl pi-qi-ti š[a] [… …] |
i-tal-ku GIŠ x [… …]
ina āli pa-pa-ha [… …]
10′ *ku-*[*t*]*a-a*[*l*]? [… …]
x x … [… …]
Basis *šúm* … [… …]
[*t*]a?-ma? -⸢*a*⸣? [… …]
x x x [… …]

[14] GADD 1954, 181.

[15] Ohne die leisesten Zweifel am Berichteten MAYER 1995, 320.

[16] SAGGS 2001.

15′ Rs. ... ... x [... ...]
...x ... [... ...]
ma x x [... ...]
ša x x x [... ...]
URU x x ... [... ...]
20′ i[*l*]? -*m*[*e*]? x [... ...]
a-na-ku x [... ...]
... x x [... ...]
Linke Seite
... ... *a-te gab-bu-s*[*ú*]

Entgegen dem Szenario, das J. H. Hayes und J. K. Kuan für die letzten Jahre des Nordreiches entworfen haben, wo es nach ihrer Ansicht ein auch assyrisch bezeugtes Jahweheiligtum in der Stadt Samaria gegeben habe, ist der Text des nunmehr veröffentlichten Briefes ernüchternd. Sowohl seine Anrede als auch seine Datierung sind weggebrochen. Es mag bislang noch nicht ausgesprochene Argumente vom Fundort der Tafel her oder von ihrem keilschriftlichen Duktus geben, um ihn – wie es J. H. Hayes und J. K. Kuan taten – in die Zeit Sargons II. zu setzen. Sachlich ist er nach der Beschreibung bei H. W. F. Saggs schlicht „neo-assyrian script“. Er könnte also genausogut fünfzig Jahre nach dem Untergang des Nordreiches geschrieben worden sein[17].

Keine einzige Zeile ist bei dem extrem fragmentarischen Zustand der Tafel vollständig lesbar. Das erschwert jede Interpretation ungemein. Übersetzbar ist (und nur von der Vorderseite) lediglich:

Z. 3 zum Land Samaria ...,
... im Land ...
Z. 5 der Bote des ......
Z. 6 mit dem „Zweiten“ ......
Z. 7 der Beauftragte *(bēl piqitti)* des ......
Z. 8 sie gingen (evt. auch: er ging) ......
Z. 9 in der Stadt einen Schrein ......
Z. 10 Hi[nt]erko[pf] / Rü[ck]se[ite] ......

In Hinsicht auf diesen Text ist festzustellen, daß er sehr viel weniger bietet, als nach den Ankündigungen bei J. H. Hayes und J. K. Kuan zu erwarten war. Wenn hier von einem „Boten des [...]“ (*mār šipri...*) die Rede ist, dazu von einem „Zweiten“ oder „Vize-“ (*šanû*) und einem „Beauftragten“ (*bēl piqitti*), so waren das geläufige Titel der assyrischen Administration. Ein „Beauftragter“ (*bēl piqitti*) ist in einem anderen Zusammenhang für die assyrische Provinz Samaria einmal genannt[18]. Angesichts des fragmentarischen Zustandes des Textes ist keineswegs sicher, daß alle genannten Beamten etwas mit der Provinz Samaria zu tun hatten. Die Provinz Samaria ist zwar *verbatim* in Z. 3 genannt, und nicht – wie nach J. H. Hayes und J. K. Kuan anzunehmen war – die *Stadt* Samaria (vgl. das Determinativ KUR/*māt* = „Land“). Daß es

[17] Eine Zusammenstellung der assyrischen Belege für die Provinz Samaria bei BECKING 1992.

[18] CT 53, 458 = SAA I, Nr. 255; vgl. BECKING 1992, 109f.

in dem Brief aber *allein* um die assyrische Provinz Samaria ging, ist problematisch. Denn auf den Provinznamen *Sa-mir(i)-na* (Z. 3) folgt in Z. 4: *ina* KUR Ú : GAR BU x [... ...]. Diese Zeichen hat schon H. W. F. Saggs nicht zu einer sinnvollen Lesung zu verbinden vermocht. Ohne eine erneute Kollation ist nicht weiter zu kommen. Das Zeichen KUR in Z. 4 kann das Determinativ für einen zweiten Landes- oder Provinznamen gewesen sein, der dann mit ú- begonnen hätte.

Neben dem neuen Beleg für den Provinznamen Samaria in Z. 3 ist das bemerkenswerteste die Erwähnung eines *papahu* in einer (namenlosen) Stadt in Z. 9 (*ina āli papaha*). Das akkadische Wort *papahu* bezeichnet nach dem Wörterbuch[19] eine Cella, einen Kultraum oder ein Heiligtum. Es ist bei Sargon und seinen Nachfolgern Sanherib und Asarhaddon mehrfach bezeugt. Soweit sich das anhand der zitierten Belege feststellen läßt, haben die Assyrer das Wort *papahu* nicht auf Kultstätten fremder Völker angewandt. So ist zwischen der Provinzialbezeichnung Samaria in Z. 3 und der in Z. 9 genannten (namenlosen) Stadt kein Zusammenhang herzustellen, da das dem sonstigen Gebrauch des Wortes *papahu* widerspräche. Eine Verknüpfung zwischen dem Provinznamen Samaria in Z. 3 und „der Stadt“ (*ina āli*) in Z. 9 ist somit nicht gerechtfertigt. Daß der *papahu* in der (namenlosen) Stadt in Z. 9 auf die Hauptstadt der Provinz, also die Stadt Samaria selbst, zu beziehen sei, sollte nicht behauptet werden. Denn der Name der Provinz Samaria und die (namenlose) Stadt sind im Text durch fünf fragmentarische Zeilen voneinander getrennt. Dieser assyrische Text ist also kein Beleg für ein Jahweheiligtum in der Stadt Samaria.

Die Publikation des keilschriftlichen Textes ND 2417 bereichert uns um einen neuen Beleg für die assyrische Provinz Samaria (*māt Samir(i)na*). Aus dem Text ergibt sich kein Anhaltspunkt, unter welchem König (Sargon, Sanherib oder ein späterer?) er geschrieben worden ist. Im Text könnte in Z. 4 über Samaria hinaus noch ein weiterer Provinz- oder Landschaftsname gestanden haben. Der Erhaltungszustand des Textes erlaubt dazu keine sichere Aussage. Obgleich in Z. 5, 6 und 7 drei verschiedene assyrische Beamtentitel genannt werden, ist für keine diese Personen der Name erhalten. Welchen Zweck das Schreiben hatte, ist ebenfalls völlig offen,

In Z. 9 wird für irgendeine Stadt (*ālu*) ein *papahu* (Cella u. ä.) genannt. Welche Stadt das war, ist nicht auszumachen. Es ist ungerechtfertigt, sie für die Hauptstadt der assyrischen Provinz Samaria zu halten. Es mag irritieren, daß die Hauptstadt des | Nordreiches Samaria keinen Tempel gehabt habe. Aber dieser assyrische Brief ist alles andere als ein handfester Beleg für eine Jahwekultstätte in der Stadt Samaria.

Bibliographie

ALT, A. 1934. Die Rolle Samarias bei der Entstehung des Judentums: Festschrift O. Procksch zum 60. Geburtstag 1934. Leipzig, 6–28 = ders 1964. Kleine Schriften zur Geschichte des Volkes Israel II^3. München, 316–337.

BECKING, B. 1992. The Fall of Samaria. An Historical and Archaeological Study (SHANE 2). Leiden – New York – Köln.

BECKING, B. 1997. Assyrian Evidence for Iconic Polytheism in Ancient Israel?: K. VAN DER TOORN ed., The Image and the Book. Iconic Cults, Aniconism,

[19] Vgl. AHw II 823.

and the Rise of Book Religion in Israel and the Ancient Near East. Leuven, 157–171.

EMERTON, J. 1982. New Light on Israelite Religion. The Implications of the Inscriptions from Kuntillet ʿAjrûd: ZAW 94, 2–20.

FUCHS, A. 1994. Die Inschriften Sargons II. aus Khorsabad. Göttingen.

GADD, C. J. 1954. Inscribed Prisms of Sargon from Nimrud: Iraq 16, 173–201.

HAYES, J. H. & J. K. KUAN 1991. The Final Years of Samaria: Biblica 72, 153–181

JEREMIAS, J. 1983. Der Prophet Hosea (ATD 24/1). Göttingen.

LIPINSKI, E. 1995. Dieux et déesses de l'univers phénicien et punique (OLA 64). Leuven.

MAYER, W. 1995. Politik und Kriegskunst der Assyrer (ALASPM 9). Münster.

MERLO, P. 1998. La dea Asera. Mursia.

NA'AMAN, N. 1990. The Conquest of Samaria: Biblica 71, 208–225.

NA'AMAN, N. 1999. No Anthropomorphic Graven Image. Notes on the Assumed Anthropomorphic Cult Statues in the Temples of YHWH in the Pre-Exilic Period: UF 31, 391–415.

NOTH, M. 1957. Die Welt des Alten Testaments. Berlin[3].

NOTH, M. 1968. Könige (BK IX/I). Neukirchen-Vluyn.

PFEIFFER, H. 1999. Das Heiligtum von Bethel im Spiegel des Hoseabuches (FRLANT 183). Göttingen.

RENZ, J. 1995. Die althebräischen Inschriften = J. RENZ & W. RÖLLIG, Handbuch der althebräischen Epigraphik I. Darmstadt.

SAGGS, H. W. F. 2001. Nimrud Letters 1952. London.

TADMOR, H. 1958. The Campaigns of Sargon II: JCS 12, 22–40.77–100.

TIMM, S. 1982. Die Dynastie Omri. Quellen und Untersuchungen zur Geschichte Israels im 9. Jahrhundert vor Christus (FRLANT 124). Göttingen.

TIMM, S. 1989/90. Die Eroberung Samarias aus assyrisch-babylonischer Sicht: WO 20/21, 62–82.

UEHLINGER, C. 1998. „... und wo sind die Götter von Samarien?“: M. DIETRICH & I. KOTTSIEPER ed., „Und Mose schrieb dieses Lied auf“. Studien zum Alten Testament und zum Alten Orient. Festschrift für O. Loretz zur Vollendung seines 70. Lebensjahres (AOAT 250). Münster, 739–776.

WEIPPERT, M. 1961. Gott und Stier: ZDPV 77, 93–117.

WEIPPERT, M. 1992. Die Feldzüge Adad-neraris III. nach Syrien. Voraussetzungen, Verlauf, Folgen: ZDPV 108, 42–67.

WOLFF, H. W. 1965. Dodekapropheton 1: Hosea (BK XIV/I). [2]Neukirchen-Vluyn.

Jes 42, 10ff und Nabonid

Wie die Einzeltexte im Corpus Jes 40-55 zu einem ganzen geworden sein könnten, ist in den letzten Jahren viel überlegt worden. In dieser Debatte spielten die Verse Jes 42, 10ff nur insofern eine Rolle, daß erwogen wurde, welche Funktion ihnen an ihrer heutigen Stelle im Rahmen des sukzessiv entstandenen Deuterojesaja-Buches zukomme. Die Eigenaussage der Verse ist dabei gänzlich aus dem Blick geraten.[1] Im folgenden soll nicht erörtert werden, welche Funktion die Verse Jes 42, 10ff im ersten Stadium der Verschriftung der deuterojesajanischen Botschaft gehabt haben könnten, welche Rolle ihnen in einem zweiten oder dritten Stadium zufiel und wie sie heute im Rahmen des sogenannten Endtextes zu lesen seien. Ausgeblendet ist auch die Frage, wie das Verhältnis von Jes 42, 10ff zu Ps 96 und verwandten Texten zu bestimmen sei. Nur zwei Wörtern dieser kleinen Einheit gilt die Aufmerksamkeit. Dank eines vor kurzem im Ostjordanland entdeckten Bildreliefs eröffnen sich aber für das Verständnis dieser beiden Wörter neue Perspektiven. |

Eine Vorentscheidung über das, was in Jes 42, 10ff gesagt ist, fällt mit der Textabgrenzung. Der Blickwinkel der Exegeten auf die inhaltliche Aussage wird jeweils dadurch geprägt, ob sie Jes 42, 10ff noch zum Vortext rechnen oder als Beginn einer neuen Texteinheit ansehen. Die hebräische Überlieferung ist in Bezug auf die Frage,

---

[1] Vgl. u.a. Melugin, Roy F., The Formation of Isaiah 40–55 (BZAW 141) Berlin / New York 1976; Spykerboer, Hendrik Carl, The Structure and Composition of Deutero-Isaiah with Special Reference to the Polemic against Idolatry, Diss. Amsterdam 1976; Kiesow, Klaus, Exodustexte im Jesajabuch. Literarkritische und motivgeschichtliche Analysen (OBO 24) Fribourg / Göttingen 1979; Merendino, Rosario Pius, Der Erste und der Letzte. Eine Untersuchung von Jes 40–48 (VT.S 31) Leiden 1981; Vermeylen, Jacques, Le Motif de la création dans le Deutéro-Isaie, in: La Création dans l'Orient Ancien (LecD 127) Paris 1987, 183–240; Hermisson, Hans-Jürgen, Einheit und Komplexität Deuterojesajas. Probleme der Redaktionsgeschichte von Jes 40–55, in: Vermeylen, Jacques (Ed.), The Book of Isaiah / Le Livre d'Isaie (BEThL 81) Leuven 1989, 287–312; Kratz, Reinhard Gregor, Kyros im Deuterojesaja-Buch. Redaktionsgeschichtliche Untersuchungen zu Entstehung und Theologie von Jes 40–55 (FAT 1) Tübingen 1991; Steck, Odil Hannes, Gottesknecht und Zion. Gesammelte Aufsätze zu Deuterojesaja (FAT 4) Tübingen 1992; van Oorschoot, Jürgen, Von Babel zum Zion. Eine literarkritische und redaktionsgeschichtliche Untersuchung (BZAW 206) Berlin / New York 1993 (161ff mit Ausgrenzung der Verse 42, 10–13 aus dem Grundbestand); Leene, Hendrik, De vroegere en de nieuwe dingen bij Deuterojesaja, Diss. Amsterdam 1987; ders., Auf der Suche nach einem redaktionskritischen Modell für Jes 40–55, ThLZ 121 (1996), 803–818 (mit eigener Auffassung über das, was als „Grundmaterial" anzusehen ist; ebd. Sp. 818 Anm. 47); Werlitz, Jürgen, Redaktion und Komposition. Zur Rückfrage hinter die Endgestalt von Jesaja 40–55 (BBB 122) Berlin / Mainz 1999; Albani, Matthias, Der eine Gott und die himmlischen Heerscharen. Zur Begründung des Monotheismus bei Deuterojesaja im Horizont der Astralisierung des Gottesverständnisses im Alten Orient (Arbeiten zur Bibel und ihrer Geschichte Bd. 1) Leipzig 2000.

ob mit Jes 42, 10ff eine zuvor begonnene Texteinheit abgeschlossen wird oder eine neue beginnt, ganz eindeutig. Die im Codex Petropolitanus olim Leningradensis B 19[A] überkommene masoretische Überlieferung (MT) markiert die Verse Jes 42, 10ff als eine neue Einheit, die vom Vortext: Kap. 42, 5–9 durch eine tiefe Zäsur, eine Pethuḫa, nach V. 9 abgesetzt ist. Eine Pethuḫa nach V. 9 bieten auch schon die große Jesajarolle aus der ersten Höhle vom Qumrān (Q[a])[2] und die zweite Jesajarolle aus der vierten Höhle von Qumrān (4QIsa[b]).[3] Einen größeren Freiraum hat an dieser Stelle auch die achte Jesajarolle aus der vierten Höhle von Qumrān (4QIsa[h]).[4] Die tiefe Zäsur, die Pethuḫa, nach V. 9 schließt aus, daß die Verse 10ff als Fortsetzung von Jes 42, 5–9 zu verstehen sind.[5] Die Lese|richtung der Verse 10ff ist nicht auf Jes

---

[2] Burrows, Millar / Trever, John C. / Brownlee, William Hugh, The Dead Sea Scrolls of St. Mark's Monastery, Vol. I: The Isaiah Manuscript and the Habakkuk Commentary, New Haven 1950; Cross, Frank Moore u.a. (Edd.), Scrolls from Qumrân Cave I: The Great Isaiah Scroll, the Order of the Community, the Pesher to Habakkuk, Jerusalem 1972. Zu Fragen der Textaufteilung in Q[a] ist weiterhin nützlich: Oesch, Josef M., Petucha und Setuma. Untersuchungen zu einer überlieferten Gliederung im hebräischen Text des Alten Testaments (OBO 27) Fribourg / Göttingen 1979, 200ff; vgl. noch Steck, Odil Hannes, Die erste Jesajarolle von Qumran (1QIs[a]) (SBS 173/1–2) Stuttgart 1998.

[3] Viele Textgliederungszeichen und Lesarten der Qumrānhandschriften aus Höhle IV sind schon verzeichnet bei Goshen-Gottstein, Moshe Henry, The Book of Isaiah, The Hebrew University Bible, Jerusalem 1995, vgl. nun Ulrich, Eugene u.a., Qumran Cave 4, Vol. 10, DJD Vol. 15: The Prophets, Oxford 1997, 19–43. Die Rolle 4QIsa[b] ist zwar fragmentarisch, aber nicht anders rekonstruierbar als mit einer Leerzeile vor V. 10, vgl. Ulrich u.a., ebd. 37. – Daß der hebräischen Unterteilung in Pethuḫot und Sethumot auch viele Septuaginta (LXX)- und Pešiṭṭā'-Handschriften (Mss) folgen, wird selten wahrgenommen, ist aber z.B. auch ablesbar bei Ziegler, Joseph, Isaias, Septuaginta, Vetus Testamentum Graecum Auctoritate Societatis Litterarum Gottingensis editum, Vol. XIV (1939), 2. Ed. Göttingen 1967 oder bei Brock, Sebastian P., Isaiah, Vetus Testamentum syriace iuxta simplicem syrorum versionem ex auctoritate societatis ad studia librorum Veteris Testamenti provehenda edidit Institutum Peshittonianum Leidense / The Old Testament in Syriac according to the Peshiṭta Version Edited on behalf of the International Organization for the Study of the Old Testament by the Peshiṭta Institute Leiden, Pars / Part III, Fasc. 1, Leiden 1987.

[4] Ulrich u.a., DJD Vol. 15, 117–119. Der Text der Rolle ist an dieser Stelle bruchstückhaft, aber nicht anders zu ergänzen als mit einem großen Freiraum am Ende von V. 9, vgl. Ulrich u.a., ebd. 119. Zäsuren weisen an dieser Stelle auch die LXX-Mss SBAQ auf, sowie Mss der Pešiṭṭā', vgl. Korpel, Marjo Christina Anette / de Moor, Johannes Cornelius, The Structure of Classical Hebrew Poetry: Isaiah 40–55 (OTS 41) Leiden u.a. 1998, 120.

[5] Hermisson, Hans-Jürgen, Voreiliger Abschied von den Gottesknechtsliedern, ThR 49 (1984) 209–222, S. 213f (in Auseinandersetzung mit Mettinger, Tryggve N. D., A Farewell to the Servant Songs, Scripta Minora Regiae Societatis Humaniorum Litterarum Lundensis 1982–1983, Lund 1993) „der Hymnus 42, 10–13 ist viel eher mit dem Folgenden als mit dem Vorhergehenden verknüpft". Konträr Kratz (Anm. 1), 45f: „nachdem sie (die Völker) den von Jhwh gewirkten Aufmarsch des Kyros wahrgenommen haben und der Einladung 41, 1 gefolgt sind (41, 5), werden sie eines nach dem anderen zum | Lob Jhwhs aufgerufen (42, 10–12). Gegenstand des Lobes ist Jhwhs Sieg über seine Feinde (42, 13) ... Im Hintergrund steht die Jerusalemer Zion-Tradition vom Königsgott und Völkerbeherrscher Jhwh und seinem Gesalbten ...". Die Gliederung der Texteinheiten mittels Pethuḫot und Sethumot in der hebräischen Überlieferung bleibt bei Kratz grundsätzlich unberücksichtigt. – Auch in den meisten anderen

42, 1–9 (oder noch weiter Zurückliegendes) zurückgerichtet, sondern auf die folgenden Verse, deren Anfang sie bilden.[6] Hieronymus hatte es so formuliert: „quae sunt illa nova, sequenti sermone testatur“.[7] – Die nächste große Zäsur, die nächste Pethuḥa, steht nach der BHS im Codex Petropolitanus hinter dem letzten Wort des Kapitels 42, hinter V. 25.[8] Hinter V. 25 hat auch Q[a] eine Pethuḥa. Die größere Lese-Einheit der Verse 10–25 ist in der BHS graphisch unterteilt in die drei Unterabschnitte: V. 10–13, 14–17 und 18–25. Dabei ist in der BHS hinter V. 17 ein ס als Sethuma gesetzt. Statt dessen steht in Q[a] eine Pethuḥa.[9]

Die größere Einheit V. 10–17 ist in der hebräischen Überlieferung nochmals unterteilt. In Q[a] steht hinter V. 12 eine Sethuma. Somit sind dort die Verse 10–12 eine Untereinheit des größeren Abschnittes 10–17. Im Codex Petro|politanus (MT) steht die Sethuma erst hinter V. 13. Der Unterschied in der Textaufteilung: 42, 10–12 (Q[a]) einerseits und 42, 10–13 (MT) andererseits ist von den Kommentatoren kaum je wahrgenommen worden. K. Elliger, der den Unterschied gesehen hatte, hielt den-

---

neueren redaktionsgeschichtlichen Studien ist – zum Nachteil der Textaussagen – durchweg übergangen, wie nach der hebräischen Überlieferung mittels Sethumot und Pethuḥot die sog. hymnischen Stücke im Corpus Jes 40–55 in ihren Kontext eingebunden sind (vgl. Oorschoot [Anm. 1], 160; Werlitz [Anm. 1] 257ff u.a.). Sofern die Gliederungsmerkmale des hebräischen Textes berücksichtigt worden wären, hätte sich anderes ergeben müssen für Matheus, Frank, Singt dem Herrn ein neues Lied. Die Hymnen Deuterojesajas (SBS 141) Stuttgart 1990, passim.

[6] Daß die Verse 10–12 als Abschluß einer vorangehenden Einheit (und nicht als Beginn einer neuen) anzusehen seien, ist nicht selbstevident. Die Verfechter dieser These bedürfen dazu der Argumentationshilfe, des Beweises, den die Sprachstatistik zu liefern hat. So soll der Gebrauch von חדשׁ in V. 10 den Rückbezug auf V. 9 erweisen (dort aber Pl. חדשׁות), der Gebrauch von תהלה in V. 10 auf den in V. 8 rekurrieren, bzw. das Auftreten der איים in V. 10 den Bezug zu V. 4 herstellen, der Gebrauch des Verbs נגד in V. 10 die Verbindung zu V. 9, die Verwendung von נשׂא ohne קול in V. 11 die Verbindung zu V. 2 erweisen (Werlitz [Anm. 1], 279). Zu beweisen ist mit solchen Aufstellungen wenig, zumal die vorausgehenden Verse 42, 1–9 – wie allgemein angenommen – auf zwei differente Teile: 42, 1–4 und 5–9 aufzuteilen sind, von denen möglicherweise V. 8–9 erst sekundär aus V. 10–12 entwickelt sind (Kratz [Anm. 1] 129, auch Werlitz, a.a.O.). Mit anderen Wörtern aus V. 10–12 wie קצה הארץ – „Ende der Erde“ (s. dazu unten Anm. 38), ים – „Meer“, רנן – „jubeln“ oder הרים – „Berge“ ließe sich ebenso „beweisen“, daß sie auf den weiteren Text / die weiteren Texte vorausweisen (vgl. noch נשׂא ohne קול Jes 52, 8). Zu fragen ist nicht, ob die einen oder anderen Belege überzeugender sind, sondern warum man sich für seine Argumentation überhaupt auf eine so brüchige Statistik einläßt. – Zu V. 10–12 als Anfang der nachfolgenden Einheit vgl. mit nachprüfbaren Argumenten Dion, Paul-Eugène, The Structure of Isaiah 42, 10–17 as Approached through Versification and Distribution of Poetic Devices, JSOT 49 (1991), 113–124.

[7] S. Eusebii Hieronymis Stridonensis presbyteri Opera omnia: Commentariorum in Isaiam libri octo et decem (PL 24) Paris 1845, 424.

[8] Nicht im Aleppo-Codex bei Goshen-Gottstein, Isaiah, 192.

[9] Bei Goshen-Gottstein, Isaiah, 190 ein פ als Pethuḥa. Die Basishandschriften: Aleppo-Codex in HUB einerseits und Codex Petropolitanus olim Leningradensis B 19[A] in der BHS andererseits sind an dieser Stelle und im Übergang von Kap. 42 zu 43 different. – Der Zäsur nach V. 17 entspricht auch 4QIsa[g], vgl. Ulrich u.a., a.a.O., 113–115. Eine Zäsur nach V. 17 haben auch die LXX-Mss SA und Pešiṭtā'-Mss, vgl. Korpel / de Moor, 122.

noch an der masoretischen Zusammenordnung der Verse 10–13 fest. Er brachte dafür eine Begründung bei, die aus seiner Gattungsbestimmung der Verse als Hymnus stammte. „Die beiden Schlußzeilen 13a.b ... gehören gattungsmäßig ohnehin dazu. Denn sie bilden das 'Hauptstück', auf das die gesamte 'Einführung' zustrebt ... Es ist formgeschichtlich also ein Unding, 13 von 10–12 zu trennen".[10] Die schon vorgefaßte Meinung, daß es sich bei Jes 42, 10–13 von der Gattung her „eindeutig (um) die des Hymnus" handele[11], bestimmte die Deutung des Befundes. Das aber war methodisch problematisch, denn die von anderswo her genommene Gattungsbestimmung der Verse 10ff als „Hymnus" präjudizierte die Behauptung, daß V. 10–13 eine Einheit bilden.[12] Die Frage nach dem Umfang der Texteinheit – umfaßt sie Jes 42, 10–12 (=Q^a) oder 42, 10–13 (=MT)? – ist zuerst zu entscheiden. Eine Gattungsbestimmung der Texteinheit – so sie denn möglich ist – hat der Textabgrenzung nachzufolgen.

Die Jesajatexte aus Qumrān und auch der Aleppo-Codex weichen in der Setzung der Pethuḫot und Sethumot von der Aufteilung des Codex Petropolitanus B 19^A mehrfach ab.[13] Sie bieten damit Alternativen zur Aufteilung der BHS in kleinere Texteinheiten oder erweisen die Aufteilung der BHS an manchen Stellen als schlechtere Alternative. Sofern also die Gliederungs|merkmale der hebräischen Überlieferung berücksichtigt werden, ändert sich die „Richtung", in der der Text Jes 42, 10ff zu lesen ist. Die Berücksichtigung der Textgliederung verändert aber nicht nur die Leserichtung, sondern sie verändert auch die Zuordnung von Jes 42, 10ff zu

---

[10] Elliger, Karl, Deuterojesaja (BK XI/1) Neukirchen-Vluyn 1970-1978 (1971), 243 (im folgenden: Kommentar). Ähnlich früher schon ders., Deuterojesaja in seinem Verhältnis zu Tritojesaja (BWANT IV/11) Stuttgart 1933, 233. – Elliger, Kommentar, 243 hatte sehr wohl gesehen, daß die V. 10–12 von ihrem inneren Aufbau her eine Einheit bilden und keiner Fortsetzung bedürfen. Obwohl Elliger V. 13 als das Hauptstück des Hymnus' (= V. 10–13) deklarierte, sah er auch, daß dem Vers das begründende כי fehlt, das nach Gunkel, Hermann, Einleitung in die Psalmen. Die Gattungen der religiösen Lyrik Israels (Hg. Begrich, Joachim), 1933 = 3. Aufl. Göttingen 1975, § 2. 18, S. 42f grundsätzlich konstitutiv ist für diesen Teil der Gattung „Hymnus". Sehr ähnlich auch Begrich, Joachim, Studien zu Deuterojesaja (1938), in: ders. (Hg. Zimmerli, Walther), Studien zu Deuterojesaja (ThB 20) 2. Aufl., München 1969, 54 „Die Verse 42, 10–12 bieten eine weitgespannte Einführung in imperativischer und dann jussivischer Form ... V. 13 enthält das hymnische Hauptstück, das im späteren Stil ohne jede Verbindung der Einführung folgt ... Nach dem Besonderen des Inhaltes ist der Text als 'eschatologischer' Hymnus zu bestimmen".

[11] Elliger, Kommentar, ebd.

[12] Ähnlich so Crüsemann, Frank, Studien zur Formgeschichte von Hymnus und Danklied in Israel (WMANT 32) Neukirchen 1969, 70 Anm. 2 „Doch wird man V. 13 zu V. 10–12, die ja sonst auch als alleinstehender Aufruf zum Lob angesehen werden könnten, vgl. u. S. 78f. [dort zu Ps 134 und 150], hinzunehmen müssen". Im Gefolge von Gunkel und Crüsemann auch Koole, Jan L., Isaiah (Historical Commentary on the Old Testament) Kampen 1997, 242. – Eine Gattungsbestimmung der Verse 10–13 als „loflied" bietet Beuken, Willem André Maria, Jesaja Deel II A, De Prediking van het Oude Testament, Nijkerk 1986, 134.

[13] Vgl. Ma'ori, Yešaʿyahu, The Tradition of Pisqā'ōt in Ancient Hebrew Mss: The Isaiah Texts and Commentaries of Qumran, Textus 10 (1982), 1-50 (Ivrith) und jetzt die Differenzen in der Setzung der Pethuḫot und Sethumot in den Mss aus Höhle IV gegenüber der masoretischen Aufteilung bei Ulrich u.a., DJD Vol. 15.

einer möglichen Gattung. Die Gattung ist anders zu definieren, wenn von der größeren Texteinheit Jes 42, 10–13 auszugehen ist, als wenn schon die Verse 10–12 als geschlossene Einheit zu bestimmen sind. Da auch die seit H. Gunkel scheinbar klar definierte literarische Gattung „Hymnus“ nicht nur differenziert[14], sondern neuerdings auch in Abrede gestellt worden ist[15], muß über die Zuordnung der Verse Jes 42, 10–12 zu einer möglichen Gattung neu nachgedacht werden.

Die textliche Überlieferung der Verse Jes 42, 10ff ist insgesamt besser als man früher, in konjekturfreudiger Zeit, meinte. Nur eine Stelle bleibt unklar.

V. 10a שׁירו ליהוה שׁיר חדשׁ תהלתו מקצה הארץ
10b ’יחדיו ירעם‘ הים ומלאו איים וישׁביהם
V. 11a ישׂאו מדבר ועריו חצרים תשׁב קדר
11b ירנו ישׁבי סלע מראשׁ הרים יצוחו
V. 12 ישׂימו ליהוה כבוד ’’ תהלתו באיים יגידו
V. 13a יהוה כגבור יצא כאישׁ מלחמות יעיר קנאה
13b יריע אף יצריח על איביו יתגבר

In V. 10a (vor תהלתו) und V. 11a (vor חצרים) bietet Q^a zusätzliche Unds, die jeweils das Zweitkolon eröffnen. Sie sind nicht zu übernehmen.[16] Ein weiteres Und steht vor dem Zweitkolon in V. 12 b (vor תהלתו) in Q^a und im MT. Es ist hier ebenso unnötig.[17]

In V. 10b bilden יורדי הים eine crux.[18] Das erste Bikolon der Texteinheit in V. 10a, aus 4 + 3 Wörtern gebaut, markiert metrisch-rhythmisch nach der Pethuḫa einen Neueinsatz, der nicht deutlicher hätte hervorgehoben werden können. Im folgenden enthalten die drei Bikola in V. 11a, 11b und 12 je 3 + 3 Wörter. V. 10b entspricht mit seinen 3 + 2 Wörtern weder dem ersten Bikolon V. 10a (4+3), noch den nachfolgenden Bikola (3+3). Zwar könnte man anscheinend die יורדי הים als das Subjekt zu שׁירו aus V. 10 ansehen und so | scheinen die Pešiṭtā’ und der Targum es

---

[14] Früheres z.B. bei Greßmann, Hugo, Die literarische Analyse Deuterojesajas, ZAW 34 (1914), 254–297 (283ff „Die Hymnen“), Begrich (Anm. 10), 54 („von wirklichen Hymnen begegnen nur zwei Beispiele: 42, 10–13 und 44, 23“), dann in Aufnahme und Abwandlung der Terminologie Gunkels (vgl. Gunkel, Einleitung, 329 „eschatologische Hymnen“ [u.a. Ps 98], 344 [zu Jes 42, 10]) in „eschatologisches Loblied“ Westermann, Claus, Das Loben Gottes in den Psalmen, 1954, 104–106 = ders., Lob und Klage in den Psalmen = 5. Aufl. von Das Loben Gottes in den Psalmen, Göttingen 1977, 108–110; ders., Sprache und Struktur der Prophetie Deuterojesajas (ThB 24) München 1964, 92–170 (157ff); kritisch dazu schon Schüpphaus, Joachim, Stellung und Funktion der sogenannten Heilsankündigung bei Deuterojesaja, ThZ 27 (1971), 161–181.

[15] Spieckermann, Hermann, Alttestamentliche „Hymnen“, in: Burkert, Walter / Stolz, Fritz, Hymnen der alten Welt im Kulturvergleich (OBO 131) Fribourg / Göttingen 1994, 97–108.

[16] Vgl. die Zusammenstellung der zusätzlichen „Unds“ in Q^a bei Kutscher, Eduard Yeḫezkel, The Language and Linguistic Background of the Isaiah Scroll (I $QIsa^a$) (StTDJ 6) Leiden 1974, 414–421.

[17] Die LXX: τὰς ἀρετὰς (Pl.!) αὐτοῦ war noch ohne einleitendes καὶ.

[18] Nicht erörtert bei Barthélemy, Dominique, Critique textuelle de l’Ancien Testament, 2: Isaie, Jérémie, Lamentations (OBO 50/2) Fribourg / Göttingen 1986, 305f.

verstanden zu haben.[19] Aber ob man יורדי הים mit Hieronymus auffaßt als „die zum Meer hinabsteigen“[20] oder als „die das Meer befahren“[21], im einen wie im anderen Fall kommt man dabei mit der „Fülle des Meeres“ ins Gedränge. – Lordbischof R. Lowth[22] hatte für den MT als Konjekturen alternativ vorgeschlagen: ירעם הים ומלאו (vgl. Ps 96, 11; 98, 7; I Chr 16, 32) – „es brause das Meer und seine Fülle“, ... ירן הים – „es freue sich das Meer ...“ (vgl. Jes 44, 23) oder ... יריע הים „es lärme (jubelnd) das Meer ...“. Die eine oder andere seiner Konjekturen ist von Späteren wieder eingebracht worden[23], doch ist mit keiner von ihnen oder noch anderen[24] die poetisch-metrische Unausgewogenheit des V. 10b zu beheben. Das gilt auch für ... יאדירהו ים „es verherrliche ihn das Meer ...“ (vgl. Jes 42, 21), was P. Volz vorge-

---

[19] Brock (Anm. 3), 73 *nḫty* = Part. mask. Pl. im Constructus mit ym’ = MT. Im weiteren dann aber bml’h statt MT ומלאו. Zum Targum vgl. Sperber, Alexander, The Bible in Aramaic Based on Old Manuscripts and Printed Text, Vol. III: The Latter Prophets according to Targum Jonathan, Leiden 1962, 85 *nḫty ym’* = Pešiṭtā’, aber nachfolgend pluralisch wml’yh, vgl. auch Stenning, John Frederick, The Targum of Isaiah, Oxford 1949 = Nachdruck Oxford 1953, 140–143 und Chilton, Bruce David, The Isaiah Targum. Introduction, Translation, Apparatus and Notes (The Aramaic Bible Vol. 11) Edinburgh 1987, 82.

[20] Commentariorum (Anm. 7), 424, „qui descendunt in mare et navigant illud“, in der Vulgata aber „qui descenditis in mare“, Biblia Sacre Iuxta Vulgatam Versionem ... recensuit et brevi apparatu instruxit Robertus Weber, Editio Tertia, Bonifatius Fischer, Stuttgart 1983. Hieronymus folgen bis heute viele Kommentatoren, vgl. Vincent, Jean Marcel, Studien zur literarischen Eigenart und zur geistigen Heimat von Jesaja, Kap. 40–55 (BET 5) Frankfurt a.M. / u.a. 1977, 40–64 (41f), Young, Edward J., The Book of Isaiah, Vol. 3: Chapters 40–66 (NIC) Grand Rapids 1972, 125 u.a.

[21] Lowth, Robert, Isaiah: A New Translation of Isaiah with a Preleminary Dissertation and Notes, London 1778 unter Hinweis auf Ps 127, 23 יורדי הים באניות „die das Meer befahren mit Schiffen“. Zitiert nach Gesenius, Wilhelm, Philologisch-kritischer und historischer Commentar über den Jesaia, Zweyter Theil, Leipzig 1821, 64. – Auch die Deutung, „die das Meer befahren“, lehnt sich noch an Hieronymus an („qui descendunt in mare et navigant illud“). – Zuletzt u.a. so Korpel / de Moor, Structure, 148–150, die sich für ihre metrische Deutung grundsätzlich an MT halten.

[22] Lowth, Isaiah, ebd.

[23] Vgl. ירן bei Buhl, Frants, Jesaja oversat og fortolket, 1894, 2. Aufl., København / Kristiana 1912, 536. – יריע bei Fischer, Johann, Das Buch Isaias, II: Kapitel 40–66 (HSAT Bd. VII, 1. Abt., 2. Teil) Bonn 1939, 56f. – Unter der Prämisse, daß ירעם der originäre Text gewesen sei, Überlegungen zur Entstehung der Lesart (הים) יורדי bei Allen, Leslie C., Cuckoos in the Textual Nest at 2 Kings XX, 13; Isa. XLII, 10; XLIX, 2; Ps. XXII, 17; 2 Chron. V, 9, JTh 22 (1971), 143–150 (146f).

[24] יודה הים ומלאו – „es lobe das Meer ...“ bei Koppe, Johann Benjamin, R. Lowth’s Lordbischofs zu London Jesaias neu übersetzt, Bd. 1–4, Leipzig 1779–1781 (nach Gesenius, Jesaja, 64), vgl. Kissane, Edward J., The Book of Isaiah, 1941–1943, 2. Aufl., Dublin 1960 u.a.; ירחמאלים – „Jerachmeeliter“ und später ישמעאלים – „Ismaeliter“ bei Cheyne, Thomas Kelley, Critica Biblica or Critical Linguistic, Literary and Historical Notes on the Text of the Old Testament Writings: Isaiah and Jeremiah, Ezekiel and Minor Prophets; Kings, Joshua and Judges, London 1904, 40; הדרו – „seine Hoheit (mögen preisen)“ bei Bruno, D. Arvid, Jesaja. Eine rhythmische und textkritische Untersuchung, Stockholm 1953, 324; יודוהו ים ומלאו – „es sollen ihn loben das Meer und seine Fülle“, bei Schildenberger, Johannes B., Parallelstellen als Ursache von Textänderungen, Bib. 40 (1959), 188–198 (197).

schlagen hatte und K. Elliger in die BHS übernahm.[25] Keine dieser Konjekturen ergibt für das Bikolon V. | 10b im Verbund mit seinem Vor- und Nachtext einen überzeugenden Rhythmus. In V. 10b liegen mit הים ומלאו und איים ויושביהם je zwei Wörter vor, die je als Paar, als Binom, eine Aussage bilden.[26] Von daher ist auch für den Anfang von V. 10b anzunehmen, daß dort einst zwei Wörter standen. Welche es waren, läßt sich nicht mehr sagen. Man mag sie ansetzen als יחדיו / יהדו ירעם o.ä. Nur bei der Konjektur des masoretischen יורדי in zwei Wörter ergibt sich für V. 10b ein Rhythmus von 2 + 2 + 2, der den weiteren Bikola mit 3 + 3 in V. 11a, 11b und 12 entspricht.

V. 11aα gilt ישׂאו als problematisch. Unter Hinweis auf die Wiedergabe der Septuaginta (LXX) (εὐφράνθητι) hatte A. Klostermann[27] hier ישׂושׂו konjiziert: „sie sollen sich freuen" (von שׂושׂ). Dem folgen die meisten bis heute. Die Konjektur ist jedoch nicht nur unerlaubt, sie ist auch überflüssig. Wenn die LXX in V. 11bα ירנו mit εὐφραθήσονται wiedergegeben hat, geht es nicht an, für ihr εὐφράνθητι in V. 11aα als ein anderes hebräisches Verb ישׂושׂו zu supponieren, zumal das innerhalb von Jes 40–55 nicht vorkommt.[28] Da im Ausdruck נשׂא קול auch anderswo

---

[25] Volz, Paul, Jesaja II (KAT IX) Leipzig 1932, 28–30. – Die Konjektur ist weder aufgenommen in HALAT Lfg. 1, Leiden 1967, noch bei Gesenius, Wilhelm, Hebräisches und aramäisches Wörterbuch über das Alte Testament, 18. Aufl. (Hgg. Meyer, Rudolph / | Donner, Herbert / Rüterswörden, Udo), Berlin u.a. 1987, aber weiterhin akzeptiert z.B. bei Zapff, Burkard, Jesaja III, 40–55 (NEB.KAT, Lfg. 36) Würzburg 2001, 252.

[26] Sprachlich gequält ist Merendino (Anm. 1), 256 „ihr Fahrenden auf dem Meer und ihr es Erfüllenden". – Anders Korpel / de Moor, Structure, 149, die יורדי הים ומלאו und איים יושביהם in Parallele zueinander setzen. Doch ist mit der „Fülle" des Meeres dessen Menge an Fischen und Seegetier gemeint, vgl. Snijders, L. A. / Fabry, Heinz-Josef, Art. מלא mālē', in: ThWAT, Bd. IV, Stuttgart u.a. 1982–1984, 876–887. – Die Schwierigkeit des Textes hatte schon die LXX empfunden, die מלאו nicht als „seine Fülle" zu deuten vermochte, sondern nur als maskulines Partizip Plural mit Suffix: οἱ πλέοντες αὐτήν, vgl. Ziegler, Isaias (Anm. 3), 278. Das war angesichts der Parallelen für den Ausdruck הים ומלאו etwa in Ps 96, 11; 98, 7; I Chr 16, 32 unrichtig. Die LXX bietet in Ps 96 (Ψ Ps 95), 11; Ps 98 (Ψ Ps 97), 7: ἡ θάλασσα καὶ τὸ πλήρωμα αὐτῆς, in I Chr 16, 32: ἡ θάλασσα σὺν τῷ πληρώματι αὐτῆς.

[27] Klostermann, August, Deuterojesaja hebräisch und deutsch mit Anmerkungen (Sammlung hebräisch-deutscher Bibeltexte Heft 1) München, 1893, 13.

[28] Pešiṭtā' V. 11aα (Sing.) *nḥd'* – „es freue sich" (von *ḥd'*) (aber Pl. MT ישׂאו), 11bα *nšbḥwn* – „sie sollen loben" (von *šbḥ* Pa.) (= MT ירנו). Targum mit starker Erweiterung: V. 11aα (Sing.) *yšbḥ* – „es soll loben (die Steppe ...)", aber 11bα „es sollen bewohnen (*yytbwn*) die offenen Städte die Wüste der Araber, es sollen loben (*yšbḥwn*) die Toten vor Freude, wenn sie aus ihren Gräbern kommen ...". – ישׂא מדבר עריו (Sing.) in Q[a] war bislang singulär. ישׂא hat hier עריו als Objekt, weswegen das Waw vor עריו zu übergehen war. 4QIsa[h] hat nun ebenfalls Sing. ישׂא. Im nachfolgenden במדבר ist dort das erste ב mit einem Punkt über und unter dem Buchstaben versehen, was das ב als delendum kennzeichnet. Die Fortsetzung ist abgebrochen, vgl. Ulrich u.a., a.a.O., 118. – Für die Wiedergabe der LXX mit εὐφράνθητι hatte Ziegler, Joseph, Untersuchungen zur Septuaginta des Buches Isaias (ATA 12, 3) Münster 1934, 135, 153f auf Jes 35, 1 hingewiesen: ישׂושׂום מדבר = εὐφράνθητι, ἔρημος, was der LXX-Übersetzer nach Jes 42, 11 übernahm. Für die hebräische Vorlage der LXX in Jes 42, 11 besagt die Übernahme εὐφράνθητι aus Jes 35, 1 also nichts; vgl. noch – anders – Barthélemy (Anm. 18), 305f.

קול elliptisch unterdrückt wurde[29], ist der MT so zu verstehen, wie das schon Hieronymus herausgestellt hatte[30], daß die Steppe mit ihren Städten aufgefordert wird, zu lautem Jubel die Stimme zu erheben. |

V. 11b ist die Form הררים in Q^a semantisch ohne Belang, wenngleich sie poetischer klingt als הרים. הררים ist im MT Jes 40–55 nicht nochmals bezeugt, während es etliche Belege für הרים gibt. הררים kann auf sich beruhen bleiben.[31]

In V. 11bβ ist das seltene יצוחו (hapax legomenon) in Q^a durch das häufigere יצריחו ersetzt.[32]

V. 13a für יהוה bietet die LXX mit κύριος τῶν δυνάμεων eine eigene Interpretation, die ohne Anhalt ist an einem hebräischen Ms.[33]

V. 13a statt כאיש paraphrasiert die LXX καὶ συντρίψει.[34]

V. 13afin. Die LXX mit anderer metrischer Aufteilung ἐπεγέρει ζῆλον καὶ βοήσεται unter Auslassung von אף יצריח.[35]

V. 13b statt יריע: Q^a partizipial יודיע.[36] Die Wiedergabe in der LXX und in Q^a (vgl. noch Targum) zeigt, wie different die Zuordnung der Satzglieder zueinander und damit die metrische Struktur des Verses schon seit alters verstanden worden ist und weiterhin verstanden werden kann.

10a	„Singt JHWH ein neues Lied, seinen Ruhm vom Ende der Erde!
10b	‘Zusammen sollen lärmen’ das Meer und seine Fülle, die Inseln und ihre Bewohner!
11a	Sollen die Stimme erheben die Steppe und ihre Städte, die Gehöfte, die Qedar bewohnt!
11b	Sollen jubeln die Bewohner Säla‘s, vom Bergesgipfel her sollen sie schreien!
12	Sollen JHWH geben die Glorie!

---

[29] Vgl. Gesenius, Wilhelm, Hebräisches und aramäisches Wörterbuch über das Alte Testament, 16. Aufl. (Ed. Buhl, Frants), 1915, Nachdruck = 17. Aufl. 1921 = Nachdruck Berlin u.a. 1962, 523, s.v. נשׂא mit Hinweisen auf Num 14, 1; Jes 3, 7; 42, 2; Hi 21, 12. Am eindrücklichsten zeigt Jes 52, 8 den Gebrauch von נשׂא mit und ohne קול; vgl. noch Freedman, David Noel / Willboughby, B. E. / Fabry, Heinz-Josef, Art. נשׂא nāśā’, in: ThWAT, Bd. 5, Stuttgart u.a. 1986, 625–643 (641f) und de Waard, Jan A., Handbook on Isaiah, Winona Lake 1997, 163.

[30] Hieronymus, Commentariorum, 425 „levet desertum et civitates ejus vocem suam“. In der Vulgata hatte Hieronymus „sublevetur“ gegeben.

[31] Erwägungen zu הררים in Q^a statt MT הרים bei Kutscher (Anm. 16), 373.

[32] Vgl. Orlinski, Harry, Studies in the St. Mark’s Isaiah Scroll, II: Masoretic Yiṣwāḥu in 42, 11, JNES 11 (1952), 153–156; viele Beispiele für den Ersatz eines weniger bekannten Wortes durch ein bekannteres bei Kutscher, a.a.O., 216–296.

[33] Vgl. Ziegler, Untersuchungen, 124f.

[34] Dazu Ziegler, Untersuchungen, 125.

[35] Elliger, Kommentar, 242 meinte, daß in der LXX יריע übergangen sei, vgl. aber zu רוע = βοᾶν II Chr 13, 15 (bis); richtiger schon Ziegler, Untersuchungen, 48.

[36] Dazu Kutscher, a.a.O., 241.

'' Seinen Ruhm auf den Inseln verkünden!
13a JHWH ist's, der wie ein Held auszieht,
wie ein Kriegsmann Eifer entfacht,
13b lärmend ruft, ja brüllt,
wider seine Feinde sich als Held erweist."

Zu Anfang, V. 10, ruft Deuterojesaja eine (maskuline) Pluralität auf, Jahwe ein neues Lied zu singen. Seinen Ruhm[37] soll man vom Ende der Erde her[38] singen. Wenn es anfangs heißt, daß Jahwes Ruhm vom „Ende der Erde" her gesungen werden soll, am Schluß von V. 12 dann, daß Jahwes Ruhm „auf den Inseln" zu verkünden sei, dann entsprechen sich „das Ende der Erde" | und die „Inseln". Das Ende der Erde einerseits und die Inseln andererseits sind die äußersten Punkte, von denen her ein Jahwe-Lob hörbar werden kann. So umgreifen das „Ende der Erde" in V. 10 und „die Inseln" in V. 12 die Totalität der Welt. Wie vom Ende der Erde Jahwes Ruhm (תהלתו) besungen werden soll, so ist sein Ruhm auf den Inseln zu verkünden. Und wie Jahwe ein neues Lied zu singen ist (V. 10)[39], so ist ihm die Glorie[40] zu geben (V. 12). V. 10 und 12 sind komplementär zueinander. Das gilt in mehrfacher Hinsicht. Es gilt nicht nur für Jahwe, der in V. 10 und 12 derjenige ist, dem das neue Lied zu singen bzw. die Glorie zu geben ist. Es gilt auch für seinen Ruhm, der einerseits vom Ende der Erde her zu singen und andererseits auf den Inseln zu verkünden ist. Die Verse 10 und 12 entsprechen sich auch insofern, daß weder der Eingangsvers noch der Schlußvers ausdrücklich Menschen als Subjekte des Jahwe-Lobes nennt. Die Totalität der Welt, nicht allein der Menschenwelt, ist zum Jahwe-Lob aufgerufen. Eingebunden in die Totalität der Welt sind zuerst das Meer und seine Fülle, dann die Inseln und schließlich an dritter Stelle verschiedene Menschengruppen (V. 10b-11b): die Bewohner der Inseln[41], die Steppe mit ihren Städten, Qedar mit seinen

---

[37] Die LXX hat am Anfang von V. 10 eine Doppelübersetzung ἡ ἀρχὴ αὐτοῦ + ἡ δοξάζετε ... τὸ ὄνομα αὐτοῦ, vgl. Ziegler, Untersuchungen, 72f. Sie hat auch später in V. 12b für ותהלתו eine eigene Deutung: τὰς ἀρετὰς (Pl.) αὐτοῦ.

[38] Elliger, der auch die Belege für קצה – „Ende" in Jes 40–55 zusammengestellt hatte (Kommentar, 245), wies darauf hin, daß gegenüber dem Vortext: Jes 40, 28; 41, 5.9 (Pl. קצות הארץ) erstmals ab hier: Jes 42, 10 der Singular קצה הארץ verwendet wird, wie dann auch später Jes 43, 6; 48, 20; 49, 6.

[39] de Boer, Pieter Arie Hendrik, Cantate domino, OTS 22 (1981), 55–67 hatte darauf aufmerksam gemacht, daß das ל in der Fügung שירו ל nicht – wie traditionell – im Sinne eines Dativs zu verstehen ist (vgl. Vulgata: cantate domino), sondern als Einführung der Person, deren Ruhm es zu besingen gilt. Zur Bedeutungsbreite von ל auch im Gebrauch des Verbs שיר vgl. nunmehr Jenni, Ernst, Die hebräischen Präpositionen, Bd. 3: Die Präposition Lamed, Stuttgart 2000, 146 (sub Expressiva).

[40] Die Übersetzung von כבוד mit „Glorie" in Aufnahme der geglückten Wiedergabe von Jeremias, Jörg, Das Königtum Gottes in den Psalmen. Israels Begegnung mit dem kanaanäischen Mythos in den Jahwe-König-Psalmen (FRLANT 141) Göttingen 1987, 31.

[41] Wenn Smith, Sidney, Isaiah. Chapters XL–LV. Literary Criticism and History, SchL, London 1944, 61 unter den יורדי הים ומלאו in V. 10b die Seefahrer der syro-phönizischen Küste verstanden wissen wollte („you that go down to the sea, and all that occupy it"), so wäre damit eine weitere Menschengruppe gemeint, die in der spätbabylonischen Zeit tatsäch-

Gehöften und die Bewohner Säla's vom Gipfel der Berge. So ist der innere Aufbau des kleinen Stückes sehr überlegt gestaltet worden. Das Meer mit seiner Fülle (V. 10b) steht im Kontrast zum Gipfel der Berge (V. 11b). Die „Inseln", die zum Schluß von V. 12b als einer der fernsten Punkte des Jahwe-Lobes auf Erden genannt werden, sind auch im zweiten Bikolon schon angesprochen. Die „Inseln und ihre Bewohner" des zweiten Bikolons erläutern schon im Vorgriff, was es mit dem Schluß in V. 12 auf sich hat. Kontrapunktisch dazu erläutern in V. 11b „die Bewohner Säla's", was man sich bei dem so weit entfernten „Ende der Erde" denken soll, das am Anfang genannt war. Vom einen wie vom anderen eingeschlossen ist nicht, wie man erwarten könnte, die bewohnte Ökumene (תבל), sondern in der Mitte stehen V. 11a die Steppe (מדבר) nebst ihren Städten (עריו)[42] und die Gehöf|te, die Qedar bewohnt (חצרים תשב קדר). Zwar bezeichnet מדבר an vielen Stellen im Alten Testament eine bestimmte Steppe bzw. Wüste[43], doch ermöglicht nur ein sehr konkreter Zusammenhang im Kontext, das jeweils Gemeinte geographisch zu definieren. Obwohl מדבר in Jes 42, 10–12 in engster Nachbarschaft zu Qedar steht, reicht das wohl nicht hin, das hier genannte מדבר nur für den Aufenthaltsbereich Qedars anzusehen. Es bleibt indessen sehr auffällig, daß bei dem Assyrer Sanherib für die Oase Duma (*Dūmat al-Ǧandal*, heute *el-Ǧōf*), die über viele Dezennien hin das wichtigste Zentrum Qedars gewesen ist, die zutreffende Beschreibung überliefert ist: [^{URU}*A-d*]*u-um-ma-tu ša qereb madbari* – „[die Stadt D]uma, die mitten in der Wüste (ist)".[44]

Wenn die Wüste und Qedar dazu aufgefordert sind, die Stimme zu erheben, so nicht als Schrei in großer Not, sondern vom Gesamtduktus des Textes her, um Jahwe zuzujubeln. So bilden die Verse Jes 42, 10–12 eine geschlossene Einheit.[45] Eine

---

lich eine erhebliche Rolle gespielt hat und die man hier erwarten könnte. Doch ist eine solche Deutung des Ausdrucks יורדי הים ומלאו, in dem הים ומלאו ein Binom bilden, grammatisch nicht möglich, vgl. schon den ähnlichen Versuch der Umdeutung von ומלאו in der LXX, oben Anm. 26.

[42] Wer sicher weiß, daß das Wort עיר nur auf Siedlungen im Kulturland anwendbar war, muß ערים hier wegkonjizieren; vgl. Klostermann (Anm. 27), 13; Ehrlich, Arnold | Bogumil, Randglossen zur hebräischen Bibel. Textkritisches, Sprachliches und Sachliches, Bd. 4, Leipzig 1912, 153; Köhler (sic), Ludwig, Deuterojesaja stilkritisch untersucht (BZAW 37) Gießen 1923, 16 u.a. – Zu ערים der nichtseßhaften Amalekiter und Jerechmeeliter vgl. aber I Sam 15, 5; 30, 29, weiteres bei Hulst, Alexander Reinhard, Art. עיר, in: THAT, Bd. II, 268–272 sowie Otto, Eckart, Art. עיר ʿîr, in: ThWAT, Bd. VI, Stuttgart u.a. 1987–1989, 55–74.

[43] Vgl. HALAT Lfg. 2, Leiden 1974, 519a s.v. מדבר.

[44] Luckenbill, Daniel David, The Annals of Sennacherib (OIP 2) Chicago 1924, 93 Z. 26, vgl. dazu auch Ephʿal, Israel, The Ancient Arabs. Nomads on the Border of the Fertile Crescent 9th–5th Centuries B.C., 1982, 2. Ed., Jerusalem 1984, 41 und Frahm, Eckart, Einleitung in die Sanherib-Inschriften (AfO.B 26) Wien 1997, 16.

[45] Es beruhte auf einem Fehlurteil über den poetischen Aufbau, wenn Duhm, Bernhard, Das Buch Jesaia (HK.AT III/1) 1892, 4. Aufl. 1922 = Nachdruck 5. Aufl., Göttingen 1968, 315 V. 12 als Dublette zu V. 10 ausklammerte. Ihm folgten Marti, Karl, Das Buch Jesaja (KHC 10) Tübingen 1900, 290 u.a. – Morgenstern, Julian, Isaiah 42, 10–13, in (Ed. Pierson, Roscue Mitchell): To Do and to Teach, Essays in Honor of Charles Lynn Pyatt, Lexington 1953, 27–38 und Merendino (Anm. 1), 259f meinen mittels Wortstatistik erweisen zu können, daß V. 10–12 bzw. 10 und 12 sekundär seien, vgl. aber zur inneren Einheit der Verse auch den Aufweis bei Prinsloo, Willem S., Isaiah 42, 10–12 "Sing to the Lord a New Song", in (Edd. van

Übernahme der Textaufteilung der BHS ist kein hinreichender Grund, erst mit V. 13 die Einheit enden zu lassen.[46]

V. 13 hat gegenüber den vorangehenden Versen poetisch und inhaltlich ein völlig anderes Gepräge.[47] Das beginnt mit einer Klangassonanz zwischen יעיר und יריע, eine Art von Wortspiel, wie es die Verse 10–12 nicht kennen. Einzelne Wörter so engräumig miteinander zu verkoppeln wie in V. 13init. | (כ)גבור mit התגבר V. 13fin. hat in den vorangehenden Versen 10–12 ebenfalls kein Pendant. Ungewöhnlich ist der Ausdruck (Plural!) איש מלחמות.[48] Zum Kampf gegen seine Feinde (על איביו) muß sich Jahwe in V. 13 weder gürten, noch bedarf er irgendeiner Waffe. Andere Texte, die Jahwes Auszug zum Kampf beschreiben, benutzen ein anderes Vokabular und evozieren damit andere Vorstellungen. Den sehr eigenen Formulierungen des Verses 13 müßte im Rahmen ähnlicher Aussagen im Corpus Jes 40–55 noch intensiver nachgegangen werden.[49] Hier genügt es festzuhalten, daß V. 10 in V. 12 seinen inneren Abschluß findet. Weder poetisch noch inhaltlich gehört V. 13 mit den Versen 10–12 zusammen. Die Sethuma steht hinter V. 12 in Q^a zu Recht.

Im Zentrum der Verse 10–12 steht Qedar. Es gibt keine so konkrete Aussage nochmals in einem der sogenannten hymnischen Stücke innerhalb von Jes 40–55. Man kann mit Qedar in V. 10–12 in verschiedener Weise umgehen. Das einfachste ist, es zu negieren. Sofern man von vornherein weiß, daß in den Versen ein „eschatologischer Hymnus“[50] vorliegt, der über hehre Worte in Fülle verfügt, wäre hier gesagt: „das Meer soll brausen, die Wüste jubeln, die Felsenbewohner frohlocken,

Ruiten, Jacques / Vervenne, Marc): Studies in the Book of Isaiah. Festschrift Willem A. M. Beuken (BEThL 132) Leuven 1997, 289–301 (291ff).

[46] So mit Recht – gegen die masoretische Überlieferung – Korpel / de Moor, Structure (Anm. 4), 154f. – Anders früher Morgenstern, a.a.O., Spykerboer, Structure (Anm. 1), 93 und viele andere.

[47] Wie auch immer man V. 13 metrisch gliedert, eine metrische Entsprechung zu den vorangehenden Versen 10–12 ist nur bei der Anwendung von Zwangsmitteln erreichbar; vgl. schon – anders als MT – Q^a und die LXX (s. oben). Konjekturen des MT sind unangebracht (anders Köhler [Anm. 42], 16, Freedman, David Noel, Isaiah 42, 13, CBQ 30 [1968], 225–226 und Vincent [Anm. 20], 44). Die Konjekturen zeigen nur an, wie verschieden die metrische Gliederung des Verses vorgenommen werden kann.

[48] איש מלחמות noch I Chr 28, 3 als Vorwurf an David.

[49] Beispiele aus anderen Kontexten bei Adam, Klaus-Peter, Der königliche Held. Die Entsprechung von kämpfendem Gott und kämpfendem König in Psalm 18 (WMANT 91) Neukirchen-Vluyn 2001, 62ff, anderes bei Fredriksson, Henning, Jahwe als Krieger. Studien zum alttestamentlichen Gottesbild, Lund 1945, 24, 82f, Stuhlmueller, Carroll, Yahweh-King and Deutero-Isaiah, BR 15 (1970), 32–45, Miller, Patrick D., The Divine Warrior in Early Israel, Cambridge/Mass. 1973, 94f, Darr, Katheryn Pfisterer, Like Warrior, Like Woman. Destruction and Deliverance in Isaiah 42:10–17, CBQ 49 (1987), 560–571 und Mettinger, Tryggve N. D., In Search of the Hidden Structure: YHWH as King in Isaiah 40–55, in (Edd. Broyles, Craig C. / Evans, Craig A.): Writing and Reading the Scroll of Isaiah. Studies of an Interpretive Tradition, Vol. 1 (VT.S 70/1) Leiden / New York / Köln 1997, 144–154 (148ff).

[50] So seinerzeit die Benennung bei Gunkel (Anm. 14), „eschatologisches Loblied“ bei Westermann.

sollen Jahwe Ehre bringen und seinen Ruhm verkünden".[51] Qedar hat in einem „eschatologischen Hymnus" bzw. einem „eschatologischen Loblied" nicht zu stehen und kann ungenannt übergangen werden. Das Wissen um die vorgegebene Gattung darf übersehen, was zwar im Text steht, aber nach der Gattungsbestimmung da nicht hätte stehen dürfen.

Eine andere Möglichkeit sich Qedars zu entledigen, ist, es für etwas anderes zu deklarieren. W. Gesenius behauptete kurz und knapp: „קדר (steht) hier für Nomaden überhaupt".[52] Dem Vater der hebräischen Philologie ist vieles zu verdanken. Aber er hätte einen kleinen Fingerzeig geben können, so daß nachvollziehbar würde, inwiefern Qedar hier für etwas anderes stehe. Daß | Qedar hier für Nomaden stehe, war schlicht eine Behauptung. Sie wird nicht dadurch richtig, wenn sie immer noch wiederholt wird.[53]

Zur Eigenheit der Verse 10–12 gehört, daß sie mit keinem Wort Israel oder jemanden aus Israel verbatim zum Ruhme Jahwes auffordern. Genannt sind das äußerste Ende der Erde einerseits und die Inseln am anderen Welthorizont andererseits, beide zusammen umschließen das Meer, die Inseln und verschiedene Menschengruppen. Unter den Menschen bildet Qedar das Zentrum. Sie: das äußerste Ende der Erde einerseits, die Inseln am anderen Welthorizont andererseits sowie das Meer, die Inseln und die Wüste nebst Qedar sind jetzt aufgefordert, ihre Stimme zur Glorie Jahwes zu erheben, seinen Ruhm zu singen bzw. zu verkünden (V. 10 parallel zu V. 12).

Wie die Verse 10–12 als Gattung zu bestimmen seien, ist viel diskutiert worden.[54] Wenn eine Gattungsbestimmung für die Verse plausibel sein soll, so müßte vom Grundprinzip der Gattungsforschung her für das hier vorliegende einzelne Beispiel einer auch sonst bezeugten Gattung ein bestimmter „Sitz im Leben" aufweisbar sein. Es müßte ein „Sitz im Leben" sein, durch den die hier vorliegende Gattung von einer anderen unterschieden ist. Ob man das Stück „eschatologischen Hymnus"[55], „prophetischen Hymnus"[56], „eschatologisches Loblied"[57], „imperativischen Hymnus"[58] oder noch anders nennt – für keine solche „Gattung" konnte aufgewiesen werden, daß sie einen anderen „Sitz im Leben" gehabt hat als ein „gewöhnlicher" Hymnus bzw. ein „gewöhnliches" Loblied, deren „Sitz im Leben" im

---

[51] Zitat aus Westermann, Claus, Das Buch Jesaja, Kapitel 40–66 (ATD 19) 1966, 5. Aufl. Göttingen 1986, 86. Ein Wort Qedar kommt in der Kommentierung Westermanns (ebd. 85f) nicht vor.

[52] So Gesenius, Commentar (Anm. 21), 64.

[53] Vgl. Young (Anm. 20), 126 „Kedar is probably mentioned as representing the Bedawin"; Baltzer, Klaus, Deutero-Jesaja (KAT X/2) Gütersloh 1999, 189 „'Kedar' wird erwähnt. Der Name steht im AT für die Beduinen, die östlich im arabischen Bereich mit ihren Herden leben".

[54] Vgl. Vincent (Anm. 20), 46f, Matheus (Anm. 5), 15–29, Prinsloo (Anm. 45), 289ff.

[55] So Gunkel (Anm. 10).

[56] So Haller, Max, Das Judentum: Geschichtsschreibung, Prophetie und Gesetzgebung nach dem Exil (SAT II/3) 2. Aufl., Göttingen 1925, 21–75 (33f).

[57] So Westermann, s. oben Anm. 51.

[58] So Crüsemann, s. oben Anm. 12.

übrigen ja auch keineswegs unstrittig ist. Sofern der Text Jes 42, 10–12 als Beispiel einer auch sonst belegten Gattung angesehen wird, müßte plausibel gemacht werden, warum mit jeder Rezitation des Textes stets aufs neue die Steppe, Qedar und die Bewohner Säla's zum Ruhme Jahwes aufgefordert wurden. Dafür hat sich bislang kein (liturgischer) Ort gefunden und es wird sich auch keiner finden lassen.[59] Denn es ist unsinnig, für die exilische Zeit eine literarische Gattung zu postulieren, in der zwar die ganze Welt Jahwe rühmen soll, von einem Ende bis hin zu den Inseln, dazu ausdrücklich die Steppe, Qedar und die Bewöhner Säla's, Israel aber in einem solchen Text mit kei|nem Wort zum Lobpreis Jahwes aufgefordert wäre. Man sollte für den Text Jes 42, 10–12 nicht weiter nach einer Gattung suchen. Es ist kein Beispiel einer vorgegebenen Gattung, sondern ein Text, den Deuterojesaja aus Elementen überkommener Tradition selbst neu gestaltet hat.[60] Daß es Aufrufe zum Lobpreis schon vor Deuterojesaja gegeben hat, kann nicht strittig sein.[61] Zwar ist es nicht möglich, innerhalb der im Alten Testament überkommenen Literatur die Stelle anzugeben, aus der der Exilsprophet seine Aufrufe zum Lobpreis für diesen Text übernommen hat. Aber das gilt z.B. auch für die Botenformel כה אמר יהוה, die er aus der Tradition kannte und gern abwandelte[62], ohne daß man sagen könnte, er habe damit eine bestimmte Schriftstelle zitiert.

Fast alle antiken Versionen haben den vorliegenden Namen Qedar verstanden als eine Benennung des historischen Qedar, mögen auch die Kenntnisse über das, was Qedar einst war, bei ihnen längst geschwunden gewesen sein.[63] Vom konkreten Qedar her läge es nahe, auch unter den „Inseln und ihren Bewohnern" (V. 10b; vgl. V. 12b) nicht nur Eilande in einem Irgendwo-Meer zu verstehen, sondern eine bestimmte Inselwelt. Aber sooft innerhalb von Jes 40–55 auch die „Inseln" genannt

[59] Vgl. die Kritik an den Versuchen, die sog. hymnischen Partien im Corpus Jes 40–55 unter einen einheitlichen Gattungsbegriff zu subsumieren bei Vincent (Anm. 20), 46ff, Hermisson, Abschied (Anm. 5), 213f und Werlitz (Anm. 1), 257ff, speziell zu 42, 10–12 Prinsloo (Anm. 45), 289ff. Im Ergebnis kommt Matheus (Anm. 5) darauf hinaus, daß die in Rede stehenden Partien nur noch in Anführungsstrichen als „hymnisch" zu bezeichnen seien (selbst ein Text wie Jes 51, 3), ohne daß die Konsequenz gezogen wäre, die Stücke als partielle Übernahme traditioneller Elemente anzusehen, die von Deuterojesaja zu je neuen literarischen Einheiten zusammengefügt worden sind.

[60] Vgl. so – aber mit anderen Konsequenzen – Heßler, Eva, Gott der Schöpfer. Ein Beitrag zur Komposition und Theologie Deuterojesajas, Diss. Theol., Greifswald 1961, 85; Matheus (Anm. 5), 52. Ausdrücklich so jetzt auch Blenkinsopp, Joseph, Isaiah 40–55 (AncB 19) New York u.a. 2002, 215 „it is a literary composition that uses material from psalms extolling Yahve as king and creator" (unter Verweis auf Jes 24, 14–16).

[61] Crüsemann (Anm. 12 mit Zitat) hat gesehen, daß es „alleinstehende Aufrufe zum Lob" in liturgie-ähnlichen Texten auch anderswo gibt. Er verwies dafür u.a. auf Ps 134 und 150 aber auch (a.a.O., 79 Anm. 3) auf Ps 47 und 149. Die Belege ließen sich leicht vermehren.

[62] Jes 43, 1.14.16; 44, 2.6.24; 45, 1.11.14.18; 48, 17; 49, 7.8.25; 50, 1; 52, 3 mit den Abwandlungen in Jes 42, 5.22; 45, 13; 51, 22; 52, 4; 54, 8, vgl. zum variablen Gebrauch der Formel auch Elliger, Kommentar, 333f.

[63] Nur im Targum ist Qedar ersetzt durch „die Wüste der Araber". Aber selbst diese Paraphrase ist noch eine unbewußte Reminiszenz an das historische Qedar. Beim einzigen weiteren Vorkommen von Qedar im Jesajabuch: Kap. 21, 16f ist im Targum Qedar auch durch „Araber" ersetzt worden.

sind[64], sie sind bislang nicht auf eine bestimmte Insel-(oder Halbinsel)-Region einzugrenzen.[65] Solange schriftliche Zeugnisse darüber fehlen, wie sich in der Endphase des neubabylonischen Reiches das Verhältnis der westkleinasiatischen Jonier zu den Persern und das der Phönizier an der levantinischen Küste und auf den ostmediterranen Inseln zu ihrem neubabylonischen Suzerän gestaltet hat, bleiben die Inseln in V. 10b eine vage Region am anderen Ende der Welt. Wahrscheinlich hat Deuterojesaja damit eine geographische Realität gemeint. Sie ist aber noch nicht benennbar.

Entziehen sich die Inseln vorerst noch in den Bereich am Ende der Welt, wo sich geographische Realität ins Nebulöse verflüchtigt, so könnte man mit | ihnen auch die ישׁבי סלע (V. 11b) als irgendwelche Felsbewohner ansehen.[66] Solche Felsbewohner wären dann etwa Gemsen, Klippdachse oder sonstige Tiere, deren Lebensbereich felsiges Bergland ist. Da man sich allerdings unter Inselbewohnern (איים וישׁביהם V. 10b) am ehesten Menschen vorzustellen hat, ist ein Bezug der ישׁבי סלע auf Tiere abwegig.[67] Die von Deuterojesaja als ישׁבי סלע Bezeichneten waren gewiß Menschen.

Die LXX war mit ihrer Deutung von ישׁבי סלע noch sehr viel konkreter. Sie hatte ישׁבי סלע wiedergegeben mit οἱ κατοικοῦντες Πέτραν. Die LXX hatte damit zwei Entscheidungen getroffen. Die erste war, daß sie סלע hier nicht als irgendein Wort für „Fels" ansah, sondern als einen Ortsnamen. Die zweite Entscheidung war, daß sie den Ort סלע für identisch hielt mit Petra.[68] Letztere Gleichung, daß der Ort סלע identisch sei mit Petra, war ungeheuer einflußreich. Sie wirkt bis in die Gegenwart.[69] Die Gleichung סלע = Petra war aber unrichtig. Sie war unrichtig, weil es für Petra den einheimischen Namen Rqm / Rqmw gab.[70] Die Frage aber ist,

---

[64] Elliger, Kommentar, 55 Anm. 5 und S. 117 mit den Belegen.

[65] Vgl. Schwarzenbach, Armin, Die geographische Terminologie im Hebräischen des Alten Testaments, Leiden 1954, 78f; Dussaud, René, île ou rivage dans l'Ancien Testament, AnSt 6 (1956), 63–65; Koch, Michael, Tarschisch und Hispanien. Historisch-geographische und namenkundliche Untersuchungen zur phönikischen Kolonisation der iberischen Halbinsel (Madrider Forschungen 14) Berlin 1984, 157–160.

[66] So die Pešiṭtā' mit ihrem *ytby šqyf'* – „Bewohner der Felsen" (Pl.).

[67] Anders aber Volz, Kommentar (Anm. 25), 30 „unter den *Bewohnern* sind vor allem die eigenartigen Tiere gemeint".

[68] Zu סלע = Πέτρα in der LXX vgl. noch Ri 1, 36.

[69] Vgl. – immerhin mit Fragezeichen – Grimm, Werner / Dittert, Kurt, Deuterojesaja. Deutung – Wirkung – Gegenwart, Calwer Bibelkommentare, Stuttgart 1990, 150 „säla' ... identisch mit dem Petra der hellenistisch-römischen Zeit?" Unrichtig Baltzer, Deutero-Jesaja, 189 „Sela' ... bezieht sich wahrscheinlich auf die Stadt Petra".

[70] Vgl. schon Josephus, Arch. IV, 7, 1: nach einem der fünf Könige der Midianiter namens ῾Ρέκειμος hatte die Stadt ihren Namen ῾Ρεκέμης, während sie bei den Griechen Petra genannt sei; zu Rqmw / Rqm vgl. Cantineau, Joseph, Le Nabatéen, Vol. 2, Paris 1932, Index S. 147b (s.v. רקם); Noth, Martin, Die Wege der Pharaonenheere in Palästina und Syrien IV: Die Schoschenkliste (1938) = ders. (Hg. Wolff, Hans-Walter), Aufsätze zur biblischen Landes- und Altertumskunde, Bd. 2, Neukirchen-Vluyn 1971, 73–92 (89f); Starcky, Jean, Petra et la Nabatène (DBS 7), Paris 1966, 886–1016 (894 zu Jes 42, 11); Negev, Abraham, The Nabateans and the Provincia Arabia, ANRW II 8 (Hgg. Temporini, Hildegard / Haase, Wolfgang), Berlin / New York 1977, 520–686 (588ff); Wenning, Robert, Die Nabatäer. Denkmäler und

war auch schon erstere Entscheidung falsch, daß סלע hier kein Ortsname ist, sondern ein Wort für „Fels“? Rein grammatisch wird sich kein durchschlagendes Argument dafür finden lassen, wann ein Wort wie סלע in einem poetischen Text noch als Appellativ verwendet ist und wann es Name ist. Sofern man sich für die appellativische Deutung entscheidet[71], sollte man auch Qedar hinweginterpretieren. Das allerdings ist nicht nur schwierig, sondern unmöglich. |

Qedar war zu Zeiten Deuterojesajas immer noch eine sehr reale Größe.[72] Mag die Blütezeit Qedars auch das 7. Jh. v. Chr. gewesen sein[73], wenn nach dem Untergang des assyrischen Reiches Nebukadnezar noch 599 v. Chr. von Syrien (*Ḫatti*) aus einen Feldzug gegen die Araber unternommen hat[74], so sind damals die Qedarener immer noch deren anerkannte Führer gewesen. Ob nach Syrien eindringend, in den Oasenstädten Duma oder *Tēmā'* seßhaft oder nach Südmesopotamien ausgreifend, Qedarener beunruhigten noch über die Zeiten Nebukadnezars hinaus die Kulturlandbewohner in Syro-Palästina wie in Südbabylonien.[75]

Geschichte (NTOA 3), Fribourg / Göttingen 1987, 197ff; Knauf, Ernst Axel, Art. Rekem, in: AncB Dictionary, Bd. V, Garden City/NY 1992, 665; Schmitt, Götz, Siedlungen Palästinas in griechisch-römischer Zeit. Ostjordanland, Negeb und (in Auswahl) Westjordanland (BTAVO. B Nr. 93) Wiesbaden 1995, 275.

[71] Vgl. dezidiert Buhl (Anm. 23), 536 „Da Edom her er ganske upassende som Eksempel, er סלע ikke dette Folks Hovedstad ..., men staar i appellativisk Betydning: Klippe“ („Weil Edom hier ganz unpassend ist als Beispiel, ist סלע nicht dieses Volkes Hauptstadt, sondern steht in appellativischer Bedeutung: Fels“) mit Verweis auf die Pešiṭtā' (s. oben Anm. 66) und die Kommentare von Gesenius (Anm. 21), Ewald, Heinrich, Die Propheten des Alten Bundes, Bd. II, Stuttgart 1841, 420, von Orelli, Conrad, Der Prophet Jesaja (KK I/4), (1877), 3. Aufl., Nördlingen 1904, 156, Dillmann, August, Der Prophet Jesaja (KeH 5) (1890), 6. Aufl. (Hg. Kittel, Rudolph), Leipzig 1898, 383 und Marti (oben Anm. | 45). – Die Reihe der Kommentatoren, die סלע aber doch als eine Stadt ansahen (meistens in Nachfolge der LXX = Petra), ließe sich leicht um das Doppelte verlängern.

[72] Wie im einzelnen die sonstigen alttestamentlichen Belege für Qedar zu datieren sind, wird strittig bleiben. Sicher ist, daß sie nicht auf ein Phantom, sondern auf eine Realität rekurrieren.

[73] Vgl. zur Geschichte Qedars nach den assyrischen Quellen Eph'al, Arabs (Anm. 44), 223–227 und Knauf, Ernst Axel, Ismael. Untersuchungen zur Geschichte Palästinas und Nordarabiens im 1. Jahrtausend v. Chr. (ADPV 7) 2. Aufl., Wiesbaden 1989, 96–103.

[74] Grayson, Albert Kirk, Assyrian and Babylonian Chronicles (TCS 5) Locust Valley 1975, Chronicle 5, Rs. 9–10, S. 101. Zum 6. Jahr Nebukadnezars heißt es dort: „The sixth year: In the month Kislev the king of Akkad mustered his army and marched to Hattu. He despatched his army from Hattu and they went off to the desert. They plundered extensively the possessions, animals, and gods of the numerous Arabs. In the month Adar the king went home“. – Vor *A-ra-bi* steht das Determinativ KUR – „Land“, vgl. Grayson, a.a.O., 101 Anm. Vgl. zur Kampagne Nebukadnezars gegen die Araber die Erörterungen bei Dumbrell, William, J., The Midianites and Their Transjordanian Successors, Th. D. Harvard 1970, 184ff; ders., Jeremiah 49, 29–33. An Oracle against a Proud Desert Power, AJBA 2/1 (1972), 99–109; Lindsay, John, The Babylonian Kings and Edom, 605–550 B.C., PEQ 108 (1976), 23–39 (24); Eph'al, Arabs (Anm. 44), 171–176; Knauf, Ismael, 103 mit Anm. 564–565; Hoglund, Kenneth G., Achaemenid Imperial Administration in Syria-Palaestine and the Missions of Ezra and Nehemiah (SBL DS 125) Atlanta 1989, 17ff u.a.

[75] Vgl. die Belege für Qedar bei Harper, Robert Francis, Assyrian and Babylonian Letters

Warum man nach dem Mord an Neriglissars Sohn *Lā-abâš-Marduk* (*Labaši-Marduk*) 556 v. Chr. den schon bejahrten Nabonid mit dem babylonischen Königsamt betraute, verschweigen die Quellen.[76] Die nach seiner Inthroni|sierung von Nabonid autorisierten Texte hatten nicht die Intention, die Gründe für seine Taten darzulegen oder ihre chronologische Abfolge darzubieten, sondern ihre Absicht war, den Vollzug der Aufträge der Götter, besonders des Gottes Sîn, durch den König vor Gott (den Göttern) und der (Nach-)Welt zu rühmen.[77] So heißt es etwa in der sog. *Ḫarrān*-Stele, daß das Wort des Gottes Sîn und der Göttin Ištar veranlaßt hatte, daß Ištar

---

belonging to the K[ouyunjik] Collection of the British Museum, Bd. 1–14, London / Chicago 1892–1914, Nr. 350, 8 (= 83-1-18, 29) und Nr. 811, 7 (= Bu. 89-4-26, 63 + 81), zu letzterem auch Eph'al, Israel, „Arabs" in Babylonia in the 8th Century B.C., JAOS 94 (1974), 108–115 (112 Anm. 28), ders., Arabs, 223f. – Der in diesem Zusammenhang bisweilen beigezogene Brief (Figulla, Hugo Heinrich, Business Documents of the Neo-Babylonian Period, Ur Excavations Texts IV, London 1949, Nr. 167 = Ebeling, Erich, Neubabylonische Briefe [ABAW. PH NF 30] München 1949, 163f Nr. 303), in dem ein *Nabû-šumu-ibni* einem *Ningal-iddina* vermeldet, daß zwei aus *Tēmā'* gebürtige Familien aus *Eridu* nicht zu den Arabern generell, sondern zu den Qedarenern geflohen seien, gehört vom Namen *Ningal-iddina* her in die Zeit Asarhaddons und nicht in die neubabylonische Zeit, vgl. San Nicolò, Marino, Neubabylonische Urkunden aus Ur, Or.NS 19 (1950), 217–232 (218f, 232).

[76] Zu den Texten Neriglissars, auch den Wirtschaftstexten aus seiner Zeit, vgl. Sack, Ronald Herbert, Neriglissar. King of Babylon (AOAT 236) Kevelaer / Neukirchen-Vluyn 1994, zu den Texten Nabonids jetzt Schaudig, Hanspeter, Die Inschriften Nabonids von Babylon und Kyros' des Großen samt den in ihrem Umfeld entstandenen Tendenzschriften (AOAT 256) Münster 2001. Ebd. 514–522 (Text), 522–529 (Übersetzung) der sog. | Babylon-Stele, die Col. IV, Z. 37′–42′ + Col. V (Anfang) den Regierungswechsel von *Lā-abâš-Marduk* (*Labaši-Marduk*) auf Nabonid berichtet. Der Text verschleiert an dieser Stelle bewußt den Sachverhalt und hat darüber hinaus (im Übergang von Col. IV zu V) eine Lakune, so daß manches offen bleibt. – Nach Tadmor, Hayim, The Inscriptions of Nabunaid. Historical Arrangement, in: Studies in Honor of B. Landsberger on His Seventy-Fifth Birthday April 21, 1965 (AS 16) Chicago 1965, 351–363 hat zuletzt Beaulieu, Paul-Alain, The Reign of Nabonidus, King of Babylon, 556–539 B.C. (YNER 10) New Haven / London 1989 einen eindrücklichen Versuch unternommen, die offiziellen Texte Nabonids in eine chronologische Abfolge zu bringen. Für Einzelfälle ergeben sich dennoch bisweilen andere Ansätze. Wenn Beaulieu (ebd. 22, 42 zu Nr. 1) dafür plädiert, das erste Regierungsjahr Nabonids (genauer: Mitte des ersten Jahres) als Entstehungszeit der sog. Babylon-Stele anzusetzen, im Text der Stele (Col. X, XI) aber von der Wiederherstellung des E.ḪUL.ḪUL-Tempels in *Ḫarrān* die Rede ist, dann kann sie schwerlich schon Mitte des ersten Jahres, sondern erst nach der Rückkehr des Königs aus *Tēmā'* in Babylon aufgestellt worden sein, vgl. Schaudig, a.a.O., 515. Das Bild der Regierungszeit Nabonids ändert sich, wenn die sog. Babylon-Stele später anzusetzen ist. – Vgl. auch Dandamaev, Muhammed Abdulkadirovič, Art. Nabonid, in: RLA, Bd. 9, Lfg. 1–2, Berlin / New York 1998, 6–11, Oelsner, Joachim, Nabonid, in: Der neue Pauly (Hgg. Cancik, Hubert / Schneider, Helmut), Bd. 8, Stuttgart 2000, 660–661 und die Bezeugung des Königs Nabonid und einzelner seiner Heerführer in Inschriften aus *Tēmā'* selbst: Müller, Walter Wilhelm / al-Said, Said F., Der babylonische König Nabonid in taymanischen Inschriften, BN 107 / 108 (2001), 109–119.

[77] Vgl. zur Funktion der Inschriften Schaudig, a.a.O., 66–68.

> „ihre Hand über sie aus(-streckte), damit die Könige[78] vom Lande Ägypten, vom L[and der Med]er, vom Land der Ar[aber und] die Gesamtheit der fei[nd]lichen Könige z[u] Friedens[schluß und guten Beziehungen (Boten)] vor mi[ch hinschickten]“.[79]

Aus der Sicht Nabonids wird damit deutlich, daß die Araber von ihrer Bedeutung her im Rang unmittelbar hinter die Meder und Ägypter einzureihen waren. Bezeichnenderweise nennt sich Nabonid | erst nach seiner Rückkehr aus *Tēmā'* (hebr. תימא, arab. *Taymā'*)[80], nachdem die Araber niedergeworfen waren, „König der vier Weltgegenden“.[81] Damit geht aus der neuen Titulatur mit aller Deutlichkeit hervor, welche Rolle in Nabonids Vorstellung von der Weltherrschaft den Arabern zukam. – Hieß es soeben noch, daß auch die Araber zu Friedensschluß und guten Beziehungen zum König gekommen seien, so wird aus den anschließenden Zeilen deutlich, daß die Friedfertigkeit der Araber eher in den Bereich des Wunschdenkens gehörte, denn in den der Wirklichkeit.

> „<Die Menschen> <vom Lande der Araber,> die die Waffe(n) ... [...] des Landes Akkad [...] ... um zu [rauben und] den Besitz [wegzunehmen,] waren sie angetreten, aber auf das Wort Sîns zerschmetterte Nergal ihre Waffen und sie beugten sich alle zu meinen Füßen“.[82]

Wäre forschungsgeschichtlich zuerst der Text der *Ḫarrān*-Stele Nabonids bekannt geworden, so hätte man den dahinter stehenden historischen Sachverhalt gewiß so rekonstruiert, daß die Araber sich in den ersten Jahren der Herrschaft Nabonids noch friedlich verhielten, sich in späteren Jahren aber den Ansprüchen des Neubabyloniers widersetzten und gegen den König rebellierten, was sie mit einer bitteren Niederlage hätten büßen müssen.

---

[78] Die Konstruktion, in der sich das singularische „König“ (LUGAL) als Nomen regens anscheinend auf alle drei nachfolgenden Größen bezieht (Ägypten, Meder und Araber) ist krude, vgl. Röllig, Wolfgang, Erwägungen zu neuen Stelen Nabonids, ZA 56 (1964), 218–260 (228). Sofern man grammatisch beim Singular bliebe, wäre damit ein Einheitskönigtum über Ägypten, die Meder und Araber ausgesagt, was nicht gemeint gewesen sein kann.

[79] Schaudig, a.a.O., 490 (Text), 497 (Übersetzung). Der Text der *Ḫarrān*-Stele ist in zwei Exemplaren überkommen, die stärker in ihrer Zeilenlänge als im Wortlaut voneinander abweichen. Auf Exemplar I steht das Referierte in den Zeilen I 41–45, auf Exemplar II in den Zeilen I, 47–II 3, vgl. Schaudig, a.a.O., 490. – Im unmittelbar vorangehenden Textstück ist unklar, wie das Verhältnis zwischen Sîn und Ištar grammatisch gemeint ist. Für die hier zu erörternde Sachaussage ist das ohne Belang. – Entstanden ist die *Ḫarrān*-Stele wahrscheinlich nach der Rückkehr Nabonids aus *Tēmā'*, nach dem 13. Regierungsjahr, vielleicht im 14. oder 15. Regierungsjahr Nabonids, vgl. Beaulieu, Nabonidus, 32, 42 zu Nr. 13.

[80] *Tēmā'* erscheint in den Inschriften Nabonids als ^{URU}*Te-ma-a'*, ^{URU}*Te-ma-a*, $^{\text{U[RU}}$ *T]e-ma*, vgl. Schaudig, a.a.O., Index S. 714.

[81] Beaulieu, a.a.O., 34, 38 und 42 zu Nr. 19 und Nr. 15, vgl. Schaudig, a.a.O., 17.

[82] *Ḫarrān*-Stele Exemplar I Col. 45–II 2, Exemplar II Col. II 3–9, Schaudig, a.a.O., 490 (Text), 497 (Übersetzung). – Die Parallelität der beiden Fassungen ergibt zwingend, daß die Zeichen für „die Menschen vom Lande der Araber“, nicht anders als so zu deuten sind.

Nach der schon länger bekannten Nabonid-Chronik[83] stellt sich die Abfolge der Ereignisse völlig anders dar. Die heute bekannte Tafel der Nabonid-Chronik ist im 22. Jahr Darius' nach einer älteren Vorlage kopiert worden. Mit ihrer Parteinahme für Kyrus hält sich die Nabonid-Chronik so wenig zurück wie mit der Abwertung von Nabonids Königtum. Sie scheint dennoch die zeitliche Abfolge der Ereignisse im Ganzen richtig darzubieten.[84] | Danach hat Nabonid in seinen Anfangsjahren keine Friedensboten von Ägyptern, Medern oder Arabern empfangen[85], sondern in seinem 1. Regierungsjahr seine Truppen zum Land *Ḫume* (Kilikien) aufgeboten.[86] Wenn es zu seinem 2. Regierungsjahr[87] heißt, daß es im Monat *Ṭebet* (Januar) in Hamat (am Orontes) kalt gewesen sei, so hat man das gewiß nicht als Beobachtung eines außergewöhnlichen Wetterphänomens anzusehen, sondern als Hinweis darauf, daß Nabonid seinem früheren Vorgänger Nebukadnezar nacheifern wollte[88] und in Hamat schon länger stationierte oder gerade dorthin entsandte neubabylonische Truppen von einem Kälteeinbruch überrascht wurden.[89]

Die Einträge der Nabonid-Chronik zum 3. Regierungsjahr beginnen heute leider mit einer Lakune. Lesbar ist dann: der Monatsname Ab, Land Ammananu, Berge, Gärten und Früchte, die von ihnen nach Babel hineingebracht wurden.[90] Da auch

---

[83] Die kommentierende Übersetzung von Oppenheim, Adolf Leo, in: ANET, 3. Ed. (mit Supplement), Princeton 1969, 305–307 basierte noch auf der älteren Textedition und ist durch Grayson, Chronicles (Anm. 74), überholt.

[84] Vgl. Galling, Kurt, Studien zur Geschichte Israels im persischen Zeitalter, Tübingen 1964, 8–22 („Politische Wandlungen in der Zeit zwischen Nabonid und Darius"); Morawe, Günter, Studien zum Aufbau der neubabylonischen Chroniken in ihrer Beziehung zu den chronologischen Notizen der Königsbücher, EvTh 26 (1966), 308–320; Röllig, Wolfgang, Nabonid und *Tēmā'*, in: Compte rendu de l'onzième rencontre assyriologique internationale, organisée à Leiden du 23 au 29 juin 1962 par le Nederlands Instituut voor het Nabije Oosten, Leiden 1964, 21–32; ders., Erwägungen (Anm. 78), 218–260; Shea, William H., An Unrecognized Vassal King of Babylon in the Early Achaemenid Period, AUSS 9 (1971), 51–67, 99–128, dass., 10 (1972), 88–117, 147–178 (bes. AUSS 10, S. 95ff); Lambert, Wilfred Georg, Nabonidus in Arabia, Proceedings of the Fifth Seminar for Arabian Studies, London 1972, 53–64; D'Agostino, Franco, Nabonedo, Adda Guppi, il deserto e il dio Luna. Storia, ideologia e propaganda nella Babilonia del VI sec. A.C. (Quaderni di Orientalistica 2) Pisa 1994. – Kritisch zu einigen Daten der Nabonid-Chronik Lambert, Wilfred Georg, A New Source for the Reign of Nabonidus, AfO 22 (1968/9), 1–8 (5, 7); vgl. nunmehr den Versuch einer Zusammenschau bei Beaulieu, Nabonidus, 165–169 und Dandamaev (Anm. 76).

[85] Der Anfang der Nabonid-Chronik ist weitgehend zerstört. Was da bruchstückhaft steht (Grayson, Chronicles, 105 Z. 1–6), ist nicht deutbar als Bericht über Friedensgeschenke der Könige vom Lande Ägypten, der Meder, der Araber und der Gesamtheit der Könige, wovon die *Ḫarrān*-Stele sprach.

[86] Grayson, Chronicles, 105 Z. 7 [...] x *šarru ummāni-šú id-ke-ma ana Ḫu-me-e.*

[87] Der Anfang und die Schlußzeile des Eintrags zum 2. Regierungsjahr sind abgebrochen.

[88] Vgl. zu den Unternehmungen Nebukadnezars in Syrien oben S. 251f. Das große Vorbild Nebukadnezar ist in den Texten Nabonids am häufigsten unter allen Vorgängern genannt, vgl. Schaudig, a.a.O., Index S. 709.

[89] Vgl. Beaulieu, Nabonidus, 127.

[90] Grayson, Chronicles, 105 Z. 12 [...] x [GIS]*ṣip-pa-a-tú inbu ma-la ba-šu-ú* Z. 13 [...] x *ina lib-*

anderswo in der Nabonid-Chronik für ein Truppenaufgebot ein bestimmter Monat genannt wird[91], war hier also eine Kampagne gegen das Land Ammananu beschrieben, aus dessen Gärten man Früchte nach Babylon brachte. Was mit dem „Land Ammananu" gemeint war, ist noch nicht sicher bestimmt. Die einen plädieren für den südlichen Teil des Nosairier-Gebirges, d.h. das Küstengebirge auf der Höhe von Arwad, die anderen für den Antilibanos.[92] Im ersteren Fall hätte sich diese erste Kampagne Na|bonids in seinem 3. Regierungsjahr im Westen des mittleren Syrien abgespielt, im zweiten westlich von Damaskus. – Sei es noch in der Region Ammananu oder schon wieder in Babylon – jedenfalls ist Nabonid[93] im 3. Regierungsjahr schwer krank geworden, schließlich aber wieder genesen. In unmittelbarer Fortsetzung dazu heißt es in der Nabonid-Chronik: „Im Monat Kislev [bot] der König sein Heer [auf] ... und zu *Nabû-Bēl-dān*, dem Bruder".[94] Im 3. Regierungsjahr, fünf Monate nach dem zuvor genannten Ab, sind die neubabylonischen Truppen also im Monat Kislev (November / Dezember) zu einem zweiten Feldzug aufgeboten worden. Wer der in diesem Zusammenhang genannte *Nabû-Bēl-dān*, der Bruder, gewesen sein mag, ist offen. Man möchte am liebsten den Sohn Nabonids: Belsazar (*Bēl-šarra-uṣur*) darin sehen, doch sind die Zeichen für den Namen anscheinend nicht so deutbar.[95] Leider wiederum mit einer Lakune einsetzend, wird dann das Ziel und der

---

bi-ši-na ana qe-reb E (*Bābili*$_5$)^{KI}.

[91] Siehe sogleich zum Monat Kislev und zum 9. Jahr im Monat Nisan das Aufgebot des Kyrus.

[92] In der sog. Royal Chronicle (Schaudig, a.a.O. 590–593 [Text], 593–595 [Übersetzung] heißt es zu dieser Kriegsaktion Nabonids u.a. „... legt[e] er (seine) Waffen an ... [...die Me]nschen des Landes *Ḫatti* im Ayyar des dritten Jahres [... Bā]bil stellte er sich an die Spitze seiner Truppen [...b]ot er auf, und am 13. Tag in [...] ... kam er an, (und) die Köpfe der Menschen, die in der Stadt Ammananu wohnen, [(und) i]hre [...] schnitt er ab in großer Zahl und [...] zu Haufen. [Den König] hängte er [an einen P]fahl und [...] ... der Berge, er teilt die Sta[dt] zu ..." [ebd. 595]). Leider ist weder der Name des Königs aus dem Ammananu-Gebiet, noch das andere Gebiet, dem nach dem Eingriff Nabonids das Territorium Ammananu zugeschlagen wurde, im Text erhalten. – Zum geographischen Ansatz für Ammananu vgl. Honigmann, Ernst, Art. Ammananu, in: RLA, Bd. 1, Berlin / Leipzig 1928, 96 (Libanon oder Antilibanos). Kessler, Karlheinz, Die Anzahl der assyrischen Provinzen des Jahres 738 v.Chr. in Nordsyrien, WO 8 (1975), 36–63 (63) und Na'aman, Nadav, Two Notes on the Monolith Inscription of Shalmaneser III from Kurkh, Tel Aviv 3 (1976), 89–106 (98) plädierten bei den Belegen aus der Zeit Tiglatpilesers III. für das Nosairiergebirge, Tadmor, Hayim, The Inscriptions of Tiglath-Pileser III King of Assyria, Jerusalem 1994, Index s.v. Ammanana S. 294 bezieht diese Belege aber nun|mehr auf den Antilibanos. Smith (Anm. 41), 34 hielt Ammananu gar für den *Ǧebel ed-Durūz* im Hauran, Lindsay (Anm. 74), 33f für den Amanus, Beaulieu, Nabonidus, 168 Anm. 13 schwankt zwischen Libanon und Antilibanos, hält letzteres aber für das Wahrscheinlichere.

[93] Das Subjekt zum Verb ... *imr*]*uṣ* (GIG)-*ma* – „er wurde krank" ist aufgrund einer Lakune nicht erhalten. Es kann vom offiziösen Charakter der Chronik her nur der König Nabonid gewesen sein.

[94] Grayson, Chronicles, 105 Z. 14f *ina* ^{KI}*Kislīmi šarru ummāni-šú* / [*id-ke-ma*(?) ...] x *tim u ana* ^{d}*Nabû* ^{d}*Bēl-dān* (KAL) *aḫu*.

[95] Anders Smith (Anm. 41), 34 und Lindsay (Anm. 74), 32, vgl. aber Shea (Anm. 84), AUSS 10, 151; Tallqvist, Knut, Neubabylonisches Namenbuch (ASSF XXXII/2) Helsinki / Leipzig

Erfolg dieses zweiten Feldzuges benannt (Z. 16): [...] x *mu šá* KURMAR.TU *a-na* ... (Z. 17) [URU*Ú*]-*du-um-mu it-ta-na-du-ú*[96] – „[...] x mu des Landes Amurru, nach ... [die Stadt E]doms gaben sie auf". Wie die Lücke vor „... des Landes Amurru" zu ergänzen ist, muß offen bleiben. Der Begriff „Amurru" war in Nabonids Zeiten längst ein Archaismus. Wenn sich aber nach dem Text der Royal Chronicle der erste Feldzug des 3. Regierungsjahres gegen Ammananu im Bereich von *Ḫatti* abgespielt hat[97] und es in der sog. Schmähschrift auf Nabonid von der Stadt *Tēmā'* heißt, daß sie „inmitten Amurrus" (*qé-reb A-mur-ri*) liege[98], dann ist man hier mit „Amurru" schon lange nicht mehr in Syrien, sondern sehr viel weiter südlich auf dem Weg nach *Tēmā'*.[99] – Das nachfolgende [...]-*du-um-mu* ist früher als [URU*A*]*dummatu* gelesen und als Bezeichnung der Oase Duma gedeutet wor|den.[100] Inzwischen besteht ein einhelliger Konsens, daß mit [...]-*du-um-mu* hier Edom genannt ist.[101] Interpretationsmöglichkeiten bestehen nur darin, ob vor [*Ú*]-*du-um-mu* ein Stadt- (URU)[102] oder ein Landesdeterminativ (KUR)[103] zu ergänzen und wie die Verbform *it-ta-na-du-ú* aufzulösen ist. Ob man vor Edom ein Stadt- oder Landesdeterminativ

---

1905, s.v. hatte den Namen gelesen als *Nabû*(mdNÀ)-*tat*(!)-*tan-uṣur*(URÌ); vgl. noch Beaulieu, Nabonidus, 166 mit Anm. 9.

96 Grayson, Chronicles, 105, Z. 16–17.

97 S. oben Anm. 92.

98 Schaudig, a.a.O., 568 Z. 23′ (Text), 575 (Übersetzung). – Zu sonstigen Belegen für Amurru in neu- und spätbabylonischer Zeit vgl. Zadok, Ran, Répertoire Géographique des Textes Cunéiformes, Bd. 8: Geographical Names according to New- and Late-Babylonian Texts (BTAVO.B Nr. 7/8) Wiesbaden 1985, 23.

99 Wenn Paul Richard Berger bei Weippert, Manfred, Besprechung von Parpola, Simo, Neo-Assyrian Toponyms (AOAT 6), Kevelaer / Neukirchen-Vluyn 1970, GGA 224 (1972), 150–161 (160 mit Anm. 15) vorgeschlagen hatte, die Zeichen als [*t*]*am-tim šá* KUR MAR.TU – „des Meeres von Amurru" zu lesen, so war den neu- und spätbabylonischen Texten sonst ein „Meer von Amurru" unbekannt. Die Ergänzung ist somit unwahrscheinlich.

100 Albright, William Foxwell, The Conquest of Nabonidus in Arabia, JRAS (1925), 293–295 mit vielen Nachfolgern, vgl. auch Weippert, Edom. Studien und Materialien zur Geschichte der Edomiter auf Grund schriftlicher und archäologischer Quellen, Diss. / Habil., Tübingen 1971, 392 mit Anm. 1349. Smith (Anm. 41), 37f mit Anm. 80 entschied sich nach Abwägung der Möglichkeiten zwischen Edom und Adummate (= Duma) für letzteres, vermutete aber darin einen sonst nicht genannten Ort bei Azraq. Der Name der Oase Duma wird sonst *A-du-um-ma-te*, *A-du-mu-tu* u.ä. geschrieben, vgl. Parpola, Simo, Neo-Assyrian Toponyms (AOAT 6), Kevelaer / Neukirchen-Vluyn 1970, 4–5; Lambert, Nabonidus (Anm. 84), 53–64; Ephʿal, Arabs (Anm. 44), 119f; Knauf, Ismael (Anm. 73), 5 mit Anm. 19.

101 Grayson, Chronicles, 105 mit Addendum 282; Lambert, Nabonidus, 53; Labat, René, Assyrien und seine Nachbarländer (Babylonien, Elam, Iran) von 1000 bis 617 v.Chr. Das neubabylonische Reich bis 539 v.Chr., in (Hgg. Cassin, Elena / Bottéro, Jean / Vercoutter, Jean): Fischer Weltgeschichte, Bd. 4: Die Altorientalischen Reiche III. Die erste Hälfte des 1. Jahrtausend, Frankfurt/a.M. 1967, 9–111 (105); Knauf, Ismael, 69 mit Anm. 347; Zadok, Répertoire, 318; Veenhof, Klaas R., Geschichte des Alten Orients bis zur Zeit Alexanders des Großen, Grundrisse zum Alten Testament (ATD Ergänzungsband 11) Göttingen 2001, 285 u.a. Lindsay (Anm. 74), plädierte für Elath oder Bosra als Stadt Edoms.

102 So Grayson, Chronicles, 105.

103 So Zadok, Répertoire, 318.

ergänzt, ist insofern nicht entscheidend, da diese zweite Kampagne Nabonids in seinem 3. Regierungsjahr nicht nur einer Stadt Edoms, sondern dem Staate Edom das Ende bereitet hat. Die Verbform *it-ta-na-du-ú* könnte als 3. Pers. Sing. oder 3. Pers. Pl. aufgefaßt werden. Im ersteren Fall wäre gemeint, daß nur ein Anführer (= Nabonid) des neubabylonischen Heeres gegen [die Stadt] Edoms eine Belagerung durchführte („[(gegen) die Stadt E]dom warf er (ein Belagerungslager) auf"), im anderen Fall, daß es mehrere Anführer gewesen sind.[104] Besser ist vielleicht noch die Deutung, daß auf den massiven militärischen Aufmarsch der Neubabylonier hin die Einheimischen selbst „[die Stadt E]doms aufgaben".[105] Wie auch immer man die Form deutet, so oder so brachte die Kampagne Nabonids für diese Stadt der Edomiter und für ihren Staat das Ende.

Die weiteren Textbruchstücke, die die Nabonid-Chronik noch zum 3. Regierungsjahr enthält, sind bislang nicht in einen historischen Zusammenhang zu bringen. Sie können hier unerörtert bleiben. Ebenso auch die Gründe, die dazu führten, daß Nabonid für zehn Jahre seinen Aufenthalt in *Tēmā'* nahm.[106] |

A. Musil hatte im Jahr 1900 auf seinen Streifzügen durch das südliche Edom von einer Ortschaft *Ḫirbet es-Selᶜ* gehört, wo es auch die Ruinen eines *Quṣēr* bzw. *Qaṣr es-Selᶜ* geben solle.[107] Er selbst hat den Ort nur aus der Ferne gesehen. Colonel F. G. Peake hat den damals noch sehr abseits gelegenen Ort westlich von *Buṣēra* (dem edomitischen *Boṣra*) erstmals in den dreißiger Jahren des 20. Jh.s aufgesucht und von seinen Beobachtungen N. Glueck berichtet, der daraufhin auch in *Ḫirbet es-Silᶜ* und der „Burg" *es-Silᶜ* gewesen ist.[108] M. Lindner hat sich 1969, 1973, 1976 und 1977 temporär im Ort *Ḫirbet es-Silᶜ* aufgehalten und von dort aus die „Fliehburg" *es-Silᶜ* gründlich untersucht und beschrieben.[109] Die in der „Fliehburg" gesammelte und von F. Zayadine bestimmte Keramik wies auf eine sehr lange Siedlungsfolge hin, von der Frühen Bronzezeit bis in die Mameluckenzeit, wobei die Eisen-II-Zeit (10.–6. Jh. v.Chr.) gut vertreten war, nabatäische Scherben aber relativ selten vorkamen.[110] 1994 hat Dr. Hamid Qatamine in einer Felswand von *es-Silᶜ* ein Relief entdeckt, dessen Publikation und wissenschaftliche Beschreibung etwas auf sich warten ließen.[111] Inzwischen aber ist klar, daß es sich um ein Relief Nabonids han-

---

[104] So Grayson, Chronicles, 105 „they / he encamped [*against* A]dummu". Vgl. früher Smith (Anm. 41), 137.

[105] Vgl. AHw Bd. II, 707 s.v. *nadu* = Nr. 15 mit Belegen für eine Stadt, ein Haus, ein Nest aufgeben.

[106] Vgl. die Diskussion bei D'Agostino (Anm. 84), 97–108, Beaulieu, Nabonidus, 178–185, Dandamaev (Anm. 76) und Müller / al-Said (Anm. 76), 118f.

[107] Musil, Alois, Arabia Petraea II: Edom, Wien 1908, 318f Schreibung *es-Selᶜ*.

[108] Vgl. Glueck, Nelson, Explorations in Eastern Palestine III (cont.), BASOR 65 (1937), 8–29 (28f), ders., Explorations in Eastern Palestine III, AASOR 18–19, New Haven 1939, XXI, 26–32.

[109] Lindner, Manfred, Petra und das Königreich der Nabatäer, 4. Aufl., München / Bad Windsheim 1983, 258–279 (die Schreibung *es-Sela'* mit Aleph am Wortende ist irreführend).

[110] Vgl. Lindner, a.a.O., 269 mit dem Keramikbefund von Fawzi Zayadine.

[111] Es wird den Jubilar erfreuen zu erfahren, daß die Grundthese dieses Artikels zwischen dem Verfasser und H. Olivier debattiert worden ist, nachdem Dr. H. Qatamine seine Entdeckung

delt. Das geht aus der bildlichen Darstellung des Königs hervor, die ihre nächsten Parallelen in anderen bildlichen Darstellungen Nabonids hat.[112] Obwohl Wind und Wetter dem einst über dreißig Zeilen langen keilschriftlichen Text so zugesetzt haben, daß davon praktisch nichts mehr lesbar ist, haben sich glücklicherweise die Anfangszeichen erhalten. Sie lauten: „Ich bin Nabonid, der [K]önig von *Bābil*“.[113]

Vom Text der Nabonid-Chronik her scheint es sich zwingend zu ergeben, daß das Relief in der Felswand von *es-Silʿ* und seine (einst lesbare) Inschrift im 3. Regierungsjahr Nabonids entstanden sind. Das ist wahrscheinlich aber zu relativieren. Denn wenn es richtig ist, daß Nabonid erst nach seiner | Rückkehr aus *Tēmāʾ* seinen Namen in der Form ^{md}*Muati-i* schrieb[114] und die erodierten Anfangszeichen der Felsinschrift nur so zu lesen sind, dann muß es mindestens zehn Jahre gedauert haben, bis die neubabylonischen Arbeiter, nachdem *es-Silʿ* in die Hände Nabonids gefallen war, die Inschrift am Ort fertiggestellt hatten.[115]

Für die Deutung des Textes Jes 42, 10–12 ergeben sich nach diesem Fund als Schlußfolgerungen:

1) Es gibt bislang keinen neubabylonischen Text von Nabonid, der explizit über eine Auseinandersetzung des Königs mit Qedar spräche. Jeder neue Fund kann aber die Beleglage ändern – falls man jetzt nicht schon aus der Nennung Qedars in Jes 42, 11 auf eine Auseinandersetzung zwischen Nabonid und den Qedarenern zu schließen hat.[116] Unter den Arabern ist Qedar als Führungsmacht in der Zeit Nabonids weiterhin eine reale Größe gewesen und das auch über Nabonids Zeit hinaus

---

(mit unscharfen Fotos) auf dem Congress for the History and Archaeology of Jordan in Turin 1995 öffentlich vorstellte. – Nach einer vorläufigen Notiz von Zayadine, Fawzi, Traditions bibliques et découvertes archéologiques, in: Le Monde de la Bible 104 (1997), 33–36 (36) boten Beschreibungen: Dalley, Stephanie / Goguel, Anne, The Selaʿ Sculpture: A Neo-Babylonian Rock Relief in Southern Jordan, ADAJ 41 (1997), 169–176, Lindner, Manfred, sub: Nachrichten, in: Nürnberger Blätter zur Archäologie 15 (1998/99), 18f mit Abb. 6 und Zayadine, Fawzi, Le Relief néo-babylonien à Selaʿ près de Tafileh: Interprétation historique, Syria 76 (1999), 83–90. Schaudig (Anm. 75), 544 beruht auf mehr Informationen, als den sonstigen Publikationen zu entnehmen ist.

[112] Dalley bei Dalley / Goguel, a.a.O., 172ff.

[113] Vgl. Schaudig, a.a.O., 544 *<ana-ku?>* ^{md}*muati-<i> <lu>gal e*[^{ki} ...].

[114] Vgl. Schaudig, ebd. (unter Berufung auf Beaulieu) und Index S. 709f zum Namen *Nabû-naʾid*.

[115] Elliger, Kommentar (Anm. 10), 247 hatte im Wissen um die seinerzeit bekannten babylonischen Texte die Frage geäußert „sollte etwa die Aufforderung zur Freude den sehr realen Grund haben, daß Nabonid nach Babylonien abgezogen war, was im 13. Jahr seiner Regierung, also 543 v.Chr., geschah?“ Die Vermutung war hellsichtig – ist aber jetzt durch den Fund in *es-Silʿ* zu modifizieren. Zum einen hatte Elliger, Kommentar, 247f סלע nicht als Ortsnamen anerkannt, eine Gleichung die nunmehr unabweisbar ist, zum anderen scheinen die babylonische Inschrift und das Relief *es-Silʿ* erst Jahre nach der Eroberung angebracht worden zu sein, der Ort war also fest in babylonischen Händen. Daß der Abzug Nabonids aus *Tēmāʾ* in seinem 13. Jahr gleichzeitig die Aufgabe *es-Silʿs* aus babylonischer Hoheit bedeutete, ist nicht belegbar. Man wird den Aufruf Deuterojesajas in Jes 42, 10–12 später als das 13. Jahr Nabonids anzusetzen haben, zeitlich näher an die Jahre 543 v.Chr. und folgende.

[116] Die Auseinandersetzung Nebukadnezars mit Qedar (s. oben S. 251f) erinnert Jer 49, 28ff. Aber es gab eben nicht nur diese eine Auseinandersetzung der Neubabylonier mit Qedar.

noch geblieben.

2) Im Kontext mit Qedar ist סלע in Jes 42, 11 der Name eines Ortes. Die phonetische und topographische Gleichung סלע = *es-Silʿ* kann nicht noch besser als durch das Relief und die Inschrift Nabonids am Ort begründet werden.

3) Wie jeder Herrscher hat auch Nabonid dafür gesorgt, seinen Sieg über סלע = *es-Silʿ* nicht nur am Ort in Bild und Schrift den Göttern und der (Nach-)Welt zu dokumentieren, sondern im ganzen Reich ruhmredig zu verbreiten. Wie wahrscheinlich alle seine Zeitgenossen im neubabylonischen Reich hat auch Deuterojesaja von diesem Sieg des Königs gewußt.

4) Mit Kyros' Aufkommen, spätestens mit seinem Einzug in Babylon, wurden die Auseinandersetzungen, die Nabonid seinerzeit mit Qedar und den Edomitern in סלע *es-Silʿ* hatte, durch noch viel umwälzendere Ereignisse überholt, verdrängt und vergessen.

5) Die umherschweifenden Söhne der Wüste, Qedar und die Bewohner des edomitischen סלע *es-Silʿ* gehörten zu den ungeliebtesten Nachbarn, die Juda jemals gehabt hat. Für Deuterojesaja war auch das Ende ihrer Unterdrückung durch die Neubabylonier absehbar geworden.

6) Die ungeliebtesten Nachbarn zum Jubel zu ermuntern, war für die hebräischen Adressaten der Botschaft Deuterojesajas nicht nur eine subtile Aufforderung, es denen gleichzutun, sondern ein völlig neuer Ton, ein wahrlich neues Lied, das mit der ganzen Welt gemeinsam Jahwe zu singen war.

Bibliographie

Stefan Timm

(in Auswahl)

Die bibliographischen Abkürzungen richten sich nach dem Abkürzungsverzeichnis von Siegfried M. Schwertner, Internationales Abkürzungsverzeichnis für Theologie und Grenzgebiete, Berlin / New York ^{2}1992.

Selbständige Publikationen

1) Landkarte B X 13, TAVO, Ägypten, Das Christentum in der Gegenwart, Wiesbaden 1977/1978

2) Die Dynastie Omri. Quellen und Untersuchungen zur Geschichte Israels im 9. Jahrhundert v. Chr., FRLANT 124, Göttingen 1982

3) Landkarte B VI 15, TAVO, Ägypten, Das Christentum bis zur Araberzeit (bis zum 7. Jahrhundert), Wiesbaden 1983

4) Landkarte B VIII 5, TAVO, Ägypten, Das Christentum in Mittelalter und Neuzeit, Wiesbaden 1983

5) Das christlich-koptische Ägypten in arabischer Zeit, Teil 1 (A–C), BTAVO, Reihe B 41/1 Wiesbaden 1984

6) Das christlich-koptische Ägypten in arabischer Zeit, Teil 2 (D–F), BTAVO, Reihe B 41/2, Wiesbaden 1984

7) Das christlich-koptische Ägypten in arabischer Zeit, Teil 3 (G–L), BTAVO, Reihe B 41/3, Wiesbaden 1985

8) Das christlich-koptische Ägypten in arabischer Zeit, Teil 4 (M–P), BTAVO, Reihe B 41/4, Wiesbaden 1988

9) Moab zwischen den Mächten. Studien zu historischen Denkmälern und Texten, ÄAT 17, Wiesbaden 1989

10) Das christlich-koptische Ägypten in arabischer Zeit, Teil 5 (Q–S), BTAVO, Reihe B 41/5, Wiesbaden 1991

11) Das christlich-koptische Ägypten in arabischer Zeit, Teil 6 (T–Z), BTAVO, Reihe B 41/6, Wiesbaden 1992

Mitherausgeberschaft

12) Manfred Weippert / Stefan Timm, Meilenstein – Festgabe für Herbert Donner, ÄAT 30, Wiesbaden 1995

Aufsätze

13) K. Koschorke / S. Timm / F. Wisse, Schenute: De Certamine contra Diabolum, Oriens Christianus 59 (1975), 60–77

14) Die territoriale Ausdehnung des Staates Israel zur Zeit der Omriden, Zeitschrift des Deutschen Palästinavereins 96 (1980), 20–40
15) Der Heilige Mose bei den Christen in Ägypten. Eine Skizze zur Nachgeschichte alttestamentlicher Texte, in: Religion im Erbe Ägyptens – Beiträge zur spätantiken Religionsgeschichte zu Ehren von A. Böhlig, ÄAT 14, Wiesbaden 1988, 197–220
16) Die Ausgrabungen in Ḥesbān als Testfall der neueren Palästina-Archäologie, Nederduitse Gereformeerde Teologiese Tydskrift 30 (1989), 169–177
17) Die Eroberung Samarias aus assyrisch-babylonischer Sicht, Welt des Orients 20/21 (1989/90), 62–82
18) Anmerkungen zu vier neuen hebräischen Namen, Zeitschrift für Althebraistik 2 (1990), 188–198
19) Einige Orte und Straßen auf dem Gebiet des alten Moab bei Eusebius, Journal of Northwest Semitic Languages 15 (1990/91), 179–216
20) Das ikonographische Repertoire der moabitischen Siegel und seine Entwicklung: Vom Maximalismus zum Minimalismus, in: The Iconography of Northwest Semitic Seals: Proceedings of a Symposium Held in Fribourg on April 17–20, 1991, edd. B. Sass / C. Uehlinger, OBO 125, Fribourg / Göttingen 1993, 161–193
21) König Hesion II. von Damaskus, Welt des Orients 24 (1993), 55–84
22) Die Bedeutung der spätbabylonischen Texte aus Nērab für die Rückkehr der Judäer aus dem Exil, in: Meilenstein – Festgabe für Herbert Donner zum 16. Februar 1995, edd. M. Weippert / S. Timm, ÄAT 30, Wiesbaden 1995, 276–289
23) „Gott kommt von Teman, der Heilige vom Berg Paran" (Habakuk 3:3) – und archäologisch Neues aus dem äußersten Süden (Tell el-Meḫarret), Old Testament Essays 9/2 (1996), 308–333
24) Wo Joseph seinen Vater traf oder: von einem der auszog, eine biblische Stadt zu suchen und einen neuen Gott fand (Überlegungen zu Hērōnpolis), Journal of Northwest Semitic Languages 25 (1999), 83–95
25) Ein assyrisch bezeugter Tempel in Samaria?, in: Kein Land für sich allein. Studien zum Kulturkontakt in Kanaan, Israel / Palästina und Ebirnâri für Manfred Weippert zum 65. Geburtstag, edd. U. Hübner / E. A. Knauf, OBO 186, Fribourg / Göttingen 2002, 126–133
26) Von Ouranios zur Universität, in: Aktualisierung von Antike und Epochenbewusstsein. Erstes Bruno Snell-Symposion der Universität Hamburg am Europa-Kolleg, ed. G. Lohse, Beiträge zur Altertumskunde Bd. 195, München / Leipzig 2003, 45–61
27) Jes 42, 10ff und Nabonid, in: Schriftprophetie. Festschrift für Jörg Jeremias zum 65. Geburtstag, edd. F. Hartenstein / J. Krispenz / A. Schart, Neukirchen-Vluyn 2004, 121–144

Artikel

28) Ahab, NBL, Bd. I (1991), 63–64
29) Isebel, NBL, Bd. II (1995), 241
30) Menahem, NBL, Bd. II (1995), 758–759
31) Moab, NBL, Bd. II (1995), 826–829
32) Ahab, RGG[4], Bd. I (1998), 221–222
33) Ahasja, RGG[4], Bd. I (1998),222–223

34) Amalekiter, RGG[4], Bd. I (1998), 386
35) G. Dalman, RGG[4], Bd. II (1999), 524
36) Sinai, TRE, Bd. XXXI (2000), 283–285
37) Omri, NBL, Bd. III (2001), 29–34
38) Manasse, RGG[4], Bd. V (2002), 723–724
39) Menahem, RGG[4], Bd. V (2002), 1029

Rezensionen

40) H. Spieckermann, Juda unter Assur in der Sargonidenzeit, FRLANT 129, Göttingen 1982, Theologische Literaturzeitung 110 (1985), 881–884
41) G. W. Ahlström, Who were the Israelites?, Winona Lake/IN 1986, Welt des Orients 18 (1988), 199–206
42) R. G. Boling, The Early Biblical Community in Transjordan, Decatur GA / Sheffield 1988, Theologische Literaturzeitung 115 (1990), 214–215
43) Y. Minokami, Die Revolution des Jehu, Göttinger Theologische Arbeiten Bd. 38, Göttingen 1989, Theologische Literaturzeitung 115 (1990), 100–102
44) D. V. Edelman (ed.), The Fabric of History – Text, Artifact and Israel's Past, JSOT.S 127, Sheffield 1991, Theologische Literaturzeitung 118 (1993), 215–217
45) B. Becking, The Fall of Samaria: An Historical and Archaeological Study, Studies in the History and Archaeology of Ancient Near East Vol. II, Leiden / New York / Köln 1992, Orientalistische Literaturzeitung 89 (1994), 53–59
46) D. Redford, Egypt, Canaan, and Israel, New Jersey 1992, Orientalistische Literaturzeitung 89 (1994), 258–269
47) F. Briquel-Chatonnet, Les Relations entre les cités de la côte phénicienne et les royaumes d'Israel et de Juda, Studia Phoenicia XII (OLA 46), Louvain 1992, Bibliotheca Orientalis 52 (1995), 127–133
48) W. Dietrich / M. Klopfenstein (Hgg.), JHWH-Verehrung und biblischer Monotheismus im Kontext der israelitischen und altorientalischen Religionsgeschichte, OBO 139, Fribourg / Göttingen 1994, Orientalistische Literaturzeitung 93 (1998), 467–494
49) A. J. Hoerth / G. L. Mattingly / E. M. Yamauchi, Peoples of the Old Testament World, Cambridge / Grand Rapids 1996, Theologische Literaturzeitung, 123 (1998), 587–589
50) B. Isaac, The Near East under Roman Rule. Selected Papers, Mnemosyne Supplement 3, Leiden / Köln / New York 1998, Theologische Literaturzeitung 125 (2000), 261–262
51) W. Dietrich, Die frühe Königszeit in Israel. 10. Jahrhundert v. Chr., Biblische Enzyklopädie 3, Stuttgart / Berlin / Köln 1997, Theologische Literaturzeitung 125 (2000), 265–269 (= Review of Theological Literature 2 [2000], 40–45)
52) A. Schoors, Die Königreiche Israel und Juda im 8. und 7. Jahrhundert v. Chr. Die assyrische Krise, Biblische Enzyklopädie 5, Stuttgart / Berlin / Köln 1998, Theologische Literaturzeitung 125 (2000), 389–391
53) Th. Schaack, Die Ungeduld des Papiers. Studien zum alttestamentlichen Verständnis des Schreibens anhand des Verbums *katab* im Kontext administrativer Vorgänge, BZAW 262, Berlin / New York 1998, Theologische Literaturzeitung 125 (2000), 502–503

54) T. Ishida, History and Historical Writing, Studies in the History and Culture of the Ancient Near East Vol. XVI, Leiden / Boston / Köln 1999, Theologische Literaturzeitung 127 (2002), 23-24
55) R. de Hoop, Genesis 49 in its Literary and Historical Context, Oudtestamentische Studiën Vol. XXXIX, Leiden 1999, Bibliotheca Orientalis LIX (2002), 377–385

Register

A Stellen

1 Biblische Texte

2 Hebräische Texte

3 Akkadische Texte

4 Griechische Texte

B Wörter

1 Hebräische Wörter

2 Akkadische Wörter

3 Arabische Wörter

4 Gemeinsemitische Wörter

5 Griechische Wörter

C Namen

1 Toponyme und Gentilizia

2 Personen und Gottheiten

D Sachen

Ugarit-Verlag Münster

Ricarda-Huch-Straße 6, D-48161 Münster (www.ugarit-verlag.de)

Lieferbare Bände der Serien AOAT, AVO, ALASP(M), FARG, Eikon und ELO:

Alter Orient und Altes Testament (AOAT)

Herausgeber: *Manfried* DIETRICH - *Oswald* LORETZ

43 Nils P. HEEßEL, *Babylonisch-assyrische Diagnostik.* 2000 (ISBN 3-927120-86-3), XII + 471 S. + 2 Abb., € 98,17.

245 Francesco POMPONIO - Paolo XELLA, *Les dieux d'Ebla. Étude analytique des divinités éblaïtes à l'époque des archives royales du IIIe millénaire.* 1997 (ISBN 3-927120-46-4), VII + 551 S., € 59,31.

246 Annette ZGOLL, *Der Rechtsfall der En-ḫedu-Ana im Lied nin-me-šara,* 1997 (ISBN 3-927120-50-2), XII + 632 S., € 68,51.

248 *Religion und Gesellschaft. Veröffentlichungen des Arbeitskreises zur Erforschung der Religions- und Kulturgeschichte des Antiken Vorderen Orients (AZERKAVO), Band 1.* 1997 (ISBN 3-927120-54-5), VIII + 220 S., € 43,97.

249 Karin REITER, *Die Metalle im Alten Orient unter besonderer Berücksichtigung altbabylonischer Quellen.* 1997 (ISBN 3-927120-49-9), XLVII + 471 + 160 S. + 1 Taf., € 72,60.

250 Manfried DIETRICH - Ingo KOTTSIEPER, Hrsg., *"Und Mose schrieb dieses Lied auf". Studien zum Alten Testament und zum Alten Orient. Festschrift Oswald Loretz.* 1998 (ISBN 3-927120-60-X), xviii + 955 S., € 112,48.

251 Thomas R. KÄMMERER, *Šimâ milka. Induktion und Reception der mittelbabylonischen Dichtung von Ugarit, Emār und Tell el-'Amārna.* 1998 (ISBN 3-927120-47-2), XXI + 360 S., € 60,33.

252 Joachim MARZAHN - Hans NEUMANN, Hrsg., *Assyriologica et Semitica. Festschrift für Joachim* OELSNER *anläßlich seines 65. Geburtstages am 18. Februar 1997.* 2000 (ISBN 3-927120-62-6), xii + 635 S. + Abb., € 107,88.

253 Manfried DIETRICH - Oswald LORETZ, Hrsg., *dubsar anta-men. Studien zur Altorientalistik. Festschrift für W.H.Ph. Römer.* 1998 (ISBN 3-927120-63-4), xviii + 512 S., € 72,60.

254 Michael JURSA, *Der Tempelzehnt in Babylonien vom siebenten bis zum dritten Jahrhundert v.Chr.* 1998 (ISBN 3-927120-59-6), VIII + 146 S., € 41,93.

255 Thomas R. KÄMMERER - Dirk SCHWIDERSKI, *Deutsch-Akkadisches Wörterbuch.* 1998 (ISBN 3-927120-66-9), XVIII + 589 S., € 79,76.

256 Hanspeter SCHAUDIG, *Die Inschriften Nabonids von Babylon und Kyros' des Großen.* 2001 (ISBN 3-927120-75-8), XLII + 766 S., € 103,--.

257 Thomas RICHTER, *Untersuchungen zu den lokalen Panthea Süd- und Mittelbabyloniens in altbabylonischer Zeit* (2., verb. und erw. Aufl.). 2004 (ISBN 3-934628-50-8; Erstausgabe: 3-927120-64-2), XXI + 608 S., € 88,--.

258 Sally A.L. BUTLER, *Mesopotamian Conceptions of Dreams and Dream Rituals.* 1998 (ISBN 3-927120-65-0), XXXIX + 474 S. + 20 Pl., € 75,67.

259 Ralf ROTHENBUSCH, *Die kasuistische Rechtssammlung im Bundesbuch und ihr literarischer Kontext im Licht altorientalischer Parallelen.* 2000 (ISBN 3-927120-67-7), IV + 681 S., € 65,10.

260 Tamar ZEWI, *A Syntactical Study of Verbal Forms Affixed by -n(n) Endings . . .* 1999 (ISBN 3-927120-71-5), VI + 211 S., € 48,06.

261 Hans-Günter BUCHHOLZ, *Ugarit, Zypern und Ägäis - Kulturbeziehungen im zweiten Jahrtausend v.Chr.* 1999 (ISBN 3-927120-38-3), XIII + 812 S., 116 Tafeln, € 109,42.

262 Willem H.Ph. RÖMER, *Die Sumerologie. Einführung in die Forschung und Bibliographie in Auswahl* (zweite, erweiterte Auflage). 1999 (ISBN 3-927120-72-3), XII + 250 S., € 61,36.

263 Robert ROLLINGER, *Frühformen historischen Denkens. Geschichtsdenken, Ideologie und Propaganda im alten Mesopotamien am Übergang von der Ur-III zur Isin-Larsa Zeit* (ISBN 3-927120-76-6)(i.V.)

264 Michael P. STRECK, *Die Bildersprache der akkadischen Epik.* 1999 (ISBN 3-927120-77-4), 258 S., € 61,36.

265 Betina I. FAIST, *Der Fernhandel des assyrischen Reichs zwischen dem 14. und 11. Jahrhundert v. Chr.*, 2001 (ISBN 3-927120-79-0), XXII + 322 S. + 5 Tf., ∈ 72,09.

266 Oskar KAELIN, *Ein assyrisches Bildexperiment nach ägyptischem Vorbild. Zu Planung und Ausführung der „Schlacht am Ulai“.* 1999 (ISBN 3-927120-80-4), 150 S., Abb., 5 Beilagen, ∈ 49,08.

267 Barbara BÖCK, Eva CANCIK-KIRSCHBAUM, Thomas RICHTER, Hrsg., *Munuscula Mesopotamica. Festschrift für Johannes RENGER.* 1999 (ISBN 3-927120-81-2), XXIX + 704 S., Abb., ∈ 124,76.

268 Yushu GONG, *Die Namen der Keilschriftzeichen.* 2000 (ISBN 3-927120-83-9), VIII + 228 S., ∈ 44,99.

269/1 Manfried DIETRICH - Oswald LORETZ, *Studien zu den ugaritischen Texten I: Mythos und Ritual in KTU 1.12, 1.24, 1.96, 1.100 und 1.114.* 2000 (ISBN 3-927120-84-7), XIV + 554 S., ∈ 89,99.

270 Andreas SCHÜLE, *Die Syntax der althebräischen Inschriften. Ein Beitrag zur historischen Grammatik des Hebräischen.* 2000 (ISBN 3-927120-85-5), IV + 294 S., ∈ 63,40.

271/1 Michael P. STRECK, *Das amurritische Onomastikon der altbabylonischen Zeit I: Die Amurriter, die onomastische Forschung, Orthographie und Phonologie, Nominalmorphologie.* 2000 (ISBN 3-927120-87-1), 414 S., ∈ 75,67.

272 Reinhard DITTMANN - Barthel HROUDA - Ulrike LÖW - Paolo MATTHIAE - Ruth MAYER-OPIFICIUS - Sabine THÜRWÄCHTER, Hrsg., *Variatio Delectat - Iran und der Westen. Gedenkschrift für Peter CALMEYER.* 2001 (ISBN 3-927120-89-8), XVIII + 768 S. + 2 Faltb., ∈ 114,53.

273 Josef TROPPER, *Ugaritische Grammatik.* 2000 (ISBN 3-927120-90-1), XXII + 1056 S., ∈ 100,21.

274 Gebhard J. SELZ, Hrsg., *Festschrift für Burkhart Kienast. Zu seinem 70. Geburtstage, dargebracht von Freunden, Schülern und Kollegen.* 2003 (ISBN 3-927120-91-X), xxviii + 732 S., ∈ 122,--.

275 Petra GESCHE, *Schulunterricht in Babylonien im ersten Jahrtausend v.Chr.* 2001 (ISBN 3-927120-93-6), xxxiv + 820 S. + xiv Tf., ∈ 112,48.

276 Willem H.Ph. RÖMER, *Hymnen und Klagelieder in sumerischer Sprache.* 2001 (ISBN 3-927120-94-4), xi + 275 S., ∈ 66,47.

277 Corinna FRIEDL, *Polygynie in Mesopotamien und Israel.* 2000 (ISBN 3-927120-95-2), 325 S., ∈ 66,47.

278/1 Alexander MILITAREV - Leonid KOGAN, *Semitic Etymological Dictionary. Vol. I: Anatomy of Man and Animals.* 2000 (ISBN 3-927120-90-1), cliv + 425 S., ∈ 84,87.

279 Kai A. METZLER, *Tempora in altbabylonischen literarischen Texten.* 2002 (ISBN 3-934628-03-6), xvii + 964 S., ∈ 122,--.

280 Beat HUWYLER - Hans-Peter MATHYS - Beat WEBER, Hrsg., *Prophetie und Psalmen. Festschrift für Klaus SEYBOLD zum 65. Geburtstag.* 2001 (ISBN 3-934628-01-X), xi + 315 S., 10 Abb., ∈ 70,56.

281 Oswald LORETZ - Kai METZLER - Hanspeter SCHAUDIG, Hrsg., *Ex Mesopotamia et Syria Lux. Festschrift für Manfried DIETRICH zu seinem 65. Geburtstag.* 2002 (ISBN 3-927120-99-5), XXXV + 950 S. + Abb., ∈ 138,--.

282 Frank T. ZEEB, *Die Palastwirtschaft in Altsyrien nach den spätaltbabylonischen Getreidelieferlisten aus Alalaḫ (Schicht VII).* 2001 (ISBN 3-934628-05-2), XIII + 757 S., ∈ 105,33.

283 Rüdiger SCHMITT, *Bildhafte Herrschaftsrepräsentation im eisenzeitlichen Israel.* 2001 (ISBN 3-934628-06-0), VIII + 231 S., ∈ 63,40.

284/1 David M. CLEMENS, *Sources for Ugaritic Ritual and Sacrifice. Vol. I: Ugaritic and Ugarit Akkadian Texts.* 2001 (ISBN 3-934628-07-9), XXXIX + 1407 S., ∈ 128,85.

285 Rainer ALBERTZ, Hrsg., *Kult, Konflikt und Versöhnung. Veröffentlichungen des AZERKAVO / SFB 493, Band 2.* 2001 (ISBN 3-934628-08-7), VIII + 332 S., ∈ 70,56.

286 Johannes F. DIEHL, *Die Fortführung des Imperativs im Biblischen Hebräisch.* 2002 (ISBN 3-934628-19-2) (i.D.)

287 Otto RÖSSLER, *Gesammelte Schriften zur Semitohamitistik*, Hrsg. Th. Schneider. 2001 (ISBN 3-934628-13-3), 848 S., ∈ 103,--.

288 A. KASSIAN, A. KOROLËV†, A. SIDEL'TSEV, *Hittite Funerary Ritual šalliš waštaiš.* 2002 (ISBN 3-934628-16-8), ix + 973 S., ∈ 118,--.

289 Zipora COCHAVI-RAINEY, *The Alashia Texts from the 14th and 13th Centuries BCE. A Textual and Linguistic Study.* 2003 (ISBN 3-934628-17-6), xiv + 129 S., ∈ 56,--.

290 Oswald LORETZ, *Götter – Ahnen – Könige als gerechte Richter. Der "Rechtsfall" des Menschen vor Gott nach altorientalischen und biblischen Texten.* 2003 (ISBN 3-934628-18-4), xxii + 932 S., € 128,--.

291 Rocío Da RIVA, *Der Ebabbar-Tempel von Sippar in frühneubabylonischer Zeit (640-580 v. Chr.)*, 2002 (ISBN 3-934628-20-6), xxxi + 486 S. + xxv* Tf., € 86,--.

292 Achim BEHRENS, *Prophetische Visionsschilderungen im Alten Testament. Sprachliche Eigenarten, Funktion und Geschichte einer Gattung.* 2002 (ISBN 3-934628-21-4), xi + 413 S., € 82,--.

293 Arnulf HAUSLEITER - Susanne KERNER - Bernd MÜLLER-NEUHOF, Hrsg., *Material Culture and Mental Sphere. Rezeption archäologischer Denkrichtungen in der Vorderasiatischen Altertumskunde. Internationales Symposium für Hans J. Nissen, Berlin 23.-24. Juni 2000.* 2002 (ISBN 3-934628-22-2), xii + 391 S., € 88,--.

294 Klaus KIESOW - Thomas MEURER, Hrsg., *„Textarbeit". Studien zu Texten und ihrer Rezeption aus dem Alten Testament und der Umwelt Israels. Festschrift für Peter WEIMAR zur Vollendung seines 60. Lebensjahres.* 2002 (ISBN 3-934628-23-0), x + 630 S., € 128,--.

295 Galo W. VERA CHAMAZA, *Die Omnipotenz Aššurs. Entwicklungen in der Aššur-Theologie unter den Sargoniden Sargon II., Sanherib und Asarhaddon.* 2002 (ISBN 3-934628-24-9), 586 S., € 97,--.

296 Michael P. STRECK - Stefan WENINGER, Hrsg., *Altorientalische und semitische Onomastik.* 2002 (ISBN 3-934628-25-7), vii + 241 S., € 68,--.

297 John M. STEELE - Annette IMHAUSEN, Hrsg., *Under One Sky. Astronomy and Mathematics in the Ancient Near East.* 2002 (ISBN 3-934628-26-5), vii + 496 S., Abb., € 112,--.

298 Manfred KREBERNIK - Jürgen VAN OORSCHOT, Hrsg., *Polytheismus und Monotheismus in den Religionen des Vorderen Orients.* 2002 (ISBN 3-934628-27-3), v + 269 S., € 76,--.

299 Wilfred G.E. WATSON, Hrsg., *Festschrift Nick WYATT.* 2004 (ISBN 3-934628-32-X)(i.V.)

300 Karl LÖNING, Hrsg., *Rettendes Wissen. Studien zum Fortgang weisheitlichen Denkens im Frühjudentum und im frühen Christentum. Veröffentlichungen des AZERKAVO / SFB 493, Band 3.* 2002 (ISBN 3-934628-28-1), x + 370 S., € 84,--.

301 Johannes HAHN, Hrsg., *Religiöse Landschaften. Veröffentlichungen des AZERKAVO / SFB 493, Band 4.* 2002 (ISBN 3-934628-31-1), ix + 227 S., Abb., € 66,--.

302 Cornelis G. DEN HERTOG - Ulrich HÜBNER - Stefan MÜNGER, Hrsg., *SAXA LOQUENTUR. Studien zur Archäologie Palästinas/Israels. Festschrift für VOLKMAR FRITZ zum 65. Geburtstag.* 2003 (ISBN 3-934628-34-6), x + 328 S., Abb., € 98,--.

303 Michael P. STRECK, *Die akkadischen Verbalstämme mit* ta-*Infix.* 2003 (ISBN 3-934628-35-4), xii + 163 S., € 57,--.

304 Ludwig D. MORENZ - Erich BOSSHARD-NEPUSTIL, *Herrscherpräsentation und Kulturkontakte: Ägypten - Levante - Mesopotamien. Acht Fallstudien.* 2003 (ISBN 3-934628-37-0), xi + 281 S., 65 Abb., € 68,--.

305 Rykle BORGER, *Mesopotamisches Zeichenlexikon.* 2004 (ISBN 3-927120-82-0), viii + 712 S., € 74,--.

306 Reinhard DITTMANN - Christian EDER - Bruno JACOBS, Hrsg., *Altertumswissenschaften im Dialog. Festschrift für WOLFRAM NAGEL zur Vollendung seines 80. Lebensjahres.* 2003 (ISBN 3-934628-41-9), xv + 717 S., Abb., € 118,--.

307 Michael M. FRITZ, *". . . und weinten um Tammuz". Die Götter Dumuzi-Ama'ušumgal'anna und Damu.* 2003 (ISBN 3-934628-42-7), 430 S., € 83,--.

308 Annette ZGOLL, *Die Kunst des Betens. Form und Funktion, Theologie und Psychagogik in babylonisch-assyrischen Handerhebungsgebeten an Ištar.* 2003 (ISBN 3-934628-45-1), iv + 319 S., € 72,--.

309 Willem H.Ph. RÖMER, *Die Klage über die Zerstörung von Ur.* 2004 (ISBN 3-934628-46-X), ix + 191 S., € 52,--.

310 Thomas SCHNEIDER, Hrsg., *Das Ägyptische und die Sprachen Vorderasiens, Nordafrikas und der Ägäis. Akten des Basler Kolloquiums zum ägyptisch-nichtsemitischen Sprachkontakt Basel 9.-11. Juli 2003.* 2004 (ISBN 3-934628-47-8), 527 S. (i.D.)

311 Dagmar KÜHN, *Totengedenken bei den Nabatäern und im Alten Testamtent. Eine religionsgeschichtliche und exegetsiche Studie.* 2004 (ISBN 3-934628-48-6)(i.V.)

312 Ralph HEMPELMANN, *„Gottschiff" und „Zikkurratbau" auf vorderasiatischen Rollsiegeln des 3. Jahrtausends v. Chr.* 2004 (ISBN 3-934628-49-4), viii + 154 S., + Tf. I-XXXI, Abb. (i.D.)

313 Rüdiger SCHMITT, *Magie im Alten Testament.* 2004 (ISBN 3-934628-52-4), xiii + 471 S. (i.D.)

314 Stefan TIMM, *„Gott kommt von Teman . . .“ Kleine Schriften zur Geschichte Israels und Syrien-Palästinas. Hrsg. von Claudia Bender und Michael Pietsch.* 2004 (ISBN 3-934628-53-2), viii + 274 S. (i.D.)

Neuauflage:

257 Thomas RICHTER, *Untersuchungen zu den lokalen Panthea Süd- und Mittelbabyloniens in altbabylonischer Zeit* (2., verb. und erw. Aufl.). 2004 (ISBN 3-934628-50-8; Erstausgabe: 3-927120-64-2), XXI + 608 S., € 88,--.

Elementa Linguarum Orientis (ELO)

Herausgeber: *Josef TROPPER - Reinhard G. LEHMANN*

1 Josef TROPPER, *Ugaritisch. Kurzgefasste Grammatik mit Übungstexten und Glossar.* 2002 (ISBN 3-934628-17-6), xii + 168 S., € 28,--.

2 Josef TROPPER, *Altäthiopisch. Grammatik des Ge'ez mit Übungstexten und Glossar.* 2002 (ISBN 3-934628-29-X), xii + 309 S. € 42,--.

Altertumskunde des Vorderen Orients (AVO)

Herausgeber: *Manfried DIETRICH - Reinhard DITTMANN - Oswald LORETZ*

1 Nadja CHOLIDIS, *Möbel in Ton.* 1992 (ISBN 3-927120-10-3), XII + 323 S. + 46 Taf., € 60,84.

2 Ellen REHM, *Der Schmuck der Achämeniden.* 1992 (ISBN 3-927120-11-1), X + 358 S. + 107 Taf., € 63,91.

3 Maria KRAFELD-DAUGHERTY, *Wohnen im Alten Orient.* 1994 (ISBN 3-927120-16-2), x + 404 S. + 41 Taf., € 74,65.

4 Manfried DIETRICH - Oswald LORETZ, Hrsg., *Festschrift für* Ruth Mayer-Opificius. 1994 (ISBN 3-927120-18-9), xviii + 356 S. + 256 Abb., € 59,31.

5 Gunnar LEHMANN, *Untersuchungen zur späten Eisenzeit in Syrien und Libanon. Stratigraphie und Keramikformen zwischen ca. 720 bis 300 v.Chr.* 1996 (ISBN 3-927120-33-2), x + 548 S. + 3 Karten + 113 Tf., € 108,39.

6 Ulrike LÖW, *Figürlich verzierte Metallgefäße aus Nord- und Nordwestiran - eine stilkritische Untersuchung.* 1998 (ISBN 3-927120-34-0), xxxvii + 663 S. + 107 Taf., € 130,89.

7 Ursula MAGEN - Mahmoud RASHAD, Hrsg., *Vom Halys zum Euphrat.* Thomas Beran *zu Ehren.* 1996 (ISBN 3-927120-41-3), XI + 311 S., 123 Abb., € 71,07.

8 Eşref ABAY, *Die Keramik der Frühbronzezeit in Anatolien mit »syrischen Affinitäten«.* 1997 (ISBN 3-927120-58-8), XIV + 461 S., 271 Abb.-Taf., € 116,57.

9 Jürgen SCHREIBER, *Die Siedlungsarchitektur auf der Halbinsel Oman vom 3. bis zur Mitte des 1. Jahrtausends v.Chr.* 1998 (ISBN 3-927120-61-8), XII + 253 S., € 53,17.

10 *Iron Age Pottery in Northern Mesopotamia, Northern Syria and South-Eastern Anatolia.* Ed. Arnulf HAUSLEITER and Andrzej REICHE. 1999 (ISBN 3-927120-78-2), XII + 491 S., € 117,60.

11 Christian GREWE, *Die Entstehung regionaler staatlicher Siedlungsstrukturen im Bereich des prähistorischen Zagros-Gebirges. Eine Analyse von Siedlungsverteilungen in der Susiana und im Kur-Flußbecken.* 2002 (ISBN 3-934628-04-4), x + 580 S. + 1 Faltblatt, € 142,--.

Abhandlungen zur Literatur Alt-Syrien-Palästinas und Mesopotamiens (ALASPM)

Herausgeber: *Manfried DIETRICH - Oswald LORETZ*

1 Manfried DIETRICH - Oswald LORETZ, *Die Keilalphabete.* 1988 (ISBN 3-927120-00-6), 376 S., € 47,55.

2 Josef TROPPER, *Der ugaritische Kausativstamm und die Kausativbildungen des Semitischen.* 1990 (ISBN 3-927120-06-5), 252 S., € 36,30.

3 Manfried DIETRICH - Oswald LORETZ, *Mantik in Ugarit.* Mit Beiträgen von Hilmar W. Duerbeck - Jan-Waalke Meyer - Waltraut C. Seitter. 1990 (ISBN 3-927120-05-7), 320 S., € 50,11.

5 Fred RENFROE, *Arabic-Ugaritic Lexical Studies.* 1992 (ISBN 3-927120-09-X). 212 S., € 39,37.

6 Josef TROPPER, *Die Inschriften von Zincirli.* 1993 (ISBN 3-927120-14-6). XII + 364 S., € 55,22.

7 *UGARIT - ein ostmediterranes Kulturzentrum im Alten Orient. Ergebnisse und Perspektiven der Forschung.* Vorträge gehalten während des Europäischen Kolloquiums am 11.-12. Februar 1993, hrsg. von Manfried DIETRICH und Oswald LORETZ.

Bd. I: *Ugarit und seine altorientalische Umwelt.* 1995 (ISBN 3-927120-17-0). XII + 298 S., € 61,36.

Bd. II: H.-G. BUCHHOLZ, *Ugarit und seine Beziehungen zur Ägäis.* 1999 (ISBN 3-927120-38-3): **AOAT 261**.

8 Manfried DIETRICH - Oswald LORETZ - Joaquín SANMARTÍN, *The Cuneiform Alphabetic Texts from Ugarit, Ras Ibn Hani and Other Places.* (*KTU: second, enlarged edition*). 1995 (ISBN 3-927120-24-3). XVI + 666 S., € 61,36.

9 Walter MAYER, *Politik und Kriegskunst der Assyrer.* 1995 (ISBN 3-927120-26-X). XVI + 545 S. € 86,92.

10 Giuseppe VISICATO, *The Bureaucracy of Šuruppak. Administrative Centres, Central Offices, Intermediate Structures and Hierarchies in the Economic Documentation of Fara.* 1995 (ISBN 3-927120-35-9). XX + 165 S. € 40,90.

11 Doris PRECHEL, *Die Göttin Išḫara.* 1996 (ISBN 3-927120-36-7) — Neuauflage geplant in AOAT.

12 Manfried DIETRICH - Oswald LORETZ, *A Word-List of the Cuneiform Alphabetic Texts from Ugarit, Ras Ibn Hani and Other Places (KTU: second, enlarged edition).* 1996 (ISBN 3-927120-40-5), x + 250 S., € 40,90.

Forschungen zur Anthropologie und Religionsgeschichte (FARG)

Herausgeber: *Manfried DIETRICH - Oswald LORETZ*

27 Jehad ABOUD, *Die Rolle des Königs und seiner Familie nach den Texten von Ugarit.* 1994 (ISBN 3-927120-20-0), XI + 217 S., € 19,68.

28 Azad HAMOTO, *Der Affe in der altorientalischen Kunst.* 1995 (ISBN 3-927120-30-8), XII + 147 S. + 25 Tf. mit 155 Abb., € 25,05.

29 *Engel und Dämonen. Theologische, anthropologische und religionsgeschichtliche Aspekte des Guten und Bösen.* Hrsg. von Gregor AHN - Manfried DIETRICH, 1996 (ISBN 3-927120-31-6), XV + 190 S. - vergr.

30 Matthias B. LAUER, *"Nachhaltige Entwicklung" und Religion. Gesellschaftsvisionen unter Religionsverdacht und die Frage der religiösen Bedingungen ökologischen Handelns.* 1996 (ISBN 3-927120-48-0), VIII + 207 S., € 18,41.

31 Stephan AHN, *Søren Kierkegaards Ontologie der Bewusstseinssphären. Versuch einer multidisziplinären Gegenstandsuntersuchung.* 1997 (ISBN 3-927120-51-0), XXI + 289 S., € 23,52.

32 Mechtilde BOLAND, *Die Wind-Atem-Lehre in den älteren Upaniṣaden.* 1997 (ISBN 3-927120-52-9), XIX + 157 S., € 18,41.

33 *Religionen in einer sich ändernden Welt. Akten des Dritten Gemeinsamen Symposiums der THEOLOGISCHEN FAKULTÄT DER UNIVERSITÄT TARTU und der DEUTSCHEN RELIGIONSGESCHICHTLICHEN STUDIENGESELLSCHAFT am 14. und 15. November 1997.* Hrsg. von Manfried DIETRICH, 1999 (ISBN 3-927120-69-3), X + 163 S., 12 Abb., € 16,87.

34 *Endzeiterwartungen und Endzeitvorstellungen in den verschiedenen Religionen. Akten des Vierten Gemeinsamen Symposiums der THEOLOGISCHEN FAKULTÄT DER UNIVERSITÄT TARTU und der DEUTSCHEN RELIGIONSGESCHICHTLICHEN STUDIENGESELLSCHAFT am 5. und 6. November 1999.* Hrsg. von Manfried DIETRICH, 2001 (ISBN 3-927120-92-8), IX + 223 S., € 16,87.

35 Maria Grazia LANCELLOTTI, *The Naassenes. A Gnostic Identity Among Judaism, Christianity, Classical and Ancient Near Eastern Traditions.* 2000 (ISBN 3-927120-97-9), XII + 416 S., € 36,81.

36 *Die Bedeutung der Religion für Gesellschaften in Vergangenheit und Gegenwart. Akten des Fünften Gemeinsamen Symposiums der* THEOLOGISCHEN FAKULTÄT DER UNIVERSITÄT TARTU *und der* DEUTSCHEN RELIGIONSGESCHICHTLICHEN STUDIENGESELLSCHAFT *am 2. und 3. November 2001.* Hrsg. von Manfried DIETRICH - Tarmo KULMAR, 2003 (ISBN 3-934628-15-X), ix + 263 S., € 46,--.

37 *Die emotionale Dimension antiker Religiosität.* Hrsg. von Alfred KNEPPE - Dieter METZLER, 2003 (ISBN 3-934628-38-9), xiii + 157 S., € 46,--.

38 Marion MEISIG, *Ursprünge buddhistischer Heiligenlegenden. Untersuchungen zur Redaktionsgeschichte des Chuan^{4} tsih^{2} pêh^{2} yüan^{2} king^{1}.* 2004 (ISBN 3-934628-40-0), viii + 182 S., € 53,--.

39 Dieter METZLER, *Kleine Schriften zur Geschichte und Religion des Altertums und deren Nachleben. Hrsg. von Tobias Arand und Alfred Kneppe.* 2004 (ISBN 3-934628-51-6), ix + 639 S., Abb.

Eikon

Beiträge zur antiken Bildersprache

Herausgeber: *Klaus STÄHLER*

1 Klaus STÄHLER, *Griechische Geschichtsbilder klassischer Zeit.* 1992 (ISBN 3-927120-12-X), X + 120 S. + 8 Taf., € 20,86.

2 Klaus STÄHLER, *Form und Funktion. Kunstwerke als politisches Ausdrucksmittel.* 1993 (ISBN 3-927120-13-8), VIII + 131 S. mit 54 Abb., € 21,99.

3 Klaus STÄHLER, *Zur Bedeutung des Formats.* 1996 (ISBN 3-927120-25-1), ix + 118 S. mit 60 Abb., € 24,54.

4 *Zur graeco-skythischen Kunst. Archäologisches Kolloquium Münster 24.-26. November 1995.* Hrsg.: Klaus STÄHLER, 1997 (ISBN 3-927120-57-X), IX + 216 S. mit Abb., € 35,79.

5 Jochen FORNASIER, *Jagddarstellungen des 6.-4. Jhs. v. Chr. Eine ikonographische und ikonologische Analsyse.* 2001 (ISBN 3-934628-02-8), XI + 372 S. + 106 Abb., € 54,19.

6 Klaus STÄHLER, *Der Herrscher als Pflüger und Säer: Herrschaftsbilder aus der Pflanzenwelt.* 2001 (ISBN 3-934628-09-5), xii + 332 S. mit 168 Abb., € 54,19.

7 Jörg GEBAUER, *Pompe und Thysia. Attische Tieropferdarstellungen auf schwarz- und rotfigurigen Vasen.* 2002 (ISBN 3-934628-30-3), xii + 807 S. mit 375 Abb., € 80,--.

8 *Ikonographie und Ikonologie. Interdisziplinäres Kolloquium 2001.* Hrsg.: Wolfgang HÜBNER - Klaus STÄHLER, 2004 (ISBN 3-934628-44-3), xi + 187 S. mit Abb. (i.D.).

Auslieferung - Distribution:
BDK Bücherdienst GmbH
Kölner Straße 248
D-51149 Köln

Distributor to North America:
Eisenbrauns, Inc.
Publishers and Booksellers, POB 275
Winona Lake, Ind. 46590, U.S.A.